# 《论语》读讲

吴先伍 著

上海三联书店

# 《[illegible]》指要

[illegible]

[illegible]

# 目　录

# 前　言

写一本有关《〈论语〉读讲》方面的著作，肯定是一件吃力不讨好的事情。之所以说“吃力”并不是因为《论语》的语言多么佶屈聱牙。实际上，《论语》作为记录孔子及其弟子言行的著作，在语言方面倒是相对比较平实的；而且相应的注释版本也很丰富。如果进行一般性地阅读，不是非常困难；如果进行专业性读讲，这就比较麻烦。开展专业性读讲就不仅要读懂字面的意思，而且还要读懂背后的思想支撑，同时更要去掌握历史上浩如烟海的解读文本。因此，一本薄薄的《论语》读讲起来不但不轻松，而且非常困难。之所以说“不讨好”，是因为在历史上有关《论语》的解读文本非常多，义理阐发、词章考据一应俱全，里面的精品很多，它们已经形成了一座座《论语》解读的高峰。在这些高峰面前，我们已经习惯于高山仰止，我们只能徒生“眼前有景道不得，崔颢题诗在上头”之叹，如果我们再不自量力，强为解说，那么，就难免会遭遇东施效颦之讥。

之所以“明知山有虎，偏向虎山行”，并不是因为“艺高人胆大”，而是出自一种现实的需要，只能是“知其不可为而为之”。笔者承担了伦理学硕士生的一门课程《中国伦理思想原著选读》。一方面，笔者本身从事中国哲学的研究工作，而且在先秦儒家方面用力甚多，《论语》至少读过几十遍，想当然地认为带学生读《论语》是一件非常轻松的事情；另一方面，笔者也想借此机会对《论语》进行一个更加系统的研读，从而系统地阐发一下自己对于儒家思想学说的理解。因此，笔者毫不犹豫地接受了这一工作，一边带着学生阅读，一边撰写讲稿，从而开启了一段充满挑战而又充满乐趣的读讲旅程，这期间既有百思不得其解的苦闷，也有“山重水复疑无路，柳暗花明又一村”的惊喜。

实际上，读讲《论语》这个事情虽然很难做，但也不是绝对不能做。为什么这么说呢？第一，任何历史都是当代史，同样的道理，任何对《论语》的解读实际上都是与其时代紧密相关的，都会被打上深刻的时代烙印，因此，尽管历史上有关《论语》解读的版本汗牛充栋，但都是从其时代问题出发来解读《论语》的，所以，过去的解读都受到了时代的限制。有关这一点，我们可以从最具有代表性的《论语》注疏版本都出现在儒学发展的不同时期得到证明：汉代到魏晋的《论语》注释明显受到道家思想的影响，而这与当时的“越名教而任自然”的社会倾向有关；唐宋的《论语》注释虽然表现出拒斥佛道的倾向，但是在其注释中又无意中融入了佛道的思想，并且表现出强烈的形而上学化倾向，而这是因为当时的儒道释三足鼎立的局面已经形成，儒家学者不得不吸取佛老的优点以完成辟佛老的历史重任；有清一代，思想禁锢加重，经世致用慢慢被边缘化，词章考据逐渐成为学术研究的主流，对于《论语》的思想解读已经弱化，而更加专注于章句的考证和历史总结，直到清代末年，人们适应时代变革的需要，开始托古改制，将《论语》进行一种现代化的解读。历史是处于不断发展之中的，时代面临的问题也在不断地变化，现在正面临着“百年未有之大变局”，在这样一个特殊的时代背景中读《论语》、讲《论语》，自然会有不同的问题指向，会有不同的时代气息。第二，按照诠释学的理论，任何阅读都是一种“视阈融合”，这既是历史与现实的视阈融合，同时也是作者与读者的视阈融合。我们在阅读《论语》的时候，自然要去思考孔子与弟子想要表达什么，也要去思考《论语》当中到底写了什么，但是我们更加关心的是我们能从《论语》中读出什么，这也就是说，我们在阅读《论语》时，实际上是从自己的人生处境出发，要么通过阅读《论语》去感受孔子及其弟子所说的我想说而没有说出来的东西，来印证我心之同然；要么通过阅读《论语》来为我们解决现实问题提供有益的启示，从而获得更加丰富的人生智慧。既然读讲具有强烈的个人特性，一千个读者就有一千个哈姆雷特，那么，我们在今天同样能够读出自己心目中的孔子，或者说，我们在读讲《论语》时实际上就是把自己的人生经历投射到孔子身上，从而得到一个专属自己的孔子形象。

实际上，在现代社会中读讲《论语》也非常必要。第一，《论语》对于中国人的重要性，不亚于《圣经》之于西方人的重要性，虽然中国人没有西方式的宗教信仰，但是中国人并未因此而走向价值虚无主义，这在相当程度上是依赖《论语》所建构起来的现实价值世界，人们从现实世界中找到了人生的意义，即使生活极度艰难困苦，但是人们也总是能够看到希望、发现快乐，总有生活下去、快乐下去的理由。因此，对于中国人来说，《论语》实际上已经化作思想精灵，住进了中国人的内心深处；《论语》实际上已经化为血液，汩汩流淌在中国人的身体之中。虽然在经历了一百多年的现代化历程之后，中国人已经普遍地认为自己已经彻底地现代化了，但是实际上人们并未完全跳出传统的掌心，没能摆脱儒家文化的幽灵，人们的思维方式、待人接物的方式都还是高度儒家化的，高度传统化的。因此，不深入阅读《论语》，我们也就没有办法深入地理解中国人为人处世的方式，也就不能真正认识当下的中国和中国人。第二，经过一百多年的现代化的发展历程，中国已经进入了现代化的国家行列，所谓的现代性问题也在中国彻底地展现出来，生态问题、信仰问题、价值问题、劳动异化问题等也在中国大量涌现，而尤以伦理问题最为明显。中国过去曾经号称是道德中国，伦理道德在中国具有深厚的历史文化传统，道德被看作人之为人的本质规定性；而在现代社会中，金钱利益被看作时代的上帝，被看作人们追求的最高目标，有些人为了金钱利益，不惜突破道德、违反法律，从而走上了作奸犯科、违法犯罪的道路，不仅破坏了国家的政治经济秩序，而且也破坏了伦理道德在人们心目中的形象，从而使得伦理道德在经济利益面前，变得一文不值。要想解决这些问题，当然需要回到现实，甘当现实的小学生，不过这容易走向一个死循环，导致我们始终无法走出现实的圆圈，这时我们就有必要从现实中抽身而出，站在现实之外来看待现实，从而避免出现“不识庐山真面目，只缘身在此山中”的悖论。历史无疑是与现实拉开距离的一个有效途径，以史为鉴，可以知得失。《论语》作为中国人思想文化的一个重要源头，本身又是高度伦理道德化的，我们在现代性问题凸显的背景下重读《论语》，虽然未必能够给我们直接提供解决现实问题的处方或除病的良药，但是至少能够给我们提供有益的参照，从而帮助我们厘清问题的根源以及指出可能的出路。

哲学本身是一种安身立命的学问，不论中西都是如此，不论是我从哪儿来，还是我到哪儿去，最终围绕的核心问题都是“我是谁”。海德格尔说，人是被抛到这个世界上的，因此人被看作一个孤独的个人，当一个孤独的个人面向一个变动不居的世界，一切皆流，无物常驻，一切皆为偶然，人如何能够在这样一个充满偶然的世界上安身立命呢？西方人寻找世界的因果律，由果溯因，编织出一条因果之链，然而，世界上的偶然性并不会因为人类编织了因果必然性链条就不再出现，而是不时地露出狰狞，这也导致因果必然性遭到怀疑主义的不断攻击，认为因果链条不过出自人类的主观建构，而非世界的本然，这也就使得科学的大厦显得不是那么牢固。因此，西方用来应付偶然性冲击的途径，在科学之外还有宗教，也就是通过超越现实世界的方式来摆脱偶然性的纠缠，天国是一个充满着必然性的世界，人世的善恶最终会在天国当中得到毫厘不爽的回报。因此，人类为了逃避现实世界的偶然性，为了从偶然性的汪洋大海中脱离出来，人类试图建造通天塔、建造天梯，从现实世界进入天国这个必然世界之中，当然，人类建造天梯的图谋虽然因为上帝的阻挠而最终失败，但它始终埋藏在西方人的内心深处，成为西方人生存发展的精神动力。这也就是说，西方人始终是以自我为中心的，他们所追求的是自我对于现实世界的超越，要从现实世界之中摆脱出来，当然，这也就意味着要摆脱一切他者，因此，西方人强调的是自我的欲望、自我的权利，而不是他者，即使他们思考了他者，他者也不过是实现自我超越的手段和工具，也就是通天塔和天梯的建造者，他们和现实世界一样将会在目标达成之后被无情地抛弃。

当然说儒学是哲学，这本身就有一个问题，因为“哲学”一词本身就是来自西方的，所以，说儒学是哲学，那就要证明儒家也像西方一样讲形而上的超越。儒家当然是讲超越的，儒家也讲“形而上者谓之道”，不过儒家的超越又不同于西方的超越：西方的超越是一种向现实之外的彼岸世界的超越，是自我的超越，是自我对现实世界的超越，因而，西方有一个厚重的二重世界划分的传统；儒家只有一个世界，只有一个人们生活于其中的现实世界，“天命之谓性，率性之谓道，修道之谓教。道也者，不可须臾离也；可离，非道也”（《中庸·一章》）。人性与天性、人道与天道本身就是统一的，天人本来不二，从而用现实的形而下世界统一了超越的形而上世界，实现了天人合一、天人不二，因此，“子不语怪、力、乱、神”（《论语·述而》），对于彼岸世界存而不论，专注于此岸世界的现实生活。当子路问如何侍奉鬼神的时候，孔子答以“未能事人，焉能事鬼”？当子路问死的时候，孔子答以“未知生，焉知死？”（《论语·先进》）正是因为儒家对于彼岸世界的悬置，所以，儒家不像西方那样去向彼岸世界超越，只在现实世界之中超越，正像后来中国化的佛教——禅宗那样，“入世间即出世间”，在日常生活当中就能实现超越，“担水砍柴无非妙道”。儒家在现实世界之中如何超越呢？当然，他不能再像西方哲学那样自我超越，因为他无法从他者中脱离出来，“吾非斯人之徒与而谁与？”（《论语·微子》）他必须“与人为徒”。“与人为徒”的结果只能是超越自我。这也就是说，儒家哲学不是自我超越他者，而是他者超越自我，也就是自我不断地突破自身而趋向他者。在这样一种由自我超越到超越自我的转换当中我们可以看到，儒家不像西方哲学那样把自我放在至高无上的中心地位，而是把他者放在至高无上的中心地位，儒家是“毋我”的，不再将自我看作优先于他者，而是强调他者的优先性，“三人行，必有我师焉”(《论语·述而》)、“无友不如己者”(《论语·学而》)，反对将自己的主观好恶强加于他者头上，“己所不欲，勿施于人”(《论语·颜渊》)。他者先于自我，就意味着儒家放弃了对于权利的追求，“权利”是以自我为中心，儒家高度重视对他者的道德责任，并且为此而鞠躬尽瘁，死而后已，“仁以为己任，不亦重乎？死而后已，不亦远乎？”(《论语·泰伯》)儒家所讲的道德责任，虽然包含了现代法律义务的内容，但是绝不仅仅限于法律义务的内容：法律义务是与权利相对应的，我享受了多少权利就承担多少义务；儒家的道德责任则是一种无限的责任，其范围远远超出义务的范围，即使我们对某人没有救助义务，但我们同样可以把它作为一种道德责任承担起来，同时儒家对于道德责任的承担是一种不计代价与后果的承担，甚至可以为此而献出自己的生命，这也就是孟子所说的，“生，我所欲也；义，亦我所欲也，二者不可得兼，舍生而取义者也”(《孟子·告子上》)。正是通过为他者承担道德责任，自我不断地趋向他者，从而消融于他者之中，就像一滴水融于大海之中，就像一粒沙置身于沙漠之中，就像一株小草植根于草原之中，最终依靠集体的力量获得了自身的稳定性，他在超越自我的同时实现了自我、成就了自我。

如果我们说西方是通过建造通天塔或天梯的方式来为人类提供安身立命之所，那么，我们不妨说儒家是通过织网的方式来为人类建造安身立命之所。儒家建造的网是一种关系之网，正是通过自我与他者之间纵横交错的关系，从而使得自我在现实世界中获得了稳定的身份定位，任由风吹浪打，我自岿然不动。对于西方来说，建造通天塔离不开人的理性的建构，离不开理念、理型，因而西方的自我超越要借助于人的理性，通过发挥人的理性作用，将自我超拔于世界之上、之外，因此，整个西方哲学的发展呈现出高度理性化的特征，编织出了一条绵延千年的理性发展之链。儒家哲学关系之网实际上是一张情网——人情之网。这张网不是出自主观的建构，而是客观情感的扩张。人天生就有七情——喜、怒、哀、乐、爱、恶、欲，人类这种天然的情感恰恰构成了道德的根基，而伦理道德本身就是自我与他者之间的一种关系，儒家正是通过情感建构起了自我与他者之间的伦理道德关系，也就是亲亲仁民爱物的关系。在儒家看来，人类最基本的情感应该是人类的血缘亲情，也就是“爱亲敬长”之情，“孩提之童，无不知爱其亲者；及其长也，无不知敬其兄也”(《孟子·尽心上》)，如果一个人顺着这种爱亲敬长之情，对其加以存养扩充，那么，他就会“老吾老以及人之老，幼吾幼以及人之幼”(《孟子·梁惠王上》)，最终成为普爱天下的仁者；如果人人都能如此，那么，就能实现"人不独亲其亲,不独子其子,使老有所终,壮有所用,幼有所长,矜寡孤独废疾者皆有所养"(《礼记·礼运》)的大同之世。正是因为儒家编织的是一张人情之网,因此,儒家哲学表现出浓烈的情感特征,而这对于人情冷漠的现代社会无疑具有非常重要的纠偏作用。因为现代人高度关注理性计算,所以忽视了情感的发展,从而使得情感变得麻木起来了,而其结果则是麻木不仁,影响了伦理道德的发展。

我们之所以把儒家哲学与西方哲学加以比较,是因为中国现代化的过程在很大程度上实际上是一种西方化,因而现代中国人的思想观念中很大一部分是西方文化的内容,西方文化对于现代中国人来说甚至是一种显性的文化,而中国传统文化反而成了一种隐性文化,所以,通过儒家哲学与西方哲学的比较我们可以看到,儒家哲学在现代社会中仍然具有自身的价值,仍然有被继承发展的必要,我们不能简单地用西方文化来否定中国的传统文化。因此,笔者在读讲《论语》的过程中,遵循以下几条原则。第一,不以批评为主,而是以发现现代价值甚至是永恒价值为主。很多人有一种时代的优越感,动辄就将传统看作封建、保守、落后的代名词,对于一切传统的东西总是嗤之以鼻,要么自绝于传统,要么对传统大加挞伐,前者根本不读古人书,即使读古人书也纯粹是为了发现不足,展开批判。批判当然是好事,能让人们看清传统文化的陷阱,从而避免再次掉入其中。不过,如果仅仅看缺点、看不足,那么,这种读书的效果并不大。因为这时实际上我们已经被自我的前见所牢牢占据,我们是从自我的前见出发来对传统文化进行批判,所以,我们在读《论语》等传统典籍的时候,仅仅看到了一些负面的信息,而并未取得什么正面的收获,这也就丧失了读书的价值,这种读书还不如不读。我们读书的根本目的不是为了批判别人,而是要成就自己,我们希望通过读书丰富自己的知识,扩充自己的视野,给自己、给社会、给国家提供一些有益的借鉴,而不是提供一个批判的对象。第二,坚持现代的立场和视野。既然我们读《论语》不仅是要了解孔子及其弟子的所思所想,更要发现其思想观念对于现代社会的价值,那么,我们就必须站在现代的立场上,要察看现代社会中存在的问题与不足,带着这些问题看看孔子及其弟子对此相关问题做过何种论述,这些论述对于我们解决现实问题能够提供什么样的帮助。这当然不必是梁漱溟所说的事先带着某种思想来读书,但是我们还是要带着问题来读书,虽然这些问题不必是读书时硬性设定的,但它们也应该是经常萦绕在我们脑海之中、困扰着我们这些现代人的问题,这样一来,我们在读书时就会与书本之间发生某种碰撞,从而提醒我们古人的思考对于解决这些问题所具有的重要价值。这也就是说,我们在读讲《论语》时,是带着解决现实问题的想法来的,不是为了读书而读书。第三,虽然我们读讲《论语》是为了发现其内在价值,但这并不意味着我们不承认其不足,我们要承认其不足,不必为古人加以粉饰,但是我们也要站在其所处的特定的时代立场上同情地理解这种不足,人都是历史时代的产物,无法摆脱历史对其造成限制,因而都有自己的局限性。譬如孔子说"唯女子与小人难养也",很多后来的注释者拼命地为孔子进行开脱,故意要对这句话做出其他解释,以免与现代的男女平等思想相冲突,实际上大可不必,孔子讲的就是男尊女卑的问题,这就是时代产物,我们不能脱离孔子生活的时代背景,要求孔子具有现代的男女平等思想甚至是站在女性主义的立场来思考问题,我们需要将这种思想放入当时的历史背景当中来理解,考察其提出的历史背景与现代社会背景之间的差异,只有这样,我们才能看清社会的发展与进步,看到传统思想文化中的有些东西已经与现代社会相脱节,需要加以扬弃。

正是因为这本《〈论语〉读讲》专门是为哲学系研究生写的,所以,笔者在写作过程中,不是把它看作市面上那些普及化的读物,更不是为了迎合大众抚慰心灵所需要的"心灵鸡汤",而是希望能够启发人们对于《论语》本身和社会现实的思考,因而更加关注字面背后的思想逻辑,也就是其背后的理论问题,时时处处都去思考为什么的问题。由于时间仓促和能力有限,虽然在写作过程中参考了大量的注释版本和现代学者的研究成果,但是对于《论语》的解读本身也不免有错谬之处,也期待得到读者的批评指正。

# 学而篇第一

1.1　子曰："学而时习之，不亦说乎？有朋自远方来，不亦乐乎？人不知而不愠，不亦君子乎？"

这句话被放在《论语》第一篇第一章，是具有深意的。在先秦时代按照庄子的说法，是"道术将为天下裂"(《庄子·天下》)，也就是道统与政统的分裂。在此之前，像尧、舜、禹、汤这些人既有高尚的道德修养，又是最高的统治者，集道统与政统于一身，孔子虽然也曾任过一些官职，但基本上是处于权力的边缘或之外的，无法承担起直接治理国家的重任，因此，他在历史上的贡献主要在于开学统，为儒家思想发扬光大、学术传承做出了重要贡献。

儒家所讲的"学"当然不是现代意义上的科学知识，在中国古代科学知识是不太受人重视的，儒家认为那些主要是用来应付具体生活的需要，都是用来满足人的身体需要、物质需求的，这些都是"小人之事"，因此樊须向孔子学稼，被孔子说成"小人哉，樊须也"(《论语·子路》)。有"小人"，就有"大人"，大人是道德高尚的君子，大人是社会的风向标，"君子之德风，小人之德草，草上之风，必偃"(《论语·颜渊》)，小人要向大人看齐，大人的德行对于小人将产生深远的影响，从而会影响社会风气乃至国家的长治久安，因此，对于大人来说，最重要的事情是关注自身的道德修养。因此这个"学"实际上就是针对道德而言的，或者是针对"成人"而言的，因为对于儒家来说，成人和成德是统一的，只有道德高尚的人才是真正意义上的人。因此，这个"学"就是学以成德，学以成人。

道德是一种实践的智慧，它是与实践紧密联系在一起的，道德不能仅仅停留在理论上，理论不能让人变成一个道德高尚的人。像苏格拉底说"美德即知识"，认为我们之所以在日常生活中会做一些不道德的事情，是因为我们缺乏相关的道德知识，这也就是“无人有意作恶”；如果有了相关知识，我们就不会做不道德的事情。实际上，道德知识与道德之间是存在着一个实践的距离的，知识固然能够为做道德之事、成为道德之人提供必要的帮助，能够做到事半功倍，但是问题在于，这里是有前提条件的，那就是我们要将道德知识付诸实践；如果我们将道德知识束之高阁，永远都不付诸行动，那么，我们就永远不会成就自己的德性，永远不会成为一个道德高尚的人。因此，这个“习”实际上就是实践、践履的意思，我们学习了道德知识，就要将其付诸实践，在实践当中做到“化理论为方法，化理论为德性”。

“学而时习之，不亦说乎”讲的是自我修养，不过单纯的道德修养不能成就道德之人，因为伦理道德一定是在自我与他者之间，这也就是说，道德是在关系中的，一方面，道德是用来处理自我与他者之间的相互关系的，另一方面，我们要成就自身的道德，也不能脱离自我与他者之间的关系，这也就是说，我们要想成为道德高尚之人，既离不开自身的努力，也离不开师友的帮助。“有朋自远方来，不亦乐乎”讲的就是外在的帮助。

在过去，人们普遍不是将“有朋自远方来”理解为外在的帮助，而是理解为通过学而为师，我学习好了，就会吸引别人过来向我学习，所以，过去普遍将这个“朋”理解为弟子。这种理解是成问题的，因为在古代“同师曰朋”，“同门曰朋”，这个“朋”是师兄弟而不是“弟子”。因此，这个“朋”更应该理解为师兄弟或平辈的朋友。

“有朋自远方来”有什么可乐的呢？

第一，孔子的仁学是成人之学，是伦理道德的学问，这是处于自我与他者的关系之中的，“有朋自远方来”恰恰满足了这样一种关系性的要求。在交通和通讯都不发达的古代，一个朋友去了远方，就意味着关系随时都有中断的危险，虽然我们也可以通过写信联系，但是那种联系非常脆弱，所以古人才有“家书抵万金”的感叹。因此，在过去，距离的远近有时候就意味着关系的亲疏，这生动地反映在亲-近、疏-远这些词汇当中，也反映在“远亲不如近邻”这些习语当中。正因如此，朋友去了远方，我们就会产生“萋萋满别情”，反之，朋友从远方回来了，这种关系就能够重新接续起来，我们又会重新处于紧密的关系当中，这当然是一件值得高兴的事情。

第二，如果我们单纯讲关系，那又何必讲“有朋自远方来”？我不是一直与身边的朋友处于关系之中，这种未曾遭遇中断危险的关系不是更加紧密吗？这里面我们要关注“以友辅仁”(《论语·颜渊》)这句话。我们与朋友交往的一个重要目的是提升我们的道德修养,帮助我们“进德修业”,而在这方面自远方来的朋友能给我们提供更大的帮助。身边的朋友、与我们朝夕相处的朋友,由于与我所处的生活环境是高度一致的,我们所接受的教育、所接触的人物都高度统一,因此,他们与自我之间是高度同一化的,对于拓宽我的视野、对于我们进德修业不能提供太多的帮助,而那些从远方来的朋友就不一样。先秦时代,由于交通通讯不发达,各个诸侯国之间的交通往来比较困难,很多人一辈子都没出过远门,对于外面的世界完全不了解,因此,在中国过去有“十里不同乡,百里不同俗”之说。在那样一个闭塞的世界中,如果一个朋友出门去了远方,他就了解了不同的乡风民俗、不同的为人处世的方式,那么,他所带回来的一切就会对于我们过去的为人处世的方式产生冲击,迫使我们对其进行反思,从而使得我们获得更多的收益。因此,“有朋自远方来”之所以让我们感到“不亦乐乎”,不仅是因为它重新构建了我与朋友之间的紧密关系,更在于它构建起了一种异质性的关系。

前面两句讲了学习的问题,讲了道德修养的问题,那么,这种道德修养最终要体现在我们的为人处世上,体现在我们的道德水平上,“人不知而不愠,不亦君子乎”就是我们学习成果的一个检验,就是我们人生的一个境界。在现实生活中,很多人有了一些学问,害怕别人不知道,就到处标榜自己;如果别人看不起他的学问,他就会恼羞成怒,这都是修养不够的表现,没有达到“人不知而不愠”的境界。

当然,“人不知而不愠”我们也可以从两个方面来理解。第一,“人不知而不愠”可以理解为“耳顺”。孔子“十有五而志于学”,“六十而耳顺”,(《论语·为政》)修养到一定程度的时候,就具有了宽容精神,就能够听得进不同的声音,容纳不同的意见,就能够真正做到“尊贤而容众,嘉善而矜不能”(《论语·子张》)。第二,“人不知而不愠”也可以从“古之学者为己”来理解。孔子说“古之学者为己,今之学者为人”(《论语·宪问》),本来学问是切身性的,做学问的目的是提升自身的道德修养,不是做给别人看的,别人理解与不理解、认可与不认可我的学问,对于自我提升修养都不产生直接的影响,我们又何必因为别人不理解、不认可而大动肝火呢?

总而言之,这一章首先树立了为学之宗旨,为学就是要通过自身的努力和外在师友的帮助,在自身的道德践履中提升自己的德性,成就道德的人格。

1.2　有子曰："其为人也孝弟，而好犯上者，鲜矣；不好犯上，而好作乱者，未之有也。君子务本，本立而道生。孝弟也者，其为仁之本与！"

《论语》主要是记录孔子及其弟子的言行，由孔子的徒子徒孙们编撰而成。第一章是"子曰"，第二章则是"有子曰"，可见有子及其所说的这段话不简单。在《论语》中，除了孔子之外，被称作"子"的只有两个人，一个是曾子，一个是有子（有子名叫有若），人们据此推测，《论语》是由有子和曾子的后学编撰而成，这些后学有意把老师摆在一个重要的位置。当然，这只是一个猜测，这句话之所以能够在《论语》中这么一个重要的位置上立得住，说明这句话还是非常重要的，它道出了儒家思想当中某些核心的内容。

上一章说了，儒家的学问是学以成人。"仁者，人也"（《中庸·二十章》），"仁也者，人也"（《孟子·尽心下》），仁或者道德构成了人的本质规定性，学以成人就围绕着"仁"而展开。所以，人们认为孔学即是仁学，孔子整个的学问就是学以成人、学以成仁。当然，人们也会说，儒家不是重视礼吗？是的，儒家确实重视礼，孔子也说过"非礼勿视，非礼勿听，非礼勿言，非礼勿动"（《论语·颜渊》），但是我们也要知道，孔子还说过，"人而不仁，如礼何？人而不仁，如乐何？"（《论语·八佾》）就是强调，如果没有"仁心善性"作为支撑，光有这个"礼"有什么作用呢？礼就徒有其表了。套用现在的名词，仁与礼就是内容与形式的差别，对于一个人来说，如果为人处世脱离了仁这个实际的内容，那么，他的所作所为就是在走形式、走过场，因此，孟子说"仁，人心也；义，人路也"（《孟子·告子上》），我们的礼义必须建立在仁心的基础上，不能将二者割裂开来。因此，这里所讲的"道"就是人道，就是仁道。

当然，儒家是性善论的，"孟子道性善，言必称尧舜"（《孟子·滕文公上》），孔子也说过"天生德于予"（《论语·述而》）。性善论是什么意思呢？很多人将其理解为人性先天本善，也就是说，人一生下来就具有完备的德性，出生以后由于受到其他方面的影响，导致人性受到了污损。像柏拉图就讲不朽的灵魂与可朽的肉体结合在一起，导致人类对于本来了解的理念有所遗忘，所以要回忆。这是西方的说法，中国有类似的观点，像宋明理学，就讲气质之性与义理之性。义理之性本来是纯然至善的，但是人又有气质之性，义理之性与气质之性结合在一起的时候，就像一个宝珠落在污泥浊水之中，从而导致人性的光芒尽失。所以，人们要做的工作就是抹去遮盖在仁心善性上的污泥浊水，从而使其光芒恢复如初，这也就是复性说。

虽然复性说在中国历史上比较完备，支持者很多，但是反对的声音也不少。在笔者看来，性善论，并不是说人性先天本善，人一生下来，仁心善性就是圆满自足的，而是说人一生下来就具备了仁心善性的发端。这也就是孟子的“四端说”，人一生下来就有了仁义礼智四端。“端”是一种萌蘖、胚芽，有了这个萌蘖、胚芽，人的仁心善性就会生长发育，就有可能长成道德的参天大树。因此，对于儒家来说，人都具有成为道德高尚之人的潜能，所以说，“涂之人可以为禹”，“人皆可以为尧舜”。潜能与现实不是一回事，潜能不一定会变为现实，潜能要变为现实就要通过“为”，后来孟子就讲“能为之别”，“挟太山以超北海，语人曰‘我不能’是诚不能也。为长者折枝，语人曰‘我不能’是不为也，非不能也”（《孟子·梁惠王上》）。“能”与“为”既有差别，又有联系，能力要在“为”的过程中发展成熟，由潜能变为现实。

基于对于儒家思想的这样一种认识，我们来看这一章。这一章主要讲“为仁之本”的问题，那么，这个“为”就不是“是”的意思，这个“为”就具有成就、就具有做的意思，也就是老子所讲的“无为而不为”中的那个“为”的意思，“仁”不是先天就有的，而是“为”出来的，需要我们在实践中进行道德践履，进行灌溉培育，如果没有培壅之功，那么，道德的萌芽就会像牛山之木一样夭折殆尽，我们就会变得禽兽不如。

既然“为”是成就、培育，“为仁之本”也就是成就、培育仁道的根本，那么，这个“本”就是根本，也就是根，为什么这个“本”是根本不是基本呢？虽然基本也有根本的意思，但有时候也会有所差别，譬如，我们说某个东西包含三个基本要素，某个问题包含四个基本方面，那么，基本就不具有动态的意义，而是更加倾向于静态，而仁则离不开培养发育的过程，因此，成仁是动态性的成长过程。人们要想成长为道德的参天大树，就不能成为无根之木，就离不开仁义礼智四端。因此，我们要想成仁，就不能离开这个根或本。

这个根是什么呢？就是“孝弟（悌）”，“孝弟也者，其为仁之本与！”当然，这个“孝弟”我们也可以把它理解为一种孝亲敬长的行为，我们如果在生活中时时处处都孝亲敬长，那么，我们也就不会犯上作乱，这也说得通，而且确实过去很多人都是这样理解的。不过在笔者看来，这种具体的行为有时候不具有普遍性，也不具有成长性，就像过去二十四孝里面讲的割股奉亲、埋儿奉母、卖身葬父等等，这些都不具备在现实生活中进行推广的可能性，这些又怎么能够成为根本呢？又怎么能从它上面长出伦理道德呢？因此，最好不要将“孝弟”理解为具体的行为，那么，“孝弟”应该被理解为什么呢？笔者以为，最好将“孝弟”理解为道德的情感或道德之心，过去人们确实也强调道德之心、道德之情，古人就说，“论心不论事，论事天下无孝子”，就是强调孝敬更重要的是有那份心、那份情，如果要“论事”的话，就必须有前提条件，你想给父母这个那个，首先你得有那个经济实力啊！如果没有那个实力，心到、情到就够了。确实，孟子就说过，“孩提之童，无不知爱其亲者；及其长也，无不知敬其兄也”(《孟子·尽心上》)，从“无不知”我们就可以看出，与“孝弟”相对应的“爱”与“敬”并不是具体的行为，而是内心当中那份爱亲敬长的道德情感。如果顺着这个情感，让这种情感发育成长，成为我们为仁的起点，那么，我们就会成长为仁人志士，就会做到亲亲仁民爱物。

“孝弟”之情之所以能够担此重任，是因为这种情感与其他情感相比，对于每个人来说更具有切身性，更具有本源性，比其他情感更加普遍，更加强烈。这主要表现在三个方面。第一，每个人都为父母所生，都与父母具有血浓于水的血缘亲情，这种情感具有天然性，切身性。第二，我们每个人都由父母抚养长大，父母为我们的成长呕心沥血，因此我们对于父母都有一种特别的情愫。第三，就像在第一章中所说的那样，中国古人聚族而居，一个家庭、一个家族的成员都居住生活在一起，因此距离相对较近，这种近也会导致情感上的“亲”。正是因为每个人所遭遇的最初关系，都是父子兄弟关系，我们最初的情感也主要表现在亲人身上，因此，道德的培养也应由此出发，一旦“孝弟”的情感得到精心呵护，从而健康茁壮成长，那么，我们离成仁成人也就不远了，就会接近仁道，这也就是有子所说的“君子务本，本立而道生”。

1.3　子曰：“巧言令色，鲜矣仁！”

这段话还出现在《论语·阳货》第十七章。

“巧”有神妙、灵巧、美好、美妙的意思，也有虚浮不实的意思，《集韵·效韵》中说：“巧，伪也”。因此，“巧言”就是虚浮不实的言论。“令”是善、美好的意思。“色”指外面，表面，也指脸上的神情、气色。与“巧言”相应，令色就是伪善的表情。“鲜”就是少的意思。整个这句话的意思是：一个人花言巧语，外表伪善，这种人是不会有多少仁德的，或者说，这种人很少是道德高尚的人。总的来讲，这段话是对于夸夸其谈的一种否定。

孔子之所以反对语言和外表，因为这些东西都是表面的功夫，表里未必是统一的。而“仁”却是内在的，是本质性的，“仁，人心也”（《孟子·告子上》），君子追求的是一种本质。即使君子也强调外表，但这也是由内及外的，外表也是内在的一种自然流露。这也就是孟子所说的“君子所性，仁义礼智根于心，其生色也，睟然见于面，盎于背，施于四体，四体不言而喻”（《孟子·尽心上》）。因此，对于儒家来说，加强内在的道德修养才是最重要的。譬如，《论语·八佾》中子夏问孔子，《诗经》中说“巧笑倩兮，美目盼兮，素以为绚兮”，这要表达什么意思呢？孔子说“绘事后素”，就是讲你在作画之前，有一个纯白的底子，这个底子就像孩子一样纯白无瑕，孩子是一张白纸，所以我们可以在上面画一张最新最美的图画，可成年人就已经被污染了，你只能将就着他去画了。

既然仁是内在的，那么，对于仁来说，最重要的问题是注重内在的修养，而言语神色则是内在修养所表现出来的一种自然的结果，因此，对于一个道德高尚的人来说，他是内外统一、表里如一的，即所谓“文犹质也，质犹文也”（《论语·颜渊》）。当然，内外统一、表里如一是一个理想的境界，是一个追求的目标，但是要达到这个境界、这个状态又谈何容易。如果达不到，我们是要更加重视内在，还是外在呢？在儒家看来，还是要重视内在，因为内在才是根本性的。孔子有两个弟子，一个叫宰予，一个叫冉雍（仲弓）。宰予这个人能说会道。他曾经就跟孔子讨论过三年之丧的问题，觉得三年时间太长，改为一年就可以了，而且觉得这样能够做到心安理得，结果孔子只好说“女安，则为之”（《论语·阳货》）。从这件事情上我们就能看出，宰予这个人，语言表达能力很强，会说些花言巧语，对自己的内在修养重视不够。结果孔子有一次去看他，发现他大白天在睡觉，孔子反省自己，过去是“听其言而信其行”，现在要改过来，要“听其言而观其行”（《论语·公冶长》），意识到很多人是表里不一、内外不一、言行不一，“言不顾行，行不顾言”，是言过其行，是“德之贼”（《孟子·尽心下》），这是为君子所不齿的，“君子耻其言而过其行”（《论语·宪问》）。在孔子看来，即使你不能做到表里统一，也要加强内在的道德修养，这也比夸夸其谈、没有内在修养的人强。像冉雍就口才不行，所以有人说他“仁而不佞”，“佞”就是能言善辩，能说会道，冉雍道德修养还不错，可惜口才差了点。而孔子却说，“焉用佞？御人以口给，屡憎于人”（《论语·公冶长》）。孔子就讲为什么要有口才呢？鼓舌如簧地与人进行辩论，反而会遭到别人的憎恨。

儒家之所以反对巧言令色，认为“巧言乱德”（《论语·卫灵公》），一方面是因为儒家的仁是内在的,儒家认为仁义的培养应该是由内而外的,所以反对过度的外在文饰,从而导致对于内在的遗忘。另外一方面,是因为儒家对于这个"言"也持一种怀疑的态度,怀疑语言能否恰到好处地表现内在的仁义。

在对待语言的问题上,中西之间是存在一定的差距的。在西方,语言是处于比较高的位置的。《圣经·创世记》里面讲到上帝创造世界,都是用语言创造的,上帝说"要有光,便有了光",上帝说要有什么,就创造了什么,可见语言具有创造功能。在《圣经》里面还有一个通天塔的故事,人们因为语言相同,所以能够一起商议,密谋建造一座通天塔,从而超越尘世进入天堂,结果上帝为了粉碎人们的图谋,变乱了人们统一的语言,让人们说着各种不同的语言。可见语言具有一种超越功能。在现代西方哲学中,哲学经历过一个语言学的转向,哲学家对于语言问题更加关注,将语言置于哲学研究的中心,就连存在主义者海德格尔也说过"语言是存在的家",对于那些分析哲学家就更不用说了。不过在中国,中国人对于语言是存在一定怀疑的。像道家就认为道不可言,"道可道,非常道,名可名,非常名"(《老子·一章》),所以道家要行"不言之教",实在要说,也要采取迂回曲折的方式,使用谬悠之说、荒诞之言、无端崖之辞,说了之后马上就要"得意忘言"。当然,儒家没有道家那么极端,也不像西方把语言提到那么重要的位置,整体上语言在儒家学说思想中的地位不高。孔子就曾想不说话,"予欲无言",结果弟子讲,"子欲无言,则小子何述焉?"孔子则回答说,"天何言哉!四时行焉,百物生焉。天何言哉!"(《论语·阳货》)上天什么也没说,四时代序,万物消长,一切都有条不紊地进行,可见说不说话并不重要。因此,孔子对于人性与天道问题就很少去说,"夫子之言性与天道,不可得而闻也"(《论语·公冶长》),为什么呢?就是因为性与天道很难说得清楚,说不清楚就不说了,悬置起来。

另外,我们在前面说过,仁义或道德是实践性的,不是理论上的,口头上的,因此,道德是一个行的问题,不是一个知的问题,知而不行不能说是道德的。关键的是,道德要落到实践中不是那么容易的,像孔子和颜回那样身处陋巷,箪食瓢饮,仍然不改初衷,不以为苦,反以为乐的能有几人呢?孔子弟子三千,能真正恪守仁道,践行仁义的就没有几个,颜回是"其心三月不违仁,其余则日月至矣"(《论语·雍也》),对于普罗大众来说,更是可想而知了。因此,仁义道德说起来容易,做起来很难。既然做起来很难,就不要随便说,因为说了就要做到,如果你说了又做不到,那么不就不道德了吗?"古者言之不出,耻躬之不逮也"(《论语·里仁》)。因此,司马牛问仁的时候,孔子说,"仁者,其言也讱"(《论语·颜渊》),

就是说仁人说话比较迟钝，孔子所说的木讷，“刚、毅、木、讷近仁”(《论语·子路》)，孔子对此给出的理由就是践行仁道太难了，“为之难，言之得无訒乎？”(《论语·颜渊》)因此，对于道德高尚的君子来说，重要的问题不是说了什么，而是做了什么，言语与德行、德性之间不具有必然的联系的，“有德者必有言，有言者未必有德”(《论语·宪问》)，所以，君子要把主要的精力放在道德的修养和践行上，而不是夸夸其谈，卖弄花言巧语，“君子欲讷于言而敏于行”(《论语·里仁》)，“敏于事而慎于言”(《论语·学而》)。

说儒家反对花言巧语，反对言行不一，这并不是说儒家像道家一样“不言”。儒家还是要言说的，当然，儒家对于言说还是有要求的，因为语言有时候的威力还是巨大的，巨大到什么程度呢？“一言可以兴邦，一言可以丧邦”(《论语·子路》)，所以，说话要慎重，不要一天到晚喋喋不休，也说不到点子上，这种话说了还不如不说，“群居终日，言不及义，好行小惠，难矣哉!”(《论语·卫灵公》)孔子作为“圣之时者”，非常注重说话的时机，“夫子时然后言”，也就是说在该说的时候就说，不该说的时候就不说，所以，“人不厌其言”(《论语·宪问》)。譬如，在面对不同人的时候，到底该不该说话呢？这没有一定的，关键要看对象来决定，“可与言而不与之言，失人；不可与言而与之言，失言。知者不失人，亦不失言”(《论语·卫灵公》)。实际上，儒家要求在不同的场合，面对不同的对象，说话的方式、说话的姿态都应该有所不同，有关这点，大家可以看看《论语·乡党》，里面就记载了在乡党面前、在宗庙里、在朝廷上，以及与上大夫、下大夫、国君说话都具有不同的方式方法。

总而言之，这一章孔子强调仁人应该做到表里如一，言行如一，不花言巧语，不“色取仁而行违”(《论语·颜渊》)。

1.4　曾子曰：“吾日三省吾身——为人谋而不忠乎？与朋友交而不信乎？传不习乎？”

正如前文所言，在《论语》中除了孔子外，只有有子和曾子称“子”，因此，人们断定《论语》为有子和曾子的徒子徒孙所记录编撰的。如果我们仔细翻阅《论语》，实际上有子出现的次数很少，根据我的粗略统计，有子的语录出现了 3 次，曾子的语录出现了 18 次，其中还有一些关于曾子的掌故，可见在《论语》编撰者的心目中曾子处于非常重要的地位。不过我们还要注意一个问题，在《论语》中有曾点(又称曾皙)有曾参(字子舆),这两人都是孔子的学生,而且还是父子关系:曾皙是父亲,曾子就是曾参,是儿子。

这句话的字面意思理解起来比较容易,"省"就是反省,"三"在古代是个虚指,不是实指,表示多的意思。就像《三毛流浪记》中的三毛,并不是只有三根头发,而是指他有很多头发。因此"吾日三省吾身"就是说我每天都多次反省自身。这里为什么要强调"吾身"这个"身"?当然,我们可以说它是为了便于表达,但是我们也不妨从"近取诸身,远取诸物"(《易·系辞下》)这个角度来看,曾子这样做的目的是为了能近取譬。后面所讲的实际上都是待人的方式,我们如何来待人,我们就要能近取譬。

"为人谋而不忠乎?"这个"人"是一个泛称,所以,我们一般都将其理解为他人、别人,这当然也可以,不过这种理解没有照顾到后面的两句话。"忠"在儒家那里作为一种普遍的美德,"尽己之谓忠",就是为了别人做事要尽心尽力,但是,在开始的时候,"忠"是对于君臣而言的,像孔子说"君使臣以礼,臣事君以忠"(《论语·八佾》),这个"忠"就表示臣下为君主办事应该尽心竭力。因此,"为人谋而不忠乎?"这里所强调的是下对上的关系,是讲下级为上级办事是否恪尽职守,是否尽心竭力。

"与朋友交而不信乎?""同门曰朋,同志曰友",这里的朋友讲的是志同道合的师兄弟或乡党之间的关系,与上面讲的不一样,上面讲的是我如何与上级相处的问题,这里面讲的是如何与平辈相处的问题。"信"就是诚信、信实,也就是讲信用,只有这样,朋友之间才会值得相互信任。因此,在"五伦"当中,"信"是属于比较平等的关系,因此,谭嗣同说,儒家伦理对于现代社会提供的重要遗产就是"朋友有信",只有它与现代的平等思想接轨。

"传不习乎?"这句话有不同的理解。像杨伯峻将其理解为"老师传授我的学业是否复习了呢?"另外一种过去比较通行的理解是,"我传授给学生的知识,我是否经过自身深入思考、实践验证了呢?"我比较同意传统的理解。为什么呢?"为人谋而不忠乎?"讲的是对上的关系,讲的是如何与在上者相处的问题;"与朋友交而不信乎?"说的是与自己地位平等的人如何相处的问题。按照这种"每况愈下"的逻辑,"传不习乎?"应该讲的是如何与地位比自己低的人相处的问题,而传统的理解正好符合了这样一种逻辑。另外,这种理解还有一个优点,就是强调教师在给学生讲授学问的时候,一方面要求教师对于自己讲的东西真正进行过深入地思考、反复地沉潜,有心得体会;另一方面教师要求学生去落实去实行,首先教师要实行过，不能严于律人，宽以待己。

从上中下的区分中，我们可以看到，曾子完整地论述了与所有他人之间的关系，有在上者，有平等者，有在下者，它涵盖了我所面对的全部人际关系。因此，将这几句话总结起来，实际上曾子强调的是与他人如何相处的问题，如何对待他人的问题。当然，这种上中下的区分，只是一种相对的区分，只是以主要的相处方式而言。实际上在日常生活中，这三者并不是截然分开的，与上级交往也有信的问题，与朋友、弟子交往也有忠的问题。因此，我们可以把它看作互文。在这些德性之中，"忠"是最重要的，因为从构词上，我们可以看出，"忠"是从心来说的，而儒家最关心的就是这个"心"，儒家讲中和之道，讲仁义之道，这些都建立在仁心善性基础之上，"喜怒哀乐之未发谓之中，发而皆中节谓之和"(《中庸・一章》)。因此，为别人做事、与他人相处尽心竭力是最重要的。

曾子的反省都是针对自身的，都是强调我在与别人相处的时候，我应该怎么做，而不是别人应该怎么做，这是很有意味的。在现代社会中，自我中心主义流行，精致的利己主义流行，我们在与他人交往、相处的时候，不是考虑我应该怎么做，而是考虑别人应该怎么做，从而把自己看作权利的主体，看作他人服务的对象。在自我中心主义的视野中，我们把社会看作自我展示的舞台，看作满足自我欲求的仓库，他人都成为满足自我需要的手段和工具，我们会对他人提出各种严苛的要求。因此，在现代社会中，尽管制定了各种各样的规则，但是我们会觉得这些规则是针对他人而言的，这些规则是为自我服务的，我则超越于这些规则之上，从而导致了各种各样违法乱纪的行为层出不穷。同时，由于每个人都是主体，都是以自我为中心，都有自身的权利要求，都强迫别人为满足自己的权利服务，这样就导致人与人之间的矛盾冲突不断。曾子这里就没有自我中心主义，他不是自我取向的，而是他者取向的，曾子所强调的不是自我的权利，而是自我对他者的责任，我们要不惜代价地承担对他者的责任，"士不可以不弘毅，任重而道远。仁以为己任，不亦重乎？死而后已，不亦远乎？"(《论语・泰伯》)如果每个人都能做到曾子所要求的，那么，社会的冲突就可以大幅度地下降。因此，曾子的这段话对于反思现代社会中紧张的人际关系提供了一个重要的视角，对于促进人与人之间的和谐相处提供了重要的思想资源，在法律之外为解决人与人之间的矛盾冲突提供了伦理道德的补充，值得我们这些现代人好好去玩味与发掘。

1.5　子曰："道千乘之国，敬事而信，节用而爱人，使民以时。"

这一章是讲为政的。在《论语》中讲为政的很多，大致可以分为两种：一种是针对君主说的，作为一个君主，应该具备什么品质，如何来治国理政；一种是针对自己的学生说的，如果去当官了，那么，应该如何辅佐君主来治理国家。因为所针对的对象不一样，在内容上也存在一定的差异。这一章显然是针对君主而言的。为什么这么说呢？我们来看看"道千乘之国"。在中国古代汉语中有万乘、千乘、百乘，万乘指天子，千乘指诸侯，百乘指大夫，这里讲"千乘之国"应该是指诸侯国。"道"在古代有时又作"導"，这个"導"就是现在"导"的繁体字，因此，"道"在古代又有引导、教导、导流等等含义，将这种含义用到国家、政治上，这个"道"就有治理的含义，也就是说治理国家要善于引导，谁来引导？当然是君主，是统治者。因此，"道千乘之国"就是讲诸侯如何来治理诸侯国，将它引导向一个健康的发展方向，从而成为一个国富民强的诸侯国。

不论是对于普通的士来说，还是对于统治者来说，在儒家看来都有一个共同的特点，都是要严于律己，宽以待人。因此，对于统治者自己也应该有严格的要求。这章的后三句话都是讲诸侯应该对自己提出的要求。对于儒家而言，儒家的政治是仁政，也就是讲王道，而不是霸道，这是一种贤能政治，也就是说，施行仁政王道就必须要有一个德行高尚的贤明君主，因此，这些君主应该加强自己的道德修养，从而使自己能够按照仁政王道来治理国家，这里面所讲的就是德行高尚的君主应该做到的基本要求。为什么统治者应该提高道德修养，施行仁政？第一，在儒家看来，施行仁政王道的君主比施行虐政霸道的君主更受百姓的欢迎，更受百姓的爱戴，"为政以德，譬如北辰居其所而众星共之"（《论语·为政》）。第二，君主的高尚德行能够对于百姓起到良好的示范效应，容易引起百姓的效仿，因此季康子向孔子问政的时候说，自己准备"杀无道以就有道"，结果孔子就说，"子为政，焉用杀？子欲善而民欲善矣。君子之德风，小人之德草。草上之风，必偃"（《论语·颜渊》）。第三，施行仁政王道比施行虐政霸道更能激发人们内在的羞恶之心，从而提供弃恶从善的动力，"道之以政，齐之以刑，民免而无耻；道之以德，齐之以礼，有耻且格"（《论语·为政》）。正是因为仁政王道的巨大优势，所以，统治者应该提高自身的道德修养，要先正其身而后正人，只有这样才能取得事半功倍的效果，"苟正其身，于从政乎何有？""其身正，不令而行"；反过来，情况则大不相同，"不能正其身，如正人何？""其身不正，虽令不从"（《论语·子路》)。

对于一个诸侯国的国君来说，他是国内最高的统治者，可以说是国事繁忙，内政外交都必须加以过问。国君实际上是百姓的榜样，国君的所作所为、做事的态度，对于百姓具有巨大的示范效应，因此，国君做事情要走在百姓的前头，真正起到示范表率的作用，“先有司”，“先之劳之”(《论语·子路》)，自己带头了，百姓才会努力地工作。“敬事而信”，“敬”是做事的态度，就是对于工作严肃认真，努力地把每一件事情做好，譬如国家治理要“谨权量，审法度，修废官”，“兴灭国，继绝世，举逸民”(《论语·尧曰》)，“足食，足兵”(《论语·颜渊》)。这样一来，既增加了统治者的信誉度，也增强了百姓对于国家的信心，人们就会觉得统治者是值得信赖的。当然，这种信赖主要还是取决于统治者为人处事的信实可靠。

“敬事而信”，强调的是处理国事，讲的是内政外交，而“节用爱人”则讲的是日常生活。在中国古代，由于“溥天之下，莫非王土。率土之滨，莫非王臣”(《诗经·小雅·北山之什》)，因此国君们容易在思想上走向腐化堕落，从而把天下国家看作一家一姓之私产，认为国家的财富可以用来随意挥霍，从而过上奢侈糜烂的生活，像商纣王就曾过着酒池肉林的骄奢淫逸的生活。在儒家看来，这种过分注重物质享受的人都是不值得受人尊重的人，因为这些人都是道德品质低下之人，“君子谋道不谋食，……忧道不忧贫”(《论语·卫灵公》)，“君子喻于义，小人喻于利”(《论语·里仁》)，“从其大体为大人，从其小体为小人”(《孟子·告子上》)，把日常生活用度看作“小人之事”，这不是大人之所为，大人应该进行道德修养，“居仁由义”(《孟子·尽心上》)，“由仁义行”(《孟子·离娄下》)，即使生活困窘，也要乐此不疲，这也就是孔颜乐处的美谈之所从来。

在“节用爱人”一语中，“节用”讲的是日常生活中的花费用度，而“爱人”则讲的是日常生活中的交往。在现代社会中，“人”是一个普遍称谓，是针对所有人而言的，而且现代社会中强调人与人之间的平等，因此，我们要爱所有的人，也就是所谓的博爱。博爱是爱无差等的，但是儒家是强调爱有差等的，儒家讲“爱人”有时并不是泛泛而说的。“节用爱人”中的“爱人”就不是针对所有人而言的，因为这里的“人”和后面的“民”显然不是在一个层次上说的。“民”是百姓，是最低层次的，这个“人”显然是在更高层次上说的，能与国君日常生活发生紧密联系的显然是士大夫阶层，也就是那些贤达之士。国家的治理不能仅赖国君一人之力，要发挥贤达之士的力量，让他们为国家的繁荣昌盛贡献自己的聪明才智。因此，“节用爱人”中的“爱人”实际上具有爱惜人才的意思，要为国家招贤纳士，网罗人才。

“使民以时”是对于百姓而言的。作为一个统治者当然要去役使百姓，这在古代被当作天经地义的，当然有些人站在现代社会的立场上来批评古人，觉得古人奴役剥削压迫，这是不对的，孟子不是说过要“知人论世”吗？虽然从现代社会的立场上看有些不合理，但是站在当时的社会中自有它的合理性，我们不能要求古人变成现代人，要他们站在现代的角度看问题，这对于古人是不公平的，即使在现代，我们建设一些大型工程，也要使用劳动力，更何况在先秦生产力落后的时代，修筑城墙、铺设道路、架设桥梁当然要征调大量的民夫。虽然站在现代的立场上，役使百姓（役民）的做法值得商榷，但是，“以时”还是具有可取之处。“时”在中国指时机、时节，“使民以时”就是要求国君在征调民力的时候要注意时机、时节。中国是一个农业国家，农业生产活动具有很强的季节性，耽误了播种的季节，就会影响一年的收成，就会影响百姓的生活，因此，“使民以时”就是要求国君不要过度地征用民力，从而耽误百姓的农业生产活动，导致民不聊生，对于民力的使用要合理合度。关于“时”的问题，值得深入分析，不过这个留待以后再进行分析。

总而言之，这一章主要是提出了对统治者为人处世、待人接物的要求，要求统治者提升道德修养，施行仁政。不过我们需要关注的是，儒家不论是站在何种立场上，都始终是他者取向的，都不是从自我出发的，都是强调自我对于他者负责任的态度，强调自我如何恰当地处理与他者之间的关系，而不是要求他者来适应我为他们制定的标准、规则，因而，不是要求他者趋向自我，与自我保持同一，而是要求自我趋向他者，想他者之所想，为他者承担责任。

1.6　子曰：“弟子，入则孝，出则悌，谨而信，泛爱众，而亲仁。行有余力，则以学文。”

中国人说话，不是经常都有主语的，像前面几章就很少有主语，这跟西方不太一样，这是值得思考的一个问题，这应该不仅仅是一个语言的习惯，背后应该有其深层的原因。不过这句话有主语——弟子。弟子在古代有两个方面的含义，一是指年纪小的人，一是指学生，一般认为，这里的弟子是指弟子之中年纪小的人。不过在笔者看来，没有必要分得这么仔细，年龄小的人也应该是学生，因为孔子开私人办学之先河，就是为了让那些达到上学年龄的人都有学习的机会。

因此，这段话可以看作是对那些开始学习的幼童而言的。这里面有两句话，包含了两个方面，前面一句话是讲“行”的问题，第二句话则讲到如何处理“行”与“文”的关系。

对于儒家来说，孝悌是为仁之本，因此，我们在道德修养上要从孝悌开始，“入则孝，出则悌”，要孝顺父母，要敬爱兄长。这里面为什么要用“入”与“出”呢？据杨伯峻研究，说是在古代“由命士以上，父子皆异宫”，也就是父子不同室而居，“入”就是进入父母之“宫”，“出”就是出己之“宫”。这些都不重要，重要的就是时时保持孝亲敬长的态度，做事谨慎，言语迟钝，做到信实可靠。由于孝悌是对于父子兄弟等亲人之间的一种情感，具有切身性，因而容易限于狭隘。虽然儒家承认这一点，儒家强调爱有差等，如果像墨家那样爱无差等，就是“无父无君，是禽兽也”（《孟子·滕文公下》），但这并不意味着儒家只将爱亲敬长的情感永远地限制在亲人之间，而是要将其向外推扩，做到推己及人，“老吾老以及人之老，幼吾幼以及人之幼”（《孟子·梁惠王上》），从而做到亲亲仁民爱物，爱及天下群生，这也就是“泛爱众”。当然，一个人要提升自己的道德修养，那么，最便捷的途径就是拜道德高尚的人为师，与他朝夕相处，感受其人格的魅力，接受其人格的熏陶，从而“亲其师而信其道”，因此说“学莫便乎近其人”（《荀子·劝学》）。这里所讲的“亲仁”，就是亲近道德高尚的人，当然，我们既可以把它看作是强调亲近名师的重要性，也可以把它看作是强调良好社会风俗和生活环境的重要性，就像孟母三迁实际上就是指后一方面。

这第一句整个都是讲内在的道德修养的，而这种道德修养并不是像道家、佛家那样离群索居，与世隔绝，闭关修炼，而是强调在人际关系中来提高自身的道德修养，只有能够道德地处理各种人际关系的人才是真正道德高尚的。因为伦理道德不是存在于个人之内的，而是存在于人与人之间的，道德必须在自我与他者之间的关系中才能体现出来，这也就是列维纳斯所讲的，伦理是上一来者与下一来者之间的关系，儒家所讲的“仁”是“从人从二”，也就是说，讲伦理道德必然会涉及谁讲伦理道德、对谁讲伦理道德的问题，也就是必须有主体与对象的问题。当然，对于儒家来说，“仁者，人也”（《中庸·二十章》），道德不是一种外在的装饰，不是让人变得道貌岸然，甚至将其变成谋利的工具，而是构成了人之为人的本质规定性。这也就是后来荀子所说的，“水火有气而无生，草木有生而无知，禽兽有知而无义，人有气、有生、有知、亦且有义，故最为天下贵”（《荀子·王制》），就把道德作为人区别于世间万物的一个标志，只有讲道德，人才能将人从自然世界当中超拔出来，真正成为“宇宙之精华，万物之灵长”；反过来，如果人不讲道德，那么，人就会变得禽兽不如，因为人一旦不讲道德，那么，人和动物一样，只剩下了物质性的肉体，而人的肉体从身体机能上来说还比不上动物，“力不若牛，走不若马”（《荀子·王制》），所以，人凭借身体本能不但不能从动物世界当中超拔出来，甚至连在自然世界当中存活都很困难。因此，对于人来说，人要通过道德将自己置身于社会关系之中，而不能与世隔绝，“鸟兽不可与同群，吾非斯人之徒与而谁与”（《论语·微子》），这也就是孔子不愿意离群索居，做个隐士，即使遭遇千难万苦，也要游说天下的原因之所在，他要在人际关系当中来成就自己的道德。正是因为人际关系对于提升自身道德修养的重要性，所以，这句话整个都是针对他人、针对人际关系而言的。

“行有余力，则以学文”。在这句话中，孔子是将“学文”与“行”相对而言的。与“行”相对的，显然就是“知”，因此，在这里“学文”可以看作是解决“知”的问题。后人讲知行合一，认为知而不行，知非真知；行而不知，就会有陷入胡作非为的危险，那么，孔子在这地方显然不是讲知行合一，而是讲行先于知，那应该如何来理解呢？可以从两个方面来理解，第一，我们可以从学习的内容来理解。从前面的讲述中我们可以看出，儒家是学以成仁、学以成人的，也就是要成就一个道德的理想人格，成为一个道德高尚的人，而对于道德来说，行是最为重要的，道德依赖于践履，是一种实践的智慧，没有了“行”，即使有再多的知识，也是空头的理论，不会成就高尚的道德。第二，从为学的次第来理解。对于一个年幼的人来说，对于理论的学习会存在着理解上的困难，因此，要从日常生活中的待人接物做起，从这些生活细节当中进行行为习惯的培养，从而将伦理道德规范固化为日常的为人处世方式。这从知行的行先于知这个角度来说，也是可以说得过去的，因为孔子就曾经自谦地说过，“文，莫吾犹人也。躬行君子，则吾未之有得”（《论语·述而》），就是说在学问知识上，我跟别人差不多，但是在道德实践上，我还做得很不够，可见对于实践的要求之严。

在上面，我们对于“文”实际上采取了一个比较宽泛的理解方式，我们就把它看成了文化知识，当然在儒家那里文化知识也就是伦理道德方面的知识。不过这种理解有点泛化了，在《论语》当中“文”应该有它特定的内容，关于这个“文”到底是什么？在历史上有多种见解，有人认为是文字，有人认为是“六艺”，有人认为是古代文献。笔者比较支持古代文献的理解。孔子在中国古代的一个重要贡献就是古代文献的整理和传承，即使孔子讲仁义，那也是对中国古代礼制的发扬光大，“周监于二代，郁郁乎文哉！吾从周”（《论语·八佾》）。古代的礼制在孔子生活的时代已经崩塌，只能从历史文献的记载中才能窥见古代礼制的端倪，孔子说，“夏礼，吾能言之，杞不足征也；殷礼，吾能言之，宋不足征也。文献不足故也”（《论语·八佾》），可见他是从古代文献中来了解古代的礼制。正是缘此之故，孔子才有了“韦编三绝”之千古佳话，才汲汲于古代文献的审定工作，后来弟子们说“夫子之文章，可得而闻也；性与天道，不可得而闻也”（《论语·公冶长》），这个文章大概就是孔子所整理的古代文献及关于古代文献的论述。既然孔子对于古代文献这么重视，那么，他一定会利用古代文献进行道德教育，因此，“子以四教：文，行，忠，信”（《论语·述而》），这个“文”当是古代的文献。

不管是泛化的理解，还是具体化的理解，这个“文”都与道德有关，都是关于道德的知识。因此，这都是放在知行这个层面来理解的。不过，笔者以为，我们也可以从“文”与“质”的角度来思考这句话。虽然，儒家讲“行”的时候，一般比较倾向于将其与“知”相对，但是讲“文”的时候，更倾向与“质”相对，如孔子说，“质胜文则野，文胜质则史。文质彬彬，然后君子”（《论语·雍也》）。这个“文”一般理解为文采，不过这个文采实际上也离不开对于文献的阅读，古人不是说“腹有诗书气自华”吗？因此，这里的“文”是讲读书所呈现出来的外在状态，是一种外在表现形式，我们可以把它看作一种文饰。不过这种后天的外在文饰必须要与人类的质地结合起来，也就是要做到“绘事后素”，如果脱离了人类的善性，脱离了“四端”的发育培养，那么，这种文饰就变成了纯粹的形式，变成了没有实际内容和实际效益的浮华。这也就是说这个“文”是用来涵养人的德性、德行的，不是一种纯粹的外在装饰。读书学习当然有它的作用，有它的意义与价值，但是这种作用、意义与价值必须与道德人格的培养结合起来，不应为了学习知识而学习知识，从而将学习变成了一种“为人之学”，这就本末倒置了。

1.7　子夏曰：“贤贤易色；事父母，能竭其力；事君，能致其身；与朋友交，言而有信。虽曰未学，吾必谓之学矣。”

子夏是孔子的弟子，名叫卜商。《论语》中有很多关于他的记载，说他做过“莒父宰”，也就是当过县长，孔子说他与子游长于“文学”，评价他与子张“师也过，商也不及”（《论语·先进》），“过犹不及”就是出自这里。《论语》中记录了他多条语录，犹以《子张篇》最为集中，可见他在孔子弟子中还是居于比较重要的地位。

这里共有两句话，第一句话是“贤贤易色；事父母，能竭其力；事君，能致其身；与朋友交，言而有信。”这句话的后面部分主要讲了侍奉父母、君主和与朋友交往的问题，这明显是有关人伦的问题，据此推断“贤贤易色”也应该讲人伦。《周易·序卦》说，“有夫妇然后有父子，有父子然后有君臣，有君臣然后有上下，有上下然后礼义有所错”，就是讲人伦规范是由夫妇关系开始，因此《中庸·十二章》中也说，“君子之道，始于夫妇”。既然人伦之道，造端乎夫妇，然后再有君臣父子以及各种人伦规范，那么，这里的“贤贤易色”应当讨论的也是夫妇伦理的问题。

“贤贤易色”中，第一个“贤”是动词，是崇尚，以……为贤的意思，第二“贤”是名词，是贤德，德行美善的意思，因此“贤贤”就是崇尚德行，推重德行。“色”是美色，也就是美貌。《论语·卫灵公》当中，孔子曾经批评当时的社会，“已矣乎！吾未见好德如好色者也。”人们都普遍地关注美貌，而不关注内在的道德修养，其意是希望人们要“好德”胜过“好色”。子夏作为孔子的弟子，大概受到了孔子的影响，觉得在择偶的标准上，应该以道德作为选择的标准，而不是以外貌作为选择的标准，重道德轻外貌。

后面三点比较容易理解，就是：侍奉父母，能够尽心竭力；为君主效力，能够奉献自身；与朋友交往，要言而有信。

“虽曰未学，吾必谓之学矣”。从“曰”字来看，“未学”应该就是针对“贤贤易色；事父母，能竭其力；事君，能致其身；与朋友交，言而有信”的人而言的，即使他谦虚地说自己没有经过学习，那么，我也一定说他已经学过了。这里面有两个方面的问题值得我们注意。

第一，有人因此而认为子夏是反对学习的，认为儒家把道德看作是实践性的，知识的学习没有必要，知识的学习都是纸上谈兵。这是对子夏的误解，一方面子夏本身就擅长“文学”，也就是对于古代的经典文献很擅长，这说明他在“学文”上付出了艰苦的努力，一个努力学习的人怎么可能反对学习呢？另一方面，实际上，子夏不但不反对学习，而且还把学习当作成圣成贤的重要通道，“百工居肆以成其事，君子学以致其道”；不仅自己学习坚持不懈，而且鼓励人们要认真学习，“博学而笃志，切问而近思，仁在其中矣”。（《论语·子张》）

第二，关于学与未学的判断标准问题。在日常生活中，人们都从一个抽象的理念出发，或者说从一个理想化的状态出发，制定出一个普世化的标准，我们希望用这样一个标准去衡量一切事物，然后对其做出是非对错的判断。这种标准化的操作当然有它的优点，不过也有它的缺点。一方面，理想本身就带有个人性的特点，我们把个人化的理想提升为普世化的标准的时候，实际上就存在着“错失万物之情”的风险，我们不能保证这个标准真正适合于所有的人或物。另一方面，当理想被提升为普世标准的时候，标准就带有了不可动摇性和强制性，我们在应用标准的时候必须铁面无私，所有的人或物必须接受这个统一的标准，这就使我们错失了许多其他的可能性。就像《论语·子张》中记载，子夏培养学生，比较关注日常生活习惯的培养，要求他们每天从事“洒扫应对”的工作，结果子游就认为子夏的教学方式存在问题，认为他这是舍本逐末。子夏则说，“噫！言游过矣！君子之道，孰先传焉？孰后传焉？譬诸草木，区以别矣。君子之道，焉可诬也？有始有卒者，其惟圣人乎！”君子之道的传授是没有一定之规的，就像草木一样，是各各不同的，没有必要树立一个严格的统一标准，如果按照这个标准的话，有的人只能望而却步。

总的来说，这一章与上一章一脉相承，主要强调道德的修养，其中最主要的还是道德实践的问题，而不是理论学习，当然这也不是说子夏反对理论学习，而是反对机械化，反对“意，必，固，我”，反对执经无权，要求执一用权。

1.8　子曰：“君子不重，则不威；学则不固。主忠信。无友不如己者。过，则勿惮改。”

这一章讲的问题比较多，涉及四个方面的内容，不过都是对君子所提的道德要求。

“君子不重，则不威；学则不固”。“重”的含义比较丰富，与这里比较相关的可以有庄重、慎重、厚重、迟缓等方面的含义。当然，这些含义之间有些差异，侧重的方面也有所不同，有的是讲外在容貌的，有的是讲言行举止的，有的是讲道德品格的，但是从内外一如的角度来说，这些又都是统一的，因此，“君子不重，则不威”可以笼统地说成“君子不沉稳谨慎，就没有威严”。“固”具有牢固、专一等方面的含义。在《论语·子罕》中有“子绝四：毋意，毋必，毋固，毋我”之说，这里的“固”具有固执之意，因此，“固”有遮蔽之意。有人就据此认为不固应该是一个褒义词，如果按照这样理解的话，显然语义上不太通顺，更合理的解释，要么是“所学的东西不坚实牢固”，要么是“学习不能坚持专一”，二者似乎都可通，不过从“不威”作为一个结果来看，“学则不固”的前一种解释似乎更加对称。

“主忠信”。我们在讲《学而篇》第 4 章“为人谋而不忠乎？与人交而不信乎？”时说过“忠信”，“主”，有人说是“亲”，就是亲近忠信的人，也就是要亲近有德之人，这显然与后文“无友不如己者”的意义不协调。这个“主忠信”应该是“以忠信为主”、“以忠信为心”，从而把做一个忠信的人当作自己的人生追求。

我们在前面说过，德性的培养一方面要依靠自己的努力，一方面要依靠师友的帮助，因此要善于向他人学习，要处理好与他人之间的关系。“无友不如己者”就是指我们要怎么看待身边的朋友的问题。有人认为这里讲的是交友原则的问题，认为这句话是讲“不要和不如自己的人交朋友”。这么说虽然好像志行高洁，不与凡俗同流合污，但是这不符合儒家思想的本来面目。虽然这么说好像有语言学的支撑，因为这段话的后三句也出现在《论语·子罕》第 25 章，“子曰：‘主忠信，毋友不如己者，过则勿惮改。’”就用的是“毋”，而在现代汉语，“毋”是具有强烈的禁止意味的。不过需要指出的，是古代，“无”与“毋”相通，既可以表示禁止，也可以表示没有，因而说没有朋友不如自己在语义上也是可以说得通的。当然，之所以要做如此理解，主要还是从儒家思想本身出发的。

儒家的思想可以说是“天生我材必有用”，因为每个人都有仁心善性，每个人都可以成圣成贤，所以，我们不能自以为是，瞧不起别人，每个人都有自己的优点。因此，“无友不如己者”是指要看到别人的优点。虽然在孔子看来，其弟子们或多或少地都有这样那样的缺点，如“师也过，商也不及”、“柴也愚，参也鲁，师也辟，由也喭”等，但是他们又都有自己的优点、可取之处，“德行：颜渊、闵子骞、冉伯牛、仲弓。言语：宰我、子贡。政事：冉有、季路。文学：子游、子夏”。（《论语·先进》）而且值得一提的是，这其中有些人的优点就连孔子自己也觉得无法与之相比，“人或问孔子曰：‘颜回何如人也？’曰：‘仁人也。丘弗如也。’‘子贡何如人也？’曰：‘辩人也。丘弗如也。’‘子路何如人也？’曰：‘勇人也。丘弗如也。’”（《淮南子·人间训》）正因为每个人都有优点，都有可取之处，都有值得我们学习的地方，所以，孔子告诫弟子，不要自以为是，不要强不知以为知，要虚心地向其接触到的每一个人学习，“三人行，必有我师焉”（《论语·述而》）。

如果把“无友不如己者”理解为“不和不如自己的人交朋友”有什么问题呢？这显然与儒家的和而不同、忠恕思想不相符合。和而不同、忠恕之道都强调对他者的宽容，这就要求我们不能拿着自己所制定的交友标准去框限他者，孔子“毋意、毋必、毋固、毋我”实际上就是放弃了自我中心，不再从自我出发强行将他者置于自我的标准之下。实际上"不和不如自己的人交朋友",实际上就是以自我为中心,将自己对于朋友的要求强加于他者身上,从而对他者强行进行分类,然后与符合我的标准的人交朋友,将不符合我的标准的人排除在外,这也就是子夏所说的"可者与之,不可者拒之"(《论语・子张》)。关键的问题在于,"可"与"不可"是站在自我的立场上,是根据我的特殊需要对他者做出的判断,而这种判断是有局限性的,这种判断并没有穷尽其所有的可能性。因此,子张对于子夏的这种交友主张就提出了批评,"异乎吾所闻:君子尊贤而容众,嘉善而矜不能。我之大贤与,于人何所不容?我之不贤与,人将拒我,如之何其拒人也?"(《论语・子张》)另外,如果将"无友不如己者"理解为"不和不如自己的人交朋友"在逻辑上也存在问题。如果每个人都要和"胜己者"交朋友,那么,每个人都无法交朋友。因为你不想和不如自己的人交朋友,只想和胜过自己的人交朋友,那么,胜过你的人也只想和胜过他的人交朋友,也不想和不如他的你交朋友,那么,你就永远交不到朋友。

"过,则勿惮改。"意思比较容易理解,"有了过错,就不要害怕改正",就是要勇于改正错误,这也就是人们常说的"知错能改,善莫大焉"。这句话虽然浅显易懂,但是做到却并不简单。首先,"过,则勿惮改"的前提是要认识到自己的错误,这并不容易。因为每个人都是站在自我的立场上来看待这个世界的,包括人类自身的,所以,他会不知不觉地把自己的偏好加入到对于事物的评判之中。这也就是庄子所说的"成心",诠释学所讲的"前见"。虽然用词各异,实际上都是一种"偏见",这种偏见就会导致人们的自以为是和"智子疑邻",从而将自己看作真理的化身。因此,要想认识到自己的过失并不是一件简单的事。其次,"过"是小过,并不容易被发现。"过"是过失,它是无心之失,不是有意为之,有意为之成了大奸大恶。大奸大恶就会人神共愤,大奸大恶之人必然是人人喊打,"鸣鼓而攻之"(《论语・先进》);而对于小的过失,人们一般不太会计较,更不会深入追究,这也就是古人所说"举大德,赦小过,无求备于一人"(《汉书・东方朔传》)。正是因为没人计较,没人追究,所以,能够认识到自己的过失,并积极地加以改正,这是殊为不易的。最后,作为一个"君子",在现实生活中应该也是具有一定身份地位的人,甚至是德高望重的人,这种人一定是知羞耻、重荣辱的人。对于荣辱这个问题,中国有个成语叫"宠辱若惊",为什么呢?老子说,"得之若惊,失之若惊"(《老子・十三章》),拥有了荣誉就害怕失去,如果承认自己犯了过错,并去改正,这就有了失去荣誉的风险。因此,"过,则勿惮改"需要很大的勇气。不过,孔子教导人们，要“过，则勿惮改”，显然不是将自我的荣誉放在首位，因此，他不是以自我为中心的。

总而言之，这一章中，孔子强调了君子的自我修养，孔子一如既往地对自我提要求，限制自我的行为举止，不让自我无限地膨胀，这与自我中心主义是背道而驰的。

1.9 曾子曰：“慎终追远，民德归厚矣。”

古人说“君子曰终，小人曰死”，“终”就是死亡的另外一种说法，因此，“慎终”涉及的是对待死者、死亡的问题。《说文》说，“慎，谨也”；《尔雅》说，“慎，诚也”，不管怎么解释，都是要谨慎地对待死亡，要严肃认真地处理丧事。“追远”中的“追”有“追思”之意，“远”不仅是指空间，也指时间，具有久远之意，也就是指逝去的先祖，因此，“追远”就是指追思远祖。如果在上者能够做到这两点，那么，就会对老百姓产生积极的影响，就会导致百姓淳朴、民风敦厚。

这句话实际上字面意义的理解并不困难，不过这里也有值得关注的问题。

第一，要注意这个“终”字。在汉语中，“终”有终结、终点的意思。因此，我们在日常生活中，会用“始终”这个词，意味着从始点到终点，任何事情、人物都有始有终。不过，这样理解“始终”实际上是一种现代的理解方式，或者说受到西方影响的现代化的理解方式，就像亚里士多德将时间看作运动的数量。现代计量时间的方式恰恰是通过事物在空间当中的运动来计量时间，虽然具体的操作方式各有差异，但是本质上都是相同的，都是利用从起点到终点的运动数量来计量时间。当我们说从始点到终点的时候，实际上指的是时间或者说是时间区间。就像我们说一个人活了80岁，那就意味着他人生的时间是80年，而他的一生也就是在从××年到××年的这80年的时间区间里。在这种时间的理解方式中，不仅任何一个具体事物的存在时间是有限的，就连时间本身也是有限的。因此，在西方就有站立于时间之外的永恒，时间被看作创造的产物，因而，不仅具体的时间是有“间”的，就连时间本身也是有“间”的，时间无法跨越与永恒之间的间隙达到永恒。

中国古人的习惯不是说“始终”，而是说“终始”。像《周易·乾》中说，“大明终始，六位时成”，《庄子·秋水》中说，“夫物，量无穷，时无止，分无常，终始如故”；《大学·一章》中说，“物有本末，事有终始”，用的都是“终始”，而不是我们现在熟悉的“始终”。虽然从表面上看，这种变化只是位置上的变化，似乎并无实质上的影响，意思也没有发生变化，但是，这种看似简单的变化实际上反映了我们在时间观念上的重要变化。“始终”是从起点到终点，从而形成了一个封闭的时间区间，从而导致时间的固化，时间到了终点就走向了终结，就像人死了，一生就终结了，对于他而言，时间不再流动。当我们讲“终始”的时候，是没有这种明确的区间意识的，因为在这里，终并不意味着终结，并不意味着时间不再流动，并不意味着到此为止，而是一种新生、新的开始，就像《周易》讲到“既济”，但是并未结束，反而以“未济”收尾，这就意味着八卦乃至整个世界都要不断地重新开始。“慎终”中的死亡的亲人是死而不亡的，因为这既是我们所习惯的生命的结束，也是另外一种生命的开始，“死”并不是终结，而是以另外一种方式在继续生命，所以，中国人并不说人死了，而是说离世、辞世，这就是说生命变换了一种形式，进入了另外一个世界，生命继续存在。这也就是中国说“事死如事生，事亡如事存”（《中庸·十九章》）的一个重要原因。

第二，中国人为什么要“慎终追远”？这当然有前面所讲的情感性的问题，但是，笔者觉得还有一个重要的问题，就是中国人的安身立命的问题，解决“我是谁”的问题。“我是谁”不能从人自身来解决，必须要通过与他者的关系才能解决。如果一个人完全斩断了与一切他者之间的关系，他就没有办法完成自己的身份定位，告诉他人“我是谁”。就像一个人受单位委托出差到了外地，可能对方只了解其单位的某个领导，而对自己并不了解，那么，这个人要想让对方对自己有所了解，他就必须将自身放入与单位领导之间的关系中，以及自己这次出差与对方单位之间将会发生什么样的关系，从而通过这些关系网络，让对方对自己有一个相对明确的身份定位。当然，依靠这种共同时空中的关系只是自我身份确定的一个方面，可以说是一种空间中的关系。不过人不仅有空间中的关系，还有时间中的关系，只有时空中的关系纵横交错，人才能真正被稳定下来。就像一个人“少小离家老大回”，就会“儿童相见不相识”，他要想让别人了解他是谁，他就必须将自己重新置入过去的人际关系当中，告诉他人自己是谁的孩子，曾经是谁的学生，曾经是谁的同学，自己是谁家的什么亲戚，自己曾经与对方有过什么交往等等，只有通过这些曾经的关系，他才能还原出“我是谁”。“慎终追远”不仅是对先人的缅怀，同时也是不断地确认和维系与先人之间的关系，从而使我们获得明确的身份定位，清晰地解答“我是谁”的问题。因此，对于中国人来说，追寻“我从哪里来”是一个非常重要的问题。

第三,“慎终追远”怎么就会导致“民德归厚矣”? 一方面是因为,在曾子生活的时代,礼崩乐坏,整个社会的道德风尚处于一个相对糟糕的状态,百姓已经薄于事亲,如果这个时候统治者能够“慎终追远”,重新为百姓树立起道德的榜样,那么,这就会对社会起到一个示范的效应,从而引导人民走上道德之路。另一方面,百姓在模仿统治者“慎终追远”的过程中,就会重新明确自身的身份定位,明确自己对于社会的义务和责任,并会为了维持这种社会关系和自己的身份地位,而积极主动地承担起自己的责任和义务,从而去做道德的事,做道德的人。在现代社会中,很多人之所以做不道德的事情,就是因为他们已经失去了明确的身份定位,这与社会的流动性、城镇化所导致的陌生人社会、网络导致人从现实世界进入虚拟世界都有密切的关系。

1.10　子禽问于子贡曰:“夫子至于是邦也,必闻其政,求之与? 抑与之与?”子贡曰:“夫子温、良、恭、俭、让以得之。夫子之求之也,其诸异乎人之求之与?”

子禽这个人在历史上的具体身份存在争议,有人说他是孔子弟子,有人说不是,这个不影响我们对于这章的理解,我们存而不论。子贡是孔子的弟子,名叫端木赐,《论语》中有很多关于他的记载,孔子说他长于“言语”,对他非常赏识。子贡对于孔子在历史上的地位提升还是很重要的,实际上,孔子在中国历史上的神圣化是从子贡开始的,在《论语》当中多次记录了子贡神圣化孔子的言论。这章同样也是如此。

子禽问子贡:“孔子到了一个国家,一定会听闻那个国家的政事,是求来的,还是人家主动告诉他的?”子贡回答说,“孔子是通过自己的温、良、恭、俭、让的品性得到的。如果说孔子是求来的,大概也与别人的求不一样吧?”这里的温、良、恭、俭、让就是五种美好的品德,也是后世对于做人的一个重要的品德要求,朱熹在《四书章句集注》中对于这五种品德是这样解释的,“温,和厚也。良,易直也。恭,庄敬也。俭,节制也。让,谦逊也。”在子贡看来,孔子正是因为有此五种美德,所以,他具有人格的魅力和道德的感召力,孔子在周游列国期间,每到一国,那些统治者都会主动地告诉孔子本国国家治理情况,希望孔子能够为自己指点迷津,出谋划策,因而,那些统治者都是主动地亲近孔子,告诉孔子本国的政事。

将这段话看作子贡对于孔子的赞美是可以的,但是不必当作一个历史事实来看。从这段话中我们看到了孔子的道德品格，这段话为我们树立了孔子的道德形象——“温、良、恭、俭、让”，从而使我们对于孔子有了一个更全面的了解，但是如果因为有这几种美德，就能让那些统治者趋之若鹜、从善如流，这未免有点言过其实。孔子在历史上虽然做过官，但这并不意味着他春风得意、官运亨通，总的来说，他在官场上基本是郁郁不得志的，他无法在官场上发挥他的政治才能，实现自己的政治理想、政治抱负。他之所以周游列国，是因为他在鲁国失去了官职，他周游列国一方面是要为自己寻得一个职位，另一方面是要将自己的政治理想化为现实，所以，孔子就是在“求”得职位，求得机会，这是不容否认，也没有必要加以否认的。孔子自己也说过，“吾岂匏瓜也哉？焉能系而不食？”(《论语·阳货》)因此，没有必要装清高，非要弄个“三顾茅庐”，否则就不出山。从这件事情上，我们也可以看出，子贡对于孔子形象的过度维护，非要强调孔子的与众不同。实际上，所谓的圣人也不过是普通人当中的一员，没有必要过度地拔高，过度地拔高似乎是在美化，实际上是在丑化、捧杀。在《论语》当中，孔子给人的整体印象就是一个邻家老头，有喜有忧，时而高兴得手舞足蹈，时而难过得痛哭流涕，正常时也会举止得体，别人误解时也会赌咒发誓。因此，他也不是不食人间烟火的，孔子自己也不认为自己有什么过人之处，认为自己之所以比别人多能，不过是因为自己小时候家境比较贫寒，穷人的孩子早当家，所以“多能鄙事”，那都是不断学习和实践得来的(《论语·子罕》)。因此，孔子人格的魅力，就在于他的真诚，就在于他贴近普通人的生活，我们没有必要将他神圣化，神圣化的结果反而会导致人们对他“敬而远之”。

1.11　子曰：“父在，观其志；父没，观其行；三年无改于父之道，可谓孝矣。”

这段话说得非常简练，这是中国古代的一个特色。正是因为简练，反而意味隽永，给后人留下了广阔的解释空间，使得后人可以不断地发掘其所可能潜藏的不同内涵和面相，不过它也让后人在不同的解释之间莫衷一是。像这句话当中的“观其志”、“观其行”，这里面就有两个不明确的地方：首先，谁观？其次，观谁的志，观谁的行？对此，在历史上就有两种不同的观点：有人认为是儿子来观父亲的志和行；有人认为作为旁人来观儿子的志与行。这两种说法似乎都有他的道理，都能说得通。不过笔者更倾向后面一种理解，因为这三句话都是对于儿子是否孝的判断，应该都是旁人站在客观公正的立场上对儿子的表现所作的一个判断，如果做到了这三点，就可以算得上是孝子了。

“父在，观其志”，父亲在世的时候，要判断儿子是否孝顺，要看儿子的志向、心意、想法。因为在中国古代，孝的一个重要方面，就是要顺，要顺着父母的心意，不能违逆父母的心意，因此，即使父母有时候做的事情不对，我们对他们进行劝导的时候，如果父母不听从我们的意见，我们也仍然要保持对父母的恭敬之心。正是出于对父母的“见志不从，又敬不违”(《论语·里仁》)，所以，父母在的时候，儿子的行为虽然都是顺从父母的意志做出的，但这并不是儿子真实想法的表达，因此，要想知道儿子是否真正继承父亲的意志，与父亲在意志上保持一致，应该考察儿子的志向本身。

“父没，观其行”，父亲去世之后，主要要看他的行为举止。父亲在世的时候，儿子的行为是受到约束的，他不能将他的想法付诸行动。现在父亲死了，他开始不再受到父亲的约束与监督，他的所思所想都能毫无顾忌地付诸行动。这个时候，他就可能不顾父亲生前的想法，自己为所欲为，开始肆意地违反父亲生前的意志，从而与父母生前的期望渐行渐远，甚至走上了父母所不愿看到的败坏家业，甚至是违法乱纪之路，导致父母的愿望不能实现，甚至导致家道中落，家业不得其传。因此，当父亲死后，儿子的意志已经在他的行为当中得到了充分地表现，我们通过他的言行就能够判断他对父亲的真实态度，就能判断他的孝顺程度。

“三年无改于父之道，可谓孝矣”。“三年无改于父之道”是接着“父没，观其行”说的，这两句话应该是语义相贯的，也就是说，“三年无改于父之道”是对于“行”的进一步说明，前人似乎忽视了这一点，因此总是觉得这两句话是不相关的，总是觉得这地方可能出现了编排上的错误。父亲去世之后，儿子仍然要继承父亲的遗志，当然，这不能是嘴上说说，实际上，心里并不认同，从而导致口是心非，将其束之高阁，而是要将其落实于行动中，并且能够坚持很长一段时间。至于这个“三年”到底是虚指还是实指并不重要，就像以前古人写丧事对联的时候总是喜欢写“守孝三年容易满，思亲百日多难忘”，在有限的时间之外，总有无限的思念，这也就是古人所说的“善继人之志，善述人之事”(《中庸·十九章》)。

这一章可以理解为：父亲在世时，就要看儿子是否顺从父亲的心志；父亲去世后，要看儿子能否在行动中落实父亲的心志，如果能够坚持三年，就可以说他尽孝了。

从表面上看，这一章讲的是儿子对于父亲志向的继承，或者说儿子承担着实现父亲愿望的责任，甚至是一种子承父业的传统，而深层次上，则是中国人对于个体有限性的超越问题。每个人的生命都是有限的，因此，每个人都没有办法完全在现实中将自己的理想化为现实。人类如何来突破这种有限而走向无限？西方人采取了向上超越的方式，通过通天塔或天梯进入天堂，使自己永生，从而站立于时间之外，成为与时间对立的永恒。中国人更加关注现实生活世界，希望能在现实世界中实现从有限到无限的超越。虽然个体的生命是有限的，但是个体的血脉可以遗传久远，从而实现生命的永生；有限的个体生命虽然限制了我的理想不能全部化为现实，但是我们可以通过“无穷匮也”的子子孙孙最终将我们没能实现的理想变为现实，从而最终将有限的自我融入无限的发展进程之中。

1.12 有子曰：“礼之用，和为贵。先王之道，斯为美；小大由之。有所不行，知和而和，不以礼节之，亦不可行也。”

这段话看似简单，实则复杂异常。如“小大由之”与“有所不行”，到底是一句，还是两句，不同的断句方法在意思上存在着天壤之别：如果连在一起讲，那么就是说，“小大由之”就会“有所不行”，因此也就意味着“礼之用”不能都讲以和为贵；如果分开来讲，就是说过去的统治者做什么都依礼而行。笔者采取后一种讲法。

“礼之用，和为贵”。“和”在这里有不同的理解，过去人们根据“乐主和同，故谓乐为和”，把“和”理解为乐，故把这句话理解为“以礼为用，以乐为贵”，得出“礼乐相须”的结论，从而把这一章变成了礼和乐之间相互关系的讨论。这种说法也有它的道理，中国古代确实具有礼乐传统，礼乐之间具有对立统一的关系。不过这种解释做了比较多的引申，笔者不采取这种理解。《中庸·一章》中说，“喜怒哀乐之未发，谓之中；发而皆中节，谓之和”，就把“和”理解为中节、恰到好处，因此，“礼之用，和为贵”就是强调在日常生活中，礼的作用就在于让人们的行为举止恰到好处，这才是其可贵之处，在礼的指导之下，人的行为既不过也无不及。

“先王之道，斯为美；小大由之。”过去高明的统治者的高明之处就在这里，不仅重视用“礼”，而且注重恰到好处，无过不及；在日常生活中处理一切事务，都依礼而行。

“有所不行，知和而和，不以礼节之，亦不可行也。”“有所不行”就是说，礼作为一种规范，有时并不能与日常生活的现实相符合，而且即使“礼”能够发挥制约指导行为的作用，我们在运用礼的时候，也有可能发生过与不及的问题，这时就要求人们“知和而和”，也就是要求人们不要教条化，要根据实际情况来使用“礼”，从而做到原则的坚定性与策略的灵活性的统一。“知和而和”强调的是用灵活的处理方式来化解抽象的礼与具体的现实之间的冲突，从而既使得“礼”在现实中能够得到贯彻执行，又使得现实问题得到妥当地处置，因而这是一种权宜之计，是一种为了双赢的结果而采取的一种变通的处置方式。不过，在现实生活中，人们往往会忽视这一点，容易导致人们为了达到目的而不择手段，从而放弃了礼仪规范，沦落为一个无是无非的好好先生，也就是所谓“乡愿”。因此，有子强调“礼”的作用发挥，既要注重恰到好处，也要符合实际情况，为此就需要加以变通，但是这种变通又不能成了没有原则的随意变通，不能彻底地置礼于不顾，从而变成了为所欲为，胡作非为，这是对礼的一种戕害，因此说，“不以礼节之，亦不可行也”，就是强调“礼”不能不走向“和”，“和”也不能失去“礼”的约束，这就是“礼之用，和为贵”的要义之所在。

这一章主要讲礼的问题，讲礼的作用的发挥要“和为贵”的问题。不过，这一章我们也可以看作儒家论述中和之道的问题，怎么样避免过犹不及的问题，更可以看作怎么样避免形式化、教条化的问题。在现代社会中，各种规范层出不穷，对人们的言行举止都进行了详细周密的规定，然后人们根据这些规范对于人们的言行举止进行评判，从而导致人们被各种抽象的形式所束缚，人们逐渐迷失于这些抽象的形式之中，失去了其本真的自我，走向了自我的异化。

1.13　有子曰：“信近于义，言可复也。恭近于礼，远耻辱也。因不失其亲，亦可宗也。”

编者将有子的两句语录放在一起，说明它们之间具有内在的逻辑性。上一章讲“礼之用，和为贵”，强调礼的可贵之处就在于能够让人的言行举止恰到好处，既不过也无不及。这一章实际上同样也是讲到恰到好处的问题。

“信近于义，言可复也。”“信”是儒家的一种重要美德，不论是讲“恭、宽、信、敏、惠”，还是讲“仁、义、礼、智、信”，信都是其中之一。孔子也讲“主忠信”，并认为自己就非常讲“忠信”，所以“子以四教：文、行、忠、信”（《论语·述而》）。不过与“义”相比，“信”的地位要低得多。“信”就是诚信，说话做事要讲信用，要做到信实可靠，要说到做到，要言出必行，行必有果。然而在儒家看来，虽然在大多数情况下，我们要讲信用，要信实可靠，但并不是在所有情况下都是如此，有些时候我们就不能讲信用，孔子说，“言必信，行必果，硁硁然小人哉！”（《论语·子路》）譬如像尾生高那样，为了信守与恋人在桥下见面的承诺，而不顾涨水的现实执着地等在桥下，结果被洪水淹没，这就是小人之所为。正是有鉴于此，后来孟子也说，“大人者，言不必信，行不必果，惟义所在”（《孟子·离娄下》），认为应该以“义”作为是否需要讲诚信的判断依据。“义者，宜也”，就是根据实际情况作出判断、抉择，从而使自己的行为举止合乎时宜。因此，“信近于义”，就是强调，讲信用如果合乎时宜的话，那么，作出的承诺基本上就是可以实现的。

“恭近于礼，远耻辱也。”“恭”同样是一种美德，恭是谦恭、谦逊，谦恭、谦逊当然是好事，但是不能过度，否则，“恭而无礼则劳”（《论语·泰伯》），甚至会导致自己变得十分卑微，从而招致别人的鄙视甚至是羞辱，因此，谦恭也必须符合礼，这样才会真正赢得别人的尊敬，不会招来耻辱。

“因不失其亲，亦可宗也。”“因”有两种理解：一是依靠；一是“姻”，也就是结婚成亲。按照第一种解释，这句话是指所依靠者不失其可亲之人，也就是依靠关系深厚的人，那么，也就靠得住了。不过这种理解与前面两句之间似乎不太融贯，前面两句都是讲“信”和“恭”要合度、中节的问题，而这句话却讲到依靠的对象，缺少内在的一致性。笔者更倾向于将“因”理解为“姻”。一方面，因为在古代，“因”、“姻”本来就是相通的；另一方面，句意上会更加融贯通顺。“因”如果理解为结婚成亲，那么，男女之间成了夫妻、成了亲人，关系就会亲密无间，这时就会容易忽略了自己的其他亲人，如果成亲之后仍然没有忘记或疏远自己的亲人，那么，这也是为人所尊敬、推崇的。

1.14　子曰：“君子食无求饱，居无求安，敏于事而慎于言，就有道而正焉，可谓好学也已。”

这一章讲如何判断一个人是否“好学”的问题。

“食无求饱，居无求安”，这是讲的对于物质生活的态度。“饱”，是餍足之意，也就是酒足饭饱，不仅是吃得饱，更是吃得好，吃得心满意足。“安”同样也是住得好，住得心安理得，住得心情舒畅。“饱”与“安”在这里不仅仅是针对“食”与“居”而言，而是泛指对于物质生活的一种高标准严要求。如果一个学人注重物质生活上的安逸，那么，他就出现了方向上的偏离，很难真正致力于道之学习，这种人就很难成为仁人君子的同道中人，更谈不上在道德修养上取得很高的成就，因此，孔子说，“士志于道，而耻恶衣恶食者，未足与议也”（《论语·里仁》），“士而怀居，不足以为士矣”（《论语·宪问》）。孔子与颜回作为儒家的两个道德楷模，他们对于物质生活都没有特别高的要求，身居陋巷，吃着粗茶淡饭，仍然致力于道之追求，仍然快乐地生活，“发愤忘食，乐以忘忧”（《论语·述而》），留下了孔颜乐处的千古佳话。当然，这也不是说，儒家就彻底地反对物质生活，而是指不能过度追求物质生活的富足，不可将对美好物质生活的追求当作人生的主要目标，从而将全部的注意力都放在物质生活上，这就容易导致人生重心的偏离，甚至会滑向深渊，因为一旦物质生活出现问题，就会胡作非为。因此，这种对于物质生活的过度追求，对于进德修业是不利的，需要加以反对。

“敏于事而慎于言”，实际上就是言与行之间的关系问题。对于儒家来说，学习最重要的目的是成仁成人，而这不是依靠言语就能够成就的。如果言语不能在实践中得到践行、得到落实，那么，言语就不过是一种空洞的形式，对于成仁成人不仅不具有实质性的帮助，而且有时还会让人沉迷于这种空洞的形式之中，结果导致“言不顾行，行不顾言”（《孟子·尽心下》），从而成为“见人说人话，见鬼说鬼话”的见风使舵的卑鄙小人，严重损害人的德性培养。因此，儒家强调人的德性必须要在践履当中才能形成，因此，要积极从事，而不是放言高论。“慎于言”就是说话要谨慎，因为说话要“重然诺”。有人根据“慎于言”和孔子说“仁者，其言也讱”（《论语·颜渊》），认为“敏于事”是迅疾从事，就是快速去做的事情，就是做事迅疾而说话谨慎迟钝。不过这种说法似乎与孔子的思想不太符合，因为孔子并不主张疾于从事。譬如，对于“闻斯行诸”这个问题，孔子就认为，对于性格犹豫不决的人，就应该鼓励他“闻斯行诸”，而对于一个性格鲁莽的人，就不应该鼓励他“闻斯行诸”，而是应该让他“三思而后行”。这个敏应该如何理解呢？这个“敏”应该和“吾非生而知之者，好古，敏以求之者也”（《论语·述而》），这个“敏”就是勤勉的意思。因此，“敏于事而慎于言”就是汲汲于事为，而对于言语保持谨慎的态度。

“就有道而正焉”，这是讲的“学莫便乎近人”的问题。“食无求饱，居无求安，敏于事而慎于言”都是个人的自我修养，通过自己的努力就能做到。不过在自我修养的过程中，由于我们会受到自己的认知层次的限制，以至无法对自己的所作所为做出正确的判断，容易走向自以为是，唯我独尊，从而导致在错误的道路上越走越远，直至走上歧途。因此，为了避免误入歧途，我们就要向得道之人进行求教，借助有道之人对自己的言行举止进行纠偏，从而使自己能够快速地提升道德修养水平。

这一章当中讲到了物质生活与精神生活、言与行、自我的努力与外在的帮助的关系问题，而这些问题在现实生活中，对于我们的学习与生活都具有重要的影响，需要我们谨慎加以处理。

1.15　子贡曰："贫而无谄，富而无骄，何如？"子曰："可也；未若贫而乐，富而好礼者也。"

子贡曰："《诗》云：'如切如磋，如琢如磨'，其斯之谓与？"子曰："赐也，始可与言《诗》已矣，告诸往而知来者。"

子贡，名叫端木赐，是孔子的弟子。这个人大概家境不是很好，所以"好货殖"，通过囤积居奇，低买高卖，以及传送货物等方式来养家糊口，曾经在鲁国、卫国当官，积累了不少财富，过上了比较富裕的生活，可以说，他是先贫后富。大概子贡回望自己的人生道路，想想自己在家境贫寒的时候，仍然坚守自己的内心，不降志辱身，后来富裕起来了也不为富不仁，骄傲蛮横，因此，他自我感觉还不错，所以问孔子"贫而无谄，富而无骄，何如？"想听听孔子对于自己进德修业情况的评价。

"贫而无谄，富而无骄，何如？"人虽然是物质存在与精神存在的统一体，但人首先是物质性的存在，是生物意义上的个体存在。作为物质性的个体存在，人就必须满足身体与世界之间的能量交换，才能满足自己存续发展的需要，因此，人必然会有物质性的需求，也就是利益的需求，追求物质、追求利益可以说是出自人的自然本性，可以说是"食色，性也"（《孟子·告子上》）。正是出于这样一种自然的本能，在现实生活中，利益成了人们追求的一个重要目标，甚至是有些人的最高目标，因而民间有"人为财死，鸟为食亡"之说。正是因为人们把物质利益放在一个至高无上的地位，所以，财富有时也就成了身份地位的象征，那些富人在生活中能够呼风唤雨，以致骄横跋扈，目中无人，而那些穷人则在富人面前卑躬屈膝，竭尽讨好之能事，希望能从富人那里获得一点残羹冷炙。子贡早年虽然贫穷，但是却能坚守自己的道德底线，不谄媚富人；后来富裕起来了，也不为富不仁，不像一般富人惯常那样盛气凌人，这应该是一个比较高的人生境界了。

“可也；未若贫而乐，富而好礼者也。”孔子对于子贡的提问，回答说“可也”，也就是很好，很不错了，但是这并不是说就没有了进步的空间，实际上，还是可以“百尺竿头，更进一步”，达到“贫而乐，富而好礼”的人生境界。“贫而无谄，富而无骄”之所以尚存不足，是因为它可能就是出于某些人的天性禀赋，所以，缺乏明确的方向，具有一定的盲目性，不像“贫而乐，富而好礼”已经达到了自愿与自觉的统一。在“贫而乐”这个地方，有人认为应该加一个“道”字，有人则认为不必加“道”字，因为《论语》中说“回也不改其乐”、“乐以忘忧”、“乐在其中矣”，这些地方都并没有“道”字，表示自得其乐。笔者更加倾向于第一种说法。首先，因为《论语》中讲“乐”的时候，实际上多是讲“安贫乐道”，这个“乐”是有对象、有内容的，不是一种盲目的乐观、一种无所为而为的自娱自乐；其次，从表达的对称性来看，“贫而乐”的下一句是“富而好礼”，“贫”与“富”对，“乐”与“好”对，“道”与“礼”对，所以，“贫而乐道”这种表达方式更为合理，即使不加“道”字，我们在理解上也应当把这句话理解为“贫而乐道，富而好礼”。

在儒家看来，物质利益，生活需求的满足固然重要，因为这是人类生存发展的前提条件，得之则生，失之则死，好生恶死是人类的天然本性，但是对于人类来说，“所欲有甚于生者，所恶有甚于死者”(《孟子·告子上》)，“所欲有甚于生者”就是仁义，就是仁道。儒家认为，仁构成了人之为人的本质规定性，“仁者，人也”(《中庸·十九章》)，如果人弃仁道于不顾，那么，人就不再成其为人，就会变得禽兽不如。因此，对于人们来说，人必须与仁道顷刻不离，“无终食之间违仁，造次必于是，颠沛必于是”(《论语·里仁》)。当人们身处贫穷之中的时候，思想信念就会发生动摇，人们就会为了摆脱贫穷而不择手段，哪怕是违反道义也在所不惜。对于儒家来说，贫穷之中更能见出人的品性，作为一个道德高尚的人就是在贫穷之中也能坚持自己的追求，固守自己的操行，这也就是孔子所说的“富与贵，是人之所欲也；不以其道得之，不处也。贫与贱，是人之所恶也；不以其道得(去)之，不去也”(《论语·里仁》)，这也就是孟子所说的“贫贱不能移”，因此，“贫而乐道”才是道德高尚的一个见证。反过来，富裕之后，人类的自我也会极度膨胀，容易将自己凌驾于他人之上，不再坚守用来调节人与人之间关系的礼仪规范，因此，这个时候，如果有人能够将自己置于社会之中，仍然能够继续以礼仪规范来约束自己的视、听、言、动，说明仁道已经深深地扎根于其内心之中，真正做到了道德的内化。因此，“贫而无谄，富而无骄”在境界层次上不及“贫而乐，富而好礼”，所以，需要更进一步。

“《诗》云：‘如切如磋，如琢如磨’，其斯之谓与？”子贡在孔子的弟子之中悟性是比较高的，在孔子回答了自己的问题之后，子贡马上就想到了《诗经·卫风》当中的诗句——“如切如磋，如琢如磨”。“切”、“磋”、“琢”、“磨”分别是指对于骨、象牙、玉、石的加工，从而将它们变成精美的器物。这也就是说骨头、象牙、玉、石的质地虽然已经很好，但还是需要经过不断地切、磋、琢、磨，才能最终将它们优美的质地表现出来、固定下来，从而成为一件件精致、精美的器物。子贡引用诗句是指，“贫而无谄，富而无骄”虽然已经具有了很好的道德质地，但还是需要通过学习修养，达到更高层次的“贫而乐，富而好礼”。“其斯之谓”，这两句诗大概说的就是这个吧！

“赐也，始可与言《诗》已矣，告诸往而知诸来者。”听了子贡的这个回答，孔子感到很高兴，对子贡大加赞赏，认为可以和他讨论《诗经》了。孔子曾经说过，“小子何莫学夫《诗》？《诗》可以兴，可以观，可以群，可以怨。迩之事父，远之事君。多识于鸟兽草木之名”（《论语·阳货》）。“《诗》可以兴”，“兴”就是兴发之意，也就是它可以引发对于相近问题的思考，而不是固定于对于诗句所表达的字面意义，这也就是说，它可以让我们去体会那些言外之意，弦外之音，并将其与我们的人生现实联系起来，从而得出新的理解，赋予其更多的内容。子贡对于《诗经》当中诗句的理解，恰恰是这样的，因而，符合孔子对于读诗的“兴、观、群、怨”的要求——“告诸往而知诸来者”。“往”、“来”实际上就是来言去语，我有去语，他有来言。当然，这里不是简单的闲谈，而是在来往之中进行不断的阐发，子贡针对孔子的去语，而在来言之中发掘了其中更深层次的意涵，从而发挥了孔子的语言内涵，使得孔子的话语得到了升华，这才是其高明之处。孔子对子贡赞赏有加，还有另外一个重要的原因，就是因为子贡这种好学深思的模式比较符合孔子“不愤不启，不悱不发。举一隅不以三隅反，则不复也”（《论语·述而》）的教育理念。

这一章表面上主要是谈安贫乐道、富而好礼的问题，实际上更主要的是谈在学习过程中，要闻一知二、举一反三的问题，强调学习当中要好学深思，且能思之贯通，注重义理的阐发，不可寻章摘句。

1.16　子曰：“不患人之不己知，患不知人也。”

“不患人之不己知”意思非常明白，就是不害怕别人不了解我。为什么不害怕别人不了解我呢？古代不是讲名扬天下、扬名后世吗？孔子不是也有“君子疾没世而名不称"(《论语·卫灵公》)之说吗？在孔子看来，别人不了解我，我不为别人所知，大概主要有两种情况。第一种，我庸庸碌碌，没有足以名扬天下的资本，我本来就不应该名扬天下，那又何必为此而忧愁烦恼呢？对于这种人来说，与其为别人不知道我而愁肠百结，劳精伤神，不如不断地提升自我的修养，增长自己的才干，为自己积累名扬天下的资本，这也就是后人经常说的那样，"十年寒窗无人问，一举成名天下知"。第二种，我虽有才能，但我淹没于尘俗的喧嚣之中，不能为别人所赏识。这就像孔子一样。孔子的道德文章可谓是光耀日月，成就斐然，影响了中国数千年，不过在其生前却并不为时人所赏识，因此，孔子徒生"莫我知也夫"、"知我者其天乎"(《论语·宪问》)之叹。对于这种情况，孔子认为，我们具有不为人知的遗憾是正常的，对此大可不必太过在意：一方面，我们学习的目的是为了提升自己，而不是为了扬名立万，既然我们已经成圣成贤，我们学习的目的就已经达到了，又何必在意别人知道不知道呢？另一方面，如果我们真的德行高尚，具有真才实学，即使我们暂时不为别人所了解，总有一天，别人会了解我的，并最终会名扬天下，这也就是孔子所说的"犁牛之子骍且角，虽欲勿用，山川其舍诸?"(《论语·雍也》)因为虽然开始的时候，你的德行可能不为外人所知，但时间长了一定为你身边的人所了解，他们一定会将你的德行传播出去，并最终会传遍天下，广为人知。因此，对于人们来说，最重要的问题不是别人知道不知道我的问题，而是我有什么值得让别人知道的问题，为此，我们需要加强自身的道德修养。

"患不知人也"。虽然我们不必忧心别人不了解自己，但是我们必须忧心自己不了解别人。孔子一再强调道德的提升不是仅仅依靠个人的自我修养就能完成的，而是要向他人学习，依靠师友的帮助，也就是"学莫便乎近其人"(《荀子·劝学》)。如果在我们面前的是一位贤达之士，具有诸多的优点，而我们却不了解他，那么，我们就失去了一位良师益友，也就是失去了一个良好的学习机会；反过来，如果在我面前的是一个能说会道、道德败坏的小人，我们却不了解他，就容易被他的花言巧语所蛊惑，把他当作道德的楷模，以他作为我们学习的榜样，那么，我们就可能事倍而功半，甚至是南辕北辙，人生走向了一个完全错误的方向。如果我是一个统治者，我又不了解他人，那么，轻则错过了栋梁之材，使得小人得志，重则丧权辱国，误尽苍生，这样的例子在历史上可谓不计其数。

这两句话连在一起来讲，实际上是讲人己之间的关系问题。在西方哲学中，自我中心是一个比较普遍的观念，因为西方的本体论哲学最终走向的是主体性哲学，强调自我的中心地位，如普罗提诺的“知己则知其源”、笛卡尔的“我思故我在”，都是强调自我在哲学中的核心地位，因此，列维纳斯说西方哲学的发展史是一部自我中心主义的发展史，西方的哲学是“自我学”。在现代中国，自我中心主义、精致利己主义同样也是非常流行的，人们都希望自己名扬天下，都希望成为世界关注的焦点。而孔子却强调，人己的关系并不是这样的，自我应该“让”出世界的中心地位，要退居世界的边缘，让自己围绕着他人来运转，从而不是强调自我先于他者，而是强调他者先于自我，强调的不是自我之于他者的权利，而是自我之于他者的义务与责任。

《学而篇》以“学而时习之”开始，以“不患人之不己知，患不知人也”结束，可谓首尾一贯。开始于学习，终止于人己之间的关系，实际上就是告诉人们，我们学习修身，其最终的目的不是独善其身，而是要在人己关系中安身立命。最后这一章告诉人们，我们只有将他者置于优先地位，将自我融入他者之中，我们才能安身立命，就像一滴水只有融入汪洋大海之中，才不怕风吹日晒，一棵树苗只有扎根于坚实的大地之上，才会欣欣向荣。

# 为政篇第二

2.1　子曰："为政以德，譬如北辰居其所而众星共之。"

古希腊时代开始的时候，哲学家都是自然哲学家，注意研究自然问题，只是到了苏格拉底，认为人研究自然也不能改变自然，还不如研究些与人们日常生活密切相关的问题，如政治、伦理等等。而在中国则不是这样，中国开始时候的那些哲学家都是政治家，都比较关注国家政治、人民生活方面的问题，因此，中国开始时候的那些哲学家，对政治问题都讨论得比较多，而谈论科学技术的就相对要少得多。

"为政以德"。"为政"就是从事政治活动，也就是治国理政。"以德"，有人说是指"任用有道德的人"，这种说法虽然也可以说得通，不过在《论语》中找不到有关佐证，《论语》中没有其他的"德"意指有德之人。因此，笔者以为，还是将这个"德"理解为道德，"为政以德"就是用道德来治国理政，也就是采取仁政德治。

认识到道德在国家治理中的重要性并不是从孔子开始的，而是经历了一个发展的过程。在中国开始的时候，统治者都将自己的统治归结为天命神意，认为自己的统治坚不可摧，因而在现实生活中胡作非为，然而夏桀、商纣等暴君身死国灭的惨痛结局，让人们开始认识到"天命靡常"(《诗经·大雅》)，上天真正垂青的是那些道德高尚的人，否则周文王也不能荣登大宝，所以，周公开始劝告统治者"不可不敬德"(《尚书·召诰》)。周公是孔子最为景仰的人，因此，孔子对于统治者"德"的强调是受到周公影响的，认为统治者不仅要注重自己的道德修养，而且要将其应用于国家治理之中。因此，从继承角度所讲的"德"可以说是针对"天命"而言的，"为政以德"不是简单地承受天命，也要发挥人的积极作用，人要"以德配天"，从而做到"尽人事而听天命"。当然，在孔子生活的年代，这个"为政以德”实际上还有另外一层含义，就是相对于法治而言的德治，或者相对于霸道而言的王道。春秋战国时代，是一个群雄并起、战乱不断的年代，通过战争的实践，统治者更加信赖刑政法制等暴力手段，认为只有实行霸道才能雄霸一方，甚至是独霸天下。孔子则反其道而行之，认为最有效的统治手段应该是德治，统治者应该重视自身的道德修养，在自己的治下实行仁政德治。至于如何开展德治，这在后面再进行具体阐述。

“譬如北辰居其所而众星共之”。“共”通“拱”。至于“北辰”一般就可以直接译为北极星。在历史上，对于这个“北辰”到底是指哪颗星有许多争论，这里不讨论这些问题，因为这对于我们理解这一章所表达的思想之间没有什么实质性的影响。运用道德来治国理政，就像北极星一样安处在自己的位置上，而别的星星都围绕着它而次第展开和运行。孔子实际上是用“列星随旋，日月递炤”(《荀子·天论》)来形容以德治国的重要性。一方面，统治者用仁道来治理国家，会赢得百姓的爱戴。因为在先秦时代，诸侯之间战争不断，对于人民百姓严刑峻法，导致民不聊生，所以，如果一个君主施行仁政德治，引导百姓过上相对安定富裕的生活，那么，他就必然会赢得百姓的拥戴，赢得四方民众争相归附。另一方面，统治者用仁道来治理国家，就像星辰的运行一样非常自然，不需要花费过多的人力物力。因为仁政中所有的治理政策和措施都不是为了维护统治者的私利，而是为了国家的富强、人民的幸福，都是服务于百姓的福祉的，所以，这样的治理政策和措施必然会受到百姓的欢迎，推行落实起来不会遭遇什么阻力，统治者不必为了这些而殚精竭虑，真正做到“垂拱而天下治”(《尚书·武成》)。

这一章为统治者的治国理政定下了一个基调，那就是要推行仁政德治。

2.2　子曰：“《诗》三百，一言以蔽之，曰：‘思无邪’。”

这一章的核心在“思无邪”。“思无邪”出自于《诗经·鲁颂·駉》，这首诗是歌颂鲁候养马肥壮，最后两句是“思无邪，思马斯徂”，意思是“专诚无邪念，这些马真是善于奔跑的良驹宝马”。孔子用这句话来概括整个《诗经》的精髓，显然已经不是在本来的意义上使用这句话，已经赋予它新的思想内涵，不过问题在于：孔子到底赋予了它什么独特的含义？孔子自己又没有给出详细说明，只能任由后人揣测，所以，对于如何解读“思无邪”，在历史上存在着诸多的争论。

比较普遍的观点是把“邪”理解为邪恶，偏离了正道，“无邪”就是没有偏离正道或者在正道上。当然对于儒家而言，合乎礼义的就是正道，违反礼义的就是歪门邪道，就是邪恶的，就是必须加以反对的，就必须用礼义加以纠偏，使不正归之于正。与“无邪”的这样一种理解相关，“思无邪”就被理解为思想观念要合乎礼义，不偏离正道。

有人则从《诗经》出发，根据《诗经》来理解这句话，“思无邪”是用来形容马的，马既无邪恶，也无思想可言，因而，这个“思”是虚词，没有实际的意义，“思无邪”主要是指马在拉车的过程中专诚一志，心无旁骛。当然，在这里，“思无邪”可以泛化为做人做事心无旁骛，专诚一志。李泽厚在此基础上，在《论语今读》中将“思无邪”译为“不虚假”。

这两种解读都有道理，而又立意不同。不过在笔者看来，虽然这两种不同的解释之间是可以在思想上相通的，也就是可以融合的，但是我们必须站在儒家思想的基础上来吸收《诗经》的思想。在《论语》中，使用“思”的地方很多，没有一个地方是虚词，如“学而不思则罔，思而不学则殆”(《论语・为政》)，“见贤思齐焉”(《论语・里仁》)，“君子思不出其位”(《论语・宪问》)，它们都是作为思考、思想来使用的，因此，“思无邪”当中的“思”当然也可以理解为思想纯正。不过，在《论语・季氏》中有：“子曰：‘君子有九思：视思明，听思聪，色思温，貌思恭，言思忠，事思敬，疑思问，忿思难，见得思义。’”这里的“思”就不仅有思想、思考的含义，同时也包含一种更高品质要求的含义，据此，“思无邪”我们也可以把它看作一种对于品质的更高要求，因此，我们讲专诚一志、不虚假，实际上也就是儒家经常所说的“诚”。对于《诗经》来说，讲“诚”，主要是情感真诚，因为《诗经》里面的诗歌都是人民情感的真诚表达，因而不是虚情假意，而是真诚无妄的。讲情感就邪恶了吗？不一定。在儒家看来，情感恰恰构成了道德的基础，我们在前面讲“孝弟也者，其为仁之本与”(《论语・学而》)的时候就说过，以前人们将儒家的仁义思想与情感对立起来，后来出土了郭店楚简，发现原来儒家很重视情感之于仁义的基础地位，因为儒家讲“道生于情，情生于性。始者近情，终者近义”(《性自命出》)，“情生于性，礼生于情”(《礼生于情》)，就明确强调礼义建立在情感的基础之上。因此，只有从真挚的情感出发，我们的行为才合乎礼义，不至于偏离正道，违反礼义规范的要求。按照《史记・孔子世家》的说法，《诗经》本来有3000多篇，后来孔子遵照“可施于礼义”的原则，将其删节为300多篇，可见孔子对于《诗经》当中的诗篇“发乎情，止乎礼”是了然于胸的，因此，对于这句话，孔子一定是就情礼贯通而言的。总而言之，这两种解释具有内在的相通性，我们不能简单地将二者割裂开来，甚至是对立起来。通过对《诗经》“思无邪”的解释恰恰为儒家思想的情感性解读提供了基础，从而避免了人们将儒家正人之礼看作一种僵化的教条，将其看作人的言行举止的一种外在约束。因此，我们可以将二者结合起来理解这一章：《诗经》三百篇，用一句话来概括，就是情感真挚，思想观念合乎礼义，不偏离正道。

2.3　子曰：“道之以政，齐之以刑，民免而无耻；道之以德，齐之以礼，有耻且格。”

出于对历史的总结，孔子主要将国家治理分为两类：一类是治之以刑政，一类是治之以德礼，这也就是所谓的法治与德治两类。“道之以政，齐之以刑，民免而无耻”，这句讲的是刑政法制。“道”就是治理；“齐”就是使不齐以至于齐的意思，也就是整顿的意思；“政”就是政治制度；“刑”也就是刑法制度，因此，“道之以政，齐之以刑”，就是用各种刑政法制来治理国家。这是历史上统治者经常采用的一种统治手段，就是尧舜禹汤这些开明的统治者也都采用，在春秋战国时代，这种统治方式更是非常普遍。不过在孔子看来，这种治国理政的方式存在着严重的不足。从“刑”这个字我们就能看出，这种治理方式是通过暴力的手段加以推行的，说明百姓们并不是自愿接受这种治理方式，而是受到外在的强迫，不得不接受这种治理方式，所以，他们才没有作奸犯科，犯上作乱，才没有受到刑罚之辱——“民免”，因此，刑政法制对于百姓来说，就是一种外在的强制，一种外在的约束，他们在内心当中对于它们缺乏内在的认同感。为什么没有认同感呢？刑政法制的施行是建立在人性本恶的前提之上，统治者为了维护自身的利益而对百姓采取强力压制措施，迫使他们牺牲自己以为统治者服务。同时，刑政法制当中的制度规范都是高度同一化的，因此，往往与百姓的个人实际情况相距甚远，脱离了他们的生活实际。这些都导致百姓对于刑政法制缺乏理智和情感上的认同，他们对于刑政法制的遵守并非出于自愿，而是出于自觉。人民百姓之所以不违反刑政法制，主要是害怕受到严厉的处罚，为了逃避惩罚而不得不遵守刑政法制，所以，他们不是不想违反刑政法制，而是不敢违反刑政法制，他们内心当中犯上作乱的想法（也就是无耻之心）并没有被消除掉，一旦遇到合适的时机，这些想法就会像熊熊烈火一样燃烧起来。

“道之以德，齐之以礼，有耻且格。”这是孔子所推崇的一种治国理政的方式，这也就是仁政德治。对于儒家来说，无论是道德，还是礼义规范，虽然它们也有约束人的一面，但是这种约束不再是一种外在的强加，而是具有内在的情感基础，因为道德、礼义规范本身就是建立在内在的情感基础上的，就像孝敬老人、为父母守孝、祭奠祖先等等礼义规范，本身就有这样一种内在的情感需求，所以，这些礼义规范在现实生活中推行起来，就像"水之就下"一样顺理成章，不需要任何强制措施。因此，用道德、用礼义来治国理政，本身就顺应了百姓的理性与情感的要求，在百姓当中容易形成理智与情感上的认同，从而使得遵守礼义成为一种自觉自愿的内在要求，所以，他们就会革除不合礼义之心，使不正重归于正；如果做出了违反道德、违反礼义的行为，他们就会感到羞耻，这也就是所谓的"有耻且格"。不过，也有人把"格"理解为"至"，有人进一步把"至"理解为来或归服，有人把"至"理解为至善。这两种解释都可通，都是强调治之以德礼胜过治之以刑政。

虽然在此章中，孔子将刑政法制与德仁义礼在国家治理中的优劣做了一个对比，并认为后者具有前者无可比拟的优越性，从而导致后世儒家学者轻忽了刑政法制在国家治理过程中的重要作用，但这是后世儒者的问题，而不是孔子的问题。因为孔子并未以后者来否定前者，认为后者完全可以取代前者，他所强调的只不过是在国家治理过程中要以德仁义礼为主，而以刑政法制为辅而已。后来，法家完全讲刑政法制固然是对孔子思想的背离，而儒家学者以德治来取代刑政法制同样也是对孔子思想的背离。正确的做法还是荀子所作的结合，"治之经，礼与刑，君子以修百姓宁。明德，慎罚，国家既治，四海平"(《荀子·成相》)。

2.4 子曰："吾十有五而志于学，三十而立，四十而不惑，五十而知天命，六十而耳顺，七十而从心所欲不踰矩。"

这一章是孔子晚年自述自己为学的历程，对于我们了解孔子的成圣之路大有裨益。

"吾十有五而志于学"。这并不像很多人说的那样，孔子到十五岁的时候开始进入小学或大学学习，而是孔子到十五岁的时候开始立志向学，开始学有定向。一个人在十五岁的时候就有明确的志向，这是很不容易的，现在很多人在这个年纪还处于浑浑噩噩的状态，孔子就已经有了自己的明确志向，并开始为之付出努力，这确实很了不起。当然，孔子立志于学什么呢？这是我们需要加以思考的问题。因此，周敦颐老是问二程"颜子所好何学"，希望他们把这个问题搞清楚，否则，你要学圣人，你学圣人的什么呢？你是学孔子的事业成就？还是学孔子的道德文章？这些问题不搞清楚，学习就没有明确的方向和目标。从孔子的一生的学行来看，孔子“志于学”主要还是志于学礼，要学尧舜禹汤的圣王之道、周公创制的礼乐制度、礼乐文明，因为他要在礼崩乐坏的时代里复兴周礼。

“三十而立”。一般人们把这个“立”理解为有所成就，十五岁的时候立志于学礼，到三十岁的时候就小有所成。这种理解是可以的，不过说得不清楚，因为这种理解没有讲清楚什么是小有所成，而且这里讲的是学礼小有所成，这跟后面几句话讲自身的成长似乎是不太一致的。也就是说，如果按照这种理解，那么，“三十而立”的主语应该是“吾学”，而后面的主语都应该是“吾”，而在原文中，“吾”是一以贯之的。因此，这里的“立”不是指学礼的成就，而是“己欲立而立人”（《论语·雍也》）中所说的“立”，也就是成人、立人的问题。人如何才能“立”得住？孔子说要“立于礼”，“不学礼，无以立”（《论语·季氏》）。“吾十有五而志于学，三十而立”，我十五岁的时候立志学礼，三十岁的时候我学有所成，能够立于礼，这样理解起来就很顺畅了。至于人为什么要“立于礼”这个问题，后面再说。

“四十而不惑”。学习礼义道德，这不是一种书斋里的学问，不是一种空头的理论文章，而是要落实于现实生活、社会实践之中的，而生活是远远要丰富于理论的。我们在将所学的礼义制度应用于社会实践的过程中，人生不如意者十有八九，难免会遭遇逆境，难免会出现理论与现实不符的地方，这时候难免就会出现迷惘，难免就会出现动摇，甚至会抛弃自己的所学，改弦更张，这在我们的现实生活中比比皆是。孔子通过持续不断地学习礼义，使自己内心有所宗主，能够将自己的所学与社会现实密切地结合起来，看清人世当中的一切，不再受到人世间纷纷扰扰的迷惑，不为外物所迁。因此，“四十而不惑”是内心坚定，既不感到迷惘，也能经受得住外界的考验和诱惑。

“五十而知天命”。现代人很喜欢讲天命、讲命运，但是这个不是孔子所讲的天命，这个是孟子所讲的“莫之为而为者，天也；莫之致而至者，命也”（《孟子·万章上》），就像贫富寿夭，这就是命运，这个具有偶然性。孔子所讲的天命不是这个，因为这些东西不是自己的努力所能决定的，这不在孔子所关注的范围之内，孔子所讲的“天命”是《中庸》中所说的“天命之谓性，率性之谓道，修道之谓教”（《中庸·一章》）的“天命”，这个天命与人性、与人的自我修养是直接相关的，这个天命决定了我在现实世界当中的立身行事。正是因为天命下贯而为人性，人在不断地修养、磨炼心性的过程中，下学而上达，从而对于天命有了深刻认识与体会。由于“天命”是与“人性”、“人道”联系在一起的，因此，“知天命”实际上也就是了解了人性的根据，了解了人道的基础。这也就是说，孔子讲“知天命”，是讲自己找到了道德礼义的超越根据，有了这个根据，我们就能够在“仁以为己任”的道路上不畏艰难险阻，一往无前，因此，孔子在周游列国的道路上，屡陷险境，而他却能坦然面对，“天生德于予，桓魋其如予何？”（《论语·述而》）“文王既没，文不在兹乎？天之将丧斯文也，后死者不得与于斯文也；天之未丧斯文也，匡人其如予何？”（《论语·子罕》）这就是在体认天命之后，对于自身所担负责任的一种高度自觉。

“六十而耳顺”。理解这句话的关键在于“耳顺”。按照王弼的说法，“耳顺，言心识在闻前也”。我们常说“耳闻目睹”，可见这里的“闻”就是指用耳朵听；“心识在闻前也”，就是说我们在听之前就已经在内心中对所听到的东西有了深刻的了解和领悟，因此，耳朵等身体器官只是一个连接自我与外部世界的通道，在我们接触外部世界的过程中，尤其是我们学礼过程中所接触到的典章制度，我们就能够声入而心通，不思而得，全面地把握古人之微言大义，并将其贯彻于日常生活之中。这种解法很有道家的意味。不过，笔者以为还是应该采取更加符合字面意思的理解方式。我们经常说“忠言逆耳”，“逆”与“顺”是相对而言。“逆耳之言”就是批评的言论、负面的言论，在面对这些言论的时候我们都很抗拒，都想闭目塞听，将其拒之于千里之外，但是，这种“逆耳之言”往往又是“忠言”，又是金玉良言，对于我们为人处世又有巨大的帮助。因此，我们不仅要听得进赞美的话，也要听得进“逆耳之言”，只有这样，才能对自己、对他人、对社会有更加深入全面的了解，这就是“耳顺”。当然，对于人来说，要做到“耳顺”，要听得进批评的声音、负面的声音，这需要很高的修养，需要对于社会人生有透彻的领悟，因此，孔子到六十岁的时候才做到这一点，可见其难度之大。

“七十而从心所欲不踰矩”。“六十而耳顺”是从反面说的，讲的是我如何对待外部的否定言论，如果从自身出发，我们应该如何呢？六十岁的时候还是要应付外部的世界，还是被外部世界牵着鼻子走，七十岁的时候则是从自我出发去立身行事，达到了一种自由的境界。这种自由主要表现在“从心所欲”上。古人多把“从”理解为“纵”，“从心所欲”就变成了“纵心所欲”。在现代社会里，讲“纵心所欲”就会比较麻烦，就会比较危险，因为现代人把“纵心所欲”看作了信马由缰、想干什么就干什么，很多违法乱纪的事情都是由此而生。在先秦时期，与“从心所欲”相类似的还有另外一个词“率性而行”，“率”与“从”意思差不多，“率”是循、遵循的意思，因此，“从心所欲”就是遵循人的心之所欲。在儒家那里，心之所欲不同于感官之所欲，感官所欲的都是美味、美色这些物质性的东西，而心之所欲的是仁义道德这些东西。因此，孔子到了七十岁的时候，已经开始遵循内心对于仁义的欲求而自由地行动，而不感受到任何外在的强迫，真正做到了“由仁义行”而不是“行仁义”，自己的行为时时处处都合乎“仁义道德”，而没有逾越道德规范的界限。从这里我们可以看出，儒家讲自由与西方人讲自由不太一样，可以说，西方是自由先于责任，而儒家则是责任先于自由，儒家强调的是：人是在承担责任当中实现了人之为人的自由。

孔子在这里把自己为学的历程以一个非常整齐的方式进行了回溯，当然，我们没有必要去追究这样一个整齐划一的回溯方式的合理性，不过，我们要关注的是孔子的为学历程是一个渐进的过程，没有越级而上，而是脚踏实地、一步一个脚印地走出来，这也就是孟子后来所说的“盈科而后进”（《孟子·离娄下》），这对后世治学者具有重要的启示意义。

2.5　孟懿子问孝。子曰：“无违。”

樊迟御，子告之曰：“孟孙问孝于我，我对曰，无违。”樊迟曰：“何谓也？”子曰：“生，事之以礼；死，葬之以礼，祭之以礼。”

这一章是讲“孝”的。在《论语》中讲孝的地方很多，不过每一次孔子讲的都不太一样。这是孔子讲学的一个特点，他不像西方哲学那样比较系统，而是随机指点。当然，这不是说孔子的思想没有系统，孔子的思想同样有系统，有逻辑线索，否则他也不会说“吾道一以贯之”（《论语·卫灵公》）。不过，孔子并没有将他的思想系统明确地建构起来、呈现出来，他只是用他的那套思想去解答和应付人们人生日用中所遭遇的各种现实生活问题，而且他的指点始终都是与具体的人和事结合在一起的，这也就是说，他的回答往往是因人而异的。

这一章是对孟懿子的回答。这个孟懿子是鲁国的“三家”（鲁国当政的三卿）之一仲孙家族的成员。孟懿子的父亲孟僖子是孔子的学生，贤而好礼，去世之前嘱咐孟懿子跟随孔子学礼。大概孟懿子这个人不太行，不能遵从父亲的遗愿，不太遵守礼仪规范。如后来孔子在鲁国当政，三家僭礼，都城建设公然违背礼制，孔子便指派子路“堕三都”，结果这个计划因为孟懿子的阻挠而失败，既辜负了他的父亲，也辜负了他的老师孔子。虽然这是后来的事情，但是在此之前，孟懿子大概也表现出了不太守礼、不能贯彻执行其父遗愿的苗头倾向。因此，当孟懿子向孔子问孝的时候，孔子回答说“无违”，也就是不违逆父母的意愿，顺从父母的意愿。当然，由于孟懿子父亲的愿望是孟懿子能够学礼守礼，那么，在这儿“无违”理解为遵守礼仪规范，不违反礼，也是可通的。

中国古代哲学家说话有个特点，就是说话不会说得太直白，这从现代的角度来看当然是个缺点，因为说得不清楚明白就会导致误解，这不符合现代的要求。不过，说得比较含蓄也有它的优点，那就是每个听众都需要发挥自己的主观能动性，去领会体悟说者的真实意图，从而使听众、读者也参与到意义的发掘与加工的过程之中。这也就是中国古代的学者不断注释“六经”的原因之所在。另外，从现实的角度来看，对于有些人如果你说得太过直白，也会引起别人的不满。孔子对孟懿子问孝的回答是比较含蓄的。孔子大概考虑到孟懿子未必能够领会自己的真实想法，因此，他需要通过间接的途径把自己的真实想法传递给孟懿子。因此，在路上，就主动把这件事告诉为自己驾车的樊迟（樊须），希望借助樊迟的提问清楚地表达自己的真实想法。因此，当樊须询问“无违”的内涵的时候，就说：父母活着的时候，要按照礼仪规范来侍奉父母；父母去世，就要按照葬礼的要求埋葬父母，按照祭礼的要求祭奠父母。当然，这不仅是对孟懿子说的，因为孟懿子没有按照礼义的要求“善继人之志，善述人之事”（《中庸·十九章》），没有遵照父亲的遗愿好好学礼；同时，这也是对樊迟说的，因为樊迟曾经醉心于稼穑之事，对于礼义不太用心，所以，孔子就曾经批评他，“小人哉，樊须也！上好礼，则民莫敢不敬”（《论语·子路》）。

本来，孝最重要的问题是内在的情感认同的问题，也就是要说我们的孝行应该是出自我们的孝心，但是对于有些人而言，这个内在的孝心没有得到呵护培养，其萌芽不但没有长成孝亲敬长的参天大树，反而随时都有夭折的危险，那么，对于这些人，我们就不能完全期待他们回到自己的内心，期待他们的内在自觉自愿，让他们自己迷途知返，我们就需要利用礼仪规范对他们进行适当的引导，从而帮助他们的言行举止重新回到礼上来，由不正而回归于正。

2.6 孟武伯问孝。子曰：“父母唯其疾之忧。”

这一章虽然文字很简单，但理解起来并不简单。在历史上，有关这一章理解众多。一个比较普遍的理解是：父母对于子女痛爱有加，尤其害怕子女遭受疾病的侵扰,因此,子女要常体贴父母的这种心情,在日常生活中倍加爱护自己的身体健康,远离病痛,这就是子女对父母之孝。有人认为:人们孝敬父母之心诚笃,有时难免就会过度,从而对父母的正常生活造成严重的干扰,反而会使父母生活得不幸福,因此,子女孝敬父母应该主要关心父母的身体健康状况,其他方面则不宜过问。这两种解释虽然都有一定的道理,但是也都存在严重的不足。第一种理解好像父母主要关心子女的健康问题,父母难道就不关心子女的家庭事业问题?况且,生老病死乃是不可避免的,一个人也没办法让自己与疾病彻底割裂,难道那些生病的人就不是孝子吗?第二种理解显得更为牵强,因为《论语》中论孝的时候就讲到不能仅仅关心父母身体的问题,更要关注父母的情志的问题,更要注重对于父母精神上的顺从;更何况如果做此理解也不符合汉语的表达习惯,更合理的表达应该是"唯父母疾是忧"。

笔者更加倾向于另外一种解读:父母对于子女的关心是无微不至的,德性修养、功名利禄、生老病死无不在父母关心的范围之内,而有些东西是人通过自己的努力可以获得的,有些东西通过人的努力是无法避免的,如疾病就是人所无法避免的,因此,作为一个孝顺的子女应该谨慎持身,把各种能够通过自身努力做到最好的方面都做到最好,不让父母操心烦神,而让父母只操心我们所无法避免的疾病。这种理解在语义上是比较通顺的,既符合这一章的字面意思,也合乎儒家的思想观念。更为重要的是,这也符合孔子的回答因人而异的特点。孟武伯这个人是上一章所讲的孟懿子的儿子孟彘(字泄),"武"是他的谥号。他这样一个谥号不是随便给的,古代给某人谥号是有要求的,一个人符合什么样的标准,才能给他什么样的谥号。在《周书·谥法解》当中,讲到"武"这个谥号的标准是"刚强直理、威强睿德、克定祸乱、刑民克服、大志多穷"。既然孟武伯能得这个谥号,说明这个人性格勇猛强悍,和子路有些相像。当孟武伯向孔子问孝的时候,孔子作此回答,实际上也是要提醒他要谨慎持身,避免祸患,从而避免引起父母过多的担心。

2.7　子游问孝。子曰:"今之孝者,是谓能养。至于犬马,皆能有养;不敬,何以别乎?"

子游名叫言偃,是孔子的弟子,孔子说他擅长文学。

子游向孔子询问如何是孝的时候,孔子针对当时的现实情况,阐发了自己对孝的理解。“今之孝者，是谓能养”，就是说：现在人们一讲到孝，就认为是能够养活父母，好像给父母吃好、穿好，就是孝顺父母了。对于这种现实的对孝的理解，孔子显然是不满意的，孔子作为一个圣人，是“出于其类，拔乎其萃”(《孟子·公孙丑上》)的，他对于很多问题的理解都超越于普罗大众之上，否则，他也不能开道统、政统与学统，不能被后人尊为至圣先师，成为万世师表，为万世垂统。

世俗的理解方式存在的问题在哪里呢？孔子为了说明这个问题做了一个类比，“至于犬马，皆能有养，不敬，何以别乎？”类比是非常麻烦的一件事情，理解起来就比较困难，因为事物是多方面的，而类比又是多方面的，你类比的到底是哪个方面呢？这就很不清楚，而且中国古人的表达又很简洁，而且经常缺少主语，因此，这句话理解起来就歧义丛生。有人说，孔子的意思是讲：有的人觉得，自己不仅赡养了自己的父母，连父母所豢养的犬马等动物也一并养活了，所以很孝顺了；如果注意力仅仅在奉养上，内心当中缺少敬重，那么，养活父母与养活父母所豢养的动物又有什么差别呢？另外一种理解是：犬能为人看家护院，马能供人骑行载物，所以，犬马也能养人，但是，犬马养人只是出于一种动物的本能，对人缺乏内心的尊敬，因而，如果只讲养活父母，那么，我们对父母的奉养与动物对人的奉养之间有什么差别呢？

在笔者看来，这两种理解方式不合乎儒家关于孝的理解。我们在 1.2 中就已经讲过，儒家讲孝悌的时候，比较重视内在的情感基础，而不是仅仅关注一种外在行为活动，我们的外在的奉养活动必须有孝亲敬长的情感作为内在支撑，只有这样一种“发乎情，止乎礼”的奉养活动，才是真正的孝行。在中国古代，人们不仅认为人有奉养父母的行为，动物同样也有奉养父母的行为，像我们比较熟悉的有羊羔跪乳、乌鸦反哺等。在孔子看来，动物之间的相互奉养只是出于本能，缺乏爱敬之心、之情；而人类之孝的独特性，则在于爱敬之心的充盈，奉养活动乃是充盈的爱敬之心的自然流露，如果抹杀了内在的爱敬之心，只有外在的奉养活动，那么，人就与动物无异了。因此，孝敬父母不仅要给父母财物，养活父母的肉体，而且要从内心当中对父母有爱敬之情，能够给父母情感上、精神上的关爱。

2.8　子夏问孝。子曰：“色难。有事，弟子服其劳；有酒食，先生馔，曾是以为孝乎？”

子夏名叫卜商，是孔门的杰出弟子，同子游一样，孔子对他有过很多表扬，子游后来对于孔子思想的发扬光大起到了重要作用。因此,孔子对子游和子夏问孝的回答相较于孟武伯而言,就高深得多。

“色难”,这句话非常简单,字面意思就是脸色、容色最难。关键的是为什么说脸色、容色最难?如果说不清这个问题,这句话还是不能理解。有的人认为,我们侍奉父母不能只有一个脸色、容色,因为我们的喜怒哀乐都会写在脸上,所以,如果父母生活安稳、心情安逸,那么,我们就喜笑颜开;如果父母生活得不好,心情也不好,那么,我们就应该愁容满面,这也就是父母喜亦喜,父母忧亦忧,这是非常难以做到的。有人认为,这句话是说,我们在侍奉父母时,父母不管对我们做什么,我们始终都要一团和气,都要和颜悦色,这是很难做到的。因为父母的所作所为有时并不都是合理的,就像舜的父亲瞽叟对舜做了那么多的坏事,但舜始终和颜悦色地对待他,甚至为了他“窃负而逃”,这才是真正的孝敬父母。

“有事,弟子服其劳;有酒食,先生馔,曾是以为孝乎?”这里有几个词的理解需要注意。第一个是“弟子”和“先生”。在历史上有人把他理解为儿子和父亲,这种说法实际上得不到词源上的支持,因为在古代汉语中,“弟子”和“先生”根本就没有这方面的含义;如果要做这种理解的话,那么“弟子”就应该改为“子弟”,与之相对应的“先生”应该改为“父兄”则比较合适;这里比较合理的解释应该是,“弟子”是指年幼的人,“先生”是指年长的人。第二个是“馔”字。有人认为,这个“馔”字应该是“馂”,“食余曰馂”,也就是指吃下的剩菜剩饭。如果按照这种理解,那么“有酒食,先生馔”的断句方式就应该变为“有酒,食先生馔”。这种理解有两个方面的问题。首先,从句式上看,就有点问题,上一句是“有事,弟子服其劳”,“有事”后面跟着的是“弟子”,以此类推,“有酒”后面跟着的应该是“先生”,句式上才能统一,而且“弟子服其劳”与“食先生馔”这两个句式完全对不上,这不符合孔子的表达方式;其次,从意义理解上也存在困难,为什么“有酒”,弟子则要“食先生馔”呢?因此,这里“馔”还是应该取其本意:饮食、吃喝。这样语意也比较通顺,上面所提到的句式问题也就迎刃而解。“有事,弟子服其劳;有酒食,先生馔”,就是说:有事情,年轻人为其效劳;有了酒食,长者享用。句末用“曾是以为孝乎”作为总结,反问子夏:这就是我们所说的孝吗?表示这种年轻人对待年长者的方式还不能算是孝道,因为这里没有和颜悦色的问题,说到底,这主要是按照礼仪规范所做出的一种中规中矩的行为活动,但是其中未必有内在的爱敬之心作为支撑,所以,它不能算作严格意义上的孝,尽孝行孝必须是由内而外、内外统一，否则孝敬父母的行为就会流于形式，徒有其表，从而成了一种形式主义的表面文章。

2.9　子曰："吾与回言终日，不违，如愚。退而省其私，亦足以发，回也不愚。"

颜回，字子渊，是孔子最为得意的弟子，对于孔子的思想学问领会得最为深入到位，并能在现实生活中贯彻实行。孔子一直对他赞赏有加，并将其看作自己的学术传人。可惜颜回英年早逝，使孔子不胜其悲。

"吾与回言终日，不违，如愚。"这句话有另外一种句读方式："吾与回言，终日不违，如愚"，不过这两种不同句读在意思理解上并没有根本的差别。这句话的意思是：我整天给颜回讲论学问，颜回从来不提出不同的意见，不反驳我的言论，就像愚人一般。为什么颜回"不违，如愚"？人们做出了自己的揣测。有人认为，颜回作为孔子最为得意的弟子，他基本上达到孔子所言的"生而知之"的水平，孔子所讲的东西与他心意完全相合，所以，他对孔子所言的一切心领神会，既不需要发问，更不会有不同意见。这种观点具有神化颜回的嫌疑，世界上不存在生而知之的人，人都是学而知之的，颜回也不例外。有人则认为，当孔子讲学时，颜回主要是对于孔子所言的一切"默而识之"，牢记在内心当中，深入地体悟领会，更为重要的是，他意识到思想学问，不是口耳之学，而是生命的学问，需要在人生实践当中才能够真正有所得，因此，没有必要去做一些口舌之辩。

"退而省其私，亦足以发，回也不愚。"这句话中"省"的主语到底是谁呢？有人说是孔子，有人说是颜回。说是孔子的，意思大概如此：等颜回回去了，孔子省察颜回与其他人的讲谈论学，发现颜回对于自己所讲的内容有所发明，颜回真不是愚人啊！说是颜回的，理解如下：颜回回去后，在燕居独处之中体察贯彻孔子的思想学说，对其经常会有所发明，颜回真不是愚人啊！这两种说法都有其道理。笔者更加倾向于前一种说法，因为第一种说法比第二种说法涵盖的范围更广，第二种解读实际上可以被包容于第一种解读之中，所以，它赋予这句话以更为丰富的思想内涵。

这一章主要讲到的是教学当中的讲述与领悟的问题，这实际上也就是中国哲学中的默识或默会的问题，关于此，在道家的作品中有更多的论述，如庖丁解牛、轮扁斫轮、梓庆削鐻等寓言故事，都有关于默会知识的重要论述。

2.10 子曰："视其所以，观其所由，察其所安。人焉廋哉？人焉廋哉？"

这一章讲的是识人、知人的问题，关于为什么要知人、知人为什么重要这个问题，我们在1.16中已经有所说明，这里不再重复。知人非常重要，但是知人却并不容易，这一方面是因为我们都站在自我的立场上，从自我出发去认识他人，自我的成见容易遮蔽他人的本来面目，从而使我们不能如其所是地去认识他人，从而不能客观地认识他者的优点与不足；另一方面，人有时候是带着面具生活的，他并不总是以自己的本来面目示人，在现实生活中，满嘴仁义道德、满腹男盗女娼的人比比皆是，这也就是孔子所说的"廋"，"廋"就是隐匿、藏匿，人们都喜欢将自己隐藏起来，真实的自我总是躲在面具后面。因此，知人、识人非常不容易。大概孔子经常跟学生讲知人、识人的重要性，学生就跟孔子讲认识别人的真实面目是非常困难的，孔子就告诉学生知人、识人的法门——"视其所以，观其所由，察其所安"，从而让他人的本来面目纤毫毕现，无所遁形。

"视"、"观"、"察"这三个字虽然都有"看"的意思，但是在内涵上有所差别，这三个字之间形成一种逻辑上的递进关系。

"视"具有直视的意思，也就是一眼望去，因此，它是比较表面的。我们对他人一眼望去，看到了什么呢？看到了"所以"。"以，用也"，"以，为也"，"所以"就是日用常行、所作所为，因此，"视其所以"就是看他做了什么。孔子讲到知人的第一条，就是看他人做了什么，没有讲到听他人说了什么，这说明在孔子那里行重于言，因此，认识一个人首先不是要听他说了什么，而是要看他做了什么，因为言行不一、口是心非的人太多，语言没有太大的说服力。

"视"是直视、放眼望去，这是一种比较粗放的认识方式，它只能认识一些表面的现象，也容易导致人们被表面现象所迷惑。因为这种认识受到了视野的限制，这也就是后人所说的"不识庐山真面目，只缘身在此山中"，所以，要想获得对他人的全面了解，把握他人的本来面目，我们就要打破表面现象的遮蔽，获得一个更加广阔的视野，"不畏浮云遮望眼，只缘身在最高层"。"观"与"视"相比，就是从更加广阔的视野进行观看，"观，广瞻也"。"由，经也"，"由，从也"，"所由"也就是他所经过的地方，他之所从来的地方。任何一个人做出一个行为，都不完全是偶然的，偶然之中都带有某种必然性，都一定是有它的原因的，这也就是其所以然。"观其所由"就意味着我们认识他人，不再将眼光紧紧盯在他的所作所为上，这只是知其然，我们更要知其所以然，我们要将这个行为放在一个更加广阔的视野中，去分析这个行为的前因后果，从而了解其真正的想法。这也就是孔子说的，我们要去看看这个人到底是在“行仁义”，还是“由仁义行”。

“观其所由”是往回追溯，是要从前因来分析后果，从而达到知其然又知其所以然的全面认识。不过这种认识是一种宏观的认识，不是一种微观的认识，我们仍然是外在地认识他者，还没有真正进入他者的精神世界，我们还没有真正了解他的内心当中真实的想法。“察其所安”就是要深入他者的内心当中，了解他者的内心世界。“察”不再只是用眼睛去看，去观察，而是要用心去思考，去体会，要体会他者的内心，“察，沉吟用心忖度之也”，“安”也就是心安，这也就是《论语·阳货》中“女安，则为之”当中的那个“安”。“察其所安”就是要深入了解他对事物的最终态度，只有在这里我们才能了解其所作所为的真实用意之所在，才能真正了解他到底是否具有仁义之心，他到底是一个什么样的人。

总的来说，我们要去认识一个人，我们要对他进行全面深入地认识，不仅要看表面，也要看内在；不仅要知其然，更要知其所以然；不仅要看宏观，也要进行微观的分析，只有这样，我们才能获得对他者的准确认识。

2.11　子曰：“温故而知新，可以为师矣。”

这一章是中国所有老师教育学生经常使用的一句话，老师们经常会告诫学生要“温故知新”，其意是说：温习所学的旧的知识，就能获得新的认识和体会。这种理解虽然也符合孔子所说的，但是这已经是对孔子思想的一个发挥，可以说是“温故知新”的一个典型注脚，但是从这句话本身来说，主要表达的可能未必就是这个意思。

这一章虽然从“温故而知新”讲起，但是最后落脚到“可以为师”上，因此，我们了解“温故而知新”，首先有必要来了解这个“师”。按照韩愈的说法，“师者，所以传道、授业、解惑也”，“师”承担着传道、授业、解惑三大重要的职责，而传道居首。在中国古代，“道”又分为天道和人道。按照学生的说法，在孔子那里，“性与天道，不可得而闻也”（《论语·公冶长》），那么，孔子所传之道应该主要是人道。不仅在先秦时代，实际上在整个中国古代基本上都认为历史是倒退的、循环的，孔子就认为人类最美好的时代在三代，他把尧、舜、禹、汤、周公这些古人作为自己效法的对象，因此，孔子所传授的道应该是古代的圣王之道。从这个角度来说，孔子作为老师所承担的一个重要功能，就是文化传承、道统接续，为人们提供一个借鉴。

对于古代“师”职能的这样一个认识，为我们理解“温故而知新”提供了前提。按照这个理解，“温故”不能仅仅是温习或复习已经学过的知识。在古汉语中，“故”不仅包含“旧”的含义，也还有“古”的含义。对于孔子而言，这个“故”或“古”主要就是指古代的历史，古代的圣王之道。当然，古代的圣王之道主要保留在六经当中，我们需要从六经当中去寻找圣王之道，因此，这个“温”不仅是指温习、复习，而且也指寻找、寻绎。合而言之，“温故”就是从古代的经典当中寻绎圣王之道。如果说“故”是“古”，那么，与“故”相对的“新”就是“今”。我们“温故”不是为了阅读经典而阅读经典，如果这样的话，那么，就成了死读书、读死书，这种书读了对当今之世就没有任何作用，读书的重要目的不仅是了解过去的历史，古代的圣王之道，更是为了“鉴古知今”，通过对历史的回顾为当今的社会找到一条出路，因此，在“温故”的过程中，我们就知道今天的社会所出的问题在哪，出路在哪。总而言之，“温故而知新”，不仅有对古代思想文化的传承，也有结合当今现实的发明创新。

实际上，这一章不仅讲到了老师的职能问题、学习方法问题，更讲到了古今之间的关系的问题。在中国古代，古今之争一直是一个非常重要的问题，到了近现代，这个问题变得更加尖锐，孔子在这里用“温故而知新”对古今之争这个问题做出了一个深刻的回答，意味隽永。

2.12　子曰：“君子不器。”

“器”在文字初创的时候，主要是指在祭祀中用来装酒、装食物的器皿，也就是祭祀用器或礼器。后来被推扩为生活中所用的器物，最后被泛化为指称一切有形有象的具体器物。不论是在祭祀中，还是在日常生活中，每一件具体的器物都有特定的用途。有人据此认为，“君子不器”主要是指道德高尚的人不止有一种用途，这与《菜根谭》中“嚼得菜根，百事可做”的想法是一致的。后来有人又认为，“君子不器”中的“器”是指日常生活用器，因此“君子不器”，是指道德高尚的人不愿意成为日常生活用器，而要成为神圣的礼器。礼器与日常生活用器的差别在于，在丧祭等各种礼仪活动中，每件礼器都承担着特定的功能，是绝对不能误用误置的，而日常生活用器的使用就没有那么严格的要求，因此，君子要成为神圣的礼器，也就意味着，君子要在社会中找到自己的角色位置，发挥好自己的角色功能，也就是找准自己的位置，做到“正位凝命”。

这些说法都有各自的道理，都能在《论语》甚至是中国传统文化中找到自己的根据，也都能为现代社会发挥一定的指导功能，因此，我们可以将其看作对“君子不器”不同层面的理解。实际上，“君子不器”还有另外一个理解层面。“器”原初作为祭祀用器，具有强烈的角色性特征，“君子不器”就是要破除这种角色性及其所带来的负面效应。

器物化实际上是人的一种异化，在器物化的过程中，我们不是作为一个人存在于世界上，而是作为一个工具、一个部件存在于世界上。工具、部件是被动的，它们能够发挥什么作用，能够发挥多大作用，不是由它们自身具备的潜能决定的，而是由它们所处的角色位置决定的，它们能做的就是服从整体的安排，承担起应该承担的义务、作用。过去讲“君君，臣臣，父父，子子”，就是指君臣父子要做各自该做的事情，承担起自己应该承担的义务，不要做与自己身份地位不相符的事情，否则就是“君不君，臣不臣，父不父，子不子”了。当然，这种角色化的安排保证了社会的整齐有序，防止社会走向混乱，不过，这也容易导致社会走向冷漠，每个人都过着一种安分守己的生活，“事不关己，高高挂起”，“各人自扫门前雪，休管他人瓦上霜”。孔子心目中的大同社会恰恰不是一个冷漠的社会，而是一个充满温情的社会，人们不只是出于角色义务去赡养关爱自己的亲人，而且要出于自己的仁爱之心去关爱不是我的亲人的人，并且要为他们的生存发展承担起责任来。因此，“君子不器”就是要求人们出于仁爱之心，突破自己的角色限制，去“多管闲事”，去为他人承担道德责任。

实际上，孔子就是一个“爱管闲事”的人。虽然孔子说“不在其位，不谋其政”(《论语·泰伯》)，但他自己就没有做到。孔子一生大多数时间里都遭到权贵们的排挤，没有官位。因此，有人劝他做个隐士，而他却心怀天下，忧国忧民，始终为仁政而努力，始终将建立大同社会作为自己的理想和责任，为之奔走呼号。在孔子思想的感召之下，中国历史上涌现了无数“位卑未敢忧国”的历史人物，他们始终将为人民百姓谋取美好生活当作自己的责任勇敢地担当起来，“先天下之忧而忧，后天下之乐而乐”。虽然他们地位卑微，却为社会做出了贡献，赢得了世人的景仰。在现代社会中，当我们习惯于说“我没有义务做什么”的时候，我们有必要借鉴孔子“君子不器”的思想，想想我们是否具有做什么的道德责任。

2.13 子贡问君子。子曰："先行其言，而后从之。"

子贡，名叫端木赐，这个人能说会道，经常会将孔子说得无话可说，因此，孔子都说他擅长"言语"，居于孔门四科当中的言语科。尽管子贡经常和孔子辩论，但是子贡非常尊重推崇孔子。有人在子贡面前说子贡比孔子还厉害，子贡就谦虚地说，我跟孔子相比，我就是一堵矮墙，高不过几尺，孔子则是万仞宫墙。实际上，在中国历史有一种将孔子神圣化的潮流，而这个潮流实际上就是子贡开始发其端的。

这一章讨论的是君子的德行问题，而其中主要涉及的是言与行的问题，这个问题在1.3中论述得比较充分，因此这里就不展开论述，主要讲讲对"子曰"的具体内容本身的理解。

对于"子曰"后面的内容，有两种断句方式：一种是"先行，其言而后从之"；一种是"先行其言，而后从之"。这两种不同的断句方式，实际上包含着对这句话的两种不同理解。我们先来看"先行，其言而后从之"。这种断句方式强调的是"先行"，也就是在有言语之前，先去做，先去行动，在行动之后，再出其言。这种理解方式，将孔子所说的内容紧紧地固定在言行的关系上，强调行先言后。第二种断句方式，"先行其言，而后从之"，这种断句方式的理解相对复杂。首先，这也可以按照第一种断句方式来理解，我们可以将这句话改成"先行其言，而后（其言）从之"，因此与第一种断句方式含义相同。其次，我们可以将这句话改成"先行其言，而后（人）从之"。这也就是说，君子率先践行自己的言论，而后人们以其为准则而顺从他，这种理解强调的是君子言行的榜样特性。笔者还是比较倾向于孔子的言论主要讨论的是言行关系问题，这种理解更加符合原文的表达方式，不需要附加更多的曲折。

2.14 子曰："君子周而不比，小人比而不周。"

"周"与"比"都是讲人与人之间的亲密关系，"周，亲也"，"比，密也"，不过这是两种不同的亲密关系。在古代，"比"是一个行政单位，"五家为比，五族为党"，古人聚族而居，基本上是一个家族住在一起，所以"五家为比"的"五家"基本上是同宗族的，他们之间具有一种亲缘关系，他们就容易为了一家一姓的利益而相互勾结，结党营私。因此，"比"强调的是共同性，强调的是私人的利益，为了私人利益而结成一种亲密的关系，它与“党”的区别在于规模较小，是两两相互依附，不像“党”那样是较大规模的结合，要求人们之间相互团结，从而形成一种宏大的气势。“周”带有普遍的意思，它虽然也是一种亲密的关系，但是这种亲密的关系，不是两个人或极少数人的，而是大多数人的一种普遍的亲密关系，是一种周遍的亲密关系。如何才能形成一种周遍的亲密关系？这一定不是出于私利的结合，私利意味着人都是自私自利的，人与人之间只会勾心斗角，争权夺利，不可能形成一种普遍的亲密关系。要想形成普遍的亲密关系，只能是建立在道德基础上的结合，也就说“周”是“以义合”，这与“比”为了追求私人利益的“以利安”迥然不同。

“君子周而不比，小人比而不周”，孔子将君子与小人从与他人之间亲密关系的角度做了一个对比，君子是“周而不比”，也就是说：君子与他人是出于公心，为了公共利益结成亲密的关系，而不是出于私人利益谋求与他人的亲密结合；小人则反是，小人与他人关系亲密恰恰是为了个人，因此，他们的这种亲密关系只是针对少数与自己具有共同利益的人，他们所形成的实际上是一个小的利益共同体，而不是考虑人们之间普遍的利益追求。

在后世那里，“小人”往往是一个不道德的代名词，实际上在《论语》当中“小人”具有两个方面的含义：一方面可以指社会地位比较低的人，另外是指道德水平不高的人。正是因为“小人”道德水平不高，所以在后世社会中，我们往往将“小人”看作不道德的人，这是存在问题的。道德水平不高的人不一定就是不道德甚至是反道德的人，他们只不过不太关注道德的超越性的追求，他们不想成圣成贤，他们只想作为一个普通人而过普通人的生活，他们虽然不去关心帮助别人，但是他们也不去伤害别人。就像现实生活中，一个人不给老人让座、不主动帮助别人，但是我们不能说他不道德甚至反道德，他只是一个道德不够高尚的普通人而已，“穷则独善其身，达则兼善天下”（《孟子・尽心上》），不管一个人是选择“兼济天下”，还是选择“独善其身”，我们都应该尊重别人的选择，我们不能强迫每个人都成为道德高尚的君子。

2.15　子曰：“学而不思则罔，思而不学则殆。”

在中国古代，孔子不仅是重要的思想家，也是教育家，开私人办学之先河，而且教育成果丰硕，弟子三千，贤者七十二人。在长期的教育实践中，孔子总结出了一套成熟的教学方法、教育理论。这一章就是讲学习的。

“学而不思则罔”。“学”就是学习，也就是1.1中讲的“学而时习之”，不仅要学古代的经典、历史的掌故、传统的礼仪规范，而且要将它们在现实生活中加以践履。对于大多数人来说，学习是一种被动的、无意识的活动，他们就像一个知识的存贮器，只会照单接受老师所传授的内容，只会熟读那些经典，只会照搬那些规范教条，“学而不思”，就是别人这样说，我就这样接受，实际上也不理解。因此，学习变成了一种没有主观参与的机械活动，人们没有对自己所接受的知识进行过深入的反思，对其在现实生活中的作用也没有深刻的体悟，他们对于自己所学习的一切实际上处于一种懵懂无知的状态。因此，“学而不思则罔”就是学习而不思考就会惘然无所得。

“思而不学则殆”。“殆”，有人说是“怠”，思考而不学习就会倦怠、懈怠。现在好像人们都这样理解。这样说实际上是有问题的：“思而不学”为什么会倦怠、懈怠呢？这个没办法解释啊？笔者倾向于另外一种解释，把这个“殆”解释为疑、疑惑、不安。很多人觉得学知识就是解决现实问题的，因此，最重要的是要思考现实问题；况且，学习的知识是理论上的，是别人的，因此，知识必须是自己思考总结出来的，如果什么事情都要去向书本学、向前人学，那么，前人又是从哪里学来的呢？虽然这种说法乍一听似乎有一定的道理，但是实际上仔细思考是有问题的。很多问题的解决是一个逐步累积的过程，后人之所以能够取得前人所无法取得的突破，并不是后人思考的能力更强，而是因为后人的思考是站在前人思考的基础上，省去了前人所做的思考过程，如果我们不去学习前人所积累的知识成果，那么，也就意味着我们将进行无谓的重复，我们对于前人早就已经解答的问题也会疑惑不解，因而，如果我们一味沉迷于自己的思考之中，而不去学习前人的知识成果，那么，我们对于自己思考的成果就会持怀疑态度，“存于心而难信，施诸事而难安”。

总而言之，对于一个善于学习的人而言，一方面要善于利用外部的资源，向古人学习、向师友学习，一方面要依靠自己的努力，要善于思考、勤于思考，不盲从他人。

2.16　子曰：“攻乎异端，斯害也已。”

《论语》中的语录虽然都比较简单，但是理解起来却并不是那么容易，因为这些语录往往都没有记录当时说话的特殊背景，所以，我们只能自己去揣测孔子当时的真实用意到底是什么。问题在于，孔子不能死而复生，即使后人的理解偏离了其本来的用意，他也无法起而反驳，因此，《论语》当中到底说了什么有时候显得并不那么重要，重要的是我们从中读出了什么。当然，这并不意味着我们就可以随便地解读，我们的解读至少要做到两个方面：第一，我们的解读必须符合语言学的规范，要遵循原文当中字词的本来含义；第二，我们的解读必须与其思想整体之间是自洽的，也就是说我们要从其思想整体当中来解读某章、某节、某一句话。对于这一章，我们需要从孔子思想的整体出发，才能对这一章做出恰当的理解。

对这一章主要有三种理解方式。第一种认为，"攻"是攻击，与"小子鸣鼓而攻之"(《论语・先进》)中的"攻"同意；"异端"就是不符合正统圣人之道的歪理邪说，当然这个"异端"不必是后来孟子"辨异端，息邪说"中的那个"异端"，因为那个"异端"是指儒家之外的杨墨等诸子百家的学说，而在孔子时代，诸子百家尚未兴起，只是处于萌芽阶段，而是子夏所说的"虽小道，必有可观者焉"(《论语・子张》)中的"小道"，这个小道不符合儒家的"大道"，因此，"攻乎异端，斯害也已"，就是攻击那些不符合儒家圣人之道的小道，它们就不再危害社会、危害他人了，"已"就是停止的含义。第二种理解保留了第一种对于"异端"的理解方式，但是把"攻"理解为"治"，也就是研究、钻研的意思，将"也已"理解为语气词，就像《论语》中"可谓方也已"、"末之也已"中的"也已"一样。从而将整句话理解为：钻研小道，真是有害啊！这两种理解方式虽然从语言文字上看，也没有什么太大的问题，语义上也能说得通，但是这两种理解最大的问题就是与孔子思想本身存在抵牾之处。

孔子本身是一个比较宽容的人，孔子讲"毋意，毋必，毋固，毋我"(《论语・子罕》)，就是要求人们不以自我为中心，把自己当作真理的化身，从而排斥他人。对于孔子来说，每个人都有其值得称道之处，都有值得我们学习的地方，"三人行，必有我师焉：择其善者而从之，其不善者而改之"(《论语・述而》)。如果孔子不具有宽容精神，对于那些不同于自己思想观点的人必抨击而后快，那么，他怎么会与"不善者"交往、会以他们为师呢？这显然也不符合孔子的"温、良、恭、俭、让"的品格特征。正是有见于此，子夏才会说，我从孔子那里听说，"君子尊贤而容众，嘉善而矜不能"，而不是像子张所说的"其可者与之，其不可者拒之"(《论语・子张》)，孔子确实也说过，"我则异于是，无可无不可"(《论语・微子》)。

如果我们考虑到孔子的宽容精神，那么，这一章似乎比较符合第三种解释。“攻”不是攻击，而是治、研究；“已”就是停止。任何事物都有两端，孔子就说过，“吾有知乎哉？无知也。有鄙夫问于我，空空如也。我叩其两端而竭焉”（《论语·子罕》）。如果我们从这一端来看，另一端就是异端，如果我们从另一端来看，这一端就是异端，当然，我们每个人都会有自己的立场，都会有“意、必、固、我”，我们都会比较关注这一端，而忽略另一端，因而站在儒家的立场上看，小道可能就是“异端”，相对于儒家就是离经叛道的歪理邪说，不过我们不能因此而忽视了这些所谓的异端，从而不顾及它们甚至是打压它们，而是要对它们进行全面深入的研究，真正做到“叩其两端”，只有这样，我们才会获得全面的认识，从而避免陷入片面性之中，那么，所谓的“异端”也就没有什么危害了。

2.17　子曰：“由！诲女知之乎！知之为知之，不知为不知，是知也。”

这里的“由”就是仲由，字子路。根据《史记·仲尼弟子列传》记载，仲由“好勇力”，曾经“陵暴孔子”，在《论语》当中，孔子也说“由也好勇过我”（《论语·公冶长》），并且预言“若由也，不得其死然”（《论语·先进》），并且最后被孔子不幸而言中，死于非命。可见，仲由确实是一个性格勇猛的人。性格勇猛的人大多好大喜功，口无遮拦，喜欢说大话，估计仲由就有这种毛病。孔子说这段话大概就是告诫仲由要戒掉这种毛病，说话办事要实事求是。

这里有六个“知”。第一个“知”通于“志”，“志，古文识，记也”，“由！诲女知之乎！”就是说：仲由！你记住我给你说的话。中间的四个都是知道、了解的意思，最后一个“知”通“智”，同于“知者乐水，仁者乐山；知者动，仁者静；知者乐，仁者寿”（《论语·雍也》）中的“知”字。“为”既可以理解为“是”，也可以理解为“说”，因为“为”与“谓”相通，“知之为知之，不知为不知，是知也”，其意思为：知道就说知道，不知道就说不知道，这才是真正的智慧。

这里与其说讲的是对待知与不知的态度问题，不如说讲的是自我认知、自我评价的问题。认识他人很困难，认识自己则更加困难，因为认识他人我们还可以“跳出三界外，不在五行中”，站在一个客观的立场上冷静地认识他人，从而对他人做出比较符合实际的评价，而我们每个人都是一个自我，我们认识自我必然要从自我出发，这就难免会有“不识庐山真面目，只缘身在此山中”的遗憾，所以，老子说，“知人者智，自知者明”（《老子·三十三章》）。因此，对于人们来说，最重要的问题，是要准确地认识自己，不要强不知以为知，因为人不是神，不可能全知全能，是人就有他的局限，因此要勇敢地承认自己的不足，不要强不知以为知，只有这样，我们才能勤学不倦，不耻下问，才能让我们的知识丰富起来。从表面上看，这与苏格拉底讲的“认识你自己”比较相像，不过，二者之间有着重要的区别。苏格拉底虽然要通过“认识你自己”认识到自己的无知，但是其最终目的是要认识到上帝才是全知全能的，才是至善的；而儒家不是这样，儒家恰恰是要否定这种宗教性，认为所有人都不是全知全能的，每个人都是一个有限的存在，其认识也是有限的，局限于自我自身永远都不会达到无限的状态。因此儒家不是强调自我超越，而是强调超越自我，通过趋向他人而突破自我，从而通过无限的他人来实现对有限自我的超越。

2.18　子张学干禄。子曰：“多闻阙疑，慎言其余，则寡尤；多见阙殆，慎行其余，则寡悔。言寡尤，行寡悔，禄在其中矣。”

子张是孔子的弟子，名叫颛孙师。“干”就是“求”，“禄”就是“俸禄”，也有人认为“禄”就是“福”，都可通。“学”就是樊须学稼的那个“学”，就是问询、请教、问学之意。因此，“子张学干禄”就是子张向孔子请教求取官职、获取俸禄之道。宋明儒者因为“子张学干禄”就对子张评价较低，实际上，这有点假道学，因为“干禄”本身就是古代的一门学问，子张学干禄何错之有？另外做官获取俸禄乃是人之常情，“不志于谷，不易得也”（《论语·泰伯》），孔子不是也说“学而优则仕”（《论语·子张》）吗？孔子赋闲在家的时候，他也想到要去谋个差事，“吾岂匏瓜也哉？焉能系而不食？”（《论语·阳货》）孔子尚且如此，何况子张呢？

在孔子那个时代，大概是举荐制比较流行，像荀子说“贤能不待次而举”，就是讲的“举贤能”，这跟后来科举取士的官员选拔制度不同，更跟跑官要官买官的风气迥然不同。你要通过“举贤能”获得那个官位、获得俸禄，前提是你必须是个贤人能人，即使你有了这个前提，你还必须有人举荐，如果没人举荐，你就像一个宝珠落在污泥浊水之中，永远也没有发出光芒、为天下知晓的时候，这就是“天命”，子夏就讲，我听老师说过，“死生有命，富贵在天”（《论语·颜渊》）。孔子这么说，不是教弟子们什么都不做，而是说我们能不能富贵这个事情不是我们自己所能决定的，我们不要将精力放在这个地方，我们应该关注的是我们做不做以及如何做的问题，这才是我们能够决定的问题。孔子就是一个拼命做事的人，“学而不厌,诲人不倦","知其不可为而为之",不问结果,但求无愧于心。因此,"干禄"我们还是要学,但是至于能不能如愿,那就只能听天由命了,得之不喜,失之不惊。

对于儒家来说,虽然也要功名利禄,但是这不是一个最终的追求目标,而是作为道德修养的副产品,也就是,只有你的道德修养上去了,你才有可能获得功名利禄,因为你道德修养上去了,你有了"贤能",你就有了被举荐的可能性,你就有机会获得官职和俸禄,因此,从根本上来说,最重要的问题还是自我修养。实际上,孔子说的这一段话,最重要的还是讲个人道德修养的问题,讲个人为人处世的方式问题。

"多闻阙疑,慎言其余,则寡尤;多见阙殆,慎行其余,则寡悔。言寡尤,行寡悔,禄在其中矣。""殆"与"思而不学则殆"中的"殆"同意,也就是"疑"。"尤"是责怪的意思,"悔"是后悔,前者来自外部,后者来自内部。意思是:多听,对于有疑问的东西持保留意见,对于没有疑问的部分,也要谨慎地说出来,这样较少招致他人责难;多看,对于有问题的部分持保留意见,对于没有疑问的部分,也要谨慎地实行,这样自己就不会有太多悔恨。如果说的话不招致责难,行为不引起悔恨,那么,自然就会有官职和俸禄了。

从这一章来看,干禄、学干禄本身是没问题的,关键是我们如何干禄的问题。如果我们通过自己的道德修养带给我们官职和俸禄,这是没有什么问题的,这既是个人能力的体现,也是自我价值的实现;如果我们把官职和俸禄当作我们的追求目标,把道德修养变成了手段,那么,就本末倒置了。

2.19 哀公问曰:"何为则民服?"孔子对曰:"举直错诸枉,则民服;举枉错诸直,则民不服。"

哀公是周公的后人,在《史记》当中将其列入《鲁周公世家》之中,姓姬,名蒋,鲁定公之子,定公死后,成为鲁国国君。大概哀公主政不太合格,由于鲁国是周公的封地,周公所创立的礼乐制度保存得最为完好,结果到了哀公,也礼崩乐坏了,而且政治上也比较失败,鲁国的大权旁落,出现了"三桓执政"的局面。这其中一个非常重要的原因,就是哀公不能选贤任能,像孔子就不能得到哀公的重用,所以《史记·孔子世家》中说,"鲁终不能用孔子,孔子亦不求仕"。正是因为哀公在选人用人上有问题,所以,他不能服众,老百姓不服从他的统治,所以,他问孔子“何为则民服?”

孔子回答说,“举直错诸枉,则民服;举枉错诸直,则民不服。”“直”有公平无私、真诚直爽等多重含义。这个“直”源自人的天性,属于人的本始材朴,未经雕饰的结果,“夫达也者,质直而好义”(《论语·颜渊》)。正是因为“直”具有某种天然性,让其自由发挥,往往会出现一定程度的偏离,所以,它必须要接受改造,用学来变化气质,将其置于礼的约束范围,从而使其进入仁的状态,合于仁道,“好直不好学,其蔽也绞”(《论语·阳货》),“直而无礼则绞”(《论语·泰伯》)。“枉”与“直”相对,就是不直,也就是曲意阿私、虚情假意。“错”有不同的理解,有人把它理解为废弃,认为孔子的观点是要任用公正无私、真诚直爽的人,而废弃那些虚假谄媚、曲意阿私之人。这种观点虽然与后来人们对统治者所提出的“亲贤臣,远小人”的观点相符合,但与孔子的观点并不符合。因为孔子具有宽容精神,他要仁爱所有的他人,做到“周而不比”,这也就是子夏所说的“尊贤而容众”,如果重用、亲近直者,远离、废弃枉者,那就成了孔子自己所批评的“比而不周”,所以,将“错”理解为废弃并不合适。笔者比较同意将这里的“错”理解为放置在……之上,这样一来,“直”与“枉”并存,既强调了对于“直”的重视,又给了“枉”生存的空间。因此,孔子回答的话应该理解为:选用那些正直的人,并将他们置于那些邪曲的人之上,百姓就会信服;选用那些邪曲的人,并将他们置于那些正直的人之上,百姓就会不信服。

这一章讲的是在治国理政当中选人用人的原则问题,因为孔子讲的是贤能政治,所以他特别强调要将那些贤能的人选上来,并对他们委以重任。之所以要特别提出这个问题,是因为那些正直的人往往都是率性而行的人,不愿意降尊纡贵,曲意逢迎,所以,他们不容易被亲近,也不容易得到重用,而那些虚伪的人,则反其道而行之,弄虚作假、溜须拍马,无所不用其极,反而一路春风得意,占据高位,其结果只能是朝纲混乱,民不聊生。当然,贤能政治,只能依赖贤明君主的出现,因此之故,孔子的说法遭到了李泽厚的批评,认为这与现代的“民主政治”相去千里。民主政治自然有它的优点,不过,我们不能因为民主政治的优点就去批评孔子的贤能政治。第一,孔子提出贤能政治是基于他所处的立场所提出的一种政治理想,他提出的理想具有其自身的合理性,我们不能站在现代的立场上要求他与现代人的理想相一致,这对于古人是不公平的。第二,我们读古人书,不是为了挑古人的不是,如果看到的全是错误,那我们有什么读的必要呢?我们是要吸取其中对于现代人仍然具有意义、有价值的成分,从而为现代人解决现代问题提供思想资源。实际上，在现代社会中，如何将“直”置于“枉”之上仍然是一个需要高度警惕、需要深入思考的问题，“举枉错诸直”不仅不利于社会治理，而且本身就是一种罪恶，人间的多少罪恶都是因此而生。

2.20　季康子问：“使民敬、忠以劝，如之何？”子曰：“临之以庄，则敬；孝慈，则忠；举善而教不能，则劝。”

季康子这个人不简单，在鲁国有“三家”，他们虽为三卿，却执掌着鲁国的朝政，故有“三桓执政”之说，这个“三桓”之首就是季桓子，也就是季康子的父亲，季桓子去世之后，季康子继承了父亲的位置。季康子名叫季肥，这个人能力很强，治国理政很有一套，曾经在艾陵之战中大败进犯的齐国，可他实行的一系列改革措施，又加速了鲁国礼崩乐坏的进程，不过这个人对孔子很尊敬，孔子堕三都失败后周游列国，就是被季康子迎接回鲁国的。季康子和哀公不一样，哀公问如何使民服的问题，就是如何让百姓信服自己，这个层次是比较低的，而季康子问的则是如何“使民敬、忠以劝”，这个问题就明显比哀公的问题层次要高很多，因为他让老百姓敬、忠、劝，比让百姓服要高明得多，服从统治者的统治，信服统治者的治国理政的方略，这都是最基本的要求。

“使民敬、忠以劝，如之何？”敬有敬重、恭敬、严肃、慎重等多方面的含义，在这里，对“民”而言，“敬”应该是敬重统治者，对统治者恭恭敬敬，做事则要小心谨慎。“忠”正如前面所言，“尽己之谓忠”，就是指对统治者要全心全意、尽心竭力。“以”就是“与”。“劝”有劝告、勉励、奖励等多种含义，比较符合这里语境的应该是努力、勤勉的意思。这句话的意思就是：怎么样才能让百姓对统治者具有恭敬之心、让百姓为统治者服务尽心竭力、做事勤勉努力呢？从这个解释当中，我们就可以看到，“服”还只是一个浅层次的问题，还是具有一定的被动性，而敬、忠、劝就不是源自外部的，而是发自内心的，就有了主动性、积极性，季康子不再是要让百姓被动地服从，而是要调动百姓的积极性、主动性。

“临之以庄，则敬；孝慈，则忠；举善而教不能，则劝”。孔子的做法，与现代的做法不同，现代的做法是要建立规章制度，对人们的行为进行约束规范，这就是一种外在强制的做法，这个做法有它的优点，那就是立竿见影，效果明显，但是也有它的不足，那就是人们容易自觉而不自愿，无法调动人们的主动性、积极性。孔子的做法是实行教化，这种做法不能立竿见影，效果比较缓慢，因为它像时雨之化，但是它是从根柢处浇灌，反而能够强基固本，化民成俗。对于教化而言，身教重于言教，这也就是说教化者要身先士卒、率先垂范，用自己高尚的德行去感召、感化他人，这也是孔子强调行重于言的一个重要原因。孔子对于季康子的回答实际上就是强调：要想“使民敬、忠以劝”，就要求统治者注重自身的修养，为百姓率先垂范，做好榜样，做到“庄”、“孝慈”、“举善而教不能”。“庄”就是庄重严肃，如果统治者自己庄重严肃，那么，百姓自然就会敬重统治者，对统治者恭恭敬敬；这里的“孝慈”不是父慈子孝，而是指爱利百姓，把百姓当作父母亲人来对待，统治者关心百姓，为他们谋利益，他们自然会为统治者尽心竭力；“举善而教不能”，就是统治者既选拔录用那些贤能之士，也不遗忘那些没有什么才能的人，对他们进行教化，帮助他们成长，那么，百姓自然就会勤勉努力。

从孔子的论述中，我们可以看出，儒家治国理政的一个重要策略，就是统治者不采取强制的措施，要求百姓去做什么，而是统治者采取身先士卒的方式，将百姓引领到自己的方向上、道路上。虽然这样做确实不太符合现代社会的效率要求，但是它对于现代社会冰冷无情的管理体制，具有一定的救助作用，因为人不是机器，人有情感需要和精神需求，人需要被关爱，被尊重。

2.21　或谓孔子曰：“子奚不为政？”子曰：“《书》云：‘孝乎惟孝，友于兄弟，施于有政。’是亦为政，奚其为为政？”

“或”就是有人，有人问孔子，“你为什么不参与治国理政？”从这里可以看到，孔子与或人的对话应该发生在孔子主动远离政治的期间。按照《史记·孔子世家》的说法，孔子主动远离政治有两个时期：一个是在鲁定公时，由于季桓子僭政，“孔子不仕，退而修诗、书、礼、乐，弟子弥众，至自远方，莫不受业”；另一个是在鲁哀公时，也就在季康子问政之后，“鲁终不能用孔子，孔子亦不求仕”，做古代文献的整理编撰工作。有人说这段对话发生在鲁定公时，因为鲁定公之前鲁国的统治者是他的哥哥鲁昭公，而鲁昭公为“三家”所逐，被迫逃亡，最后客死异乡，结果“三家”推拥定公为国君。因此，鲁定公为仇人所立，但是他不能为兄报仇，所以，孔子这段话是影射鲁定公不孝不友。不过这种说法有些勉强，笔者更倾向于第二个时间阶段。第一，因为这里主要是为自己辩护的，影射的意味并不明显，孔子对于不为政的态度显得非常冷静，更像是看透人世之后的一种超脱。第二，这段对话被安排在哀公问政和季康子问政之后，而孔子不仕的第二个时段正是在此之后，因此，这种编排正好暗合了时间上的顺序。

“《书》云：‘孝乎惟孝，友于兄弟，施于有政。’是亦为政，奚其为为政？”《书》就是《尚书》。“孝乎惟孝”，这就像“礼乎礼”一样，就是“惟令尽于孝也”，也就是尽孝到极致的状态。“友于兄弟”，就是对兄弟友爱。“施于有政”，就是让孝与友这种风气对政治产生影响。“是亦为政，奚其为为政？”这也是参与政治的一种方式，为什么一定要亲自参与政治呢？这与有子所说的“孝弟也者，其为仁之本与”是一致的。参与政治的方式是多端的，良好的政治应该是一种仁政，统治者要有一种仁爱之心，而这种仁爱之心的培养离不开良好的社会氛围，因此，我们在家庭当中的孝悌本身就构成了社会氛围的一个组成部分。更重要的是，在中国古代，家庭不仅是社会构成的基本单位，更是社会当中最为重要的组成部分，家国是同构的，家是缩小的国，国是放大的家，国家的治理的方式方法本身就是源自于家庭的。

这一章实际上讲到了家庭与国家之间的紧密关系，从而将治国与齐家统一起来。不过在这里，要注意一个问题，那就是儒家强调人们在家庭中所作所为的社会价值，个人在家庭当中的孝悌对于整个社会都是非常重要的。在现代社会中，一个普遍的情形是，人们开始否定家庭生活的重要价值。譬如，在现代社会中，如果一个人没有走出家庭，去参加社会工作，如有些女性在家庭中专门从事相夫教子的工作，人们就会贬低她的社会价值，不承认她为社会做出了重要贡献，实际上，家庭构成了社会的重要组成部分，一个人对家庭做出了贡献，同样也是对社会做出了贡献。

2.22　子曰：“人而无信，不知其可也。大车无輗，小车无軏，其何以行之哉？”

这一章中的后一句“大车无輗，小车无軏，其何以行之哉？”这里面的大车、小车在历史上没有一个统一的说法，反正就是两种不同的车子，“輗”与“軏”应该是车上两个非常重要的关键部位，它们决定了车子能否运转起来，以及能否发挥其功能，至于到底是什么，我们也就不再去追问。后一句主要是用来形象地说明第一句“人而无信，不知其可也”的。“信”是中国传统美德的一个重要组成部分，就是讲诚信，说出的话要信实可靠，要兑现自己的承诺，因而信不仅是一种内在的品德，更要在事上去体现和检验，也就是说，我们所说的话和所做的事达到了一致，我们才是诚信的，才是信实可靠的。当然，在现实生活中，很多人都会说很多花言巧语，甚至是谎话连篇，这种做法虽然可能赢得别人暂时的信任，从而达到所想要的某些结果，但是，谎言总是经不住时间和事实的检验，我们的不诚信总有一天会被事实所拆穿，那么，我们就会变成孤家寡人，没有人愿意与我们合作，而人是一个群体性的动物，人之所以能够战胜自然界当中的生物，能够做成它们所不能做成的很多事情，就是“人能群，彼不能群也”。如果我们不讲诚信，我们因此而失去了与他人结成群体进行合作的机会，那么，我们还能做成什么呢？我们就什么都做不成。

2.23　子张问：“十世可知也？”子曰：“殷因于夏礼，所损益，可知也；周因于殷礼，所损益，可知也。其或继周者，虽百世，可知也。”

“十世可知也？”在古代，三十年为一世，父子相代为一世。子张所问的这句话的意思是：我们可以预知十代以后会是什么样子吗？人很有意思，要知前知后，要回溯过去，预知未来，为什么会这样呢？这与安身立命有关。海德格尔说人是被抛到这个世界上来的，人闯入了一个未知的世界，这个世界对于人来说充满着偶然性，是一个偶然的世界。偶然性对于人来说，就意味着意外随时都会发生，就意味着混乱和无序，也就意味着人随时都有可能遭遇意外和危险。为了防范意外和风险，人们需要建构世界的规律性，把世界变成一个必然性的世界，也就是世界上发生的一切都遵循着自身的规律，都是有章可循的。如果我们把握了这些规律，那么，我们站在现在的立场上就可以推知往始，预测未来。

“殷因于夏礼，所损益，可知也；周因于殷礼，所损益，可知也。其或继周者，虽百世可知也。”孔子的回答，实际上就是告诉子张，人世的嬗变都是有章可循的，可以预知的。估计子张问的是礼仪制度的问题，孔子在此回答的主要是十世之后礼仪制度是否可以预知的问题。孔子以夏礼、殷礼、周礼，也就是以夏、商、周三代的礼仪制度为例，揭示了它们之间的“因”与“损益”关系，从而推断：即使百世之后，礼仪制度也完全可以预知。“因”就是因袭、继承；“损益”就是增加和减少，也就是进行必要的变革。殷礼对于夏礼有所继承，有所变革，周礼对于殷礼有所继承，也有所变革。继承、变革的分别是什么呢？对于这个问题，人们的回答是：继承的是三纲五常，变革的是文质三统。三纲五常在中国古代，就是礼仪制度的核心与灵魂，亲疏有等，尊卑有序，男女有别，这是天地之常经，是不容变革的，否则就会导致社会的混乱，这是每个朝代都必须坚持的，不因改朝换代，而有所变革。三纲五常不容有变，但是文质三统却是可以变化的：在文质方面，夏尚忠，商尚质，周尚文；在三统方面，夏为人统，商为地统，周为天统。后来，王夫之干脆就说，体不变，用常变，以三纲五常为体，以文质三统为用。简单点说，就是在礼仪制度的主体部分是不变的，变化的是枝叶部分，所以，把握了不变的主体，我们也就了解了在枝叶部分的变化。按照这个逻辑，即使百世之后，我们也可以预知人们对于周礼继承损益的情况。因此，这句话的大致意思是：殷礼对于夏礼有继承，有损益，这是可以知道的；周礼对于殷礼有继承，有损益，这是可以知道的。即使百世之后的礼仪制度对于周礼的继承，也是可以知道的。

孔子的论述涉及了历史发展当中两个非常重要的方面：因与革或常与变，这也导致这一章成为保守派与改革派争夺的一个战场，保守派强调因故袭常，反对变革；改革派则强调新故相除，与时损益，反对因循守旧。客观地说，孔子在这里强调的是继承的问题，是常的问题，我们之所以可以预知未来，就是因为礼仪制度的核心部分是保持不变的，这个是永远如此的，所以，我们可以一眼千年。不过站在现代的立场上，孔子确实提到了“损益”的问题，虽然他讲的都是枝叶上的“损益”，但是既然讲损益，那么，就有革新，就有变化，这对于处于中西古今之争的现代人来说，它就具有重要的参考价值：我们应该如何处理文化的常与变、继承与革新之间的关系？

2.24　子曰：“非其鬼而祭之，谄也。见义不为，无勇也。”

“非其鬼而祭之，谄也”。按照《礼记·祭义》的说法，芸芸众生必有生死，死了之后还归于土，这就叫作鬼；祭祀鬼的目的，是为了反思古始，了解自己自所从来，表达对于逝去亲人的敬重怀念之情，报答父母对于自己的养育之恩。因此，祭鬼一般说的就是祭祀自己的父母亲人，父母亲人是自己应该祭祀的，在此之外的鬼就不是个人需要祭祀的。一项活动随着历史的推移，慢慢就会偏离其本来的面目，祭鬼的活动在表达情感之外，又被赋予了祈福的活动，祈求鬼神降福于自身，我们祭祀父母亲人，不再仅仅是表达对父母的思念之情，同时也是请求父母在天有灵，保护家族兴旺、多子多福等等，从而使祭鬼带上了一种功利主义的色彩。正是因为祭鬼被赋予了实用功能、功利目的，因此有些人就到处祭拜鬼神，自己不该祭拜的鬼神也去祭拜，不是自己的父母亲人也去祭拜，希望通过自己的不当之举为自己获得一些额外的福佑，这违反了礼仪制度，是为了个人目的而不择手段的一种谄媚之举。

“见义不为，无勇也”。“义者，宜也”，在中国古代，“义”就代表着合理合宜，也就是人们应该或必须去做的，做了合宜的事情，就是“义”，做了不合宜的事情就是“不义”。这个判断合宜的根据在哪里？这在不同的人那里是不同的。像西方思想家将这种根据置于人的外部，像古希腊时代的理念、中世纪的上帝、现代哲学家康德的绝对命令和黑格尔的绝对精神，这些都是高度抽象化的、形式化的；儒家倾向于从人的内部来寻找合宜的根据，主要是用人的内在情感作为根据，事情合宜不合宜主要是用自己真实无妄的情感进行判断，“始者近情，终者近义”（《郭店楚简·性自命出》），可见“义”是以情感为根基的。“勇”就是勇敢，敢作敢为。在儒家那里，勇是一种重要的美德，是三达德之一，是成人的一个重要内容。当然，勇也容易陷于鲁莽，像子路就很勇敢，但是孔子对他并不十分欣赏，“由也好勇过我，无所取材”（《论语·公冶长》）。为了防止勇陷于鲁莽，勇要与义相结合，要“义以为上”，接受“义”的指导，该做该为的时候就敢做敢为，不该做不该为的时候就不做不为，这才是真正的勇，否则，勇就不是一种美德，而是一种恶德，“君子有勇而无义为乱，小人有勇而无义为盗”（《论语·阳货》）。因此，勇的一个重要表现就是合义、合宜的时候一定要敢做敢为，如果“见义不为”，也就是看到应该做的也不做，这就算不上真正的勇敢。

这里面讲了两个问题，一个祭鬼的问题，一个勇敢的问题，不过这两个问题有一个共同的主题，就是做事合宜的问题，前者说的是做了不该做的事情是错误的，后者说的是该做的事情不做也是错误的，正确的行事方式应该是：该做的事情一定要做，不该做的事情一定不做。大概在哪个时代都差不多，人们一般都搞不清楚什么事情该做，什么事情不该做，所以，孔子告诫人们要把这个问题搞清楚，只有这个问题搞清楚了，做事做人才会理直气壮，才会合情合礼。

# 八佾篇第三

3.1　孔子谓季氏，“八佾舞于庭，是可忍也，孰不可忍也？”

“孔子谓季氏”。这个“谓”带有评价的意味。至于这个“季氏”到底指谁，历史上有不同的猜测，有人认为是季桓子，大多数人认为是季平子。不管是谁，他们都有僭政、僭礼之处。在这里，僭政、僭礼的表现就是“八佾舞于庭”。在中国古代，自从周公制礼作乐之后，礼乐就有了严格的规范，像家庙当中所用的乐舞队伍都有严格的人数限制：天子八佾，诸侯六佾，卿大夫四佾，士二佾。关于“佾”，在历史上也有不同说法：有的说八个人为一列就是佾，因此，八佾就是六十四人，六佾就是四十八人，四佾就是三十二人，二佾就是十六人；有人认为“佾”就是每行每列相等的人数，八佾就是六十四人，六佾就是三十六人，四佾就是十六人，二佾就是四人。不管是哪种说法，不能改变的是季氏是属于卿大夫之家，按照礼仪制度他只能使用四佾，他使用八佾就是明显的僭礼。

“是可忍，孰不可忍也？”对于这个“忍”，可以有两种解释。一是把“忍”理解为狠心，在古汉语中“反慈为忍”（《新书・道儒篇》），忍就是与慈相对的狠心，如杜甫诗中“忍心当面为盗贼”，如孟子所说的“见其生，不忍见其死”（《孟子・梁惠王上》），都是在此意义上使用的。如果照此解释，那么，这句话的意思就是：既然季氏这个事情都能狠心做出来，那么，他还有什么事情不能狠心做出来呢？笔者不太倾向于这种理解，因为这种理解中没有表明孔子的态度，而且在解释上也颇多搅绕。笔者倾向于把“忍”理解为容忍、忍耐。如果照此解释，那么，这句话的意思为：如果这件事情都能够容忍，那还有什么是不能容忍的呢？从而表达出对这件事情的强烈反对态度，而这与后来孔子采取堕三都等制约三家的做法是一致的。

在这里，孔子表达了对于僭越礼仪制度的一种强烈反对态度，同时表达了儒家的宽容不是无限的，而是有限的，对于有些不逾越底线的失德行为，我们可以采取宽容的态度，对于那些逾越底线的失德甚至违法行为就不能采取宽容的态度，该制裁的就必须予以制裁。在现实生活中，我们的宽容有时候变成了一种无原则的放纵，这不仅是错用了宽容，同时也是对犯错者的一种不负责任，放任他者在犯错的道路上越走越远，使得他者的错误不能得到及时纠正。

3.2 三家者以《雍》彻。子曰："'相维辟公，天子穆穆'，奚取于三家之堂？"

"三家"就是仲孙、叔孙、季孙，三家僭礼、僭政，上一章讲到了"八佾舞于庭"，这一章则说"三家者以《雍》彻"。《雍》是古代天子祭祀宗庙撤席时所演奏的乐曲，"彻"通"撤"，三家是公卿之家，按照礼仪制度，三家在祭祀撤席时演奏《雍》不符合礼仪规范，因此，这种做法引起了孔子的不满，孔子对此提出了严厉的批评。

"'相维辟公，天子穆穆'，奚取于三家之堂？""相"是辅助，"维"在这里是语气词；"辟"是天子、国君；"公"就是公卿；"穆"就是恭敬、肃穆。这句话的意思是说，古代在祭祀的时候，诸侯都来助祭，天子仪容恭敬肃穆，与此相对，看看三家的祭祀有什么可以称道的地方呢？或者说有什么可取之处呢？意思是说，三家的祭祀违反礼仪制度，不伦不类，一无可取之处。

从这一章我们可以看出，我们对于一件事情的判断，不能无原则地强调它的优点和可取之处，其可取之处必须是建立在符合社会规范的基础上，也就是说，一件事情只有合乎社会规范，我们才能谈论它的可取之处，如果它本身就是不合乎社会规范甚至是违反社会规范的，那么，我们就没有必要谈论它的可取之处。就像我们说"盗亦有道"，虽然强盗在其群体内部同样要讲规矩、讲道德规范，但我们不能因此而将他们看作道德的，因为他们已经触碰了社会规范的底线，所以，我们在此需要一种底线伦理，讲道德也应该有个底线。在现代社会中，我们经常为一些所谓"弱势群体"的犯错行为进行辩护，认为他犯错情有可原，因此，反对对他们的错误追究责任，否则就认为你没有同情心，就是以强凌弱，从而对你口诛笔伐，这就是典型的无原则的表现，这实际上是在挑战社会的规则规范，这是缺乏底线思维的一种表现，底线应该是刚性的，是不容触犯的。

3.3　子曰："人而不仁，如礼何？人而不仁，如乐何？"

从言说的方式、编排的顺序和论述的内容来看，孔子的这一论述仍然是对季氏或三家的一个批评。前面对乐舞和祭祀等具体行为活动从礼乐制度上进行了批判，这一章则进一步从礼乐制度的本质上对季氏或三家违反礼仪制度的行为进行深层次批判。

自从周公制礼作乐之后，礼乐就成了一种制度规范，具有了高度形式化的特征。借助这种形式，社会可以正常运转，人可以在世界上挺立起来，否则社会就是一盘散沙，人就是一堆腐肉，因而，"礼"对于社会和个人而言，就是完美的框架或形式，有了这个框架和形式，我们就知道如何去规范自己的言行举止，让自己与这个形式相合，从而让自己立起来。既然礼是文，是形式，那么，就一定有与此文相对的质，与此形式相对的本质，这个质就是仁，就是义。"仁，人心也；义，人路也"(《孟子·告子上》)，这个人心就是人的"不忍之心"，就是仁义礼智的"四端"之心。一方面，礼乐制度的制定本身就是建立在仁心的基础之上，是人的内在仁义之心外在化而成的规范的表达，仁构成了礼的根据；另一方面，礼乐通过自己的规范性，推动了仁义之心在现实生活中的落实，并为这种落实提供了一个强有力的保证。因而，仁与礼在现实生活相互依赖，相互支援：没有仁作为根据的礼乐就失落了其本质，就流于纯粹的形式；没有礼乐这种外在的形式规范，仁义之心就会肆意泛滥，爱恶失度，无法做到从容中道。对于季氏或三家而言，他们不仅遗失了仁义之心，而且就连基本的礼乐制度也不遵守，从而将礼乐变成了一种没有任何实质内容的虚伪形式，这种失去灵魂的礼乐已经徒有其表，存与不存都没有任何差别。

虽然这一章是针对仁与礼而言的，但是它具有普遍的意义，也就是说，它不仅告诉人们外在的礼乐规范要建立在内在的情感基础之上，它同样告诉我们，内与外、文与质、形式与内容之间必须达到完美的统一，如果失去了内在的本质，任何外在形式的装饰，都不过是一种伪装，不具有实质性的意义。

3.4　林放问礼之本。子曰："大哉问！礼，与其奢也，宁俭；丧，与其易也，宁戚。"

林放是鲁国人，至于他的身份和与孔子的关系问题一直扑朔迷离，有人认为他是孔子的弟子，不过缺乏明确的材料佐证。林放应该比较重视礼，这里讲他向孔子问礼，3.6中孔子还在冉有面前提到他对于礼的了解。正是因为林放这个人比较重视礼，他大概注意到当时社会中礼仪活动的情况。当时社会已经开始礼崩乐坏，人们的礼仪活动大多比较重视形式化的一面，把形式上做得完美、好看，不太重视礼仪活动的实质内容，而且人们在此道路上乐此不疲，误入歧途而不自知，就更谈不上迷途知返。林放追问“礼之本”，通过孔子的揭示，从而让人们认清当时礼仪活动中存在的问题，帮助人们回到正确的轨道上来，恢复礼仪活动应有的样子。

“大哉问！礼，与其奢也，宁俭；丧，与其易也，宁戚。”“礼之本”具有两个方面的含义：一是礼的本源，也就是礼的来源或源头的问题，也就是礼以什么为根据的问题；一个是礼的本质和核心的问题，也就是说，如果礼作为一种外在的形式规范或者说“文”，那么，“礼之本”就是与其相对的“质”或本质。这两个方面实际上也是内在相通的。对于儒家而言，礼作为一种制度规范是有其生成根据的，而这种根据就存在于人出生之初，如人类的道德情感、人类的仁心善性就构成了礼的源头，同时这些发育成熟的道德情感、仁心善性也就构成了礼的内在本质。林放对于“礼之本”的追问就涉及了礼的来源和本质的问题，因此，孔子对于这个问题给予了高度的评价：“大哉问！”可见，提问题也是有学问的，我们往往会被枝叶蒙蔽了眼睛，而不能追问本质，尤其是哲学，哲学是一门反思的学问，它应该涉及前提的追问，要去追溯那个最初的源头，追问那个“本”，要在言断路绝处逼问出那个“本”来。

在现实生活中，人们经常会本末倒置，像祭礼中讲究“奢”，丧礼中讲究“易”，都是本末倒置的表现。“奢”与“俭”相对，像现实生活中人们常说“由俭入奢易，由奢入俭难”，这个“奢”就是奢侈、奢靡，“俭”就是俭朴，就是节俭。关于“易”，有人理解为简易，有人理解为和易，有人理解为治。笔者以为，“奢”与“俭”相对，“易”与“戚”也应当相对。“戚”是忧戚、悲戚，作为反义词，“易”应该是愉悦，快乐，而“易”本身也就有和悦方面的含义。从字面上来看，“礼，与其奢也，宁俭；丧，与其易也，宁戚。”意思就是：祭礼，与其办得奢华，不如办得俭朴；丧礼，与其办得让人感到愉悦，不如让人感到悲戚。“奢华”与“让人感到愉悦”都是从形式上来说的，规模宏大，形式完整，但是这并不是礼所追求的，礼所真正追求的是情感的表达，祭礼尤其是丧礼，所表达的乃是人们对于亲人的一种特殊情感，不是做给别人看的：只要能够表达自己的情感，形式如何并不重要；如果不能表达自己的情感，再完美的形式也是枉然。因此，孔子借由祭礼、丧礼，表达了对于内在情感的重视，从而告诉林放，礼以情感为根本，礼是一种情感的表达，礼不能脱离情感而变为一种抽象的形式。

3.5　子曰："夷狄之有君，不如诸夏之亡也。"

"诸夏"就是中国，中国是礼义之邦；"夷狄"与"诸夏"相对，就是与宗主国相对的各诸侯国，这些国家礼义教化未开，文明相对落后。从"不如"看，这一章是在将"诸夏"与"夷狄"加以比较，但是比较的结果如何，则莫衷一是。这里面有两种观点。

第一种观点持华夏中心主义，认为孔子是说"夷狄"不如"诸夏"。"君"就是"君主"，也就是贤明之君；"亡"通"无"，也就是没有君主；"不如"就是比不上的意思。按照这种观点，这句话的意思为：夷狄虽然有君主，还不如中国没有君主。为什么呢？虽然夷狄偶尔也会出现贤明的君主，但是他们没有成熟的礼仪制度，没有礼乐文明，这些贤明的君主也无法发挥他们的才能；中国有时虽然也会出现无德之君，但是中国形成了成熟的礼仪制度，无德之君由于受到礼仪制度的约束，他们的行为也不会太过离谱。这种观点显然不太符合孔子的思想。首先，孔子是讲贤能政治的，贤能政治的首要问题就在于得人，也就是要有明君贤相，没有明君贤相，贤能政治就无法展开；其次，孔子本人并没有明确的华夏中心主义意识，对夷狄并没有什么偏见，因为他曾经就准备"居九夷"；最后，这种理解不符合当时孔子的心理状态，孔子当时对于中国礼崩乐坏、诸侯僭政的现实忧心忡忡，而这种理解所表达的恰恰是一种盲目的乐观。

第二种观点认为这是孔子对于社会现实的一种无奈的慨叹、一种批判。不过在这种共同的主题下，在理解上还是存在一些不同之处。有人认为，当时诸侯僭政，中国的国君名存实亡，孔子慨叹：夷狄都有国君当权，进行治国理政，而在中国这个礼义之邦，却没有国君当权，进行治国理政。有人则认为，"有其君"是指"有其君者也"，"有君之心"，也就是在心里把国君当作国君来看，恪守上下等级等礼仪制度，尊奉君命；"无君"则正好相反。因此，这种观点就是认为：在礼义制度尚不完备的夷狄，人们尚且将国君当作国君来看，遵奉君命；而礼义制度完备的中国还不如夷狄，人们不把国君当作国君来看，不遵奉君命。

"夷狄"、"诸夏"在中国历史上带有一定的情感色彩，"夷夏之争"是中国历史发展当中的一个重要主题，在中国古代主要表现为汉族与少数民族之争，在中国近代表现为中西之争。很多人都站在特定的立场上拒夷兴夏，走向一种狭隘的民族主义。实际上，在历史上，中国人始终以一种包容的精神来对待少数民族，从而形成了中华民族的大家庭，形成了具有中国特色的中华民族文化。在当今时代，我们同样要以一种包容的心态来对待西方文化，勇于承认西方文化的优胜之处，只有这样，中华文化才能兼容并包，与时俱进，推陈出新，才能在适应时代的同时引领时代。

3.6　季氏旅于泰山。子谓冉有曰："女弗能救与？"对曰："不能。"子曰："呜呼！曾谓泰山不如林放乎？"

"季氏旅于泰山"。"旅"在古代通"祣"，是祭祀山川之意。这里"旅泰山"就是祭祀泰山。中国古代是泛神论的，山有山神，水有水神，统治者们要定期祭祀山神水神，保佑境内风调雨顺，一切平安。不过古代祭祀是有严格规定的：天子可以祭祀天下的名山大川，诸侯只能祭祀封地内的名山大川，而大夫只能祭五祀（也就是五种神：户神、灶神、土神、门神、行神），而不能祭山川。季氏是三家之一，按照礼制，季氏是不能祭祀泰山的，季氏祭祀泰山是一种僭礼的行为。

"子谓冉有曰：'女弗能救与？'对曰：'不能。'"正是有感于季氏的僭礼行为，孔子对弟子冉有（冉求，字子有）有"女弗能救与"之问。"救"在古代有纠正、制止的意思。也就是说"你不能制止、纠正这种僭礼的行为吗？"孔子为什么有此问呢？按照孟子的说法冉有曾为"季氏宰"，《论语·先进》中也说，"季氏富于周公，而求也为之聚敛而附益之"，可见当时冉有正在辅佐季氏，有言责。而冉有未能尽到言责，说自己不能够制止纠正这种僭礼的行为。

"子曰：'呜呼！曾谓泰山不如林放乎？'"孔子对于这件事发出自己的慨叹，那么，这里和林放有什么关系呢？泰山在山东泰安境内，而林放就在泰安崇礼乡的放城集，在泰山附近。从3.4我们可以知道，林放是一个非常重视礼、了解礼的人。在林放的故乡发生了违礼的事情，孔子因而发出这样的感叹：既然泰山脚下的林放都如此懂礼，难道泰山神不懂礼吗？他会接受季氏僭礼的祭祀，他会福佑季氏吗？因此，季氏这种僭礼的祭祀泰山的活动是徒劳无功的。

在中国有一个很有意思的现象，就是有些人不管做什么事情，不管做的事情合不合法，甚至有些人做违法乱纪的事情，都要求神保佑。如果神分不清是非善恶,那么,这样的神还有什么存在的价值?可见,对于有些人而言,神也是很世俗、很实用的;当然,这些人就更世俗、更实用,他实际上什么都不信,就信财富,就信利益。信财富、信利益也没错,“君子爱财,取之有道”,“有道”无须求神,“无道”求神也是枉然,所以,求神莫如求己。孔子的最后一问可谓是振聋发聩:难道神还不如人,那么好糊弄吗?

3.7　子曰:“君子无所争。必也射乎!揖让而升,下而饮。其争也君子。”

这一章有另外一种句读方式:子曰:“君子无所争必也,射乎!揖让而升下,而饮。其争也君子。”两种句读虽然在理解上存在一些细微的差异,但在主要思想上没有什么特殊的差别。笔者之所以采用比较常用的句读方式,是因为它读起来更加通顺,而且也比较对仗,更加符合中国人的语言表达习惯。

这句话开始说“君子无所争”,结尾又说“其争也君子”,说明这两个“争”是不同的。后面的“争”应该是君子之争;前面的“争”应该是君子所反对的,与“君子之争”相对,我们可以把它称为“小人之争”。正如前面所言,小人未必就是道德败坏的人,而是平庸之人,也就是世俗之人、普通人。在现实生活中,世俗之人功名利禄无所不争,而且争起来会不择手段,因此,这种“争”就变成了尔虞我诈,没有道德可言。君子与小人不同,君子是道德高尚之人,君子不会像小人那样为了功名利禄置礼仪规范于不顾,你争我夺,尔虞我诈,无所不用其极,因此,从这个意义上说,“君子无所争”。

“君子无所争”,并不意味着儒家像道家那样完全顺应自然,彻底地不争,实际上,儒家还是要争的,不过是要“君子之争”。儒家的君子之争,主要体现在“射”上。这个“射”到底是什么样子,是射箭,还是投壶?笔者不清楚。不过从这里的论述来看,比较清楚的一点就是:“揖让而升,下而饮”,大家在上台射之前,先行揖让之礼,下台以后,大家开怀畅饮,这个“争”是一种文明礼貌的争,争也不伤和气。这里有三点值得注意:第一,“射”本身就是一种竞争活动,其中有输有赢,因此,君子既然参与这样一种竞争输赢的活动,就应该发挥自己的能力,争取胜利;第二,任何比赛都应该是一种良性的竞争,不应该是你死我活的斗争,因此,我们在竞争中也应该保持我们的德性,言行举止符合礼仪规范的要求,遵守比赛的规则,尊重对手,与对手开展公平公正的竞争;第三,比赛虽然会分出输赢,但是我们要理性地对待输赢,能够赢得起,也能输得起。即使我们输了比赛,我们也不能仅仅将自身的失败归结为对手的强大,更要归结为自己的弱小,我们要从中看到自身的不足,因此,我们在感谢对手的同时,也要总结提高自身,不断完善自身。如果我们做到了这三点,那么,这种竞争就是一种君子之争,就是一种良性的竞争,个人在竞争中成长,社会在竞争中进步,那些害怕良性竞争、喜好恶性竞争的人最终将被淘汰。

3.8　子夏曰:"'巧笑倩兮,美目盼兮,素以为绚兮。'何谓也?"子曰:"绘事后素。"

曰:"礼后乎?"子曰:"起予者商也! 始可与言《诗》已矣。"

"巧笑倩兮,美目盼兮,素以为绚兮"原是《诗经》当中的一句诗,这句诗在现在的《诗经》当中已经不复存在。"素"是粉色、底色,也就是绘画的质地;"绚"是彩色,也就是绘画的文饰。子夏向孔子询问:《诗经》当中说,姣好的笑脸多么美妙,妩媚的眼睛顾盼生辉,美女天生丽质,略施粉黛,这到底是什么意思呢? 孔子回答说:这就像绘画一样,敷彩要后于底质。子夏与孔子最初的问答都是局限于美女装饰打扮的问题,强调的是天生丽质与后天装饰打扮之间的关系。孔子认为,美女之所以美,是因为她们天生丽质,后天只是在此基础略施装饰而已,如果没有天生丽质,即使后天再怎么涂脂抹粉,也不能让她们变得特别美丽。

"礼后乎?"子夏是个好学生,突然话锋一转,想到了礼的问题:礼是不是也是后于底质呢? 我们在前面已经说过,礼对于人的行为具有约束改造作用,学礼以后能够让人变得彬彬有礼,不过礼是一种外在的形式,是一种后天的文饰。在子夏看来,这种文饰应该也是建立在良好质地的基础之上,如果没有良好的质地,那么,这个礼也就成了一种外在的强加,这也就是孔子所说的"人而不仁,如礼何?"(《论语·八佾》)因此,对于人来说,一方面礼起源于人的内在的道德情感,另一方面我们在接受礼的过程中,礼也应该与我们内在的情感相适应,否则,礼就不能够内化于心,外化于行。因此,对于礼而言,其前提一定是人的仁心善性。

"起予者商也! 始可与言《诗》已矣。"对于子夏的进一步追问,孔子赞不绝口:子夏给了我启发,可以与他谈论《诗经》了啊! 孔子为何对于子夏的这个提问给予高度评价? 这符合孔子的教育理念,对于孔子来说,教育不是一种简单的灌输，而是应该给予学生以启发，“不愤不启，不悱不发。举一隅不以三隅反，则不复也”(《论语·述而》)，从而形成教师与学生之间的一种良性互动。然而问题在于，在现实生活中，很多学生恰恰是“举一隅不以三隅反”，对于老师的教育指点无动于衷，真正是启而不发，因此，面对子夏这样好学深思、对于孔子讲授的内容不仅能够消化吸收，而且还能加以发挥的学生，自然是让孔子喜不自禁，这也是“得英才而教育之”的一种快乐。

这一章一方面讲到了礼与内在道德情感之间的关系，同时也凸显了教育的启发性，教育应该是在师生之间的相互启发之中不断将讨论推向深入，使思想升华，而不是单纯的知识灌输和传授。

3.9　子曰：“夏礼，吾能言之，杞不足征也；殷礼，吾能言之，宋不足征也。文献不足故也。足，则吾能征之矣。”

“杞”是“夏”之后，“宋”为殷之后。“征”就是证明，佐证。这段话的意思是：夏礼，虽然我能说个大概，但是杞国的文献不能证明我的说法；殷礼，虽然我能说个大概，但是宋国的文献不能佐证我的说法。这都是文献不足的缘故啊！如果文献充足，我们就能利用它们来证成我的说法。

孔子在中国历史上不仅是一个思想家、教育家，同时他也是一个文化传承者，他晚年删削《诗》、《书》，裁剪《春秋》，序《易》，从而为古代文化典籍的传承做出了重大贡献。孔子的一个重要贡献就是对于周代礼仪制度的整理和传承，他在此所感叹的就是因为文献不足，不能像对待周礼那样，将夏礼与殷礼笔之于书，从而使后人能够目睹夏礼与殷礼的真容。

在这一章中，孔子讲有些东西，像夏礼与殷礼，虽然自己能说，但是由于文献不足，所以不能将其笔之于书。从这里我们可以看出，孔子特别重视文献证据，对于笔之于书的东西始终保持着一种非常负责任的态度，要真实可信。虽然从有关孔子的记载来看，孔子对于古代典籍思想存在一些发挥改造的现象，但是并不是随意地自由发挥，而是建立在对相关文献资料解读的基础之上，是从文献资料当中所做出的一种合理推论。孔子的这一做法在中国历史上后来成为一种经典的解读方法，人们在经典的解读之中不断地推陈出新，从而编织了中国古代思想传承与发展的链条。这种注重文献证据的做法，对于阻止道听途说的谣言的传播也具有非常重要的积极作用。虽然说谣言止于智者，但在谣言满天飞的当今时代，并不是所有人都是智者，智者毕竟还是极少数，如何制止谣言还是需要认真加以研究解决的一个问题。

3.10　子曰："禘自既灌而往者，吾不欲观之矣。"

这一章的意思是说：禘祭（王者之大祭）自从灌（以酒浇地）之后，我就不想再看了。对于古代的祭礼有各种说法，人们比较一致的意见是，鲁国所举行的禘祭不符合礼仪规范，尤其是"自既灌而往者"，更加不符合礼仪规范，所以孔子实在无法容忍，看不下去。因此，这一章我们既可以看作孔子对于当时祭礼违反礼制的一种无可奈何，也可看作孔子对于礼仪规范的一种坚守。

3.11　或问禘之说。子曰："不知也；知其说者之于天下也，其如示诸斯乎！"指其掌。

这一章仍然是讲禘祭之礼的问题，这对于现代人来说已经非常陌生，当然，对于现代研究哲学者来说，也没有必要把这个问题搞得那么清楚，我们了解这一章的大致意思也就足够了。这一章的大意是说：有人向孔子请教禘祭之礼的一些说法。孔子说："我不知道；如果有人掌握了禘祭之礼的理论学说，那么，他对天下的治理就会了如指掌！"说着就指了指自己的手掌。孔子之所以这样说，因为礼是发乎情的，是出自人的仁心善性，而仁心善性乃是人们立身行事之根本，而祭礼本身又具有感化民心、移风易俗的重要作用，如果统治者能够正确地举行禘祭之礼，那么，民心归附，国家治理就会受到人民的拥戴，就不会遭遇任何阻力。

3.12　祭如在，祭神如神在。子曰："吾不与祭，如不祭。"

"祭如在，祭神如神在"。根据"祭神如神在"，我们可以推测前面一句话的完整表述应是"祭人如人在"，因为在中国古代，祭祀主要是祭人与祭神，而且人与神也是经常对举的。"祭人如人在"的说法与儒家思想也高度吻合，孔子就曾经说过，"事死如事生，事亡如事存"（《中庸·十九章》）。这一章告诉人们，祭礼是一种情感的表达方式，人们在举行祭礼的过程中始终怀着一颗真诚之心来侍奉祖先神明，容不得半点虚情假意，我们不能因为看不见祖先神明在场，就马虎了事，我们仍然要像父母此刻就在跟前一样，情感充沛，感情真挚，通过祭礼来表达我们对于父母的真挚情感。当然，我们也可以换一个角度来说，祭祀活动是心诚则灵。对于一个心怀虔敬的人来说，他在祭祀祖先或祭神的过程中，虽然祖先已逝，神也远离世间，但是他们内心充满着对于祖先的眷念，对于神的向往，所以，祖先或神在其祭祀的时刻宛在眼前。因此，祭礼乃是我们与祖先或神进行一次深入交流、表达情感的机会。

"吾不与祭，如不祭。"这句话还有另外一种断句方法，"吾不与，祭如不祭"。这种断句方法的意思是说：我不赞同那种祭祀了也如同没有祭祀一样的祭祀。其意是说，在当时的祭礼有僭礼之嫌，违反了祭礼的祭祀活动实际上没有正面的价值，反而会带来负面的影响，会给人们带来不好的示范效应。不过，笔者还是采用比较通行的断句方法。这句话是说：如果我因为其他事情不能参加祭祀活动，而让别人代替自己举办祭祀活动，那么，这个祭祀活动就失去了它的价值，如同没办一样，或者说，办了还不如不办。祭祀活动主要是一种情感的表达，通过它我们获得一种表达情感的途径和载体，但是途径和载体不能喧宾夺主，从而导致我们致力于途径和载体，反而忽略了情感表达。因此，当我们不能参与祭祀活动的时候，这个祭祀活动实际上就失去了自我情感表达的功能，那么，这个祭祀活动举办不举办都没有实际的意义。然而，在现代社会中，有些人似乎忘记祭祀活动与情感表达之间的关系，一味地关注祭祀活动而忽视情感表达，因此，代人哭丧、代人扫墓者有之，这种做法就是孔子所批评的，"吾不与祭，如不祭"。扩而充之，孔子这里所批评的是形式主义，任何事情，形式再精美，但是缺乏实际内容，也没有实际意义，因此，我们要警惕形式大于内容的形式主义。

3.13　王孙贾问曰："与其媚于奥，宁媚于灶，何谓也？"子曰："不然；获罪于天，无所祷也。"

王孙贾是卫的大夫，孔子周游列国的时候，多次到卫国，既受到了卫灵公夫人南子的邀约并拜见了南子，也受到灵公的款待，大概就是在此期间，王孙贾和孔子有了交流对话的机会。

王孙贾问的问题很有意思："与其媚于奥，宁媚于灶，何谓也？""与其媚于奥，宁媚于灶"大概是过去民间的一个俗语。"灶"就是灶神,灶神是主神,想想对于人民百姓来说,还有比吃饭更重要的事情吗?没有。"民以食为天",灶神直接关系着一个家庭的幸福。因此,过去在农村里面,对于灶神都很重视,过小年的时候都要祭灶神,指望他"上天言好事,下界保平安"。在孔子那个时代,祭祀不仅要祭灶神这个主神,也要祭其他各路神仙,奥就是屋子的西南角所住之神,奥神与灶神相比,其地位很高,但不是祭祀的主神。因此,这句话的意思就是:"与其献媚讨好奥神,还不如献媚讨好灶神,这是什么意思呢?"王孙贾的问题大概是有所喻指的,他是要通过这个俗语来暗示某些东西。因为孔子拜见了卫国两个重要的人物:南子和卫灵公,王孙贾通过这个俗语想要告诉孔子,南子毕竟不是卫国的主政者,你在卫国与其结交南子这样有权有势的人,你还不如结交卫国的国君卫灵公,这样可能对你施展自己的才能、实现自己的抱负更有帮助。

"不然;获罪于天,无所祷也。"孔子本身就是聪明绝顶,而且他又擅长"微言大义"那一套,他对于王孙贾问话中的暗示自然是心知肚明,但是,他并没有直接捅破那层窗户纸,而是仍然采用直接回答问题的方式来暗示自己的真实想法。"不然"是对"与其媚于奥,宁媚于灶"的这种民间俗语的一种否定,认为这种想法和做法是不对的。这也就是说,不管是巴结南子,还是结交卫灵公都没用。为什么呢?"获罪于天,无所祷也"。从表面上看,这是在讲神的问题,"天"是天帝,你得罪了天帝,就注定不会有什么好下场,再拜什么灶神、奥神也于事无补,反过来说,你要想生活平安幸福,你就要拜天帝、讨好天帝。当然,孔子并不是讲祭神的事情,他是要讲如何才能获得认可,获得施展治国理政才能的机会。孔子认为,我们不能寄希望于南子,也不能寄希望于卫灵公,而是寄希望于天或天命。这个天命是什么?不是神,不是天帝,而是人的天德、天性,孔子说"天生德于予"(《论语·述而》),子思说"天命之谓性,率性之谓道,修道之谓教"(《中庸·一章》)。因此,对于孔子来说,重要的是修养运用自己的德性,通过自己的努力,而不是借助南子和卫灵公来实现自己的理想抱负。

在这一章中,孔子显示了自己的独立人格。孔子并不希望借助别人的力量,通过走捷径的方式来实现自己的政治抱负,拒绝向有权有势者摧眉折腰,而是坚守自己的德性,希望通过自身的努力来实现自己的理想,这是一种难能可贵的道德品质,这也影响塑造了中国历史上大量文人不依附权贵的铮铮铁骨,坚持他们的"独立之思想,自由之人格"。

3.14　子曰："周监于二代，郁郁乎文哉！吾从周。"

"监"，"视也"。这里的"周"是指周礼，2.23中说过，周礼的形成是对夏殷之礼损益的结果，"殷因于夏礼，所损益，可知也；周因于殷礼，所损益，可知也"。因此，"周监于二代"实际上是指：周礼是视夏商两代之礼的具体情况而加以损益的结果，这里有一种损益的关系，或者说继承与发展的关系。我们在前面说了，继承的是三纲五常，损益的是文质三统，而文质方面的具体损益情况是：夏尚忠，商尚质，周尚文。"文"与"质"相对，"质"是本始材朴，也就是人的仁心善性，是人类天生的一种禀赋，而"文"则是对于本始材朴、仁心善性的一种雕琢、修饰，从而使其走向形式明朗、完备成熟。因而，"文"既是对于"质"的去粗存精、涵养成熟的一种加工过程，同时又是这种加工过程的结果。对于三代的礼而言，夏和商更加关注内在的情感，而周则强调要赋予情感表达以一种外在的恰当形式，周公制礼作乐，从而中国的礼乐文明开始兴起。礼乐制度实际上就是一种形式，是对于质朴情感的一种外在文饰，使得人们爱亲敬长这些内在情感有了恰当的表现形式，不至于走作失度。正是既关注情感，又给予情感以表达的恰当形式，从而导致周礼非常完备。有见于此，孔子说周代的礼仪制度"郁郁乎文哉！""郁郁"就是形容盛大完备的样子，其意是说：通过对于二代之礼的损益，周礼是多么盛大完备啊！

"吾从周"。过去人们一讲到"吾从周"，就把孔子看作是复古主义、保守主义的代表，认为孔子要回到周代。这么说当然也不是一点道理都没有，因为中国古代的基本倾向还是历史循环论或倒退论，像道家的理想社会就是小国寡民的社会，甚至是"同于禽兽居，族与万物并"的自然世界；孔子所讲的大同世界，也是在三代。不过，我们并不能因此而将孔子看作一个彻底的保守主义者或复古主义者，因为孔子能够看到时代的发展变化，他懂得要顺应这些发展变化对社会的礼仪制度加以适当的损益、调整。因此，"吾从周"并不是说要全盘复兴周礼，照搬周公的礼乐文明，而是说我们要学习"周监于二代"并最终导致"郁郁乎文哉"的这种做法，也就是说，我们要像周代那样，对周礼有所损益，对周礼既有继承也有变革，从而扭转当代"礼崩乐坏"的颓势，重建礼乐文明。

这一章虽然直接讲的是礼仪制度、礼乐文明的问题，但是其所表达的是一种对待历史的态度问题。历史不是博物馆中的藏品，对于我们只有欣赏凭吊的价值，与我们的现实生活是脱离的。历史是一条河流，过去总是不断地流淌进现在与未来之中，对现在与未来产生影响，因此，我们不能彻底地割断与历史的联系，我们要不断地回到历史的过去之中。正像河流在流淌中不断吸收新的水源，不断地改道和不断地孕育出新的生命一样，历史也要不断地推陈出新，我们不是简单地重复历史，而是结合现实的变化对历史进行变革，从而在传统与现代的交融中创造出新的历史。

3.15　子入太庙，每事问。或曰："孰谓鄹人之子知礼乎？入太庙，每事问。"子闻之，曰："是礼也。"

"太庙"是周公庙，鲁是周公的封地，周公是鲁国的太祖，所以他的庙被称为太庙。"子入太庙，每事问"，就是说：孔子进入周公庙，每一件事情都要询问。这里面有几个问题：第一，这个事情发生在什么时候？第二，"入"是什么意思？也就是孔子为什么进入太庙，进入太庙是为了干什么？只有搞清楚了这两个问题，我们才能理解他为什么每件事情都要询问。

第一，这个事情发生的时间。根据前人的说法，孔子二十岁的时候才在鲁国出仕，官职为委吏，二十一岁出任乘田吏，委吏、乘田吏就是鲁国在举行祭祀的时候，负责准备祭祀用品之类的官职，不是主祭，也就是做些辅助性的工作。因此，这个事情的发生大概就是在此期间，只有他有这个特殊的身份，他才有机会进入太庙。另外，这个时间阶段也比较符合后文中"鄹人之子"的说法。"鄹"就是邹，也就是山东邹城，是孔子的故乡，后来孟子也出生在这里。孔子的父亲叔梁纥曾经担任过邹城的行政官职，鄹就是他的治下，由于这时孔子才刚刚出道，还没有什么名气，因此，人们称孔子为"鄹人之子"。

第二，孔子为什么"入太庙"？有人说孔子入太庙是为了准备祭祀用品，开展助祭活动，是在履行自己的职责。有人说是在第一天的祭祀结束之后，孔子参加第二天的一些祭祀活动。因为第一天的祭祀活动中，孔子是作为助祭人员参加庄严肃穆的祭祀活动，孔子不可能有机会去向别人询问，而第二天规模就小得多，活动安排也没有那么正式紧凑，所以孔子才可以向人询问祭祀的礼仪。有人说，就是在平常，孔子去观看祭祀活动，看到那些祭祀的用器，不懂的地方就提出一些疑问。在笔者看来，实际上，这个问题没有必要分得过于仔细，这些都可以归入"子入太庙"，在这些情况下，孔子都会进行问询。

孔子虽然在二十岁刚刚入仕，只是做些一些助祭的工作，但是在此之前，孔子的名气已经很大，名闻乡里，已有“少好礼”的美名。结果孔子进入太庙，每次都向人询问，让人难免对他到底是否知礼产生怀疑，因而有“孰谓鄹人之子知礼乎”之问。但是孔子听了这个质疑之后，不仅没有觉得这是对自己才学的否定，这是对自己的侮辱，反而回答说“是礼也”，认为“入太庙，每事问”是符合礼的，是对礼的遵照执行。为什么这么说呢？

孔子当时才二十岁，虽然学过一些关于礼的知识，但是他毕竟没有真正参与过实际的正规的祭祀活动，他还缺乏这方面的实际经验。他不但不能准确地掌握祭祀的流程，甚至可能无法准确地辨识和使用祭祀用器，这些都需要他加快学习的步伐，从而能够胜任自己的工作。当然，这对于很多人来说，是不能接受的，因为人们已经习惯于将孔子看作天才，看作“天纵之圣”，不过实际情况并非如此，孔子也是一个普通人，他像我们一样，都是“学而知之”，不是“生而知之”的，所以，他也需要向别人学习，也要“敏而好学，不耻下问”，这是符合礼的。另外，孔子作为一个刚刚入职的助祭官员，他在祭祀活动中所做的一切必须符合主祭的想法，孔子不能够完全按照自己的想法去开展活动，这既是为了更好地完成祭礼，也是对于主祭者的一种尊重，这本身也是一种礼。

这一章实际上是讲了好学的问题，孔子不自以为是，谦虚好学，在现实生活中时时处处都在学习，真正是学无常师。也正是缘此之故，孔子博学多能。可见没有人是不学而能的，所有人都是学以成才、学以成人的，孔子也不例外。

3.16　子曰：“射不主皮，为力不同科，古之道也。”

“皮”是指用皮做的箭靶。在古代射击有礼射，有军射。军射是服务于战争的，射箭是用来杀敌制胜的，因此，在选拔士兵和训练士兵的时候，都以皮革作为箭靶，不仅要射中，而且还要贯革，也就是要将皮革射穿，因为只有这样才能在交战中一箭毙命，才能让敌人伤亡惨重，从而赢得战争的胜利。在礼射中，射箭作为一种礼仪活动，不是为了杀敌的，因而射箭不需要使用那么大的气力，不必贯穿箭靶，人们关注的只是能不能射中箭靶的中心，也就是关注射箭的准确性，因此，箭靶也没有必要使用更加结实的革，而是用一般动物的皮就可以了。为什么在礼射中不再关注能否射穿箭靶呢？是因为“力不同科”，“科”是等级，就是每个人的力量不在同一个等级上，也就是每个人的力量有大小的差别，再说他们也不是走上疆场的战士，他们也不需要过人的气力。

"古之道也"。当孔子讲古之道的时候,他必定是针对现实而言的,他是要用古之道来对比现实的,也就是说,当孔子讲"古之道"的时候,他是借古讽今的。如果从借古讽今的角度看,古代的射礼强调能不能射中靶心,而不重视能否射穿皮革,那么,与此相对,在孔子生活的时代,应该是恰恰相反,人们更加关注的是能否射穿皮革。大概是随着历史的发展,诸侯国之间的争战越来越激烈,军事冲突不断,人们开始尚力不尚德,开始推重强力,因此,射箭贯革开始成为一种展示和炫耀强力的方式,孔子通过重提"古之道",意在提醒时人要重新重视道德,不要过度地推崇强力。

虽然这一章的主要意图是在推重道德,反对推崇强力,但是"为力不同科"又强调了每个人的力量的差异性,要关注这种差异性,这对现代社会是有价值的。现代社会更加关注的是同一性的问题,如我们所倚重的西方哲学基本上是一种本体论的哲学,而本体论是要摄多归一的,也就是要将世间万有还原或化约为同一的本体,从而在高度的同一化中泯灭世间万物之间个体性的差异,这难免会造成奴役与压迫。孔子在这里强调人与人之间的差异性,不再强调人与人之间的绝对同一,从而为每个人的个体性都提供了生存发展的空间。

3.17　子贡欲去告朔之饩羊。子曰:"赐也!尔爱其羊,我爱其礼。"

"朔"既是年历,也是一年当中的政事安排,就像我们现在的一年中的工作安排表。在周代的礼制当中规定,周王在每年季冬(十二月)向各个诸侯国颁布年历,上面写明第二年一年的政事安排,各诸侯国接受了这个年历之后,将它藏于太庙之中。等到大年初一,各诸侯国在太庙中举行盛大的祭祀活动,把这个年历请出来,告诉天下一年的工作安排,并开始正式执行这个年历,这就叫告朔。在告朔活动中,按照礼制,诸侯国国君必须亲自参加,而且要杀一只羊进行献祭。"饩羊"中的"饩"是指活的牲口,"饩羊"也就是活羊。在当时,虽然鲁国的这个告朔活动每年都照常举行,杀羊献祭这个程序也都不少,但是国君却很少参加。面对这种情况,子贡觉得既然鲁候都不参加,杀羊献祭也只是徒有虚文而已,这样做既无意义,还白白浪费了一只羊,所以,他就萌生了在告朔中不再用羊献祭的念头,这也就是"子贡欲去告朔之饩羊"的来龙去脉。

子贡这个人很有才能,《史记·仲尼弟子列传》中说,"子贡一出,存鲁、乱齐、破吴,强晋而霸越。子贡一使,使势相破,十年之中,五国各有变","常相鲁、卫"。

这段对话大概就发生子贡相鲁期间。子贡虽然位居要职，拥有决策权，但是他还是向孔子咨询一下这个想法是否可行，孔子否定了这一想法，并指出我们两个的想法不一致："尔爱其羊，我爱其礼"。"尔爱其羊"从表面上看，子贡比较吝啬，舍不得一只羊，这当然是不可能的，一只羊对于一个诸侯国而言，不过是九牛一毛而已，子贡的真正想法，是觉得这种没有内容的形式缺乏存在的意义。孔子说"我爱其礼"，就是告诉子贡，献祭一只羊是礼的一个重要组成部分，虽然看起来只是一个形式，但是这种形式对于内容是具有重要的影响的：如果既无内容，也无形式，那么，这个告朔之礼就彻底废弃了；如果这个形式得以保存，那么，告朔之礼就没有走向消亡，就继续存在，遇见合适的土壤，它还会萌发出新的生机和活力。也正是出于这样一种考虑，孔子在一个礼崩乐坏的时代里，始终坚守礼仪，他是希望通过自己的坚守，为礼仪制度的未来复兴保留一些鲜活的种子。

3.18　子曰："事君尽礼，人以为谄也。"

孔子自幼习礼，通过坚持不懈的学习，真正做到了"化理论为方法，化理论为德性"，礼已经融入了他的生命、他的生活之中，他已经与礼融而为一，他的言行举止莫不中礼。因此，孔子在与国君交往、侍奉国君的过程中，也是以礼要求自己，一举一动、一言一行都严格地遵照礼仪规范。关于这点，我们可以看看《论语・乡党》，孔子在拜见君主的时候，穿着打扮、动作姿态、声音大小、容色表情、站立位置等各个方面都非常考究，都严格地遵照周公所制定的礼仪规范，这就是"事君尽礼"。

在孔子生活的时代，"礼崩乐坏"，不仅三家僭礼，而且鲁侯也常常不遵守礼仪制度，像上一章讲到鲁侯就不亲自参加告朔的祭祀活动。既然社会顶层的这些统治者们都不遵守礼仪制度，那么，那些百姓就可想而知了。大家都不遵守礼仪制度，这已然成了一种社会风气，成了一种行为习惯、成了一股社会潮流。这种社会风俗是压迫性的，潮流必然要将所有的人都裹挟其中，当不遵守礼仪规范成为一种社会潮流的时候，那些遵守礼仪制度的人就成了另类，就成了异端，大家就会攻击你，认为你是别有用心，你是居心叵测，轻者冷嘲热讽，重则暴力相向。孔子"事君尽礼"这种反潮流行动，大家就认为是别有用心的讨好国君的行为，"人以为谄也"。

这里面我们要注意一个问题,就是如何看待真理标准的问题。人们常说,真理掌握在大多数人的手里,就像我们日常生活中的投票表决制度,少数服从多数,就是以人数的多少作为判断对错的标准。然而问题在于,真理往往掌握在少数人手里。就像科学的真理不能以人民大众的常识作为判断的标准,只能以只有少数专家所掌握的专业知识作为判断的标准。在现代社会中,网络的发达,虽然使每个人都有了发言的机会,但这也容易导致一种多数人的暴政,从而使得少数人的真知灼见被淹没在多数人的无知喧嚣之中,这是值得高度警惕的。

3.19　定公问:"君使臣,臣事君,如之何?"孔子对曰:"君使臣以礼,臣事君以忠。"

定公是鲁国的国君,定公在位的时候,孔子曾经担任过中都宰、司空、大司寇等职。鲁定公作为国君,他高高在上地站在自我的立场上,以自我为中心,觉得国君应该驱使大臣,大臣就应该为国君服务。从鲁定公的问题之中我们可以看出,鲁定公的眼中只有自我,没有他人,他人不过是服务于自我的工具,满足自我需要的手段,他的问题中只有对于大臣的要求,而没有对于自我的要求,从而使自我与他者之间的关系变成了我-它关系。我-它关系,实际上就是自我与自我的关系,或者说关系根本就不存在,因为关系一定存在于人与人之间,如果只有自我,没有他者,那么,关系就根本无法建立起来,而在我-它关系中,他者变成了"另一个我",或者变成了满足自我需要的手段和工具,成为我的营养来源,最终要被自我所同化——消化吸收,从而变成我的一个构成元素。

针对鲁定公的提问及其中所暗含的自我中心立场,孔子提出了反驳,指出君臣之间正确的交往方式应该是"君使臣以礼,臣事君以忠"。虽然从表面上看,孔子的回答只是在鲁定公所说的每一句话结尾处增加了两个字,但是这种增加则体现出根本性的关系变化。孔子的论述不再单纯地围绕着国君而展开,而是分别围绕着国君和大臣而展开。对于国君而言,当然要驱使大臣,但是大臣不是国君的附属物,不是国君实现自我欲望、满足自我需要的手段和工具,国君不能随意、无限地驱使大臣,国君对大臣的驱使必须被限定在礼所规定的阈限之内,从而对国君驱使大臣的行为作出严格的限制,从而避免国君越出礼制范围以致泯灭大臣,从而为大臣的个体性提供必要的保证,因此,"君使臣以礼"是对国君的要求。“臣事君以忠”则是对大臣的要求。大臣作为关系中的人，他不是国君的附属物，那么，他就不是被动地服从国君的要求，仅仅履行国君的命令，而是作为一个人，他应该积极主动地承担起自己的责任，为国君乃至整个社会服务，并且尽心竭力。在这样一种关系中，不再简单地是国君驱使大臣，而是国君与大臣都主动地约束自己，站在对方的立场上思考问题，为对方提供其所需要的一切，构建起一种我-你关系，甚至是将他者放在中心地位，要求自我为他者负责，从而超越自我对他者的奴役与压迫。

3.20　子曰：“《关雎》，乐而不淫，哀而不伤。”

虽然这一章字面意思很简单，但是在历史上争论却很多，如《关雎》到底是诗还是乐，“哀”是本字还是“衷”字之误。与此相关，这一章的整体理解也存在诸多差异。不过在笔者看来，我们从字面意思来理解就可以了：《关雎》，快乐而不过度放荡，哀痛而不过度忧伤。

儒家非常重视情感问题，情感是儒家伦理道德思想的根本，德、仁、义、礼都是在情感的基础上建立起来的。情感由于是感性的，容易走作失度，就像慈爱容易走向溺爱、勇敢容易走向鲁莽一样，因此，情感需要加以节制，达到一种中和或中庸的状态，既不过度，也不不及，“喜怒哀乐之未发谓之中，发而皆中节谓之和”(《中庸・一章》)。因此，在这一章中，孔子实际上就是强调了情感的中和状态，而《关雎》成了他说明情感中和的一个例证。正是因为儒家强调情感的适度，而不是一味地放纵情感，从而赋予儒家的情感哲学一种理性化的特征，所以，儒家讲合情合理。合情合理凸显了情感的优先性，强调了情感的基础地位，只有合乎情感才合乎理性，因此，在合情合理中，情感具有决定性的地位；不过情感又不能脱离理性而存在，我们的所作所为同时又要合乎理性，又要中节，唯其如此，这种情感才是一种健康的情感，否则就会伤身伤神伤人。

这个问题在现代社会中显得尤其重要。一方面，有些人过分地追求理性化，一切都建立在理性算计的基础上，成为精致的利己主义，导致情感麻木，从而成为麻木不仁的人；另一方面，有些人情感泛滥，动辄爱心涌动，动辄怒发冲冠，而其结果恰恰是既伤害了别人，也伤害了自己，这在日常生活中是一种非常常见的现象，而这恰恰是儒家要加以反对的，情感的释放要适度，要中和。

3.21 哀公问社于宰我。宰我对曰："夏后氏以松，殷人以柏，周人以栗，曰，使民战栗。"子闻之，曰："成事不说，遂事不谏，既往不咎。"

在古代，按照礼制，建邦立国，都要建社，用来祭祀土地之神，当然这个神社也有各种等级：王为群姓所立之社，叫大社；王为自己所立之社，叫王社；诸侯为百姓所立之社，叫国社；诸侯为自己所立之社，叫侯社；大夫以下成群立社，叫置社。哀公四年六月，亳社发生火灾，需要重建，因此，哀公向宰我问询建社的有关问题。

宰我，是孔子的弟子，名予，字子我。孔子对宰我这个人的印象不太好，《论语》中所记录的关于宰我的几章，孔子基本上都是对宰我持批评态度的，如三年之丧、宰予昼寝诸章，可见宰我的道德修为不高。宰我有时说话是言不由衷的，有点胡说八道，因此，孔子曾经针对宰我就说过，我以前是"听其言而信其行"，自从见到你以后要"听其言而观其行"(《论语·公冶长》)。本来过去建社的时候都要树木以为社主，实际上，到底树什么树木并没有什么特别的说法，只不过是因地制宜选取树木品种，夏取松树，殷取柏树，周取栗树，都是因地制宜的结果。结果，宰我穿凿附会，认为选用什么树作为社树，实际上是有寓意的，像周用栗树作为社树，就蕴含着要让百姓战栗的寓意，意在警告百姓，国君将以强力手段治理国家，百姓为人处世要小心谨慎，战战兢兢，如履薄冰。

孔子对于宰我的说法一如既往地不满意，因为孔子从哀公与宰我的对话中听出了一些不同寻常的意味。周因地制宜，选用栗树作为社树，历来如此，因此，社树选用栗树本无可问之处。哀公偏偏发问，显然他听闻过战栗之说，他问询宰我显然是要在印证传闻的同时，准备施行刑政法治，达到使民战栗并自觉服从统治的目的。因此，宰我当时实际上成了哀公表达自己想法的一个传声筒。孔子一直是强调仁政德治的，这与"使民战栗"的刑政法制是背道而驰的，因此，孔子反对宰我对于周用栗树作为社树的曲解：已经做了的事情就无需再说了，已经完成的事情就不必再谏诤了，已经过去的事情就不必再追究了。

孔子的本意实际上是要警告人们不要对历史进行穿凿附会的解释，从而为现实中的罪恶鸣锣开道，但是这在后来人们基本上将其理解为对于过去所犯错误的一种释然态度，就像英语当中的一句谚语所说的那样：不要为撒掉的牛奶而哭泣，人们不要纠结于过往，而要放眼于未来，以一种发展的眼光看问题，"悟已往之不谏，知来者之可追"，从而培养了国人一种豁达的乐观精神。这大概是孔子所没有想到的。

3.22　子曰："管仲之器小哉！"

或曰："管仲俭乎？"曰："管氏有三归，官事不摄，焉得俭？"

"然则管仲知礼乎？"曰："邦君树塞门，管氏亦树塞门。邦君为两君之好，有反坫，管氏亦有反坫。管氏而知礼，孰不知礼？"

在2.12中说过，孔子讲"君子不器"，认为一个道德高尚的君子不应该像一个具体的器物那样，只有某方面的特定用途。现在孔子不仅将管仲看作"器"，而且认为他是一个"小器"，还不是像子贡那样是"瑚琏"之类的大器或神圣的礼器，可见，孔子这里对于管仲的评价并不高。当然，这并不是从事功的角度来说，而是从德行修养的角度来说，实际上，从事功的角度来看，孔子对于管仲的评价还是非常高的，这在《论语》14.9、14.17等章节中可以得到证明。因此，孔子对人的评价还是比较客观的，德行与事功之间有时要分开来看，不能因人废事、因人废言，一旦一个人有了一点问题，就认为他一无是处，他所做出的一切功绩都因此而一笔勾销，这不是客观的态度。

这里是从德行的角度来评价管仲的。有人就问孔子，既然您这么评价管仲，那么，"管仲这个可以算得上节俭吗？"孔子马上予以否认，"管氏有三归，官事不摄"。"三归"到底指什么，在古代有不同的说法，如娶了三姓女子为妻室，或是三归台，也就是三个储藏货财之所，或使用三牲之祭，或三处采邑等。如果考虑这里讲"不俭"，那么，比较贴切的说法，应该是他有三处府邸。"摄"就是统摄，也就是"兼"，"摄事"就是兼职，兼做几件事。在古代因事设官，设官就是用来做事的，而在管仲那儿，每个人只管一件事，从来不用去兼做其他事情，可见他是很奢侈的。孔子是提倡节俭的，人们概括孔子的品德是"温、良、恭、俭、让"，俭就是其中之一，因此，孔子对于管仲这种奢侈的生活作风是持批评态度的。

孔子对于管仲的这种负面评价，有点让人们不太信服，因为管仲在历史上毕竟功勋卓著，他曾经辅佐齐桓公"九合诸侯，一匡天下"，实现了雄霸天下的伟业，他一定有其过人之处，所以或人又接着追问"那么，管仲精通礼仪吗？"孔子也是一个耿直之人，决不虚与委蛇，一般人估计这时会借坡下驴，再说点优点，但是孔子不是这样的人，孔子接着对管仲加以否定，认为他也不懂礼，"管氏而知礼，孰不知礼？"因此，孔子从来都不是一个好好先生，八面玲珑的人，他有自己的原则与底线，这大概也是他仕途不顺的一个重要原因。为什么说管仲不懂礼仪呢？孔子举了两个例子，"邦君树塞门，管氏亦树塞门。邦君为两君之好，有反坫，管氏亦有反坫。""塞门"大概就相当于影壁、照壁那样的东西,树在门前,避免外人一眼就看到屋内的情况。这种塞门按照礼仪制度,只有国君家门口才能树立,管仲家门口是不能树立的,结果管仲家门口居然也树立了塞门,显然是不符合礼仪制度的。所谓"反坫"是国君在设宴招待外国国君的时候所使用的放置器物的台子,因而,只有国君才能拥有和使用反坫,结果管仲家里也有反坫,这显然也不符合礼仪制度。

这一章主要是对于管仲的一些负面评价,至于评价准确与否不作讨论。关键的问题是,管仲作为一个历史上声名显赫的人物,孔子并没有盲目地加以吹捧,而是遵循自己的内心,直截了当地指出管仲的缺点与不足,这既需要远见卓识,同时也需要坚持自我的勇气,不受世俗潮流的裹挟而丢失自我。

3.23 子语鲁大师乐,曰:"乐其可知也:始作,翕如也;从之,纯如也,皦如也,绎如也,以成。"

笔者对音乐也不了解,只能总结前人的解读,将这一章做个简单的翻译。孔子为鲁国的太师讲解音乐,说:"音乐是可以了解的:开始的时候,热烈而令人振奋;接下来,纯一和谐,清澈明晰,连绵不绝,这样就完成了。"从对这段文字的阅读中,我们也可以看出一个问题,那就是文字有时候是很无力的,虽然每个字每个词我们都认识,也知道它们的意思,但是我们却无法真正理解整句话所表达的内容。

3.24 仪封人请见,曰:"君子之至于斯也,吾未尝不得见也。"从者见之。出曰:"二三子何患于丧乎?天下之无道也久矣,天将以夫子为木铎。"

"仪"具体是哪个地方,在历史上存在争论,但都肯定在卫国境内。"封人"就是地方长官。孔子一生当中到过卫国五次,这件事情大概是发生在第一次,当时孔子在鲁国丢了司寇之职,因而离开鲁国到了卫国。在此途中,孔子路过仪,结果仪地的地方长官请求见见孔子。这个地方长官大概是个尊重人才、尊重贤德之士的人,一听说有道德高尚之人达到仪地,他就一定前去拜会,所以他说,"只要有道德高尚的人到了这儿,从来没有与我没见过面的。"听他这么说了以后,孔子的弟子就通报了孔子,二人因此见了面。至于二人聊了些什么具体内容,我们不得而知。从“仪封人”的反映来看，应该聊得很投机。仪封人出来后就说：“你们这些弟子何必在意孔子丢失了官位呢？天下无道已经很久了，上天将会把孔子用作教化世人的木铎。”“木铎”是古代的一种乐器，一种大铃，金口木舌，统治者宣布教令或发布战争命令时会振舌发声，以示警醒。以“木铎”来比喻孔子，意在说明孔子丢失职位只是暂时的，以孔子的德行才能，必将有一天会被委以重任，承担起教化民众、重振民德的责任。有人以为，仪封人的意思是说，上天考虑到天下无道很久了，所以，故意让孔子失位，以便让他周游列国，从而能够沿途传播政教。这种理解显然与原文不符，因为原文说“天将以夫子为木铎”，“将”是指未来而不是现在，因此，仪封人是对于未来的一种预测。

仪封人这句话可能当时只是一种溢美之词，也并不一定是一种确定无疑的预见。不过，后来历史的发展使得人们将此看作一种天命，这未免有点过于将孔子神化了。当然，仪封人对于孔子不吝赞美，那说明孔子确实具有过人之处，具有一种人格的魅力，让人能够在偶然的一面之缘中就能体会到不同凡响的圣人气象，这就是修养的魅力，有了修养，才会有一种由内而外的感染力，这不是靠涂脂抹粉、靠自我鼓吹所能达到的。

3.25　子谓《韶》，“尽美矣，又尽善也。”谓《武》，“尽美矣，未尽善也。”

历史上对于《韶》与《武》的解释是：“《韶》，舜乐也”，“《武》，武王乐也”。其涵义是十分模糊的：《韶》、《武》到底分别是舜、武王统治时期创作流行的乐曲，还是分别歌颂舜和武王的乐曲？从这种解释中无法看出明确的答案。因此，我们只能笼统地从他们的文治武功、道德修养来理解这一章的含义。不论是舜还是武王，他们个人的德行都非常高尚，不管是舜受禅于尧，还是武王伐纣，都是顺应民意，而且他们都把国家治理得很好，他们都受到人民百姓的欢迎与拥戴，因此，与他们相关的音乐在形式上都宏伟壮阔，也就是都“尽美矣”，与他们的盛大气象相符合。不过由于受到二人在历史上行为事迹的影响，《韶》与《武》又有所差别。因为舜是受禅以得天下，是一种美德之间的相互吸引，尧舜揖让而没有让百姓遭受战争之苦，因而，从内容上来说，《韶》也是高度合乎仁政德治，没有缺憾的；而武王是通过暴力的手段，将纣赶下王位而取而代之，毕竟是以征伐取天下，因而《武》当中毕竟还掺杂着金戈铁马的杀伐之音，因而不太符合儒家所讲的仁政德治，因而不够完美。

在这一章中，孔子讲到了音乐的形式与内容之间的关系，认为好的音乐应该是形式与内容的完美统一。当然，音乐是受到时代背景、社会现实影响的，它的形式与内容同样也与社会现实紧密相关。这就提示我们：音乐是一个时代社会现实的反映。因此，在现代社会中，我们了解社会现实的方式有很多，而关注流行音乐实际上是了解社会现实的一个便捷门径，人们的喜怒哀乐、向往追求、对现实的认知都通过流行音乐快速地展现出来，通过流行音乐，我们可以快速地了解社会心理，把握时代的脉搏。

3.26 子曰："居上不宽，为礼不敬，临丧不哀，吾何以观之哉?"

"居上"就是居上位者，因此，这一章是对当时的统治者而言的，从后面的内容来看，孔子主要针对的是失德之君，当时失德之君太多，因而，也就无法知道孔子所具体针对的到底是谁。人们经常说"严于律己，宽以待人"，"宽"是相对于"严"而言的，就是待人要具有宽容精神，作为一个统治者能够容忍臣下犯一些无伤大雅的过错。就像孔子所说的，要"赦小过"，因为人非圣贤，孰能无过；子夏也说过，"能够尊贤而容众，嘉善而矜不能"，人毕竟是存在差别的，我们不能一味地对所有人都高标准严要求。因此，对于在上者来说，可以对自己严格要求，但是如果拿着对自己的严格要求去要求别人，那么就是"居上不宽"；反过来，如果在上者对别人严格要求，而对自己采取一种宽容的态度，放纵自己的行为，那么这种人在面临祭祀等礼乐大典的时候，就不能严格要求自己，对于这些礼仪活动缺乏敬畏之心，仪容举止也不严肃庄重，那么，这就是"为礼不敬"。

孔子曾经说过，人都是父母所生，为父母所养，因此对于父母都有一种爱敬之情，都对父母具有一种情感上的亏欠，因而，当父母辞世之后，都有一种情感上的不舍，都会生出无限的悲哀伤痛，而正是在这种情感的驱使之下，中国古人都自觉自愿地要守三年之丧。因此，丧事的基调是哀戚，这也就是孔子说"丧，与其易也，宁戚"(《论语·八佾》)的原因之所在。对于"居上者"而言，他的身份地位决定了他是社会的榜样，他的言行举止对于社会具有风向标的作用，因此，他的言行举止更应该符合礼仪规范的要求，否则，就会对整个社会造成不良的影响。这也就意味着，"居上者"在丧事活动中更要表现出内在的哀戚之情，否则，这不仅是对于礼的违反，也是对死者的冒犯，也会是对社会的一个不良导向。

孔子这里所讲的是作为"居上者"待人接物的三个主要方面，如果这三个主要方面都没做好，那么，他在小的方面就更是肆无忌惮了，因此，他也就没有什么值得一看了，没有什么值得称道了。通过孔子的论述，我们可以看出，一个人对自己必须有严格的要求，不能干什么都马虎了事，否则它会形成一种习惯，蔓延到所有方面，从而让自己彻底变得没有要求。

# 里仁篇第四

4.1　子曰："里仁为美。择不处仁，焉得知？"

"里仁为美"。"里，居也。""仁"是仁人，道德高尚的人。其意是说，我们选择安居之所，都觉得与道德高尚的人居住在一起比较美好。为什么这么说呢？虽然儒家认为，人天生就有仁义礼智四端，但是四端仅仅是一个道德的萌芽，每个人都有这种道德的萌芽，这种道德萌芽能否长成参天大树，则需要依赖后天的培养，需要后天的培植之功。在这种后天的培植之功当中，很重要的一个方面就是环境的浸染。这也就是荀子所说的"蓬生麻中，不扶自直"（《荀子・劝学》），这也就是俗语所说的"近朱者赤，近墨者黑"。而且，这种环境的浸染是一种潜移默化的作用过程，它在漫长的时间推进过程中起到化民成俗的效果，使谨守成为人们的一种生活习惯。因此，一个人要想成长为道德高尚之人，良好的生活环境是必不可少的，因此，荀子就说，"君子居必择乡，游必就士，所以防邪僻而就中正也"（《荀子・劝学》），而这也就是孟母三迁的原因之所在，孟子能够成为亚圣，孟母可谓是居功至伟。

"择不处仁，焉得知？""择"这个字有人认为就是"宅"，就是居住的意思，有人认为是择身行事的意思。笔者倾向于第二种说法。因为按照前种说法，"里仁为美"和"择不处仁"这两句话就表达了相同的意思，就成了一种单调地重复，这不符合孔子言说的风格。第二种说法则避免了前后之间的重复，而且后一句话对前一句话进行了拓展，由日常生活中的择邻而居拓展到立身行事，这显然较第一种说法意味更加深长。如果说我们在日常生活中觉得与仁人居住在一起是一件美好的事情，那么，我们在立身行事方面却不选择仁义，这怎么算得上智慧呢？因此，孔子说这句话是强调我们在任何方面都要追求仁义，真正做到"无终食之间违仁，造次必如是，颠沛必如是”(《论语·里仁》)。

这一章当中讲到理想的居所是与仁人住在一起，这样一种观点非常典型地反映了儒家的横向超越思想。对于西方而言，人类追求的理想就是对于现实世界的超越，不论是柏拉图的理念世界，还是基督教的天国，都是现实世界之外的另外一个世界，只有那个世界才是真实的世界，只有在那个世界中人才能站稳脚跟，获得自身的安身立命之所。因此，西方的超越是一种纵向的超越，西方人追求上天，成神，因此在《圣经》当中有通天塔、天梯的隐喻。对于儒家而言，这另外一个世界并不存在，人就必须生活在这个世界之中，人如何在这个现实世界中安身立命呢？人通过将自己融入他者之中，与他者编织起一张纵横交错的关系之网，最终确立起自己的身份地位，解决“我是谁”的问题。因此，中西之间的超越存在着明显的差异：西方追求的是自我超越，中国人追求的是超越自我。

4.2　子曰：“不仁者不可以久处约，不可以长处乐。仁者安仁，知者利仁。”

成仁、成人是儒家的一个理想、一个追求，在实现理想、追求的道路上充满着荆棘与考验。这主要是两个方面。第一个是困厄，也就是“约”，也就是贫穷之类的艰难环境。像孔子在周游列国的过程中，畏于匡，困于蔡，厄于陈，就像一条丧家犬一样豕突狼奔；像颜回身居陋巷，箪食瓢饮，这都是非一般人所能接受的。一般人一旦陷入到这种艰难的处境之中，往往就会自暴自弃，就会为了摆脱这种艰难的生活处境无所不为，无恶不作，这就是孔子所说的“小人穷斯滥矣”(《论语·卫灵公》)。第二个是安乐，也就是“乐”，也就是一个富裕的令人快乐的生活环境。处于安乐生活环境中的人，容易为眼前的成功所惑，忘记曾经为成功所付出的努力，不能居安思危，以至过着花天酒地、声色犬马、纸醉金迷、荒淫无度的生活，这种人很快就会遭遇失败，陷入万劫不复的深渊之中。总而言之，那些没有高尚道德修养的人，是没有办法战胜这两个挑战和考验的，要么胡作非为，要么荒淫无度，最终都会暴露出他们不仁不义的本来面目，这也就是孔子所说的“不仁者不可以久处约，不可以长处乐”。

与“不仁者”不同，“仁者”、“知者”都是具有高深修养、高尚道德的人，他们已经将仁义礼智内在化于自身，将其变成了自己的信仰，当成了自己终身追求的目标，从而使其成了自己生命的一个组成部分，因而能够做到“生死由之”，不随境迁,不为物移,这也就是孟子所说的“富贵不能淫,贫贱不能移,威武不能屈”(《孟子·滕文公下》)。从孔子讲“仁者安仁,知者利仁”来看,虽然二者都是践行仁义的,但是二者之间也存在区别,一个是“安仁”,一个是“利仁”。至于“安仁”、“利仁”,在以往人们多将其解释为“安于仁”、“利于仁”,笔者则倾向于将其解释为“以仁为安”、“以仁为利”。“仁者”的行为是有内在的道德情感作为根据的,是由内而外的,因此,他的所作所为不是出于外在的考虑,而是出自自己内在的仁心善性。就像孔子说君子之所以守三年之丧,就是因为他内在的爱敬之情,如此则安,不如此则不安,而不是因为其他的外在原因。就像孟子讲一个小孩将要掉到井里的时候,我们都会伸手去救,而其原因“非所以内交于孺子之父母也,非要誉于乡党朋友也,非恶其声而然也”,而是出于“不忍人之心”(《孟子·公孙丑上》)。正是因为对于“仁者”而言,仁义内在,所以,他们就要安于内在的仁义,以仁义为安宅,不为外物所迁。与仁者有所不同,知者是高度理性化,他们做事情,不仅要知其然,而且要知其所以然,他们做事情要权衡利弊,从而做出有利的选择,他们在“仁”这个问题上也不例外。知者通过自己的比较权衡,他们认为践行仁义比践行不仁不义对我们更加有利,所以,我们要坚定地践行仁义,做对仁义有利的事情,将仁义发扬光大。仁者与知者在对待仁的问题上,差别主要有以下几个方面:一个根据在内,一个根据在外;一个追求的是心安,一个追求的是利益;一个是自愿,一个是自觉;一个是由仁义行,一个是行仁义。当然,对于孔子来说,他所追求的是仁智双彰,也就是仁与智的有机结合。

4.3 子曰:“唯仁者能好人,能恶人。”

这一章很简单,也没有什么难以理解的地方,就是说:只有道德高尚的仁人才既能喜欢他人,也能憎恶他人。虽然简单,但是内涵深刻,意义深远。

无论是在《论语》当中,还是在现实生活中,我们都习惯于把仁理解为仁爱,习惯于认为将道德高尚的人看作乐于助人的人,因而,仁人在人们的心目中都应该是慈眉善目的,而不应该是金刚怒目的。“唯仁者能好人,能恶人”无疑颠覆了仁人在人们心目中的固有印象,一个道德高尚的人既可能对有些人施以关爱,也可能对有些人横眉冷对,而这才是一个道德高尚的人本来应该具有的两面。如果一个人在现实生活中,只是展现自己的爱心,只是发出表扬赞美的声音,这种人恰恰是值得人们加以提防和警惕的,他们多是一些口蜜腹剑之徒,他们的所作所为恰恰是出于精心的设计，而不是真情的流露。在喜、怒、哀、乐、爱、恶、欲等七种真情当中，恶就名列其中之一。没有恶，这就说明这个人有情感缺陷，而情感有缺陷的人是很难成为仁人的，因为仁本身就是建立在内在情感的基础上，“麻木不仁”就告诉我们：情感麻木的人与仁义道德是绝缘的。

这一章不仅要告诉人们仁人是一任情感流行，既能好人，也能恶人，决不掩饰自己的好恶。同时也提醒我们注意，虽然每个人都有好恶，但并不是所有的人都是仁人，这也就是说，真正的仁人应该是那些好善恶恶之人，也就是当好时好，当恶时恶。因此，儒家所讲的仁爱不是一种简单的情感，而是包含理性的情感。孟子不是说人有“是非之心，知之端也”吗？就是说人是有理性的，人都应该发挥这种理性，我们在好恶别人的同时，要知道好人之所当好，恶人之所当恶，同时也好而知其恶，恶而知其好。从这个角度来说，儒家哲学与西方所谓的哲学之间存在一定的差距。源自西方的“哲学”概念是Philosophy，是爱(Philo)与智慧(Sophia)的结合，因而是爱-智慧(Love of wisdom)，而儒家哲学更偏向于爱的智慧(Wisdom of love)。确实，我们在儒家那里，看到的仁爱是高度理性化的，没有看到那种“爱之欲其生，恶之欲其死”的极端情况。

4.4 子曰：“苟志于仁矣，无恶也。”

这一章有不同的解释。有人认为，儒家讲仁道，而仁道是主于爱的，“仁者，爱人”。上一章讲“唯仁者能爱人，能恶人”，虽然儒家对于不仁者有所恶，但是儒家并不以恶为目的，也不抛弃不仁者，而是希望他们能够改过自新，因此，这个“恶”仍然是出于爱，不是恶，因此这一章的意思是说：如果一个人真心诚意地以仁义为目标，那么，他就不会憎恶别人了。这种解释虽然好像树立起了温和的爱人的儒家仁者形象，但是这似乎并不符合孔子本身的形象，因为《论语》中不仅记录了孔子对于他人的关爱，同样也记录了孔子对于别人的严厉批评，其间孔子直叙胸臆地表达了自己憎恶之情。另外，孔子也并不相信所有的人都能改过自新、弃恶从善，因为“上善与下愚不移”，否则，他也不会要诛杀少正卯了。实际上，正是孔子能好能恶，才成就了孔子高尚的人格，才成就了孔子有血有肉的完美形象，才赢得了人们的爱戴。如果孔子只好不恶，那么，孔子就是脱离现实的，就是不食人间烟火的，就是神而不是人。实际上，即便是神也有好有恶，不信我们去看看《圣经》。按照基督教的说法，虽然上帝是仁慈的，上帝是博爱的，但是上帝又用洪水淹没大地。为什么？就是因为人类不听上帝的话，上帝很生气。上帝在用洪水淹没大地之前，又让诺亚建造诺亚方舟，到船上躲避洪水，却任其他人被洪水吞噬，就是因为上帝对于诺亚一家的爱和对于其他人的恶。神尚且如此，何况是人呢？

有人认为，这一章的意思是说：如果一个人真心诚意地致力于仁义，那他就远离恶，没有恶了。笔者支持这一解读。上一章说，“唯仁者能好人，能恶人”，这里面的好恶不是随意的，而是有明确的对象的，也就是好善恶恶，只有恶才是人们应该憎恶的。按照儒家的说法，人都有向善之心，都有弃恶从善之心，因此，作为一个“志于仁”的人，当然不希望自己成为让人厌恶的对象，当然希望自己能够摆脱恶，弃绝恶，从而达到一种“无恶”的状态，从而成为一个别人喜欢的人。这种解释比较符合儒家志在求善、从善如流的一贯主张，同时也符合儒家自作主宰的思想。孔子不讲“怪力乱神”，在他那里“性与天道，不可得而闻也”，这是因为孔子更加强调自我主宰和自由意志，强调人是否会成为道德高尚之人完全由自我所决定，他说“我欲仁，斯仁至矣”，就是对于命定论的一种反叛。因此，在这一章中，孔子所强调的是人的自由意志，强调的是人的主观能动性。

4.5　子曰：“富与贵，是人之所欲也；不以其道，得之不处也。贫与贱，是人之所恶也；不以其道，得之不去也。君子去仁，恶乎成名？君子无终食之间违仁，造次必如是，颠沛必如是。”

“不以其道，得之不处也。贫与贱，是人之所恶也；不以其道，得之不去也”，有人将其断句为“不以其道得之，不处也。贫与贱，是人之所恶也；不以其道得之，不去也”。在这种断句中，人们普遍认为，“不以其道得之，不去也”中的第一个“不”为多余出来的字，应该予以删除。由于这种断句方法需要删改原文，故不予采用。

孔子不像后来的儒家学者那样对于物质欲望持贬低态度，而是肯定人类的正常物质欲望要求，认为人类天生都有向往富贵、厌恶贫贱的自然倾向，这是毋庸置疑的。不过这并不意味着孔子认为人类为了追求富贵、摆脱贫贱就可以不择手段，作为道德高尚的人应该是得之以德，去之以道，也就是说人类获得富贵和摆脱贫贱，都应该通过符合道德规范的正当手段和途径，而不能通过一些有违道德规范的歪门邪道。这也就是说，对于富贵，如果我们能够通过正当的途径获得，我们就心安理得地享受富贵，如果是通过不正当的途径获得的富贵，我们就要坚决地予以放弃；对于贫贱，即使我们能够通过不正当的途径来摆脱它，但是我们也不这么做，而是安处于贫贱之中，不会为了摆脱贫贱而不择手段。这也就是孔子所说的“不义而富且贵，于我如浮云”。

“君子去仁，恶乎成名？君子无终食之间违仁，造次必如是，颠沛必如是。”既然我们对于富贵和贫贱有了自己的选择，那么，我们的抉择是有标准的，这个标准就是“以其道”。对于儒家来说，这个“道”就是“仁道”。正是对于仁道的坚守，使得仁人成为了仁人，如果放弃了仁道，那么，仁人也无法成为仁人，人们也就不再将其看作仁人，因此孔子说“君子去仁，恶乎成名?”正是因为仁构成了仁人或君子的本质规定性，所以，君子必须坚守自己的仁心善性，在现实生活中践行仁义，否则就是对于自己本质的背离，他就不再是仁人君子。正是因此，孔子强调，君子无论处境如何，无论是在吃饭睡觉、匆忙仓促之间，还是颠沛流离之际，都要由仁义行，不违背仁义。在这里，“造次”、“颠沛”既是对于我们道德修养的一个检验，同时也是对于我们道德修养的一个培养，也正是在此困顿的环境之中，可以让人们进一步地体验仁义道德与自身的内在统一性，只有这种逆境才能促使人们反思自己的过往，思索自己的未来。

4.6　子曰：“我未见好仁者，恶不仁者。好仁者，无以尚之；恶不仁者，其为仁矣，不使不仁者加乎其身。有能一日用其力于仁矣乎？我未见力不足者。盖有之矣，我未之见也。”

“我未见好仁者，恶不仁者。好仁者，无以尚之；恶不仁者，其为仁矣，不使不仁者加乎其身。”孔子一生倡导仁义，以仁义、仁政作为自己终生追求的志向，然而其悲哀之处就在于其志不得申，以至于落得个东奔西走、周游列国的下场。“我未见好仁者，恶不仁者”，与其说是他对于现实的真实概括，还不如说是他对于自己人生遭遇的情感表达，他在慨叹自己怎么就碰不到、看不到爱好仁义、憎恶违反仁义的人呢？至于这里面的“好仁者”与“恶不仁者”是同一人还是不同的人，实际上并不重要。因为孔子说“唯仁者能好人，能恶人”，就说明仁者本身就是集好恶于一身的，所以，一个人有好就有恶，有恶就有好，二者不是相互分离的。当然，我们也可以将好恶分开来说，我们既可以从正面说，也可以从反面说。孔子这里的做法就是分开来说，“好仁者，无以尚之；恶不仁者，其为仁矣，不使不仁者加乎其身”。从人们爱好仁德的角度来说，也就是从正面说，这个人就已经做到很好了，没有什么再需要附加于他了。从憎恶违反仁德的角度来说，也就是从反面来说，他这是坚持仁道的一种方式，一个方面，通过对不仁的拒斥，从而避免使自己沾染那些有违仁义道德的东西。

“有能一日用其力于仁矣乎？我未见力不足者。盖有之矣，我未之见也。”虽然在现实生活中，仁人凤毛麟角，即使在孔子的弟子中，大多数是“日月至矣”，唯有颜回才能做到“其心三月不违仁”，说明成为一个仁人不是那么容易的，其间的艰难困苦不是常人所能忍受的，但是这并不意味着仁是高不可攀的，关键是你是否真正愿意为仁，是否以仁为志，只要你愿意为仁，向往仁，对于成仁充满着欲望，做到以仁为志，那么，我们就一定能够成为仁人。因而，对于人们来说，是否成仁这个问题，是孟子所说的“为不为”的问题，不是“能不能”的问题，也就是孔子所说的用不用力的问题，不是力足不足的问题。孔子在这里所强调的是愿不愿、为不为的问题，他否定了为仁需要其他的附加前提条件，这就像好仁与恶不仁一样，是一件人们只要愿意做就能做到的事情，如果我们没有做到，只不过是我们不愿做而已。当然，在现实生活中，人们会为自己违反仁义寻找借口，就像齐宣王一样，认为自己能力不行，但是孔子告诉人们，“力不足”仅仅是个借口而已，他用一种怀疑的口吻表达了自己的态度，“盖有之矣，我未之见也”。儒家之所以认为每个人都能够成仁成人，是因为儒家认为所有人都有良心善性，都有“不忍人之心”，都有“四端”，只要他愿意，他就能将自己的良心善心加以扩充存养，他就能够成仁成圣，这也就是孟子说“人皆可以为尧舜”、王阳明说“满大街都是圣人”的原因之所在。

孔子在这一章中对于为仁中用不用力与力足不足的辨析，与孟子后来的有关能为之辨是一脉相承的，这为人们成仁提供了自信，而这也造就了中国古代一大批追逐仁义的知识分子。

4.7　子曰：“人之过也，各于其党。观过，斯知仁矣。”

这一章有三种不同的解释。

第一种解释：这里的“党”被解释为朋比为党的“党”，也就是有所亲比的意思。人们所犯的过失，实际上都与有所亲比是有关系的。因为人是情感性的动物，人们容易会因为亲情而走向越礼，就像《论语》中所说的亲亲相隐的问题，虽然这未必符合社会的规范，但这都是真情所致，都是仁心流露。因此在观察过错的过程中，我们也就了解了人的仁心善性。

第二种解释：这里的“党”被解释为“类”。俗话说，“人以类聚，物以群分”，人都是各从其类的，他们所犯的过失基本上也是各从其类的，就像小人不可能做出君子那样的道德行为，君子也不可能做出小人那样的违法乱纪的行为，因此，我们追责他人的过失，不应仅仅将责任归咎于某个具体的个人，而应归咎于其所归属的整个群体。通过人们对待他人过失的态度和方式，我们就能知道这个人仁还是不仁。

前面两种解释虽然有一定的道理，但是其间曲折太多，都对原文做了过多的引申，故为笔者所不取，笔者采取第三种更加直接的解释。

第三种解释：这里的“仁”被解释为“人”，就像《论语·雍也》“井有仁焉”中的“仁”一样，都是指“人”。在这个世界有各种各样的人，人们所犯的错误也各种各样，不过，虽然错误多种多样，但是对于同一种类的人，他们所犯的过失基本上都是相同的，譬如，在对待他人的问题上，君子就容易过于仁厚，而小人则容易过于刻薄，君子就容易过于仁爱，小人则容易过于残忍。因此，只要我们观察他们所犯的过失，我们就了解他们到底是哪一类人了。

从这一章我们可以看出，人是一个社会性的存在，群体性的动物，人不是一个孤立的个人，人的一切品行的形成都与其所处生活的环境、其所接受的教育、其所交往的人员密切相关，因此，个体品质的形成是一个系统性的工程，不仅需要依赖个体的努力，社会环境的改造、良好社会氛围的塑造同样也是至关重要的，没有良好的社会氛围，坏人就会被当成好人，好人反而没有办法继续去做好人，只能变成坏人。

4.8　子曰：“朝闻道，夕死可矣。”

这一章有两种理解方式。

第一种理解方式。在孔子生活的时代，礼崩乐坏，乱臣贼子横行无忌，歪理邪说层出不穷，圣王不作，仁道淹没无闻，人们被歪理邪说蛊惑，见善不迁，见恶不改。面对这种局面，孔子由衷地希望社会能够回归到仁政仁道的轨道上，人民百姓能够践行仁道。如果这一切变成现实，那就死而无憾了。因为对于孔子这样的圣人来说，存身于世的目的就是行道济民，如果能够听闻道在现实中畅行无阻，那么，我身存与不存又有何可以顾惜的呢？在这种解释当中，对于“道”的解释过为迂曲，不太符合人们对于“道”的理解。

第二种理解方式：所谓“闻道”并不是一般所说的听闻、听见，而是指在认识了解基础上的践行体证，因此，“闻道”是指对于道真知、真信、真行，也就是得道。这个“道”对于儒家而言，就是仁道、人道，就是为人之道，仁道构成了人之为人的本质规定性，因此，如果一个人不遵守仁道，我们就会说这个人麻木不仁、禽兽不如。正因为仁道构成了人之为人的本质规定性，我们闻道、得道，实际上就意味着，我们实现了自己的本质规定性，我们从动物世界当中超脱出来，所以，我们死而无憾，生命虽短，但是我们实现了自我，如果我们永远不闻道，不能实现自我，生命虽长又有何意义？

从这种解释中，我们看到孔子所强调的是闻道的重要性，强调道对于我们人生的重要意义。正是因为其重要，所以，我们要终身乾乾，不断为闻道而努力，鞠躬尽瘁，死而后已。孔子在这里讲到“夕死可矣”一方面固然要求人们有为道献身的精神，但更重要的是，他是希望通过死亡来逼显出闻道的重要意义。

4.9　子曰：“士志于道，而耻恶衣恶食者，未足与议也。”

在中国古代，“士”有很多内涵，既可以指未婚的青年男子，也可以指地位较低的贵族阶层，还可以用来指知识分子，可能知识分子更加符合这里的含义。当然，这个知识分子不仅仅是指那些有知识有文化的人，而是指现代意义上具有担当精神、充当社会良心的公共知识分子，这些人在深耕自己专业的同时，关心国家、社会乃至整个人类的命运，往往作为人民群众的代言人为了人民群众的利益而发声。在孔子那里，“士”所扮演的就是一个公共知识分子的角色，志向远大，不为一己之私所羁绊，关心天下，关心民生，致力于推广仁道仁政，从而让人民过上幸福的生活，因此，仁道构成了其所关注的主要内容，“谋道不谋食，忧道不忧贫”（《论语·卫灵公》），并且时刻准备为道而献身，“天下有道，以道殉身；天下无道，以身殉道”（《孟子·尽心上》）。对于“士”而言，士以仁道为志之所向，并且随时准备为之献身，因此，士对于衣服食物自然不会太过在意，衣服只要能够遮体保暖，食物只要能够果腹，就足够了，如果有人过度在意衣食，以布衣粗食为耻，那么，这种人就已经背离了“士”的追求，我们与这种人也就道不同不相为谋了。

在这一章中，孔子强调“士”应该致力于求道，而不要以“恶衣恶食”为耻。在这里我们要关注的是，孔子特别强调的是“耻”“恶衣恶食”，也就是以布衣粗食为耻。这说明，孔子并不反对人们穿衣吃饭，去追求物质欲望的满足。因为人本身就是一个物质性的存在，穿衣吃饭乃是人类的正常需求，没有必要将其视为洪水猛兽，所以，应该予以适当的满足，但是，我们对于物质的追求应该有度，没有必要非得过着骄奢淫逸的生活，更不能以生活条件不好为由放弃对于仁道的追求。因此，从“耻”当中，孔子在这里所针对的是对于物质生活的过度追求，而不是针对物质生活的正常需求，我们不能因为讲伦理道德就把人变成了不食人间烟火的神仙，这反而是对道德的扭曲。

4.10　子曰：“君子之于天下也，无适也，无莫也，义之与比。”

有人认为，“适”通“敌”，“莫”通“慕”，分别是指敌视与倾慕；有人认为，“适”是亲、厚之意，“莫”通“漠”是疏、薄之意，也就是亲此远彼、厚此薄彼之意；有人认为“适”是指专主，而“莫”是指不肯。尽管解释丰富多样，总的来说，“适”与“莫”都是代表相反的两个极端，“无适”与“无莫”显然是指对两个极端的反对，说明孔子主张人们不要处于极端。孔子自己就是主张中庸，反对极端的，所以，孔子就说自己不像伯夷、叔齐、柳下惠等人那样极端，非要如何如何，自己是“无可无不可”。因此，“无适也，无莫也”就是“无可无不可”的意思；“君子之于天下也，无适也，无莫也”，意思就是说：我对于天下的人和事，并无意必固我之心，而是无可无不可的。当然，当我们讲中庸，讲“无可无不可”的时候，人们就会认为儒家是无原则的，是非混淆，对错不分，而实际情况并非如此，因为儒家最终的落脚点在“义之与比”。“比”，亲也，近也，“义者，宜也”，也就是说我们对于人和事的判断，待人接物的方式，要符合义，要适宜，要在适当的时间地点，面对特定的人和事，采取特定的处理方式，并不是想做什么就做什么，想怎么做就怎么做，那不是儒家所向往的仁义境界，不是儒家的仁人之所为，而是乡愿，乃是“德之贼”，不仅与仁义道德背道而驰，而且将会对仁义道德造成伤害。

在这一章中，孔子既反对人们从固定立场、预设前提出发来认识对待人和事，但是又强调这不是无原则的，而是要符合道义，讲究适宜，以防止人们放辟邪侈，也就是强调人们要执一用权，反对执中无权。

4.11　子曰：“君子怀德，小人怀土；君子怀刑，小人怀惠。”

“君子”与“小人”是相对而言的。“君子”当然是指道德高尚之人，而在中国古代,君子是指具有一定社会地位的人,也就是居于统治地位的人;“小人”在现代社会中一般用来指代那些道德败坏的人,在中国古代,“小人”确实用来指称那些道德不那么高尚的人,不过这也未必就是道德败坏的人,实际上也就是指那些道德水平一般的人,同时也用来指那些普罗大众、人民百姓。“德”就是道德;“土”就是乡土,也就是故乡的意思。“刑”本来指刑政法制,也就是指法度规范;“惠”也就是恩惠、利益。从字面上看,这一章的意思就是:君子心里装着的是道德,人民百姓心里装着的是乡土;君子心里装着的是法度,人民百姓心里装着的是利益。

关键的问题是,在这里“君子”与“小人”之间是一种什么样的关系,也就是说,孔子把君子与小人放在一起讲,是出于一种对比,还是强调二者之间的相互影响?有人认为,孔子是出于对于君子与小人的比较,突出君子与小人追求之间的差异,让人们了解君子与小人之分,从而让人们明白要想成为道德高尚的君子应该朝什么方向用功。有人认为,孔子是强调君子对于小人的影响作用。在这种理解中,君子实际上就是统治者,小人就是被统治者、人民百姓。“君子之德风,小人之德草。草上之风,必偃”(《论语·颜渊》),统治者的所思所想、所作所为将会对人民百姓的言行举止产生决定性的影响,君子的德行将会在人民百姓那里得到恰当的回应,因此,这一章就是在阐述这种回应关系:如果统治者施行仁政,那么,人民百姓就会安土重迁;如果统治者重视法度,按照法度来治理国家,那么,人民百姓就会受到恩惠,就会感谢统治者的恩惠。有人在此解释基础上,将这一章进一步解释为:如果统治者行仁政德治,那么,人民百姓就会回归其乡土;如果统治者施行仁政法制,那么,人民百姓就会归附其他慈惠之君。虽然后一种解释也符合孔子的思想,但是就本章而言,其间引申过多,故笔者不取。笔者认为,这一章主要还是讲君子与小人加以对比,从而让人们明白儒家为学的重心之所在,从而引导人们一心归仁。

4.12　子曰:“放于利而行,多怨。”

“放”,一说为“逐”,一说为“依”,尽管有些差别,但基本意思都是相同的:如果人们时时处处都以利益为目标和标准,逐利而行,那么,就会招致怨恨。这并不是说孔子不讲利益,我们在前面已经多次说过,孔子乃至儒家是讲物质利益的,而且认为不应该忽视人们的合理物质需求,人们合理的物质需求是应该被满足的。这里的物质利益为什么要被当做否定的对象呢？第一，在中国古代，一般人们讲“利”的时候，基本上是与“私”联系在一起的，如自私自利，也就是这种“利”是纯粹的个人之私利，因而它是与公利相对的。第二，“放”具有放纵的意思，如果放纵个人追逐私利，那么，这种对于私利的追求就会超过合理的限度，就会导致对于他人合理利益需求满足的伤害，从而导致人与人之间展开无休无止的利益争夺，从而爆发冲突乃至战争。因而，孔子在这里实际上警示人们，肆意追逐一己私利是存在风险的，容易引发人们之间的怨恨情绪乃至现实冲突。孔子这样说的目的，大概既是对“天下熙熙，皆为利来；天下攘攘，皆为利往”的社会现实的不满，同时也是对于那些枉顾道德、不惜动用暴力手段掠夺财富的统治者的一种警告。

这一章对于现实具有重要的启示意义。现代人都高度重视自我权利。权利在英文中为 right，具有正当、合理的意思，也就是说，人们追逐权利必须以正当合理为前提。不过当 right 被翻译成中文的时候，仅仅成了权力与利益的结合，而正当合理的内涵被排除在外了，这样一来，利益就成了有些人追求的最高目标，有些人开始“一切向钱看”，金钱成了某些人眼中的上帝，形成了金钱拜物教，为了金钱利益可以不择手段，损人利己，无恶不作。然而，问题在于，如果每个人都从自我利益出发，信奉金钱至上，那么，人与人之间必然会相互敌视，相互伤害，为了协调人与人之间的关系，我们必须对于人类的利益追求加以限制，使其限定在合理的范围之内，达到权利与义务的统一。这种权利与义务的统一虽然能在一定范围内协调人们之间的利益关系，化解人们之间的对立与冲突，但是由于它仍然是以利益为导向的，人们承担义务是为了更好地享受权利；如果人们不承担义务，又能够享受权利，甚至能够让自身的权利最大化，那么，人们就会毫不犹豫地放弃承担对他者的义务，这也就是现代社会中人们钻法律的漏洞、打法律的擦边球的原因之所在，所以，通过法律并不能从根本上解决人与人之间的利益冲突，而只是将人们的利益冲突限制在一个合理的范围之内。

4.13　子曰：“能以礼让为国乎？何有？不能以礼让为国，如礼何？”

这一章是针对国家的统治者而言的，讲的是礼让之于安邦治国的重要性的问题：如果能够用礼让来治理国家，那么，人与人之间就会谦敬礼让，治理国家又有何难呢？如果不能用礼让来治国理政，人与人之间唯利是图、毫末必争，那么，谁还遵守礼义？礼不过是个摆设，礼又有何用呢？要礼干什么呢？

“礼让”不仅有“礼”，还有“让”，“礼”与“让”之间是一种什么关系呢？按照古人的说法，“让”是“礼之主”、“礼之宗”，也就是说，“让”构成了“礼”中最为核心的内容。在中国古代，“礼”构成了对于人们言行举止的约束，“非礼勿视，非礼勿听，非礼勿言，非礼勿动”（《论语·颜渊》）。对于人类来说，人们都习惯于从自我出发，以自我为中心来开展活动，这就容易陷入自私自利，从而导致人与人之间的相互冲突与斗争，这也就是荀子所说的，“人生而有欲，欲而不得，则不能无求。求而无度量分界，则不能不争。争则乱，乱则穷。先王恶其乱也，故制礼义以分之，以养人之欲，给人之求，使欲必不穷于物，物必不穷于欲，两者相持而长，此礼之所由起也”（《荀子·礼论》）。这个礼本身带有某种形式化的特征，因而礼成了一种礼仪规范，这种形式化的礼有时候是比较僵硬的，这就像法律一样，法不容情，不能够轻易地加以变通，这就必然会在现实生活中遭遇困难，从而导致利益无法协调的情况，因此，从礼义规范的制定到礼义规范的执行，都离不开谦敬礼让。这种谦敬礼让不仅化解了礼义无法兼容现实的问题，同时也化解了人与人之间的冲突与矛盾。因为让就意味着人们从自我中心撤离，从而让出这个中心，将自我挪向边缘，从而让他者由边缘向中心转移，这样一来，自我就不再要求他者服从于自我，而是自我主动趋向于他者，服从于他者，服务于他者的利益，这样一来，自我就不会为了自身的利益与他者展开冲突。对于高度强调竞争的现代社会来说，让不仅是一种崇高的品德，同样也是一种改善人际关系的高超智慧。

4.14 子曰：“不患无位，患所以立。不患莫己知，求为可知也。”

“位”乃是官守、职位。对于一个立志于济世救民的仁人君子来说，谋取职位是至关重要的，没有职位，他就没有办法将自己的理想和才能付诸实施，从而在现实中行道济民，因而人们都想着在社会中谋得一官半职，“学而优则仕”，从而为施展自己的才学找到一个合适的舞台。像孔子周游列国，“累累若丧家之狗”，实际上就是为了给自己寻找一个职位，为自己觅得一个施展才华的机会。孔子尚且如此，何况是那些普罗大众、芸芸众生呢？在现实生活中，人们为了职位而殚精竭虑，患得患失。不过孔子认为，对于谋求职位这件事，要抱着一颗平常心，要尽人事而听天命，因为职位的得与不得不是完全由自己所能决定的，而是“时也，命也”，因此，孔子说“不患无位”。虽然能否得位在一定程度上受到命运的影响，但其中起决定性作用的还是修养，虽然有修养不一定能得到职位，但是如果没有修养，那么，即使依靠天命得到了职位，职位也不能长保，因为自从三代以来，人们就已经开始意识到“皇天无亲，惟德是辅”，天命也是可以转移的，所以，对于人们来说，关键的问题不是能否得到职位的问题，而是你的修养能否让你在这个职位上立足的问题。同样的道理，对于“己知”的问题，也就是名的问题，人们不必过于看重，关键是要注重提升自己的修养，让自己真正拥有名扬天下的才能，而不是关注自己能否名扬天下。

孔子在这一章中告诫人们不要过度地贪求权位声名，这容易导致名实不副的现象。当然对于人们来说，理想的状态应该是名实相副，有实有名，有名有位，如果实在名实不能相副，那么，实比名更加重要。这对于现代人来说，也是一个非常重要的问题，因为现代人贪图虚名者很多，为了出名、出位而不择手段，这虽然可能会带来暂时的好处，但是也会贻害无穷。

4.15　子曰：“参乎！吾道一以贯之。”曾子曰：“唯。”

子出，门人问曰：“何谓也？”曾子曰：“夫子之道，忠恕而已矣。”

这一章孔子对于自己的思想学说具有总结的味道——“吾道一以贯之”，因此，引起了人们的广泛关注，学者们多将此章看作孔子的秘传心法。实际上，不必如此看待这章，因为孔子本身就没有特别强的门户之见，对待学生更无厚此薄彼之嫌，否则他也不会广收门徒，“自行束脩以上，吾未尝无诲焉”（《论语·述而》），实际上，这种类似的话语，孔子不仅对曾子、颜回、子贡说过，就是对哀公也同样说过，可见这并不是什么不传之秘。当然，这并不是说这一章不重要，这一章很重要，因为这一章对于孔子的仁道原则做了一个明确的概括。

“子曰：‘参乎！吾道一以贯之。’曾子曰：‘唯。’”参就是曾参，也就是曾子，曾子比孔子小 46 岁，孔子死的时候，曾子还不到 30 岁。也就是当孔子对曾子说这些话的时候，已经是迟暮之年。根据孔子的说法“参也鲁”，我们可以知道曾子性格比较迟钝、木讷，学习很努力，但是不太爱说话。由于孔子平时讲学主要是随机指点式的，见到什么说什么，学生问什么就回答什么，也没有什么中心、主题和系统性，孔子也不太了解曾子是否把握了自己学说思想的核心要义以及贯彻实行的原则，所以，孔子就主动地告诉曾子“吾道一以贯之”。关于这个“一以贯之”有不同的理解；有人把“贯”理解为贯通，认为“一以贯之”，就是孔子之道是有一个东西来贯穿其中的；有人把“贯”理解为行，理解为事，认为“一以贯之”就是孔子之道一是在于实行。

“子出，门人问曰：‘何谓也？’曾子曰：‘夫子之道，忠恕而已矣。’”由于孔子讲的太过笼统、模糊，有点让人捉摸不透，所以，孔子出来后，其余弟子就问曾子，“孔子说的什么意思？”有人认为这个“门人”应该是曾子的弟子，而不是孔子的弟子，这里不取，因为，一方面曾子当时比较年轻，估计招收弟子的可能性不大，另一方面即使有弟子也不应该跟在孔子后面上课。对于其他师兄弟的疑问，曾子作了“夫子之道，忠恕而已矣。”这里曾子的说明就牵涉到孔子的“一以贯之”的理解问题。如果按照贯通来理解的话，就是说，孔子思想的核心就是忠恕，如果按照实行来理解，孔子之道就要通过忠恕来加以贯彻施行。如果按照第一种来理解，那么，这里面就有个冲突。孔子的思想学说是以仁为核心的，早在先秦时代，《吕氏春秋》就以“孔子贵仁”来概括孔子的思想学说，这在现代更是被当做了一个常识，因此，孔子思想的核心、可以用来贯通孔子思想的是仁而不是忠恕；如果我们说仁太大太泛，我们进一步追问仁之本，也就是孝悌，“孝弟也者，其为仁之本与”，同样也不是忠恕。既然第一种理解不通，我们只能走第二条道路。

孔子思想的学说核心是仁道，不过仁道太大太泛，仁道如何在现实当中得到落实呢？孔子跟曾子说“吾道一以贯之”，实际上就是强调我的思想学说最终都是要落实施行的，不能停留在空头的讲说上。不过孔子在这里并没有具体地说明他的思想学说如何落实实行，曾子就着其他弟子的提问而对此做了进一步的阐发，“夫子之道，忠恕而已”。不过，我们需要注意，忠与恕都是孔子所重视的，但是，孔孟在讲到行仁的时候，多是讲恕的，像子贡问，“有一言可以终身行之者？”孔子的回答则是“其恕乎？己所不欲，勿施于人”（《论语・卫灵公》），孟子也说，“强恕而行，求仁莫近焉”（《孟子・尽心上》）。由此可见，这里把忠恕看作孔子的行仁之道，或施行仁道的原则和方法，是曾子对于孔子思想的发挥。当然，曾子对于孔子的发挥是有其合理之处的。“忠”是“尽己”，“尽己之谓忠”；“恕”是“推己及人”，“推己及人之谓恕”，而这也可以从“己所不欲，勿施于人”中看得出来。孔子所讲的一贯之道实际上就是要推己及人。“仁”比较宽泛，即使加上“爱”也还是比较宽泛，我们如何做才是仁爱他人？虽然很多行为看起来都像是爱，但有些爱看起来更像是害，如溺爱、自私的爱。到底应该如何做，才是真正的仁爱？孔子要为仁爱制定一个原则、路径，那就是恕，就是将心比心，你不想别人对你怎么样，你就不要对别人怎么样。为什么能恕？为什么能将心比心？我们来看看“恕”字，“如心为恕”，也就是心都是差不多的，对于人们来说都是“心同理同”，人们的想法都是差不多的。大概这个观念具有普遍性，后来汉斯·昆等搞世界伦理的时候，就把“己所不欲，勿施于人”当作一条金规则。“恕”是推己及人，那么，推己及人的前提是你有可以推扩的东西，也就是你要有仁爱之心、仁爱之情，如果你都没有仁爱之心、仁爱之情，如何进行推扩呢？我们看“忠”字，“中心为忠”，忠就是强调人的道德情感的内在性，“喜怒哀乐之未发谓之中”，我们天生都有这种道德的情感，都有仁心善性，所以，我们要尽心竭力将其保护培养起来，然后将其应用于事事物物，从而在成己的同时成物，从而达到物我一如的状态。

总而言之，这一章主要讲的是仁道的落实施行的问题，不过，这里面很重要的问题实际上是成己与成物的关系问题，一般情况下，人们更多地关注成己，而在这里，孔子将成己与成物统一起来，我们在成己的同时要去成物，而我们成物又离不开成己，不能将二者割裂开来，不能成己就不能成物，反之亦然，不能成物也就无法成己。

4.16　子曰：“君子喻于义，小人喻于利。”

这一章自宋明理学以来就被看作“存天理，灭人欲”的重要根据，义利就成了君子与小人、道德与不道德的分野之所在，实际上不必如此壁垒森严，因为对于人而言，义与利都是人类的正常欲望，动物尚且都有“虎狼之父子，蜂蚁之君臣”，更何况人类呢？人本身就是肉体与精神、现实存在与超越存在的结合体，前者决定了人像动物一样，都有基本的物质需求、利益需求，但是人类之所以能够从动物世界当中超脱出来，那是因为人类有仁义道德，这就是荀子所说的，“水火有气而无生，草木有生而无知，禽兽有知而无义，人有气、有生、有知，亦且有义，故最为天下贵”（《荀子·王制》）。有气、有生、有知，这是人与动物所共同的，而这种共同性决定了人像动物一样，也有物质利益方面的需求，人也自私自利，但是人与动物不同，因为人有“义”，正是这一点使得人超越了肉体，超越了自我，不再仅仅关注自身的利益需求，开始关心他者，关心世间万物，懂得要亲亲仁民爱物。因此，人都有义利两个方面，当然对于不同的人来说，这两个方面的比重是不一样的，君子以义为主，小人以利为重。

我们在前面说过，在古代，“小人”并不像在现代社会中那样带有明显的贬义，而是指社会地位低下的人。既然小人社会地位低下，那么，他们更多关注的当然是衣食住行方面的物质需求，因此，利成了他们主要关注的对象，他们尚无过多的精力去思考伦理道德的问题，因为只有“衣食足而知荣辱，仓廪实而知礼节”；而君子则不同，他们在社会当中具有较高的社会地位，衣食无忧，因而他们更加关注自身的道德修养，同时也要兼济天下，将自我与他者融为一体，在关注自我物质需求满足的同时，也会关注他者物质需求的满足，因此，他们超越了自己的一己私利，而“兴天下之公利，除天下之公害”，而“公利”就是“义”，就是道德。正是基于此，人们过去将“小人”理解为庶人，也就是人民百姓，而将“君子”理解为卿大夫。当然，如果我们将其分别理解为道德高尚的人和道德水平一般的人，这也没问题，因为在古代，道德修养有时就能够决定社会地位。如《荀子·王制》中说，“古者，虽王公卿大夫之子孙，不能属于礼义，则归之庶人。虽庶人之子孙，积文学正身行，能属于礼义，则归之卿大夫”，就明确指出，人的社会地位会随着道德修养而进行转变。可见，孔子也借此提醒人们要注意道德修养，因为君子与小人并不是天生决定的，而是由自己的道德修养决定的。

4.17　子曰：“见贤思齐焉，见不贤而内自省也。”

这一章的意思比较清楚明白：见到贤人就想着要德与其平，见到不贤之人就反省自己是否也有他的不足之处。这一章主要就是讲要在与他人交往的过程中迁善改过，里面有三个方面要值得注意。

第一，人何以能够“见贤思齐焉，见不贤而能自省也”？在现实生活中，我们对于道德与不道德现象视而不见、熟视无睹的情况比比皆是，贤与不贤，我们经常都会视之如无物，我们又怎么会达到孔子的要求呢？孔子的要求是不是一种空洞的要求呢？对于孔子来说，这种要求不是高不可攀、遥不可及的。因为在孔子乃至儒家看来，人都是有仁心善性的，这种仁心善性使每个人都有好善恶恶的倾向，都愿意弃恶从善；如果人性本恶，那么，这种要求就是多余的。

第二，人何以会“见”贤而能思齐，“见”不贤而内自省也？为什么要特别强调“见”？虽然儒家强调人性本善，强调人都有仁心善性，但是这种仁心善性处于一种潜藏的状态，是一种潜能，这种潜能要发挥出来变成现实，需要由外在的力量激发，而“见”就是这样一种力量，为仁心善性的发挥提供了可能性。像舜在深山之中，同与禽兽居，但是“及其闻一善言，见一善行”，其仁心善性就如决堤的江河一样喷涌而出，“沛然莫之能御”；像齐宣王那样的好勇、好货、好色的暴君，当他看到牛被牵往祭钟，同样也会生出不忍之心，“见其生，不忍见其死”，从而做出以羊易牛的仁义之举，可见无论对谁而言，“见”都具有一种对道德的激发作用。因而对于儒家而言，其道德修养乃至道德行为都与“见”之间具有某种内在的联系。

第三，孔子始终强调的都是对于自我的要求。我们无论是见到贤德之人就想着要提升自己的道德修养，达到德与之齐平，还是看到道德败坏之人，就要反省自己是否也有同样的问题，并且将其革除，这里孔子始终都没有提对他者的要求，而都是对自己提要求。从这里面我们也可以看出，道德更应该是严于律己，宽以待人的；如果反过来，我们严于律人，宽以待己，那么，这便不是道德，而是道德绑架，一个道德绑架他人的人不但算不上道德高尚之人，反而可能是道德品质低劣之人。

4.18　子曰："事父母几谏，见志不从，又敬不违，劳而不怨。"

“几，微也”，“几谏”就是微谏。我们在侍奉父母的时候，要孝顺父母，不仅是孝，更要顺。当然，父母也会犯错误，我们作为子女，不能看着父母在错误的道路上越走越远，所以，要对父母进行劝谏，帮助父母改正自己的错误。不过，我们的劝谏要掌握好尺度，要委婉，要和风细雨，不能狂风暴雨。如果父母不为我们的劝谏所动，我们的想法不能为父母所接受，那么，我们也不能因此而与父母大吵大闹，与父母反目，我们仍然要敬重父母，不忤逆他们的意志，保持对父母的孝顺，照料好他们的生活。至于“劳而不怨”，人们有不同的理解：有人认为，“劳”是忧愁，就是看到父母不愿改正自己的错误，子女非常忧心，但是也不怨恨父母；有人认为，“劳”是不辞辛劳地继续劝谏，也就是反复劝谏而不怨恨。笔者认同第二种理解。虽然第一种理解似乎符合儒家的孝顺伦理，但是顺不应被简单地理解为无条件的顺从，这就变成了是非不分、好坏不分了，而儒家是讲善恶、讲是非的，同时这也放弃了作为子女的责任，因为儒家的伦理本质上是一种责任伦理，是要“仁以为己任”的，持续不断地劝谏本身就是承担责任的一种方式，这也比较符合孔子所提倡的“知其不可为而为之”的不畏困难的坚持不懈的精神。

这一章所体现的是一种责任承担精神，我们不仅要为自己的过错负责，也要为他者的过错负责，因此，我们要无怨无悔地承担起帮助他者改正自己错误的责任，如果他者没有改正自己的错误，那么，我们是要负责任的，正因如此，儒家学者都具有高度的责任精神，他们要为了责任不怕任重道远，不惜死而后已。而在现代社会中，人们只关心自己的权利，虽然不得不承担自己必须承担的义务，但是对于道德责任则敬而远之，而这也影响个体乃至整个社会的道德水平。

4.19　子曰："父母在，不远游，游必有方。"

"游"是指游学、游宦，也就是外出学习、外出做官。学习与做官虽然都是人生大事，不可不重视，但是这与侍奉父母比较起来，都没有那么重要。因为游学、游宦虽然影响自我的发展，但不是当前之急务，完全可以向后推，可以从容处之；而侍奉父母却是刻不容缓的，这既是我们不可推卸的法定义务，也是我们的道德责任，如果我们因为游学、游宦而远离父母，不在父母膝下尽孝，既不能奉养父母，又不能为父母分忧，甚至还会引发父母对我们的思念之苦，我们作为子女又于心何忍？当然，对于很多人来说，游学、游宦的目的是为了封官加爵、衣锦还乡、光宗耀祖，从而让父母安享幸福的晚年。不过要注意的是，人生无常，疾病与死亡就像鬼魅一般，时刻会侵扰我们，当我们在远游的过程中，如果父母生病了，我们就不能为父母亲奉汤药，如果父母死亡了，我们就不能为父母送终，因此，我们就会生出"子欲养而亲不待"之无限遗恨。因此，当父母健在的时候，我们尽量不要外出到遥远的地方游学、游宦，即使非出远门不可，也一定要有明确的地方，让父母知道自己的行踪，知道自己的情况，有什么特殊情况也便于通知自己。

这一章虽然着重讲的是游的问题，但核心是讲子女对父母的情感、责任，虽然在现代社会中，人们出游已经成为寻常事，孔子所讲的"父母在，不远游"已经不再可能，但是孔子所讲的子女对于父母的情感、责任仍然是存在的，常与父母联系、常回家看看、让父母对于子女的情感有所安顿仍然是必须的。孔子是站在子女的角度说这番话的，他所强调的是子女对父母的责任，而并没有讲到父母的权利问题，更没有讲到子女的权利问题，可见儒家的责任是没有权利与之对应的，这明显与现代社会的法律责任不同。

4.20　子曰："三年无改于父之道，可谓孝矣。"

见1.11。

4.21　子曰："父母之年，不可不知也。一则以喜，一则以惧。"

子女对于父母的孝顺是以内在的爱敬的情感为根基的，因而，子女对待父母始终不能缺乏情感的参与，否则，子女与父母之间就会冰冷无情。正因如此，孔子特别强调子女与父母之间的情感关联。虽然父母的年龄增长是一个自然的客观现象，不会因为子女的主观好恶而有任何改变，但是子女仍然要对父母的年龄表现出强烈的情感关切、喜惧倾向。因此，子女必须超乎寻常地关注父母的年龄，如果不知道父母的年龄，心里面必然会产生一种羞愧感、罪恶感。知道了父母的年龄，一方面我们感到高兴，另一方面又感到忧惧，高兴的是父母年寿已高，但身体仍然康健，但又忧惧父母的身体会出现问题，害怕这种康健的时日无多，既高兴看到父母高寿，得享天年，但又忧惧父母离寿限不远，膝下承欢的日子越来越少，因此，对于父母，我们是既喜其寿，又惧其衰。可见，在儒家那里，人们的心目中始终装着的都是他者，没有自我，高兴是为他者而高兴，忧愁是为他者而忧愁，这与西方的自我中心论截然不同。正因为中国人没有强烈的自我中心意识，所以在古代中国，始终没有发展出自我权利，没有自我权利意识，人们一心想到的就是自我对他者的责任，自我应该为他者如何如何。

4.22　子曰："古者言之不出，耻躬之不逮也。"

中国人有个传统，那就是借古讽今，因此，别看中国人喜欢讲历史、讲故事，实际上都是拐个弯在讲现实。因此，在中国古代，史书很多，这也就是后来龚自珍所说的"欲知大道，必先为史"，那些历史书既可以当作历史来看，也可以当作现实来看。孔子在这方面具有开创之功，孟子说"孔子成《春秋》而乱臣贼子惧"（《孟子·滕文公下》）。在这里，孔子同样也是以古讽今，说"古者言之不出"，是针对时人而言的。大概在孔子生活的年代，好放言高论、好说空话大话的人比较多，孔子疾于这种不良的时风恶俗，便以古人为喻。"躬"就是躬行，"逮，及也"，古代人们的话不轻易出口，因为他们以行不及言为羞耻。这一句话实际上就是告诉人们，言行应该一致，要"重然诺"，要说到就能做到。问题在于，说到做到是一个理想的状态，而在现实生活中，由于自身能力和外在条件的限制，我们往往说起来容易而做到却很难。虽然说到做到很难，但是问题在于，说出的话就如同泼出去的水，覆水难收，"一言既出，驷马难追"，我们无法收回自己说出的话，我们无法取消自己曾经做出的承诺，因而，在现实生活中，我们应该谨言慎行，不要作超出自己能力之外的承诺，也不要说些与自己身份地位不相应的话。虽然大话说出的时候，可能会吹出一个巨大的美丽泡沫，会为自己赢得阵阵掌声，但随着时间的推移，泡沫终会破灭，掌声终会为不屑所取代。从这一章我们可以看出，儒家是高度重行的。

4.23　子曰："以约失之者鲜矣。"

孔子曾经问道于老子。老子是道家的鼻祖，道家讲究大道至简，"约"就是简约，道家反对复杂，主张简约，所以，老子讲"为道日损，损之又损，以至于无为，无为而无不为"，可见道家就是讲简约的。不知是受到了道家的影响，或者中国古人都强调简约，孔子也强调简约，反对繁杂，要求人们言语简约、行为简约、费用简约，认为方方面面都应该简约，那么，过失就会减少。如何简约？道家要求复归于自然，而儒家更加要求人们向内收敛，收归仁心善性，听从内在本心。不过对于道家而言，简约的结果是"无为而不为"，从而无所过失，无所不成，而儒家则没有道家那么乐观，因为儒家是讲中庸的，讲无过不及的，虽然简约有助于我们减少过失，但是太过简约也不符合中庸之道，它也会带来一些问题。譬如在礼仪上，古代的礼仪是非常繁琐的，孔子并没有因为其繁琐而将其抛弃或将其删繁为简，而是不厌其繁，一切按照礼仪规范来，这在《论语》、《礼记》中都有相关的记载。因此，孔子说"以约失之者鲜矣"，"约"应该是孔子不得中道而行之的一个权宜之计，并不是孔子追求的一个目标。

4.24　子曰："君子欲讷于言而敏于行。"

这一章又是关于言与行的关系问题，关于这个问题在1.3、1.14、4.22等多处讲过，总的来说，孔子是强调行重于言的，在这里孔子就强调：君子应该言语迟钝，不勤于说而勤于去做。反对将语言置于一个重要位置大概是先秦时期的一个时代风尚，儒道都是如此，这与西方的重视语言的传统截然不同。至于这其中原因可能有很多，这里面可能有一个很重要的原因则在于，西方的哲学要为人们建构一个完美的理想世界，而这个世界是人们通过思想观念建构起来的理念世界，这就离不开抽象的语言作为工具和载体；而中国人则在现实中建构理想世界，这个世界不是“想出来”、“说出来”的，而是“建起来”的，因此，说不说并不重要，重要的是脚踏实地地去做。

4.25　子曰：“德不孤，必有邻。”

这一章可以从两个角度来理解，或者说，这一章包括两个方面的内容。

第一，道德不是孤立成就的，一定要有德者在其附近相助而成。对于儒家而言，进德修业固然依靠自己的努力，但也不能离开师友的帮助，因此，一个人的道德成就不能只看作个人勤奋努力的结果，而否定他人为此所做出的贡献。这是从人的成长过程来说的。

第二，一个有道德的人不会是孤立的，必定有人前来亲近他，与之为伍。中国人讲究同心相应、同气相求，与之相应，人以类聚，物以群分，有德者天然就会相亲相近，因此一个道德高尚的人一定会有无数道德高尚的人慕名前来，与之为伍，这也就是孔子说的，“北辰居其所，而众星共之”。

当然，孔子的这一说法具有乐观主义、浪漫主义的情怀，当然这可能是出于他对现实的总结，但是更有可能的是出于一种自身对于道德的信念。

4.26　子游曰：“事君数，斯辱矣；朋友数，斯疏矣。”

对于这个“数”在古代有不同的理解，有人认为是计数，有人认为是数落，一个是对着君主和朋友计数自己的功劳，一个是数落君主和朋友的不是。这些解释从现代的角度来看，似乎都有它们的合理性，不过我们结合《论语·颜渊》中的23章（子贡问友。子曰：“忠告而善道之，不可则止，毋自辱焉。”）来看，既然23章讲的是对朋友“忠告而善道之”的问题，那么，这一章也应该是讲“忠告而善道之”的问题，而不应该是什么表功和数落的问题。因此，这里的“数”应该是次数多，烦琐的意思，这一章意思是：对君主劝谏次数过多，就会自取其辱；对朋友劝谏过多，就会关系疏远。

从表面上看，这是与君主、朋友之间交往方式的问题，但是其深层所反映的则是对于人际关系的理解问题。我们之所以频繁地劝谏他人，是因为我们相信自己是真理的握有者，我们迫切地希望他们接受我们的思想观点，从而放弃他们自身的思想观点，这实际上是强人以从己的，这也在一定程度上损害了他者的自主性、独立性。然而问题在于,我们有什么理由相信我们自身就是绝对真理的握有者,实际上每个人都不是全知全能的,都具有自身的局限性,我们每个人都会受到庄子所说的“成心”、伽达默尔所说的“前见”的影响,我们的认识在某种程度上都是一种偏见。既然我们的认识本身就是一种偏见,那么,我们又有什么理由要求他者接受我们的思想观点,与我们保持一致呢?因此,尽管我们可以与他者进行交流探讨,但是我们没有必要一定要求他者接受我们的思想观点,而是要让他者保持一种思想的独立,这也是一种人格的独立。因此,这一章在交往方式背后所隐藏的乃是对于真理的理解和人格的独立问题。

# 公冶长篇第五

5.1　子谓公冶长，“可妻也。虽在缧绁之中，非其罪也。”以其子妻之。

“缧”指黑色的绳索；“绁，挛也”，也就是捆绑的意思，古代用黑色的绳索捆绑犯人，因此，“在缧绁之中”也就是指被关在监狱之中。公冶长这个人，是孔子的弟子，不过没有关于他生平事迹的明确记载。传说他懂得动物的语言。有一次他走在路上听到鸟的对话，说是哪个地方有肉吃。过一会，碰到一个老人寻找丢失几天的儿子，公冶长就把鸟的对话告诉了老人，结果老人到那个地方一看，发现他的儿子就在那儿，鸟正在啄食其尸体。老人报官后，官府认为公冶长有杀人嫌疑，就把他抓起来投进了监狱。这只是传说，公冶长到底是什么原因被抓并不清楚。按照孔子的说法，公冶长坐牢应该是被冤枉的。至于孔子为什么认为公冶长“可妻也”，并将自己的女儿嫁给了他，这里面除了说他被冤枉之外，并未说明具体的原因。大概是公冶长在监狱中“不怨天，不尤人”，表现出了一种从容不迫、视死如归的泰然状态，始终能够坚守仁义。

从这一章可以看出，孔子识人的独到之处。孔子所看重的并不是外在的名利，而是更加重视内在的道德品质。一个人现实的处境与其内在的道德品质之间并无必然的联系：一个人在现实中虽然可能生活得风光无限，但是他本质上却可能是卑劣的；一个人在现实中虽然可能生活得落寞潦倒，但是其本质上却也有可能是高洁的。因此，我们识人要抛弃名利等外在的表象，深入把握其内在的道德品质。

5.2　子谓南容，“邦有道，不废；邦无道，免于刑戮。”以其兄之子妻之。

南容，孔子弟子，至于他的具体身份，在历史上有不同见解。孔子说这个南容，国家政治清明的时候，能够被统治者所任用；国家政治黑暗的时候，也不会遭受刑罚。就因为这点，孔子把其哥哥的女儿许配给南容为妻。

上一章中的公冶长与这一章中的南容应该是两个完全不同类型的人，公冶长在国家政治黑暗的时候，容易招致刑罚，而南容则在国家政治黑暗的时候，能够免遭刑罚，孔子为什么将自己的女儿和兄弟的女儿许配给他们呢？这大概比较符合孔子的“无可无不可”的处事原则。不过，“无可无不可”也不是毫无原则、不分是非对错的，而是要以仁义为标准。这也就是说，虽然他们为人处世的方式有所不同，社会对待他们的方式也有所不同，但是他们在本质上都是仁义的。从孔子对待公冶长与南容这两个完全不同类型的人的态度上，我们就能看出，孔子在识人方面不拘小节、不重外在形式，而从大处着眼，重内在道德品质，同时也不看别人如何对待他，而要看他如何自处。

5.3 子谓子贱，“君子哉若人！鲁无君子者，斯焉取斯？”

“子贱”就是鲁人宓不齐，是孔子的弟子。根据《吕氏春秋·察贤》记载：“宓子贱治单父，弹鸣琴，身不下堂而单父治”，而巫马期劳精伤神才把国家治理好，巫马期向宓子贱请教其中的原因，宓子贱说，“我之谓任人，子之谓任力。任力者故劳，任人者故逸。”孔子大概就是针对宓子贱知人善任，身逸而天下治，认为像宓子贱这样的人是真正的君子。孔子后面的问题很有意思：如果说鲁国没有君子的话，那么，宓子贱的道德品质是从哪儿获得的呢？其言下之意，鲁国一定有很多道德高尚之人，宓子贱正是受到这些道德高尚之人的熏染才形成了其良好的道德品质。

从孔子的论述中我们可以看出，孔子认为人是社会环境的产物，人不能脱离社会、脱离他人来成就自己，自我必须在与他人交往中成就自我的品德，从而成其为人。因此，对于人们来说，必须要注重与他人的交往，必须亲近良师益友，这是成就自我的一条捷径，一条康庄大道。

5.4 子贡问曰：“赐也何如？”子曰：“女，器也。”曰：“何器也？”曰：“瑚琏也。”

子贡看到孔子评价宓子贱是君子，就想问问自己在孔子心目中是个什么样的人。结果孔子回答他,“你就是一个器物”。这句话从孔子的思想本身来看,是带有某种否定意味的,因为孔子曾经讲过“君子不器”(《论语·为政》)。孔子之所以这样说,大概也是对子贡的一个警醒,一方面是因为子贡擅长言语,自我感觉良好,一方面是时人对子贡多有褒扬,孔子也怕子贡会自我膨胀,因此,对子贡有所抑压。不过,孔子作为一个教育家,当然知道对于学生的教育不能一味地进行批评,还是要以鼓励为主,因此,他对子贡采取的是欲扬先抑的教育方法。孔子在对子贡进行一番抑压之后,又开始鼓励他,指出子贡虽然是“器”,但是他不是一般的“器”,而是高贵的“瑚琏”。瑚琏是古人在宗庙里进行祭祀的时候用来盛放黍稷的器具,外面用玉来进行装饰,非常贵重华美,是一件神圣的礼器。孔子借此比喻子贡,说你虽然还算不上一个道德高尚的君子,但是你也不错,已经有了自己的用途,已经成器,而且还是一件高贵的器具。

在这里我们要注意两点。第一,瑚琏之所以珍贵,当然在于它因为在制作过程中进行过精心打磨,这就像人也要不断提升自己的修养一样;更重要的是在于它参与了祭祀这种礼仪活动,也就是说,瑚琏是在祭祀这种礼仪活动中获得了自身的神圣性,如果脱离了这种礼仪活动,瑚琏就不过是一件普通的盛放东西的工具。因此,人要想获得自身的神圣性,获得自身的尊严,就要通过学礼,提升自身的道德修养,始终将自己的视听言动置于礼仪规范之中。第二,器之为器,还是就其自身而言的,虽然从锅碗瓢盆这些一般的生活器具到神圣的礼器——瑚琏,这是一个巨大的超越,但这还是自我超越,而不是对自我的超越,它并未真正突破自我的局限而趋向他者,在为他者承担责任当中成就自我的德性。孔子借助瑚琏之喻,实际上就是告诫子贡,你现在已经做得很不错,但是你还需要不断地提高自己,由自我超越进到超越自我。

5.5　或曰:“雍也仁而不佞。”子曰:“焉用佞?御人以口给,屡憎于人。不知其仁,焉用佞?”

“雍”是冉雍,字仲弓,孔子的弟子,德行比较高尚。有人对孔子说,冉雍这个人“仁而不佞”。在春秋时代,人们以多能多闻为圣,以口才之美为佞。因此,其意是说,冉雍这个人道德修养还不错,就是口才差了点,不是个能说会道之人。“御”是应答,“给”是辨析。在孔子看来,那些能说会道、口才好的人,在应答别人的时候,都是海阔天空地辨析而没有什么实际的内容,往往会招致人们的憎恶。

因此，在孔子看来，一个人能说会道并没有什么用途和益处。况且，冉雍还没有达到仁的境界，他就更不需要能说会道了。

从这一章我们看到，孔子更加重视内在的德行修养，而不是语言，可见语言在孔子那里始终不具有重要的地位，不会像西方那样将语言放到“太初有言”的重要地位，从而强调语言的创造性。

5.6　子使漆彫开仕。对曰：“吾斯之未能信。”子说。

漆彫开是孔子的弟子。孔子认为每个人对于国家社会都是有责任的，而承担责任的一个理想方式就是出仕做官，所以，孔子讲“学而优则仕”，孔子周游列国也就是希望能够谋得一官半职，将自己的政治理想付诸实施，从而更好地为社会承担责任。虽然孔子的想法和做法受到了隐者们的嘲讽，但是他坚定地认为“不仕无义”，因此，孔子在求仕的道路上奔走不息。正是基于“不仕无义”的想法，孔子出任鲁司寇的时候，很多弟子也都出仕了，如子游仕武城，子夏仕莒父，子贱仕单父，仲弓为季氏宰，大概孔子也想让漆彫开出仕。从“漆彫开”这个姓——漆彫——来看，应该出生比较卑微，按照阮元的说法，这个姓估计来自其祖辈的职业，其祖辈应该是从事漆饰雕刻方面的职业，所以，他应该是出身于手工业者家庭。本来对于漆彫开来说，无论是基于生活还是基于学人的责任考虑，出仕都是一个比较好的选择，但是他果断地拒绝了孔子出仕的提议，而且终身未仕。当然，漆彫开这么做并不是故意要违背孔子的提议，或者是他反对“不仕无义”的思想观念，而是因为他觉得“吾斯之未能信”，其意是说：我对于仕进之道还没有进行深入全面的学习，上不能信于君，下不能信于民，所以还不能出仕。“子说”，孔子听到漆彫开的说词，不仅没有生气，反而很高兴。为什么高兴呢？因为这说明漆彫开不是马虎苟且之人，他对于自己有高标准严要求，而这恰恰是一个儒家学者应该拥有的基本态度。

5.7　子曰：“道不行，乘桴浮于海。从我者，其由与？”子路闻之喜。子曰：“由也好勇过我，无所取材。”

孔子是以仁道自任的，讲“士志于道”，因此，他不仅要自己践行仁道，而且要推行仁道，弘扬仁道。然而问题在于，尽管孔子满腔热情，但是在现实生活中却屡屡碰壁。本来孔子打算在鲁国行道，但是受到构陷而不得不周游列国，而且每到一国，终不能用，以致他的仁道理想始终无法在现实生活中得到落实、展开，所以，孔子有“欲居九夷”的想法。当然，孔子的家乡在鲁国，鲁国东边靠海，海的那边就是东夷。孔子之所以说要去东夷或东边，一方面因为其他三方他都去过，他在那些地方也无法行道，所以，他想“乘桴浮于海”，到东夷去传道、行道；另一方面，是因为东夷民风淳朴，“有仁贤之化，可以行道也”。当然，这是孔子一时感伤所说的话，只是借此来抒发一下自己压抑的情绪，并不能当真。我们从“乘桴浮于海”就能了解这一点。古人渡江渡河的时候，将竹子或树木平放着捆绑在一起作为浮渡的工具，大的叫筏，小的叫桴。海天辽阔，波涛汹涌，一个小小的桴如何能抵抗得了大海之中的狂风巨浪？像孔子这样的儒者对生命热爱有加，非常珍惜生命。为什么要珍惜生命？“身体发肤，受之父母，未敢毁伤”（《孝经・开宗明义》），所以，儒家要求人们“危邦不入，乱邦不居”（《论语・泰伯》），“不立于岩墙之下”（《孟子・尽心上》）。这么爱惜生命的孔子怎么可能干那么冒险的事情？孔子是不可能干的。孔子最后说，如果我真的这么做的话，谁会愿意陪我一道呢？估计是仲由吧？

仲由也就是子路。这个人性格比较鲁莽，好勇斗狠，孔子猜测仲由愿意和他一起冒险是有道理的。本来孔子只是随口说说的一句话，结果被仲由听到了，因为孔子提到愿意和自己一道去东夷传道、行道，仲由信以为真，感到非常高兴。孔子因此对仲由提出批评，认为他太鲁莽了，不能领会自己说话的真实用意，这个人对自己根本就不适用。

从前面的感叹中，我们能够感受到孔子对于现实的无可奈何，即使像孔子这样贤德之人也在现实中无用武之地。从后面孔子对仲由的批评中我们看到，孔子强调人们立身行事不能依赖勇猛，而要善于观察社会，认识他人，能够理解他人的言外之意、弦外之音，只有这样，才能够对社会、对他人有深入的了解，才能够趋向他人，融入社会之中。

5.8　孟武伯问：“子路仁乎？”子曰：“不知也。”又问。子曰：“由也，千乘之国，可使治其赋也，不知其仁也。”

“求也何如？”子曰：“求也，千室之邑，百乘之家，可使为之宰也，不知其仁也。”

“赤也何如？”子曰：“赤也，束带立于朝，可使与宾客言也，不知其仁也。”

孟武伯是鲁国的大夫，与孟僖子、孟懿子属于一系。估计孟武伯想在孔子的弟子中物色一些人才为己所用，由于孔子讲学以仁为核心，把践仁、行仁当作人生追求的目标，因此，孟武伯就把仁当作自己选才的标准。大概孟武伯心里的首选目标是子路，他首先就问子路是否是个仁者，孔子却回答说："不知道"。孔子的回答很有意思，不是直接说子路是仁者或不是仁者，而是说自己不清楚。这里有两个方面的用意。第一，仁道至高至广，孔子认为自己的弟子除了颜回"三月不违仁"之外，其余都是"日月至矣"，因而他不能轻易将其许于某人，故以"不知"来回答孟武伯的提问，因而带有某种否定意味；第二，虽然带有否定意味，但又不直接否定，其意是在鼓励弟子"仁以为己任"，虽然现在还没有成仁，但是还可以继续努力。孔子一方面否定学生已经成仁，另一方面又肯定学生在进德修业上的成就。因为孟武伯是来挑选治国理政的人才，所以，孔子重点介绍子路在此方面的才能，"千乘之国，可使治其赋也"。"乘"是兵车，"赋"就是兵。按照周代的礼制，天子出兵万乘，诸侯出兵千乘，卿大夫出兵百乘，"千乘之国"也就是诸侯之国。就是说子路的才能足以在一个诸侯国中担当治理军队的重任。孟武伯大概还不死心，又继续问冉求和公西华是否成仁，孔子继续以"不知"来回答，仍然重点介绍他们各自的才能，说冉求在诸侯国或卿大夫之家，其能力可以胜任一个地方的长官；说公西华可以穿上礼服，在朝廷上接待外宾，办理涉外事务。

从这一章我们可以看出，虽然原始儒家学者重视道德的修养，但是他们并不是"平时袖手谈心性，临危一死报君王"的百无一用的腐儒，实际上，在孔子看来，儒家学者不仅应该道德高尚，而且应该具有治国理政的才能，因此，孔子向孟武伯推荐自己弟子的时候，不是说其德性如何高尚，而是直接说他有什么适合你需要的才能，可见儒家所讲的不是口耳之学，还是非常重视经世致用的。这与后世儒者之间还是存在一定的差异。

5.9　子谓子贡曰："女与回也孰愈？"对曰："赐也何敢望回？回也闻一以知十，赐也闻一以知二。"子曰："弗如也；吾与女弗如也。"

子贡在孔子的弟子中是一个佼佼者，自视甚高，不仅能言善辩，而且在其他方面做得也很好，《论语》当中记录了大量孔子与子贡的对话，《史记·仲尼弟子列传》中记录孔子弟子的文字，也是记述子贡事迹的文字最多，而且在当时，子贡就已经影响很大，很多人认为子贡的学问修养已经超过了孔子。大概孔子担心子贡会因此而骄傲自满，迷失自己，以至在进德修业的道路上停滞不前，所以，孔子就想借机给他敲敲警钟，使他对自己有个正确的认识。孔子教育学生非常注意方式方法，他喜欢旁敲侧击，顺势而为。既然子贡外界评价很高，而且他自己也自视甚高，孔子就顺势让子贡将自己与颜回做个比较，看看谁更胜一筹，从而对他提个醒。

子贡确实非常聪明，不仅“自知”，而且“知人”，对颜回与自己都有非常清醒的认识，认为自己不可与颜回同日而语，他给出的理由是颜回“闻一以知十”，自己则“闻一以知二”。数字具有直观性，从“十”与“二”的对比中，我们能够清楚地看到颜回比子贡高明很多，不过，我们也不必将这些数字当作数量本身来理解，实际上中国人使用数字的时候往往不是使用数字的本来含义，而是数字的引申含义。“十”在汉语中有完满、完备、全体、全面的含义，如“十全十美”，颜回“闻一以知十”就是因为从一个事物出发就能够洞彻整体，从而获得对宇宙人生全面的认知，“全体大用无不明”，这也就是孔子所说的“一以贯之”，这是得本之学，究极之学。子贡达不到这个高度，他只能“闻一以知二”。“二”是与“一”相对而言，对于中国古人而言，一是本，二是用，子贡更加重视的是道之发用流行，而不能紧紧抓住道之本、道之体，并将其贯穿于事事物物，因而，子贡没有达到颜回“全体大用无不明”的程度。通过这样一种反思和比较，子贡认识到了自己的不足，认识到了自己与颜回的差距，更加明确自己后面进德修业的方向。正是看到子贡对自己有如此清晰的定位，孔子感到很欣慰，为了不打击子贡的积极性，孔子说，“不仅你比不上颜回，我们俩都比不上颜回”。这里面固然有“师不必贤如弟子，弟子不必不如师”的问题，但更重要的，是体现了老师对于学生的关心，对于学生的爱护，体现了孔子教育学生又怕伤害学生的良苦用心。

5.10　宰予昼寝。子曰：“朽木不可雕也，粪土之墙不可杇也；于予与何诛？”子曰：“始吾于人也，听其言而信其行；今吾于人也，听其言而观其行。于予与改是。”

宰予，字子我，孔门高足，在孔门四科（德行、政事、言语、文学）中，宰我与子贡同属言语一科，且居子贡之前，可见其非常聪明，利口雄辩。聪明人有时好耍小聪明，宰予就曾向孔子建议要将三年之丧改为一年，而且说得头头是道，结果惹得孔子非常生气，骂他说“予之不仁也”。这一章讲到孔子看到宰予白天睡大觉。在古代，道德高尚的君子白天都不呆在卧室里，生病除外，宰予又没生病还待在卧室里睡觉，这虽然不是什么大的过错，但这也不是君子之所为，更何况对于以成圣成贤为目标的孔子，这种行为是绝对不能容忍的。因此，孔子对宰予提出了严厉的批评。大概孔子不会想到，这一批评居然后来成了人们批评那些不求上进者的口头语。朽木就是腐烂的木头，腐烂的木头由于其质地导致人们不能对其进行雕刻，另外即使能雕刻也没有必要雕刻，因为在中国古代，人们雕梁画栋，雕刻树木是为了作为栋梁的，这些朽木根本就不能用作栋梁。“粪土之墙”就是用垃圾夯起来的墙，“杇”就是在墙壁上抹上一层泥，使其保持平整。在孔子看来，宰予就像朽木和粪土之墙一样，已经无可救药，没有什么价值了，也没有对其进行加工的必要了，因此，孔子说对于宰予也没有进行责备的必要了。这当然只是一句气话，不必当真，否则，他后来怎么就成了孔门高足呢？说明对于有些学生，不能一味地进行表扬，该批评的还是要进行批评，现在的教师不敢批评学生，这是一个比较麻烦的问题。

第一句话是孔子针对宰予昼寝这件事情本身所作的一个批评，大概之后孔子觉得这种批评对于其他弟子没有什么启示意义，他要进一步拓展这件事情的教育意义，因而他对这件事情做了一个发挥，将其推扩到识人、知人的问题上：到底是听其言而信其行，还是听其言而观其行？宰予擅长言语，利口雄辩，语言具有很强的说服力，估计孔子也经常被他所说服，所以孔子说：过去我对于别人，都是听了他们所说的就信以为真，觉得他们都会按照自己所说的去做。在看到宰予昼寝之后，孔子觉得这些能说会道的人所说的话并不可靠，他们说的总是比做的好，所以，孔子反思自己，觉得应该从此改弦更张，正确的做法应该是：不仅要听他们说了什么，更要看看他们到底做了什么，看看他们言行是否一致。孔子作为圣人，他看待一件事情，不是只看到这件事情本身，或只看到一些表面现象，他还要看看这件事情的深层意蕴，看看能够给我们带来什么深层的启发，因此，可以说孔子真正做到了“世事洞明皆学问，人情练达即文章”。

5.11　子曰：“吾未见刚者。”或对曰：“申枨。”子曰：“枨也欲，焉得刚？”

在孔子那里，成仁是最终的追求目标，不过孔子说“刚、毅、木、讷近仁”（《论语·子路》），认为“刚”已经与“仁”很接近了，因此把“刚”看作求仁所必备的一种道德品质。孔子把自己周围的人都细细数了一遍，发现自己周围的人都不具备“刚”这种道德品质，所以，他说“我还没有看见具备刚这种道德品质的人”。实际上，在现实生活中，“刚”具有不同的内涵，除了我们这里所讲的作为道德品质的“刚”之外，还有“血气方刚”的“刚”，譬如《论语·季氏》中说，“君子有三戒”，其中之一就是“及其壮也，血气方刚，戒之在斗”。“血气方刚”的这种“刚”从表面上看，与道德品质的“刚”相近，但是它是与人的血气联系在一起的，主要出自人的一种本能，没有经过后天的熏陶培养，不受礼仪制度的约束，尚未上升到道德品质的层次，因而容易走作失度、胆大妄为，这也就有点类似孔子所说的“好刚不好学，其蔽也狂”(《论语·阳货》)，之所以讲“类似”，因为孔子在这个地方讲的“刚”实际上是作为道德品质的“刚”，作为道德品质的“刚”尚且只是与仁类似，更何况是出自人类本能的“刚”呢？

当时跟孔子在一起的人估计不了解有两种不同的“刚”，大概申枨平时血气方刚、刚愎自用，结果这个人就从自己的感觉经验出发，认为申枨就是具备“刚”这种道德品质的人。面对这个回答，孔子指出，申枨的“刚”不是自己所讲的“刚”。孔子所讲的作为道德品质的“刚”是刚强不屈，这种“刚”已经超越了血气心知的层面，开始与仁义道德融而为一，表现为对于道德的坚守，就像孟子所说的“富贵不能淫，贫贱不能移，威武不能屈”(《孟子·滕文公下》)。申枨的“刚”则还没有摆脱与人的肉身联系在一起的血气心知，对于物质欲望还有所依赖，或者说，这种“刚”更多表现为对于一种物质欲望的坚守，被欲望所指引，因而，这时的人还没有获得一种人格的独立性，他无法真正做到刚强不屈，他会为了自己的物质欲望而放弃仁义道德，就像有人为了物质利益而好勇斗狠，粗暴地对待他者一样，这虽然从表面上看是一种刚强，但实际上与刚强相去甚远。

从这一章可以看到，对于《论语》当中的一些字句切不可一带而过，有时稍有不慎，就会差之毫厘，谬以千里。孔子的弟子如此，现代人又何莫不然？人们往往都在似是而非当中讨生活，缺乏一种追问到底的求真精神，因此，就像子贡所说的那样，“君子一言以为知，一言以为不知，言不可不慎也”(《论语·子张》)。

5.12　子贡曰：“我不欲人之加诸我也，吾亦欲无加诸人。”子曰：“赐也，非尔所及也。”

“加”是增诬之意，也就是把非议加到别人头上。子贡这个人天资聪颖，经常有些好的想法，而且一有什么好的想法就说出来，这次也是这样。他对孔子说：

我不想别人把非议加到我的头上，我也不想把非议加到别人的头上，或者可以更一般地说：我不想别人将自己的想法强加给我，我也不想将自己的想法强加给别人。这种想法非常符合儒家的忠恕之道——“己所不欲，勿施于人”（《论语·颜渊》），孔子也不轻易地去非议他人，“吾之于人，谁毁谁誉？”（《论语·卫灵公》）在孔子看来，这是一个非常高的要求，非道德修养极高之人是很难做到的，虽然子贡能够想得到和说得出来，但并不是子贡所能做到的。

为什么孔子会这样认为呢？第一，在现实生活中，人们都习惯于从自我出发来认识和对待一切他者，这就是庄子所讲的“以我观之”，这就免不了以自我为中心。一旦人们以自我为中心，就会“自贵而将贱”，“自是而相非”，就会将自己当作真理的化身，要求别人接受自己的思想观点，把自己的所思所想强加于他者头上，强他者以从己。因此，任何一个人不把自己的想法强加给他者都是非常困难的。第二，即使子贡做到了不把想法强加给他者，不非议他者，但是他也很难阻止别人将非议强加到自己头上。因为一个人让所有的人都认可自己，不非议自己，这是非仁人所不能达到的，而子贡离仁人又有比较大的距离，所以，子贡不可能做到。第三，对于儒家而言，仁道的达成需要坚持不懈的修养，而非凭借聪敏智巧所能达到。子贡好放言高论，只是直接提出了自己心目中的理想境界，并没有谈到自己将要为此而做何种努力，孔子对他的否定，实际上也就是告诉他，要想达到这个境界，不能靠豪言壮语，而要依靠长期的脚踏实地的道德实践。

5.13　子贡曰：“夫子之文章，可得而闻也；夫子之言性与天道，不可得而闻也。”

“夫子之文章”主要是指孔子所整理的古代典籍文献，《史记·孔子世家》记载孔子曾经删定《诗》、《书》，编撰《礼》、《乐》，序《易》，笔削《春秋》。这些古代经典是孔子教学的一个重要内容，“子以四教：文、行、忠、信”（《论语·述而》），颜回也说“夫子循循善诱人，博我以文”（《论语·子罕》）。在孔子的教导下，孔子的弟子子游、子夏就以文学见长。正是因为孔子以六经这些自己所编订的古代典籍教人，而且这些典籍到处可见，所以，子贡说“夫子之文章，可得而闻也”。

这些古代文献都是笔之于书的，因而可查可阅，可读可见，不过这些都是古人表达自身思想的一种载体，我们不能简单地通过阅读文献来获悉古人的思想，尤其是这里所说的性与天道。性与天道的问题不是一个知识性的问题，对于这样一个问题的理解不像知识那样可传可授，它离不开个人的感受、体验，而这种感受、体验是与个体的气质、遭遇、学习经历等等特殊的人生境遇联系在一起，因而是各各不同的，这样一来，性与天道的问题需要每个人根据自己的人生经历去体悟，去做出自己的个性化的理解，无法给出一个标准性的答案。孔子在性与天道的问题上，有点像维特根斯坦所说的那样，“对于不可说的东西我们必须保持沉默”，孔子并不专门给弟子们讲性与天道的问题，弟子们也就无法听到孔子有关这方面的专门论述，“夫子之言性与天道，不可得而闻也”。当然，不专门讲并不是不讲，实际上孔子在自己编撰的古代文献里，在自己的日常生活起居、待人接物当中无不贯穿着自己对于性与天道的洞彻，学生由于自己的学养不足，尚不能领会其中所蕴含的性与天道的内容。

这一章涉及一个非常重要的问题，就是语言的限度问题，这在中国古代是一个非常重要的问题。在现代社会里，人们高度信赖语言，哲学上也发生了语言学转向，哲学家期待着在语言中栖居，不过在中国古代，人们对于语言没有那么信任，普遍认为语言是有限度的，语言无法说出一切，因此，言意之辩是中国古代争论不休的一个话题，而人们基本的观点是“言不尽意”，所以，中国人特别强调“言外之意”，强调“得意忘言”。当然，对于中国人来说，虽然语言具有自身的局限性，但是人类又必须通过语言来表达自己的思想观点，通过语言来表达宇宙人生，因此，如何言说，如何说不可说就成了人们必须破解的一个难题。为此，中国人强调诗意地言说，通过诗歌的赋比兴的功能，让人们去体悟发掘隐藏在文字表面之下、之外的内容。

5.14　子路有闻，未之能行，唯恐有闻。

子路是一个勇猛果敢之人，因此，他勇于实践，行动乃是他的一个强项，而孔子本身又强调行动的重要性，所以，子路非常重视将所学的知识付诸行动，在行动当中将其消化吸收。子路这个人虽然行动意识很强，但是行动能力未必很强，因为他勇猛果敢的性格决定了他的思辨能力、理解能力、体悟能力相对较弱，理解领悟起来就会相对慢一点，所以，他在“学而时习之”的过程中，这个“习”用的时间可能会相对较长。正是因为他需要在行动中慢慢地消化吸收，所以，在他还没有消化吸收前面所学到的知识之前，他害怕又学习新的知识，这样一来，知识就会堆积如山,这既会造成学习的压迫感,又会降低学习的效率。这一章既告诉了我们子路的学习方式,也告诉我们学习是一个知行合一的过程,“纸上得来终觉浅,绝知此事要躬行”;学习是一个循序渐进的过程,我们不能好大喜功,否则就会贪多勿得,因此,我们在学习过程中,要真正做到像孟子所说的那样“盈科而后进”,一步一个脚印地踏实前行。

5.15　子贡问曰:“孔文子何以谓之‘文’也?”子曰:“敏而好学,不耻下问,是以谓之‘文’也。”

孔文子是卫国的大夫,名叫孔圉,又称仲叔圉,“文”是他的谥号。这个人在世的时候,品行就不太好,而且自己的妻子和女儿都没有遵守人伦规范,与人私通,随便改嫁。孔圉死的时候,因为子路曾当过孔圉宰,所以,孔子就为他命谥,结果孔子给他命了“文”。子贡这个人脑子很灵活,觉得孔文子这样一个道德不好的人,怎么能给他命谥为“文”呢?因此向孔子发问。孔子指出,给他命谥为“文”不是针对他的不足,而是针对他的优点。一般情况下,那些聪明敏锐之人,都喜欢要小聪明而不好学,那些具有一定身份地位的人都会高高在上,以高问于下、以能问于不能为耻,而这个孔圉就不是这样,虽然很聪明,但是热爱学习,能够以高问于下,以能问于不能,不但不以为耻,反以为荣,不论其学习的效果如何,这种“学文”的精神都是值得称赞的。基于此,孔子给他命谥为“文”。

这一章有两点值得注意。第一,“敏而好学,不耻下问”讲的是一种学习的态度,强调人们要勤奋好学,要谦虚谨慎,以能者为师,而不是以身份地位来判定学问的高低。这在现实生活中,人们恰恰不是从学问本身来判定学问的高低,而是从身份地位等非学问因素来判定学问的高低,这是一种异化现象,学问高低还是以学问本身为基准,这才是正确的判断方式。第二,孔圉的谥号主要体现的是他的优点,没有涉及他的缺点,这也体现了中国人死者为大的思想观点。像在现实生活中,人们在关于死者的悼念文章中,基本上都会回顾死者生前所做出的丰功伟绩,一般不会提及其过失。另外,孔子只讲孔圉的优点,也体现了儒家扬人之善,不扬人之恶的一贯做法,从而为后人树立一个好的榜样,希望后人能记住其善,学习其善。

5.16 子谓子产，“有君子之道四焉：其行己也恭，其事上也敬，其养民也惠，其使民也义。”

子产名叫公孙侨，是郑国的大夫。子产出身名门，是鲁穆公之孙。子产在郑国执政三十年，历仕郑简、定二公，当时晋楚争霸，郑国依靠子产而保全自身。因此，子产在历史上也是一位良相。孔子对于子产赞赏有加，说子产有四种合乎君子之道的行为：子产在出入起居、升降进退这些立身行己方面始终保持容貌恭敬严肃；子产在事奉君上时始终保持敬畏之心，认真负责；他在教养人民百姓时始终注意惠利他们；他在役使百姓的时候注意合义合宜。

这一章主要是讲述了子产的美德，可能是教育弟子们要以子产为榜样进行道德修养。不过，这里面有一个问题值得注意，孔子在讲述子产的美德时，其叙述顺序是从“行己”到“事上”，再到“养民”“使民”，这也就是说，孔子讲道德是从个人修养说起，然后再讲待人接物。从孔子的讲述中我们可以看出，儒家在讲道德时，始终将个人的道德修养放在首位，只有个人的道德修养达到了一定层次，他才能道德地应付事事物物，这也就是儒家所讲的修身、齐家、治国、平天下。因此，儒家相信一个人的修养决定了他在公共事务中的表现，从而将公共性道德看作个体性道德修养推扩的一个必然结果，这就决定了儒家特别重视个体性道德修养，而对于公共性道德要求存在一定的缺失，而这也在一定程度上影响了中国人公共意识的养成。

5.17 子曰：“晏平仲善与人交，久而敬之。”

晏平仲就是齐国的大夫晏婴。晏婴不仅有一套关于人际交往的理论，而且在现实中交往效果良好，其具体的表现就是晏婴与人交往久了以后，别人对他愈发恭敬。人与人交往的一般情况是这样的：开始时，狎昵亲密，恭敬有加；随着时间的推移，情感越来越淡漠，恭敬之心越来越少，人与人之间的关系越来越疏远。晏婴则不同于常人，与人交往久了之后，别人对他的恭敬之心愈笃，这说明他确实具有超过常人之处，这也是孔子在这里专门述说晏婴“善与人交”的原因之所在。

当然，我们从晏婴的言论当中也可以一窥其中原委，“事君尽礼行忠，不正爵禄，不用则去而不议；其交友也，论身行义，不为苟戚，不同则疏而不诽，此正士之行也”，当然我们也可以从《史记・管晏列传》中说“晏子长不满八尺，身相齐国，名显诸侯。今者妾观其出，志念深矣，常有以自下者”，晏婴虽然位高权重，但他在现实中真正谨守道德原则，做到“常有以自下者”，也就是谦敬礼让，能够屈居人下。诚如老子所言，“江海之所以能为百谷王者，以其善下之，故能为百谷王。是以圣人欲上民，必以言下之，欲先民，必以身后之。是以圣人处上而民不重，处前而民不害，是以天下乐推而不厌”（《老子・六十六章》）。一方面我们要看到，人们之所以与晏婴交往“久而敬之”，是因为晏婴德行高尚；另一方面我们要看到，在人与人交往当中，儒家更加强调的是对自我的要求，也就是说，我们不应该要求别人“敬”，而应该有所以让人敬者，就像晏婴一样，他之所以让人“久而敬之”，是因为他“善与人交”，因此，我们提高自身的修养，才是处理好人际关系，赢得他人尊重的根本。

5.18 子曰：“臧文仲居蔡，山节藻棁，何如其知也？”

臧文仲是鲁国的大夫，名叫臧孙辰，“文”是他的谥号。在中国古代，有占卜的传统，凡是国家有什么重要的活动，都要举行祭祀活动进行占卜，祈祷神灵逢凶化吉，而占卜的一种重要方式就是龟占。因此，国君命人专门养大龟，以便在祭祀时进行占卜使用。有人说，人们以为用来占卜用的大龟都是出于蔡这个地方，所以，把大龟叫作蔡，“臧文仲居蔡”就是臧文仲为大龟搭建居所。臧文仲把大龟的居所搭建得非常豪华精美——“山节藻棁”。“节”是柱头斗拱；“棁”是梁上短柱；“藻”是水藻、水草；“山节藻棁”就是在柱头斗拱上刻上大山，在梁上短柱上刻画水草。臧文仲实际上是个非常节俭的人，他的妻妾都要编织蒲苇，他为什么要把大龟居住的地方装饰得如此豪华呢？这是为了向鬼神献媚，祈求鬼神降福于社稷人民。大概那个时候信奉鬼神的人比较多，臧文仲的做法受到人们的普遍赞许，认为臧文仲是个智者。孔子实际上已经对鬼神存而不论，“子不语怪、力、乱、神”，更加强调个人的道德修养和个人主观能动性的发挥，而不是将希望寄托在鬼神降福上，因此，他反对人们将臧文仲看成智者。

臧文仲的“知”实际上是一种智巧，其中充满着利益的算计。对于孔子而言，“知”或“智”更应该是一种道德的修养，孔子所讲的知识不是一种征服自然改造自然的力量，不是一种工具，而是道德的修养，人们通过知识学习能够提升人生的境界。然而在现代社会中，人们更多地把知识看作一种谋生的手段，而忽视了知识与道德之间的关联，从而使得自己在工具理性上越陷越深，而忽视了价值理性，从而使得人们越来越缺乏精神追求。

5.19　子张问曰："令尹子文三仕为令尹，无喜色；三已之，无愠色。旧令尹之政，必以告新令尹。何如?"子曰："忠矣。"曰："仁矣乎?"曰："未知。焉得仁?"

"崔子弑其君，陈文子有马十乘，弃而违之。至于他邦，则曰：'犹吾大夫崔子也。'违之。之一邦，则又曰：'犹吾大夫崔子也。'违之。何如?"子曰："清矣。"曰："仁矣乎?"曰："未知。焉得仁?"

令尹是楚官名，子文是楚国的大夫，姓斗，名谷，字于菟。这里所讲的子文三为令尹又三去之，在《庄子》、《荀子》、《吕氏春秋》中都说的是孙叔敖，估计这个事情有讹误。据后人考证，子文当令尹的时候，与孔子出生相距一百二十年之久，而子张又少孔子四十八岁，因此，当子张向孔子询问这个问题的时候，已经相距了将近二百年，很多事情已经很模糊了。子文这个人修养还是很高的，三次出任令尹三次被免职，得不喜失不忧，而且接替他的新令尹上任的时候，他一定会告诉继任者之前的政策举措，以便于继任者开展工作。子张觉得令尹子文可为道德楷模，因此向孔子询问他的修养怎么样？孔子告诉他，这个人可以说是"忠"，也就是尽职尽责了。子张接着询问：他是否达到仁的境界？孔子因为年代久远，所以说，我对他这个人也不是很了解——"未知"，从子张所说的这些事迹来看，令尹子文还算不上是个仁者。

崔子是齐国的大夫，名杼；陈文子也是齐国的大夫，名须无。崔杼犯上作乱，弑其国君，僭专国政。陈文子在齐国家道殷实，有马四十匹，但是他毅然抛弃他的财产，离开了齐国。结果到了别的国家，发现别国的执政者跟齐国的大夫崔杼差不多，就又离开了，后复如此。子张问孔子陈文子的品行如何，孔子说，陈文子可以算作清者。子张又问他是否达到了仁境，孔子同样以年代久远回答说不知道他的具体情况，不过根据这些事迹，他还够不上仁者。

这一章主要是讨论了令尹子文和陈文子的历史事迹及其道德品行的问题。孔子分别许他们以忠、清之名，但是否认他们是仁者，可见仁是一个很高的境界。令尹子文和陈文子之所以不能算作仁者，从他们的事迹来看，他们都具有很强的原则性，而没有达到仁者的圆融之境，也就是孔子所说的"无可无不可"的状态，仁是与时俱化的，而不是固执一个教条，一定要如何不可。另外，孔子在对他者的评价上，只是依据事实做出客观的判断，对于没有事实依据的事情则不做判断，因而，他所秉持的是一种高度实事求是的态度，这是一种对古人负责任的态度。

5.20 季文子三思而后行。子闻之，曰："再，斯可矣。"

季文子是鲁国的大夫，名叫孙行父。这一章有不同的理解。有人认为，时人传说季文子做事都三思而后行，但孔子认为事情并非如此，季文子做事是不思而行，所以，他说季文子如果能够思考两次就不错了。有人则认为，季文子这个人做事情思考太多，导致顾虑太多，患得患失，畏首畏尾，因此，孔子说思考两次就可以了。笔者赞同后一种说法。虽然做人做事小心谨慎，思考周密是必要的，但是有时也需要率性而行，需要当机立断，否则无论遇到什么特殊情况，都死守陈规，非要三思而行，那么，就会耽误时机，耽误事情。实际上，在现实生活中，很多事情是想不清楚、说不清楚的，这时候需要的是直觉，需要的是果敢，需要的是在做中学，在摸索中前行；如果我们一味地坚持要思考清楚再去实行，那么，导致的结果就可能是终身不行。

5.21 子曰："甯武子，邦有道，则知；邦无道，则愚。其知可及也，其愚不可及也。"

甯武子是卫国的大夫，名俞，武是谥号。这一章从字面上来看，解释并不困难：甯武子在国家政治清明的时候，就表现得像个智者；国家政治昏暗的时候，就表现得像个愚人。他的智慧是我们可以做到的，他的愚蠢是我们所做不到的。

这里关键的问题在于什么是"愚"？是说甯武子装疯卖傻，逃避责任吗？显然并非如此。因为甯武子辅佐成公的时候，卫国受到晋国胁迫，国家处于危乱之际。那些明哲保身之人就会远离政治中心，以全身避祸；而甯武子则反其道而行之，不避险难，挺身而出，为国家尽心竭力，试图挽狂澜于既倒，扶大厦之将倾，因此，在那些见机行事之人看来，甯武子简直是愚不可及。因此，孔子讲甯武子"愚不可及"实际上并非对甯武子的批评，反而是对他的一种褒奖，赞扬他"知其不可为而为之"的担当精神，而这本身就是孔子的一个写照。

5.22　子在陈，曰："归与！归与！吾党之小子狂简，斐然成章，不知所以裁之。"

根据《史记·孔子世家》记载，孔子去鲁以后周游列国期间，两次进入陈国。第一次去的时候在陈国呆了三年，在这三年中，晋楚争霸，经常讨伐陈国，后来吴国又侵略陈国，孔子面对这种局面，说"归与！归与！吾党之小子狂简，进取不忘"，结果孔子离开了陈国。其后，孔子又到过卫国、赵国等地，后又到了陈国。这个时候，鲁国的季桓子死了，临终前曾托付季康子召回孔子，季康子认为以前不能用孔子，现在又启用孔子，恐怕会被诸侯们所嘲笑，因此，不用孔子而召用孔子的弟子冉求。告别冉求的时候，孔子又说："归与！归与！吾党之小子狂简，斐然成章，不知所以裁之。"这一章记录的内容与告别冉求时所说的内容一致。这个时候，孔子已经六十岁了，有思乡之情、思归之意实属正常，《史记》就说，"子赣知孔子思归"。不过直到五年之后，孔子才实现了返鲁的愿望，最终叶落归根。

从这样的一个历史背景来看，这一章所表达的是孔子作为一个游子对于家乡的思念和归乡的愿望。尽管孔子思乡情切，但是他表达得比较委婉，不直接说思乡，而说家乡的弟子们需要教育：回去吧！回去吧！家乡的那些弟子们志向远大，文采斐然大观，我都不知道怎么教育他们了。教育弟子当然是孔子的一个借口，不过从这个借口当中，我们也能看出孔子对教育的重视，因为借口应该是挑最重要的，否则就没有说服力。孔子在周游列国期间，看到列强争霸，侵略不断，道之不行，他意识到要想改变这种局面，不能直接期望统治者在政治上有所转变，而要通过教育来影响政治。他之所以特别提到"吾党小子"，一方面是因为鲁国本身是周公的封地，礼乐制度保存得相对较好，另一方面，"吾党小子"在志向高远的同时，又具有良好的修养，因而，他们是竖子可教，只要对他们进行适当的仁心启发，他们就能养成良好的德性。通过这一章，我们就能看到教育的重要地位，国家的强盛，文明的发展离不开教育，因为这些都离不开人，而教育则是培养人的，没有人就没有良好的政治制度，没有人，再良好的政治制度也无法得到贯彻执行。

5.23　子曰："伯夷、叔齐不念旧恶，怨是用希。"

伯夷、叔齐是殷朝末年孤竹国国君的两位太子，父亲去世之后，两个人互相推让，不愿即位，结果两个人逃到周文王那里。后来武王伐纣，周一统天下，结果这兄弟两个觉得武王的行为是弑君行为，不愿与武王同流合污，以食周粟为耻，逃到首阳山上，以采食野菜为生，结果被活活饿死。伯夷、叔齐是“圣之清者”，从他们的事迹当中我们可以看到，他们嫉恶如仇，眼里糅不得半点沙子，别人一有问题他们就必定要指出来，并加以批评，像武王伐纣的时候，他们就拦在马前进行劝谏，认为武王伐纣一方面是以臣弑君，实属不仁，一方面为了伐纣而没有将文王及时安葬，这是不孝。不过，这种嫉恶如仇并不是出于私心，不是出于个人恩怨，而是出于公心，所以这里面没有“意、必、固、我”的问题，他们只是憎恶那些本来就应该被憎恶的事情，这也就是我们现在所说的对事不对人。即使一个朋友犯了错误，那也应该被批评；即使一个陌生人犯错能改，也应该被原谅。正是因为伯夷、叔齐对于别人的好恶出于公心，并无恶意，所以别人对他们并不怨恨。像他们在劝谏武王的时候，可谓是言辞激烈，但是武王等人并没有因此而记恨他们，“太公曰：‘此义人也’”（《史记·伯夷列传》）。

孔子通过伯夷、叔齐的事例告诉人们，每个人都会犯错误，但是知错能改，善莫大矣，我们要以发展的眼光来看待他人，不能始终揪住他人曾经的错误不放，人与人之间不能一味地相互批评，相互指责，而是要相互理解，相互欣赏，只有这样，人与人之间才能建构起和谐的关系。

5.24　子曰：“孰谓微生高直？或乞醯焉，乞诸其邻而与之。”

微生高，也写为尾生高，鲁国人。关于微生高这个人，人们比较熟悉的就是他为了信守与女友在桥下约会的承诺，不顾河水上涨，结果抱柱而死的故事。就是关于他的这样一些传说，为微生高赢得了一些美名，世人多称他为信、为直。这一章说的是“直”的问题。“直”在《论语》中有多方面的意思：坦白直爽；公平正义；正直之人。这里的“直”显然是坦白直爽的意思。孔子不是一个盲从的人，他对于人和事具有自己的判断，不会人云亦云，世人都认为微生高直的时候，他却提出了异议。孔子从邻人乞醯这件事情看出了微生高的不直。“醯”就是醋。邻居向微生高借醋，结果正好微生高家里也没有，按照正常的逻辑，一个坦白直爽的人就会告诉邻居家里没有就完事了，而微生高却不这样，他帮助邻居再到别的邻居家去借。当然，从这里面我们看到微生高确实乐于助人，孔子为什么会对这样助人的事件提出批评呢？孔子说，“君子周急不继富”，这里或人乞醯，是“周急”还是“继富”呢？显然，醋，是做菜用的调味品，不是生活必需品，它不过是让饮食变得更加美味而已，对于儒家来说，如果人们将过多的精力放在物质欲望的满足上，这会消磨人们的求道之心，因此本不必予以充分关注，而微生高的做法一方面违背了“周急不继富”的原则，另一方面也变相地鼓励人们将过多的精力放在物质欲望的满足上，因此，孔子对于微生高的所作所为评价并不高。

5.25　子曰：“巧言、令色、足恭，左丘明耻之，丘亦耻之；匿怨而友其人，左丘明耻之，丘亦耻之。”

左丘明是鲁国的史官。《礼记·表记》中记录孔子的话说：“君子不失足于人，不失色于人，不失口于人。是故君子貌足畏也，色足惮也，言足信也。”这里所讲的“三不失”就是相对于这里的“巧言、令色、足恭”而言的。儒家说“仁者，人心也”，一个真正道德高尚的人，做任何事情，必定都是发自内心的，一任仁心善性洒落，好恶分明，不会一味地谄媚别人。而在现实生活中，有些人却不是这样，为了达到自己不可告人的目的，内外不一，对那些有权有势者表现得奴颜媚骨，极尽谄媚之能事：说着言不由衷的花言巧语、内心不满而外表和颜悦色、内心不服而表现得毕恭毕敬。对于这样的行为，孔子说，不仅左丘明感到可耻，我也深以为耻。有人做的可能会更加过分，内心非常怨恨某人，为了自己某方面的需要，却要装着若无其事地与别人交朋友，孔子说，对于这种人，左丘明觉得可耻，我也深以为耻。这种两面三刀、带着面具生活的人，在现实生活中往往会被美其名曰“情商高”，但是实际上多是一些欺世盗名之徒，他们在人际交往、为人处世当中很少出自真心诚意，不会真正表现自己的好恶，不能做到孔子所要求的“能好人，能恶人”，而是阿世俗之所好，从而成为无是无非的“乡愿”，一切规则规范在这种人手里都会成为玩物。正是缘此之故，孔子对于时人眼中的识时务者深以为耻，希望能够唤起人们内在的仁心善性，使得仁心能够不受遏抑地发用流行。

5.26　颜渊、季路侍。子曰：“盍各言尔志？”

子路曰：“愿车马衣轻裘与朋友共敝之而无憾。”

颜渊曰：“愿无伐善，无施劳。”

子路曰：“愿闻子之志。”

子曰：“老者安之，朋友信之，少者怀之。”

对于一个学者来说，首要的问题是立志，“学莫先于立志”。如果一个学者没有明确的志向，那么，学习就会失去明确的方向，他就因此而没有目标，没有动力，学习活动就很难持之以恒地延续下去。因此，孔子作为一个老师，特别关注学生的志向，经常会了解学生的志向，以此提醒他们不忘初心，保持活力。这一章当中子路、颜回、孔子师徒三人分别谈了自己的志向，这三个志向之间呈现出一个由低向高发展的层次递进。

子路是一个性格比较豪爽的人，他有一种豪侠之气，愿意仗义疏财，希望将自己所拥有的财富拿出来分给大家，让人们过上一种"你有我有全都有"的生活，因此，他说：我愿意将我的车马衣裘与朋友共同享用，即使用坏了，也不会觉得有什么遗憾。子路的这种境界当然已经是一种很高的境界，因为他不再以一己之私利为事，而是愿为大家谋福利，不过这在儒家那里境界的层次还是不够，还是比较低。为什么呢？我们从这个"愿"字中可见一斑。"愿"的主语是"我"，就是我愿意如何、我希望如何。虽然子路的最终目标是为了他人过上幸福的生活，但是其出发点则是自我，也就是说，在子路的心中始终有个"我"在指挥着一切，这种人容易将自我突出出来，喜欢将自己的所思所想、所喜所好强加到他者头上，这就会引起他者的不适，从而影响自我与他者之间的关系。

子路的问题是强调自我的中心地位，强调以自我作为出发点。颜回就与子路不同。颜回已经开始自觉地否定自我的中心地位，希望像孔子那样做到毋我、无我。那些以自我为中心的人，一般都会强调自己的重要性，都会好大喜功，强调自己对于他人、对社会的特殊贡献，颜回就不这样，他的愿望是自己不会夸耀自己的德行，不自我表功。由此可见，颜回已经超出子路的层次，子路还是停留在"有我"的层次，且满足于自我的层次，颜回已经在向往"无我"的层次，这或许就是《庄子》讲坐忘的时候，以颜回为故事的主人公的原因之所在，因为坐忘的一个重要方面就是忘我。不过，对于颜回来说，"无我"虽然是颜回的向往，但是他还没有真正达到无我的层次，因为，当他在心里不停地想着"无我"的时候，说明那个"我"还在他的心里蠢蠢欲动，如果稍微放松警惕，那个"我"就会跑出来为非作歹。

孔子在这三个人当中境界最高，因为他真正已经从有我进入了无我，已经达到了人己不分、不觉有我的至高境界。像子路和颜回讨论问题虽然有所差别，但都还是要在有意无意之间扯上一个"我"；孔子在谈论自己理想的时候，已经直接抹去了自我的问题，而是谈论他们生活得怎么样：老人生活安逸，朋友相互信任，青年有所怀想。这就说明，孔子已经不再以自我为念，他所做的一切不是为了自己的功名利禄，而是全心全意地为他者付出。

5.27　子曰："已矣乎，吾未见能见其过而内自讼者也。"

在现实生活中，每个人都有一个"我"，都是一个自我，这个自我就成了人们认识世界的起点，人们都站在自我的立场上来看这个世界，看世界上的一切，这也就是庄子所说的"以我观物"。我们在以我观物的过程中，一方面，我们看到的就是世界万物，就是在我之外的他者。当然他者是有善有恶的，同一个他者也是有善有恶的，不过我们看到的或关注到的多是他者的恶。因为这就像海德格尔所说的那样，当事物处于上手状态的时候，我们对它们是视而不见的，浑然不觉它们的存在，就像我们每天在呼吸空气，通过空气维持生命的正常运转，但是我们一般不会感觉到空气的存在，体会到空气的重要价值；只有当空气混浊，导致我们呼吸困难的时候，我们才会重视空气质量问题，就会在脑海中留下空气质量不佳的印象。我们对于他者也是如此，重点看到和记住他们的过错，而不太容易记住他们的优点和重要性。另一方面，我们在以我观物的过程中，眼睛向外看本身就会导致自我在我的视野之外，而我又是以自我为中心的，我们是带着自我的有色眼镜来看待世间万物的，这就必然会导致人们觉得自己就是真理的握有者，自己就是真理的化身，因而不会反思自己有什么不足，有什么过错，更谈不上对自己进行批评，对自我进行检讨。因此，孔子说：完了！我没看到有人能看见自己的过失并进行自我检讨。当然，孔子这样说并不是历史的真实，而是他在感叹社会道德败落时的夸大之词，像他的弟子中能够看见自己过失并进行自我反省的还是大有人在的，像曾子不就是"每日三省吾身"吗？从孔子的感叹中，我们也能看到自我反省和自我批评的重要性，哲学是反思的学问，做哲学者更应该有自我反省、自我批评的意识，不能只批评别人，不批评自己。

5.28　子曰："十室之邑，必有忠信如丘者焉，不如丘之好学也。"

在古代，四家为一井，三井为一邑，一邑也就是十二户人家，因此，"邑"就是古代的一个基层的行政单位，"十室之邑"当然是一个约略的说法，主要是形容一个小地方。在孔子看来，即使在这么小的地方，"必有忠信如丘者焉"。在这里，忠信当然是一种道德品质，不过这种品质带有一种禀赋的特性，这也就是孔子所说的“天生德于予”的“德”，也就是“孟子道性善”的“善”。这些天然的禀赋是人类成就道德的一个重要前提、基础，没有它，我们就无法成为一个道德高尚的人，但是我们同时也要意识到，这些天然的禀赋只是为我们提供了成就高尚道德、提供了成圣成贤的可能性，但是它们并不必然将我们导向道德。一方面，如果我们不对它们加以扩充存养，它们就会因为物质欲望的压抑侵蚀而走向灭亡；另一方面，即使它们能够侥幸存活，如果不经切磋琢磨，它们也会粗鄙不堪，与仁义相去甚远，不能入于尧舜之道。因此，孔子对于这些人所拥有的天赋气质给予了高度肯定，但是他又为他们缺乏后天的雕琢感到惋惜，“不如丘之好学也”。孔子认为，自己之所以在道德修养上有所成就，并不是自己与常人在气质禀赋上有什么差别，而是自己勤奋好学、变化气质的结果，孔子的一生可以说是不断学习、不断进步的一生。

这一篇主要谈论孔子弟子及前贤的德行，本章以夫子自道作为这一篇的结尾，为这一篇做了很好的总结。通过孔子的言论，我们可以看到，人都可以说是具有道德禀赋的，都有成圣成贤的可能性，只要我们勤奋好学，精进不已，那么，我们的道德就会不断进步，我们就会离成圣成贤越来越近。

# 雍也篇第六

6.1　子曰："雍也可使南面。"

"雍"就是冉雍，也就是仲弓，按照《论语》当中的说法，在孔门四科当中，冉雍在德行一科中占有一席之地，可见其德行修养深厚，所以《史记·孔子世家》说"孔子以仲弓为有德行"。对于儒家而言，德行在人的各种品行才能当中居于首要地位，一个人只要有了德行，齐家、治国、平天下，都是顺理成章之事。对于儒家而言，道德是具有感召力的，按照同类相召的原理，如果统治者德行高尚，那么，就会吸引大量德行高尚的人前来争相归附，从而在全社会形成一种良好的道德氛围，不仅统治者讲道德，就是那些受此风气熏染的人民百姓也会变得道德高尚起来。这样一来，人与人就会相亲相爱，社会就会秩序井然，就会稳定，人民就会安乐。既然冉雍是一个德行高尚的人，那么，冉雍就比较适合当统治者，来治理国政，领导人民百姓。当然，中国人一般讲"南面"都是指帝王将相，实际上并非完全如此，在中国古代，像天子、诸侯、卿大夫都要南面临民，因此，我们可以将"南面"泛化地理解为治理国政，统治人民百姓。儒家的这种思想对中国古代影响很大，中国古代的官吏选拔很注重德行，有时直接以德行作为选拔任用的根据，这导致在中国古代很多人的才能不足以胜任自己的职位。因为德行与才能并不能完全画等号，一个德行高尚的人未必就是有才能的人，如果把这种人放在某个岗位上，那么，其结果就可想而知了，一定是人浮于事的，这种人在位子上，只能是不求有功，但求无过，他们更重要的是要展示他的道德，这就导致那些官吏们比较注重面子工程，到处宣扬自己做过的好事，到处为自己歌功颂德，这在当今时代，我们尤其需要加以警惕，在国家治理上，我们既要注重领导的德行，更要注重领导的才能，注重他本职工作的完成情况，而不是去关注他们的道德走秀，不能以道德走秀作为判断官员优劣的标准，否则就会失之毫厘，谬以千里，从而使得一些混官场的官员如鱼得水，而那些干实事的官员却因为不会作秀而湮没无闻。

6.2 仲弓问子桑伯子。子曰："可也，简。"

仲弓曰："居敬而行简，以临其民，不亦可乎？居简而行简，无乃大简乎？"子曰："雍之言然。"

在朱熹的《四书章句集注》、钱穆的《论语新解》当中，这一章与上一章都是合为一章来讲的。从意思上来说，这两章确实也是相通的。大概孔子在评价了"雍也可使南面"之后，冉雍也想听听孔子对于子桑伯子的评价，看看他是否也可以"使南面"，可以参与治国理政。关于这个子桑伯子的说法比较多，有人认为他是《庄子》中所说的子桑户，有人说他是秦国的大夫，也就是秦穆公所师从的子桑（公孙枝），不管是谁，子桑伯子应该是卿大夫，否则也就不能"临其民"，也就谈不上"南面"的问题了。孔子对于冉雍的提问，回答道：可以是可以，就是太"简"了。这个"简"可以解释为简单、简约、随便，与"敬"相对。

冉雍这个人很聪明，有悟性，一点就通，马上就理解了孔子的回答，当然，他也不太有把握，所以，他就把自己的理解告诉了孔子，让孔子来看看对不对。在冉雍看来，如果一个人内心严肃而行为简单，这种人来治理人民，不是很好的吗？如果一个人内心随便，而行为又很随便，那么，这种人治理国政，不就太随便了吗？孔子对于冉雍的这样一种理解给予肯定，认为他说的是对的。

在这里面，我们要注意的是"敬"与"简"的关系问题。"敬"不仅是做人做事的一种严肃认真的态度，而且也是一种情感，一种信仰。我们正是因为出于一种真诚的情感，出于一种真诚的信仰，所以我们在为人处世、待人接物时才会充满敬畏之心，由内而外都严肃认真，即使从表面上看，我们的行为似乎很随便，很简单，但都是精心准备的结果；如果一个统治者行为随便，而其内心也缺乏严肃认真的精神，那么，社会治理必将失去法度，人民将会失去控制，国家将会走向混乱。因此，对于统治者而言，在国家治理问题上，必须严肃认真、举止谨慎，只有这样，才能保证国家的长治久安。

6.3　哀公问："弟子孰为好学？"孔子对曰："有颜回者好学，不迁怒，不二过。不幸短命死矣。今也则亡，未闻好学者也。"

哀公是鲁国的国君，这个人大概有迁怒、二过这方面的毛病。鲁国一个很重要的问题就是被三家控制，国君处于被架空的状态，因此，鲁哀公后来就打算以越伐鲁，从而达到铲除三家的目的。大概是为了替自己储备人才，寻找得力的助手，因此，向孔子询问，其弟子中谁最好学，意思是谁可以承担起辅佐自己的重任。大概是考虑到鲁哀公的不足，孔子用颜回来回答鲁哀公，意在提醒他注意并改正自己的毛病，说：颜回比较好学，不转移自己的怒气，同一个错误绝不犯第二次。只是比较可惜，颜回短命而亡，现在没听说有人好学了。

这里面比较有意思的是，哀公问的是好学的问题，虽然孔子回答颜回好学，但是他对此加以说明的，却并不是颜回学习如何刻苦，知识如何丰富，智慧如何高深，而是说他"不迁怒，不二过"，似乎与学习之间没有太大的关系。实际上，孔子是从颜回学习的结果上来解答颜回好学。虽然有人学习意愿很强，学习也很刻苦，但是学习效果并不好，这当然可能是天赋方面的原因，也可能是学习方法方面的原因，因此，考察一个人好不好学，要"合其志功而观焉"，不仅要看动机，更要看看效果，孔子评论颜回就是从效果上来说的。儒家学习不是学科学知识，而是学习伦理道德，其最终目的是成为具有高尚道德修养的圣人，而这其中所包含的重要内容就是变化气质。对于人类来说，天生就有喜、怒、哀、乐、爱、恶、欲七种情感，怒就是七情之一，而且怒这种情感一方面具有激烈的特性，容易失去控制，另一方面人们容易转移自己暴怒的对象，就像有的人在单位受了委屈，心里很愤怒，但是又不敢将怒火发在领导身上，结果就去找一个比自己更弱小的人来发泄自己心中被压抑的怒火。颜回勤勉地学习，对于自己的情绪就控制得非常好，不转移自己的怒火。这也就是说，颜回一方面该对谁愤怒就对谁愤怒，另一方面颜回将愤怒控制在一个合理的限度内，并没有让愤怒失度，没有使自己失去控制。同时，对于人们而言，如果一个人缺乏反思意识，缺乏自省意识，那么，他就会随着惯性去做事，这样一来，他就不能从自己的错误中学到任何东西，就不能从失败中汲取经验教训，颜回好学的一个重要表现就在于他能不断地汲取经验教训，并对自己进行严格管理，不让自己放纵自流，虽然犯错误不可避免，但是绝不让错误重演。

从孔子的回答中，我们应该看到，学习不仅是个态度的问题，更是方法的问题和效果的问题，而这种效果就表现在对于我们人生境界的提升上。因此，中国古代的知识学习，不是获得征服自然改造自然的力量，而是获得一种人格的力量，学习是为了提升我们的道德修养，使我们对于自己有更加深刻的认识，从而教会我们如何立身处世。

6.4　子华使于齐，冉子为其母请粟。子曰："与之釜。"
请益。曰："与之庾。"
冉子与之粟五秉。
子曰："赤之适齐也，乘肥马，衣轻裘。吾闻之也：君子周急不继富。"

子华是字，名叫公西赤，是孔子弟子。有一次公西赤受孔子指派出使齐国，过去的做法还是比较人性化的，儿子出使的时候，还要给父母安排好生活，所以，冉有就向孔子申请给公西赤的母亲提供一些粮食。孔子说，给她一釜吧，也就是给六斗四升。冉有觉得给得太少了，所以希望孔子再增加一些，孔子说那就给她一庾吧，也就是十六斗。大概冉有觉得孔子给的还不够，就自作主张，直接给了五秉，按照一秉十六斛，一斛十斗来计算，五秉就是八百斗。冉有提供的粮食数量与孔子的想法相去甚远，因此孔子委婉地对冉有提出了批评。公西赤出使齐国，乘着肥马拉的车，穿着既轻便又暖和的皮袍，这说明他是很富裕的，所以，我们不必给他母亲那么多的粮食，我听说过：君子周急不继富。用我们现在的话说，就是：只雪中送炭，不锦上添花。

这一章讲了这么多，最核心的就是最后一句话"君子周急不继富"。"周"就是补其不足，也就是救济的意思；"急"就是急难，也就是突发的困难状况；"继"就是继其有余，就是增加的意思。总起来说，"君子周急不继富"就是道德高尚的君子只会救助急难而不会去为富人增加财富。为什么呢？我们之所以要去救助急难或者说救助陷于急难之中的人，是因为我们每个人都有仁爱之心，都有"不忍之心"，都会"见其生，不忍见其死"，所以，都会向处于急难之中的人伸出援助之手。由于"周急"是出自不忍之心，符合儒家的仁道原则，因此"君子周急"。"继富"则与"周急"不同。一个富裕的人不仅生活无忧，而且生活得很好，我们对于他们不可能会有什么"不忍之心"，因此，我们去帮助他们一定不是出自我们的"不忍之心"，不是出自我们一时的情感触动，而是出自某种理性的算计，我们希望通过"继富"的行为从富人那里获得某种回报，而这显然不应是道德高尚之人之所为。从“君子周急不继富”来看,儒家希望人们的仁义之举是真心诚意地“由仁义行”,而不是别有用心地“行仁义”。

6.5 原思为之宰,与之粟九百,辞。子曰:“毋!以与尔邻里乡党乎!”

原思就是原宪,子思是他的字,是孔子的弟子。孔子当鲁司寇的时候,原宪就担任孔子的家邑宰。按照当时的礼法制度,原宪作为家邑宰,每年应当获得九百二十一斗粟,这也是他应得的薪酬。因此,孔子就按照礼法制度给了原宪他应得的粟,这里讲“九百”只是取一个大致的说法。结果,原宪辞而不受。不过,孔子并不同意原宪的做法,坚决要按礼法制度给他,说如果你用不了这么多,你就分给左邻右舍、亲戚朋友,你怎么处置都可以。

这个故事虽然很简单,但是里面的问题却很重要,值得我们深思。第一,原宪作为家邑宰,孔子该不该给他应得的薪酬,这涉及对于制度的执行问题。孔子在对于制度的执行上,并没有因为原宪的辞让而打折扣。这也就是说,我们作为制度的执行者,我们作为职责的承担者,我们不能因为别人的谦虚辞让而减免自己的职责。在现实生活中,经常会发生类似的事情,有些人因为别人的谦让而不付给别人应得的薪酬,从而导致老实人吃亏的情况出现。实际上,人家谦让,是道德上的事情,我按照规定付给别人薪酬是法律上的事情,而这里面是存在先后之别的:支付薪酬应该先于别人谦让,也就是说,不管别人谦让不谦让,我们都应该付给别人薪酬,这是我们应尽的义务和职责,不应因为别人谦让而有所减免。如果我们连给别人支付薪酬这样基本的法律要求都做不到,那么,我们也就没有资格去和别人谈论什么高尚道德的问题。第二,孔子跟原宪说,让他自己去把用不掉的薪酬去周济邻里乡党,而不是说我代替你将其周济邻里乡党,这就说明我们不能代替别人去做好事,去做慈善,而这在现实生活中,却是常见的一种现象。做好事、做慈善本身就是个人的事情,如果我们拿着别人该得的薪酬去做好事、去做慈善,那么,这个好事、慈善到底是谁做的?如果是他人做的,那么,我们为什么要代替别人呢?难道别人自己不会做好事吗?如果这个好事、慈善算是我做的,那么,我们又凭什么拿着别人的钱财去做呢?这不是拿别人之酒杯,浇自我之块垒吗?因此,别人的好事只能由别人自己去做,做好事这个事情是不能越俎代庖的。

6.6　子谓仲弓，曰："犁牛之子骍且角，虽欲勿用，山川其舍诸？"

这一章中，孔子估计是在和别人聊天的时候谈到了仲弓。根据《论语·子路》中第二章所载，仲弓曾经做过季氏宰，并且他曾询问孔子如何取贤才的问题，一方面他要求严苛，估计就有出生论的问题，选取贤才的时候要考察祖宗八代；另一方面，他又担心选不到贤才，害怕真正的贤才被埋没。孔子大概以仲弓选取贤才做例子，向其他弟子来说明如何看待人才选拔。当然孔子用了"犁牛之子"做了比喻。"犁"，在古代，既指一种耕田、耕地的农业生产活动，也指毛色驳杂。不管是耕牛，还是毛色驳杂的牛都不能作为祭祀用的牺牲，祭祀用牛都有很高的要求，都是牛中翘首，才有入选的机会，这就跟选贤才是一个道理。如果耕牛或毛色驳杂的牛的孩子长得"骍且角"，"骍"是赤红色，"角"是指角长得非常周正，因而这头小牛非常符合祭祀的标准，那么，这头小牛应该不应该被用来祭祀山川呢？也就是要不要考虑的它的出生、它的父母呢？这就是选择的标准的问题。按照孔子的观点，这头小牛是应该入选的，这也就是说，我们在人才的选择上不应该求全责备，更不应该坚持唯出生论、血统论，每个人都是一个独立的个体，我们不能因为其父母甚至其先辈当中某些人的劣迹来否定其优秀品质。对于贤才是否被埋没的问题，孔子抱持一种乐观的态度。"虽欲勿用，山川其舍诸？"这头小牛虽然父母不甚完美，或者出生低微，但是这些都不会淹没其本身的光辉——"骍且角"，它一定会被山川所不舍。同样道理，一个人真正是贤德之人，那么，他就一定会被委以重任，因此关键的问题，不在于会不会被重用，而是有没有才能，也就是"骍且角"的问题。可见，孔子还是一个乐观主义者，他相信贤德之人一定会得到重用，一定会出人头地，这也是他在周游列国期间，在那么恶劣环境中始终能够坚持希望的重要原因。同时，我们从"山川其舍诸"可以看到，我们的才能不需要自己去夸耀，别人自然能够看得见，因此，我们没有必要去做那些表面工程，刻意地去做给别人看，我们只需要做好"为己"的工作就够了，不必去做"为人"的工作。

6.7　子曰："回也，其心三月不违仁，其余则日月至焉而已矣。"

颜回是孔子最为得意的弟子，在思想境界上也是与孔子最为接近的。这一章中孔子就是将颜回与众弟子做了一个比较，从而突出颜回的过人之处，突出颜回最靠近圣人之道。其具体的表现,就是“其心三月不违仁”。“三”在中国古代一般不表示确数,而是表示多、大的意思,因此在这里“三月”就表示很长时间。“不违仁”就是不违反仁义、不出离仁义。这也就是说,颜回在很长时间内都处于仁境之中,其行为举止都是由仁义行,而这与其他弟子偶尔进入仁义之境,并且很快就出离仁境有所不同。孔子曾经说,“我欲仁,斯仁至矣”。实际上每个人都有仁心善性,都有“不忍之心”,都有“四端”。只要我们遇到合适的时机,我们的仁心善性就会被激发出来,就会灵光乍现,从而促使我们去做道德之事,去做道德之人,这也就是“其余则日月至焉”的原因之所在。关键的问题是,这种灵光乍现是一种特殊状态,它需要特殊的机缘才能呈现,一旦机缘不在,这种呈现就会寂灭;同时,即使机缘仍在,但是我们也有可能无法经受外在考验,艰难困苦环境的折磨、功名利禄的诱惑、权威暴力的逼迫都有可能使我们不能坚守我们的仁心善性。颜回无疑经受住了外在的威逼利诱,始终保持在仁境之中,真正做到了孔子所说的“无终食之间违仁,造次必如是,颠沛必如是”,其典型的表现就是身居陋巷,箪食瓢饮,人不堪其忧,回也不改其乐。颜回是如何做到的?颜回也不是天纵之圣,也是学而知之、学而至之的,这在 6.3 孔子回答哀公问中已经给出了答案。

6.8 季康子问:“仲由可使从政也与?”子曰:“由也果,于从政乎何有?”
曰:“赐也可使从政也与?”曰:“赐也达,于从政乎何有?”
曰:“求也可使从政也与?”曰:“求也艺,于从政乎何有?”

季康子向孔子询问,子路、子贡、冉求的才能是否达到了从政的要求,孔子认为,子路果决、子贡通达、冉求多才多艺,以他们的才能,从政绰绰有余。从这段对话中,我们一方面可以看出,孔子对于自己的弟子非常熟悉、非常了解,他知道每个学生的特点、特长,然后根据他们的特点、特长进行培养,这既顺应了他们的本性,同时又使他们特长突出;另一方面,虽然季康子问的是从政的问题,但是孔子回答的却是道德品质的问题,这说明,在孔子心目中,从政虽然需要特殊的政治才能,但是人的道德品质才是从政成败的关键,可见他的仁政理想当中的理想统治者乃是道德高尚之人。当然,为什么果决、通达、多才多艺的人从政会绰绰有余?这是一个需要认真思考的问题。

6.9 季氏使闵子骞为费宰。闵子骞曰："善为我辞焉！如有复我者，则吾必在汶上矣。"

闵子骞名损，是孔子弟子，在孔门四科当中位居德行一科，可见他是一个德行高尚之人，孔子曾经说他"不仕大夫，不食污君之禄"(《史记·仲尼弟子列传》)，可见他是一个清明之人。费是季氏的私邑，孔子当年"堕三都"失败，费就是"三都"之一，后来公山弗扰在此叛乱，因此季氏想找一个德行仁厚的人治理费，就派了一个使者邀请闵子骞出任费邑宰。闵子骞作为一个德行高洁之人，觉得季氏属于无道之君，僭礼之臣，在道德品行上比较卑劣，因而不愿与之为伍，就对使者说：请好好地帮我推辞！如果再来邀请我，那么，我们就必然逃到汶水去了，也就是逃到齐国去了。不过，虽然闵子骞拒绝季氏的邀约，不愿为季氏效力，但是孔子的弟子冉雍、子路、冉有都曾经为季氏效力，试图救治季氏的过失，助其回归正途。可见在孔子弟子当中，也有所谓的"清者"、"任者"，虽然他们的处世态度有所不同，但是他们都是德行高尚之人。据此看来，孔子教人，并不千篇一律，并不强求所有人都以自己为榜样，接受一个标准，只要出于仁心善性，只要合乎道德，任何乖张的行为、做派都是可以接受的。

6.10 伯牛有疾，子问之，自牖执其手，曰："亡之，命矣夫！斯人也而有斯疾也！斯人也而有斯疾也！"

伯牛，就是冉耕，与其兄弟冉雍、冉求同为孔子弟子，在孔门四科中位居德行一科，可见德行高尚。康德曾经说过，有德者未必有福，享福的多是恶徒，可见虽然中国人普遍坚持德福一致的观念，相信"善有善报"，但是在现实生活中往往并非如此。像伯牛这种人德行高尚，却身患恶疾，不知是因为这种疾病有传染性，还是因为这种疾病对于人的容颜有所破坏，孔子去探问伯牛的时候，并没有直接与之见面，而是隔着窗户拉着伯牛的手。有人说孔子拉着伯牛的手是为伯牛诊脉看病，有人认为就是表示关心，这个就无法知道了。孔子对伯牛说："亡之，命矣夫！斯人也而有斯疾也！斯人也而有斯疾也！"这个"亡之"，很多人都认为，这是说伯牛要丧命了，要死了。笔者觉得这不可取，一个人去看望病人，结果对着病人说"你要死了"，这可不符合中国人的委婉表达方式。笔者以为，对于这句话的正确理解应该是：你生病这件事真是没法说，也就是说，你为什么得这个病真是无法解释原因，因为它不符合德福一致的原则，按照你的德行，你不应该生此恶疾啊？因此，孔子只得将伯牛生病的原因归结为偶然性的天命，这种德行高尚的人居然得了这种重病，只能说是命该如此吧！

从这一章中我们可以看出，虽然中国人多相信德福一致，但是德福往往并不一致，其间充满着偶然性，而这些偶然性之为偶然性，就是因为它们是我们没办法预见、没办法控制的，属于“莫之为而为者，莫之致而至者”。对于人们来说，既然这种偶然性的“命”我们无法控制，那么，我们并不需要去过分地关注这个“命”，我们只能“尽人事而听天命”做到“安之若命”，做到得失不惊。孔子说“知其不可而为之”，“为之”就是“尽人事”，至于“可不可”这个问题是我们自己无法控制的，我们只能听天命了。因此，孔子讲“命”并不是教人什么都不做，服从命运的安排，而是教人要尽自己最大的努力去做自己该做的事情，而不关心那个偶然性的命。从这里我们可以看出，儒家的道德具有动机论的性质，而不是特别关心行为的结果，因为行为的结果并不是个人所能控制的，所以，即使一个没有产生实际效果的行为同样无损于它的道德性。

6.11　子曰：“贤哉，回也！一箪食，一瓢饮，在陋巷，人不堪其忧，回也不改其乐。贤哉，回也！”

颜回是孔子最得意的弟子，高居孔门四科中德行一科的头名位置，因此孔子对他赞赏有加。人们经常将这一章所讲的内容与《论语·述而》当中第 17 章的内容合在一起，称之为“孔颜乐处”，说明颜回与孔子一样都安贫乐道。

梁漱溟曾经讲过，儒家的生活是一种乐的生活，在《论语》中没有一个苦字。当然，这并不是说儒家没有遭遇过艰难困苦，而是即使遭遇了艰难困苦，他们根本就不以为意，不以之为苦，反而会以之为乐。像这一章中讲到的颜回身居陋巷之中，过着箪食瓢饮的生活，这种生活在一般人看来就是非常痛苦的，人们会为此而忧虑不已，愁肠百结，费尽心机试图摆脱这种窘迫的处境而过上富裕的生活，但是颜回并不关注这些物质生活本身，因此，这些物质生活上的困境并不会对他产生任何影响。一般人之所以会对这些感到忧愁，是因为他们的全部注意力都集中在物质生活上，富裕的物质生活构成了他们追求的目标，所以，他们为过上富裕生活而绞尽脑汁，为过不上富裕生活而痛苦万分。对于颜回来说，情况正好不同，“人不堪其忧，回也不改其乐”。当然，这不是说颜回以苦为乐。因为说一个人苦中作乐是可以的，但是说一个人以苦为乐则不可行，除非这种人不是一个正常人，他违背了正常人对于苦乐的判断。颜回作为一个正常人，他也像普通人一样，知道这种生活不是一种富裕的生活，而是一种艰苦的生活，他也会愿意过上富裕的生活，不愿意过贫困艰苦的生活；颜回与普通人的不同之处在于，他不像普通人那样“不堪其忧”，为这种艰难困苦的生活而忧愁苦恼。颜回为什么不为这种艰难困苦的生活而忧愁苦恼？这是因为颜回关心的重点不在此处。颜回的关心重点在何处呢？孔子曾经说过，“知之者不如好之者，好之者不如乐之者”（《论语·雍也》），这个知、好、乐的都是同一个东西，对于大多数人来说，都不是生而知之的，而是学而知之的，也就是在“知”之前有个“学”的过程，也就是说“知”是从“学”来的，“知”的东西也就是“学”的东西。学的是什么呢？对于儒家学者而言，学的就是圣人之道，就是成人之道，就是仁道。因此，学、知、好、乐的都是圣人之道，都是仁道。正是因为颜回关心圣人之道，所以，他以得圣人之道为快乐，而这些外在的生活条件，无论艰苦与否，都不能改变这一点，都不能改变他的理想与追求。因此，这一章讲的主要是颜回无论生活条件如何，都不能改变他以得道为乐，而不是讲他以苦为乐。

6.12　冉求曰：“非不说子之道，力不足也。”子曰：“力不足者，中道而废。今女画。”

很多人读一章，都觉得冉求这个人有点小富即安，不思进取，甚至认为冉求懒惰。在笔者看来，这些解读都不太符合冉求的本来面目，冉求在孔子弟子中还是居于比较重要的地位，很得孔子赏识的，孔子不仅说他多才多艺，而且将他列于孔门四科中的政事一科。可见，我们不能如此看低冉求，否则我们就没有办法理解他如何取得那些成就，如何达到那样的高度。因此，我们对于这一章应该有个重新的认识与理解。

孔子曾经说过，“求也退”，冉求不像子路那样勇猛、勇敢，有一往无前的气概，不那么自信，做起事情来有点畏首畏尾，在对孔子之道的学习上也是如此。孔子之道博大精深，统摄天人，综合万方，且能在万殊之中观其会通，从而做到删繁就简，一以贯之，面对如此精深的孔子之道，冉求难免有些感到心有余而力不足，所以，难免有些不自信，从而有些退缩心理，因此他跟孔子说，虽然我很喜欢崇拜您的圣人之道，但是我觉得自己能力不足，无法达到您那样的境界。由于孔子对冉求的性格比较了解，因此，鼓励冉求，鞭策冉求，让他对自己有信心。孔子对冉求说，什么叫力量不足？这就像走路，力量不足的人走到半路的时候就会筋疲力尽，就会坐下来休息，然后再走。同样的道理，那些学习能力不足的人，学到一定程度以后，就会学学停停，进步很慢。孔子的言下之意，冉求的能力是没问题的，你不在学习能力不足的范围之内，只要你想学，你一定能够学有所成；现在你之所以有此想法，是因为你人为地给自己设置了障碍，画地为牢了，因此，你要破除这个思想障碍，只要你想学、愿意学，你就一定会学有所成。由此可见，孔子对于学生的教育真正是因材施教的，把握了学生的性格特点。另外，对于孔子来说，他认为仁道的学习并无什么难度，重要的是能够坚持，只要有恒心，有毅力，人都可以学以成仁，因此，关键的问题不是“能不能”的问题，而是“学不学”、“为不为”的问题。

6.13 子谓子夏曰：“女为君子儒！无为小人儒！”

子夏就是卜商，孔子曾评价“商也不及”。这说明子夏在仁道的修养上还存在一定的不足，需要进一步地努力。这种不足我们可以从孔门四科当中看出一些端倪，子夏在孔门四科中居于文学一科之中，说明子夏熟读古代的文献经典。熟读古代经典固然是一个优点，但优点有时又恰恰构成了一个人的局限，一方面，在经典上花费了过多的精力，难免使他没有多余的精力去研究其他方面，从而使得他的视阈过于狭小，另一方面，对于儒家学者而言，古代经典并不仅仅只是研究历史的材料，更是指导人们行动的指南，因此，一个人熟读古代经典，就往往会用古代经典来要求自己，跟在经典后面亦步亦趋，严格按照经典中所提供的规范来严格地要求自己，从而使经典变成了教条，自己成了经典的奴隶。在孔子看来，小人儒就是一个教条化的儒者，譬如，在讲信用这个问题上，如果我们把它变成了一个教条，不论条件如何变化，也不知道变通，我们一味地要求自己“言必行，行必果”，那么，我们就成了“硁硁然小人哉”；相反，那些大人、君子就不会冥顽不化，死守经典，而是会根据条件的变化做到与时俱化，认为有时“言不必行，行不必果”。孔子可能正是看到了子夏的不足，希望子夏能够超越经典，在德行、政事、言语等其他方面也有所建树，从而扩大自己的规模，不再被经典所限制，因而告诫子夏“女为君子儒！无为小人儒！”。

从这一章中我们可以看出，孔子希望弟子多读书，但是又不希望弟子成为书本的奴隶，只会寻章摘句，而不顾社会的现实，使得自己与现实相脱节，以至眼界狭隘，成了百无一用的书生。这对于现在的读书人也很重要，现在的很多读书人放下书本，离开了自己的研究领域，就成了一个白痴，甚至缺乏基本的生活能力，这就不是一个全面发展的人，教育、学习的目标应当是实现人的全面发展，而不是塑造一个储存知识的机器，更不是培养一个忠实于古代经典的奴隶。

6.14　子游为武城宰。子曰："女得人焉耳乎?"曰："有澹台灭明者，行不由径，非公事，未尝至于偃之室也。"

子游名叫言偃，"未尝至于偃之室"的"偃"就是子游的名。子游像子夏一样，居于孔门四科当中的文学一科，且位居头名。擅长文学的人一个特点就是容易走向古板，喜欢拿着一个模子去套别人，因而不容易发现人才。孔子一方面爱惜人才，另一方面也想看看子游是否能够突破自己的局限去识别人才，因此，子游在担任武城宰的时候，孔子就问他有没有发现什么人才。子游就告诉孔子，自己发现澹台灭明是个人才。澹台是姓，灭明是名，字子羽。大概就是因为他这次受到子游的推荐，后来他也成了孔子的弟子。为什么说澹台灭明是个人才呢？子游并没有说他的德行如何高尚，或者说他有什么特别的才能，而是说了他生活中的两个细节——"行不由径，非公事，未尝至于偃之室也"，以此来说明他的德行高尚。"径"就是蹊径，也就是小路、近路。在过去，实行井田制，道路都在沟渠上方，因而道路就像棋盘一样，横平竖直，因此，人们走路的时候都要直道而行，不能为了抄近路而取斜冒疾。由于孔子时代已经礼崩乐坏，估计走小道、抄近路、投机取巧的人越来越多，但是澹台灭明与众不同，仍然遵守礼法，走大路，走正路，"行不由径"，说明他不投机取巧，不欲速成。"公事"在当时主要是饮射之类，就是一种公共事务，"非公事，未尝至于偃之室也"，说明澹台灭明不因为自己的私事去找子游打招呼、走后门，也就是说澹台灭明不巴结权贵，不徇私舞弊。从这两件小事上可以看出，澹台灭明是个品德非常高尚的人，对于自己具有非常严格的要求，实际上，即使到了今天，走捷径和徇私舞弊的现象也未绝迹，甚至有些人还乐此不疲。这说明，品德是个人性的，与时代没有必然的联系，即使在礼崩乐坏的时代里也有品行高洁之人。

6.15　子曰："孟之反不伐，奔而殿，将入门，策其马，曰：'非敢后也，马不进也。'"

孟之反，反是字，名之侧。《庄子·大宗师》中写作孟子反，与子桑户、子琴张相与为友，把他说成是方外之人，大概与他的儒弱谦下有关，符合《老子·二十二章》所说"不自见、不自是、不自伐、不自矜"。当然，孔子在这里所讲的，不是道家所说的"无为而成"，而是讲孟之反不居功自傲、不自我夸耀的高尚德行，"不伐"就是不自我夸耀。为了说明这一点，孔子举了一个例子。孟之反是鲁国的大夫，鲁国与齐国交战，孟之反参与了这场战斗，结果鲁国的军队大败而走，"奔"就是形容军队溃败后慌忙逃命的样子。"殿"就是殿后、押后，就是在鲁国军队节节败退的时候，孟之反押后，抵挡追赶的齐国军队，保护鲁国军队撤离。到了城门边上，将要入城的时候，守城官兵迎接他们安全归来，并盛赞孟之反为此所做出的重要贡献。结果孟之反扬鞭策马，说自己并不是有意要为军队殿后，实际上自己也很害怕，希望自己跑得快点，是因为马跑得慢了，不得已而拉在后面，给你们造成了我有意殿后的误会，所以，在这件事上我没有什么功劳。孔子对于孟之反的夸奖符合孔子"学者为己"、反对"为人之学"的一贯主张，认为一个人学习也好、做事也好，不是为了取悦别人，而是出自自己的真心诚意，所以，反对那种道德表演，反对"行仁义"。同时，我们还应该看到，道德更应该是超出自己职责范围所做的事情，如果我们所做的事情本来就是我们的工作职责，那么，这本来就是我们分内中事，更不应该以此作为道德的一个凭证，就像孟之反，如果他本身就有殿后之责，那么，其殿后本来就是理所当然，就没有值得夸耀的地方。当然，从孔子的说法当中，似乎殿后并不是其职责之所在，所以，孔子才对他赞赏有加。不过，在现实生活中，我们的道德已经开始被矮化，从而将一些尽职尽责之人都看作是道德的楷模，这与原始儒家对道德理解是有所有不同的，原始儒家的道德应该是出自良心善性的，而不是出自职务的承担责任行为。

6.16　子曰："不有祝鮀之佞，而有宋朝之美，难乎免于今之世矣。"

这一章很麻烦，有各种不同的解读。祝鮀，卫国的大夫，字子鱼，口才比较好，能说会道，曾经说服苌宏，为维持卫国做出过重要贡献，因而为时人所贵。朝，宋国的公子，长相俊美而善淫，灵公曾经为了南子而召宋朝。

这一章的问题，主要在于这个“而”字，有人认为“而”应该理解为却，表示上文相反的意思，有人认为“而”应该解释为“与”。按照第一种理解，这句话的意思应该是：如果没有祝鮀的口才，却有宋朝的美色，那么，在当今时代就难于免受伤害了。这种解释的主要根据就是祝鮀在历史上是有功绩的，他曾利用自己的口才保全了卫国。不过这种理解，与孔子的主张相去甚远。从《论语》当中我们可以看出，孔子一直把“佞”当作仁的对立面来看待的，主张人们“仁而不佞”，所以反对“巧言令色”，可见他不会利用巧言来维持令色。按照第二种理解，这句话的意思应该是：没有祝鮀的口才和宋朝的美色，在当今时代就难免会受到伤害了，意思是只有兼有二者，我们才能保全自己。当然，这一章是正话反说，他是用来讽刺当时的社会现实的，因为不论是花言巧语，还是美色，都不能让人全身免患，而在当时时代中，却唯有以此二者才能保全自身，这足以说明当时社会的腐朽不堪：人们不进行道德的修养，人们追捧巧言令色之人，那些仁德之士反而淹没无闻，那么，世风何以振兴？国家何以强盛？孔子希望借此能够唤醒社会，重回仁义之途，同时也提醒那些仁义之士在此衰世中如何全身远害，免遭不测。

6.17 子曰：“谁能出不由户？何莫由斯道也？”

过去宫室的建制是这样的，外面的一半为堂屋，里面的一半为居室，从居室到堂屋要经过一扇小门，这个小门就叫做户。户与门的差别在于：门都是由两扇门板构成的，对开叫做门，由一扇门板构成的单开门就叫做户。“出”就是“入则孝，出则弟”那个“出”，也就是走出自己的居室到堂屋中去。古代房屋的这种建制就决定了我们要想出居室到堂屋，就必须经过户，或者经过房门。孔子这里采取的是比兴的手法，他的真正目的并不是讨论出宫由户的问题，他的目的是要告诉人们人是行必由道的。他的意思是说：既然大家都知道出门必须经过房门，人们怎么就不理解我们必须要遵守仁道呢？

在儒家看来，仁道就是天下之正道，所以，人们就应该走在仁道上。为什么呢？仁道作为道是集所以然之故、当然之则、必然之理于一身的。“道”就是道路。鲁迅说过，地上本没有路，走的人多了，也便成了路。路是人走出来的，开出来的。人为什么要在这地方走出一条路开出一条路，不在别的地方走出一条路开出一条路？这里面一定是有原因的，就像现在修铁路、修高速公路，一定都是考虑到地质结构、建设成本、后续效应等各种因素，觉得这条线路才是最佳选择，才在这儿修路。这就是所以然之故，就是有原因、有理由的。路修出来后，就是供人走的，同时，它也就决定了人们必须走这条路，你不能抛弃这条路，另外去走一条路，否则你走的就是歪门邪道，你就没做到“行不由径”，因此，道路的存在本身就决定了你应当走这条路，这也就是说，道对于人们的行为具有规范作用，要求人们遵循它，这就是当然之则。既然这条路是当然之则，又符合所以然之故，那么，我们又有什么理由不走在这条路上呢？我们不仅必须走在这条道上，而且必然会走在这条道上，所以，道又是必然之理，具有一种必然性。正是基于将仁看作一种道，所以，孔子认为，仁就是人们应该遵守的、必须遵守的。当然，在孔子那里，所以然之故、当然之则、必然之理的统一问题还没有得到充分展开，这个问题到了孟子尤其是宋明理学当中，就讨论得比较充分了。

6.18　子曰：“质胜文则野，文胜质则史。文质彬彬，然后君子。”

人要“立于礼”，“人无礼不立”，对于儒家而言，人是在礼中抟造成形的，因此，人受礼的影响很大。按照《礼记·表记》中的说法，“虞夏之质，殷周之文，至矣，虞夏之文不胜其质，殷周之质不胜其文”，这也就是说，从过去的礼制发展来看，文与质始终没有达到完美的统一，要么是质胜文，要么是文胜质。因此，礼在理想人格的塑造方面始终存在着缺陷，因此，孔子希望文质统一，从而造就完美的人格。“质”就是本始材朴，也就是人的本性，就是“性相近，习相远”中的“性”。“文”就是文采、文饰，就是外在的礼乐制度对于人的塑造，这也就是“习相远”中的“习”。“野”就是未经雕饰的野人，其性粗鄙、粗野、粗鲁。“史”，一说是策祝，主要策划书写祝辞，因此，有“辞多为文史”之说；一说是专门执掌官府文书的人，总的来讲，都是繁于文采、华而不实的人。由于在传统的礼制当中，二者是分离的，所以文质没有达到统一，总是偏重于其中的一方，其结果就是有缺陷的人格，要么，朴实多于文采，导致走向粗野；要么文采多于朴实，导致走向虚浮、华而不实。在孔子看来，人应该走中庸之道，中和之道，要将文质有机结合起来，既不偏向于质，也不偏向于文，使二者处于相对均衡的状态，也就是“文质彬彬”的状态，只有这样，才能成就君子的人格。

正是因为认识到周礼太过偏重于“文”的局限，所以，孔子要用“仁”来救周礼之失，“仁”是一种本始材朴，是人类天生就有的一种道德情感，只有加入了“仁”这种道德情感，礼才能摆脱僵化的抽象的形式教条，拥有鲜活的生命力，才会变得为人们所乐于接受，如果没有道德情感的加入，仅有礼，那么，礼就成为虚文，就成了一种摆设，甚至是一种伪装，不会对人们产生任何实际的影响，这也就是孔子所说的“人而不仁，如礼何”。因此，只有仁与礼的结合，才能使得人们将尊礼守礼变成自觉自愿的行为，才能将其内化为自己的德性，外化为自己的德行，真正能够做到“生死由之”。

6.19 子曰：“人之生也直，罔之生也幸而免。”

这一章中有两个“生”字。有人认为第一个“生”就是出生，也就是人一生下来的时候，也就是人最开始的时候；第二个“生”就是生存，就是能够安然无恙地活着。有人则认为没有必要做这个区分，这两个“生”都应该是生存的意思。虽然这两者看起来，只有细微的差别，但是将其放入整章之中，就会产生巨大的影响。按照第一种理解方式，“直”就应该是正直，也就是说，人一生下来就是正直无私，刚正不阿的，后来人们不正直地生存着，那是出于侥幸而未遭祸害。按照这种理解，上下文的语意并不连贯，显然没有体现出文字从表面上就能看出的对称、劝诫的内涵。因此，笔者以为，应该采取第二种理解方式，就是把“生”都理解为生存。“人之生也直”所讲的是普遍情况、一般情况，从正常情况来看，人类之所以能够存身于世，能够善始善终，是因为人能“直道而行”。这里的“直”不是正直，公正无私，而是指能够真诚地顺从仁道，也就是忠于仁道，不打折扣，更不违背仁道。反过来，“罔”就是不忠诚于仁道，在执行仁道的过程中打折扣，甚至违背仁道而行。正如前面所讲的，虽然儒家向往德福一致，但是德福在现实生活中未必能够得到统一，有些直道而行的人也不一定能够平安一生，有些违背天理，枉道而行的人反而长命百岁。在孔子看来，这些都是例外情况，都是出于偶然性，我们可以把他们称作“幸”或“不幸”，那些枉道而生的人就是侥幸地逃脱了惩罚，没有遭遇祸患。因此，从这一章我们可以看出，孔子基本上还是相信德福一致，相信善有善报，恶有恶报，因此教导人们一心向善。不过，他也没有完全杜绝偶然性的存在，并没有走向决定论，走向命定论，说明儒家是不相信什么天命论的，儒家还是相信个人的努力，人的祸福基本上与人的行为相关，受自我的控制。

6.20 子曰：“知之者不如好之者，好之者不如乐之者。”

这是孔子非常著名的一条语录，常被老师用来教育学生。实际上，这句话既可以看作学习的进阶之路，也可以看作人类得道层次的高低。不过，在孔子那里，这两个方面又是统一的，因为学习本身就是在学道，就是在提升人生道德修养，因此，学习过程本身就是在感受道、体悟道、转变对道态度的一个过程。

“知”就是认识了解，这是一个比较低的层次，我们学道，首先就是要对于圣人之道有个了解，知道它是什么，它的历史发展过程，它的具体内容，它有什么作用，我们应该通过什么途径去落实践行这个道，这就是“知”。虽然在知道的学习过程中，我们加深了对道的了解，对道有了一个全面的认识，这虽然可能让我们了解了道的重要性，使我们自觉地去学习道，甚至是自觉地顺道而行，但是我们却未必真正出自真心诚意地愿意去学习它，因为我们对它还缺乏情感上的认同，我们对它可以说还是知之不深。“知”是对外在对象的知，是一种纯客观的认识，当“知”发展到一定程度的时候，对象就会慢慢地进入到我们的内心当中，对我们的主观发生作用，使我们对自己的认识活动本身，对我们所了解的对象产生喜好，这时我们的认识活动就不仅是自觉的，而且也是自愿的。当然这种自愿还是建立在自觉的基础之上，这就是“知而能好”，就像一个人本来觉得学习很痛苦，他后来慢慢认识到学习能为他带来功名利禄，他在功名利禄的诱惑下就渐渐地爱好学习了，把自觉变成了一种自愿，实际上，对他来说，学习仍然是一件痛苦的事情，因此我们可以说是学之不笃。“知”与“好”都还是具有一定的对象性，都是注目于对象本身，没有真正地返回到自身，因而，我们始终没有笃定，如果我们内心当中以学习为快乐，那么，学习就不因外在环境的改变而改变，我们就会做到自强不息，始终如一，真正做到像孔孟那样“贫而乐”的状态，从而与道融而为一。

6.21　子曰：“中人以上，可以语上也；中人以下，不可以语上也。”

人的知识文化水平、修养水平是存在着差异的。这种差异可以表现为天资上的差异，有的人天资聪颖，有的人天资愚钝，这是不能否认的；也可以表现在后天的差异，有的人后天勤奋学习，从而使自己文化水平、道德修养都得到大幅度的提高，有的人学习懒惰或学习方法不对，导致各方面的提高比较缓慢。各种因素综合在一起，导致我们的教学对象在文化水平、修养水平上存在着客观的差异。面对这群有差异的学生，我们的教学应该遵循什么样的规律呢？在现代社会中，我们可以看到中国的教育基本上是同一化教育，不管水平高低，同一年龄层次的学生都接受同一内容的教育；同时，这种教育还是一种拔苗助长式的教育，家长和老师总是认为学的知识越多越好，学的知识越高深越好，因而拼命地将越来越多的知识灌输给学生。孔子对于教育的观念就不是这样，他认为我们的教育必须是分对象的教育，我们教学生什么，不是根据老师家长的想法，不是根据社会的需要，而是要根据学生的实际情况：对于中等以上水平的学生，我们就可以教授上等水平的学问；对于中等水平以下的学生，我们就不能教授上等水平的学问。其言下之意，对于中等水平以下的学生而言，可以去教授中等水平的学问，如果越级教授上等水平的学问，就超过了他的接受能力，对于他们就不能产生实际的效果。因此，教育必须遵循“下学而上达”的规律，一步一个台阶地拾级而上，万万不可越级而上，这样就容易导致基础不扎实，出现贪多无得、消化不良的现象。总而言之，学习要因人而异，学习要循序渐进。

6.22　樊迟问知。子曰：“务民之义，敬鬼神而远之，可谓知矣。”问仁。曰：“仁者先难而后获，可谓仁矣。”

樊迟，就是樊须。樊迟三次问仁，孔子每一次的回答都不一样。孔子教学是随机指点式的，一般他的回答都是根据具体的情境做出的，因而呈现出多变性。根据孔子的回答来看，估计樊迟要出仕，孔子以如何治理人民百姓、如何与人民百姓相处来回答樊迟的提问。

孔子对人对己的要求都是“仁且智”、“仁智双彰”，这对于弟子很有影响，当然，与仁相比，智的层次相对要低一点，因此，樊迟的提问也是循序渐进的，先从智问起，樊迟问知就是问“智”，也就是怎么样治理人民才是智慧的。孔子回答他说，“务民之义，敬鬼神而远之，可谓知矣。”“义者，宜也”，因此“务民之义”，也就是致力于民之所宜，民之所宜的有哪些？也就是仁义道德。按照《礼记·礼运》中的说法，也就是父慈、子孝、兄良、弟弟、夫义、妇听、长惠、幼顺、君仁、臣忠这十义，只有这些才是老百姓真正关心的问题，只有这些才是真正关系到百姓福祉的问题。至于人们普遍比较信奉的鬼神，则采取敬而远之的态度。本来中国古代，人们对鬼神的信仰是比较流行的，将国家的兴亡都看作鬼神喜怒的结果，而这在一定程度上降低了人们进行道德修养、治国理政、劳动生产的积极性。面对这种局面，孔子对于鬼神采取一种悬置的态度，一方面不否定鬼神的存在——“敬鬼神”，从而保持人们的一种敬畏之心，使得人们在现实生活中不敢胡作非为，另一方面对鬼神保持“远之”，从而激励人们自己掌握自己的命运，而不要把自己的希望寄托在鬼神身上。而这恰恰也是中国人后来对待鬼神的一种基本模式。在孔子看来,如果统治者能够做百姓关心的事情,又能够对鬼神保持一种敬而远之的态度,那么,就可以看作是智慧的、聪明的。

紧接着樊迟又问仁,怎么样对待人民是符合仁道的。孔子的回答很简单,"仁者先难而后获"。这句话有不同理解。第一种,将这看作是自身的修养,在自身修养过程中,要经历千辛万苦,然后才会有收获。这种理解与前面所讲的"务民之义"不在同一个层次上,这偏离了"治民"这个主题,因此,笔者不取这种理解。笔者采取第二种理解方式,"先难后获"中的"先后"并不是指在同一件事情上时间上的先后,而是在面对不同事情统治者与人民之间的先后关系,面对困难问题、需要吃苦的时候,统治者要身先士卒;在面对收获,分享荣誉的时候,统治者要自甘人后,也就是吃苦在前,享乐在后,只有这种统治者才是真正的仁者,才会受到百姓的爱戴拥护。有关这点,这在当前社会,仍然是政府工作人员必须具备的基本素质。

6.23　子曰:"知者乐水,仁者乐山。知者动,仁者静。知者乐,仁者寿。"

这一章的字面意思比较简单,就是:聪明的人喜欢水,仁爱的人喜欢山。聪明的人常动,仁爱的人常静。聪明的人快乐,仁爱的人长寿。不过,我们不能停留在字面意思的理解上,我们要追问字面背后的逻辑,孔子为什么这么说,他这么说的原因是什么。

中国人的思维与西方人的思维不一样。西方人喜欢讲因果,要由果溯因,要由因推果,从而在世界当中编织一条因果之链,将世界上的一切人和事变成这条因果之链上的一个环节,这样一来,世界上的一切都是有前因后果的。中国人跟西方人不一样,中国人不太重视这个因果,中国比较喜欢类比相推,喜欢去寻找两个不同事物之间的类似性,然后由这种类似性出发,从一个事物来类推另一个事物,像《诗经》当中就以水中嬉戏的鸳鸯来类比恋人,以风中轻微摇动的杨柳来类比恋恋不舍的情人。

孔子也是这样,他用水来类比智者,用山来类比仁者,然后再根据"同类相召"的原则说"智者乐水,仁者乐山"。既然孔子如此类比,那么,他们之间到底具有什么相似性呢?或者说,孔子要用山水来说明智者和仁者的什么特性呢?水遵循自然的规律,向前流淌,温柔处下,善利万物而不争,不仅能够成就世间万物，而且能够成其大，因此，水是很有智慧的，智者乐于水。大山巍峨矗立，岿然不动，是人们敬仰的对象。在深山之中，草木生长，万物繁育，一切悠然自处于其间，虽然大山养育万物，却并不自居其功，而是乐观其成，这就与仁者相似，具有仁爱之心，衣养万物，因此，仁者乐于山。

“知者动，仁者静”仍然是就着山水的意象而言的：聪明的人治理国家，就像水向前奔流、浇灌万物一样，不知停止，处于运动不息的状态；仁者治理国家，就像大山养育自然万物一样，岿然不动，而草木畴生，万物滋长，而乐观其成，因而常无事而安静。

“知者乐，仁者寿”。“知者乐”就是聪明的人看到自己所做的一切达到了自己所期待的结果，实现了动机与效果的统一，因而感觉快乐。至于“仁者寿”就是因为仁者仁爱万物而心无邪念，心态中正平和，正符合养性全身的原理，因而能够长命百岁。然而问题在于，在孔子的弟子当中，颜回是个仁者，然而颜回早夭，那又如何来理解这个“仁者寿”呢？有的人为了解决这个矛盾，认为“仁者寿”中的“寿”不是自然寿命，而是指德行和精神长存不朽，这虽然能说得通，但是引申意味太强，而且与“知者乐”这个现实中的快乐也不相类。笔者比较倾向于另外一种理解，就是把“仁者寿”理解为一个整体的状况，也就是说，对于仁者这个群体来说，长寿是一个普遍的现象，是一个大概率现象，我们不能以颜回这个个体来否定普遍的趋向，而颜回早夭不过是一个偶然现象，我们要承认必然当中有偶然，有例外，但不能用偶然来否定必然，不能用颜回早夭来否定“仁者寿”这个必然趋向。

6.24　子曰：“齐一变，至于鲁；鲁一变，至于道。”

齐与鲁是周的两个诸侯国，开始的时候被分封给太公和伯琴两个人。太公的治理策略是实行霸道，“尊贤者先疏后亲，先义后仁”，勤修道术，尊重贤者智者，奖励有功之臣。伯琴是周公的儿子，受到周公的影响，伯琴的治理策略则是实行王道，推行礼乐教化，“亲亲者先内后外，先仁后义”。按照梁漱溟的说法，一个国家、一个民族的文化的形成，受其开始时候的少数几个天才人物的影响极大，从而形成了一种文化样态，大概太公与伯琴这两个人对齐鲁两国的礼法刑政、文化风俗形成的影响也非常巨大，从而成就了一种底色。虽然在历史发展过程中，它们发生了一些细微的变化，都会有些衰退的迹象，但是它们的底色则是不会变的。即使到孔子时，齐的人民百姓仍然急功近利，喜欢浮夸使诈，这是霸术的延续；鲁国仍然重视礼教，崇尚信义，王道之风犹存。这两种不同的文化传统，对于两个国家产生了巨大的影响，像齐景公在世的时候，国家强盛，而齐景公一死，国家就衰败不堪，动乱不止。虽然鲁国也曾遭遇过危机，也曾三家擅权，但是都能安然无恙，可见民风有异。整体而言，鲁国的教化风俗要强于齐国。正是基于此，孔子认为，齐国在政治教育方面稍加改变，革其功利，易其霸术，那么，也就接近于鲁国的风俗教化了；鲁国如果能够重振纲纪，那么，就接近于仁政王道了。总而言之，这一章虽然讲的是齐鲁两国教化风俗之间的比较，但是所表达的则是孔子对于仁政王道的向往。当然，至于孔子的仁政王道能否在现实中实现、内圣能否必然导出外王，我们仅仅将其当作孔子的一个理想，不必期待在现实中必然实现。

6.25　子曰："觚不觚，觚哉！觚哉！"

"觚"是古代的一种酒器，在秦汉时，将写字用的木简也称作觚，不过，在这里应该是指酒器。关于"觚不觚"有两种说法。第一种说法，古人制作器物的时候，都是尚象的，制作酒器"觚"的时候，同样也要法天象地。譬如，像董仲舒讲人的长相就是法天象地的，天圆地方，人长得头圆足方。同样道理，"觚"作为酒器，也是上圆法天，下圆像地。不过在孔子时，人们就不再遵守这个规制，把"觚"做成上下都是圆的。面对这样一个不守规制的器物，孔子说，"说是觚又不像觚，这是觚吗？这是觚吗？"第二种说法，认为孔子在这里讲的不是酒器的形状的问题，而是大小、容量的问题。按照当时的礼制，一升的酒器叫做爵，二升的酒器叫做觚，"觚"带有寡少的意思。按照礼制，在古代把饮三升酒看作是适量的，用觚饮酒，就是提醒人们要少饮酒，不要过量饮酒。结果，在孔子时，人们制作酒器的时候，不再按照古代的礼制，把觚的容量变大了，人们喝酒也就不再限制了，从而导致饮酒过量，导致酗酒。针对这种现象，孔子说，"觚不像觚，这是觚吗？这是觚吗？"虽然这两种解释存在一定差异，但是大同小异，不碍于其内涵的理解，思想的表达。

中国人说话不太喜欢直说，喜欢环顾左右而言他，因此喜欢用类比、用隐喻，因此作为读者不能被字面意思所迷惑，要读懂文字背后的东西，要懂得言外之意、弦外之音，因此，要去体悟文字，品味文字，只有这样，浅显的文字才有深度，才有味道。这一章就是这样，孔子虽然表面上是在讲"觚"这种酒器的，但是实际上他要讲的不是这个，他讲的是这个社会礼崩乐坏，虽然礼乐的形式都在，但是实际上内容变了，本质变了，一切都只是徒有其表而已，要这样的礼乐制度有什么用呢？因此，孔子在这里表达的是对糟糕社会现实的不满。当然，我们不能因此就说孔子不爱国，孔子反社会之类的，孔子的不满正是来源于对社会、对现实的热爱。我们借用艾青的一句诗来结束这一章的读讲："为什么我的眼里常含泪水，因为我对这土地爱得深沉"（《我爱这土地》）。

6.26 宰我问曰："仁者，虽告之曰，'井有仁焉。'其从之也？"子曰："何为其然也？君子可逝也，不可陷也；可欺也，不可罔也。"

宰我不愧为孔门四科中言语科排名第一的人物，确实是能说会道，经常会提一些极度刁钻的问题，像这一章就是这样。孔子天天跟学生讲仁道仁义，要求学生践行仁道仁义，成为仁人志士，甚至说"志士仁人，无求生以害仁，有杀身以成仁"（《论语·卫灵公》），这也就是后来人们所讲的"舍生取义，杀身成仁"。宰我就问孔子，如果有人告诉仁人，说有人掉在井里，从"虽告之曰"这个"虽"字可以看出，实际上不是那么回事，根本就没有人掉到井里，那么，仁人是否也要跟着跳到井里去？"井有仁焉"中的"仁"就是"人"，在古代"仁"与"人"是通假字。这确实是个问题，在仁道与生命之间确实有时很难选择，这是宰我给孔子制造的一个难题。

孔子对于这个问题，做出了这样的回答：为什么要那样做呢？为什么要欺骗仁人呢？"君子可逝也，不可陷也；可欺也，不可罔也"。"逝"有人说解释为"往"，与此相对，"陷"就被解释为陷入，也就是说，君子可能会到井那儿去，但是不会被陷在井里。这种解释的一个很重要的见解，就是认为仁人不仅是道德高尚的人，也是有智慧的人，所以，不会这么容易上当受骗，做这种缺乏理性的事情。不过在笔者看来，这种解释与后面"可欺也，不可罔也"完全没什么关系，后面是一般性地讨论如何对待君子，而前面则成了君子在这件事上具体会怎么做，显然讨论问题不在一个层面上，同时"何为其然也"本身就是对于这种做法的一种批评，而后面显然就要具体说明这种做法为什么要被批评，而不是讲君子会怎么做。因此，笔者采用其他的理解方式。"逝"当读为"折"，"陷"则是陷害，也就是道德高尚的仁人君子可以被摧折，也就是让他们杀身成仁，但是不能设计陷害他们，这不是君子之所为，不能用不道德的手段来对付君子。同样道理，"可欺也，不可罔也"，也就是强调应该如何对待君子的问题。关于这个问题在《孟子·万章上》中也曾提到，并且表述得更为完整，"故君子可欺以其方，难罔以非其道”。结合《孟子》中的这段话，我们可以将这句话解读为：对于君子可以合理的方式对他们进行欺骗，如一种出于善意的欺骗，这是可以被接受的，但是不能以不仁道的方式来对他们进行蒙蔽、愚弄。可见，仁人做人做事一出于仁心善性，这种人在社会上应该得到人们的尊重，人们应该对他们抱持善意，保护好他们，而不是愚弄、陷害他们。

6.27　子曰：“君子博学于文，约之以礼，亦可以弗畔矣夫！”

“君子博学于文”，“博学”就是广泛地学习，但是这地方的“博学”是有针对性的，不是什么都学的，“博学”主要是广泛地学“文”。在孔子那里，“子以四教：文、行、忠、信”，“文”特指古代的经典文献，也就是“六经”。六经的内容很丰富，很广博，我们在学习当中，不容易抓住重点，因为读书最大的问题就是容易被书本带着走，结果自我就迷失了，所以，我们很容易偏离正道，因此这里的“畔”带有偏离、陷于一偏的意思，那么，“弗畔”显然就是不陷于一偏，得其中正之道。怎么样得其中正之道呢？那就要用礼来贯通它。阅读古代经典，不过是获得了大量有关知识的材料，这些材料还不是成系统的，尚未形成系统性的知识，所以，我们在材料的海洋当中容易抓住一根救命稻草，从而避免被浩瀚的材料所淹没，这就陷于一偏了。为了避免这种状况的出现，我们就要找到一条线索将这些材料串起来，使这些材料“一以贯之”，形成一个系统的、有序的整体，从而真正成为系统性的知识。因此，这里讲的“约之以礼”，就是针对“博学于文”而言，要用“礼”把这些文献资料给它贯通起来。这一章实际上讲的是一种读书方法的问题，有人认为这一章是讲道德修养的：一方面要广泛地阅读，另一方面用礼来约束自身，这样就不会离经叛道了。这种理解存在不足，因为显然这个“约之以礼”是针对“博学于文”而言的，“之”就是指代“博学”的“文”，如果按照这种理解，这两句话之间的关联就被人为地割断了。

6.28　子见南子，子路不说。夫子矢之曰：“予所否者，天厌之！天厌之！”

南子是个美女，是卫灵公的夫人，品行不太好，有淫乱的行为，所以名声不太好。不过她得到卫灵公的宠爱，把持着朝政。这个人虽然在个人生活上有点不检点，但是在政治上还是有一套的，至少知人善任，爱惜人才，对于蘧伯玉、孔子都很尊敬，所以，他派遣使者召见孔子，希望能与孔子见上一面，并且意欲花重金聘请孔子为政，而孔子就与南子见面了。就是因为这件事情，“子路不说”，“说”通“悦”，子路很不高兴，对孔子提出了质疑。质疑什么，文中并未明说。不过，我们还是要对此加以猜测，否则，后面一句话就没法理解。这也就是说，子路不悦的原因直接决定了后文的释读。有人认为，因为南子人品不好，子路以为孔子要委曲求全，所以，子路对孔子的做法很不高兴；有人认为，子路不高兴是为孔子鸣不平，孔子本是天纵之圣，但却不能见用于世，如今却要在南子这个品行不佳的女人手下委曲求全。

按照第一种解读，孔子的回答是要为自己的行为辩白。“矢”就被理解“誓”；“否”被理解为“鄙陋”。孔子指天发誓说：“如果我行为鄙陋，我所做的不是为了推行仁道，那么，就让天厌弃我吧！让天厌弃我吧！”按照另外一种解读，孔子的回答就是一种无可奈何的感叹。“矢”就是陈、直告的意思；“否”就是否塞不通的意思。孔子告诉子路说：“我的仁道不能通行于世，是上天厌弃我啊！是上天厌弃我啊！”不过，笔者更加赞同第一种解释，子路性格比较刚直，对于孔子与南子这样品行不好的人合作，必然会有怨言，像公山弗扰、佛肸召见孔子的时候，子路都曾流露出不满，这次当然也不例外。很多人不愿意接受第一种解释的一个重要原因，就是觉得这有损孔子的形象。不过笔者觉得，这才是活生生的孔子，孔子是人不是神，孔子在被弟子误解的时候同样也会急着要为自己辩护，这是正常人的正常反应，没有必要为了维护孔子的权威而把他美化为一个不食人间烟火的神，孔子就是一个邻家老人，与我们并无二致。

6.29　子曰：“中庸之为德也，其至矣乎！民鲜久矣。”

这一章的意思字面意思很简单：中庸作为一种道德，应该是至高无上的！老百姓缺乏这种道德已经很久了。

过去很长时间，人们都把中庸理解为折中主义，这不符合儒家思想的本来面目，因为折中主义缺乏善恶的标准，从而导致无是无非，这是儒家所反对的，孔子把这种无是无非的折中主义称为“乡愿”，他说“乡愿，德之贼也”（《论语·阳货》）。

正是因为中庸不是折中主义，所以，我们不能简单地将“中”简单地理解为是与非的中间状态。《中庸》一书一上来就对“中”作了一个界定，“喜怒哀乐之未发谓之中，发而皆中节谓之和。中也者，天下之大本也；和也者，天下之达道也”。这个“中”是什么？就是人的仁心善性，就是喜怒哀乐这种质朴的先天的自然情感，这里的“喜怒哀乐”并不是确切地指代四种情感，而是泛指人类的各种道德的情感，就像孟子后来所说的“恻隐之心”、“羞恶之心”、“是非之心”、“辞让之心”，实际上都是用来指代人类内在的道德情感，正是这些情感为人们成为道德高尚的人奠定了基础，人类的伦理道德恰恰是从这些情感根基上生长发育起来的。这些内在的情感一旦发出来，就像音乐、菜肴一样，是不同的曲调、不同的原材料恰到好处地搭配在一起，就中节合度，就是“和”，因此，这个“中”就是不同事物不偏不倚恰到好处地调和在一起，是一种矛盾的对立统一，同时，不偏不倚，无过不及，就是恰到好处。总而言之，儒家所讲的“中”实际上就是要恰到好处，不偏不倚，无过不及。然而要想恰到好处，实际上具有高度的时间性、时机性的问题，在不同的时间、不同的地点、面对不同的对象，可能我们的言行举止应该是有差异性的，也就是要根据时机来决定自己的言行举止，这也就是儒家所说的“时中”。

过去人们把“庸”理解为“用”，所为“中庸”也就是用其中于民。这种理解实际上遮蔽了“庸”的重要性，实际上，作为“庸”最基本的含义，应该是“常”，庸就是平常。这个平常很重要，它保证了我们能够做到“中”，能够让我们不偏不倚，无过不及，使我们的行为恰到好处。我们怎么做到这一点，就是从我们作为常人出发。平常人都是有七情六欲的，因此，我们在日常生活中，我们的行为举止要把情感作为抉择的标准，利用这些情感对行为进行调节，要做到始于情感，终于情感，只有这样，我们行为才是合义合宜的，“始者近情，终者近义”。情感是不断变化的，“中”就随着情感的发展变化而发展变化，因此“中”就不是固定不变的。因为“中”是发展变化的，所以“中”给人一种神秘之感，无法把握之感，但是“中”是以平常的情感作为根基的，只要我们顺应内在的情感，我们就能常用常中，所以，“中”又并不神秘。我们之所以缺乏中庸这种美德很久了，主要是我们的情感已经退化了，情感已经麻木了。

6.30　子贡曰：“如有博施于民而能济众，何如？可谓仁乎？”子曰：“何事于仁！必也圣乎！尧舜其犹病诸！夫仁者，己欲立而立人，己欲达而达人。能近取譬，可谓仁之方也已。”

子贡利口巧辞，在社会上很受欢迎，得到重用，他意气奋发，颇有一番壮志豪情，因此，他想跟孔子谈谈自己的理想抱负，当然，他也不会直接说，而是说假如、如果有人怎么样。这是中国人的一个习惯，如果中国人说"有人想"、"我的一个朋友想"，一般基本上都可以将主语换成他自己。子贡也是这样，他说"如有博施于民而能济众，何如？可谓仁乎？""施"就是施恩、施惠，"博施"就是广泛地施恩施惠，这句话的意思是说：如果有人能够广泛地施恩施惠给人民百姓，给他们带来好处，并能救济那些劳苦大众，那么，这种人怎么样？他能算得上仁人吗？

子贡的想法非常好，不仅注重自己的道德修养，而且注重济世救民，真正达到了成己成物的统一，而且理想比较高远，这确实是儒家学者的一个共同理想，真正实现了亲亲仁民爱物，从而达到了天下一家、万物一体，做到仁者无不爱。因此，孔子跟子贡说，"博施于民而能济众"不仅是仁的事情了，也就是用仁来衡量、界定、形容他就不够了，这一定要圣人才能做得到的，即使是尧舜都不一定能做到。为什么做到这一点这么难呢？一方面，是心有余而力不足。仁是内在的道德修养，是内圣之学，它是完全取决于自我的，因而"我欲仁，斯仁至矣"(《论语·述而》)，只要你愿意，你就能成就仁德，成为仁人，但是"博施于民而能既济众"则不一样，这是一种外王事业，这不是个人所能决定的，这需要天时、地利、人和等各种外在因素，具备一定的偶然性，不是想做到就能做到的。另一方面，子贡讲"博施于民而能济众"，这个"博"到底"博"到什么程度，他并没有加以限制，这也就是说，这个"博"是"量无穷，时无止，分无常，终始无故"(《庄子·秋水》)，就是没有界限限制的，这个理想虽然宏大高远，但是在现实中落实起来却十分困难，因为它宏大高远得已经脱离了现实生活。

正是为了给子贡指出一条实现理想的途径和方法，孔子告诉子贡要"能近取譬"。"譬"就是比喻、打比方的意思；"近"就是就近，而最近的就是自己，因此，"能近取譬"也就是从自身出发来对待他者，把他者看作是与我相同的人，从而想他者之所想，推己及人。具体地说，就是"己欲立而立人，己欲达而达人"。"立"就是"三十而立"、"立于礼"之立，"达"则是"不求闻达于诸侯"的闻达，意思是说：自己要想立于世，就想到他者也想立身于世，就帮助他者立身于世，自己想要闻达于世，就想到他者也想闻达于世，就帮助他者实现闻达于世的愿望。像孔子是这样说的，也是这样做的，譬如他好学不厌，就是在实现己之所欲——立己、达己，他诲人不倦，就是立人、达人。当然，我们在能近取譬、推己及人的过程中，也要防止自我与他者的同一化，从而导致强他者以从己的问题，要想到他者与自我之间的差异性，以免造成对他者的伤害。

# 述而篇第七

7.1 子曰："述而不作，信而好古，窃比于我老彭。"

"述"就是传述，也就是把古人的思想学说传承下去，跟在古人后面人云亦云，这也就是冯友兰所说的"照着讲"；"作"是创作，这就是要发古人之所未发，讲古人之所未讲，这有点像冯友兰说的"接着讲"。孔子说自己的学问基本上是传承古人，并不进行创作，这是出于对古代文化的信服和喜好，因此，孔子说自己跟古代的老子和彭祖差不多。至于这个"老彭"到底是谁，在过去也是莫衷一是，有人认为是指老子，有人认为是指彭祖，有人认为是指老子和彭祖。

在这一章中孔子自述了其学问思想，有人根据孔子说自己"述而不作，信而好古"，就判定孔子是复古主义者，认为孔子心目中的理想社会在古代，认为应该回到古代去。不过在笔者看来，"述而不作，信而好古"并不能看作孔子真实思想的表达，而是应该看作孔子的自谦之词。孔子删《诗》、《书》，定《礼》、《乐》，赞《周易》，修《春秋》，虽然从表面上看，这都是做的传述的工作，但是实际上，孔子并不是将古代的典籍忠实地传承下来，而是通过删、定、赞、修等工作在其间灌注了自己的思想观念，在传统典籍的载体中赋予了新的思想内涵。孔子的这种做法为中国古代的读者树立了一个榜样，古代的读书人不断地注释经典，表面上看都是"我注六经"，但实际上大多数都是"六经注我"的，借着注释六经的幌子来表达自己的思想。孔子之所以讲自己"述而不作"，是因为在古代"作"是有德有位者的事情，像周公就能制礼作乐，有位无德、有德无位者都不能制礼作乐，孔子就属于后一种情况，一方面人微言轻，另一方面也不能借助权力将自己制定的礼乐在社会现实中加以落实推行，所以，只能借助传统的"克里斯玛"(Charisma)来为自己所说的东西提供神圣性、权威性，为在现实中的落实推行提供保证。从这里我们就能理解，中国人写文章、说话为什么总是喜欢讲“子曰”、“诗云”。

7.2　子曰：“默而识之，学而不厌，诲人不倦，何有于我哉？”

“默而识之”，关于这个“识”有不同的理解。有人认为“识”就是“志”，就是记住的意思，“默而识之”就是告诉学生要默记在心，因此他所讲的重点是在“学而不厌，诲人不倦”，也就是要记住这两句话。不过笔者不赞同这种理解。第一，这三句话应该是同一个主语，都是孔子讲自己的，否则，在表达、理解上都不通顺；第二，这种理解也忽视了中国哲学中“默”的重要地位。笔者更加倾向于将“识”理解为认识、理解。因为中国的思维是一种整体性的思维，反对对事物进行分析，害怕分析导致事物的分崩离析，所以，中国人比较讲直觉，讲体悟。当我们以语言作为工具对事物进行认识、进行描述的时候，语言就是分析性的，这就存在着导致事物分崩离析的风险，因此，孔子对于性与天道的问题，就讲得很少，因为这些东西本身就有模糊性、暧昧性，对于这些，我们只可意会，不可言传，需要人们自己在内心当中去体悟，做到默识心通。孔子讲“默而识之”实际上就是对于神秘性的一种持守，神秘性的东西是不可传，不可学的，只能自己去感受，去体悟。

“学而不厌”。虽然性与天道这些东西不可传，不可学，只能自己去感受，去体悟，但是大多数的东西还是可传可学的，这些东西就需要我们不厌其烦地去学习。学习而不厌烦是件很困难的事情，孔子是怎么做到的呢？我们在前面讲过，孔子说“知之者不如好之者，好之者不如乐之者”(《论语·雍也》)，人们都是学而知之的。我们为什么要学而知之？很多人都是出于外在的原因，有的人是为了功名利禄，有的是出于父母以及社会所给予的压力，因而学习不是出于心甘情愿，学习对于他本身就是一件非常痛苦的事情，他不能从学习当中获得任何乐趣，所以，他对学习本身是很厌烦的，一旦他的目的达到了，外在的压力没有了，他肯定会放弃学习。孔子对待学习的态度不是这样的，他学习是快乐的，他为什么能从学习当中获得快乐呢？他学习的是与其生命密切相关的东西，他在学习的同时也是在印证他的生命，也是在领悟自己的生命，领悟生命的本质，这实际上就是其自身生命、其内在本质实现的过程，生命不息，学习不止，因此，学习不但不会让他感到厌烦，反而会让他感到快乐。

“诲人不倦”。“默而识之，学而不厌”，都是自我的修养，然而问题在于，对于儒家而言，人在本质上是一个社会性的存在，是一个群体性的动物，人必须在群体当中才能实现自己的本质，才能确定“我是谁”的问题。为了维护群体性，儒家特别强调自我对社会、对他人的责任，并且要主动地将这种责任承担起来。对于孔子而言，虽然他也希望能够直接参与治国平天下，但是大多数时候，他还主要是以教师的面目示人，因此，对于他而言，承担责任的一个重要方式，就是教育学生。教师之为教师，就在于从事教育活动，只有在教育活动中，他才真正实现了自我，因此，孔子从事教育活动中并不会感到厌倦，而是体会到孟子所说的“得天下英才而教育之”(《孟子·尽心上》)的人生快乐。

“何有于我哉?”这句话是孔子的自谦之词，就是说自己除了做到前面所说的三点之外，也没有什么过人之处。话虽这么说，其实能做到这三点就已经很不简单了，因为做到了这三点，不仅成己了，而且成人了，成己的同时成人已经是一个很了不起的成就，这是中国文人的一个至高追求。

7.3　子曰：“德之不修，学之不讲，闻义不能徙，不善不能改，是吾忧也。”

孔子虽然有德，但是无位，所以，他不能真正做到内圣与外王的统一，不过，孔子无位，并不意味着孔子只将目光放在自己身上，从而“独善其身”，孔子始终是“心忧天下”的。这一章就是讲孔子心忧天下的。孔子忧愁烦恼的事情很多：这个世界上的大多数人都不注重道德修养，学问也不再讲习，听到道德，也不再向往趋附，自己有过错也不能及时加以改正。

世界上为什么有这些问题?那是因为人们都变得功利化了，“天下熙熙，皆为利来；天下攘攘，皆为利往”，因此，很少有人真正能够做到“见得思义”，道德修养败给了功名利禄。孔子为什么不顺应潮流，非要逆潮流而动，自寻烦恼呢?这是因为孔子始终以仁义道德作为自己的理想追求，把仁义道德当作人类的本质规定性。孟子后来讲，“人之所以异于禽兽者几希”(《孟子·离娄下》)，就是讲人与动物差别并不大，很微小，而这种微小的差别就在于仁爱之心，人有“四端”，也就是人有道德的萌芽。如果人能够进行道德的修养，人就会成仁、成人；如果不进行道德的修养，那么，人就会变得禽兽不如。既然不能修德，那么，一方面就不能给别人讲学，另一方面自己就不愿学习，就不能学习，因为儒家是讲“敬德性而道问学”的，如果没有道德修养，就没有明确的学习方向，就志不坚，心不定，一旦方向歪了，那么，学习也就偏离了正确的方向。如果不进行道德修养，又不学习，那么,人的道德萌芽就会夭折了,就只能跟随动物性的本能而生活。就像马克思所说的那样,对于没有音乐感的耳朵来说,再美的音乐都是噪音。同样道理,一个人如果缺乏道德认知,缺乏道德之心,那么,一切道德之行都不会在他心里产生任何涟漪,也不会对他产生什么实质性的影响;同时,其动物本能也会固化其对于道德的偏离,他始终都被局限在对于物质利益的追逐之中,不会感受到道德的魅力,也不会追随道德而迁善改过。孔子正是害怕礼崩乐坏的社会现实会让人们在不道德的泥潭里越陷越深,从而变得越来越不道德,而这又会反过来降低整个社会的道德水平,使得个人与社会形成一个封闭的恶性循环圆圈,从而无法为个人和社会找到道德的出路。

7.4 子之燕居,申申如也,夭夭如也。

"燕"是"闲",燕居就是闲居,也就是一个人无事在家的时候。"申申"有人训为整饬严谨,有人训为伸展和舒之貌,"夭夭"有人训为微屈前俯,有人训为愉快适意之貌。两种不同的训释,其所强调的侧重点是不一致的,前一种训释强调孔子在闲居独处时仍然注重仪容整齐,行为合规合矩,这是按照"慎独"来解释这一章的,也就是说,孔子在任何时候都对自己有严格的要求,不放纵自己,即使在闲居独处时也不例外。不过,笔者不太倾向于这种训释方式,因为这种解释把孔子想象成了一个迂腐古板之人,是一个名副其实的教条主义者,实际上,孔子并不是这样的人,孔子虽然对于自己要求甚高,但是也没有教条机械到如此迂腐的程度,孔子的弟子子夏就说过"大德不踰闲,小德出入可也"(《论语·子张》),在曾点言志一章我们也能看到,孔子并不是板起面孔,一副老学究的模样。"无情未必真豪杰",孔子是性情中人,正是因为有真性情,他才会胸怀苍生,心忧天下。孔子作为一个得道的圣人,他对于社会人生的理解已经达到了一个非常高的高度,已经做到了"毋意,毋必,毋固,毋我"(《论语·子罕》),一切东西都不会令其郁结难忘,因此,他不会像普通人那样为了柴米油盐、功名利禄等而愁眉苦脸,而是生活得舒展闲适。孔子之所以能够如此,是因为他放下了对于功名利禄的追求,心底无私自然天地广阔,他怎么会为自己的艰难处境而愁肠百结,眉目不舒呢?这也就是做哲学所需要的一种所谓的贵族气质,哲学是一门没有太大实用性的学问,它不能在现实中发挥立竿见影的效果,不能为人们带来丰厚的回报,因此,它往往为人们所忽视,做哲学是一门比较清苦的学问,要想在哲学的道路上走下去，就需要一点贵族的精神，从柴米油盐、功名利禄中超脱出来，人生、学问才会有了乐趣，这就是古人所说的，“春有百花秋有月，夏有凉风冬有雪，若无闲事挂心头，便是人间好时节。”正是有了这种超脱精神，孔子虽然生活艰苦，但是他无时无刻不心情愉悦，始终处于快乐之中。

7.5　子曰：“甚矣吾衰也！久矣吾不复梦见周公！”

在中国历史上，像孔子是一个文化符号一样，周公也是一个文化符号，尤其在孔子时代更是如此。周公是周武王的弟弟，在历史上功勋卓著，不仅战功显赫，而且治国有方，更是制礼作乐，为中国的礼乐文化奠定了基调。因此，孔子以周公作为自己的榜样，因此他说，“如有用我者，吾其为东周乎！”（《论语·阳货》）就明确表示自己对于周公的敬慕与向往。正所谓是日有所思，夜有所梦，因为孔子经常思考的问题就是如何在礼崩乐坏的现实社会中重新振兴周公所制作的礼乐，由于思考太过认真投入，所以，经常在夜间梦见向周公请益，与其商讨。因此，梦实际上反映了人们内心深处的所思所想，这既包括了你所向往的，也包括了你所惧怕的。孔子是个圣人，庄子曾经说过“圣人无梦”，他的理由是圣人是无欲无求的，有人因此而否认孔子有梦。这是对孔子神圣化的结果，孔子也是人，孔子也有七情六欲，既然有七情六欲，那么，孔子就一定会做梦，当然，孔子所欲的东西与我们不同，普通人所欲的东西是功名利禄，孔子所欲的则是仁义道德、礼乐制度，因此，他的梦也不同于普罗大众。不过，在这里孔子说自己很少做梦了，很久都没有梦见周公了。这表达的是什么意思呢？传达的是什么信息呢？“甚矣吾衰也！”这从字面上看，孔子说自己已经垂垂老矣。对于普通人来说，老了就意味着死亡将近，因此，感觉到非常害怕，但是对于像孔子这样思想通透的人不会这样，就像人们所说的那样，哲学乃是死亡的练习，就像苏格拉底能够坦然地面对死亡一样，孔子也能坦然地面对死亡，正所谓东圣西圣，心同理同。另外，孔子还跟弟子说过，自己是“发愤忘食，乐以忘忧，不知老之将至”（《论语·述而》），从来就没有关心过自己正在走向衰老，那么，他何以此时会说“甚矣吾衰也！”这一方面是因为孔子已经把自己能够做的事情都已经做得差不多了，尤其是在古代文献的整理方面，取得了巨大的成就，觉得自己已经能够给世人一个交代；另一方面，孔子觉得自己也有所遗憾，自己一生有德无位，没有办法实现内圣与外王的有机统一，从而使自己的理想在现实中生根发芽、开花结果，现实的状况与自己心中的理想还是相去甚远，这不免令孔子心有不甘。

7.6　子曰：“志于道，据于德，依于仁，游于艺。”

《论语》一上来就讲“学而时习之，不亦说乎！”说明儒家重视学习，儒家学习的目的是立己立人、成己成人，也就是内圣外王，关键的问题在于：怎么学习？怎么实现成己成人，怎么实现内圣外王？这一章就给出了具体的答案，要通过四个方面的努力。

“志于道”。“志”就是立志。志向很重要，有了志向，才有了目标，才有了前行的动力，才会为了实现志向而拼搏奋斗，才会锲而不舍，因此，孟子就说“士尚志”。实际上每个人都是有志向的，不过在于志向的高低，有的人志向不过是老婆孩子热炕头，有的人志向则是齐家治国平天下。低的志向容易实现，不过一旦志向实现之后，就容易没了志向；而高远的志向则难以实现，正因为其难，所以，人们始终为之奋斗，死而后已。孔子要求人们“志于道”，“形而上者谓之道”，这个道不是现实性的，超越了现实性，因而是一种高远的理想，当然，对于孔子来说，这种高远的理想乃是“仁道”。在一个礼崩乐坏、人人自私自利的时代里，这个理想是非常高远的。

“据于德”。“据”就是坚守、持守之意。理想是高远的，这种高远的理想如果不能在现实中得到落实践行，那么，这种高远理想就不过是镜花水月而已，缺乏现实的价值。因此，“道”必须要得之于心，见之于行，从而变成人们的一种德行，并且能够生死由之，只有这样，这个“道”才不是悬在天上的，而是落在现实中的，对于人们的言行举止、安身立命真正发挥出了应有的作用。

“依于仁”。“依”就是顺而不违之意。“志于道，据于德”实际上讲的都是对于理想的落实问题，而关键的问题是这个理想是否纯粹是外在的，有没有内在的根据，如果没有内在的根据，我们如何能心甘情愿地将其落实呢？我们又如何能够做到矢志不移呢？因此，我们必须为道德提供内在的根据，在孔子看来，这个内在根据就是仁心善性，因此，我们实现理想并不是用一个外在的“道”来束缚自己改造自己，而是要率性而行，从心所欲，从而对自己的仁心善性加以存养扩充，因为这不是出于外在的强加，而是内在的本性使然。

“游于艺”。“艺”在古代是指六艺，也就是射、御、礼、乐、书、数。不像现代，艺术已经被娱乐化了，成了娱乐至死；在古代，六艺当中是包含着天道与人道的，尊卑之等、上下之序都被包含在六艺之中，人们正是通过学习六艺，在具体化的人伦规范当中来加深对于仁道的理解。因此，学习六艺，不是对于仁道的荒废，恰恰是对于仁道的训练。因此，对于人们来说，如何把握仁道？就是要遍历六艺以知之，而这也就是“游于艺”的真正涵义和目的。

7.7　子曰：“自行束脩以上，吾未尝无诲焉。”

“束脩”，在过去有不同的解释。有人认为是指十五岁，因为在中国古代，人到十五岁的时候就要束发修身。按照这种理解，这句话的意思是：只要年龄达到十五岁以上，我没有不加以教诲的。笔者以为，这种解释值得怀疑，一方面，十五岁以上的人太多，孔子毕竟是私人办学，他也没有能力去接受和教诲那么多的弟子，另一方面，如果凡是达到十五以上的人，“吾未尝无诲焉”，那么，就有强行对别人进行教诲的嫌疑，否则又怎么会对所有十五岁以上的人进行教诲呢？

笔者觉得另外一种说法比较合理，就是将“束脩”理解为一种拜师礼。“脩”是肉脯，“束”是指十脡，“束脩”就是十条肉脯或者说十条腊肉。这句话的意思就是：只要人们愿意献上十条腊肉作为拜师礼，我就没有不给予教诲的。这种解释的合理性在于，一方面，孔子私人办学，当然是要收取一定的拜师礼的，否则，孔子就无法养家糊口；另一方面，弟子奉献的十条腊肉虽然微不足道，但这也毕竟是一个要求学习上进的证明，而且主动奉献，也代表了自己一种衷心向学的愿望。这后一点是非常重要的，因为学习必须是以自觉自愿为前提的，如果缺乏自觉自愿，学习就成了一种外在的强迫，那么，这种学习的实际效果就会大打折扣，因此，让学生进献腊肉实际上也是对学生有无学习意愿的一个考察。从孔子的这一举措我们可以看出，学习必须不是出自外在的压力，而应该出于自身的自觉自愿，否则，学习就很难入脑入心，很难对于人的生命产生实际的影响，只是徒增一些知识而已。

7.8　子曰：“不愤不启，不悱不发。举一隅不以三隅反，则不复也。”

“不愤不启，不悱不发”。“愤”，就是指人们在学习的过程中，思而不通、思而不得的那种愤懑的心理状态，这时人们必定会集中精神，试图去破解难题。“启”就是开其意，就是对于郁结不通之处将其开通，使其志意和畅。“悱”是悲痛惆怅的样子，“悱”一般是说“口悱悱”，就是嘴巴想说但又说不出来，因此，非常着急。“发”，就是帮助找到合适的言辞来进行表达。因此，“不愤不启，不悱不发”的意思就是说，在教育学生的过程中，如果学生对于一个问题没有进行深入的思考，没有达到实在想不通的程度，就不对他进行开导；对于一个问题没有达到实在想说但又说不清楚的时候，就不去启发他。这里所说的，实际上是学习的主动性。在学生学习的过程中，老师只是扮演了一个辅助者的角色，师傅领进门，修行在个人，如果学生没有积极性、主动性，一味依靠老师，那么，学习是没有什么实际效果的，而且老师过于积极主动，也会养成学生的一种依赖心理和习惯。因此在教学过程中，要充分地发挥学生的积极性与主动性，试着自己去思考问题和解决问题，只有在思而不得的时候，老师再给予适当的指点，只有这样，学习才能起到事半功倍的效果。

“举一隅不以三隅反，则不复也”。“隅”就是角。一个物体一般都有四个角，如果老师给学生出示了一个角，而学生不能由此而类推出其他三个角，或者说用另外三个角来印证这个角，那么，老师就不再告诉他了。这里面强调了学习当中的类推能力。因为中国古人的思维是类比思维，所以喜欢讲类比推理，这是思考问题的一种基本方式，如果缺乏这样一种能力，那么，即使再用功，再苦苦思考，也不会有太大的收获，因此，孔子强调学生需要自觉地加强类比推理能力的训练，只有具备这种能力，才能真正做到思之贯通，因为中国人强调的是“推类以通之”，不善于推类就永远不能通了。

7.9　子食于有丧者之侧，未尝饱也。

“有丧者”就是丧服在身的人，也就是指死者亲属。这一章是说：孔子在死者亲属旁边吃饭，从来就没有吃饱过。这句话同样出现在《礼记・檀弓上》中，《礼记》是讲古代礼仪制度的书，这说明，这样做是古代礼仪制度的一个要求。不过，由于人心不古，礼崩乐坏，估计在现实生活中，已经很少有人能够做到这一点，而孔子还在坚守，所以，孔门后学要专门将其记录在册。关键问题在于，孔子为什么要坚持这种礼仪制度？这种礼仪制度的合法性在哪里？这种礼仪制度反映的是一种同理心、同情心，我与他人心同理同，能够感受他人的快乐，同样能够感受他人的悲伤。亲人去世是一件令人悲伤的事情，古代的丧礼本身就是用来表达亲属的思念、忧伤之情的，如三年之丧就是反映了儿女“食旨不甘，闻曰不乐，居处不安”(《论语·阳货》)的心理状态。儒家讲仁爱，“仁”就是对于他者的一种爱护，“恻隐之心，仁之端也”，“无恻隐之心，非仁也”(《孟子·公孙丑上》)，因此，仁人一定是有恻隐同情之心的，死者亲属“食旨不甘”。孔子作为一个具有同情心的人，他也能够感受到死者亲属的悲伤之情，所以，他也会“食旨不甘”。从这里我们可以看出，孔子始终是站在他者的立场上的，自己的所作所为并不完全由自我决定，而是经常被他者所决定，因此，儒家的哲学不是以自我为中心，而是以他者为中心的。

7.10　子于是日哭，则不歌。

“是日”就是这一日的意思。这句话的意思是说：孔子如果在某一天哭了，就不再唱歌。这同样是古代礼仪制度的要求，像《礼记·曲礼上》中就说：“临丧不笑。……适墓不歌，哭日不歌”，可见这与丧礼有关。丧礼表达的是悲伤之情，就是七情当中的哀。按照儒家的理论，人的正常状态应该是一个比较和乐的状态，而哀事之来，人就有可能突然而悲，因为悲哀的情绪非常强烈，所以，去得就比较缓慢，由哀转乐就需要一个漫长的时间过程，不像由乐转哀那么迅疾。唱歌一般是表达快乐之情的，因此，人很难在参加丧事之后，哭丧之后就马上快乐起来，就开始唱歌。这说明，孔子去参加丧礼不是像现在有些人那样去走个过场，完成一个形式，而是真心诚意地参与其间，表达对逝者的哀悼，感受亲属的不忍之情。

7.11　子谓颜渊曰：“用之则行，舍之则藏，惟我与尔有是夫！”

子路曰：“子行三军，则谁与？”

子曰：“暴虎冯河，死而无悔者，吾不与也。必也临事而惧，好谋而成者也。”

“用之则行，舍之则藏，惟我与尔有是夫！”颜回是孔子最为得意的弟子，在德行的修养上基本上已经与孔子相距不远，实现了人格的独立和德性的自由。具体表现就是他像孔子一样“用之则行，舍之则藏”。“用”、“舍”是指个人能不能被统治者所任用，“行”是指行道，“藏”不是躲藏退隐，而是秋收冬藏之藏，也就是把道收藏起来，存放起来。这句话的意思是说：如果颜渊能够被任用，他就行道于世，如果不能被任用，他就把道收藏起来，再等待合适的时机，这大概只有孔子和颜回能够做得到。这实际上就是孔子所强调的“时中”，也就是不需要“意、必、固、我”，事先设立一个原则，一个标准，然后机械地不顾现实地照搬原则和标准，这必然会导致与现实相违背，相冲突。当然，这并不意味着，颜回无是无非，颜回内心中始终忠诚于道，但是他无法决定命运的偶然性，因为“用”与“舍”具有一定的偶然性，这是个人无法决定的，所以，个人在现实中虽然要心怀仁道，但是对于个人能否行此道于世则要抱持一种从容心态，以免为其所伤。

孔子对于颜回的表扬，引起了子路的关注。子路觉得自己虽然在德行修养上与颜回有差距，但是自己也有自己的优点，他非常勇敢，儒家的“三达德”是“智、仁、勇”，“勇”就是三达德之一，因此，他想孔子也表扬一下自己，他就故意跟孔子说，如果你统帅三军，行军打仗，你会与谁一道呢？“则谁与”，“与”就是“俱”，就是一道、一起的意思。对于子路的提问，孔子并未直接回答问题本身，而是表达了自己的一些看法，“暴虎冯河，死而无悔者，吾不与也。必也临事而惧，好谋而成者也。”“暴虎”就徒手与老虎搏斗，“冯河”就是徒步渡河，“暴虎冯河”从表面上看非常勇敢，实则非常鲁莽。孔子说，那些徒手与老虎相搏、徒步渡河的莽撞之徒，并且至死无悔的人，我不愿意与他们一起行军打仗，因为这些人意气用事，有勇无谋。在孔子看来，那些能够成就大事的人，一定是面对任何事情的时候，都谨慎恐惧，战战兢兢，态度非常严肃认真，并对其展开周密的谋划，只有这样，做任何事情都会取得成功。因此，在孔子看来，我们不能只有天然的本能，做事一任本能，我们还必须发挥人的理性的作用，做到三思而后行，达到感性与理性的有机结合。孔子这么说，实际上并不是批评子路，而是对子路的一个善意的提醒，希望他也能够运用理性，不要仅凭意气用事。

7.12 子曰：“富而可求也，虽执鞭之士，吾亦为之。如不可求，从吾所好。”

“执鞭之士”在古代指三种人：一种是古代王公大人出行的时候，拿着鞭子行走在道路两侧驱赶行人的人；一种是为别人驾车的人；一种是拿着鞭子站在市场门口看守市场的人。不管“执鞭之士”到底是这三种当中的哪一种，反正都是身份比较低贱的人。孔子说，如果“富而可求”，那么，即使是做身份低贱的“执鞭之士”，我也愿意去做；反过来，“如不可求”，我还是追随我的爱好吧。在这里“富”是比较清楚明白的，就是富贵利禄的意思，关键则是如何理解“可求”与“不可求”。有人直接按照字面意思将“可求”理解为可以自己求得，也就是凭自己的努力就能做到。在笔者看来，这种理解不符合孔子的想法，因为孔子曾经明确表示，一个人的贫富寿夭是受制于外部条件的，具有一定的偶然性，个人的努力并不必然为自己带来功名利禄，从这个意义上来说，富是不可求的，因而，这里所讲的“可求”是不存在的，显然，孔子并不是在这个意义上来理解“富而可求”中的“可求”。实际上，孔子只是在这里用“富而可求”作为一个比方，假设富贵利禄是可求的，孔子所着重表达的则是“求”的方式的问题，也就是“可以道求之”或“不可以道求之”。孔子在这里想说的是：如果能够以合乎道的方式来获得富贵，即使是做一个低贱的执鞭之士，我也愿意；如果不能以合乎道的方式来获得富贵，那么还是追随我的内心，安贫乐道吧。由此可见，孔子高度重视道，他不是把富贵作为自己追求的目标，而是把道作为自己追求的目标，而这个目标也成了他“求”与“不求”、“为”与“不为”的标准。

7.13　子之所慎：齐，战，疾。

“齐”，在古代同于斋，古人在祭祀之前要斋戒，斋戒要吃素，不茹腥，不饮酒，从而做到清心寡欲，因此，斋戒不仅是吃斋，更是心斋，这也就是庄子所说的胸中空虚无物，物来而顺应的状态，只有这样，才能心与神交。由于斋戒是为祭祀所准备的，所以孔子用“齐”是以部分代替整体，表示祭祀。“战”就是战争；“疾”就是疾病。孔子对待三件事情非常谨慎小心：祭祀、战争、疾病。为什么孔子要在这三件事情上非常谨慎呢？祭祀就是祭祀鬼神，虽然子“不语怪力乱神”，并且“敬鬼神而远之”，但是孔子并不否定鬼神的存在，并且还对鬼神保持着敬畏之心，敬畏鬼神，这是因为鬼神掌握着人们的生死祸福、赏善罚恶的大权，所以，祭祀鬼神上则关系着社稷安危，下则关系个人的贫富寿夭，当然需要谨慎对待。战争是不得已而为之的无奈之举，需要耗费大量的人力与物力，无数的人将在战争中丧失生命，无数家庭会因此而妻离子散、家破人亡，战争的规模、成败决定了无数人的幸福，因此，一定要谨慎谋划，做到“临事而惧，好谋而成”，做到速战速决，以最小的代价取得战争的胜利。人的身体发肤受之父母，人们的一个重要任务就是生命的延续与传承，而疾病对此造成了严重的威胁，同时生命的存续也是人们承担责任、履行义务的前提，如果生命没有了，那么，孝敬父母、抚养子女、奉献社会等一切所谓仁义道德的行为都将无从说起。因此，孔子所戒慎恐惧的事情并不是出于一己之私利，而是指向他者，指向社会，皆是出于公心。

7.14　子在齐闻《韶》，三月不知肉味，曰："不图为乐之至于斯也。"

这一章有不同的理解。第一种理解，孔子在齐国听到了韶乐，这个韶乐本来是舜乐，韶是一种揖让之乐，结果后来陈敬仲到了齐国，不仅将韶乐带到齐国，而且长期在齐国僭政，到齐景公的时候，陈氏基本上已经代齐专政了。孔子是比较反对僭政的，认为这是一种僭礼的行为。因此，孔子在齐国听到韶乐的时候，心里很不是滋味，久久不能平静，茶饭不香，就连肉都吃不出味来了，因而发出感叹"没想到竟然会在齐国听到韶乐"，其言下之意是说在齐国不配演奏代表揖让的韶乐。笔者更加倾向于另外一种解释。孔子对音乐是非常重视的，认为音乐能够成就高尚的人格，"成于乐"（《论语·泰伯》），而且他本人也是比较爱好音乐的，像《论语·述而》中就说，"子与人歌而善，必使反之，而后和之"。既然孔子爱好音乐，而韶乐又是古代的经典名曲，孔子听到后一定会沉浸其中，反复揣摩，甚至要向人学习，从而达到废寝忘食的地步，肉都吃不出味道来，因而由衷地发出感叹："没想到音乐竟然能达到如此美妙的境界。"

为什么孔子会如此重视音乐？关于这点，荀子在《乐论》当中做了解释，荀子认为，音乐出自人情，是人类情感的表达方式，正是因为音乐合乎人情，所以，音乐也能够起到化民成俗的教化作用，从而构建起和谐的人际关系。

7.15　冉有曰："夫子为卫君乎？"子贡曰："诺，吾将问之。"

入，曰："伯夷、叔齐何人也？"曰："古之贤人也。"曰："怨乎？"曰："求仁而得仁，又何怨？"

出，曰："夫子不为也。"

孔子的教育是很生活化的，与现实密切相关，这就像苏格拉底一样，认为只有与人的生活密切相关的伦理、政治等学问才是值得研究的。正是在孔子的教导下，孔子的弟子们也很关心现实，很关心政治，经常讨论一些政治问题。有一天，冉有和子贡就讨论了一个政治问题。孔子周游列国期间，就像"丧家犬"一般，在各个地方流离转徙，没人愿意收留他，任用他，结果，孔子到了齐国，在齐国孔子得到了礼遇，卫灵公、南子都非常尊重孔子，后来孔子的很多弟子在卫国出仕。正是基于此，冉有就问子贡：老师是否有意辅佐卫国的国君？“为，助也”，也就是辅佐的意思，“为卫君”不是要当卫国的国君，这不符合孔子的理念，因为这是犯上作乱，是僭礼。这里的“卫君”是指卫灵公的孙子辄。中国古代的礼制是长子继承制，卫灵公应该立自己的儿子蒯聩为太子。由于卫灵公不满意自己的儿子蒯聩，直接将其放逐了，所以，卫灵公去世后，国人就立辄为国君，结果蒯聩与辄之间就开始争夺王位。当此之时，孔子正好在卫国，冉有就很关心孔子是否会选择站在卫君辄这一边，从而卷入这场王位争夺战，因此而有是问。

“求也退”，冉求这个人比较怯懦，胆子比较小，有问题也不敢当面向孔子请教，结果问子贡。子贡这个人能说会道，就去问孔子。不过子贡这个人还是很有头脑的，问得很有艺术，他不是直接问孔子这个问题，以免让孔子回答起来比较为难，而是问他如何评价伯夷、叔齐这两个人。我们说过，伯夷与叔齐是孤竹国的两个太子，他们为了谦让王位而从孤竹逃到了周境内。后来武王伐纣，伯夷叔齐阻止不成，就逃到首阳山上退隐，并最终饿死在首阳山上，他们是德行高洁之人，也就是“圣之清者”。因此，孔子评价他们是古代的贤人。子贡接着就问孔子，他们会为自己让国和退隐的行为感到后悔吗？“怨”不是怨恨，而是悔恨。孔子说，他们祈求仁德而成就了仁德，这有什么后悔的呢？在子贡与孔子的问答中没有一个字论及孔子会不会帮助卫君辄争夺王位的问题。不过，子贡则从其中听出了孔子不会辅佐卫君辄的信息。为什么这么说呢？伯夷、叔齐是让国的，而辄则与父争国，这与伯夷、叔齐不相类；伯夷、叔齐宁愿饿死首阳山，也不愿辅佐周武王，孔子对他们的这些行为给予了高度评价，说明孔子是认同这种做法的，那么，如此类推，孔子不会辅佐卫君辄就是再清楚不过的事情了。

从“求仁而得仁，又何怨”一句我们可以看出，一方面，孔子把“仁”看成了人类的一个最高追求目标，另一方面，孔子希望人们能为仁而竭尽全力，甚至像伯夷叔齐那样为之献出生命也在所不惜。由此可见，每个人都应该有自己的追求目标，并为实现自己的目标而付出努力，只有这样的人生，才是无怨无悔的人生。

7.16　子曰：“饭疏食饮水，曲肱而枕之，乐亦在其中矣。不义而富且贵，于我如浮云。”

这一章与《论语·雍也》中的“子曰：‘贤哉，回也！一箪食，一瓢饮，在陋巷，人不堪其忧，回也不改其乐。贤哉，回也！’”章合起来，讲的就是孔颜乐处。孔子与颜回都不顾物质生活的艰辛，都能够在艰苦的环境中自得其乐。孔子在这里讲的未必是历史的事实，而是就着上一章说的，也就是说，自己未必非要留在卫国辅佐卫君辄，从而让自己过上富裕的生活，即使自己吃着粗糙的饭菜，睡觉没有锦衾角枕，只能用胳膊当枕头，仍然觉得生活中不乏快乐。如果留下来辅佐卫君辄，虽然能让自己变得富贵起来，但这是违反礼义的，面对这种两难选择，孔子说自己还是甘愿在艰苦的生活环境中自得其乐，也不愿为了富贵而违背礼义。可见，孔子始终将礼义作为自己的言行举止的标准，对自己严格要求，真正做到了与仁顷刻不离。虽然从表面上看，颜回之乐与孔子之乐是一样的，但是二者之间实际上是有差别的。颜回是“不改其乐”，关键在于“不改”，颜回的“乐”是乐于道，因此，颜回之乐强调的是颜回对于仁道的坚守，外在的艰苦条件无法改变他对于仁道的执着。颜回的这种做法是有心为之，是有为法。孔子是“乐亦在其中矣”，孔子所乐的并不是外在于艰苦环境的“道”，就是艰苦环境之中的“道”，孔子在艰苦的环境中同样也能够感受到得道的乐趣，可见孔子真正已经达到了触类旁通、莫不为道的至高境界，可见孔子已经不再将“道”看作外在的追求目标，去寻找“道”，追求“道”，而是已经与道为一了，生活中的事事物物莫不是道，不管环境如何，我们都能感受到得道之乐。孔子真正做到了天下一家、万物一体、上下与天地同流的人生境界。

7.17　子曰：“加我数年，五十以学《易》，可以无大过矣。”

“加”通假，也就是借的意思。借给我几年时间，学《易》学到五十岁，这说明孔子说这句话的时候应该是在四十几岁，也就是在“孔子不仕，退而修诗、书、礼、乐”的那段时间。孔子为什么说“加我数年”呢？有人认为，孔子在三十以后一直处于游仕状态，而且在三十岁之前主要学习的是《礼》、《乐》、《诗》、《书》、《春秋》，虽然《易》总该六艺之首，但四十几岁的时候一直无暇对《易》进行深入地研究，所以，他希望借用不仕的时间来完成《易》的学习，从而身通六经。有人说，孔子认为人生无常，生死不可预测，人随时都有遭遇死亡的风险，所以，他说如果上天垂怜，那么，就假以数年的时间，让他学《易》到五十岁。笔者赞同后面的说法，这也比较符合孔子好学的性格特点，前面一种解释，附加的内容太多。“可以无大过”讲的是一种学习的结果。对于这个结果也有两种说法。第一种认为，在对《易》进行深入系统的学习研究以后，对于《易》理解就会达到比较成熟完备的状态，在理解上不会出现大的过错。第二种认为，通过对《易》的学习，就会对天道与人道都会有比较深刻的认识，因此在为人处世上就不会出现大的过错。在这个问题上，笔者同意第二种说法，因为儒家读书做学问并不是纯粹学术性的，读书做学问都离不开人生日用，都是用来指导人生日用的，而且孔子在易学发展史上的一个重要贡献就在于，《周易》在孔子前是卜筮之书，孔子则将其改造成人道之书，从而与人生日用直接相关。

7.18　子所雅言，《诗》、《书》、执礼，皆雅言也。

关于“雅言”有两种解释，一种认为，“雅”是常，“执”是守，按照这种解释，这一章的意思是说，孔子经常说到《诗》、《书》和守礼。这种解释有点问题，因为在中国古代缺乏将“雅”解释为“常”的例证，况且，孔子常说的东西也不止这些，所以，笔者不取这种解释。“雅言”应该是“正言”，“雅”与“俗”对，“俗言”就是人们在日常生活中自发形成的方言俗语，与此相对的“雅言”就是由官方制定颁布的一种标准化的通行语言，就像现在中国推广的普通话一样。不过，这个雅言大概是周语，也就是《尔雅》当中所制定的标准语言，因为按照古人的说法，周公著《尔雅》，释古今之异言，通方俗之殊语，从而制定了一套规范化的语言系统。孔子是周公的追随者，因此，在颂读《诗》、《书》，以及在执掌礼仪活动的时候，都使用普通话。使用普通话当然是表示孔子在做这三件事情的时候那种严肃认真、郑重其事的态度，不过，为什么特别强调这三者呢？我们先来看《诗》、《书》。中国古代的文字有指事、象形、会意、谐音、转注、假借等结体方式和文法结构，掌握起来并不容易，《诗》、《书》记录的是古人的言与事，是当时人们学习的重要材料，因而用雅言进行诵读，就可以借此帮助弟子更加准确地把握中国文字。在执礼的时候，也就是在当司仪的时候，使用普通话一方面显示仪式的庄重肃穆，另一方面也避免方言俗语所造成的误解，让人们更好地听懂仪式的程序，进而使得礼仪程序能够顺利地完成。从此可以看出，中国推广普通话已经具有非常久远的历史。

7.19　叶公问孔子于子路，子路不对。子曰：“女奚不曰，其为人也，发愤忘食，乐以忘忧，不知老之将至云尔。”

这个“叶公”就是叶公好龙中的叶公。叶公名叫沈诸梁，字子高，楚国的大夫。按照当时的礼制，自王卿以下不能称公，他称公是因为楚君已僭为王。虽然叶公好龙的故事有损于叶公的形象，实际上叶公是楚国的良臣，他对孔子非常敬重，故想向子路了解孔子到底是个什么样的人。孔子超凡入圣，就连颜回都感叹无法对孔子进行准确的把握，更何况是在德行修养上远不及颜回的子路呢。子路根本就无法概括孔子到底是个什么样的人，因此，他也就没有回答叶公的问题。

听到这个事情后，孔子对自己做了一个概括，“其为人也，发愤忘食，乐以忘忧，不知老之将至云尔”。“其为人也”，不是说他做人，而是说他作为一个人，或者说他这个人；后面三句话都是概括孔子所具有的优良品质。关键的问题是，这些优良品质指向了什么，也就是这些优良品质是对待工作的、对待他人的，还是自我修养的？孔子这里讲到“发愤忘食”，从前面的“不愤不启，不悱不发”可以看出，孔子所说的是自我道德修养、进德修业的问题，或者说是学习的问题。孔子所学的是礼，是道，“发愤”的对象是礼是道，是对精神境界的追求，“食”所代表的是物质，“发愤忘食”说明孔子在对待精神与物质的态度上是坚定地选择精神而非物质，“士志于道，而耻恶衣恶食者，未足与议也”（《论语·里仁》）。孔子无往而不乐，因为他在任何事情当中都能够体会道，尤其是在学习当中。孔子把学习的最高境界看作“乐”，认为达到学习最高境界的人就是从学习当中获得快乐的人。孔子曾经说过，“君子忧道不忧贫”（《论语·卫灵公》），“德之不修，学之不讲，是吾忧也”（《论语·述而》），孔子所“忧”的都是他人，是社会国家，是民族社稷，从来就没有自己个人。像道家所说的“患得患失”，是“得亦忧，失亦忧”，这个忧患的是功名利禄，而这对于孔子来说，在学习当中，只有得道的快乐，没有对于功名利禄的忧虑。“老”是指年龄大，年龄大也就意味着死亡快要到了，因此在中国古代，有时就用“老”来指代死亡。“不知老之将至”，就是说孔子已经超脱了生死，不关心死亡的问题，而是沉迷于学习得道之乐当中，这说明孔子一心向道。孔子对自身的概括，从表面上看，讲的是一种学习的态度，实际上讲的是一种人生的境界，是超脱了物质利益、功名利禄和生死对立的自得其乐的圆融境界。

7.20　子曰：“我非生而知之者，好古，敏以求之者也。”

孔子作为古代不可多得的圣人，在后来中国的历史上有些人把孔子看作“天纵之圣”，认为他是“生而知之”的，从而把孔子神化了。实际上，在孔子生前，这种神化就已经开始了，子贡就是其中的一个重要代表，孔子这里大概就是针对神化自己所作的一个回应。孔子当然很聪明，很有天分，不过他并不认为自己是天才，一生下来就具备了各种各样的知识，他认为自己之所以懂得的东西比一般人多一点，是因为自己爱好中国古代的文化，又勤勉学习。“敏”，过去人们喜欢把它解释为“速”，这有点说不通，学习靠的不是迅速，学习是快不得的，反而需要慢，慢工才能出细活，要慢慢地吸收，慢慢地消化，这样才能真正有所收获，一快就容易走马观花，收效甚微。因此，“敏”还是解释为勤勉比较好，孔子的知识也是靠勤勉学习得来的。人们一般将这看作孔子的谦虚之词，不过笔者以为，这是孔子的真实写照。在中国古代，人到五十岁的时候就不学了，就开始颐养天年了，而孔子到七十岁的时候，还在序《易》，可见孔子学习是非常勤奋的，真正是活到老，学到老。孔子之所以取得常人难以企及的成就，也是因为他付出了超乎常人的努力。同时，我们注意到，孔子在这里特别提到了“好古”，这说明他特别重视中国传统文化。为什么要重视传统文化？人都是历史中人，没有人能够彻底地从传统当中摆脱出来，我们都是历史塑造的成果，我们要想了解自己，就必须了解传统；历史就像一条河流，现在与过去无法被截然割裂开来，下游的水流必然包含了上游所汇入的水流，我们要想清楚地认识现在，就要了解历史上曾经发生过什么；即使历史已经发生了变化，但是阳光底下并没有彻底新鲜的事物，我们熟悉历史，同样能为现实提供经验教训。“好古”不过是对传统文化的爱好，并不是说孔子要去复古。因此，在现代社会中，我们阅读古代的经典，也不应该是要回到过去，不是要我们穿着过去的服装，说着过去的语言，历史是不可能回到过去的，今天有今天的生活方式，但是历史并非一无是处，历史能够为我们提供经验教训，能够为我们提供借鉴，我们应该是面对现实、面向未来来阅读经典，回顾历史。

7.21　子不语怪、力、乱、神。

《论语》中经常讲“言”，像“予欲无言”、“子罕言利”、“吾与回言终日”等，为什么这里用“语”不用“言”？这是因为，在古汉语中，“言”与“语”是有差别的，“言，言己事也。为人说曰语”，“发端曰言，答述曰语”，“言”要么是讲自己，要么是自己主动说；“语”要么是说别人，要么是答述别人。看来这一章是讲孔子答述别人的。“怪”是怪异。孔子是讲中庸的，“庸”的一个重要含义就是常，孔子要讲常道，这是人力所能致的；怪异之事违反常道，其间充满着偶然，而偶然性是人力所不能控制的，因此，如果我们沉迷于怪异之事，那么，我们就会否定人力的作用。“力”是力量，就是孔武有力的力。孔子本身就是非常有力量的，《吕氏春秋·慎大览》说“孔子之劲，举国门之关，而不肯以力闻”，孔子为什么“不肯以力闻”，不夸耀力量，甚至不愿讲“力”？这是因为孔子是重德的，而“力”与“德”无关，过分地关注“力”反而会让人们忽视了“德”的重要性，所以，孔子说“骥不称其力，称其德也”(《论语·宪问》)。“乱”就是犯上作乱，像子弑父、臣弑君，这在孔子看来，这是典型的败伦乱理的行为。“神”就是鬼神，孔子对鬼神的态度是“敬鬼神而远之”(《论语·雍也》)，孔子之所以如此对待鬼神，是因为如果我们过度地迷信鬼神，那么，我们就会陷入命定论，认为人世当中的一切都是由鬼神所决定的，那么，我们就不能自我做主，我们就会认为自己的成败、得失、功过都与自己无关，我们在现实中就会失去约束，就会无所不为；一旦出现了问题，我们就将其推诿给外在的鬼神，不会反省自身，从而为行不义之事找到了借口。总而言之，孔子不讲怪、力、乱、神，其主要目的还是强调人们的自我主宰，要求人们要重视道德修养。

7.22 子曰：“三人行，必有我师焉：择其善者而从之，其不善者而改之。”

古代汉语的一个特点，就是意义的灵活性、不确定性，只有在具体的语境当中才能确定它的含义。在前面我们多次讲到，“三”在古代一般是指多，而在这里“三”却是表示少。“三人行”就是即使只有三个人一起行走。为什么要强调三个人，而不是两个人？三个人一起行走，这三个人中一个是我，两个是他人，从我对两个他人的对比当中，我就能看出他们身上各有什么优点，什么缺点，然后对优点进行效法，对缺点加以改正。如果只有两个人的话，也就是只有一个他人，那么，我就没法对他进行比较，就不容易判别他是善还是不善；同时，如果我与他进行比较，那么，两个人之间要么自是而相非，要么相互吹捧，这时候也就失去了监督，而无法做到客观公正。从这种比较选择中，我们可以看到，孔子并不是事先确定了一个标准，把自己的主观好恶强加到他人头上，指定一人为善，一人为不善，而是随事而见人之善与不善，认为人同时有善有不善，我们对于善的部分要加以学习，对于不善的部分要加以改正。孔子之所以能够如此客观地认识他人的善与不善，如此理性地对待他人的善与不善，是因为他不以自我为中心的，因为他“毋我”。人们之所以不能客观公正地评价对待他者，都是因为我站在狭隘的自我立场上，带着自己的成心或偏见去看待他者，从而导致自是而相非，只看到他者的缺点与不足，无法看到他者的优点。孔子在这里讲“必有我师焉”，人们普遍地认为，孔子认为无论他人善与不善，都可以成为我的老师，成为我师法的对象。笔者以为，这种观点是值得商榷的，因为“师”都是对人的尊称，学高为师，身正为范，能够为别人师法的人一定是有高深的学问和崇高的德行，也就是只有“善者”才能成为师法的对象，“不善者”则不能成为师法的对象，因此，这里讲“三人行，可以为师焉”，是指每个人身上都有善，都有可取之处，我们要善于学习别人的优点。

7.23　子曰“天生德于予，桓魋其如予何?”

桓魋是宋国的司马，名叫向魋，因为是桓公之后，因此又叫桓魋。按照《史记·孔子世家》的记载，孔子在周游列国期间，要到宋国去，孔子周游列国是要谋得职位以推行自己的政治主张。虽然孔子当时落魄，但是名气很大，估计桓魋害怕孔子的到来会对自己构成一定的威胁，因此，桓魋就派人在半道上对孔子一行进行骚扰拦截，如孔子跟弟子在大树下习礼，桓魋派去的人就把大树给拔了。桓魋这么做也并非像《史记》说的真想杀孔子，估计只是想吓唬孔子，让他赶快离开宋国。结果，孔子就离开了宋国前往郑国，弟子们感觉比较害怕，催促孔子赶快逃跑，孔子就跟弟子们说了上面这段话。从这段话的言说背景来看，一方面，孔子是给弟子们壮胆鼓气，安抚弟子们害怕的情绪，另一方面也是孔子自信的表现。孔子的自信源于“天生德于予”。孔子说，“天何言哉? 四时行焉，百物生焉，天何言哉?”(《论语·阳货》)就把天生成万物看作一种自然的生成，一种自然而然的禀赋，因此，“天生德于予”也就是说人都有一种自然的道德禀赋，这种禀赋也就是人具有道德的情感，只要人顺着这种道德的情感前进就能够成为道德高尚之人，就能够为他者、为社会、为国家承担责任。从自然的发展来说，世界本身是运转不息、生长不息的——“四时行焉，百物生焉”，像孔子这样有德性的人就应该为社会承担起自己的责任，参与到世界的大化洪流当中去，为世界的运行与发展做出自己的贡献——“仁以为己任”(《论语·泰伯》)，这是一种历史的规律，这是一种社会的召唤，这不是桓魋可以阻挡的历史潮流。尽管孔子对自己充满自信，但是他还是离开了宋国，这是因为孔子的自信是对历史大势的把握和对自己德行的肯定，而他却没有办法把握偶然性，没有办法决定外部的世界，所以，只能三十六计，走为上策。由此可见，作为一个人，我们既要相信必然，也要关注偶然，要防范那些不可预测的偶然性。

7.24　子曰："二三子以我为隐乎？吾无隐乎尔。吾无行不与二三子者，是丘也。"

在中国，人们喜欢讲不传之秘，讲心法，总是以为什么东西都有个秘密法门，像宋明儒者就认为"人心惟危，道心惟微，惟精惟一，允执厥中"（《尚书·大禹谟》）就是儒家的秘传心法，这种看法大概是古已有之。在孔子教授学生的过程中，学生看孔子的道德修为那么厉害，有种高深莫测的感觉，而自己则无法企及，因此，学生就会觉得孔子是不是有什么不传之秘，有什么法门没有告诉自己，这也就是孔子所说的"二三子以我为隐乎"。针对弟子们的这一疑问，孔子明确地告诉他们，我对于你们没有任何的隐瞒，该教的东西我都交给你们了。当然，孔子这么说，弟子也未必就相信，像后来陈亢就问孔子的儿子伯鱼，孔子是否专门教给他一些秘不示人的秘诀，答案当然也是没有。不过，孔子这里所给出的解释是"吾无行不与二三子者"，我的行为都是向大家公开的，没有隐藏什么。根据这个"行"我们有四点需要注意。第一，德与行的问题。弟子之所以有疑问，就是疑问孔子的德行太高，从而觉得孔子有所隐瞒，但是孔子的回答则告诉人们，高尚的德行是从行动当中来，只要你踏踏实实地去做，去进行道德修养，你就可以成为道德高尚之人。第二，言与行的问题，弟子们怀疑的是孔子可能有什么秘诀没有告诉自己，孔子则用"行"破除了语言的重要性，道德不是用语言来传递的，而是用行为来践行的。第三，言教与身教的问题。弟子的质疑是言教，而孔子用"行"告诉弟子，自己所进行的是身教，身教更加重于言教。第四，隐与显的问题，中国人向来比较关注隐显之道，从而导致人们倾向于谈虚弄玄，孔子通过"行"告诉弟子，虚玄之道不必外求，隐秘之道就在可见的行为之中，要在行为之中求道。

7.25　子以四教：文，行，忠，信。

这句讲的是孔子的教学内容和教学顺序问题。如果我们要想了解孔子所教的具体是指什么，我们要了解孔门四科：德行，政事，言语，文学。孔门四科主要是讲孔子的弟子所擅长的四个领域或四个方面，这应该是经过教育培养的一个结果，因此，四科的排列更加侧重于其地位的重要性，是按从高到低的顺序排列的。四教则更加侧重于教育的规律性，按照教育规律开展循序渐进的教育。因而，四科与四教虽然一一对应，但是排列顺序上则不完全相同：文所对应的是文学，行对应的是德行，忠对应的是政事，信对应的是言语。"文"是指古代的经典文献，也就是六经或六艺。行也就是通过孝悌之行来培养人的德行。通过政事教育来培养人尽忠职守，通过言语教育来培养人的言而有信，或者说，言语信实可靠。由此可见，孔子始终是把人的道德培养看作教育的头等大事，教育最终是要服务于人的德行的提高。

7.26　子曰："圣人，吾不得而见之矣；得见君子者，斯可矣。"

子曰："善人，吾不得而见之矣；得见有恒者，斯可矣。亡而为有，虚而为盈，约而为泰，难乎有恒矣。"

孔子认为，在当时的社会中圣人已经见不到了。为什么见不到呢？孔子所理解的圣人与后世对圣人的理解有所不同：后世基本上将圣人看作道德修养上的，像孟子就说，"圣人，人伦之至也"(《孟子・离娄上》)，因此，像伯夷、柳下惠、孔子等都可以居于圣人之列；孔子这里所讲"圣人"则是圣王，不仅学问高深，德行高尚——而且能够成就外王之大业，因而是内圣与外王、德与业的高度统一，他们不仅能开道统、学统，而且能开政统。在先秦时代，诚如庄子所言"道术将为天下裂"(《庄子・天下》)，德与位、内圣与外王开始分裂，有德者未必有位，道德高尚的人却无法成就大业，就连像孔子德行如此高尚，也无法在现实中推行自己的政治理想，最后也只能教学授徒，整理古籍，更遑论他人了，因此，孔子心目当中的圣王在现实当中当然无法见到。既然见不到圣王，那么，只要看到君子也就可以了。君子跟圣人不在一个等级上，君子主要是德行上的，君子对于自己要求严格，德行高尚，心胸开阔，具有"智仁勇"等美德，最主要的是他立身行事都是以"义"为核心的，"君子喻于义"(《论语・里仁》)。虽然，君子没有王位，但他也不是普通百姓，不是"小人"，具有一定的官职，或者始终存在进入仕途的可能性。孔子讲见到君子就可以了，就心满意足了，这是一种很无奈的表达，说明在当时，君子也是难得一见的。

圣王见不到，君子也见不到，那见到善人也就心满意足了。善人“不践迹，亦不入于室”（《论语·先进》），善人虽然不会跟在别人后面亦步亦趋，但是道德学问也尚未登堂入室。由此可见，善人跟君子还是存在差距的，虽然在道德修养上达到了一定的层次，但是还不够，还没有达到尽善尽美的境界。尽管在道德修养上不完美，但是已经很不错了，所以，孔子对于善人还是抱着很大的期待的，认为用他们来治理国家，也可以“胜残去杀”，就是能够用自己的德行去感化那些凶残之人，化民从善，使得国家杀戮的刑罚都可以免于使用。关键的问题在于，善人也很难见到，孔子只能将希望寄托在“有恒者”。所谓“有恒者”就是孟子所说的“无恒产而有恒心者，唯士为能”（《孟子·梁惠王上》）。“有恒心”就是有操守，也就是内心当中始终坚守仁义——“士志于道”，因此，他能不为外界所动。由此可见，“有恒者”就是士，不过它特别强调的是士的操守，士对于仁道的坚持、恒心、毅力，强调的是士的坚定不移的品格。同样的道理，孔子对于结果仍然是失望的，“有恒者”也很难见到。为什么这么说呢？因为在这些现实生活中，那些士“亡而为有”——没有的东西硬说自己有，“虚而为盈”——空虚却伪装盈满，“约而为泰”——穷困却冒充富贵，总的来说就是弄虚作假，自欺欺人，缺乏真诚、弄虚作假本来就是没有操守的表现，他又怎么能够做到有操守呢？

总而言之，孔子在这一章中对当时社会的风气提出了批评，同时也表达了自己心目当中的人格理想。当然，在这一章中，孔子的人格理想表现为由士到善人，再到君子，最后再到圣人的一个发展过程。

7.27　子钓而不纲，弋不射宿。

“钓”就是用鱼竿钓鱼。“纲”有人认为是“网”的误写，有人认为是网沿上的大绳，以便用于张网收网，也就是“纲举目张”中的“纲”，这里用来指代大网。用大网捕鱼，可以横绝河流，可以将水中的鱼一网打尽，这与钓鱼不同。“弋”就是用系有生丝的箭来射鸟。“宿”是指宿鸟，也就是归巢休息的鸟。不射杀宿鸟，一是因为在鸟回巢休息的时候进行射杀，有出其不意之嫌，一是因为鸟回巢休息的时候会下蛋或哺育小鸟。“钓而不纲，弋不射宿”，这是一种仁爱之心的体现，不忍心对于鱼、鸟等各种生命进行赶尽杀绝，也是对自然规律的遵守，对自然开发利用有理有节的表现。人作为自然的存在物，开发利用自然，利用各种动植物来满足自己的生理需求都是非常正常的，我们需要对自然进行开发利用，食用自然界的动物与植物，利用它们为我们的生存发展服务。不过需要注意的是，我们在食用动植物的过程中不能因为符合自然规律就毫无敬畏之心，毫无怜悯之心，我们对自然生命充满敬畏，充满怜悯，要“见其生，不忍见其死”（《孟子·梁惠王上》），我们在开发利用自然的过程中不能胡作非为，对自然进行杀鸡取卵式地开发利用，而是要尊重自然规律，按照自然规律进行合理的开发利用，对于我们开发利用的时间、数量都必须进行适度的限制，从而保证我们对自然的开发利用不会对自然的可持续发展造成伤害。关于这一点，荀子后来概括为“以时禁发”，从而对孔子尊重自然规律的行为做了一个理论的概括。这种爱护自然、遵守自然规律的思想在当今时代中尤其值得人们关注，因为今天对于自然的开发利用已经超过了自然的极限，从而对自然的可持续发展造成了严重的威胁，这不仅伤害了自然，也伤害了人本身。

7.28　子曰：“盖有不知而作之者，我无是也。多闻，择其善者而从之；多见而识之；知之次也。”

“知”在孔子那里有两种：一种是“生而知之”，一种是“学而知之”。在孔子看来，人都是“学而知之”的，孔子对于“生而知之”持一种存疑的态度。这里讲的“不知而作之者”就是“生而知之”者。“作”就是“述而不作”中的那个创制立说的“作”，“不知”就是不需要经过“学而知之”这个阶段，因为他是“生而知之”的，所以，直接进入了“作”的阶段，进行创制立说。对于这个说法，孔子既没有肯定，也没有否定，而是存疑，存在而不论，这主要表现在“盖”上，“盖”就是大概、或许的意思，这种或许有，或许没有，反正我不是这样。孔子为什么对此存疑？这既是对于自身学习经历的总结，也是对于学习规律的一种把握。“多闻”就是多听，“多见”就是多看。根据孔子的“见”“闻”可以将过去的历史分为三个阶段：所见世，所闻世，所传闻世。所见世就是孔子亲历的时代，所闻世就是听过去的亲历者所讲述的那个时代，所传闻世就是通过转述所把握的那个时代。不管是哪个时代的历史，孔子都是通过见闻得来的，通过见闻，选择那些好的方面进行牢记，并将其付诸行动，因此，都是“学而知之”的。“知之次也”，既可以理解为孔子认为自己不是“生而知之”而是“学而知之”，所以是次一等的知，也可以理解为这是获得知识的正常次序、规律。不管哪一种，孔子实际上都强调学习是一个积累的过程，德性之知离不开见闻之知，因而在孔子那里“尊德性”与“道问学”不是分离割裂的，更不是尖锐对立的，而是相互支撑相互依赖的，德性之知要以见闻之知为基础，是见闻之知的一个提升、飞跃。

7.29 互乡人难与言，童子见，门人惑。子曰："与其进也，不与其退也，唯何甚？人洁己以进，与其洁也，不保其往也。"

这一章一上来就说"互乡人难与言"，就是互乡那个地方的人很难与其进行交流沟通，有人甚至认为"互"就是"午"，"午者，牾也"，就是因为那个地方人难以交流沟通，所以那个地方得名"互乡"。从这里看得出来，在先秦时代就有了地域歧视。地域歧视的主要理由就是环境风俗、社会风气对于个体道德素质的影响，这当然有一定的道理，但是整体并不能代替个体，个体是具有独立自主性的，我们不能用整体性来抹杀个体性：整体道德水平高，并不意味着所有个体道德水平都高；整体道德水平低，也并不意味着每个个体的道德水平就低。互乡人的缺点在于难以交流沟通，为什么有的人难于交流沟通呢？这里面很大的一个原因就在于自我中心。个体的特殊人生遭遇、所受的教育、个体自身的生理心理都会构成认识的前见，这种前见虽然是我们开展认识的一个前提条件，但也是一种偏见，它会使我们把自己的偏见当作真理，认为凡是不合于我的见解的思想观点都是偏见，从而对其加以拒斥，因而它会阻碍我们如其所是地认识他者本身，甚至使我们根本就不愿意去认识了解他者。如何来突破这种偏见？这就需要开阔我们的心胸，培养我们的宽容精神，我们要迫使自己将中心"让"出来，这也就是儒家所讲的"谦敬礼让"，让他者去占据中心，让他者尽情地展示自己，从而使得我们更清楚地了解他者的所思所想，而不是将自己的主观偏见强加到他者头上，这实际上也就是"虚"或"虚心"，只有虚心才能礼让，一个自以为是的人永远也不会虚心礼让，更不会愿意去倾听别人说了什么，认真地去看他者做了什么，只是想当然地将他者一棍子打死。"互乡人"犯了这个错误，孔子的门人也犯了这个错误，因此，孔子的门人也将对"互乡人"的偏见强加到每个互乡人的头上，对孔子接待互乡的一个童子感到大惑不解，感到诧异。

孔子作为老师，其修养与胸襟非门人所能比，他不顾学生的反对，对来自互乡向自己请教问题的童子持开放态度，愿意对他进行开导教育。为此，孔子给出了自己的理由：我们要赞成、允许别人进步，不赞成、不允许别人退步，何必要做得那么过分呢？他既然能够端正自己前来，希望自己能够有所进步，这是我们应该赞成的啊，我们何必揪住他的过往呢？这也就是说，互乡的童子即使过去跟他的同乡一样，具有“难与言”的缺点，不过他现在愿意改正自己的缺点，这就是我们应该欢迎的，应该鼓励的。我们对他人应该持一种发展的观点，要允许他人迁善改过，“过而能改，善莫大焉”（《左传・宣公二年》），而不是抱持一种静止的观点去看待他人，这不是别人不进步，而是我们停在原地，这样一来，我们自己就会慢慢落在别人后面，我们对他人的认识就会逐渐过时。

7.30　子曰：“仁远乎哉？我欲仁，斯仁至矣。”

儒家的目标是成仁成人，“仁”是儒家学者追求的一个重要目标。然而问题在于，在孔子的弟子当中，很少有人真正成仁，所以，孔子说在自己的弟子中，唯有颜回“其心三月不违仁，其余则日月至焉”（《论语・雍也》）。这样一种局面可能造成很多孔门弟子思想的动摇，觉得自己距离仁境太过遥远，怀疑自己是否能够得仁成仁。这一章大概就是孔子解答弟子的思想困惑，从而打消他们的自我质疑：仁离我们很遥远吗？不是的，仁本身就是与我为一的，只要我们想要成仁，我们就能达到。为什么孔子这么说呢？这是因为在儒家看来，仁不是外在的，像功名利禄这些东西才是外在的，你想要得到它很困难，因为这些需要各种前提条件，这些东西能否获得都不是我们自己能够决定的。仁是内在的。“仁，人心也”（《孟子・告子上》），仁就存在于我们的内心当中，每个人都有仁心善性，都有恻隐之心、不忍之心，只要我们想要行仁，只要我们愿意成仁，这都是我们自己能够决定得了的，因此，每个人都与仁不二，都可以成仁；如果有人说自己能力不足，那是他不愿不为的结果，只要他愿意，他就一定可以成仁。不过在这一章中，我们还要注意这个“欲”，中国人一讲到“欲”的时候，就倾向于将“欲”妖魔化，像宋明理学要“存天理，灭人欲”。这是因为我们习惯将“欲”看作物欲，实际上物欲也并不都是不好的，并不都应该加以排斥，我们需要排斥的是过度的物质欲望，合理的物质欲望是应该被满足的，否则人们就失去了前进的动力，没有了欲望，人类何以发展？社会何以进步？实际上，在物质欲望之外，还有另外一种欲望，那就是这里所讲的“仁欲”，仁欲恰恰是我们成仁的基础，没有仁欲我们就不可能成为仁人，因此，仁欲不但不能被消灭，反而应该被保护起来。

7.31 陈司败问昭公知礼乎,孔子曰:“知礼。”

孔子退,揖巫马期而进之,曰:“吾闻君子不党,君子亦有党乎?君取于吴,为同姓,谓之吴孟子。君而知礼,孰不知礼?”

巫马期以告。子曰:“丘也幸,苟有过,人必知之。”

陈是陈国,司败就是司寇;昭公就是鲁昭公。陈司败问孔子,鲁昭公是否懂得礼仪规范,孔子回答说鲁昭公懂礼。在后面的对话中,大家讨论的是鲁昭公是否在行为中遵守礼仪规范的问题,而不是对礼仪规范了解多少的问题,这不是“知”的问题,而是“行”的问题,可见在中国古代,“知”与“行”是统一的,知而能行,知是真知;知而不行,知非真知。

孔子出来之后,陈司败又请孔子的弟子巫马期进见,并对孔子的说法表达了不同的意见。鲁昭公是鲁国的国君,鲁国是周公姬旦之后,因而姓姬,而吴国也是周人之后,故也姓姬。按照周的礼制,同姓之间百世不得通婚,显然,鲁昭公娶吴国的女子为夫人是违反礼制的。按照正常的做法,鲁昭公的夫人应该叫吴姬,为了避免让人看出同姓通婚,就改叫吴孟子。据此,陈司败认为鲁昭公居然做出这么不合礼制的事情,怎么能说他知礼呢?关于这一点,孔子为什么视而不见呢?孔子之所以这么说,是因为孔子也是鲁国人,孔子要为尊者讳,为长者讳,中国人的特点就是“家丑不可外扬”,家里有什么不好的事情家里知道就行了,不要什么事情都往外说,家族内部虽然是早已败絮其中,混乱不堪,但是外面还是要装成一团和气,风光无限,这与中国的宗族制度、宗法传统有关。因此,陈司败说孔子肯定是出于自己是鲁国人的私心才这样说的,然而这不符合孔子的君子形象啊!君子不是“周而不党”,大公无私,没有私心吗?

巫马期出来后,把陈司败的话告诉了孔子。孔子的心胸很开阔,对于陈司败的质疑既没有暴跳如雷,也没有急于为自我辩护。实际上,孔子完全可以按照古代的礼制为自己辩护,不过他没有这样做,反而肯定了陈司败的质疑,并且认为外界对自己的质疑是自己的幸事:我一有过错,别人就马上看出来了,指出来了,这既使我能够及时地认识和改正错误,也能使我以后立身行事,避免再犯类似错误。可见,孔子不是站在自我的立场上,去看待别人的言论和对自己的评价,去发现其中存在的问题,而是站在别人的立场上,去思考别人言论的合理性。在现代社会中,我们每个人都急于去说,急于为自己辩护,都懒于去倾听,不愿意用心去听听别人的意见,不承认别人言说的合理性,这是要不得的,这容易导致自以为是，唯我独尊。人非圣贤，谁能不犯过错，只要勇于承认错误，勇于改正错误，就是好的。

这一章中有三点值得关注：第一，古代的同姓不通婚制度；第二，君子不党；第三，要用心倾听，勇于承认自己的过错。不过在这里，还有一个问题也需要引起关注，就是说一个人不好，只要一件不好的事情就够了，也就是一个道德污点就能摧毁一个人的道德形象，一个人的无数道德行为也经受不住一个不道德行为的打击，因此，对于人们来说，时时处处都要谨言慎行，不可肆意妄为。

7.32　子与人歌而善，必使反之，而后和之。

古"乐"字既是快乐之"乐"，也是音乐之"乐"，可见音乐与快乐是一体的，没有了音乐，人们也就少了很多快乐。同时，古代的音乐不仅能够带给人们快乐，而且也具有伦理教化的作用，音乐与仁义一样都是人类自然情感的外在流露，二者之间具有内在的一致性。正是缘此之故，孔子特别重视音乐，注重乐教，强调人们"兴于诗，立于礼，成于乐"。在古代音乐中，丝不如竹，竹不如肉，就是讲弦乐不如管乐，管乐不如人声，人声就是人的歌唱，因此，歌为乐之祖，歌为乐之尊，所以，古代的诗词曲赋都是能够歌唱的。孔子也喜欢唱歌，他跟别人一起唱歌的时候，听到别人唱歌唱得好，一定要使人再唱一遍，这是为了领会别人歌唱得好到底好在哪里，为什么好，从而使自己对"善"有清晰的认识了解，然后再跟着别人一起唱，这是为了将自己的领会付诸实践，在实际练习中提高自己的歌唱水平。从这件事情我们也可以看出孔子的好学精神，时时处处都注重学习，同时，孔子也善于学习，一般人看书听音乐等，就是觉得好，好在哪里不知道，更不会想到自己去动手实践、练习，从而使自己的认识了解只是浮于表面，孔子就不是这样，一定要让自己对于问题有深入的了解认识。

7.33　子曰："文莫吾犹人也。躬行君子，则吾未之有得。"

这一章的关键在于对于"莫"的理解。"莫"可以有三种理解。一种是把"文莫"当作一个词，在古代燕齐的语言系统中，把勉强、努力称作为文莫，"文，勉也"，"莫，强也"。按照这种理解，"文莫吾犹人也"的断句为"文莫，吾犹人也"，这一章的意思是说：在勤奋努力上，我和别人差不多；在生活中做一个亲身践行道德的君子，我还远远没有做到。一种是把“莫”看作疑词，相当于“或”、“盖”，断句方式为：“文，莫吾犹人也”，我们在前面说过，在《论语》中，“文”多指古代的文献，这一章的意思是说：在古代文献的掌握上，我和别人差不多；而在生活中做一个亲身践行道德的君子，则我差得很远。第二种理解强调的是知行的相对。不管是两种中的哪一种，都是孔子的谦虚之词，不过有人觉得这两种解释中，孔子至少还有与别人比肩的地方，所以，孔子谦虚得还不够，因此，有人在第二种的理解上将“莫”解释为“不”，认为孔子是说自己在古代文献的掌握上、在亲身践行仁义上，都不如别人。当然，每一种说法上都有一定的道理，都是强调孔子的谦虚，不过是内容或程度上的差别，不过我们更需要关注的是：孔子为什么会如此谦虚？为什么要如此谦虚？这是因为孔子“毋我”，孔子始终站在他者的立场上来看待他者和自我，从而既能看到他者的优胜，也能看到自我的不足。有些人之所以自以为是，唯我独尊，就是因为他没有放下自我，不善于站在他者的立场上来看待问题，分析问题。

7.34　子曰：“若圣与仁，则吾岂敢？抑为之不厌，诲人不倦，则可谓云尔已矣。”公西华曰：“正唯弟子不能学也。”

在孔子生前，已经有很多人将孔子的地位抬得很高，说他已经成仁成圣了，估计有弟子告诉了孔子社会上这方面的传言，孔子对于社会上这样的一种评价委婉地进行了拒绝，“若圣与仁，则吾岂敢？”这里面的“圣”不是说圣人，而是指“智”，在古代，圣者，通也，圣人是通才，是个有智慧的人，像孔子的弟子臧武仲多智，时人就称他为圣人。孔子心目中的理想人格是仁智双彰，因此喜欢将仁智并举，这地方的“圣”显然也是“智”，其意是说，如果说我已经成就了仁智双彰的理想人格，这是我愧不敢当的。这当然是孔子一种谦虚的说法。谦虚是一种美德，只有谦虚才能礼让，才能看到他人的优点，才能知道自己的不足，才能不断进步；不过，谦虚也不能过度，谦虚也不能把自己讲得一无是处，从而彻底地否定自己，我们在谦虚、看到自己不足的同时，也要看到自己的优点，否则，孔子怎么能够成为别人的老师，他能给学生教什么呢？因此，孔子在否定自己成仁成圣、仁智双彰的同时，也肯定自己还是有一些优点的：“为之不厌，诲人不倦。”这个“为”是为学的为，“为之不厌”就是学而不厌的意思，孔子有一次在回答子贡提问的时候就说的是“学不厌而教不倦”(《孟子·公孙丑上》)。学习为什么要不厌倦？因为

“为学日益”，学习需要日积月累之功，是一个枯燥而漫长的过程。古人说“十年寒窗无人问”就说明学习是非常冷清的，你学得如何，是否有成绩，人家既不关心，更不关注，所以，学习要耐得住寂寞，“板凳坐得十年冷”，要自得其乐，否则，是很难坚持下去的。“为之不厌”是成就自我的，是个人的内在修养，“诲人不倦”则是成就他人的，一个道德高尚的人不仅关心自己，而且关心他人，他不仅要通过不懈的学习来成就自己，同时也要通过教育来成就他人。孔子虽然对于自己所做的这些事情觉得也没有什么了不起，但弟子们觉得这就已经高不可攀了，说正是我们所不能够学习模仿的。确实，如果一个人一辈子持之以恒地去做一件事，那么，他一定会成就斐然，为什么大多数人终其一生都一事无成呢？就是因为缺乏这种恒心与毅力，所以，“为之不厌，诲人不倦”就已经非常了不起，后来，孟子就说孔子凭借这二者就已经可以跻身圣人之列了，“学不厌，智也；教不倦，仁也。仁且智，夫子既圣矣”（《孟子·公孙丑上》）。可见，对于每个人来说，要想达到一个理想的人生境界并不难，难的是缺乏坚持到底的恒心与毅力。

7.35　子疾病，子路请祷。子曰：“有诸？”子路对曰：“有之；诔曰：‘祷尔于上下神祇。’”子曰：“丘之祷久矣。”

在中国古代，宗教主要经历了三个发展阶段：民神不杂，民神异业；民神杂糅，家为巫史；绝地天通，无相侵渎。孔子的时候，大概已经发展到了第三个阶段，一些宗教活动主要交由巫觋之流来掌管，虽然孔子不太相信这一套，“子不语怪、力、乱、神”（《论语·述而》），但是宗教活动还是很有市场，就像现在都二十一世纪了，信奉鬼神的人仍然很多。当然，对于有的人来说，也未必是真信，有的时候是找个心理安慰，有的时候就是病急乱投医。孔子有一次就生病了，估计病得很厉害，子路性子又急，一看孔子病得那么严重，就向孔子请示，要去帮助他向神祈求身体尽快康复。在历史上周公就私底下代周武王祈祷过，但是并没有告诉周武王，而子路性子比较急，就直接跟孔子说了，结果孔子又不好直接否定子路，毕竟子路也是一片好心，因此就说，这样做有什么根据呢？子路说：有啊！诔文上都说，“代你向天神地神祈祷。”“诔”是什么？诔就是累，就是在向神祈福的时候，要累积自己的德行，从而让神降福，因为神是掌管德福一致的，有德者就应该有福。孔子一听子路讲到诔文，马上就想到了累德以求福的问题，所以他说，你没有必要代我祈祷了，因为我一直都在进行道德修养，累积德行，所以，我就一直在进行祈祷了。

从这里我们看到，孔子对于生死的一种坦然，而这种坦然来自于他对自我的确信，觉得自己一生光明磊落，行为坦荡，没有什么可以恐惧的，生也好，死也罢，都能够坦然接受，不必为了延续生命而向鬼神献媚，这不是得道者之所为，一个得道者应该做好自己该做的事情，生死则安之若命，生则安然，死亦泰然。

7.36 子曰："奢则不孙，俭则固。与其不孙也，宁固。"

"奢"就是奢侈，一个奢侈的人多是自我中心的人，不仅自己要吃好穿好喝好，而且要在生活中讲排场，讲面子，这样做的目的就是要显示自己高人一等，因而，这种人在他者面前是没有谦逊之心的，一定会盛气凌人，试图将他者变成自我炫耀的背景。相反，一个节俭、俭朴的人，肯定不会在乎别人的感受，而是觉得自己心安理得就行了，因而，他比较注重自己的感受，固执于自己，封闭性比较强，生活在自己的世界中，显得比较固陋。显然，无论是"奢"，还是"俭"，都是有失偏颇的："奢"失之于太过；"俭"则失之于不及。相比较而言，"奢"会指向他人，会伤害他人，社会危害性比较大；而"俭"则是亏待自己，而不会伤害他人，社会危害性比较小。根据"两害相权取其轻"的原则，孔子认为，如果非要在二者之间进行选择不可，他宁愿选择"俭"，因为固陋对社会的危害性相对较小。可见，孔子是以他人、社会为中心，宁愿亏待自己，也不愿为了自己而伤害他人，危害社会。

7.37 子曰："君子坦荡荡，小人长戚戚。"

在前面讲过，《论语》中"君子"与"小人"对举的时候，有时是针对身份地位的，有时针对德行修养的，这地方显然是针对德行修养的。"坦荡荡"与"戚戚"各有两种不同的解释。一种是把"坦荡荡"解释为外表从容舒泰，把"戚戚"解释为外表畏缩的样子；一种把"坦荡荡"解释为心胸宽广，一无所扰，把"戚戚"解释为"心里忧戚"。实际上这二者之间是统一，人们经常说"相由心生"，人们内心当中的感受最终都会通过自己的容颜表现出来，也就是人们会把喜怒哀乐写在脸上。从这个角度上说，我们无论是从心理上，还是从外表上来对这两句话进行解释都可以。不过，我们倒是需要关心的是，为什么道德高尚的君子会"坦荡"，道德卑下的小人会"长戚戚"？这是因为，小人被自身的肉体所限制，没有超脱物质性的自我，所以，他一直关心的是个人物质欲望的满足，是自己的一己私利，这时他把所有的人都当作自己的竞争对手，把所有的人都当作自己的敌人，他无法与别人交朋友，无法通过别人来排解自己心理的压抑，同时，他对于物质利益的过度关注，始终使自身处于一种高度紧张的状态，没有得到利益，自己害怕得不到利益，得到利益之后又害怕失去利益，所以，他心中始终充满着焦虑忧愁。对于道德高尚的君子而言，他已经超脱了自己的一己之私，而是将自己融入到世界万物之中，达到了天下一家、万物一体的境界，这时他已经得之不喜，失之不忧，在这个世界上，没有了敌人，所有人都是同胞朋友，所以，没有什么需要藏着掖着，因此，自然心胸开阔，行止从容，安然舒泰。在现代社会中，人们的心理疾病比较多，这与人们以自我为中心，过分关心个人利益具有莫大的关系，如果我们超脱了自我中心，超脱了功利主义，那么，我们的焦虑情绪就会大幅地被缓解，我们的心理疾病就会大量减少。

7.38　子温而厉，威而不猛，恭而安。

这一章是孔子门人对于仪容举止的记录，孔子温和而又严厉，威严而不凶猛，谦恭而又安详。对于普通人而言，前后是对立的，一个人很难将二者集于一身。一个人性格温和，就容易让人感到和蔼可亲，从而难以树立严厉的形象；在现实生活中很多人都依靠凶狠来树立自己的威严，如果要想树立自己的威严形象，而又不使用暴力手段就比较困难；谦恭容易走向拘谨，因而很难做到从容安详。孔子高出普通人的地方，就是将人们感到相互矛盾的气质特点集合于自己一身。孔子为什么能够做到常人所不能做到的这些事情呢？这是因为孔子顺应了自己的仁心善性，让自己的仁心善性自然地发用流行，所以，他在该温和的时候自然温和，该严厉的时候自然严厉，该威严的时候自然威严，该谦恭的时候自然谦恭。正是因为自然得体，所以，他自身自然就会从容不迫，也不会给人一种压迫之感。因此，孔子的温和、威严、谦恭都是出自自己的本心，不是装出来的，所以，自然洒脱，这和后来的道学家明显不同，道学家就有了做作之嫌，非要装出一个圣人模样，因此，让人感到在仁义的外表下跳动着一颗冷酷的心，在自己生活得拘谨的同时，也让人感到惊惶恐惧。

# 泰伯篇第八

8.1　子曰："泰伯，其可谓至德也已矣。三以天下让，民无得而称焉。"

这一章是对泰伯德行的赞美，泰伯的德行已经达到至高无上、无以复加的极致程度——"至德"。在《论语》中孔子许以"至德"的，除了泰伯三让天下之外，只有本篇 20 章中的周文王服事殷。由此可见，孔子对于泰伯的推崇。如果我们要想了解孔子的赞美，我们就必须对泰伯其人其事有所了解。"太"就是大的意思，在古代一般讲"伯（孟）仲叔季"，这是一种排序的方式，像老大就叫伯（孟），老二就叫仲，老三叫叔，老小叫季，不管几个，排在最后一位的都叫季。泰伯的父亲周太王育有三子，泰伯显然是老大，老二叫仲雍，老三叫季历。季历这个人比较贤能，而且他生了个儿子叫姬昌，也就是后来的周文王，从小就表现得不同凡响。按照古代的嫡长子继承制，显然，周太王去世后，应该由泰伯来继承诸侯国国君之位，而泰伯觉得从天下人的福祉出发，应该由季历继位，这样姬昌以后就可以顺利继位，从而发挥他的才德来为天下人谋福利。出于这种考虑，在周太王病重的时候，泰伯借口为太王治病采药而出门离家，结果在周太王病逝之后也没有回来，因为仲雍出于同样的考虑也躲避出去了，所以，季历不得不作为丧主，这是一让。后来季历主丧，让泰伯回来奔丧，泰伯也不回来，这是二让。丧事结束之后，泰伯断发文身，装疯卖傻，让人感觉不堪大用，不能继承王位，遂使季历继位，这是三让。这就是"三以天下让"的掌故。

在古代，主动让国让位的人很多，像尧舜禅让，伯夷、叔齐逃国，为什么孔子要高度评价泰伯的"三以天下让"呢？这是因为，泰伯的"让"不是做给别人看的，不是一场政治秀，也不是一场道德秀，他的"让"只是出于自己的真心诚意，他并不刻意地标榜自己的道德，所以，他的"让"做得神不知鬼不觉，没有人感觉到季历继位是由于泰伯推位让国的结果，人民百姓都没有办法去称颂他。因此，真正的道德不是做给别人看的，不是为了让别人来称道赞美的，而是出于自己的真心诚意，自己知道就足够了，那些敲锣打鼓做好事的人其真实意图是值得怀疑的。

8.2　子曰："恭而无礼则劳，慎而无礼则葸，勇而无礼则乱，直而无礼则绞。君子笃于亲，则民兴于仁；故旧不遗，则民不偷。"

儒家的哲学是以情感为基础的，不仅强调"喜怒哀乐之未发，谓之中"、人的爱敬敬长的天然情感、"四端"之心之情，"见其生，不忍见其死"的"不忍人之心"，而且强调"吾欲仁"的"仁欲"。情感是感性的，感性的东西容易失度，容易走向"爱之欲其生，恶之欲其死"(《论语·颜渊》)，既会过度，也会不及。"过犹不及"，不论是过度，还是不及，都是对于仁义的损害，因此，最好的状态是符合中庸之道。中庸之道就是中和之道，"喜怒哀乐之未发谓之中，发而皆中节谓之和"(《中庸·一章》)。因此，情感也要符合中庸之道，"喜怒哀乐"未发之时是处于内，是得中的，然而一旦发出来，就会受到外部因素的影响，就会走作失度，未必能够保证"皆中节"，也就是达到所谓"和"的状态。如何保证所发出来的情感"中节"或者"和"呢？儒家借助的是"礼"。礼一方面是以情感为根基的，礼本身就是对于内在情感的一种外在表达形式，另一方面，礼又对人的情感进行约束，既不让情感过度，也不让情感不及，从而使情感的表达达到一种中节合度的状态，因此，有了礼以后，人类的行为就有了明确的标准，我们所做的一切要"发乎情，止乎礼"，这也就是《论语》中所说的"礼之用，和为贵"。

这一章中所讲的恭、慎、勇、直都是感性化的，都是情感性的，因而这些情感如果缺乏礼的约束与指导，那么，它们就会不及或者过度，从而造成一些负面的效果。一个人如果过度谦恭，那么，就会事必躬亲，就会过于操劳；谨慎过度，就会瞻前顾后，畏首畏尾；勇敢过度，就会作奸犯科，犯上作乱；过于直爽，就会言语伤人。因此，这些情感都需要礼加以调节，不使之走作失度。如果统治者遵照礼仪，厚爱亲人，那么，就会感化百姓，使他们信奉仁义；如果统治者能够不忘故交旧友，那么，人民百姓自然也就不会薄情寡义。因此，作为统治者应该率先遵守礼制，只有这样，才会兴起民德，改善民风。

8.3　曾子有疾，召门弟子曰："启予足！启予手！《诗》云：'战战兢兢，如临深渊，如履薄冰。'而今而后，吾知免夫！小子！"

按照《史记·仲尼弟子列传》的说法，孔子从曾子的平常言行举止当中，就看出曾子比较注重孝道，因而也比较注重对他进行孝道方面的培养教育，所以，曾子在孝方面很有成就，著有《孝经》一书。这一章讲的也是曾子孝敬父母的事情。曾子生了一场大病，知道大限将至，就把自己的学生召集到床前，做一些最后的交代，并让他们把自己盖的被子揭开，看看手脚是否完好无损。在看到四肢完好无损以后，曾子引用《诗经》当中"战战兢兢，如临深渊，如履薄冰"的诗句，告诉学生自己为了保全身体曾经是多么小心谨慎，现在自己要死了，以后就再也不用为此操心了，因为自己不会再遭受刑罚，从而造成对身体的伤害了。为什么曾子如此重视身体的保全。因为在孔子看来，世间万物非天不生，非父不生，非母不生，三者合则能全而生之，所以，父母全而生之，子女就应该全而归之。曾子正是受到孔子的影响，所以他说"身体发肤，受之父母，未敢毁伤，孝之始也"(《孝经·开宗明义》)。

曾子在人生最后关头，关心的不是自己的生死问题，而是自己对父母是否尽到了孝道，并为自己终身没有因为犯罪而遭到刑戮而感到欣慰。可见，曾子已经超脱了个人生死，而只关心道德的修养，他追求的是一种道德的人格，而不是一种物质化的自我。既然曾子已经超脱了物质，超脱了肉体，那么，曾子重视身体的完整是否会妨碍他为道义而牺牲自我呢？显然，这是不会的。曾子所谨慎的是自己因为犯下罪过而导致身体受损，这是对先人的辱没；如果杀生成仁，舍生取义，则是道之所在，自然不会让先人蒙羞，反而为先人增加荣耀，这是绝对不能退缩的，所以，孔子说"自反而不缩，虽褐宽博，吾不惴焉；自反而缩，虽千万人，吾往矣！"(《孟子·公孙丑上》)

8.4　曾子有疾，孟敬子问之。曾子言曰："鸟之将死，其鸣也哀；人之将死，其言也善。君子所贵乎道者三：动容貌，斯远暴慢矣；正颜色，斯近信矣；出辞气，斯远鄙倍矣。笾豆之事，则有司存。"

曾子生病的时候，孟敬子来探望。孟敬子是鲁国的大夫仲孙捷，根据《礼记·檀弓》记载，孟敬子"举动任情，出言鄙倍"，其容貌颜色辞气多不中礼，而且事事必须亲自过问，苛细繁琐。孟敬子到曾子这儿是来探病的，结果曾子也不跟人家说说病情，而是主动地要给人家讲讲以后做人做事的注意事项。为什么说曾子是主动跟孟敬子说的，而不是应孟敬子的要求对他进行指点的呢？因为这里用的是"言"。我们在前面说过，古人回答别人的提问的时候用的词是"语"，用"言"则表示主动说。从这件事情上我们就能看出，曾子已经彻底将生死置之度外了，这个时候他关心的还是孟敬子的道德修养问题，还提醒他以后为人处世所需注意的问题。

正是因为孟敬子身上有很多缺点，所以，曾子的指点也主要是针对孟敬子的缺点的。不过在指点之前，为了引起孟敬子对于自己所说内容的重视，曾子说"鸟之将死，其鸣也哀；人之将死，其言也善"，强调自己作为将死之人，已经没有必要说假话、说违心话了，自己所说的都是出自自己的仁爱之心，希望孟敬子能够牢记，并在以后加以落实。"人之将死，其言也善"，对于曾子当然是自谦之词，对于大多数人却是事实，人只有到了生命的最后关头，才放下了功名利禄，才放下了过往的爱恨情仇，才抛弃了虚伪的外表，开始真心诚意地说话、做事、待人，只有极少数人直到最后都死不改悔。既然人最后"其言也善"，那么，为什么不能早点醒悟，早点真心诚意呢？可见对于很多人不到最后关头，都很难大彻大悟，所以，海德格尔要讲"向死而生"，就是要让人提前经历自己的死亡，哲学本身就是一种死亡训练。

曾子所讲的主要是君子所重视的"道"，不过从后面的内容来看，这个"道"应该就是"礼"，主要是待人接物的礼，主要包括三个方面：容貌、颜色、辞气。为什么是这三个方面？因为我们在待人接物的时候，首先看到的是容貌，接着看到的是颜色，然后听到的是辞气。所谓辞气，就是言语。如果我们仪容整肃，别人就不敢对我们粗暴放肆；如果我们脸色温和，就会赢得别人的信任；如果我们言语得体，别人就不敢言语鄙陋，违反常理。在曾子看来这三点才是最重要的，这是待人接物最重要的礼仪规范，所以尤其值得注意，其余的一些小节则不必太过关注，像祭祀当中使用什么器皿这些事情，交给相关人员去办就可以了。在这里，曾子强调了要抓重点，抓主要矛盾，做人做事都是如此。人生太短，事情太多，我们不可能做好所有的事情，我们的缺点就是贪多勿得，如果我们一辈子能够聚精会神于一两件事情，认认真真地做好一两件事情就足够了，当然，这一两件事情必须是大事，是重要的事情，是有价值有意义的事情，不能是鸡毛蒜皮的小事，否则就是浪费我们的时间与精力，而有些人就没抓住重点，把宝贵的时间与精力浪费在那些鸡毛蒜皮的小事上了。

8.5　曾子曰：“以能问于不能，以多问于寡；有若无，实若虚，犯而不校——昔者吾友尝从事于斯矣。”

这一章是曾子讲他的一位友人的德行的，在历史上，人们普遍认为这位友人是颜回，这也就是说，这一章是讲颜回的德行的。颜回在孔门弟子中，地位仅次于孔子，他同样也是博学多能的，不过他却经常向那些大家普遍认为没有什么才能的人请教。何以会如此呢？难道颜回是故作谦虚吗？显然并非如此，否则，颜回就不过是个伪君子，也不会赢得孔子的赞誉，也不会为同门师兄弟所推崇。实际上，颜回与孔子一样，是不以自我为中心的，他不自以为是，不唯我独尊，他时时刻刻在真诚地检讨自己，发现自己还有很多缺点和不足。一旦他放弃了自我中心，那么，他就会看到那些所谓的不能者，也有很多值得自己学习的优点，所以，他真诚地向他们请教，希望能够取他人之长以补自我之不足。因此，颜回是“有若无，实而虚”，这大概也就是庄子所讲的心斋与坐忘。正是因为他不自以为是，唯我独尊，所以，他不去冒犯别人，对于别人对自己的冒犯，也不加以计较，从而显示出一种宽广的胸怀，宽容的精神。在这里“校”是计较，“犯”就是冒犯、侵犯，“犯而不校”的前提是自己没有过错；如果自己首先伤害了别人，然后别人再反过来伤害你，那么，这就是报复，不是侵犯、冒犯，你也没有资格去不跟别人计较，你只是理亏理屈而已。因此，做到“犯而不校”、不跟别人一般见识也是不容易的，首先得自己没做亏心事，然后才能理直气壮，不跟别人一般见识。

8.6　曾子曰：“可以托六尺之孤，可以寄百里之命，临大节而不可夺也——君子人与？君子人也。”

古代的一尺比现在的一尺要短，过去经常讲“七尺男儿”，应该是在 1.7 米左右。古人认为人到二十的时候，身高就固定了，所以七尺男儿是二十岁以上的男人。古人认为人长高一尺大概需要五年时间，所以“六尺”应该在十五岁左右，“六尺之孤”就是父王早逝被迫继位的幼少之君。“百里之国”就是一个诸侯国。曾子说，可以将幼少之君托付给他，可以将国家的命运托付给他，也就是说他能辅佐幼君，代摄国政，在国家生死存亡之际也不变节，这种人可以归入君子之流吗？当然可以归入君子之流。

从这一章中，我们可以看出，君子不仅具有高尚的德行，而且有非凡的才能，“可以托六尺之孤，可以寄百里之命”，侧重强调的是才能；“临大节而不可夺”侧重强调的是德行。如果仅仅德行高尚，但是没有实际的才能，那么，他们虽然也理应受到人们的尊重，但也称不上是君子。当然，对于一个人到底有没有德行，有没有才能，不能只听他自己怎么说，也不能只看他日常的言行举止，而且更要看他在特殊时期的表现，只有在这种危难关头，才是对于个人才能与品德的真正考验。可见，在曾子看来，一个人是不是君子，其德行与才能都必须经过实践的检验，这也就是陈亮在《上孝宗皇帝第一书》中所说的，“人才以用而见其能否，安坐而能者，不足恃也”。

8.7　曾子曰：“士不可以不弘毅，任重而道远。仁以为己任，不亦重乎？死而后已，不亦远乎？”

“士”就相当于现在所谓的知识分子，当然他也不同于“著书只为稻粮谋”的知识分子，他应该具有“明道救世”的精神，有理想，有追求。“士志于道”（《论语·里仁》），士所追求的是仁道，他要发扬光大仁道，他要落实仁道，而那些功名利禄则与自己无关。因此，成为一个真正的士并不容易，他需要有“弘毅”的品格。“弘”，就是大，就是宽广，也就是心胸开阔，没有开阔的心胸就难以成就大事，就难以承担重任。为什么说这个责任重大呢？因为这个责任是“仁”，“仁者，人也”（《中庸·二十章》），这个责任涉及人之为人的根本问题，对人而言，还有什么问题比成为一个真正意义上的人更重要呢？显然没有。“毅”就是恒心毅力，就是遇到困难也百折不回的坚韧品格。为什么要有坚韧品格？那是因为“仁道”的追求与落实是一个漫长而曲折的过程，因为成人不是一蹴而就的，而是需要人终其一生为之奋斗，因为人只有死了才能盖棺定论，只有死了之后我们才能判定这个人最终有没有成为一个真正意义上的人。即使一个人一直恪守仁道，但是最后时刻晚节不保，违背仁道，那么，他也不能成为一个真正意义上的人；而且在人生的道路上，还有许多艰难曲折，没有坚忍的精神我们也就难以克服战胜这些困难，从而导致前功尽弃，功败垂成。因此，曾子说，“仁以为己任”是任重而道远的，非有“弘毅”的品格不可。

8.3—8.7这六章都是对曾子言行的记录，这一章可以算作是对前几章的总结，在这一章中最终得出结论，作为一个儒家的学者最终追求是成仁成人，而达此目标需要“弘毅”这两种道德品格，像曾子讲“以能问于不能，以多问于寡；有若无，实若虚，犯而不校”，讲的就是“弘”；“可以托六尺之孤，寄百里之命，临节而不可夺也”讲的就是“毅”。当然这些品格的形成需要一个培养的过程，如何来培养呢？要对天生的道德情感进行存养推广，始终保持“战战兢兢，如履薄冰，如临深渊”的谨慎心态，用礼对自己约束，注重“动容貌，正颜色，出辞气”，从而养成自己的弘毅的道德品格。从这些讲述当中，我们可以看出，曾子是非常严于律己的，具有一种宗教家的献身精神，行为举止处处小心，这与孔子从容洒脱的气质有所不同，所以孔子说“参也鲁”（《论语·先进》），认为他稍微有点拘谨迟钝。从整体上而言，曾子是孔子思想的忠实传承者，他是在孔子所指定的道路上不断前行。

8.8　子曰：“兴于诗，立于礼，成于乐。”

儒家哲学重视情感，是以情感为基础的，“仁者，爱人”（《孟子·离娄下》），爱本身就是一种情感，因此，儒家认为，无论是个人之间的交往，还是治国理政，都离不开情感。在先秦时代，对于个人情感表达最为集中、最为丰富的著作当然是《诗经》。《诗经》一上来就是《国风》，《国风》主要就是讲爱情，讲男女之间的情感，讲男女之间的思慕之情。在儒家看来，男女之情为什么重要？“君子之道，造端乎夫妇”（《中庸·十二章》），没有男女之间的感情，就没有人类的生产与延续，什么仁义道德就都不存在。当然，在《诗经》当中不只有男女之情，还有其他情感的表达，如《商颂》、《周颂》、《鲁颂》这些诗篇主要表达的是对于古代圣王的一种仰慕崇敬之情。总而言之，《诗经》当中蕴含着丰富的情感表达。按照同类相召的原理，《诗经》当然可以激发人的内在情感，使得人的仁爱之心发用流行；同时，在中国古代，《诗》是可以歌唱的，这种优美的曲调更加提升了《诗经》的感染教化作用，从而感发人们一心向仁的志趣。

情感虽然构成了道德的基础，但是情感具有不稳定性，而且容易失度，因此，人类如果一味地追随情感，那么，就会摇摆不定，走作失度，所以，站不稳，站不住。面对情感的摇摆不定，我们就需要礼来对情感加以约束，使其走向规范化，稳定化，从而使其从“发乎情”走向“止乎礼”。情感最大的问题，在于其自我中心的特点。虽然大多数时候我们的情感都是由外部的他者引起的，但是这种引起感发，同样需要依赖自我，因为如果我个人情感麻木，那么，外部再怎么激发，我也会无动于衷，我不会因为看见他者处境悲惨而会做出任何帮助他者的举动，任其在痛苦中挣扎。“礼”作为一种形式化的规范系统，其最大优点，它假设所有的人都有正常的情感，都有仁爱之心，并且通过一种形式化的规范系统将其确定下来，从而使得人们必须去仁爱他人，从而在将个人情感稳定化的同时，也实现了将个体置于他者之中、将个体置于社会整体之中的任务，从而使得个体在与他者的相互扶持、相互规定之中得以稳定、站立。

儒家的仁义道德是情感性的，通过《诗经》将内在的情感激发出来，通过礼将情感稳定下来，虽然礼具有内在的基础，但是它毕竟是外在的形式规范，具有外在的强制性，因而这种外在的形式必须重新回到人的内在情感，从而避免情感走向僵化，走向麻木。“成于乐”实际上就是指音乐可以实现这种情感的回归完成。通过“手之舞之，足之蹈之”把礼的规范要求内在化，变成一种精神上的快乐，这时真正做到了“化理论为方法，化理论为德性”，不再感受到外在约束之苦，而是感受到自我实现之乐，从而对于这些道德规范安然处之，乐以行之，从而真正实现了与道为一的境界，也成仁成人了。

8.9　子曰：“民可使由之，不可使知之。”

关于这一章有两种不同的句读方法。

第一种句读方法就是上面的句读方法。按照这种句读方法，这句话的意思是说：王者设教，只能让百姓服从、跟随，不能让他们知道为何要如此，这也就是只需要让他们知其然，知其当然，而不需要让他们知其所以然。其理由是“民”本身就是无知之称，“民者，瞑也”(《春秋繁露·深察名号》)，“民，泯无知者”。不让百姓知其所以然，一方面是百姓的理解能力、认知水平有限，另一方面，如果让老百姓知道了所以然之故，那么，很多的刑政法令在现实生活中就难以得到落实，人民百姓就会找到逃避之策，从而给统治者带来不必要的麻烦，这也是后来很多启蒙人士批判这句话的原因之所在。当然，也有人认为，“不可使知之”不是故意不让百姓知道，而是有些东西本身就是说不清、道不明的，所以，本身就没有办法让人民百姓清晰地知晓。

正是出于对上述解释的愚民倾向不满，有人给出了不同的句读方法，“民可，使由之；不可，使知之”。按照这种方法，对于人民百姓，要区别对待，如果他具备一定的能力，能够对于有些国家政策、社会治理等进行认识了解，知道应该怎么做的，就任由他们自己去做；而对于那些对国家政策、社会治理缺乏了解的，不知道该怎么做的，就应该对他们进行教育指导，使他们对此有所认识了解。

在笔者看来，孔子可能还没有现代的民主的意识，尚未有如此的思想觉悟，可能孔子更多地还是考虑，有些东西不是能够说得清楚明白的，别人也没有办法去帮他进行认知，他也只能是自己“默而识之”。

8.10　子曰：“好勇疾贫，乱也。人而不仁，疾之已甚，乱也。”

人们常说好勇斗狠，一个勇敢的人偏好使用武力，也容易失去理性，仅凭一时的情感冲动去立身行事。如果这样的人又嫉恶贫穷，对于自己贫穷的生活处境高度不满，那么，他就会打家劫舍、劫富济贫，从而造成社会混乱。我们对于不讲仁义道德的人，都会有厌恶痛恨之心，这是一种正常的心理现象，每个人都会“好善恶恶”。不过，我们对于他人的厌恶也必须限定在一定的限度内，不能过分，不能到了“恶之欲其死”的程度，从而导致他们无法在社会上存身立足，那么，他们就会揭竿而起，为自己争取生存的空间，从而制造社会混乱。虽然这二者之间有所差别，前者指向自我的人生处境，带有自私自利性，后者指向他人的不仁，打着仁义道德的旗号，但最终都造成了相同的恶果：社会的混乱。当然，也有人认为，孔子在这里所强调的不是社会的混乱，而是自己的心乱，心不平则乱。因此，孔子所强调的是，我们要提高自己的内在修养，做到心静如水，不为外物所乱。这二者都可说得通，都有其合理之处。

8.11　子曰：“如有周公之才之美，使骄且吝，其余不足观也已。”

这一章主要是讲道德品质的问题，主要讲骄与吝对于人的危害。“骄”就是骄傲自大，“吝”就是吝啬，爱惜钱财。不过孔子谈论这个问题，是以周公为例的。孔子之所以以周公为例，是因为他讲的这些正好与周公有关，周公就是这方面生动的教材。周公是中国历史上一位非常了不起的人物，也是孔子心目当中的圣人，他理政七年时间，身边聚集了大量的贤能志士，从而实现了周雄冠天下的宏图大业。关于其中的原因，就在于“不骄不吝”。周公身份地位显赫，是周文王的儿子，周武王的弟弟，周成王的叔父，而且周武王逝后，又代成王摄政，可以说是位高权重，然而他仍然重视天下之士，害怕由于自己的所作所为而丧失天下的人才，他概括自己成功的秘诀就是："不骄不悋，时乃无敌"（《逸周书·寤敬》），"悋"同"吝"。周公这样的人可以说是才德兼备，都强调"不骄不吝"，而普通人的才能本来就难以望周公之项背，如果还有"骄且吝"的缺点，那么，如何能够聚拢人心，汇聚天下人才，成就宏图大业呢？因此，孔子说，这样的人因为德行的缺陷，即使有些什么才能，也不足为观。

孔子为什么会如此反对"骄且吝"？这是因为，"骄"与"吝"都是以自我为中心的，"骄"是骄傲自大，过分地强调自己的重要性，从而打压他人；"吝"则是过分地强调自我的利益，不愿意仗义疏财，甚至为了自己的利益而将他人变成手段和工具，对他人进行剥削和奴役，所以，"骄"与"吝"都违反了仁义。仁义是以他者为中心的，是强调自我对他者的责任，因此，讲仁义不是让他者趋向自我，与自我保持同一，而是自我主动地趋向他者，为他者承担责任，只有这样，自我才不会与他者之间为了利益展开争夺，从而导致自我与他者的撕裂乃至冲突，而是相互承担责任，相敬相爱。

8.12　子曰："三年学，不至于谷，不易得也。"

"学"是指进入大学。按照中国古代的学习和取官制度，三年是课考之期，考德行道艺等各个方面，然后取贤者能者为官。因此，对于一般的读书人来说，觉得自己学习了三年，就应该去参加课考，然后获取功名利禄。"谷"就是俸禄，因为在古代是以谷米作为俸禄的，所以，谷也可以用来指代官职。对于"不至于谷"中的"至"有两种理解。一种认为，"至"是"志"之误，认为学习三年，而不以当官作为自己的志向，这是很难得的。不过，这种理解有改动原文的问题。一种认为，"至"就是到的意思。即使我们把"谷"也理解为俸禄或官职，这一段话的意思仍然可以有两种不同的理解：如果学习了三年，心思还没有到俸禄上，也就是一心只读圣贤书，只重视德行修养，而不关心能否出仕，这是非常难得一见的；如果学习了三年，还没有获得官职、得到俸禄，这也是不多见的。前者强调注重道德修养的人少，关心俸禄的人多；后者则强调"书中自有黄金屋"，只要努力读书，认真学习，功名利禄自然就会到来。在这些理解之外，还有一种理解，就是把"谷"理解为善，"谷"取谷物的生长、成实之意，因而把"谷"理解为善。这段话的意思为：学习三年，没有到达善，说明达到善不是那么容易的。这是强调成仁成善成德是非常困难的。在这么多的理解中，笔者比较倾向于第一种理解，因为这比较符合孔子“士志于道”(《论语·里仁》)、“君子忧道不忧贫”(《论语·卫灵公》)的一贯思想主张。官职、俸禄对于个人固然重要,但是对于一个知识分子来说,这应该是读书求道的附带产品,而不应成为知识分子追求的主要目标甚至是唯一目标,否则,学问也就偏离了其正道,异化成了一种工具,这就很难保证学术的独立性和纯粹性。

8.13 子曰:“笃信好学,守死善道。危邦不入,乱邦不居。天下有道则见,无道则隐。邦有道,贫且贱焉,耻也;邦无道,富且贵也,耻也。”

“笃信好学,守死善道”,这句话是这一章的总纲领,概括本章的主旨,主要是说:要坚定地信仰仁道,好好地学习仁道,至死坚守仁道,善待仁道。有人也把“守死善道”理解“死守善道”,把“善道”作为一个词。笔者以为根据这一章的整个句子来看,都是对偶出现的,这地方应该也是对偶的,所以“善”应该与“好”意义相近,理解为善待比较合适。

“危邦不入,乱邦不居”。“乱”指臣弑其君,子弑其父,“危”尚未乱,但是已经有乱的征兆,已经处于乱的前夕。这句话的意思是说:有祸乱危险的国家,身在外面,就不要进去了,正在发生祸乱的国家,已经居住在里面,就赶紧离开。这跟仁道有什么关系呢?一个国家之所以会发生祸乱,就是因为这个国家的统治者不讲仁道,不守仁道。因此,“不入”、“不居”就是不与不仁者为伍。当然,当我们在危邦之外的时候,我们可以“不入”,如果我们本身就身处其中呢?我们是去还是不去呢?按照孔子的想法应该是“见危授命”,应该承担起挽救国家的责任,使其避免走向祸乱。

“天下有道则见,无道则隐”。“危邦不入,乱邦不居”,是肯定了在这些危乱之邦之外,还有讲仁道的国家,所以,我们还可以在其间做出选择。如果出现了极端的情况,天下所有的国家都不讲仁道,那么,我们就要坚守仁道,退隐于山林之中,不与他们为伍,直到有道之君的出现,我们才重现于世。

“邦有道,贫且贱焉,耻也;邦无道,富且贵也,耻也。”当然,“危邦不入,乱邦不居。天下有道则见,无道则隐”,这说的是一个来去自由的理想状态,万一我们不能来去自由呢?就像“父母之邦,不可去也”,就更不用说隐了,我们只能出仕,这时我们仍然要坚守仁道。这句话所讲的实际上就是对于是否遵守仁道的一个判定:如果一个国家遵守仁道,政治清明,而自己却贫贱,那么,这就是耻辱,因为这说明你不仁道，不能得到统治者的重用；如果一个国家不讲仁道，政治黑暗，而自己却大富大贵，那么，这也是耻辱，因为这说明你与不仁道的人同流合污，你违反了仁道。

这一章实际上是告诉人们，作为一个儒家的学者，应该有自己的道德底线、道德坚守，时时处处都应该以仁道要求自己，不能为了富贵而违反仁道乃至践踏仁道。

8.14　子曰："不在其位，不谋其政。"

"谋"有多种含义，如考虑、谋划、商议等，过去人们普遍地采取这种理解，从而认为孔子是说：不在某个职位上，就不讨论与它相关的事务。在这种理解中，把"政"泛化了，从而认为儒家的伦理是一种角色伦理，人们做任何事情都要从社会地位出发。笔者以为，这里的"政"我们必须将其严格地限制在政治的范围之内。政治讲究的是秩序性，国家的治理、社会的治理，一个重要的目标就是井然有序，没有秩序就会走向混乱，而秩序的前提就是人们各居其位，各司其职，不容有乱，因为职位本身就意味着职责，每个部门都应该尽到自己的职责，把自己该做的事情做好。因此，这里的"谋"应该是"谋欲为也"，也就是图谋、营求，就是意图在某个职位上有所作为。按照各司其职的原则，我们就必须恪守自己的本位，我们不在某个职位上，就不要图谋在此职位上有所作为。譬如，在当时，一些诸侯、卿大夫僭越国政，就是典型的不在其位，而谋其政。或许，孔子说这句话，就是对于当时僭政行为的一种嘲讽或者劝告。实际上，孔子并不反对大家去思考、讨论国家的政治问题，否则的话，我们就无法理解孔子与弟子之间关于很多国家政治的讨论。因此，"不在其位，不谋其政"不应被泛化为儒家为人处世的原则，而是应该被限制在特定政治领域的政府官员执政问题上，这是一个政务处理原则。

8.15　子曰："师挚之始，《关雎》之乱，洋洋乎盈耳哉！"

这一章歧义较多。"师挚"是指鲁国的一个名叫挚的乐师。一种理解把"始"理解为升歌。古代音乐有歌有笙，有间有合，而由太师升歌开始，"师挚之始"就是讲音乐演奏由太师挚升歌开始，"乱"就是终，音乐结束，这一章就是讲师挚掌管鲁国音乐时演奏音乐时的一种美盛的状况。一种理解则认为，孔子自卫反鲁正乐时，正好是挚开始在太师之位的初期，正是因为他们两个的共同努力，所以，当时的音乐才能那么美盛。

8.16　子曰："狂而不直，侗而不愿，悾悾而不信，吾不知之矣。"

"狂"就是"狂者进取"中的"狂"，就是天生性格狂放的人。按照常理而言，性格狂放的人都应该为人直爽，狂放虽然不可取，但是直爽还是可取的，如果一个人既狂放，又不直爽，那么，这个人就一无可取之处了。"侗"通"僮"，就是心志尚未成熟的人，也就是比较幼稚无知。"愿"是谨慎的意思。按照常理，一个人幼稚无知，做事就应该谨慎小心，否则就会很危险，就容易犯错误。"悾悾"就是诚恳的样子，按照常理，一个人外表诚恳，说明他应该很讲诚信，结果一个人外表看上去很诚恳，而实际上却不讲诚信，那么，就是违反常理的，也是非常可怕的。在这里，孔子讲了很多违反常理的事情，表示自己也不能理解。孔子实际上是要告诉人们要内外一致，表里如一，不能表面一套，背后一套，做个多面人。估计在当时社会中，这种多面人很多，导致人们都戴着面具生活，人与人之间都充满敌意，常怀戒心，孔子大概对于这种社会风气徒叹奈何。实际上，在现代社会，这种双面人也很多，张嘴闭嘴"满口的仁义道德"，实际上背地里"满腹的男盗女娼"。为了防止这种两面派的做法蔚然成风，一方面我们要擦亮自己的眼睛，识破那张伪善的画皮，另一方面我们也要完善社会制度，不让那些双面人有机可乘，只有当他们无利可图的时候，伪装、伪善也就失去了价值，也就没有了存在的必要。

8.17　子曰："学如不及，犹恐失之。"

在儒家看来，成仁成人是头等大事。儒家认为没有人是天生的仁人，人都是学以成人的，虽然孔子也讲到"生而知之"，儒家也讲"天纵之圣"，但实际上都是虚悬一格，认为现实当中的人都是后天培养而成的。虽然每个人都有仁心善性，都有"不忍之心"，但是这些都不过是道德的萌芽，而不是成熟的德性，这些都需要后天的培育。如果没有后天的学习、培育，那么，这些道德的萌芽就像牛山之木一样，在牛羊啃噬、刀砍斧斫之下中途夭折，根本就没有办法长成道德的苍天大树。因此，对于人们来说，我们不能指望仁心善性的自然成长，其成长还需要加入后天的努力，只有在先天与后天的合力之下，我们才能顺利地成长为道德之人。实际上，很多人一生下来虽然具有良好的天赋，但由于后天没有认真地学习，从而使得这些天赋没有得到很好地培育成长，结果泯然众人，甚至导致这些天赋走向了相反的方向，危害社会。正是因为学习对于成仁成人如此重要，所以我们要“学如不及”，就像我们逐人逐物一样，要有想追又追不上、想够又够不着的紧迫感，因为，我们如果追不上，就永远地失去了它。这种理解主要是强调在学习未有所得之前。有人把这两句分开来理解为未得之前和已得之后：在未得之前，我们要汲汲以求，“学如不及”；在已得之后，我们要反复温习，以防得而复失。笔者更加倾向于后者，因为这种理解更加全面，照顾了学习的完整过程。

8.18　子曰：“巍巍乎，舜禹之有天下而不与焉！”

对于这一章理解上的歧义比较多，而核心点就在于对“与”的理解。第一种理解，把“与”解释“预”，也就是干预。“巍”本是形容山的高大巍峨，在这里则用来形容舜和禹高大的人格形象，舜和禹的形象真是高大啊！崇高啊！他们统治天下，任贤用能，而不亲身干预、事必躬亲，就将国家治理得繁荣昌盛。这种理解的主要根据是8.20章中对舜的描述，如果我们看8.21章对禹的描述，就会发现，禹与舜不同，他是事必躬亲的，显然，这种解释不符合禹的为人处世的风格特征。第二种理解把“与”理解为“与求”，就像《论语》认为舜禹之有天下，不是他们求来的，而是他们依靠崇高的德行而赢得的，可以说，是不召而自来，是人民百姓主动将天下加于他们头上的。第三种理解，把“与”解释为有关系，“不与”就是没有关系，就像孟子说君子有三乐，但是“王天下不与也”，这里的意思与此类似，舜与禹虽然人格形象高大，但是与他们王天下的身份地位没有关系，只与他们高尚的人格有关。第四种把“与”理解为参与其中的意思，也就是赶上的意思，认为这句话是孔子发出的由衷感叹，舜与禹统治天下的那个光辉灿烂的时代，可惜自己没能赶上。笔者以为，在这四种解释中，第三种比较符合孔子的一贯思想主张，那就是一个人的人格形象不是取决于他的社会地位，而是取决于他的道德水平。就像舜还是一介布衣的时候，尧不是也带着群臣向舜行跪拜之礼吗？因此，对于人们来说，最重要的问题，不是自己富贵利禄、身份地位，而是自己的德行修养。孔子对于舜与禹的仰慕，乃是对于他们德行的仰慕，而非仰慕其社会地位。

8.19 子曰："大哉尧之为君也！巍巍乎！唯天为大，唯尧则之。荡荡乎，民无能名焉。巍巍乎其有成功也，焕乎其有文章！"

这一章是对帝尧的赞美。尧作为国君，真是太伟大了！真是太高大了！为什么那么伟大高大？这是因为他所做的一切。在这个世界上，天是最高最大的，只有尧能以上天为榜样，对上天进行效法模仿。模仿上天的什么呢？孔子说，"天何言哉！四时行焉，百物生焉，天何言哉！"上天生养世间万物，一出于公，没有任何私心偏意，普遍地仁爱世间万物，而且没有对于自然万物生长加以任何干预，而只是按照自然的规律，阴阳大化，风雨博施，因而自然万物按照自身规律繁荣滋长，并没有感到任何外在的压迫。尧治理百姓同样顺天之道，普遍地仁爱百姓，按照百姓的本性去驱使百姓，让他们顺着自己的本性去立身行事，因而，老百姓没有感到任何外在的约束、强制，没有感觉到尧在后面驱使自己、强制自己，觉得自己所做的就是自己想要去做的。正是因为尧的这种法天则地的无所为而为的治国理政的方式，所以，虽然他给人民百姓带来了巨大的恩惠，但是一方面，其德行广大像天，另一方面，其造福人民百姓而不留痕迹，人民百姓都不知道如何来称道他的德行，如何来赞美他的德行。虽然尧的德行高深莫测，其治国理政如时雨之化而润物无声，不落痕迹，但是幸亏有其功业与文章流传于世，使我们可以通过它们去感受其高尚的德行。不仅其在位时政治清明，人民幸福，而且在其感染下，出现了舜、汤、武王、周公这些具有高尚德行的统治者，成就了不朽的治国功勋，同时政治规章、礼乐制度也不断地制定和完善起来。因此，可以说，尧是德业全备的圣王，真正实现了内圣与外王的高度统一，这是孔子心目中理想帝王的原型。孔子对尧的赞美实际上主要集中在"唯天为大，唯尧则之"上，由此可见，孔子也非常重视政治的自然性，反对对于人民百姓的过度干预，从而实现天道与人道的合一。

8.20 舜有臣五人而天下治。武王曰："予有乱臣十人。"孔子曰："才难，不其然乎？唐虞之际，于斯为盛。有妇人焉，九人而已。三分天下有其二，以服事殷。周之德，其可谓至德也已矣。"

舜之所以能够做到身逸而国治，是因为他具有人格的感召力，使天下贤才竞相趋附，其中得力的大臣就有五个人：禹、稷、契、皋陶、伯益等。周武王说自己有十位帮助自己治理天下的良臣：邑姜(有人说是文母)、周公旦、召公奭、太公望、毕公、荣公、太颠、闳夭、散宜生、南宫适，所以，自己国家才能太平。孔子面对这些屈指可数的人才，认为人才真是难得，在历史上只有唐尧虞舜的时代和周代，是盛产人才的时代。虽然周武王讲有十个人才，但实际只有九个，因为邑姜(或文母)是女性，只是主内，而不能治外，所以人才也不是那么丰富。周代之所以那么强盛，人才之所以那么丰富，不仅仅是周武王的功劳，实际上也有周文王的功劳。商纣王统治的时代，殷一分为三，其中的多数诸侯国都归附文王，周文王治下的疆域几乎达到了原来殷的国土的三分之二，就是在这样的状况下，文王并未自立为王，而是继续以诸侯之礼侍奉殷，仍然向商纣王称臣。正是因为有周文王和周武王这样的贤君圣王，周朝的道德水准，可以说已经达到极致的状态。

从这一章的论述中，我们可以看出，对于一个国家来说，人才是兴旺发达、繁荣昌盛的根本。不过人才的产生离不开良好的土壤，为什么在唐虞之际和周朝人才众多，而在别的朝代就人才稀少呢？这与当时的统治者的德行有关，统治者的德行决定了一个国家的大政方针、社会风气和社会发展水平，从而能够吸引人才归附；如果一个统治者德行败坏，嫉贤妒能，那么，人才就会竞相逃离，这样的社会就会进入一个恶性的循环当中。从这一点来看，孔子并不真的认为在其生活的时代缺乏人才，而是缺少圣明的君主，从而使得人才无法获得施展才能的机会，只能被淹没于草莽之中。

8.21　子曰："禹，吾无间然矣。菲饮食而致孝乎鬼神，恶衣服而致美乎黻冕，卑宫室而尽力乎沟洫。禹，吾无间然矣。"

这一章是对禹的赞美。孔子说，对于禹，我们没有什么可批评的了。为什么这么说呢？是因为他心里想的都是人民百姓，从来就不考虑自己，待人宽厚，而待自己却非常苛刻。禹自己吃得很差，而为了给人民百姓祈福，他给鬼神所提供的祭品却很丰盛，自己衣衫褴褛，而做的祭服却很华美，自己住的地方很简陋，却致力于治理渠沟，兴修水利，以使百姓能够安居乐业。因此，对于禹，孔子觉得没有批评他的理由。

孔子为什么如此高度赞美禹？是因为禹舍己为人的精神。在孔子所生活的时代，那些统治者都极度自私自利，注重自己利益的满足，而不顾人民的死活，自己过着穷奢极欲的生活，而百姓却处于水深火热之中，孔子通过对禹的赞美，提醒那些统治者不要心里只想着自己，还要装着人民百姓。从哲学上说，禹彻底地突破了自我，不是把自我当作世界的中心，不是将世界看作展示自我的舞台，不是将他者看作满足自我需要的工具，从而让世界及一切他者都围绕自己而展开，而是突破自我走向他者，我对他者承担责任，我的所作所为都是为了他者的利益，因而在自我与他者的对比中，他者获得了优先性，我被他者牵着鼻子走，我为他者的利益而牵肠挂肚，而舍生忘死，从而自我是一个彻底的责任承担者，是一个奉献者，我为他者是不求回报的彻底付出，而这也恰恰是孔子所提倡的儒家仁爱精神。

# 子罕篇第九

9.1　子罕言利与命与仁。

这一章言语简单，却是众说纷纭。

很多人直接用“罕言”来统摄后面利、命和仁，“罕”解释为稀或少，这句话的意思是：孔子很少谈论利、命和仁。这种解释最大的问题在于，孔子虽然很少专门谈论利，但是孔子对命与仁谈得并不少。像“五十而知天命”（《论语·为政》），“死生有命”（《论语·颜渊》），“赐不受命”（《论语·先进》），“道之将行也与，命也；道之将废也与，命也，公伯寮其如命何”（《论语·宪问》），“不知命，无以为君子也”（《论语·尧曰》）等等。“仁”就更不用说了，在《论语》中直接回答弟子问仁的就有8次，“仁”出现了109次，其中涉及42章。针对这种批判，有人指出这里面要注意“言”字，因为“言”是自己说，也就是孔子很少自己主动谈论利、命、仁，并不是说别人问孔子这些问题，孔子也不对这问题进行回应；有人则认为要注意“罕言”的“罕”字，“罕”的本意不是稀少，而是“轩”，意为显，意思是说，孔子不直接地以显见的方式去谈论利、命和仁。这些说法似乎都有一定的道理。不过这些说法又会遭遇另外一个难题，那就是句法结构的问题。《论语》中经常会涉及一些并列的词汇，像“子绝四：毋意，毋必，毋固，毋我”（《论语·子罕》），“子以四教：文，行，忠，信”（《论语·述而》）等等，都没有用“与”作为连接词，显然，这不符合《论语》编撰者遣词造句的习惯，既然特别用到“与”字，这里面应该有其特别的含义。

这个“与”是赞同、赞许的意思，就像“吾与点也”（《论语·先进》）、“吾不与也”（《论语·述而》）当中的“与”一样。孔子很少自己谈到利，却非常赞同命、赞同仁。为什么？在当时的社会中，人们对于利都趋之若骛，把利当作追求的最高目标。在孔子看来，功名利禄这些东西都是与命运连在一起，这就叫“死生有命，富贵在天”(《论语·颜渊》)，这当然不是命中注定的意思，而是具有偶然性，孔子把这些偶然性、不能自我主宰的东西都归之于命运。以此，对于人们来说，人要正确地认识命运，正确地对待命运，只有这样，我们才能明白自己在世界中的位置，才能明白自己在世界上如何作为，才能安时处顺、安之若命，外在的一切都不会对自己造成任何损害。虽然我们对于命运只能是顺受其正，无法掌握这种偶然性，但是对于“仁”却不一样，“仁”是完全掌握在我们自己手里的，“我欲仁，斯仁至矣”(《论语·述而》)，因为“仁”就是仁心善性，它内在于我们自身，只要我们愿意去做，我们就一定能够成仁成人。况且更为重要的是，“仁”构成人之为人的本质规定，“仁者，人也”(《中庸·二十章》)。也正因如此，孔子对于命和仁予以高度的评价。

9.2　达巷党人曰：“大哉孔子！博学而无所成名。”子闻之，谓门弟子曰：“吾何执？执御乎？执射乎？吾执御矣。”

“达巷党人”一般人们都认为是项橐，项橐这个人聪明绝顶，传说“项橐生七岁，为孔子师”，可以说是天赋过人，可惜天妒英才，像颜回一样，不幸早逝。项橐给予孔子以非常高的评价：孔子真是伟大啊！博学多能，人们都没有办法给他一个合适的称呼，都不知道如何来赞颂他，所以说孔子是“无所成名”。至于“无所成名”，我们该如何理解呢？第一，孔子太过伟大，所有的名称都不足以表达他的伟大。就像尧一样，“巍巍乎！唯天为大，唯尧则之。荡荡乎，民无能名焉”(《论语·泰伯》)。“民无能名”，不是尧一无是处，而是尧太过伟大，优点太多，说不过来。第二，“成名”就意味着别人能够给他一个名声、名号，名声、名号都是要借助语言、概念来加以表达，而所有的语言、概念都是分析性的、片面化的，它只是表达事物的某个或某些方面，而无法表达事物的整体。就像庄子所说的那样，“夫言非吹也，言者有言，其所言者特未定也”(《庄子·齐物论》)。在孔子心目当中的理想人格是全面发展的人，不仅要有智慧、勇敢、多才多艺，而且还要有高尚的德行，而任何片面的语言、名称都无法对这样一个全面发展的人进行概括和赞美，名一出口就会陷于一偏。

孔子听说了项橐对于自己的评价，他当然明白项橐表达的真实意思，不过孔子却故意抓住“无所成名”这个词，试图通过自己的辩解，给予弟子们以劝诫，希望他们谨慎地对待“成名”问题。就像前面所说的，“成名”都是因为有一技之长，像歌唱家、画家、舞蹈家都是具有一技之长的人，都是“专”家。孔子不是专家，孔子也不追求成为专家，孔子曾经说过“君子不器”（《论语·为政》），就是不追求自己具有某种特殊技能，具有某方面的特殊功能。即使要成器，也要成为像“瑚琏”那样神圣的礼器，将自己置于社会整体之中。然而现实是功利化的，大家都希望自己具有某种特殊技能，成为某一方面的特殊人才，只有这样才能扬名立万，才能获得功名利禄。因此，孔子面对这种社会现实，说自己该执着于什么呢？自己是应该执射，还是执御呢？所谓“执射”就是掌管祭祀活动中的射礼，这是一个比较崇高的受人尊敬的职位。所谓“执御”就是给别人赶车，这是一个比较低贱的职业，身份比较卑微。孔子说：我就选择执御吧！为什么孔子要选择执御？第一，孔子想借此告诉弟子，做人做事不能好高骛远，要从小事做起，要从日常生活的小事去感受体会高深的仁道；第二，执御掌管的是车子的行走方向和路线，对于一个志在从政的君子来说，也要努力把握社会国家的发展方向和路线，从而避免社会国家走错方向。因此，从孔子的言说当中我们可以看出，孔子想成为给国家掌握方向的人，也就是成为柏拉图所说的哲学王，也就是思想家，他并不想成为一个专家，他追求的不是特殊的专业技术才能。当然，在现代社会中，思想家越来越少，专家越来越多，这与社会分工越来越细具有密切的关系，但是这并不意味着不需要思想家，分工越细，就越意味着人们越来越片面化，越来越单向度化，就越是需要思想家，否则我们就会被淹没在琐碎的细节当中，再也无法看到整体，从而只能徒然慨叹，“不识庐山真面目，只缘身在此山中”。

9.3　子曰：“麻冕，礼也；今也纯，俭，吾从众。拜下，礼也；今拜乎上，泰也。虽违众，吾从下。”

在古代，按照礼仪制度，礼帽需要用麻布来做；现在大家都用丝来做礼帽，由于麻布做礼帽，做工比较细密，所以相对于用丝而言，工序就要复杂得多，耗费也就要大得多，相反，用丝做礼帽就比较节俭。孔子说，我服从大多数，也同意用丝做礼帽。按照礼制，过去大臣向国君行礼，先要在大堂之下行稽首再拜之礼，拜完之后升堂，到堂上再行稽首再拜之礼；现在大臣都倨傲不恭了，拜见国君也不再在堂下行稽首再拜之礼，直接升堂到堂上行稽首再拜之礼。孔子说，在拜见国君这件事情上，我宁愿不同于大多数人的做法，也要先行堂下稽首再拜之礼，然后升堂到堂上复行稽首再拜之礼。

孔子通过这两件关于礼仪事情上的不同态度，告诉人们的是同样一个事情：对于礼来说，内容是大于形式的。礼表达的是人们的内心情感，如果仅有外在的形式，那么，这种礼是没有实际价值的。至于礼帽用什么材料，这与人的内在情感无关，因此，我们可以改变它的形式，可以选择更加便宜的材料来加工礼帽。然而在大臣拜国君这件事情上，形式本身则反映了内在的情感，形式本身是与内在情感密不可分的，在堂上拜和在堂下拜反映了大臣对于国君两种完全不同的态度，因此马虎不得，我们一定要选择最能表达我们内在情感、更加符合礼仪规范的礼仪形式。总而言之，在这里，孔子选择的不是形式，而是情感和态度。在现实生活中，人们往往过分地执着于形式，却忽略了形式背后所隐藏的内容，结果成了为形式而形式，从而导致形式主义流行，这就南辕北辙了。

9.4　子绝四——毋意，毋必，毋固，毋我。

“绝”就是绝缘，就是没有、无的意思，“毋”与此“绝”同，这一章就是讲孔子没有了四种毛病：意、必、固、我。“意”，有人说是“不億不信”、“赐不受命，而货殖焉，億则必中”（《论语・先进》）中的“億”，也就是“臆”，具有主观臆断、主观臆测的意思。不过既然《论语》中将“臆”写作“億”，就不应该再将“臆”写作“意”。因此，笔者觉得“意”应该是私意的意思。孔子在心里没有任何私意，孔子是个大公无私的人，时时处处都以仁道作为立身行事、判断一切的标准，所以不以私意为念。一旦个人有了私意，那么，我们在做任何事情之前就有了成心，就有了一个特定的标准，我们希望一定要达到一个什么样的结果，从而就有了期必之心，也就是说，我们在还没有做事之前，就已经按照自己的私意给自己制定了一个必须达到的目标。目标能否实现，愿望是否达成，虽然依赖个人的主观努力，但是也需要一些特定的外部条件。这也就是说，个人的目标能否实现具有一定的偶然性，我们的目标往往会因为一些偶然性而落空。这样一来，有人就会拿着过去的一些事例、经验来要求现在，这实际上就是固执过去，固执自己的私意，不能与时俱化，不能随时变通，从而造成自己与时隔绝，不能很好地融入社会现实之中。私意当中，有个“私”字，这个“私”不是别的，就是自我，“私意”当中一定潜藏着一个自我。这就像笛卡尔所说的“我思故我在”。不过，孔子与笛卡尔不太一样，笛卡尔要通过“我思故我在”来建立起主体性哲学，从而以自我来取代上帝，用自我的理性为世间万物奠基，而孔子则要通过“私意”与“我”的内在关联来破除自我中心地位，要求人们“毋我”，一旦没有了自私自利的“我”，我们就没有了私意，也就不会再有“必固”之心，我们也就不会将自我凌驾于他者之上，将自己的主观私意强加于他者头上，强他者以从己。因此，孔子“毋意，毋必，毋固，毋我”是对自我中心主义的破除，要求我们从舞台的中心后撤，不仅要为他者“让”出空间，甚至要“让”他者居于舞台的中心，从而使自己为他者所吸引，跟随在他者后面进行视听言动，为他者鼓与呼，甚至为他者承担责任。

9.5　子畏于匡，曰：“文王既没，文不在兹乎？天之将丧斯文也，后死者不得与于斯文也；天之未丧斯文也，匡人其如予何？”

“子畏于匡”这个事情在历史上有争论。有人认为，是孔子听闻了匡人有谋害自己的意图，所以易服绕道而行；有人认为，是孔子在匡被拘囚。由于本读讲主要是讲哲学的，所以这些考证性的问题留给历史学家，至于事实如何，对于本章的解读不具有实质性的影响。孔子与弟子们身处险境、处境艰难的时候，难免有些弟子会产生畏难情绪，甚至会因此而怨天尤人；孔子与弟子们不同，他却充满乐观。为什么乐观？因为他对命运、对于偶然性有着深切的体会，这种外在的偶然性不能动摇他内心的信念。孔子在周游列国的时候，将搜罗来的各种记录文武之道的典籍都随身携带，再者他也以古代文明的传承者自任，所以，他说文王死了之后，文武之道不是在我这儿吗？我不是承担着传承文武之道的重任吗？如果上天要使古代的文化文明不得其传，如果我遇害了，那么，后人就接触不到这些古代的文化文明了；如果上天不想让古代的文化文明灭亡，那么，匡人又拿我有什么办法呢？有人根据此章认为，孔子是一个天命论者，不过在笔者看来，孔子并没有表达出对天命的必然性的信仰，而是从偶然性的角度分析了两种不同的情况：对于前一种情况，孔子表达了无可奈何；对于后一种情况，孔子表达了自己的乐观情绪。这也就是说，孔子强调的只能是尽人事而听天命，至于所谓的天命，所谓的偶然性，我们是没有办法加以控制的，我们所能做的就是对于这种偶然性有个正确的认识、正确的态度，就像上一章说的那样，“毋必”，不要期待一定要怎么样，到底会怎么样有时不是我们所能决定的，我们能做的就是自己尽心竭力。因此，孔子在此强调的是自己对于责任的承担，我们不管处境如何，都要有一种积极的责任承担意识。

9.6 太宰问于子贡曰："夫子圣者与？何其多能也？"子贡曰："固天纵之将圣，又多能也。"

子闻之，曰："太宰知我乎！吾少也贱，故多能鄙事。君子多乎哉？不多也。"

根据《论语》记载，在孔子弟子中将孔子神圣化最勤最得力的当数子贡，子贡一会把孔子比作万仞宫墙，一会把孔子比作天上的日月，认为他深不可测，高不可攀。大概子贡在太宰面前鼓吹自己老师如何如何，结果太宰也觉得孔子很了不起，所以就问子贡：孔子大概真的是圣人吧？不然怎么会有那么多的才艺？太宰把圣人看作是多才多艺的人，他判定孔子为圣人的根据就是孔子多才多艺。面对太宰的提问，子贡回答说：孔子当然是圣人，是上天让他成为大圣人，而且又让他多才多艺，"将"就是大的意思。在这里，子贡又将自己的老师孔子顺带鼓吹了一次，强调孔子不仅德行高尚，而且多才多艺，最重要的是，这些都不是后天学来的，而是上天赋予他的，是上天让他如此的。

孔子听到太宰与子贡的对话后，孔子说：太宰真是了解我啊！居然知道我多才多艺。不过孔子说这话的意思既是对太宰的否定，也是对子贡的否定，否定的是太宰把多才多艺当作衡量圣人的标准，作为成圣的根据，否定的是子贡将多才多艺看作先天的禀赋。孔子认为，多才多艺与圣人、与"天纵"之间没有任何关系，自己之所以多才多艺，是被生活所逼，是在艰苦的生活环境中磨练出来的。因为孔子从小家境贫寒，父亲早逝，母子相依为命，穷人的孩子早当家，所以，自己各种琐事都会。作为一个德行高尚的君子需要多才多艺吗？不需要多才多艺。为什么呢？因为君子讲的是德行，不是才艺。有才艺的人只是某个领域的专家，只是具有一技之长的工匠。虽然君子可能会有一技之长，但是有一技之长的却未必是君子，二者之间不具有必然的联系。因此，成圣者未必是具有丰富知识、才能的人，村夫野老，只要德行高尚，也可以成为道德高尚的圣人。

9.7 牢曰："子云，'吾不试，故艺。'"

这一章与上一章相通，都是讨论孔子的多才多艺问题，至于这个"牢"到底是谁，历来多有争论，有人说是子张，有人说是子牢，均不可考。牢讲孔子曾经说过自己为什么多才多艺的问题，孔子之所以多才多艺，是因为自己没有当官，没被统治者重用。“试”就是用的意思。在孔子看来，一旦当官了，最重要的问题就是参与治国理政，而治国理政最重要的就是德行修养，只有修身，才能齐家治国平天下，修身就是发挥道德榜样的教化力量，“其身正，不令而行”(《论语·子路》)，因此，如果自己当官了，只能将主要的精力放在道德修养上，不可能再去发展什么才艺。正是因为自己没有被重用，没有当官，所以，不论是出于养家糊口，还是出于自我消遣，自己都可以有多余的时间与精力去发展一些个人才艺。从这里我们可以看出，孔子的治国理念与现在是不太一样的，现在都是讲专家治国，孔子却反对专家治国，为什么要反对专家治国？因为专家只注重自己擅长的一面，容易不及其余。中国古代的很多官员都不是通过专长被选拔出来的，而是因为德行被举荐上来的，这些人上台以后，有的人百无一用，只能搞些道德活动，搞些善举，赢得一些好的名声，至于政治治理上，只能不求有功，但求无过，这成了很多人的从政理念，这比较符合中国人对于人物的评价标准，“太上有立德，其次有立功，其次有立言”(《左传·襄公二十四年》)。实际上，正如前文所言，孔子不仅讲德行，也讲才能的，做官的人应该具备一些本职工作所需要的特殊才能，仅仅有高尚的道德是远远不够的。

9.8　子曰：“吾有知乎哉？无知也。有鄙夫问于我，空空如也。我叩其两端而竭焉。”

这一章中同时用了“吾”与“我”两个词，虽然都表示自己，但也有所不同，“吾”是自己就着自己说的，“我”是与别人相关时就着别人说的。孔子针对自己本身，说自己并没有什么知识。孔子何以会这样说？就像前几章中所讲的那样，世人都认为孔子很了不起，不仅德行高尚，而且知识丰富。因此，这一章孔子是要说明一下，自己并不像传说中的那样。为了说明这个问题，孔子举了一个例子。有人来向孔子请教问题，孔子讲我的心里空空如也，什么都没有。有人说“空空如也”是讲来问的人的，笔者不从，因为既然来问，心里就一定有想法，有疑惑，不可能空空如也。既然孔子心里空空如也，孔子如何回答他的问题呢？孔子讲自己主要是从两极出发来进行询问，从而彻底地了解其真实的想法，从而对其作出回答。

从这一章中我们可以看出孔子是如何与他者进行交流的，对他者进行教育教化的。当然，我们现在进行的是知识教育、成才教育，而不是像孔子那样进行道德教育、成人教育。在知识教育、成才教育中，教师已经储备了大量的知识，然后把这些知识通过灌输的方式教给学生，所以，教师不能“空空如也”，否则是没有能力、没有资格当教师的；而学生则是被动地接受这些知识，因而学生就成了知识的存贮器。进行道德教育、成人教育则不一样，知识是千人一面的，而人则是气象万千的，每个人在家庭环境、教育背景、才性气质、理想追求等等各个方面都存在着较大的差异，因此，教师没有办法按照统一的模式对他们进行教育、塑造，从而将自己的思想观念强加给他们，这就要求教师面对学生时必须“空空如也”，不可在自己的心里先存着主观私意，先存着形式模板，否则，就会强他者以从己，从而导致对他者本性的伤害。因此，孔子的教育不是千人一面的教育，而是个性化教育，其教育目标、教育方式都是因人而异的，都是根据教育对象而为其量身定制的。

9.9　子曰：“凤鸟不至，河不出图，吾已矣夫！”

在人类社会的初期，人们无法科学地解释自然现象和社会变化，只能通过上下附会的方式比类相推，从自然现象当中寻找社会变化的征兆，从而建立起一种天人感应论。像在中国古代，人们就把凤鸟和河图洛书当作祥瑞的象征，一旦出现这两样当中的一样或两样，就意味着这个国家将要出现贤明的君主。因为出现了贤明的君主，其举措皆合时宜，所以，万物皆得其长，一切祥瑞之物就会皆至，凤鸟和河图洛书就会出现。因此，孔子讲“凤鸟不知，河不出图”，不仅是指这些祥瑞没有出现，更是指世无明君。孔子本来有一腔的热血，有理想有抱负，希望能够治国安邦，救世济民。不过在那样的时代，孔子这种仁政理想的实现，就必须要有开明的君主，才能将其理想付诸实施，否则就会被看作“迂远而阔于事情”而弃之不顾。面对世无明君的局面，孔子知道自己的理想只能是个人的想法，已经无法将其变为现实。

虽然孔子讲“吾已矣夫”，但这并不意味着孔子从此消沉，从而变得无所事事，只会怨天尤人。孔子讲的“吾已矣夫”，“已”的只是政治上的理想抱负，只是开政统的愿望，但这并不妨碍孔子在道统与学统上实现自己的愿望，因此，孔子在晚年又将自己的注意力转移到教书授徒，删《诗》、《书》，定《礼》、《乐》，裁《春秋》，序《周易》，从而做到了继往圣，开来学，成就了另一番人生的异彩，这也是孔子不“意、必、固、我”的一种表现。因此，对于人们来说，面对复杂多变的社会形势，不能只紧紧抓住一个目标，非要达此目标不可，因为目标理想的实现是需要依赖社会条件的，如果时移世易，实现目标理想的条件已经不再具备，我们就不妨顺应时代变化，调整自己的目标理想，这样才能不被时代所抛弃，才会真正有所成就。

9.10　子见齐衰者、冕衣裳者与瞽者，见之，虽少，必作；过之，必趋。

“齐衰者”就是穿着祭服的人；“冕衣裳者”就是穿着玄冕衣服的人，也就是穿着华贵衣服的人，穿这种衣服的人都是大夫，是有爵位的人；“瞽者”就是眼瞎的人。孔子与有丧者、尊者、有疾者相见，如果是他们来拜见孔子，即使再年少，孔子也要站起来与其相见；如果孔子过去看他们，一定会快步走向他们。

从表面上看，这里讲的虽然是一个礼仪的问题，但是反映的却是一个内在情感的问题。对于孔子来说，无论是仁还是礼，都有一个“由仁义行”与“行仁义”的问题，如果没有内在的情感作为支撑，再完备的形式也只是空洞的形式，徒有其表而已。孔子这样做不是礼仪规定了必须如此才如此，而是出自孔子哀有丧、尊有爵、怜有疾的内在仁心善性，因此，才会把一切做得自然而然。然而在现实生活中，有些人虽然形式上做得非常完备，但是缺乏内在的情感支撑，这只不过是表面的功夫，一旦其实现了自己的目的，这些形式最终也会被弃之不顾，因为这些礼仪不过是一种谋取私利的手段和工具，本身不具有任何的内在价值。

9.11　颜渊喟然叹曰：“仰之弥高，钻之弥坚。瞻之在前，忽焉在后。夫子循循然善诱人，博我以文，约我以礼，欲罢不能。既竭吾才，如有所立卓尔。虽欲从之，末由也已。”

颜回是孔子最为得意的弟子，与孔子的思想学问相契。这一章就是颜回谈对于孔子思想学问的推崇和赞美。不过从这一章所讲述的内容来看，颜回这个人学习非常认真，对孔子的思想学问已经有了自己的深刻领会，已经达到了非常高的水平，不过尚未达到那种登峰造极、俯仰随心的高度。这时，颜回应该正处在学问思想突破的瓶颈期。孔子所讲的东西都是与人生日用密切相关的，一眼看上去，即使是像黑格尔那样的哲学大家，也会觉得没有什么高深的学问，只不过是讲了一些常识的道德而已。这实际上是把孔子的学问当作知识来看，结果发现孔子的学问没有形成系统化的复杂知识，其间没有清晰的脉络，没有严密的形式逻辑和条分缕析的分析论证，同样没有确定无疑的结论。如果继续深入学习，人们就会发现，孔子的学问原来不是那么简单，它本身就不是知识，而是与人的生命密切相关，因而需要人们全身心地投入，需要我们不断地超越我们现实生命本身，用我们的生命与孔子的生命进行对话。颜回说孔子的学问思想就像一座大山，高不可攀，坚不可钻，无法将其尽收眼底，从而始终存在无法准确把握的遗憾。当然，这并不是孔子不善于教的问题。孔子是一个教育家，对于教育具有深刻的领会和独到的见解，他用古代的文献来开阔颜回等弟子的视野，用礼来对他们进行约束，通过由博返约而避免他们走向流亡迷失，并激发出他们内在的学习兴趣，从而使得他们精进不息，不能自已。颜回说，尽管我们已经竭尽了全部才能，感觉似乎有所心得，但是仍然感觉孔子的思想学问飘忽不定，超然独立；虽然我们一心想着要追随他，但是我们却无路可走。通过颜回的感叹，我们可以看到，孔子的思想学问并不是仅限于生活常识，人伦日用，而是在其背后有着深刻的理论学问和生命感悟，他希望追求一种对于本能生活的超越，甚至是实现对于自我的超越，从而实现与天地万物，与一切他者的内在相通，而正是在此处，颜回始终没有打通，没能做到浑然与物同体，就像他只能“不改其乐”，而不能像孔子那样“乐在其中”。

9.12　子疾病，子路使门人为臣。病间，曰：“久矣哉，由之行诈也！无臣而为有臣。吾谁欺？欺天乎！且予与其死于臣之手也，无宁死于二三子之手乎！且予纵不得大葬，予死于道路乎？”

按照古代的礼制，卿大夫去世的时候，要设家臣来掌管丧事的各项安排。孔子有一次病得非常严重，弟子们估计孔子就要不行了，就开始给孔子筹备丧事，子路就派孔子的弟子充当家臣进行丧事筹备工作。结果孔子的病痊愈了，孔子就发现了子路让弟子充当家臣的事。孔子虽然以前做过鲁大夫，但是孔子去鲁以后，就已经不再是卿大夫了，因此按照礼仪制度，孔子去世的时候只能按照士进行安葬，是不能使用家臣的。因此，孔子批评子路在这个事情上耍诈了，本来没有家臣却冒充有家臣。子路的做法不仅违反了礼，更是一种不诚实的表现。对于儒家而言，做人做事要正心诚意，不虚伪，不做作，不逆诈。子路的做法恰恰违背了儒家的诚的要求，是一种欺骗的行为，所以孔子非常生气，这样做欺骗谁呢？欺骗上天吗？孔子之所以不愿意使用家臣，还有另外一个重要原因，使用家臣来安排丧事，更多的是一种程序化的形式，就像现在的婚姻等各种大型活动中使用司仪一样，从而变成了一种纯粹的流程，这就降低了丧事活动中的亲密性和情感性。因此，孔子说，如果让我死在家臣的手里，让他来为我安排丧事，那么，我宁愿死在自己弟子的手里，让弟子来帮我处理丧事，这样不是更加具有情感性吗？孔子说，即使自己死了以后没有风光大葬，我也相信弟子们不会将自己抛弃在道路上。实际上，这也就是孔子所说，丧礼“与其奢也，宁戚”（《论语·八佾》），关键是弟子有情有义就可以了，没有必要去搞一个盛大的仪式。

9.13 子贡曰：“有美玉于斯，韫匵而藏诸？求善贾而沽诸？”子曰：“沽之哉！沽之哉！我待贾者也。”

对于中国的读书人来说，读书不仅仅是为了修身养性，而且也是为了一种使命感，那就是学会文武艺，货卖帝王家，从而实现治国平天下的外王事业，即使是孔子的弟子，也概莫能外。像子贡对于外王之道比较擅长，也比较热衷，而且确实取得了不俗的成绩，因此，子贡不满足于读书做学问，他迫切地希望进入政治中心，实现自己治国安邦的政治抱负。然而问题在于，孔子长期不能为诸侯所用，只能奔走于各国之间，这导致子贡等一众弟子的不满。当然，子贡作为孔门四科中言语科的重要代表，“利口巧辞”，他非常注重语言表达的技巧，他不会直接去质问孔子为什么不出仕，为什么不能委曲求全谋个职位，而是非常巧妙地以美玉为喻，不动声色地向孔子提问和提建议。子贡这个人“好货殖”、“好废举”，就是喜欢做买卖，因此，它以买卖为喻问孔子：如果我有一块美玉，是要把它包好放在柜子里藏起来，还是要找一个会做买卖的商人将它卖出去呢？子贡这个比喻非常巧妙，含而不露，把孔子比喻为美玉，对孔子的德行给予了高度肯定，但又对孔子不出仕——韫匵而藏——表示了不满，并给出了合理的建议——求善贾而沽。虽然子贡说得不露声色，孔子马上就领会了子贡的言外之意、弦外之音，马上就表示：卖了吧！卖了吧！我就是在待价而沽。这里要注意这个“待”字。“待”就是等待，玉是高贵之物，是稀有之物，只能是“贾”——止而售之，不能是“商”——行而卖之，只有“贾”才能体现它的价值，因此，“玉”要等待有缘人的出现，也就是等待那个能够认识他的价值的人。同样道理，孔子作为德行高尚的人才，同样不能上门去兜售，必须要等待时机，等待认识自己价值的明君的出现。因此，孔子通过这个“待”字，告诉子贡等众弟子，自己不是不愿意出仕，不是自己故意要退隐，而是世无明君，是出仕的时机尚不成熟，所以，我们要耐心地等待明君的出现，要耐心地等待出仕的良机。从这里，我们也可以看到，孔子非常重视时机，是个“圣之时者”，不强作妄为。

9.14　子欲居九夷。或曰：“陋，如之何？”子曰：“君子居之，何陋之有？”

人是一个复杂的动物，情感丰富，一会儿志气高扬，过一会儿也可能垂头丧气，一会儿积极进取，过一会儿也可能消极退缩，很难有人做到始终如一，人毕竟不是机器。就连孔子这样一个充满乐观精神的人，有时候也会流露出些许悲观的情绪来，所以，孔子的脑子里有时也会冒出“乘桴浮于海”、“欲居九夷”之类退隐的想法。孔子之所以有这样的想法，这与他在现实当中屡遭弃用有关。本来孔子胸有大志，且也具备实现志向的才能，可惜无法在现实中找到实现抱负的机会，这难免会让他伤心失望，因此萌生退意，如移居“九夷”之类。当然，“九夷”具体是指哪些地方，在历史上有不同的说法，不过，既然用“夷”这个概念就带有某种轻蔑的意味，就是认为这些地方的文明程度不及中原地区或当时的鲁国。因此，孔子提出移居九夷的想法后，有人就说那个地方太鄙陋了，也就是文明太落后了，你怎么能生活在哪里呢？孔子指出，对于君子来说，没有什么地方是鄙陋的，没有什么地方是落后的，没有什么地方是君子不能居住的。为什么？一方面，对于君子而言，他注重的是内在的修养，而不是外在的生活条件，即使是在艰苦的生活环境当中，他仍然能够自得其乐，孔颜乐处就是明证。因此，即使外在的环境再过鄙陋，在君子看来也会有其可取之处，也能够在其中找到生活的乐趣。另一方面，“君子之德风，小人之德草，草上之风，必偃”（《论语·颜渊》），君子的德行如时雨之化，所到之处，就能移风易俗，因此，即使九夷民风浇薄，一旦我去居住，也会由于我的教化作用而变得文明起来，不会再处于庸俗鄙陋之中。因此，外在的环境如何，实际上与我们的心境有关，与我们看待问题的方式有关，如果我们心中有信念，有理想，有追求，我们根本就不会在乎外部的环境如何；即使外部环境真的非常恶劣，我们要做的也不是怨天尤人，而是要积极地改造环境，让它变成我们想要的样子，因此，一味地抱怨外在的环境，还不如积极地反思、改造我们自己。

9.15　子曰：“吾自卫反鲁，然后乐正，《雅》、《颂》各得其所。”

从“吾自卫反鲁”我们就可以看出，这里说的是孔子晚年的事情，这时孔子已经不再有出仕之心，而是开始整理古代的礼乐制度和文献典籍。从“然后乐正”

则可以看出,孔子最重视的还是乐的问题,有关这一点,《史记·孔子世家》中所记载的也是孔子以正乐为第一要务。孔子为什么要把“乐”放在如此重要的位置?从历史的产生与发展来看,乐的产生要远远地早于《诗》、《书》,早在人类初期的巫术活动中,人们就已经通过音乐向上天表达自己的内在祈求,音乐从而成为人们表达情感和想法的一种古老方式,因而,音乐相较于《诗》、《书》而言,更加具有原初性。另外,孔子说,“兴于诗,立于礼,成于乐”(《论语·泰伯》),成仁成人最终是成于乐的,这也就是说,乐构成了最高最后的环节,乐包含诗与礼于自身之中,乐正,《诗》、《礼》自然得正。同时,“仁言不如仁声之入人深也”(《孟子·尽心上》),好的音乐对于人们的教化效果要远远高于语言文字,能够深入民心,激发情感,起到化民成俗的效果。正是基于此,孔子回到鲁国以后,开始了对音乐进行修正,使得《雅》、《颂》呈现出它们该有的样子。不过《雅》、《颂》既是乐名,也是诗名,不过这并不重要,因为,在古代,《诗》是可以歌的,因此,这里的《雅》、《颂》不是严格按照《诗经》中的篇章来划分的,而是看其是否符合《雅》、《颂》之乐的“性情正,音律调”的要求。总而言之,孔子正乐,只不过是换了一种方式,来实现其仁义的理想追求。

9.16 子曰:“出则事公卿,入则事父兄,丧事不敢不勉,不为酒困,何有于我哉?”

这一章大概是孔子比较年轻的时候说的话。孔子说自己不过是出门就侍奉公卿,回到家里就服侍父母,参加丧事不敢不勉力敬礼,喝酒的时候不会喝多误事,因而自己没有什么过人之处。这当然是孔子的谦辞,实际上做到这些并不容易,尤其是“不为酒困”。酒本身就能起到催人兴奋、麻醉神经、使人忘乎所以的功效,因此,人们喜欢借酒消愁,借酒壮胆,借酒助兴;同时喝酒有时也是交际的工具,人们通过喝酒来增进彼此之间的感情,因此,人们在喝酒的时候,在推杯换盏之间,容易被环境、被他人所裹挟、所感染,容易迷失自我,往往不能进行自我控制。在历史上,在现实中,酒后失德、喝酒误事的大有人在。因此,孔子说自己“不为酒困”,就说明孔子具有超强的自控能力,不被外部环境所裹挟,始终能保持清醒的自我意识,始终能够自我做主。当然,更为重要的是,从这些日常生活琐事中,我们可以看到儒家乃至整个中国哲学的重要特点。中国人并不像西方人那样追求另外一个世界,并把自己超越世界之上或者之外,从而把自己变成一个与众不同的人,就像西方主体性哲学那样将自己变成主体,让他人乃至一切他者成为与自我对立的客体，从而把自己变成一个超人，让他人听从我的指挥。中国人不是这样，中国人就像孔子一样强调自己没有什么特别之处，与众不同之处，“何有于我哉?”我就是一个普普通通的人，就像千千万万的普通人一样，做着普普通通的事情，然而也正是在这样普普通通的日常生活之中，成就了一个普普通通的自我。对于中国人而言，不是要将自己从这个世界当中超脱出来，寻求一个什么清净空阔的域外世界，而就是把自己当作一滴水，融入人群的汪洋大海之中，从而与其他水滴一起共生共荣，因此，中国人追求的不是成为超人，而是追求成为常人。孔子不是因为特立独行、行为怪异而成为中国人心目中的圣人，成为人们效法的榜样，相反，恰恰是因为孔子与人们特别接近，与我们没有什么两样，所以，我们才与他没有距离感，才愿意与他亲近，愿意模仿他去为人处世，安身立命。

9.17　子在川上，曰：“逝者如斯夫！不舍昼夜。”

孔子站在河岸上，看着奔流不息的河水，发出由衷的感叹，不过关于感叹的内容到底是什么，历来却颇多争议。有人认为，孔子发出这个感叹的时候大概年事已高，望着滚滚向前的流水，不仅触景生情，感叹时间就像这大河的流水一样，一去不返，告诫自己的学生要珍惜时光。当然，这种说法自有一定的道理，像韩愈在《争臣论》中就说孔子“席不暇暖”，可见他对于时间的珍惜，充分利用时间去进行传道。不过这种解读没有很好地体现孔子所重视的水之德。实际上，在先秦时代，乃至整个中国传统文化，各家各派对于水之德都是非常重视的，像孔子就是过大水必观。当然，各家对于水之德的理解也有所不同。像道家经常会讲水常无形、水柔弱处下，善利万物而不争等。儒家与此不同，水代表着一种健强不息，大河中的水没有一刻是停止的，日夜不断地向前奔流，因此对于人而言，我们也要像水一样不断地向前奔流，生命不息，前进不止，不达目标，誓不罢休。孟子说，“流水之为物也，不盈科不行；君子之志于道也，不成章不达”(《孟子·尽心上》)。孟子在此不仅强调水这种锲而不舍的向前精神，同时强调了水的“盈科而后进”的踏实作风，对于人们来说，进行道德修养、学习知识都需要这种一步一个脚印的踏实精神，不浮夸，不冒进。孟子的这样一种理解并不是孟子的独创，而是对于孔子对水之德理解的一种继承。徐辟曾经询问孟子，孔子经常称赞水之德，他从中汲取的是什么呢？孟子就说“源泉混混，不舍昼夜，盈科而后进，放乎四海。有本者如是，是之取尔”(《孟子·离娄下》)。虽然这里孟子所说的与前面所引的具有一定程度的重复，但是这次在重点上又有所差异，这次孟子所强调道德则在于水是有本有源的。水为什么能够奔流不息？在于它有本源；如果本源枯竭，河流就会干涸断流。对于儒家学者而言，我们不能仅仅注重外在的德行，更要关注我们仁心善性的培养，只有抓住了“孝弟”之本，我们的道德才能不断地成长发育，我们的德行才会像长江大河一样奔流不息，精进不止。

9.18　子曰：“吾未见好德如好色者也。”

按照《史记·孔子世家》中的说法，孔子到卫国的时候，孔子受邀拜见了卫灵公的夫人南子，这引起了子路的极度不满。结果过了一段时间，卫灵公和夫人南子同乘一辆车，让孔子坐着副车跟在他们后面，带着一帮随从招摇过市，引起人们的围观，孔子由此说“吾未见好德如好色者也”，并以此为羞，离开了卫国。孔子为什么会以此为羞呢？给人们直观的感觉，孔子羞愧的是因为人们“好色”。实际上并非如此，孔子并不反对人们“好色”，更不会以此为羞，因为“食色，性也”（《孟子·告子上》），爱好美色是人的一种天然的本性，好色只要不过度就不违反道德，也不会败伦乱理，因此，我们应该满足人的这样一种自然需求。实际上，从道德的角度来说，“好色”也具有一种道德上的优势，那就是“好色”一出于诚，这也就是《大学》中所说，“所谓诚其意者，毋自欺也，如恶恶臭，如好好色”。因此，孔子在这里不是批评人们好色，而是批评人们不好德，尤其不像好色那样真心诚意地好德。可能在现实生活中，有些人表面上也做出好德的模样，像孔子在周游列国期间，经常也有各国的统治者以一副好德的面孔待孔子为座上宾，但他们并不会真心诚意地采纳孔子的德治仁政主张，只是装装样子而已。从孔子的感叹中，我们可以看出，道德不是一种表面的文章，必须出自人的真心诚意，只有这样的道德才是真正的道德，否则道德就变成了一种虚文，就变成了秀场，就变成了人们捞取利益的工具，这样的道德没有也罢。

9.19　子曰：“譬如为山，未成一篑，止，吾止也。譬如平地，虽覆一篑，进，吾往也。”

这一章有几种不同的理解。

第一种理解，堆土成山，就差一筐土，山就可以堆成了，但是我却停止了，这是我自己停止的；填平大坑，虽然才填了一筐土，但是我继续进行下去，这是我自己要勇往直前的。从“譬如”就可以看到，孔子这一章是用堆山填坑来比喻道德的修养。在这种理解之下，这一章的言外之意就是：道德修养成功与否完全取决于个人，真正是“为仁由己”，只要你愿意成为一个道德高尚的人，并努力去做，你就能成为一个道德高尚的人。

第二种理解，堆土成山，就差一筐土，山就可以堆成了，如果应该停止，我就停止；填平大坑，虽然才填了一筐土，如果应该继续进行下去，我就勇往直前。这种理解强调的是仁道的合宜性，这也就是孟子所说的，一个道德高尚的人应该成为像孔子那样的“圣之时者”。

第三种理解，这是对于道德如何评价的问题。如果堆土成山，就差一筐土，就可以堆成了，但是由于我的放弃而没有堆成，那么，虽然前面已经做功很多，但是百里成功半九十，我们也不会因为其功甚多而褒奖他；如果填平大坑，虽然才填了一筐土，但是他决心继续下去，那么，虽然做功很少，但是我们也会因为他的勇往直前的决心而鼓励他。这种理解所讲的主要是道德修养需要持之以恒的决心和毅力。

这三种理解都有各自的道理，都可以从《论语》当中找到根据，因此，都可以成立，这也就是经典的开放性，只要能够符合作者的思想，不与作者的思想相冲突，都是可以接受的。不过，笔者更加倾向于第一种解释，也就是强调道德修养当中的自我主宰作用。

9.20　子曰：“语之而不惰者，其回也与！”

孔子经常表扬颜回，而且表扬起来毫不吝啬，这一章也不例外，当然孔子之所以经常表扬颜回，那也是因为颜回确实有值得表扬的优点，对得起那份表扬。颜回优点很多，这一章讲的是他听课上的优点——“不惰”。“语”在这里是指讲学、教学。老师讲学、教学的时候，很多人听着就不愿意听了，就不想听了，就开始不专心，思想走神，心思就不在听讲上了，甚至有的人直接逃学了。颜回就跟其他学生不一样，始终聚精会神地认真听讲，从来都不倦怠，所以，孔子说自己的弟子中，只有颜回能够做到这一点，其余的人都做不到。不过，我们更加关心的问题是，为什么只有颜回能够“语之而不惰”，其他的人却做不到？当然，人们或许会说，这与天分、天赋有关。天分、天赋具有偶然性，是一种人类不可控制的命运，既然不可控制，我们就没有谈论它的必要，况且我们也没有证据证明颜回比别人的天赋、天分更高。第一，这与颜回的志向、意志有关。颜回“志于道”，这从颜回身居陋巷，箪食瓢饮，“人不堪其忧，回也不改其乐”（《论语·雍也》）这件事上就能看出来。对于孔子的其他弟子而言，可能未必有这么明确的志向和坚强的意志，所以，孔子才要教育自己的弟子要“志于道”，不要一心惦记着功名利禄——“志于谷”，并批评那些“耻恶衣恶食者，未足与议也”（《论语·里仁》）。第二，正是因为颜回志向明确，学习认真努力，所以，颜回对于孔子所讲的一切具有深刻的认识和领会，这也就是孔子所说的“退而省其私，亦足以发”（《论语·为政》）。正是因为能够理解孔子教学内容的深层意蕴，所以，颜回在聆听孔子教学过程中不断地获得思想上的启发，始终沉浸在一种学有所得的快乐之中。既然他陶醉于其中，那么，就没有什么东西更能吸引他的注意力，从而让他对听讲学习感到倦怠。反过来，其他的弟子之所以感到倦怠，是因为他们对于孔子所讲的内容、思想缺乏深刻的认识，所以，他们还感受不到学有所得的那种快乐。因此，我们要想学习而不倦怠，我们不仅要立志，更要努力，提高我们对学习内容的认识和理解，让我们学有所得，只有这样才能激发学习的兴趣，才能感受到学习的快乐，从“学之者”、“知之者”，变成“好之者”、“乐之者”。

9.21　子谓颜渊，曰：“惜乎！吾见其进也，未见其止也。”

颜回作为孔子的高足，其学问德行都迥超于同门之上，因此，孔子对他特别看重，可惜不幸英年早逝，不过，孔子在自己心里对颜回始终念念不忘，因而经常用颜回作为榜样来教育其他弟子。这一章就是如此。孔子说，颜回英年早逝，真是太可惜了！“人生自古谁无死”，死是人类不可逃避的自然规律，人死了有什么可悲叹的呢？孔子的悲叹主要原因在于“吾见其进也，未见其止也”，这里可以有三个方面的理解。第一，颜回志于道，学道行道永不止息，这是一种美德，是一种崇高的德行，按照德福一致的观念，颜回就应该长命百岁，因此，孔子这里表达的是对命运不公的无奈和抗议。第二，孔子是为颜回本身可惜。颜回在德行的修养上精进不止，颇有成就，极有可能最终成仁成圣，可惜这一切都随着颜回的早逝变成了不可实现的梦想。第三，孔子是为自己感到可惜。颜回作为孔子的弟子，是其中的佼佼者，在道德修为上精进不止，其所取得的成就非其他人所能及，孔子本来将自己思想学说发扬光大的希望全部寄托在颜回身上，而这希望随着颜回的早逝而破碎落空。这一章我们可以看出，儒家的道德修养展开为一个漫长的过程，需要通过长期不断的积累和进步，慢慢地才能走向成熟，而不是像后来人们所说的那种本来具有，一旦顿悟就会豁然开朗，就会成圣成贤，所以，学习也好，修养也罢，都要坚持不懈，持之以恒，精进不止，否则就会半途而废。

9.22　子曰："苗而不秀者有矣夫！秀而不实者有矣夫！"

这一章的字面意思不难理解：禾苗生长了，却不开花结果的情况存在吧！开花了却不结果实的情况存在吧！由于这一章严重缺乏背景，孔子说这一段话的真实用意到底如何就很难揣测。有人认为，这一章的内容是承接前面两章的，是对颜回英年早逝的一种惋惜，不过在笔者看来，这种说法似乎有点牵强，因为颜回不能算作"苗而不秀"、"秀而不实"，毕竟颜回在道德修养上已经取得了非常高的成就。因此，笔者更加倾向于另外一种说法，进德修业就像种庄稼一样，要按照作物生长的规律进行播种、除草、施肥，精心地呵护其发育成长，而且要有恒心毅力，既不能半途而废，也不能揠苗助长，从而导致无法实现道德修养的目标。因而，孔子是以作物的成长来比喻道德的修养，从而提醒人们要坚持不懈地按照道德发育成长的规律来进行道德修养。当然，作物的成长有些时候也会出现农夫无法控制的情况，如洪水、干旱等各种自然灾害，这些都会导致作物的生长过程出现中断，从而无法开花结果，为人们带来最终的收益，人们进行道德修养也是一样，谁都无法阻止生老病死对道德修养过程的阻断。对于儒家学者而言，修身不仅是个人的事情，不仅是为了个人，最终是要"齐家治国平天下"，从而将仁心变成仁行再变成仁政，真正做到"老吾老以及人之老，幼吾幼以及人之幼"(《孟子·梁惠王上》)，从而在现实生活中建功立业。不过这些东西有时候带有一种偶然性，个人无法决定这些目标实现与否，因此，对于人们来说，只能尽人事而听天命，我们无法强求自己的道德修养在现实生活中一定实现，也就是在立功方面必然会开花结果。对于这种意外情况我们只能安之若命。这实际上也是孔子自己无奈心情的一种隐晦表达。

9.23　子曰："后生可畏，焉知来者之不如今也？四十、五十而无闻焉，斯亦不足畏也已。"

"后生可畏"现在已经是个成语，后生为什么可畏？年轻人年富力强，精力充沛，学习能力强，他们不仅正处于青春勃发的岁月，而且他们具有大把的发展时间和机会，因此，他们的发展空间非常大，具有无限的可能性。因此，孔子不像一般的中老年人那样以自己的年岁、资历和学识而贬低年轻人，打压年轻人，而是对年轻人充满期待，告诫那些自以为是的中老年人不要自以为是，不要以为年轻人这不行那不行，如果他们到了我们现在这个年龄，他们不但不一定不如现在的我们，极有可能会超过现在的我们。总而言之，在孔子看来，年轻人具有自己的优势，要好好地把握自己的优势，努力发展自己，将来一定会有所发展，一定会大有前途。不过，这些都不过是一种可能性，而不是一种现实性，如果我们坚持不懈地努力，发挥自己的优势，刻苦学习，不断钻研，那么，我们就有可能把这种可能性变成现实性，从而让自己获得长足的进步；反过来，如果我们不努力学习，刻苦钻研，纵然我们有天大的优势，我们也不能将其发挥出来，那么，这些优势对于我们也没有任何帮助，我们也不会因此而取得任何进步和发展。我们要知道，时间就像大河一样，不断地向前奔流，不会停下来等待任何人，时光匆匆，如白驹过隙，稍不留意，我们就会由青年变成中年，变成老年，到那个时候，我们就完全失去了自己的优势，而面临的是巨大的劣势：身体机能弱化，记忆力衰退，学习能力下降，这些都决定了我们在四十岁、五十岁的时候，逐渐步入老年阶段，我们开始了养老阶段。当然这是古代的划分方法，过去五十岁就进入了老年阶段，养老就从五十岁开始，“六十不亲学”。因此，孔子说，“四十、五十而无闻焉，斯亦不足畏也已”。这句话有两种说法。一种说法是，一个人如果在四十、五十岁的时候还没有声誉，仍然默默无闻，那么这个人也就不值得敬畏了。这种说法抓住了孔子的“君子疾没世而名不称”(《论语·卫灵公》)所表达的思想。不过这种说法完全把学习变成了对于名声的追逐，似乎与儒家的修身存在一定的距离。名声固然重要，但那不过是道德修养的副产品，而不是道德修养的全部，我们不应该将其作为一个人成功与否的判断标准，因为，人能否获得成功，能否获得名声，这是多重因素共同作用的结果，具有一定的偶然性。笔者更加倾向于另外一种说法，这个“闻”不是声闻，不是名声、名誉，而是闻道，就是孔子所说的“朝闻道，夕死可矣”(《论语·里仁》)中的那个“闻道”。就是说一个人如果不努力学习，到了四十、五十岁的时候，都还没有闻道，那么，这个人就还没有进入为学之门，也就没有什么值得敬畏的地方了。从这里，我们可以看到，孔子讲“敬畏”不是敬畏一个人的年龄，而是敬畏一个人的学问人品，因此，一个人不能因为自己年纪大，就要求年轻人对自己如何，年龄不能成为我们凌驾于年轻人之上的资本，年龄与学问、人品之间没有必然的联系。

9.24　子曰："法语之言，能无从乎？改之为贵。巽与之言，能无说乎？绎之为贵。说而不绎，从而不改，吾末如之何也已矣。"

"法语之言"就是古代一些的格言，这些格言在日常生活中都是人们立身行事的标准，也就是人们把它们当作法则来对待，言行举止都要效法它。对于这种格言，没有人会不服从它。不过现实中的很多人，表面上的功夫做得很好，对于格言、法则，表面上都统统接受，表示自己愿意遵从它们，但是实际上他们表面一套，背后一套，他们并不会真正以它们为标准来考量自己的不足，也不会按照它们的要求来改造弥补自己的不足，真正难能可贵的是我们听了别人的正言劝诫之后，能够及时地改正自己的过错，这才是难能可贵的。"巽"通"逊"，就是恭敬谦逊的意思，"与"就是"子罕言利，与命与仁"(《论语·子罕》)当中的"与"，也就是赞许的意思。"巽与"之言不像"法语之言"那样直截了当地对别人进行劝诫，而是以一种非常委婉的方式对别人进行劝导。"巽与之言"因为委婉，其间有恭敬，有赞许，因而让人听了很舒服，甚至感觉良好，因而听了都很高兴。关键的问题是，我们在高兴之余，要仔细地寻绎推敲别人的言外之意、弦外之音，从而了解别人说话的真实意图，这才是难能可贵的。如果我们只顾着听取别人的赞美，而不去寻绎言外之意，听从了别人的劝诫，但就是不改正过错，那么，"法语之言""巽与之言"就失去了存在的价值，对于这种人我们能拿他们有什么办法呢？因此，对于人们来说，我们要善于学习，要善于听取别人的建议，并且能够积极地将其用于改进自己的德行修养，只有这样，我们的学习和修养，才能事半功倍，快速成长，迅速提高。

9.25　子曰："主忠信，毋友不如己者，过则勿惮改。"

见《论语·学而》第8章。

9.26　子曰："三军可夺帅也，匹夫不可夺志也。"

"三军可夺帅也"。"三军"是一个建制比较完备的军队。古代打仗的时候，军队分为前、中、后三个部分，前面属于开路先锋，负责架桥修路之类的准备工作，后面负责后勤保障工作，中间的部分主要是负责与对方交战。虽然三军人数众多，战斗力强大，但也正是因为这一点，人心很难保证统一，这种由战士们所拥戴的三军统帅也未必时时刻刻受到战士的拥戴和保护，因此，交战过程中就有被敌方生擒活捉的危险，这是由于三军统帅是依赖众将士而存在的，其存与废，战争的胜利与失败，自己在战争中是否能够全身而退，这都依赖于将士们的表现是否英勇。“匹夫不可夺志也”。“匹夫”是指庶人，也就是贫民百姓，因为过去的达官贵人可以妻妾成群，而贫民百姓只能夫妇相匹，所以，后来就用“匹夫匹妇”来指代平民百姓。匹夫虽然生活贫贱，地位低微，但是只要他们有志向，他们的志向是由他们自己确立的，那么，他们的志向就是谁都不能移易动摇，谁都不能剥夺的。因此，即使对于普通人而言，他们也具有人格的独立性，他们同样是意志自由的；即使他们生活上具有依附性，但是他们在精神也可以具有高度的独立性、自由性，他们同样能够进行独立自由的思考，这也是人之为人的尊严之所在，我们要重视这份自由，善待这份自由，坚守这份自由。

9.27　子曰：“衣敝缊袍，与衣狐貉者立，而不耻者，其由也与？‘不忮不求，何用不臧？’”子路终身诵之。子曰：“是道也，何足以臧？”

子路是个有个性的人，勇猛刚劲，心口爽直，开始对孔子不以为然，甚至陵暴孔子，被孔子收服后，就特别服膺孔子的思想学说。孔子反对“耻恶衣恶食”，说自己“饭疏食饮水，曲肱而枕之，乐亦在其中矣。不义而富且贵，于我如浮云”（《论语·述而》），子路就“闻斯行诸”，将孔子的这些思想贯彻在自己的日常生活中，孔子为此表扬了子路。“敝”是破、坏的意思，“缊袍”就是用废弃的棉絮或丝絮做成的衣服，这是衣服当中比较差的，这是穷人所穿的衣服。“狐貉”就是用狐貉的皮毛做成的裘皮大衣，指代比较贵重的衣服，这是达官贵人们所穿的服装。一般人都有个攀比的心理，都有嫌贫爱富的心理，因此，我们在穿着打扮的时候，都希望自己穿得好一点，穿得漂亮一点，穿得贵气一点，觉得这样更能被别人瞧得起，看得上。这在现实生活中，就表现为穿金戴银，穿着名牌衣服，戴着粗重的项链，戴着名贵的手表，挎着名牌的包包，希望通过外在的装饰来赢得人们的尊重，认为这样自己的身份地位立刻就上去了。在孔子看来，对于人来说，其最贵重的是仁心善性，是高尚的德行，这也就是荀子说的，人因为有了“义”，“故最为天下贵也”，所以人要自贵其心，而不是外在的服饰，衣服这些东西都是外在的，与人的仁心善性、人的德行无关，不能够决定人的高低贵贱。孔子就特别表扬了子路，说子路穿着破旧的棉絮袍子，和那些穿着名贵的裘皮大衣的人站在一起，不会因为自己的穿着而感到羞耻，在我的弟子中大概也就只有子路能够做到这一点。并引用了《卫风·雄雉》中的诗句“不忮不求，何用不臧”来赞美子路。“忮”就是害，就是因为嫉妒别人而想伤害别人；“求”就是贪求，就是羡慕别人拥有的东西而向别人求取；“臧”就是善。子路就不忮不求，因此，子路有什么不好呢？孔子的意思是说，子路这个人不以外在的装饰为意，已经具备了成仁成人的根基，这是值得高度肯定的。子路这个人比较有意思，比较可爱，比较喜欢让孔子表扬自己，孔子一表扬别的弟子的时候，他就顺带把自己拿出来，让孔子也表扬一下自己，另一方面孔子表扬自己以后，他就会到处宣扬，自我标榜。就像这次，孔子表扬了子路，子路就一直念叨这两句诗，以便让人们知道孔子对自己的表扬。孔子担心子路满足于此，不思进取，就跟子路说，仅仅这样，还不够好，你能这样，仅仅说明你具备了入道之基，但是你还没有得道达道，所以你要继续往前，不能止步于此。因此，对于儒家来说，志于道，抛弃对于物质利益的贪求，只是入圣域的第一步，要想登堂入室，还需要经过不断的艰苦努力，不能满足止步于细微的成就。从这里我们也能看到孔子的教学方式，孔子既能通过鼓励的方法，激起弟子的信心与热情；当他们自满自足的时候，又能给予断头棒喝，促使他们奋发猛进。

9.28　子曰：“岁寒，然后知松柏之后彫也。”

这句话现在已经是一句名言，经常会出现在各种诗句之中。这句话，是以松柏为喻，来讲君子的道德品格问题。不过在理解这句话的时候，有两个词汇需要我们注意，一是“岁寒”，一是“后彫”。“岁寒”讲的是外部条件，尤其是特别恶劣的外部生存环境。在一个正常的年份当中，所有人都过着正常的按部就班的生活，君子也像普通人一样，无需表现其超过常人之处，这时君子就是常人，他过着常人的生活。只有遇到了灾变，旧的秩序被打破，新的秩序尚未建立起来，这时普通人就会失去方向，失去目标，茫然不知所措，而君子心目当中的方向性就会发生作用，其坚韧的意志品格就会展现出神奇的力量。这也就是说，君子的道德品格一方面要在艰苦的生活环境中进行锻造锤炼，另一方面，君子的道德品格必须能够经得起严酷的考验。“后彫”之“后”意味着比较，这既是君子与自身的比较，也是君子与常人的比较。“彫”通“凋”，就是凋零、凋伤。遭遇了风刀霜剑的催逼，就算松柏具有不畏严寒的品格，难免也会受到伤害，但是其生意不息，其生命仍然在倔强地继续与成长。君子就像松柏一样，虽然在恶劣的环境中遭遇迫害，但是其求道之心不灭，因而其前后是统一的，他的志向与追求并不因为外部环境的改变和催逼而有所改变。如果我们只就松柏或君子本身来看他们的品格，或许还难以看清他们的过人之处，因为他们在严寒催逼之后，也会受到伤害，只有在与常人的比较之中，只有在万木枯死的凋敝之中，我们才能从松柏的勃勃生机中感受到松柏在一片狼藉中所显示出来的顽强生命力，只有通过常人摧眉折腰事权贵的奴颜婢膝，我们才能看出君子“富贵不能淫，贫贱不能移，威武不能屈”的大丈夫人格。

9.29　子曰：“知者不惑，仁者不忧，勇者不惧。”

知、仁、勇是孔子心目中的“三达德”，这有点类似于柏拉图的“四元德”，柏拉图认为，一个城邦具有了“四元德”就构成了理想的城邦，孔子认为，一个人具备了“三达德”就成了真正的君子。“知”就是知识与智慧，一个有知识有智慧的人一定能够深思明辨，就能够洞悉天道与人道，知道自己应该如何立身行事，不仅自己目标明确，不迷茫，不惑乱，而且能够分辨一切错误的言行、理论，不为它们所蛊惑。所谓“忧”就是患，忧的是功名利禄，患的是功名利禄得失，因此，忧患实际上考虑的都是个人的私利，如果一个人不关心自己的私利，不再自私自利，那么，他也就没有了忧患。仁就是仁爱，“仁者，爱人”(《孟子・离娄下》)，仁者天下一家，万物一体，仁民爱物，因此，仁者是天下为公的，他已经从自己的私人利益，从功名利禄当中超脱了出来，所以，他也就无所忧。当然，这里特指对个人利益的忧，而不是指所有的忧，譬如孔子就讲过，“德之不修，学之不讲，闻义不能徙，不善不能改，是吾忧也”(《论语・述而》)，可见君子对于道德教化还是有所忧的。“勇者不惧”就是勇敢的人无所畏惧。这里所讲的勇不是鲁莽，不是血气之勇，而是对于道义的一种坚定不移，因此是勇敢坚定地执行道义，正是因为君子代表的是道义，所以君子大义凛然，无所畏惧，这也就是曾子所说的，“自反而不缩，虽褐宽博，吾不惴焉；自反而缩，虽千万人，吾往矣”(《孟子・公孙丑上》)，这是何等英雄豪迈！因此，勇一定要以道义为标准，如果一个人勇而无义，那就会对他人对社会造成严重的危害，因此我们要注意区分有义之勇与无义之勇。

9.30　子曰："可与共学，未可与适道；可与适道，未可与立；可与立，未可与权。"

人都不是生而知之者，而是学而知之者，就连孔子认为自己也是如此，可见每个人都需要学习，因此，所有的人都可以在一起共同学习，共同进步。不过，每个人对于学习在理解上是有差异的，学习的目的是不同的，有的人学习是为了功名利禄的，也就是"学干禄"，有的人学习就是为了认识几个字，有的人学习则是为了求道。正是因为大家学习的目的不同，所以大家所朝向的方向，所走的道路是有差异的，我们没有办法让所有学习的人都以仁道为目标，都走向仁道。就是在共同学习的人中有一些志同道合者，大家都志于道，这也并不意味着所有的人都能学有所成，能真正地让自己立于道，不为外物所迁，"富贵不能淫，贫贱不能移，威武不能屈"(《孟子·滕文公下》)，真正做到生死由之，"无终食之间违仁，造次必于是，颠沛必于是"(《论语·里仁》)，其中有些人的立场可能没有那么坚定，不那么坚持原则，他们就会为了功名利禄背弃自己最初的理想目标，不再在仁道当中安身立命，而是苟且地活着。有原则、有立场固然是好的，这样一来我们目标明确，方向固定，立场坚定，我们不会迷失自我。不过问题在于，我们在坚持仁道原则，尤其是仁道原则所固化的礼与刑(也就是所谓"治之经")的时候，固化的礼与刑和变动不居的社会现实之间未必能够吻合得天衣无缝，二者之间往往会出现偏离不合的情况，固化的礼和刑不能够直接地用来解决现实问题。就像古代的礼规定了男女授受不亲，如果嫂子掉到了水里面，那应该怎么办呢？如果伸手去救，就会违反男女授受不亲的礼制；如果不伸手去救，袖手旁观或者再找一个女性来救，那就有可能导致嫂子溺水而死，这真是左右为难。面对这种两难的情况，孔子认为我们就不能教条化地执行礼仪规范，要做到原则的坚定性与策略的灵活性的统一，也就是要通权达变，也就是要灵活地运用权变进行变通，"权"实际上就是审时度势进行灵活变通，从而根据实际情况作出适当的抉择。对于大多数人来说，执行规范是一件比较容易的事，而根据实际情况作出权变则非常困难，从而导致有人宁愿固守教条而不愿进行变通，导致这些人"可与立，未可与权"。

9.31 “唐棣之华，偏其反而。岂不尔思？室是远而。”子曰：“未之思也，夫何远之有！”

前面四句是古诗，唐棣的花啊，随着风儿摇来摆去。我怎么不思念你呢？只是住得太远了。据说这首诗出自《诗经》，是用来表达对贤者的思念和渴慕，现在已经散佚不可见。当然，当一首诗脱离了具体的语境之后，它就获得了广阔的解释空间，能够被应用于表达对爱人、对圣贤、对仁道的渴慕和思念，因此，当孔子引用这首诗的时候，它的空间就已经被拓宽了，不再仅仅被局限在圣贤身上，爱人、师友、仁道都能够进入它的范围之中。孔子说，距离遥远只不过是借口而已，实际上是没有思念，如果真要思念了，就不存在距离遥远的问题了，这也就像孔子所说的那样，人们经常以仁道太过高远而拒绝践行仁道，孔子则说，“仁远乎哉？我欲仁，斯仁至矣”（《论语·述而》）。这当然不是指遥远的距离因为我们的思念而变得近了，而是指我们如果发自肺腑的思念某物，那么我们就不会在乎距离的遥远，我们会克服一切困难，即使踏遍千山万水，我们也要到达所思念的远方。因此，孔子所讲的实际上是目标与目标实现的问题，只要我们目标坚定，我们就一定能够实现目标，这也就是心诚与不诚的问题，只要我们真心诚意，就没有我们克服不了的困难。

# 乡党篇第十

10.1　孔子于乡党，恂恂如也，似不能言者。其在宗庙朝廷，便便言，唯谨尔。

这一篇都是记录孔子平生德行的，当然孔子的德行都是符合礼的，因此，我们通过孔子的平生德行也可以看到当时礼对人的言行举止、衣着饮食等方面的要求。孔子在家乡父老面前，容貌恭顺，好像不能说话的样子；而在宗庙和朝廷上，说话雄辩，不过非常恭敬谨慎。这里先讲孔子在乡里的容貌语言，然后再讲在宗庙朝廷上的容貌语言，这也暗合中国古代的家国同构的思想理念，在国家范围内的言行举止是对于父母兄弟的孝悌之心、爱敬之心的存养推扩。

10.2　朝，与下大夫言，侃侃如也；与上大夫言，訚訚如也。君在，踧踖如也，与与如也。

上朝的时候，孔子与下大夫交谈，轻快和乐；与上大夫交谈，恭敬而不乏诤辩。国君出现了，孔子容貌恭谨，从容自然。上一章讲到了在家庭与宗庙朝廷当中不同的礼仪规范与容貌言语，这一章则讲到了在同一个场所，面对不同的对象，孔子容貌言语的不同，这说明，容貌言语不应该是始终如一的，而应该随着不同的对象、时间、地点而有所改变。从这里我们可以看出，儒家奉行的是一种差异性的观点，而不是同一性的观点。

10.3　君召使摈，色勃如也，足躩如也。揖所与立，左右手，衣前后，襜如也。趋进，翼如也。宾退，必复命曰："宾不顾矣。"

鲁君召唤孔子担任接待来宾的傧相，孔子面容马上变得端正庄重，步履开始急促起来。向身边的人作揖，向左拱手，向右拱手，衣服随着鞠躬弯腰而前后俯仰，整齐而不零乱。快步直进，衣服被风吹起，就像鸟儿张开了翅膀。送别了宾客之后，一定会向国君汇报："宾客已经离开了。"这里所讲的是古代傧相接待宾客的礼仪，现在已经不再实用，后面的很多礼仪也是如此，故不阐发，只做语句的解释。

10.4　入公门，鞠躬如也，如不容。

立不中门，行不履阈。

过位，色勃如也，足躩如也，其言似不足者。

摄齐升堂，鞠躬如也，屏气似不息者。

出，降一等，逞颜色，怡怡如也。

没阶，趋进，翼如也。

复其位，踧踖如也。

进入公门，恭敬敛身，就像门小得不能容他通过。站立的时候，不站在门中间的位置；行走的时候，不踩门槛。经过国君的位置，面容端正庄重，步履急促，说话似乎都变得困难。提起衣服的下摆向堂上走，恭敬敛身，步履急促，屏住气，好像都不呼吸了。出来了，走下一级台阶，容貌开始放松下来，怡然和乐。台阶下完了，就快步地向前走，就像鸟儿展开翅膀一样。回到自己的位置，又开始容貌恭谨。这里面的"升堂"、"出"、"复其位"，主要是9.3中所讲的大臣拜见君主的时候，有堂下、堂上稽首再拜的问题，如果不了解这个差别，这一章中的位置转换就不可理解。

10.5　执圭，鞠躬如也，如不胜。上如揖，下如授。勃如战色，足蹜蹜如有循。

享礼，有容色。

私觌，愉愉如也。

孔子作为国君的聘使出使国外，手里捧着作为国君信物的玉圭，恭敬敛身，就好像拿不动。执圭向上，就好像向别人作揖，执圭向下，就像把东西递给别人一样。面容庄重，战战兢兢，脚步短促就像被限制住了一样。进献礼物的时候，容色端庄。私下与外国君臣见面，则显得轻松愉快。从这里面也可以看出，在古代也是公私有别的，私下场合，对于礼仪规范的要求也不会那么严格，因此，讲礼仪规范，讲规章制度，也要适当地区分公共空间与私人空间，不能将二者简单地混为一谈，既不能以私人空间代替公共空间，也不能以公共空间取代私人空间，前者会出现独裁霸权，后者则会导致个人权利无法得到保障。

10.6　君子不以绀緅饰，红紫不以为亵服。

当暑，袗絺绤，必表而出之。

缁衣，羔裘；素衣，麑裘；黄衣，狐裘。

亵裘长，短右袂。

必有寝衣，长一身有半。

狐貉之厚以居。

去丧，无所不佩。

非帷裳，必杀之。

羔裘玄冠不以吊。

吉月，必朝服而朝。

君子不用褐色和灰色的布为衣服镶边，不用红色和紫色的布做日常居家的服装。暑天的时候，在家穿着葛布单衣，出门则一定要穿上外衣。黑色的衣服配上羊羔皮；白色的衣服配鹿皮；黄色的衣服配狐皮。日常居家时所穿的衣服相对长些，但右边的袖子则短一点。睡觉的时候，一定要有被子，长度是人的身高的1.5倍。用狐貉的皮做坐褥。服丧期满，什么都可以佩戴。除非是朝祭的服装用整幅布之外，其余的一定要进行裁剪。不穿着紫色的羊皮衣，不戴着黑色的帽子出门吊丧。正月初一，一定穿着朝服去上朝。从这些繁琐的要求当中我们可以看出，在古代，礼仪要求是非常细致入微的，不同场所的衣服打扮，甚至连衣服的颜色都做了明确的规定。

10.7　齐，必有明衣，布。

齐必变食，居必迁坐。

斋戒沐浴的时候，一定要备有干净整洁的浴衣，必须是用布做的。斋戒的时候，一定改变平常的饮食，同时，居住的地方也要改变。主要是为了清心寡欲，保持身心的纯洁，既表示对祖先神明的敬重，也是为了与其进行更好地沟通。

10.8　食不厌精，脍不厌细。

食饐而餲，鱼馁而肉败，不食。色恶，不食。臭恶，不食。失饪，不食。不时，不食。割不正，不食。不得其酱，不食。

肉虽多，不使胜食气。

唯酒无量，不及乱。

沽酒市脯不食。

不撤姜食，不多食。

饭食不嫌做得精致，肉类不嫌切得细致。饭食发生霉变，鱼和肉腐败变质，不吃。食物颜色反常，不吃。气味难闻，不吃。烹饪不当，不吃。非应时的食物，不吃。切割不合规矩，不吃。放的酱料不当，不吃。肉再多，吃的肉也不能超过主食。对于酒没有量的要求，只要不喝多惹事就行了。不吃在市场上打来的酒和买来的干肉。吃完了，菜肴都撤了，而盛姜的碟子不撤，继续食用，但也不多吃。

从这一章看，孔子是个美食家，对于饮食有着一种近乎苛刻的要求。虽然孔子的要求多是一种礼的要求，但是在那个礼崩乐坏的时代里，实际上大多数人已经不再按照礼的要求来安排饮食了，饮食已经真正成了满足生理需要的手段。对于孔子来说，显然并非如此，孔子在满足生理需要之外，显然还把饮食看作一种人生的享受，在精细的食物中获得享受美食所带来的快乐，在品尝美食当中，能感受到人与自然万物之间的相互依赖关系，感受到对于自然的敬畏，对生命的敬畏。因而，对于中国而言，饮食不仅是一种简单的填饱肚子的活动，同时也是一种文化，人们能够从中感受到自我与他者之间的关系、人在世界当中安身立命、人生的态度、意义与价值的问题。

10.9　祭于公，不宿肉。祭肉不出三日，出三日，不食之矣。

为国君助祭，国君所赐的肉当日就吃掉，不留着过夜；自己家祭祀用的肉，也要在三天之内吃掉，三天之后就不吃了。国君所赐的祭祀的肉，之所以不留着过夜，是因为公祭的当天清晨杀猪，第二天又进行绎祭，祭祀完毕后就把这些祭肉按照等级赏赐给大夫，表示神恩共享，雨露均沾。公祭的时间较长，臣下得到祭肉的时候就已经三天了，肉再放就会腐坏了，因此，要赶快食用，省得腐坏丢弃，否则是对神的不敬，辜负神恩。由于家祭没有公祭的程序繁琐，也不用那么长的时间，所以，在三天内吃完就可以了；不过出了三天，肉就会腐坏变质，就不再食用了。这说明，在这种礼仪当中有一定的科学道理，是生活智慧的一种总结。

10.10　食不语，寝不言。

吃饭的时候不互相交流，睡觉的时候不说话。

这里面不是卫生的问题，不是科学的问题，而是礼仪的问题。

10.11　虽疏食菜羹，瓜祭，必齐如也。

“瓜”疑是“必”的误写，“齐”通“斋”。即使是吃糙米饭、喝菜汤，也一定先要祭祀先人，而且一定要恭恭敬敬。基督教徒在吃饭之前也要举行仪式，那是对上帝表示感谢，感谢上帝赐给人们食物。中国人的饭前祭祀不是感谢祖先赐给食物，而是要与祖先共享自己的食物，既表示对祖先的怀念，也表示对祖先的继续奉养，祖先不仅活在我们的心中，而且就在身边。这也就是孔子所说的“事死如事生，事亡如事存”（《荀子·礼论》）。

10.12　席不正，不坐。

坐席的摆放不合礼制，就不坐上去。

10.13　乡人饮酒，杖者出，斯出矣。

行乡饮酒礼后，要等到老人出去后，自己再出去。这是一种敬老的礼节。中国古代敬老，一方面老人多是家中的长辈，所以，敬老就是敬长辈，这比较符合中国古代的长幼有序的传统，另外，中国人比较敬老，还有另外一个重要的原因，那就是老人代表着一种经验，我们敬重老人，也代表着对于经验的敬重。古代与现代的一个重要不同，现代社会是一个知识爆炸的社会，新的知识层出不穷，因此，要想适应这个社会，跟上时代发展的步伐，需要的是学习的能力和创新的能力，在这方面年轻人比较有优势，因为他没有条条框框，容易接受新事物；而中国古代社会是农业社会，农业社会的重要特点在于它的周期性与重复性，适应这样的社会需要的是丰富的经验，而老人由于其丰富的阅历而积累了大量的经验，能够比年轻人更好地应对社会中出现的各种情况，因此，青年人要敬重老年人，要谦虚地向他们学习，向他们请教。这种古今之间老年社会地位的变化，实际上反映了古今之间社会的一种变革。

10.14　乡人傩，朝服而立于阼阶。

乡里人演傩戏，迎神驱鬼，就穿着朝服，站在东边的台阶上。

10.15　问人于他邦，再拜而送之。

托人向外邦的友人问好，一定要拜两次才送他出门。

10.16　康子馈药，拜而受之。曰："丘未达，不敢尝。"

有一次，孔子生病了，估计也不是很严重，康子向孔子表示关心，特地给他送来了药物，孔子拜谢接受了药物。孔子就说"丘未达，不敢尝"，说这个药物我不了解，所以不敢服用。有人认为这是孔子直接对康子或康子派来送药的使者说的，笔者以为应该不是如此。因为孔子如果不想服用的话，他直接不接受就可以了；既然接受了，就表示他已经领受了康子的情意，他就没有告诉康子不会服用这些药物,从而否认自己对康子情意的接受。孔子一般做事是比较注意分寸,比较委婉的,不会轻易让别人难堪。像孔子瞧不上阳货,不接受阳货的召见,结果阳货为了表示诚意,给孔子送了一头蒸熟的小猪作为礼物,孔子为了不让阳货难堪,不直接拒绝他,故意在阳货不在家的时候去拜见阳货。做事如此顾及别人情面的孔子,不可能直接拒绝别人的情意。因此,这句话应该是康子或者其使者走了之后,孔子对弟子说的。孔子为什么不了解药性就不服用呢?中国人相信阴阳相生、相反相成,有害的事物有时会产生有利的效果,因此,在中医当中往往采用以毒攻毒的治疗方法,用有毒之物入药,像砒霜这样的毒物就是其中的典型代表。在中药中,很多药物都是有毒的,如果使用不当,就会中毒,就会危及生命。中国本身就有重生的传统,《周易》就说"生生之谓易","天地之大德曰生",就是重视生命的延续和发展,孔子就是这一传统中人,自然也非常珍惜生命。虽然孔子为了天下公义也会慷慨赴义,有"虽千万人,吾往矣"的英雄豪迈气概,但是孔子不会逞意气之勇,不会做无谓的牺牲,"知命者不立于岩墙之下"(《孟子·尽心上》),所以,孔子不愿意与子路一起冒险。孔子在自己不了解药性的情况下,不愿意轻易尝试药物,是其生命观的一个体现。当然,我们不能以孔子的这个事例否定神农遍尝百草,这二者之间有本质的不同,如果孔子不尝药是出于私利,而神农尝百草是出于公义,那么,不能用一个来否定另一个。

10.17　厩焚。子退朝,曰:"伤人乎?"不问马。

从"子退朝"以及相关的记载可知,这件事情应该发生在孔子担任鲁国的司寇期间,当时孔子是卿大夫。对于此时的孔子来说,马车不仅是一种交通工具,也是一种身份象征,是一种礼仪。像颜回去世的时候,颜回的父亲颜路就要用孔子的马车给儿子改做一副棺材,孔子反对此做法的一个理由就是,"以吾从大夫之后,不可徒行也"(《论语·先进》),可见乘坐马车对于孔子的重要性。"厩"就是养马的马厩,马厩失火,当然会伤害马匹,就会影响到孔子乘坐马车。因此,有没有伤及马匹,应该是孔子非常关心的事情。孔子与众不同的地方在于,他不是一个只关心自己利益的人,不是一个精致的利己主义者,将自己的利益、颜面看得高于一切,他不像常人那样高度关心自己的马匹,而是关心人受伤与否。这段话反映出,孔子一个出自本能的反应,就是直接问人是否受到了伤害,而不是问马是否受到了伤害。因此，这里的关键问题是孔子退朝，听说马厩失火之后的第一时间、第一反应，这种本能的反应反映了人的真实的心理状态，反映了人的真情实感。就像有些地方发生了安全事故之后，有的地方官长的第一反应就是隐瞒不报，这说明他的心里装着的只有自己的官位前途，而没有人民百姓，人民百姓的生命财产安全远远比不上他的官位前途。孔子第一反应是想到人是否受到了伤害而不是马是否受到了伤害，这说明人的生命在其心目中具有非常重要的地位。这样一种说法可能会遭到一些人的反对，认为这不符合儒家仁民爱物的仁爱精神。实际上，儒家讲仁民爱物是对亲亲的一种推扩，亲亲而仁民，仁民而爱物，在这样一种推扩的过程中，人们的道德情感必然会有所衰减。虽然我们在仁爱自己父母的同时，也会仁爱他人的父母，但是这种仁爱的程度是有差异的，否则就会成了墨家所讲的“爱无差等”的博爱，而这种博爱是不符合儒家的爱有差等的思想，这也就是孟子批评墨子“无父无君，是禽兽也”(《孟子·滕文公下》)的原因之所在。孔子的第一反应是问“伤人乎”，不问马，这只是反映了人与马在孔子心目中的价值次序，而并没有否定孔子对马同样具有仁爱精神，不过可以肯定的是，孔子对人的仁爱程度一定是超过对马的仁爱程度的。在当今时代，动物保护主义盛行，人与自然万物之间的关系到底应该如何？这个问题值得我们加以探讨。虽然笔者赞同进行生态保护，动物保护，但是同样反对对自然、对动物的过度保护，这既违反了人的自然本能，也违反了自然的规律，自然保护应该符合自然之道。

10.18　*君赐食，必正席先尝之。君赐腥，必熟而荐之。君赐生，必畜之。侍食于君，君祭，先饭。*

国君赐予食物，一定会正席而坐，率先品尝它。国君赐予生肉，一定煮熟了用来供奉祖先。国君赐予活物，就养起来。侍奉国君与国君一同吃饭，国君在祭祀先人的时候，就不必等待国君，自己先吃饭，不吃菜。

10.19　*疾，君视之，东首，加朝服，拖绅。*

生病了，国君来探视，就头朝东躺在床上，要把上朝穿的朝服盖在身上，并把腰带放在朝服上。

10.20　君命召，不俟驾行矣。

国君召唤，不等仆役驾好车，就出发了。表示对国君的尊重和公事的重视。

10.21　入太庙，每事问。

见3.15。

10.22　朋友死，无所归，曰："于我殡。"

朋友死了，没人办理后事，孔子就说："我来安葬吧。"朋友之间是以义相合，也就是注重情义，朋友死了，无人安葬，无所归依，这在情感上是没有办法接受的，一个有情有义的人是不忍心朋友被抛尸荒野的，因此，孔子出于自己的内在道德情感，出于自己的仁心善性，主动地承担起安葬朋友的责任。我们需要注意的是，在《论语》当中，当孔子讲到"我"的时候，往往都强调自我的重要性，强调自我的主体地位，不过，孔子所讲的主体，不是现代意义上的权利主体，而是责任主体，就是强调自我是道德责任的承担者。当然，孔子说"于我殡"的前提是朋友"无所归"，也就是在没有人安葬他的前提之下，如果他有亲人安葬，那么，我们就不能剥夺其亲人安葬他的权利，也就是说，我们对他人承担责任也不能侵犯别人的正当权利，我们对别人承担责任不能过度，别人的权利就构成了我承担责任的一个界限。

10.23　朋友之馈，虽车马，非祭肉，不拜。

朋友的馈赠，即使是贵重的车马，只要不是祭肉，就不拜谢。朋友馈赠祭肉要拜谢，这是礼的要求；朋友馈赠车马等，礼没有规定要进行拜谢。这说明，朋友之间是以礼相交，不是以利相交，如果以利相交，那么，接受馈赠的人就丧失了自己的独立人格，这比较符合孔子"君子喻于义"（《论语·里仁》）、"谋道不谋食"（《论语·卫灵公》）的一贯思想主张。

10.24　寝不尸，居不客（容）。

睡觉的时候不能像僵尸一样直挺挺地躺着，居家的时候不过分地注重自己的仪容，不像做客时那样仪容庄重。孔子不像后来宋明时期道学家那样古板僵化，在家独处的时候还是要轻松一点，否则生活就太累了。

10.25　见齐衰者，虽狎，必变。见冕者与瞽者，虽亵，必以貌。

凶服者式之。式负版者。

有盛馔，必变色而作。

迅雷风烈必变。

参见9.10。孔子看见穿着孝服的人，即使与其关系很亲密，也会变更容色以示悲痛。见到穿着礼服的官长和瞎子，即使经常见面，也一定礼貌相待。遇到身穿丧服的人，一定手扶车前横木，俯身表示敬意。遇到拿着国家文件图籍的人也是如此。宴会上上高档的菜肴，一定会容色庄重地站立起来。遇到雷电大风，一定会露出不安的神色。

10.26　升车，必正立，执绥。

车中，不内顾，不疾言，不亲指。

孔子上车，一定先站稳，手抓着两边的带子，再上车。进到车内以后，不东张西望，不大声说话，不指指点点。这既是稳重的一种表现，更是具有道德意识的表现，以免自己的行为影响别人，给别人造成不便。

10.27　色斯举矣，翔而后集。曰："山梁雌雉，时哉时哉！"子路共之，三嗅而作。

这一章的理解非常困难，歧义较多。这里按照主流的观念将这一章做个大致的解释。这一章是说，孔子在山梁上行走，有山鸡在山梁上觅食。山鸡看到孔子一行人过来，就有点紧张，飞到了天空中，看到没有什么危险，盘旋一阵后就又落了下来。孔子看到山鸡这么悠游自在，不免有点伤感自己的境遇，就说道，这个山梁上的雌山鸡，真是得其时啊！子路挥了挥手，山鸡紧张地向四周张望了三次，然后振翅飞走了。

这一章的核心词汇是“时”，对于中国人来说，世界不是固化的，而是处于发展变化的过程中，因此，人在这个世界上会受到时势的影响。世界在其特定的发展阶段会呈现出特定的发展趋势，如果人们善于抓住利用这个时势，那么，就会取得事半功倍的效果；如果人们违背了时势，逆历史潮流而动，那么，就会不可避免地遭遇失败的命运。中国人不是像西方人那样强调个人英雄主义，强调英雄造时势，因为那样，即使侥幸取得成功也会付出非常惨重的代价；而是相信时势造英雄，这个英雄就是那个认清时势并把握住时势的人。因此，中国人不像西方人那样去强作妄为，而是在等待时机的出现，一旦时机出现，就抓住时机并顺应时机把自己的理想变为现实。因此，中国人所讲的“时”不仅是世界的流变、绵延，更是这种流变、绵延当中所蕴含的“机”，中国人讲究趁势而为，趁机而为。

# 先进篇第十一

11.1　子曰："先进于礼乐，野人也；后进于礼乐，君子也。如用之，则吾从先进。"

这一章理解上歧义比较多，而歧义的产生多与"先进"、"后进"有关。有人把"先进"理解为三代以上，把"后进"理解三代以下；有人把"先进"理解为五帝以上，"后进"理解为三王以还；有人把"先进"理解为殷，把"后进"理解为商。前面都是从历史出发的，有人则从当时出发，把"先进"、"后进"都理解为孔子弟子，不过这里面也有区别：有人认为"先进"是先入门的弟子，如子路等人，这些人致力于拨乱世，"后进"则是后入门的弟子，如子游、公西华等，这些人主要致力于致太平世；有人则认为"先进"是孔子弟子中没有爵禄而先进于礼乐学习的弟子，"后进"则是具有世袭爵禄而后进于礼乐学习的弟子。这些说法虽然都有一定的道理，但是为笔者所不从，笔者取二程的说法。二程认为，孔子的这种说法是就时人俗语而言的。当时虽然已经礼崩乐坏，僭礼现象时有发生，质已不具，但是繁文缛节尤盛，时人不识，仍然把自己看作守礼君子，却把前人看作未受礼仪教化的野人。孔子则针对当时的礼乐文明存在的问题，说自己愿意追随古人。

按照二程的意思，孔子实际上是把"后进"与"先进"分别看作当时的社会和在此之前的社会。礼乐应该是文与质的统一，受礼乐教化的君子也应该是文与质的统一，"文质彬彬，然后君子"，不能陷于一偏，否则就是"质胜文则野，文胜质则史"(《论语·雍也》)。从"质胜文则野"我们可以看出，这里的"野人"也就是"质胜文"的人。"质"是指本始材朴，也就是具有朴素道德情感的人，"礼生于情"，礼乐仪文就是建立在这种朴素道德情感的基础上的，因此，野人实际上是具有原始的、朴素道德情感的人。"文"则是对于朴素道德情感的一种外在文饰，因而是高度形式化的。当然，理想的状态应该是文质相合，文质协调，从而文质彬彬。然而问题在于，在当时，“质”已退隐不见，礼仪仅仅剩下了虚文。正是针对这样一种社会现实，孔子指出，自己愿意选择追随质胜于文的古人。因此，在这一章中，孔子所表明的是对于礼乐中文质之间关系的一种态度：虽然文与质都很重要，但是不得已而进行选择，孔子宁愿选择质而不选择文。

11.2　子曰：“从我于陈、蔡者，皆不及门也。”

这一章有三种解释。第一种把“门”理解为仕进之门，意思是说，当我游于陈、蔡的时候，弟子中没有人在陈、蔡为官的，所以，我才在陈、蔡被围。第二种把“门”理解为学术之门、道义之门，意思是说，在陈、蔡时追随我的弟子，他们在学术上，都尚未能够登堂入室，就像子路一样，“由也升堂矣，未入于室也”(《论语·先进》)。第三种把“门”理解为师门，有人把这一章与上一章联系起来，认为上一章的先进后进、野人君子都是指孔子的弟子，先进野人是早期入门的弟子，后进君子是后来入门的弟子，在这一章中孔子感叹早期的弟子都已经不在自己门下，具有怀念之意。笔者更加倾向于第二种解释，代表着孔子对于学术的高标准、严要求，不过这不是建基于严格的考证而得出的结论，而是基于笔者对孔子、对《论语》的一种主观理解，是基于孔子对于学术的一贯态度。

11.3　德行：颜渊，闵子骞，冉伯牛，仲弓。言语：宰我，子贡。政事：冉有，季路。文学：子游，子夏。

德行、言语、政事、文学并称为孔门四科。德行就是道德品行；言语就是能说会道，尤指善于外交辞令，擅长游说；政事就是与国家治理有关的是事情，像冉有善于理财，季路善于治军，这都属于政事的范围；文学不是指现在的文学艺术，而是指古代的典章制度，也就是古代的经典文献。在这一章中，孔子将自己的弟子在孔门四科中加以定性归位。从这一章中，我们要注意三点。第一，言语和政事实际上都是属于立功的范围，因此孔门四科实际上主要对应着立德、立功、立言而言，从其所排列的顺序来看与后来所讲的“太上有立德，其次有立功，其次有立言”(《左传·襄公二十四年》)是一致的，可见德行修养在孔子心目中具有至关重要的地位。第二，孔子能够清楚地指出自己弟子的长处之所在，说明孔子真正

“知人”，对于自己的弟子了如指掌，从而避免了不知人之患。第三，孔子的弟子各有所长，这说明他对弟子不是按照同一模式进行教育的，而是根据学生的特点进行不同教育，从而充分发挥了弟子的优点与特长，使得他们呈现出多样化的发展倾向，因而孔子的教育是一种差异化教育。

11.4　子曰：“回也非助我者也，于吾言无所不说。”

颜回作为孔子最为得意的弟子，在《论语》中，孔子一直表达的都是对于颜回的赞赏，唯有此处，孔子表达了对于颜回的一丝遗憾，颜回不是对我有所助益的人，因为他对我的言论没有不表示欢迎的。不过这里需要追问的是，为什么颜回喜悦欢迎孔子的言论，孔子还觉得有所遗憾呢？这是因为颜回领悟能力非常强，默识心通，闻一知十，孔子的言语一出口，颜回就豁然自解，因而不会向孔子提出问难，这既不能让孔子就着这颜回的提问而对自己的思想学术加以阐释发挥，也不能让孔子反省自己学术理论的不足之处并加以完善。

这一章对颜回的这一遗憾反映了孔子对待他人的态度。孔子并不像一般人那样，站在自己的立场上，根据自己的主观好恶或自己的客观需要，从而以自我为标准对他者做出评判，而是站在一个客观公正的立场上，真正从他人本身出发对其做出如其所是的评判。即使孔子爱护如颜回，但同样也指出其不足；即使批评如管仲，说他不知礼，但是同样客观地评价他对社会发展所做出的重要贡献。因此，孔子不是将他者同一于自我，而是将他者看作与自我不同的他者，反对人们从自身出发，按照自己的标准去看待他者，套裁他者，以避免造成对他者差异性的扼杀，从而否定自我与他者之间的同一的我-他关系，试图建立起自我与他者之间的差异性的我-你关系，甚至是要建立起一种非对称的自我对于他者的责任关系。

11.5　子曰：“孝哉闵子骞！人不间于其父母昆弟之言。”

闵子骞是孔子的弟子，名损，字子骞。孔子很少用字来称呼弟子，估计这是孔子转述了时人对闵子骞的评价。闵子骞以孝闻名乡里，孔子在自己所有的弟子中，唯有许闵子骞以孝。根据记载，闵子骞年幼丧母，其父续弦再娶，又生了两个孩子。后母偏爱自己亲生的两个孩子，对闵子骞比较刻薄，冬天给自己亲生的孩子穿厚衣服,给闵子骞穿单衣服。其父得知后母的虐待行为后,准备休妻。闵子骞却主动劝父亲不要休妻,说“母在一子寒,母去三子单”。其父听从了他的建议,没有休妻,其继母也因此而改变了对他的态度,一家人从此和谐相处,过着幸福祥和的生活。正是这件事情赢得了人们对于闵子骞的高度赞誉,闵子骞也因此而以孝闻名乡里。不过,对于“人不间于其父母昆弟之言”这句话,有两种不同的解释:一是认为,闵子骞对父母兄弟非常好,没有传出非议他们之间关系的言论;一是认为,闵子骞的孝行赢得了父母兄弟的高度赞赏,都评价他是难得的大孝子,没有人对于闵子骞父母的言论提出非议。笔者比较赞同后一种理解。这种理解揭示了如何正确对待评价的一个原则问题。人都偏向于自我为中心,容易走向自是而相非,人们对于他人的评价也会爱屋及乌,智子疑邻,因而,对于一个人,如果其赞美之词来自于关系亲密的人,如果其诋毁之词来自于与其交恶之人,那么,我们就会对这些评价持一种怀疑的态度,因为这些评价会受到他们内在自然情感的干扰;反过来,如果一个人,其关系亲密的人都批评他,或者与其交恶的人都赞扬他,那么,这种批评或赞扬一般都是不得不做出的客观评价。像闵子骞与其后母兄弟之间的关系以前是比较糟糕的,结果他们都对他赞赏有加,说明这种赞扬是发自肺腑的,是被其高尚的人格所折服的,因此,人们愿意相信这种赞扬是与事实高度一致的。

11.6　南容三复白圭,孔子以其兄之子妻之。

南容是孔子弟子,名宫适(《史记》中“适”作“括”,《孔子家语》中作“韬”),字子容。孔子对于南容这个人非常器重,因为他德行高尚,谨言慎行,孔子平时对他多有关注。南容在读了《诗经·大雅·抑》中的四句诗“白圭之玷,尚可磨也;斯言之玷,不可为也”之后,就反复地吟诵。这几句诗的意思是说,白色的玉板上有了污点,还可以通过磨洗的方法进行清除;一旦言语上有了污点,犯了错误,说出去的话,犹如泼出去的水,就无法清除了,错误将永远存在,因此,告诫人们说话之前一定要谨慎,言语不要轻易出口。中国人一般是相信言为心声,相信言行是统一的,认为言语代表着人们内心中真实的想法,而且这种想法最终会落实为真实的行动,“言必信,行必果”(《论语·子路》)。这样一来,一旦不好的言论说出口,人们就会相信这些不好的言论一定会产生出不好的后果。因此,对于中国人而言,有时语言具有与行动同等的效力,人们只需根据语言而无需根据行动和后果，就能对一个人进行有罪推定或审判，所以，在中国古代，祸从口出，因言获罪的例子比比皆是。在春秋战国那样一个乱世之中，人们要想保全自身，就必须谨言慎行，这既是对自己负责，也是对家人负责。南容在读诗的时候，能够反复吟诵这四句诗，说明他在心里非常认同这首诗，他会按照这首诗来要求自己，结合南容平时的表现来看，他确实做到了谨言慎行，因此能够全身免祸，孔子就说他“邦有道，不废；邦无道，免于刑戮”（《论语·公冶长》），因此将他哥哥的女儿也就是侄女许配给南容为妻。

11.7　季康子问：“弟子孰为好学？”孔子对曰：“有颜回者好学，不幸短命死矣，今也则亡。”

同样的问题也出现在 6.3 中，不过问的人有所差别，孔子的回答也有所差别。6.3 哀公问：“弟子孰为好学？”孔子对曰：“有颜回者好学，不迁怒，不二过。不幸短命矣，今也则亡，未闻好学者也。”孔子对哀公的回答显然要详于对季康子的回答，为什么会这样呢？这有三个方面的原因。第一，哀公是一国之君，从尊君的角度来说，孔子需要详答；季康子是臣，地位要低于作为哀公的国君，因此，孔子不须详答。第二，哀公是有为之君，哀公问是为了给国家招纳贤才，因此，孔子要详答；季康子是权臣，他招纳贤才则是为了强私弱公，有不轨之嫌，虽然孔子的诸多弟子已经为季康子所用，但是都不能使季康子重回正途，可见其已经深陷不义之中，因而孔子不欲详告。第三，哀公曾经犯过迁怒二过的错误，孔子特意用颜回的“不迁怒，不二过”的优点来提醒哀公要改正自己的缺点；季康子没有此类缺点，故孔子就没有必要再讲颜回的此类优点以警示季康子。

11.8　颜渊死，颜路请子之车以为之椁。子曰：“才不才，亦各言其子也。鲤也死，有棺而无椁。吾不徒行以为之椁。以吾从大夫之后，不可徒行也。”

颜路是颜回的父亲，也是孔子的学生，名无繇，字路。颜回英年早逝，颜回家贫，颜路就向孔子请求，希望能把孔子的车卖了，给颜回置办套在棺材外面的椁。颜路之所以有此不情之请，是因为孔子以前有此先例，孔子在卫的时候，就曾经把马卖了替别人办丧事。不过，这回孔子拒绝了颜路的请求。孔子给出的第一个理由，自己的儿子孔鲤死的时候，只是置办了内棺，也没有置办外椁。孔子的意思一方面是说，对于丧葬来说，椁是一种奢侈品，不是必需品，丧葬讲究的是情感的表达，而不是财富的比拼，因此，在条件不允许的情况下，没有必要为了所谓的面子而卖车去置办不必要的椁；另一方面是说，按照儒家的理论，爱自亲始，爱有差等，每个人对于子女的爱，不管他们有才能还是没有才能，对自己儿子的爱都一定会超过对别人儿子的爱。就颜回与孔鲤来说，颜回虽然比孔鲤德行高尚，才能卓绝，但是孔鲤毕竟是孔子的亲生儿子，孔子对于孔鲤的爱应该超过颜回，既然孔子没有给孔鲤置办椁，那就不应该给颜回置办椁，否则就违反了爱有差等的原则。孔子给出的第二个理由是，自己现在是大夫，按照礼仪，大夫上朝的时候是需要乘车的，不能因为要给颜回置办椁，就把车子卖了，从而导致自己违反礼仪制度，徒步去上朝。这里面实际上包含着一个重要的问题，就是我们立身行事要根据实际情况或时机而变化，要因时，要顺时。在卫国的时候，对孔子来说，马车不是礼仪规定的必需品，因此，可以将马卖了替人办丧事；而现在孔子是鲁国的大夫，按照礼仪，上朝必须乘车，因此不能卖车为颜回置办椁。同时，丧葬是要根据经济能力来操办的，卖不卖马、卖不卖车来置办棺椁也取决于经济能力。孔子在卫国时，受到的礼遇很高；晚年在鲁，就没有受到特别的重视，贫富对比是比较明显的。因此，孔子不愿卖车为颜回置办椁，也反映了孔子思考问题从时、从实际出发的特点。在现实生活中，很多人就不顾及自己的实际情况，一味地讲究奢华，讲究高消费，这违反了孔子因时而动、乘时而动的原则。

11.9　*颜渊死。子曰："噫！天丧予！天丧予！"*

有关颜回死亡的问题，在历史颇多争议，有人说他死时三十二岁，有人说他死时四十岁，无论如何，颜回死的时候比较年轻。颜回在孔子弟子中，各个方面都是出类拔萃的，在孔门四科中，颜回居于德行第一位，虽然在其他三科中并未将颜回列入，那只不过是孔子举最为突出的一科作为代表罢了，实际上颜回在其他三科中同样名列前茅。正是因为颜回突出的表现，孔子一直都将颜回看作自己思想学说的传承人，将儒家思想学说发扬光大的责任寄托在颜回身上，所以，颜回的英年早逝，必然会引起孔子的无限悲痛和感慨。"噫"是语气词，"天丧予"我们既可以把它翻译为：老天是要我的命啊！或者说，老天不让我活了啊！这表示一种痛不欲生的感觉，重心是在对颜回英年早逝的悲痛上；我们也可以把它翻译为：老天是要灭绝我的思想学说啊！或者说，老天是想让我的思想不得其传啊！这表示的是对自己思想学说的一种担忧，重心是在自己的思想学说随着颜回的早逝而式微。由此可见，一种思想学说是与个人紧密地联系在一起的，得人则存，失人则亡，这是人文学科不同于自然科学的地方：自然科学讨论的是客观的真理，它是一种客观的存在，无论谁发现都不能对客观真理本身有丝毫改变；而人文学科的思想学说带有强烈的主观性，与个人紧密地联系在一起，强调的是个人对于世界的认识与看法，而不是世界本身是什么样子，即使人文学者也在努力追寻世界是什么样子，努力让自己的思想学说符合客观世界本身，但是他也不能将自己的主观性彻底清除出去，他一定会让自己的思想学说打上自己的烙印。因此，人文学科中的思想学说背后是站着一个人的，我们不能脱离了具体的个人来谈论他的思想学说，这也就是我们一讲到仁学、理学、心学一定要将其分别与孔孟、程朱、陆王联系在一起的原因之所在；而讲科学定理的时候，我们根本就无需了解这个定理是谁提出来的，因为这个定理是“放之四海而皆准”的。

11.10　颜渊死，子哭之恸。从者曰：“子恸矣！”曰：“有恸乎？非夫人之为恸而谁为？”

正是因为孔子非常喜欢颜回，对于颜回寄予厚望，所以，颜回英年早逝以后，孔子哭得非常伤心。那些跟随孔子的人就跟他说，你哭得太伤心了！意思是说，你这样伤心痛哭似乎不太符合你的身份地位。孔子听了就说，我伤心痛哭了吗？我伤心得过度了吗？即使这是真的，那又有什么关系呢？如果我们不为颜回伤心痛哭，我还应该为谁伤心痛哭呢？孔子这里的意思当然是颜回是值得我们为之伤心痛哭的，这主要是因为颜回各个方面的优秀表现。不过，更加值得我们关注的问题，不是像孔子这样的圣人为谁伤心痛哭的问题，而是该不该伤心痛哭，能不能伤心痛哭的问题。从从者的反应来看，他们觉得孔子是不应该伤心痛哭的。不过孔子的回答却不是圣人应不应该伤心痛哭的问题，而是应不应该为颜回伤心痛哭的问题，也就是说，孔子认为自己伤心痛哭是再正常不过的事情，这也就是说，即使是孔子，同样也有情感，同样也会因为不忍之心发作而伤心痛哭，“无情未必真豪杰”。孔子的学说是要成仁成人的，仁人不仅会像普通人一样伤心痛哭，而且伤心痛哭恰恰构成了仁人的一个基本特性。伤心痛哭是其内在情感的一种外在反映，而仁就是建立在道德情感的基础上的，一个人如果没有道德情感，那么，他就是情感麻木的，俗话说“麻木不仁”，就从另外一个方面生动地反映了道德情感之于道德、之于仁的高度重要性。因此，对于孔子来说，伤心痛哭是再正常不过的一件事情，当然，孔子不能随便遇到什么事情、遇到什么人都伤心痛哭，只有遇到像颜回早逝这样的事情才“哭之恸”，像《论语》中也记载了其他弟子的死亡，孔子就没有类似的反映，因此，一方面，人应该有情感，另一方面，人类的道德情感也要受到适当约束，不能情感泛滥，多情乃至滥情有时恰恰是对道德的一种破坏，会走向道德的反面。

11.11　颜渊死，门人欲厚葬之。子曰：“不可。”

门人厚葬之。子曰：“回也视予犹父也，予不得视犹子也。非我也，夫二三子也。”

颜渊去世之后，孔子的门人弟子就准备厚葬颜渊，这大概出于两个方面的原因：一方面颜渊本身德行高尚，是孔子的高足，深得孔子的认可和喜爱，也得到同门师兄弟的高度推崇，另一方面，从 11.8 中颜路请求孔子卖车为颜渊置办椁这件事情上就可以看出来：颜回的父亲有厚葬他的意愿。在前面我们就说过，虽然孔子并不反对厚葬久丧，但这并不意味着每个人都一定要厚葬久丧，是否厚葬久丧要根据各人具体的情况而定，对于颜渊来说，厚葬久丧显然是不合适的。颜回为什么箪食瓢饮，身居陋巷？归根结底还是由于贫穷，因此孔子说颜回在道德修养上没问题，但是问题在于“屡空”，就是讲他太穷了，否则颜路也不至于要求孔子卖车帮颜回置办椁了。按照孔子的想法，颜回的贫富状况决定了应该为他办一个节俭的葬礼，因此，对于门人弟子厚葬颜回的建议，孔子断然予以拒绝——“不可”。

比较有意思的是，孔子的弟子们并没有按照孔子的意思薄葬颜渊，而是自作主张给颜渊办了一个隆重的葬礼。既然这个葬礼能够顺利地办下来，说明孔子并未加以阻拦，这里面出现了一个孔子一方面反对厚葬颜回，另一方面弟子厚葬颜回孔子又不加以阻拦这样一个吊诡的局面。这里面存在的问题实际上就是如何处理情与理的关系问题。孔子反对厚葬颜回，是出于理性的选择，是出于贫富相宜的考虑，而颜路和门人则从情感出发希望厚葬颜回，实际上，就从孔子本身来说，他也会有厚葬颜回的情感倾向，从而产生了情与理的冲突。面对这个冲突，孔子让理性屈服于情感，虽然孔子进行了口头上的反对，但他在实际操办过程中并未采取实际行动加以坚决制止，从而让众人的情感得以顺畅的表达，这一方面既是因为孔子的伦理智慧，另一方面也是与孔子伦理道德思想的情感性密切相关。

当然，虽然厚葬颜回是众人的一致情感诉求，但是这就与孔鲤的葬礼形成了对比，从而使得孔子感觉对孔鲤有一种情感上的亏欠，因为孔子对于孔鲤是采取了薄葬，这就有了厚此薄彼的嫌疑，而且关键的问题则在于，孔子所薄的是自己的儿子，这不符合孔子一贯主张的爱有差等原则。面对这样一个尴尬的状况，孔子说，颜回把我当父亲一样看待，结果我却没有把他当作自己的儿子看待，为他办了一个与自己儿子不同的葬礼，意思是说，厚葬颜回并非自己的本意，自己的本意是像按照孔鲤的葬礼来安葬颜回，现在这种局面的出现完全是门人弟子的主意，这说明，孔子在情感与理性上始终存在着纠缠，对于理性的失败还是心有不甘。

11.12　季路问事鬼神。子曰："未能事人，焉能事鬼？"曰："敢问死。"曰："未知生，焉知死？"

季路就是子路，子路有一天向孔子询问如何事奉鬼神的问题。结果孔子回答说：人都没有事奉好，又怎么能事奉好鬼神呢？孔子这么说到底是什么意思呢？有人认为，人鬼一理，只要你事奉好了人，你就能事奉好鬼神，所以，你要先尽力事奉好人。这种理解的关键问题在于，那就是承认鬼神是可知的，鬼神与人是同一的，你认识了人，也就认识了鬼神，你怎样事奉人就应该怎样事奉鬼神，其言下之意就是：你能事人，自然就能事鬼，而这似乎不太符合孔子的思想。孔子对鬼神的态度是"不语怪，力，乱，神"（《论语·述而》），"敬鬼神而远之"（《论语·雍也》），就是对鬼神保持一定的距离。为什么要保持距离？因为鬼神是说不清道不明的，所以，我们只能对它无所言说，让它继续保持它的神秘性。因此，鬼神问题在孔子那个地方是存而不论的。如果按照这种说法，孔子就已经将鬼神与人等同起来，那就没有什么可说不可说的问题。笔者以为，孔子的意思是说，鬼神是不可知的，人事是可知的，我们能够做的和应该做的事情就是了解人，去为他人服务，去为他人承担责任，而对于鬼神我们就保持一种敬而远之的态度就足够了，而不必去试图亲近鬼神，服侍鬼神，否则，就是自我的一种僭越，就是对鬼神神秘性的侵犯。

对于死亡问题，实际上与鬼神问题差不多，也是强调死亡的神秘性。虽然孔子说“事死如事生，事亡如事存”（《荀子·礼论》），只是表达对于亲人的一种态度，一种情感，而不是表达对于死亡的一种看法，孔子对于死亡本身并未给出任何看法，孔子对于死亡存而不论，让其继续保持神秘的状态。孔子对于死亡问题存而不论，这似乎与西方不太一样，西方人喜欢谈论死亡问题，孔子对于死亡的态度是“未知生，焉知死”，西方则是反其道而行之，是“未知死，焉知生”。对于西方人而言，死亡是生命的超越，死亡构成了人类的终极关怀，是人类存在的永恒价值之所在，就像基督教所说的那样，永恒的财富在天上，而现实世界当中的一切都是转瞬即逝的，缺乏永恒的价值，因此，对于人类来说，我们只有在永恒的观照之下，才能看出短暂生命的存在价值，只有了解死亡，才能准确地定位人生。对于中国人来说，现实当中的一切本身就是有价值的，价值就在现实之中，我们无需到现实之外去寻找永恒的价值，因此，对于人类来说，就是要充分地认识现实世界、现实人生的价值，并实现人在现实世界中的价值，也就是要好好地生活，因此，对于中国人来说，不了解生命而去了解死亡，希望通过死亡来赋予生命以价值，这是南辕北辙的行为，实际上，死是被生赋予了价值，一个崇高者的死不同于一个卑劣者的死亡，前者会引起人们更多的关注和缅怀。因此，当子路询问死亡问题的时候，孔子回答说，不了解生又怎么能了解死呢？从而要求人们将全部的注意力集中在生上，鼓励人们去过一个完美的人生。

11.13　闵子侍侧，訚訚如也；子路，行行如也；冉有、子贡，侃侃如也。子乐。“若由也，不得其死然。”

闵子就是闵子骞，闵子骞在德行科中只是屈居颜回之后，可见其德行非常高尚，在旁边服侍孔子，言行中正；子路性格刚强；冉有和子贡一片和乐气象。孔子看到弟子们所显露出来的气象，非常高兴。孔子的这种快乐是一种纯粹为他人的快乐，不仅是得天下英才而教育之的快乐，更是一种为了他们在道德修养上所取得的进步而快乐。孔子真正反映了范仲淹所说的仁人志士的“先天下之忧而忧，后天下之乐而乐”的人格特点。孔子看到弟子们的优点，并为之欢欣鼓舞，但是又不忘弟子的不足，又为他们的不足而忧愁。因此，孔子在欢乐之余，又对子路的勇猛过度表示了担忧，提醒他过度的勇猛是莽撞，是对生命的一种戕害，会导致自己不得善终。可惜，江山易改，秉性难移，孔子的劝告，并没有发挥应有的作用，子路一任自己被本能禀赋所主宰，而没有实现气质的改变，最终死于非命。

由此可见，对于任何一个人，改变必须依赖于自己，师友的帮助只是外在的助力，如果这种助力没有获得内在的认可接纳，没有实现由外而内的转变，最终只能付诸东流，不会在自我身上产生任何实际的效果。子路就是这方面的惨痛教训。

11.14　鲁人为长府。闵子骞曰："仍旧贯，如之何？何必改作？"子曰："夫人不言，言必有中。"

这一章中的内容实际上不是很复杂，由于"鲁人"和"长府"是两个不确定的概念，"鲁人"指谁并不清楚，"长府"到底指什么也不清楚，这样一来，整个这一章的意思就变得扑朔迷离。有人认为"鲁人"是指"三家"，有人认为"鲁人"是指鲁昭公；有人认为"长府"是鲁昭公的别宫，有人认为"长府"是收藏兵器和财富的仓库。

我们先按照"鲁人"是鲁昭公来对这一章进行一个疏解。在鲁国，"三家"势力庞大，始终构成鲁国国君的心腹大患，因此鲁昭公有心要讨伐三家。鲁昭公因此计谋居于长府之中，改造收藏兵器和财富的仓库，借助货财来收拢人心，并借此壮大自己的力量，加强自己的戒备。有人认为鲁昭公图谋居于离季氏宅邸较近的别宫之中，以窥视三家的异动，从而出其不意予以打击。闵子骞看到鲁昭公的举动后，觉得鲁昭公的计谋不可能成功，但他人微言轻，又不便于直言，因此委婉劝诫，说没有必要对别宫或仓库进行改造，还不如让它保持原样，言下之意就是你做这些事情是没有用的。孔子听了以后，对闵子骞大加赞赏，说他要么不说话，一说话就切中要害。

笔者觉得，对于鲁昭公来说，他改作长府的可能性不大，因为当时三家的势力已经非常强大，鲁昭公要想取得胜利，必须要出其不意地进行打击，他不可能如此大张旗鼓，否则难免会引起三家的警觉。因此，笔者更加倾向于认为"鲁人"是指"三家"。鲁昭公在讨伐三家失败后，三家就占据了鲁昭公的长府。由于鲁国的人民在经过长府时往往会睹物思人，想起鲁昭公以及三家的僭礼行为，因此，三家意欲改造长府，把这段历史从人们的记忆中抹除。闵子骞对于这个事情，表达了自己的看法，觉得长府应该保持原来的模样，没有必要改作，也不应该改作，它就应该是其本来的样子，其言下之意，君就是君，臣就是臣，他们的关系也应该保持原样。孔子听到闵子骞所说的话，深表赞赏。因此，在这一章中，闵子骞主要表达的是对于君臣之礼的维护，反对三家的僭礼行为，这实际上与孔子是一致的，孔子反对三家僭礼，并且有堕三都的计划，不过最终以失败而告终。

11.15 子曰："由之瑟奚为于丘之门？"门人不敬子路。子曰："由也升堂也，未入于室也。"

由就是仲由，字子路。仲由性格刚猛，因此他鼓瑟也有北方人的那种豪壮之风。不过在中国古代，先人在制定音律的时候，偏向于南方而不是北方，因为南方气候湿润，万物生长，所以南方是生育之乡；而北方气候恶劣，生存环境相对较差，万物萧杀，因此北方是杀伐之域。子路弹奏的乐曲所显露出来的北方的豪壮之风显然不符合儒家的"生生"理念，而且孔子也担心子路的这种性格会给他带来不必要的麻烦甚至是杀身之祸，因此，孔子在听到仲由鼓瑟之后，就有意警醒他，说你这样鼓瑟，你为什么要归入我的门下呢？意思是说，你的这种性格特点，你的所作所为与我所提倡的思想学说之间存在着比较大的差距，因此，要想在我的门下，真正成为一个合格的弟子，你就必须改变自己的性格特点以及为人处世的方式，孔子希望他能够奉守中庸之道，不要勇猛过度。

孔子的弟子在听了孔子对子路的劝诫之后，把它理解为孔子对子路的批评，以为孔子彻底地否定了子路，认为子路一无是处，所以他们也就跟着贬低子路，不再敬重子路了。面对这种状况，孔子赶紧出来给大家进行解释说明，说子路并不是一无是处，子路的学问已经达到了非常高的层次，就像我们到一栋房子里去，子路已经进了门，并且到了大厅，已经看到了学问殿堂的大致面貌，对于学问已经有了大致的了解，只是还没有进入内室，对学问的了解还不够深入细致，尚未把握学问的具体细节。因此，子路的学问也是不可轻看的。这也就是后来成语"升堂入室"的由来。由此可见，孔子对于子路也是偏爱有加，虽然孔子对子路多有批评，但那也不过是想敦促他改正自己的不足，变得更加完备起来，并希望他能够全身免祸。

从做学问的角度来说，"入室"当然是做学问的最高最后的目标，但是这并不意味着所有尚未入室的学问都是没有价值的，我们不能纯粹从结果判定学问修养有没有价值，实际上，每个阶段都有自身的价值，它的价值不仅体现在它作为进身之阶，同样也体现在其本身，因为它本身就是对前此自我的一个超越。因此，我们对于每个人的学问、对于学问的每个阶段都应该给予充分的尊重，更加重视学习的整个过程，不应简单地以结果、成败论英雄，否则人们就会为了达到结果而不择手段，走捷径，这都不是做学问应该采取的方式。

11.16　子贡曰:“师与商也孰贤?”子曰:“师也过,商也不及。”曰:“然则师愈与?”子曰:“过犹不及。”

“师”就是颛孙师,也就是子张;“商”就是卜商,也就是子夏。子张才高意广,喜欢做过头之事;子夏则相反,笃信谨守,不敢越雷池半步,因此,做事就常有不及之嫌。面对子贡二人谁优谁劣的提问,孔子并未进行正面的回答,而是同时指出二者的不足之处,就是子张有点过度,而子夏则有点不及。当然,对于普通人的思维来说,在德行方面,过度总是比不及要好,这也就是人们经常说的宁左勿右,因为左最起码也反映其态度积极。因此,子贡就认为,既然子张过度,子夏不足,那么,子张一定是胜过子夏的。孔子则当即指出,过度与不及一样,都没有达到完美的德行要求,都存在着不足,都需要加以完善,最完美的德行应该是符合中庸之道,既不超过,也不不及。

在这一章中,有两个问题需要注意。第一,这里的“过”与“不及”是相对于完美德行而言的,也就是说,子张与子夏已经臻于道德之境,他们的行为已经是一种道德的行为。因此,我们不能因为他们有“过”与“不及”的不足,从而就认为他们没有进入道德之境,这显然既不符合孔子的意图,也不符合历史事实。在孔门弟子中,二人都具有非常高的成就和地位。第二,如何才能避免“过”与“不及”,如何才能从容中道?在这里孔子并没有明说。在1.12中,有子说过,“礼之用,和为贵”,就是强调礼是符合中道原则的,我们的行为选择要以礼为根据,为标准。不过问题在于,礼虽然是一种客观化的、形式化的规范,但是形式化的礼如何落实到具体的社会现实当中,这之间本身就存在着距离,这里面既有标准与现实之间的偏离,也有落实主体自身的成见与偏见,这些都会导致我们无法有效地实现礼与现实之间的勾连。因此,为了实现既不过也无不及,我们就要回到礼本身。“发乎情,止乎礼”,礼是建立在人类真诚情感的基础之上的,礼是人类内在道德情感的一种外在表达,因此,礼作为一种行为标准离不开人类的情感根基,否则,它就会成为纯抽象的形式、僵化的教条,甚至会造成对于人类情感的一种扼杀,这种礼就偏离了其本质,是对礼仪精神的一种违背。礼的情感性就要求我们在执行礼的时候,在进行行为选择的时候,要返回我们的内心,要“尽心知性”,从我们的内在道德情感出发来决定自己的行动,只有这样,我们的行为才会违道不远。因此,儒家讲中道,亚里士多德也讲中道,二者都要防止“过”与“不及”,而亚里士多德采取的是一种理性化的道路,而儒家则采取了一种情感的道路,二者殊途同归，百虑一致。

11.17　季氏富于周公，而求也为之聚敛而附益之。子曰："非吾徒也。小子鸣鼓而攻之，可也。"

季氏就是三家当中的季孙氏。至于"周公"则有不同的说法，有人认为就是"周公旦"，这种观点为多数人所不采纳，因为周公旦与季氏不类，这两个人之间缺乏可比性。季氏为鲁国三家之一，在周也有三公：周公黑肩、周公忌父、周公孔，周公应该就是指这三人中的某一个。周公与季氏都是卿相，都要从自己的采邑中收取赋税，不过按照礼制，诸侯之卿从采邑中所收取的赋税的税率和总量都不能等同于天子之卿从采邑中所收取的赋税的税率和总量，也就是前者应该低于后者。结果季氏不守礼制，擅自提高赋税，从而导致自己采邑内的赋税全面高于周公。季氏提高赋税的时候，冉有正好任季氏的家臣，为季氏宰。在提高赋税之前，冉有曾经向孔子征求过意见，孔子表达了自己的反对意见，认为正确的做法应该是"施取其厚，事举其中，敛从其薄"(《左传·哀公十一年》)，主张轻徭薄赋。然而令人遗憾的是，孔子的建议并没有发挥作用。第二年，在冉有的帮助下，季氏开始提高赋税，从而聚敛了大量的财富，导致人民百姓的负担加重。正是面对这一事件，孔子要与冉求断绝师生情义，将其逐出门墙，宣告他不再是自己的弟子。同时告诉其他弟子，要大张旗鼓地对冉求的不义之行进行讨伐。不过，这里面很有意思的是，孔子自己要与冉求绝交，要与冉求老死不相往来，而对于自己的弟子，却不是要求他们与冉求划清界线，而是要求他们讨伐冉求，这里面体现了孔子的良苦用心，那就是希望通过弟子们的讨伐，能够让冉求认识到自己所犯的过错，从而迁善改过。

这一章生动地反映了孔子刚正不阿的道德品格和"藏富于民"的思想主张。无论是权臣，还是弟子，只要他们所做的事情违反了仁与礼，都要坚决地加以反对，不徇私枉法。尽管孔子曾经将冉有列为孔门四科中政事一科的榜首位置，对其偏爱有加，但面对他的不义之行，即使将其逐出门墙也决不足惜。孔子对于季氏和冉有的反对，主要在于他们违反了孔子藏富于民的思想主张。孔子历来都主张统治者对于人民百姓应该是"庶之"、"富之"，就是实行仁政，这是对人民百姓仁爱的一种表现，不应该与民争利，否则就是虐政，这样的统治者就是"民贼"。

11.18　柴也愚，参也鲁，师也辟，由也喭。

“柴”就是高柴，是孔子弟子，字子羔。《史记·仲尼弟子列传》说他身高“不盈五尺，受业孔子”，孔子认为他比较愚笨，因此当子路派他去做费邑宰，孔子就说他这是“贼夫人之子”，认为他的才能不足以胜任那个位置。孔子认为曾参比较鲁钝，子张比较偏激，仲由比较鲁莽。孔子对于自己的弟子都有深入的观察，了解每个人的性格特点，优胜与不足，并时时处处予以提醒，让他们发挥特长，弥补不足。从孔子这里我们也能看出，教育不都是表扬，对学生进行适当的批评，指出其不足，也是教育学生的一种重要方式，也是出于对学生的一种关心爱护，我们不能简单地将批评看作对学生的伤害，正确的做法应该是：该表扬的表扬，该批评的批评。

11.19　子曰：“回也其庶乎，屡空。赐不受命，而货殖焉，亿则屡中。”

“回”指颜回，“庶”是庶几，也就是接近于道的意思。“回也其庶乎”是对颜回的一种赞扬，说他差不多接近于圣道了。“屡空”在过去有两种解释：一是把“空”理解为“虚”，也就是颜回抛弃了功名利禄，从而内心虚静，故能体会圣道，但由于颜回是几近于道，而不是像圣人一样与道为一，一直处于空明状态，他只是经常或每每处于空明状态。这种解释与庄子的心斋与坐忘具有内在的一致性，显然明显是受到道家影响的，与儒家的思想之间并不完全相类，儒家是不讲空无所有的。因此，“屡空”的另外一种解释可能更加合适，那就是经常处于贫困状态。颜回潜心于道，心无旁骛，对于功名利禄没有什么特别的追求，也不接受禄命，结果是身居陋巷，箪食瓢饮，过着“人不堪其忧”的贫困生活。

“赐不受命”。“赐”就是端木赐，也就是子贡。“不受命”有三种理解：第一种就是不接受禄命，也就是不接受俸禄；第二种就是不接受天命，也就是出身贫困的天命，想方设法使自己摆脱贫困的状态；第三种是不接受教命，也就是不接受孔子有关“君子喻于义，小人喻于利”（《论语·里仁》）的教诲，这三种解释都能说得通。很多人都倾向于第一种，认为颜回与子贡一样都不接受禄命，颜回走向贫困，而子贡却凭借自己的货殖功夫，让自己变得富裕起来。笔者则更加倾向于第二种解释，也就是子贡不接受天命的安排，凭借个人的努力与天命抗争，而颜回则安之若命。当然从颜回几近于道这个角度来说，第三种解释也有它的合理性。“而货殖焉”，“殖，积也”，“殖，长也”，也就是囤积货物，使财富增长。囤积货物，让财富增值，那就离不开对行情的预测，“亿”就是臆测、预测的意思，孔子也很好奇，子贡每次预测都很准确。

这一章中，孔子将颜回与子贡做了一个对比，有人认为孔子是扬颜回而贬子贡。不过在笔者看来，孔子对于这两个人都很赞赏，孔子赞赏颜回能够安贫乐道，赞赏子贡能够逆天改命。因为在孔子看来“富贵在天”，“富贵有命”，这种命带有强烈的或然性、偶然性，因此要准确地把握这种或然性是非常困难的，而子贡则能准确地加以把握，这也并不是常人所能做到的，所以，孔子也为子贡感到骄傲。

11.20　子张问善人之道。子曰：“不践迹，亦不入于室。”

这里所讲的“善人之道”不是如何成为善人的途径、道路，而是善人如何自处的问题，也就是善人的道德品行、行为特点是什么样的问题。孔子答以“不践迹，亦不入于室”。“践”就是踩着，也就是依循的意思；“迹”就是足迹。“不践迹”就是善人不踩着前人的足迹，就是不跟在前人后面亦步亦趋。善人为什么不跟在前人后面亦步亦趋呢？是因为善人质美，也是天赋比较高，所以心高气傲，不愿意跟在圣人后面亦步亦趋，因而喜欢标新立异，喜欢自己创作。有人认为这是一个优点，可惜的是其创作的程度与圣人的创造无法相比，因而说“亦不入于室”；有人认为，这是一个缺点，因为任何思想文化都不是凭空被创造出来的，都是对于前人思想成果的逐步推进，因此，我们必须首先跟在前人后面，然后再超过前人，因此，学习是第一位的，创造是第二位的，就是要先学习再创造，善人的问题就在于没有经历学习的过程，就直接进入创造的过程，从而使得他们的思想学说虽然由于他们的天才而别有一番风貌，但毕竟不合于圣人之道，因而说他们未能登堂入室。

这一章从表面上看，讲的是善人如何在现实世界中立身处世的问题，实际上主要讲的是继承与创新的关系问题，这在《论语》当中是一个非常重要的问题，孔子讲礼的因袭与损益的问题，讲本始材朴也即讲质与学的关系问题，实际上都与此密切相关。孔子的基本观点是讲继承与创新的统一，在继承的基础上进行创新，不过从重心上来说，孔子的基本观点还是继承，因为孔子本人就是“述而不作”的，反对没有根基的创新。有关孔子的这一思想，在现代社会中尤为值得人们高度重视，因为现代社会的发展一日千里，这使得人们拼命地追赶发展的步伐，眼睛一直向前看，忘记回头向后看，从而也就忽视了传统的重要价值，因此，贬低传统成了现代社会的一股潮流，把传统看作与现代化是相互抵牾的，认为传统思想文化是人们走向现代化的绊脚石，传统成了落后的代名词。实际上，传统是一个起点，是一个资源，我们要想发展得更快，效率更高，我们就要利用好这个资源，否则，我们的发展就会成为无源之水、无本之木，注定不会久远。

11.21　子曰："论笃是与，君子者乎？色庄者乎？"

"论"是"言论"，"笃"是笃实。这句话的意思是说：说话诚恳实在的人，到底是君子呢？还是善于伪装的伪君子呢？由此可见，言论还是不可靠的，我们不能以言取人，要"听其言而观其行"（《论语·公冶长》）；同样，也不能以貌取人，有些人外表忠实厚道，但是也有可能是伪装出来的，自古以来，表面一套、背后一套的人比比皆是。因此，要认识他人、了解他人，要言行并重，表里兼顾，对于做人来说，则要做到言行一致，表里如一。

11.22　子路问："闻斯行诸？"子曰："有父兄在，如之何其闻斯行之？"

冉有问："闻斯行诸？"子曰："闻斯行之。"

公西华曰："由也问闻斯行诸，子曰：'有父兄在'；求也问闻斯行诸，子曰，'闻斯行之'。赤也惑，敢问。"子曰："求也退，故进之；由也兼人，故退之。"

这一章讲了一个故事。就是子路和冉有都问"闻斯行诸"，所谓"闻斯行诸"，就是听到了一个理论、一个道理是否要马上将其付诸行动。孔子对于同样的提问则给出了不同的回答，反对子路"闻斯行诸"，指出你还有兄弟父母，怎么能一听说就马上行动呢？而鼓励冉有"闻斯行之"。面对孔子对同一个问题作出完全不同的回答，公西华觉得很迷惑，因此就向孔子询问。孔子回答说"求也退，故进之；由也兼人，故退之"。"退"是谦退，也就是性格上比较谦虚谨慎，也就是有点懦弱，缺少一点勇往直前的精神，正是出于这方面的考虑，孔子要推着他往前走，因此，鼓励他听了以后就去做。子路与冉有的情况正好相反，"由也兼人"，子路性格勇猛，争强好胜，所以，孔子一直担心他会出事，会不得好死，因此，希望他不要太过鲁莽，做事情能够"三思而后行"，也就是要把子路往后拉一拉，不要让他跑得太急、太快。

从孔子对于冉有与子路的回答中我们可以看出，孔子真正是一个"圣之时者"，真正奉行并落实了中庸之道，他对弟子的教育不是一种教条式的教育，知识式的教育，给弟子们灌输一堆抽象化的知识，而是把弟子们当作一个活生生的个性化的人来看待，然后针对他们自身存在的不足对他们展开教育，从而弥补其不足。当然，孔子之所以能够做到一点，前提是其对学生有充分的认识和了解。而在现代社会中，教育已经成了工厂化的生产模式，我们不是在培养人才，而是在制造人才、生产人才，教育成了一种流水线生产模式，从而导致我们的教育不是从学生自身出发，而是从社会需要出发的，我们不再考虑学生的个性特点，从而使得教育变成了对学生个性的一种扼杀。如果说，这种教育模式在知识教育上具有它的优势，但由于人不仅需要知识，人不是为知识服务的，而是知识要为人服务，学习知识也不是人类接受教育的最终目的，教育的目的最终是成人，因此教育必须要从这种抽象化的、同一性的知识教育模式解放出来，要充分地尊重人的个体性，让教育更好地服务于个体的成长。

11.23　子畏于匡，颜渊后。子曰："吾以女为死矣。"曰："子在，回何敢死？"

按照《史记·孔子世家》记载，孔子由卫入陈的途中，经过匡。鲁国的阳虎曾经陵暴匡人，当时颜刻与阳虎在一起，结果这次孔子正好也与颜刻一道，而孔子长相又与阳虎有些相像，匡人遂将孔子误认为阳虎，将其围困起来。当时子路在侧，非常愤怒，准备与匡人进行决斗，后被孔子阻止。孔子面对这样一种危险的处境，不惊不慌，不急不躁，弦歌不辍。听闻孔子的音乐，匡人始知孔子乃是圣人，而非阳虎，于是解围而去。"子畏于匡"，讲的就是这件事情，"畏"有两种解释，一种是私斗，一种是别人以莫须有的罪名攻击自己，而自己又不能辩白，结果含冤而死，二说均可通。

孔子从匡脱身以后，继续前行，而颜回由于在匡人围攻的过程中与孔子走散了，所以，后来才赶上了孔子一行。颜回作为孔子的得意弟子，孔子在与颜回失散后一直为颜回的安危担忧，害怕其在匡人的围攻中遭遇不测，因此，当孔子见到颜回安全回来之后，非常高兴地对颜回说，我以为你已经遇难了呢？面对孔子的关心，颜回安慰孔子说，我知道你一定会安然无恙，所以，我也不敢死啊！这有几个方面的原因：第一，颜回作为孔子最为得意的弟子，他自觉自己承担着传承和弘扬圣道的责任，因此，他不能死，也不敢死；第二，孔子把颜回当儿子一样看待，颜回也把孔子当父亲一样看待，父亲最大的悲哀就是看见儿子死在自己的前面，这也就是所谓的“白发人送黑发人”，因此，孝敬的儿子一定要爱惜自己的生命，能够在父母的有生之年为父母尽孝，为父母养老送终。从这里我们可以看出，对于中国人而言，生命不仅是自己的，更是别人的，我们不仅是为自己活着，更是为别人活着，因此，为了父母亲人，每个人都有责任与义务好好活着。像现代社会中的很多年轻人，感情不顺、事业不顺，动不动就自杀，这都是不负责任的表现，因为“死了”，责任也就跟着了结了，这就是通过死亡来逃避自己的责任和义务。死很容易，承担责任很难，因此，只有承担责任的人才是真正的勇士，而通过自杀来逃避责任的人则是懦夫，自杀不是勇敢的表现，而是怯懦的表现，他们缺乏承担责任的勇气。

11.24　季子然问：“仲由、冉求可谓大臣与？”子曰：“吾以子为异之问，曾由与求之问。所谓大臣者，以道事君，不可则止。今由与求也，可谓具臣矣。”

曰：“然则从之者与？”子曰：“弑父与君，亦不从也。”

季子然是季氏子弟。季氏是三家当中的重要一家，把握着鲁国的朝政。长期僭政的结果导致他们将季氏之家与鲁国混而为一，以为鲁国就是他家的，因而把季氏的家臣当成了鲁国的大臣。季氏本来势力就比较庞大，在三家当中居首，现在又得到孔子的两位高徒——仲由和冉求——的辅佐，自觉如虎添翼，季子然感到比较得意，故向孔子提问，仲由和冉求能否称得上大臣？面对季子然的提问，回想季氏的所作所为，孔子有意要贬抑季氏，但毕竟季氏位高权重，轻易得罪不起，所以，孔子就借助评价仲由和冉求的机会暗讽季氏的僭政行为。对于季子然的得意劲头孔子当头就浇了一盆冷水，孔子说我还以为你要问点别的什么呢，结果你就问仲由和冉求这两个不成器的弟子，言下之意是他们有什么好讲的，你有什么可骄傲、可得意的呢？因为仲由和冉求根本就算不上大臣。大臣的要求，是以道事君，不会追随国君的欲望，一味地谄媚国君，而是要对国君进行谏诤，如果国君不听从自己的意见，自己的想法、志向无法得到落实，那就主动离开。如果按照这个要求来看，仲由、冉求显然不合格，季氏僭政，季氏要提高赋税，他们都没能阻止。因此，仲由与冉求不能称作真正意义上的大臣，他们只是忝居臣子之列罢了。季子然听了孔子的话，就反问孔子，那您的意思是不是他们两个是比较顺从君主意愿的人呢？孔子当即指出，他们作为自己的弟子，至少还是具备底线思维，像犯上作乱这种事情他们还是不会跟着做的，“弑父与君，亦不从也”。

这一方面肯定了仲由与冉求的基本的道德操守，另一方面也是嘲讽季氏僭政这种犯上作乱的不齿行为。

这一章中最核心的就是“以道事君，不可则止”，这是大臣处理君主关系的一个重要原则，大臣不能因为身份地位比君主低，就在国君面前奴颜媚膝，丧失了自己的尊严和人格，而是按照大道的要求与国君交往，坚持自己的独立性，保持自己精神上的自由，因此，对于真正的儒者来说，并不是君主政治上的打手，而是与国君保持着恰当的距离，不让国君权势的阴影吞没自我人格的光辉。正因如此，才有了后来孟子的大丈夫的理想人格，才有李白“安能摧眉折腰事权贵，使我不得开心颜”的傲娇。

11.25　子路使子羔为费宰。子曰：“贼夫人之子。”

子路曰：“有民人焉，有社稷焉，何必读书，然后为学？”

子曰：“是故恶夫佞者。”

子路准备任用子羔做费宰，我们从孔子说“夫人之子”就可以看出，子羔当时应该还比较年少，虽然材优质美，但是毕竟学未成熟，所以孔子觉得子羔的才能尚不足以支撑他担任这一职务；如果让他担任这一职务，那么，这对他本人也是一种伤害，因为这会摧毁他的自信，如果他执政不力或有过失，那么，这对于人民社稷也是一种伤害。听了孔子的话，子路提出了不同的意见，认为统治人民百姓，治国理政本身也是一种学习，为什么一定要先读书，要先学习呢？子路的反驳实际上是利用了孔子重视实践的观点，这可以说是以子之矛，攻子之盾，因而弄得孔子一时语塞，不知道如何反驳子路，所以孔子说，我最讨厌的就是你这种强词夺理、利口雄辩之人。

这一章主要讲的是行与学之间的关系问题。当然，从知识的起源上说，行肯定是在先的，人们是通过行动，在实践中逐渐积累起了丰富的经验，并逐渐在概括总结经验的基础上形成系统性的知识，人们在学习知识的同时，也在重复这些经验。随着知识的不断丰富，对于后来者而言，他没有必要再将前人积累的经验再去重复一遍，然后再自己从中去进行总结概括，从而再形成相应的知识，这是一种资源的浪费，这样做用力多而事功少，人们最经济的途径就是直接学习现成的知识，利用它们为人类服务。因此，在孔子的时代，如果完全强调从实践中去学习，那么，就是对于前人辛苦积累起来的知识的一种巨大浪费，同时也是对自己时间与精力的一种浪费，错过了快速进步、发展的机会。因而，对于所有人来说，学习是提升自己的一种便捷途径，即使是孔子也不例外。

11.26 子路、曾皙、冉有、公西华侍坐。

子曰："以吾一日长乎尔，毋吾以也。居则曰：'不吾知也！'如或知尔，则何以哉？"

子路率尔而对曰："千乘之国，摄乎大国之间，加之以师旅，因之以饥馑；由也为之，比及三年，可使有勇，且知方也。"

夫子哂之。

"求！尔何如？"

对曰："方六七十，如五六十，求也为之，比及三年，可使足民。如其礼乐，以俟君子。"

"赤！尔何如？"

对曰："非曰能之，愿学焉。宗庙之事，如会同，端章甫，愿为小相焉。"

"点！尔何如？"

鼓瑟希，铿尔，舍瑟而作，对曰："异乎三子者之撰。"

子曰："何伤乎？亦各言其志也。"

曰："莫春者，春服既成，冠者五六人，童子六七人，浴乎沂，风乎舞雩，咏而归。"

夫子喟然叹曰："吾与点也！"

三子者出，曾皙后。曾皙曰："夫三子者之言何如？"

子曰："亦各言其志也已矣。"

曰："夫子何哂由也？"

曰："为国以礼，其言不让，是故哂之。"

"唯求则非邦也与？"

"安见方六七十如五六十而非邦也者？"

"唯赤则非邦也与？"

"宗庙会同，非诸侯而何？赤也为之小，孰能为之大？"

这一章的内容比较多，我们先做一个简单的翻译。

子路、曾皙、冉有和公西华陪侍孔子而坐。孔子说:“虽然我比你们年长一点,但是你们也不必太介意。你们平日经常感叹:‘没人了解我!’如果有人了解你赏识你,你们将会怎么做呢?”子路不假思索地脱出而出:“如果有一个拥有兵车千辆的国家,周围大国环伺,外有军队侵扰,内有饥荒相迫,让我去治理,那么,三年下来,人人有勇,而且懂得道理。”孔子露出轻蔑的微笑。“冉求,你会怎么做呢?”冉求回答说:“一个方圆六七十里,或者五六十里的小国家,如果让我去治理,那么,三年下来,就可让人民富足。至于推行礼乐教化,那就只能等待更加高明的君子了。”“公西华,你会怎么做呢?”公西华回答道:“不是说我有什么本领,我能够做什么,我只是愿意去尝试,去学习。宗庙当中祭祀的事情,如果同外国会盟,我愿意穿着礼服,戴着礼帽,做一个小小的傧相。”“曾点,你会怎么做呢?”听到孔子的问话,曾点鼓瑟的动作慢了下来,突然停止,放下瑟并站了起来,回答道:“我的做法与他们三个讲的有所不同。”孔子说,“那有什么关系呢? 不过各人讲讲自己的志向罢了。”曾点说:“等到暮春季节,春装做好了,穿上了,约上五六位成年好友,带着六七个弟子童生,在沂河里洗澡戏水,在舞雩台上吹风,一路欢歌,尽兴而归。”孔子由衷地感叹道,“我赞同曾点的做法!”子路、冉有、公西华出来了,曾皙落在了最后。曾皙问孔子:“他们三个说的怎么样?”孔子说:“也就是各人谈谈自己的志向罢了。”曾皙问:“那您为什么要讥笑子路呢?”孔子说:“治国理政要谦敬礼让,而他的言论一点都不谦虚礼让,所以我笑话他。”曾皙又问:“难道冉求治理的不是一个国家吗?”孔子说:“怎么见得一个方圆六七十里或五六十里就不是一个国家了呢?”曾皙接着问道:“难道公西华所讲的不是一个国家?”孔子说:“宗庙祭祀,同外国盟会,不是诸侯国是什么? 如果公西华只做傧相这种小事,那谁又能做大事呢?”

这一章内容很多,概括起来,有三个方面的问题值得我们注意。第一,从曾点言志看孔子的理想。孔子真正所追求的不是政治权力的掌控,而是社会的风化,也就是在一个国家当中,人们悠闲自在的生活,从而实现了人与自然、自我与他人之间高度的和谐统一,完全没有了你死我活的斗争,而且在这样一种统一中人实现了天性的释放,获得了高度的自由,达到了一种“从心所欲不踰矩”的精神状态。第二,从孔子对于子路的讥笑中,我们可以看到,治国理政也好,待人接物也罢,礼让都是儒家的一种重要道德品质。“让”不仅是对他人的一种态度,一种尊重,更重要的是要让出自己在世界当中的中心地位,让他者在舞台中心展现自身,从而将自己变成一个观众,为他者的精彩表现鼓掌喝彩,因此,“让”乃是对于自我与他者主体关系的一种颠倒，把他者变成自我服务、承担责任的对象。第三，对于一个人而言，我们制定的理想应该与自己的才能相配。虽然每个人都愿意有高远的理想，但是志大而才疏所导致的结果就是，我们的理想往往变成不切实际的空想，无法在现实当中得到落实；相反，如果我们的理想过于渺小，那么，就会导致我们失去前进的动力，无法发挥我们全部的潜能，从而容易使我们变得不思进取，因此，理想的制定既要立足实际，又要具有超越性，促使我们不断地超越自身。

# 颜渊篇第十二

12.1　颜渊问仁。子曰："克己复礼为仁。一日克己复礼，天下归仁焉。为仁由己，而由人乎哉？"

颜渊曰："请问其目。"子曰："非礼勿视，非礼勿听，非礼勿言，非礼勿动。"

颜渊曰："回虽不敏，请事斯语矣。"

颜渊好学，心向仁道，因此，他问为仁，问为邦，不但要成己，亦要成物，所以，他是一体之心流行，体用全备。正是因为心有所属，所以，颜渊向孔子询问为仁之道。孔子答以"克己复礼"。至于什么是克己复礼，如何是克己复礼，历来多有争论。第一种说法认为，"克"是胜，"己"是私欲，"礼"是天理，"克己复礼"就是战胜、去除自己的私欲，从而复归天理，这是宋明儒者的解释，从而把"克己复礼"变成了"存天理，灭人欲"。这种说法与孔子的思想学说多有不合，因为孔子既不讲天理，也不反对人欲。第二种说法将"己"与"人"对，"克己"就是卑身自下，虑以下人，"克己复礼"就是在他人面前谦卑自下，从而以礼对待他人。这种解释与后面的"非礼勿视，非礼勿听，非礼勿言，非礼勿动"不类，故不从。第三种则将"克"理解为约束，"己"理解为自己、己身，"克己复礼"就是对自己进行约束，让自己的行为举止都符合礼仪规范的要求。有人在此基础上，又进一步将"克"解释为"责"，也就是不断地反省反思自己的行为是否符合礼仪规范的要求，从而让自己重回礼仪之中。因此，"克己复礼为仁"便被解释为：约束自己，让自己的言行举止重回礼仪规范之中，符合礼仪规范的要求，就可以说是仁了。通过孔子的论述，我们可以看出行仁、成仁并不是一件特别困难的事情，然而在当时很多人却以仁难为借口而拒绝践行仁义，因此，孔子再次重申行仁、为仁不过是自己的一心发用流行，一旦我们"克己复礼"，那么，我们就能成就天下万事万物，使其进入我的仁心，我们言行举止就会合于仁道。因此，为仁是不需要外部前提条件的，完全是自我主宰的，是由我不由他的。只要我愿意为仁，只要我真心诚意为仁，那么，我们就能够为仁、成仁。

“为仁由己”告诉我们，“仁”只要我们自己去“为”就可以了，但是到底该如何去“为”呢？当然从“克己复礼”来看就是以“礼”来规范约束自己，然而“礼仪三百，威仪三千”，我们又如何能够一下子就加以彻底把握呢？因此，颜回“请问其目”。就希望孔子能够指点出其核心纲要之所在，以便于上手。孔子就告诉他，要以礼为标准，不符合礼的东西不看，不符合礼的话不听，不符合礼的话不说，不符合礼的容貌不出现。对于“非礼勿动”，一般解释为“不符合礼的事情不做”，不过在《论语》中“动”没有做事情的意思，“动”一般和容貌联系在一起成为“动容貌”，而且在《论语》中讲到视、听、言的时候也一般与“貌”联系在一起，故在这里做出这样的解释。不过在这里我们也要注意，孔子每次说到视、听、言的时候，都将视放在最前面，不仅是因为我们总是最先看到，然后再听到、再说出来，更是因为，视对我们的仁心善性能够产生更大的影响作用，像后来孟子说“见其生，不忍见其死”，就是强调视、看对于人的仁心善性的激发作用。正是因为视对于仁心善性具有重要的影响作用，视可以是正面的激发，使人向善，也有可能是反面的遮蔽，从而扰乱心神。当然，心神的变化最终要反映在容貌的变动上，因此，孔子以“非礼勿视”开始，以“非礼勿动”结束。颜回在听了孔子的提点之后，表示自己要忠实地由此做起。

从这一章我们可以，礼与仁是相为表里的，仁是内在的基础，礼是外在的形式，仁决定了礼，但是礼反过来也会对仁产生强化作用，如果每个人都依礼而行，那么，无形当中就加深了我们对仁的感受，从而使仁得到存养扩充。

12.2　仲弓问仁。子曰：“出门如见大宾，使民如承大祭。己所不欲，勿施于人。在邦无怨，在家无怨。”

仲弓曰：“雍虽不敏，请事斯语矣。”

仲弓就是冉雍，在孔门四科中居于德行一科，正因为仲弓德行高尚，所以他对仁道特别关心，因此向孔子问仁。当然，孔子非常器重他，说“雍也可使南面”，虽然少时贫贱，但是相信他就像“犁牛之子”一样，一定会被发现，受到重用。因此，孔子对仲弓问仁与对颜渊问仁的回答有所不同。因为颜回不愿出仕，潜心于仁，所以孔子对于颜回的回答主要集中在日常生活的琐事上，而对于仲弓的回答则有意与政事相连。孔子说，要想成为仁人，出门的时候就要像去接待贵宾，役使人民百姓的时候就要像主持祭祀大典，时刻保持内心的敬重，谨慎小心。由于“出门”与“使民”都与他人相关，因此，敬、谨实际上都是为了处理好自我与他人之间的关系，害怕对他者造成不必要的伤害，为此，孔子提出了与他人友好而不伤害他人的相处之道，就是“己所不欲，勿施于人”，就是所谓的恕道，也就是说，自己不想要的，就不要将其强加给他人。由于这里讲的是不伤害原则，所以，孔子主要是从消极否定的角度讲与人相处之道，而不是从积极肯定的角度讲与人相处之道。

至于“在邦无怨，在家无怨”，有不同的解释。有人将“在邦”理解为仕于诸侯之邦，将“在家”理解为仕于卿大夫之家，在这种理解下，“在邦无怨，在家无怨”又有两种不同的理解：一是认为仕于诸侯之邦没有受到别人的报怨责备，仕于卿大夫之家也没有受到别人的埋怨；一是认为自己仕于诸侯之邦工作尽心尽责，无所报怨，仕于卿大夫之家工作尽心尽责，无所报怨。以上几种理解都有一个问题，那就是个人的地位是不确定的，一个人要么仕于诸侯之邦，要么仕于卿大夫之家，不可能同时有多种身份，既仕于诸侯之家，又仕于卿大夫之家。因此，笔者不取这几种解释。我们只是简单地将“邦”与“家”理解为“国”与“家”，也就是一外一内，也就是家外与家内。当然，这里面仍然可以有不同的理解。大多数人都会持一种效果论的理解，也就是将“在邦无怨，在家无怨”看作“出门如见大宾，使民如承大祭。己所不欲，勿施于人”，也即敬、恕二者所产生的实际效果：国家中的人民百姓不抱怨自己；家中的亲人也不抱怨自己。虽然这种解释也能说得通，但是问题在于仲弓问为仁，而“为仁由己”，与他人是无关的，关键的问题是自己怎么做的，而不是别人的反映怎么样，像上一章和下一章都是问仁，孔子都只讲了自己该如何做，而没有讲到他人怎样，所以，这种说法虽然为人们所广泛接受，但是是存在问题的。这里的“无怨”应该是自己没有报怨，因为敬、恕皆出于自己，自己有什么可报怨的呢？况且自己“求仁而得仁，又何怨？”(《论语·述而》)这也就是说，为国为民办事尽心尽力，无所报怨；在家里孝亲敬长，抚养教育子女，尽心尽力，无怨无悔。仲弓听了以后，表示自己虽然迟钝，也要努力按照孔子说的去做。

12.3　司马牛问仁。子曰：“仁者，其言也讱。”

曰：“其言也讱，斯谓之仁已乎？”子曰：“为之难，言之得无讱乎？”

司马牛是孔子弟子，名耕，字子牛。司马牛向孔子询问为仁之道，而孔子对于不同的弟子向他询问为仁之道，每次回答得都不一样。因为提问者不一样，其所遇到的事情也不一样，询问的目的也不一样，所以，孔子只能就着提问者本身来说应该怎样做。“仁者，其言也讱”。“讱”，难也，顿也，不忍言也。就是说，一个仁人，他由于内在的不忍之心，导致他的言语难以出口，所以说话迟钝。孔子对司马牛的回答，有人说他是就着司马牛的性格说的，因为《史记·仲尼弟子列传》说“牛多言而躁”，司马牛性格比较急躁，说话不经过思考，所以，孔子告诫他不要轻易说话，说话前要深思熟虑，然后话语才出口。也有人说孔子是就着司马牛所遭遇的事情说的。司马牛的哥哥叫桓魋，也就是那个曾经意图谋杀并拔树恐吓驱逐孔子的桓魋。桓魋得宠于宋景公，但他却意图谋害宋景公，这件事上则祸国殃民，下则株连九族，因此司马牛特别忧心，左右为难：不劝诫哥哥，后果将非常严重；劝诫哥哥，又怕伤害了兄弟感情。孔子针对这件事，告诉司马牛，必须涕泣以告，这才是仁者之所为，当然，由于其间有诸多情感因素和种种顾虑，因此说话自然会比较迟钝。

司马牛听了孔子的回答以后，觉得如果说话迟钝，就是为仁之道，这好像有点太简单了。孔子告诉他，为仁之道就是说话迟钝，不过我们要知道说话为什么要迟钝，因为作为一个仁者，不是说说而已，不是像现在有些人那样，说说场面上的话，说说官话，说说套话，在仁者那里，说是要落实于行动的，言行是要统一的，说起来容易做起来难，如果我们知道做起来很困难，那么，我们说话怎么能够不谨慎、不迟钝呢？

这一章虽然是针对司马牛这个特殊个体的回答，离不开其特殊的背景，但是它却有着普遍的意义。这里面讲到的一个核心问题就是言行之间的关系问题，对于一个仁者而言，言行必须是统一的，不能言不顾行，行不顾言，而是在说话之前就要考虑到言对行所造成的影响以及言行能否达到统一的问题，从而告诉人们不要说大话，说空话。实际上，对于儒家而言，行重于言，因为伦理道德本身就是个实践智慧的问题，不是一个理论知识的问题，伦理道德是做出来的，不是讲出来的，讲只能是表面文章，我们不能根据一个人的言论来判断他是否道德。

12.4　司马牛问君子。子曰：“君子不忧不惧。”

曰：“不忧不惧，斯谓之君子已乎？”子曰：“内省不疚，夫何忧何惧？”

正如上一章所言，司马牛的哥哥桓魋意图加害于宋景公，这件事情后果将会非常严重，而司马牛本身性格比较急躁，因而内心非常煎熬，对这件事情非常忧惧，因此，在向孔子问仁之后，他心里还是不踏实，又向孔子询问君子之道，从而为自己找到解决内心煎熬的途径和方法。针对司马牛的问题，孔子答以“君子不忧不惧”。不忧不惧是一个非常高的要求，“仁者不忧，勇者不惧”（《论语·子罕》），不忧不惧达到了仁与勇的统一。当然，在仁与勇二者之中，仁是居于核心地位的，勇者之所以能勇，就是因为他有仁，他愿意为了自己的仁心而赴汤蹈火。实际上，人之所以有忧有惧，就是因为人人有我，如果没有了我，那么他又何忧何惧呢？这个“我”是小我，是私我，也就是自私自利之我，因为他时时刻刻关心的是自我的一己之私利，私利未得，为之牵肠挂肚，寝食难安，忧愁烦恼并至，一旦私利得到，又唯恐失之，惧怕别人抢夺，所以时时胆战心惊，以至夜不成寐。一个胸怀坦荡的君子已经超越了一己之小我，而将自己融入社会之大我之中，他没有了小我之私利，也就无物可失，又何来忧惧呢？

听了孔子的回答之后，司马牛仍然有点不敢相信，觉得君子之道不该只有“不忧不惧”这么简单，因此，他又向孔子询问，以明疑惑。孔子告诉他，君子之所以能够不忧不惧，是因为君子“内省不疚”。虽然从表面上看，我们的忧惧是指向外部的，像功名利禄这些东西都是身外之物，但是病根却在我们自己身上，因此，要想不忧不惧只能从我们自己身上下手，切断忧惧的病根。“内省”就是反省自己，从自己身上找病根，从而不断地完善自身，根除病根，只有病根没有了，这就是“不疚”，“疚”就是病，没有了疾病，身心健康，我们也就无所忧惧。因此，对于儒家而言，伦理道德就是在身心上做，一旦身心俱正，则言行举止自然合乎伦理道德。

12.5　司马牛忧曰：“人皆有兄弟，我独亡。”子夏曰：“商闻之矣：死生有命，富贵在天。君子敬而无失，与人恭而有礼。四海之内，皆兄弟也——君子何患乎无兄弟也？”

司马牛说别人都有兄弟，就我没有，不免心里有点伤感。这并不是说，司马牛真的没有兄弟，我们在前面说过了，那个桓魋或向魋就是他的兄弟，实际上司马牛的兄弟还不止向魋一个，还有向巢、子欣、子车等。司马牛这么多兄弟，为什么还要说自己没有兄弟呢？司马牛的真实意思是说自己有兄弟跟没有兄弟没有什么两样，或者说，有兄弟还不如没有兄弟。向巢、子欣、子车都参与了向魋在宋国的叛乱，叛乱失败后都流亡外邦，虽然司马牛也被迫流亡，但是他与他们不是一伙的，道不同不相为谋，因此，他说自己没有兄弟。虽然如此，但司马牛还是念及兄弟之情，害怕他们不得善终，如果这样的话，自己就连名义上的兄弟都没有了。

面对司马牛的担忧，子夏安慰他说，我听孔子讲过，“死生有命，富贵在天”，也就是很多事情都是偶然的，像死生、富贵都是人类没法控制的，我们再担惊受怕也不能改变什么，像向魋这些人是否会死于非命不会因为司马牛担惊受怕而有所改变。因此，道德高尚的君子不去关注这些偶然性的天命，而是注重自己的德行修养，做到“敬而无失，与人恭而有礼”，敬于事而恭于人，这是我们能够做到的，这是我们能够控制的，我们就在这方面下功夫，尽量不要让自己有过失，从而无愧于心也就足够了。如果我们做到了这些，那么，不仅我们在心中将所有的人都当作我的家人，当作我的兄弟，进而做到亲亲、仁民、爱物，这也就是所谓的“民胞物与”，同时，他人也会对我投桃报李，待我亲如兄弟，那么，我们又怎么会为自己没有兄弟而悲伤呢？因此，在子夏看来，兄弟不是一种身份，更是一种情感，关键是你把别人当作兄弟来看待，即使你们之间没有血缘亲情，但是也可以成为兄弟，别人也会把你当作兄弟来看，像兄弟一样来对待。

12.6　子张问明。子曰：“浸润之谮，肤受之愬，不行焉，可谓明也已矣。浸润之谮，肤受之愬，不行焉，可谓远也已矣。”

子张才高意广，好为苟难，好高骛远，试图洞天烛地，明照古今，所以向孔子问明，试图了解如何才能无远弗届，一眼明彻。面对子张的好高骛远，孔子有意以近答之，这一方面固然是有意针对子张好高骛远的毛病，另一方面也是因为明就像仁爱一样的，都是由近及远的，我们首先要对身边的事情看得真切，然后才能看清远处，如果身边的人和事尚且看得模糊不清，那么，我们又怎么能将远处的事物看得清楚明白呢？在孔子看来，身边有两类人我们看得清楚。一种是那些说别人坏话，诬陷别人的人。此类人中的有些人具有锲而不舍、不达目的誓不罢休的精神，长期坚持不懈，日积月累就会改变听者的判断，信以为真，这就像水浸润万物一样，慢慢将其思想观点渗透到听者的内心当中，不知不觉地影响听者的思想观点。一种是控诉别人的人。“愬”就是控诉。有人认为这种控诉就像谗言一样也是日积月累式的，就像皮肤上的污垢一样，在不知不觉之间积累。笔者不赞同这种理解，一方面，控诉本身就是一种比较激烈的对抗方式，它不可能像进谗言那样润物无声；另一方面从句式的对仗、说理的方式来看，前面是一种渐进的方式，后面就应该是一种与其相对的激进的方式。因此，笔者以为"肤受"不是皮肤蒙垢，而是一种切肤之痛。皮肤裸露在外，对于外面的刺激比较敏感，一旦遭受伤害，就会马上有所感知，并且对于疼痛感的体会非常直接。"肤受之愬"就是指控者其情真挚，其状可怜，容易引起人们的同情，从而使得听者容易被其情绪所感染，对其产生一种共情，以致失去对控诉真实性的判断辨别能力。如果一个人能够面对别人如水润物般的不动声色的诬陷和能让人产生切肤之痛的控诉，都能够做到不为所动，并能够理智冷静地对其作出客观的判断，从而导致恶意的诬陷和不正当的控诉在他这里都行不通，那么，他就可以说真正做到"明"了。同样道理，如果我们能够坚持自己的理智判断，看清我们身边的人，并且能够由此向外推扩，看清不在我们身边的人，那么，我们在明近的同时，不也就烛远了吗？有什么还能逃脱我的明见呢？

从这一章中我们可以看出，"明"是与"智"联系在一起的，它与仁有所不同。仁是以感性为主的，强调的是内在情感，是对他者的"不忍之心"，因而仁一任情感的发用流行，但是它有时会被别人利用，因此孔子曾经说"君子可逝也，不可陷也；可欺也，不可罔也"(《论语·雍也》)；而智则不同，它不再单纯地依靠感性判断，而是要发挥理性的功能，慎思明辨，从而对是非对错进行分别，使一切假、恶、丑的东西无所遁形。正因如此，在孔子那里，理想人格是仁智双彰的，必须是理性与情感的高度统一，否则就会成为是非善恶不分的道德愚人。

12.7　子贡问政。子曰："足食，足兵，民信之矣。"

子贡曰："必不得已而去，于斯三者何先？"曰："去兵。"

子贡曰："必不得已而去，于斯二者何先？"曰："去食，自古皆有死，民无信不立。"

子贡在政治上是很有建树的，《史记·仲尼弟子列传》说"子贡一出，存鲁，乱齐，破吴，强晋而霸越。子贡一使，使势相破，十年之中，五国各有变"，可见子贡对于政治是非常精通的，这大概是与他平时关心政治问题有关。这一章就讲子贡虚心向孔子请教如何为政的问题。孔子告诉子贡，主要做到三点：让百姓食物充足；让武器装备充足；让百姓信任。"兵"后来指士兵、军队，在先秦时，"兵"主要指武器装备，因为当时士兵还没有职业化，发生战争的时候就从百姓当中临时征用，百姓战斗结束后就放下武器回家耕种，所以，无士兵可去，不存在裁军的问题。“民信之矣”，有人认为是让老百姓讲信用，前面都是对统治者提出的要求，后面怎么就突然变成了对百姓的要求了呢？这显然说不通。其意应该是说：如果说统治者治国理政要讲信用，做到信实可靠，那么，就能赢得百姓对自己的信任，这种理解就达到了前后之间的一致、贯通。

孔子只是将三者并列在一起，并没有论述它们之间的地位问题，子贡无法从中看出它们三者之间谁更重要，因此，子贡进一步追问，如果情势所迫，在三者之中必须要去掉一样，那么首先去除哪一个呢？孔子答以“去兵”。兵是武器装备，在冷兵器时代，武器装备的重要性显然没有现代战争那么高，战争的胜利更加倚重于参加战争的人，只有他们愿意为统治者卖命，只有他们愿意在战场上奋勇杀敌，才有赢得战争胜利的可能性。而且更为重要的是，在儒家看来，政治成功的关键是人心所向，也就是要通过仁政来赢得人心，而不是通过战争来赢得对百姓的控制，这种控制即使会取得暂时的成功，但也不能长久。

子贡是个好学生，有打破砂锅问到底的好学精神，他接着追问，如果迫不得已，必须继续在“足食”和“民信之矣”中去除一个，那么，先去除谁呢？孔子认为应该先去除“足食”。虽然这里孔子所讲的是“去食”，但是如果我们从前文来看，这里的“食”应该是足食。食物不充足，当然对于百姓来讲，生活就会变得非常艰苦，甚至会有人因此而被饿死，但是死亡是一个人人都无法避免的自然现象，即使食物充足，也会有人走向死亡，因此，即使有少数人吃不饱，这并不会影响国家的安危；而且这是一个特殊的情况，暂时的食物不足也会赢得百姓的理解与支持，并不会对国家的长治久安造成根本性的影响，不会造成国家大厦的崩塌。百姓对于统治者的信任需要经过长期的积累过程才能慢慢建立起来，一旦信任崩塌，百姓就会对统治者产生抵触和戒备心理，要想重新建立百姓对统治者的信任就非常困难，这就会导致人心不稳，人民百姓与统治者之间貌合神离，阴奉阳违，国家就会因为失去民心而走向倾覆。这也就是说，人都难免一死，如果百姓不再信任，那么，国家就会覆亡，如果必须在此二者中进行抉择，那也只能是“两害相权取其轻”，也就是通过赢得百姓信任，不让国家走向覆亡。

12.8　棘子成曰：“君子质而已矣，何以文为？”子贡曰：“惜乎，夫子之说君子也！驷不及舌。文犹质也，质犹文也。虎豹之鞟犹犬羊之鞟。”

棘子成，卫国大夫。棘子成问子贡，君子之为君子主要依靠其本始材朴，也就是内在质地优美，为什么还要外在的文采呢？有人认为棘子成此问是嫉恶时人文胜，有人则认为是嫉恶子贡等孔子弟子文胜。总而言之，棘子成是反对文胜于质的。子贡说，可惜你说君子说错了，一言既出，驷马难追。如果按照你说的，只要质不要文，那么，质外无文，质与文就无法区别，即质即文，就像去了毛的虎豹之皮与去了毛的犬羊的皮一样无法区别。子贡的意思是说，人们之所以能够区别虎豹之皮和犬羊之皮，依靠的是毛发及其纹路，因而正是外在的毛发及其纹路才让虎豹之皮体现出其高贵之处。同样道理，君子的质与普通人相差并不明显，"人之所以异于禽兽者几希"，更何况是人与人之间的差异呢？如果没有后天对于质的加工，那么，君子也就泯然众人，也就是无法超越于众人之上。

这里的质与文，不是内在的本质与外在的形式，而是本始材朴与后天的修养。这一章告诉我们一个道理，如果从单纯的禀赋来说，人与人之间的差别并不大，这个世界上没有人天生就是君子，没有人天生就是小人，但是在现实生活中却存在着君子与小人的差别，而这是由于后天的修养不同造成的，因此，对于我们每个人来说，我们没有必要过度地关心自己的天生禀赋，而应更加关注自己后天的修养，只有通过坚持不懈的努力，我们才能变得"文质彬彬，然后君子"(《论语·雍也》)，从而做到内外兼美。

12.9　哀公问于有若曰："年饥，用不足，如之何？"

有若对曰："盍彻乎？"

曰："二，吾犹不足，如之何其彻也？"

对曰："百姓足，君孰与不足？百姓不足，君孰与足？"

有若是孔子弟子。按照周代税制，一般只收公田的田租，而在哀公十二年春，开始加收田赋，也就是在公田之外的私田中也开始征收赋税。结果在十二月，发生了蝗灾，第二年九月、十二月又发生两次蝗灾；再加上由于连年打仗，所以鲁哀公感到财政困难，因此向有若询问对策，如何来解决国家财用不足的问题。"彻"就是古代的十分之一税。大概哀公的本意是在原来租赋的基础上继续增加租赋，以解决财政紧张的问题，结果有若主张税收不升反降，主张只收公田十分之一的田租，把哀公过去所增收的田赋也给免了。有若的这一建议让鲁哀公大惑不解，他当即指出，自己说了两份租赋，国家的花销尚且不足，怎么你还主张只收十分之一的田租呢？

在鲁哀公的脑海中，国家是他自己的私有财产，将鲁国与百姓之家、将自己与百姓放在尖锐对立的位置上，认为国家的富裕必须建立在对百姓财富剥夺的基础之上，因而他只关心鲁国的存亡，而不关心百姓的死活。有若则认为，国与家、君主与百姓之间是一种同体共生的关系，一损俱损，一荣俱荣：国家虽富，而百姓却很贫穷，那么，这样一来，国家就得不到百姓的支持，这个国家的国运也不会长久；如果国家对百姓增收苛捐杂税，导致民不聊生，那么，就极有可能引发官逼民反、民不得不反的丧邦辱国的悲剧；如果节省国家开支，藏富于民，使得人民百姓有一种获得感，幸福感，那么，人民百姓就会对国家产生一种信任感、依赖感，他们就愿意为国家贡献财富，以维护国家的安全，统治者振臂一呼，就会响者云集，这种国家才是真正的富足、强大，国运才会长远。因此有若说，如果百姓富足，那么，谁又说国君不富足呢？如果百姓不富足，那么，谁又能说国君富足呢？

有若这种藏富于民的思想对于古代中国统治者的横征暴敛具有一定的约束作用，但是收效甚微，因为它不能改变“以天下私一人，以一人疑天下”的上下对立的局面，因而它只能起到一定的缓和作用，而不能从根本上加以改变。实际上，即使在现代社会中，国家与人民百姓、集体与个人之间的利益关系仍然是一个需要深入思考和认真对待的问题

12.10　子张问崇德辨惑。子曰：“主忠信，徙义，崇德也。爱之欲其生，恶之欲其死。既欲其生，又欲其死，是惑也。诚不以富，亦只以异。”

子张向孔子询问如何才能崇高自己的道德，去除迷惑。孔子说崇高道德要做到两点：坚守忠信，忠是尽忠职守，奉献自己；信就是言而有信，信实可靠。对于如何提高自己的辨识能力，不让自己陷入惑乱，孔子并没有直接加以说明，而是给子张举了一个有关爱与恶的例子。爱与恶是人类的两种基本情感，每个人天生都有这两种情感，因为这两种情感非常强烈，所以容易过度，导致陷于一偏，因而，要正确地把握运用这两种情感需要高超的德行修养，所以孔子说“唯仁者能好人，能恶人”(《论语·里仁》)。仁者之所以能好能恶，就是因为他们没有被这两种情感所迷惑，从而走向歧途。对于普通人来说，能否正确地运用这两种情感，恰恰是辨明迷惑的一个重要途径，如果自己和一个人关系好的时候，爱他，喜欢他，就希望他能活得很好，大富大贵，长命百岁；结果过了一会儿，两个人反目

成仇，又希望他惨遭横祸，暴毙而亡，那么，一会儿希望别人长命百岁，一会希望别人暴毙而亡，这就是惑乱的表现，因为他既不能恰当地控制自己的情感，又不能正确地认识对待他人，这就容易走向惑乱。如果这样的话，这不仅对自己没有好处，同时也会让别人感到怪异。孔子的意思是说，我们要想深思明辨，就不能任由情感摆布，而是要加强学习，发挥理性的分辨功能，使自己的情感、行为中规合礼。

12.11　齐景公问政于孔子。孔子对曰："君君，臣臣，父父，子子。"公曰："善哉！信如君不君，臣不臣，父不父，子不子，虽有粟，吾得而食诸？"

齐景公这个人德行不太好，这表现在两件事上：一件事是孔子到齐国的时候，当时陈僖子乞在陈国专政，行德于民，而齐景公作为一国之君，不能禁止，这是君不君、臣不臣的显例；另一件事是齐景公晚年宠幸的一个小妾生了一个小儿子，按照中国传统的嫡长子继承制，小儿子是不能继承王位的，结果他不听大臣们的建议，立小儿子为太子，最后其他儿子被小儿子所逐，这是父不父、子不子的显例。因此，当齐景公向孔子询问应该如何从事政治治理的时候，孔子就回答说"君君，臣臣，父父，子子"。这段话后来成了三纲五常的重要来源，就变成了君为臣纲，父为子纲，甚至是君叫臣死，臣不得不死，父叫子亡，子不得不亡。很多人因此而大骂孔子，但这跟孔子好像没有什么多大的关系，孔子在此处根本就没有说到这些东西，我们不能把后来出现的问题归到孔子身上，这对孔子是不公平的，孔子不能也不应该为后来意识形态化的儒学所出现的问题承担责任。

人们一般认为孔子的意思是说，作为国君要尽国君之道，大臣要尽大臣之道，父亲要尽父亲之道，儿子要尽儿子之道，这当然是对的，但是后来学者们就因此而认为儒家伦理是一种角色伦理，认为儒家规定人们应该只做与特定身份角色相应的事情。笔者以为，儒家伦理当然会有角色伦理的内容，但是这并不构成儒家伦理的特色，因为在西方伦理当中，同样也有角色伦理的内容，像柏拉图的城邦伦理，强调哲学王要有智慧，武士要勇敢，手工业者和农民要节制，这都带有角色伦理的特征，所以，我们用角色伦理来界定儒家伦理，既不能突出儒家伦理的特色，也不能将儒家伦理与其他伦理区分开来。实际上，儒家伦理是超越角色义务的，更加强调自我对于他人的道德责任，而且这种道德责任不是因为我们享受了权利，不是我们出于特定角色的职责，而是纯粹出于我们的仁心善性。当然，这里讲的不是伦理问题，而是政治问题，政治是要讲究秩序的，秩序就免不了要呈现出角色化的倾向，不过为了避免由政治而牵涉伦理，笔者更加愿意将“君君，臣臣，父父，子子”理解为君要像个君，臣要像个臣，父亲要像个父亲，儿子要像个儿子，以削弱这种角色化所带来的义务化，以突出儒家学说的主动性、积极性；如果既不能积极地担当道德责任，又不能被动地承担角色义务，从而使得君不像个君，臣不像个臣，父亲不像个父亲，儿子不像个儿子，社会秩序就会彻底地走向紊乱，那么，即使粮食充足，也没有人提供给我们，我们也吃不着。从这种分析中，我们可以看出：政治更加强调的是一种秩序性，具有严格的分工和特定的义务；而伦理道德更加强调的是一种积极性主动性，它是发自内心的一种情感冲动，而不是一种由外在角色和各种规范制度所规定的必须行为。

12.12　子曰：“片言可以折狱者，其由也与？”

子路无宿诺。

“片言可以折狱者，其由也与？”关于这句话有两种解释。第一种，认为子路果断明决，他根据别人片言只语就能够判断他的言论真伪，使其罪恶无所遁形，因此，子路可以根据片言只语来断讼。第二种，认为子路心高气傲，从来都不屑于文过饰非，所说出的话都是诚实可信的，因此听讼者不需要听取原被告双方的意见，直接可以根据子路单方面的言辞就可以断案了。笔者以为，第二种解释相对可靠，孔子主要借此说明子路诚信可靠，不自欺欺人，如果按照第一种说法，那么，子路就是一个不合格的听讼者，违背了“兼听则明，偏听则暗”这样一个基本的听讼原则。

“子路无宿诺”也有两种解释。第一种，把“宿”解释为豫、逆，认为子路的性格诚笃守信，但是因为害怕世事无常，有些诺言不一定能够兑现，所以，他不预先给别人许诺。第二种，把“宿”解释为留，认为子路急于践行诺言，不把诺言留着过夜。笔者更加倾向于第一种解释，因为第一种解释与上一句的思想更加接近，使得通篇思想更加具有一贯性，因为轻易许诺本身就是一种不负责任的表现，就没有准备去履行自己的诺言。在现代社会中，有些人为了赢得别人的信任，获取利益，对别人许下海誓山盟，许下种种美丽动听的诺言，但是一旦利益到手，这些诺言就会被弃之不顾，这实际上不仅是对自己形象的破坏，也是对社会诚信的破坏，我们要警惕那些轻易允诺、四处允诺的人。

12.13　子曰："听讼，吾犹人也。必也使无讼乎！"

孔子说，听狱断案，我跟普通人没有什么差别。因为，这是一套标准化的程序，无非是通过询问、走访、推理等查明案情始末，然后根据法律条文进行定罪量刑。因为法律是书之在策，张之官府，布之民众的，它是成文法，办案的方式要透明公开，所以，听讼的人必须严格按照程序，以法为准绳，这对于所有人来说都是一样的，否则，就有徇私枉法之嫌，因此，孔子说，在听狱断案方面，自己跟别人没有什么两样。关键的问题在于，法者治于已然之后，也就是别人犯了罪，我们才去听讼，才去断案定罪，这对犯罪者将会是一种严厉的惩罚，而且他的犯罪行为已经对他人、对社会造成了严重的危害，即使给予犯罪者以最严重的惩罚，也不能挽回其罪行所已经造成的危害。孔子以为，最理想的状态，应该是这个社会中没有人犯罪，这个社会中没有诉讼。如何才能让社会中没有犯罪行为？这就需要礼，礼者制于将然之前。礼治与刑政法治是相对立的，孔子也曾经说过，"道之以政，齐之以刑，民免而无耻；道之以德，齐之以礼，有耻且格"（《论语·为政》），用礼义道德来规范引导人民百姓，会在百姓心目当中激发其羞耻之心，使其不愿意去犯罪。

总起来看，孔子这里面所涉及的是一种法治与德治之间的关系问题。法治具有自己的优势，那就是它能够惩罚犯罪，使犯罪者获得罪有应得的下场，从而规范社会的秩序，但是这是一种消极被动的做法。而德治的重要作用不在于惩罚，而在于引导，不在于约束人们的为恶之心，而在于激发人们的为善之心，不是直接减少社会的犯罪，而是增加社会的善良，从而以后者来带动前者。当然法律是社会所必须的，这是社会整齐有序的基础和前提，没有了法律，社会就有可能走向混乱，但法律只是低层次的社会治理手段，更高层次的社会治理方法，就需要超越法律的层面，上升到道德的层面，激发人们去做一个道德高尚的人，这样一来，社会不再是一个井然有序但却人情冷漠的社会，而是一个人人互相帮助充满温情的社会。

12.14　子张问政。子曰："居之无倦，行之以忠。"

子张向孔子询问为政之道，孔子回答说，居于官位要不知疲倦，就是治国理政不能感到懈怠、倦怠，做起事情来要尽心尽力。这实际上是讲对统治者立身、行事两个方面的要求。如果一个统治者居官位久了，容易因为懈怠而放松了对自己的要求，对于为人民百姓办事也虚与委蛇，那么，这种人就尸位素餐，对于国家和人民就有百害而无一利，这种人就应该给贤者让位，给那些愿意为人民办事，为人民办实事的人让位。国家就像一架机器，而官员就像这架机器上的一些关键部件，官员贤能与否直接决定了国家这台机器能否正常运转乃至快速高效地运转。因此，每个官员都要坚守自己的岗位，并在自己的岗位上发挥出他应有的作用，只有这样，国家这台机器才能正常高效地运转起来，社会才会整齐有序，有条不紊；一旦有一个或几个部件不能正常发挥作用，那么，国家这台机器就会发生紊乱，社会必将动荡不安。因此，每个官员只要居于岗位上，就必须不能懈怠，就必须尽心尽力，否则，就应该让贤，“当官不为民做主，不如回家卖红薯”，这种民间谚语就是对此最好的概括。

12.15　子曰：“博学于文，约之以礼，亦可以弗畔矣夫！”

见6.27。

12.16　子曰：“君子成人之美，不成人之恶。小人反是。”

“美”与“恶”对，因此“美”是美善，“成人之美”也就是成就别人之善，因此这里的“君子”与“小人”就不再是身份地位上的区分，而是道德品质上的区分。一个道德高尚的君子不仅自己道德高尚，他也会成就别人道德上的善，也就是帮助别人完善自己，而不帮助别人干坏事，帮助别人成就自己的罪恶；小人则与君子相反，他们不帮助别人完善自己，而是帮助别人在错误的道路上越走越远。问题在于，君子为什么会成人之美，不成人之恶？君子是一个道德高尚之人，他本身就有对于道德的追求，他认为只有道德才是美好的，他希望所有的人都变得道德起来，他希望所有的人都变得美好，不希望有人成为恶的，从而对于这种美好造成破坏，因此，他要阻止人们在罪恶的道路上越走越远，帮助人们都变得美善起来。对于小人来说，他以恶为善，以丑为美，因此，他对于美善怀有敌意希望消灭一切美善，希望所有的人都与自身保持一致，从而让大家都在罪恶的污泥浊水中摸爬滚打，最后大家沆瀣一气。由此可见，我们在与人交往时不可不慎，一旦我们与道德低下的小人走到了一起，如果自己又缺乏坚定的信念，那么，我们就会容易被小人所污染，从而走上为非作歹的道路，走向罪恶的泥潭，因此，我们要亲近那些道德高尚的君子，要与道德卑下的小人保持适当的距离，所以，过去的统治者都要“亲贤臣，远小人”。

12.17　季康子问政于孔子。孔子对曰：“政者，正也。子帅以正，孰敢不正？”

季康子向孔子询问为政之道。孔子回答说，政治就是正人，也就是让别人走正道，不让别人走邪道。当然，达此目的的途径可以有“道之以政，齐之以刑”，也就是利用刑政法治，但是这种途径具有它的弱点，也就是能正人之行，却不能正人之心，所以，孔子说“民免而无耻”，一旦外在的限制条件解除，对于“正道”信仰不坚定者必然就会走向歪门邪道。因此，理想的政治是“道之以德，齐之以礼”，德治与礼治的一个重要特点就是没有刑政法治那种暴力的强制性，主要依靠的是道德感化，道德感化最为有效的方式就是借助榜样的力量。在孔子生活的时代，季康子作为鲁上卿，本身就是诸臣之帅，诸臣之表，人民百姓都是以他们为榜样的，因此，如果季康子本人就正身，让自己的行为符合仁义之道，那么，人民百姓就会以他为表率，走正道，行为符合道义，即使他们内心当中偶尔也会冒出邪念，也会因为害怕会受到刑政法治的惩罚，不敢以身试法。

这里涉及道德与法律的差异性的问题。法律强调的是规范性，也就是说，它是以法律法规作为准绳的，能做什么，不能做什么，都是法律法规说了算，我们只需机械地遵照法律法规就足够了，我们就是一个遵纪守法的公民；如果我们不遵守法律法规，那么，我们就会受到法律的制裁，从而通过这种强制性的手段让我们重新回到法律法规的轨道上来。道德与法律不同，强调的是示范性，因为道德本身就是少数杰出个人的道德品质在社会上广泛推扩的结果，也就是说，道德是少数个体的道德品质被扩充固化为整个社会的道德品质，因此，道德的发展中往往少不了少数杰出人物的榜样示范作用。在古代社会中，那些统治者本身就是高高在上的，他们本身就是万众瞩目的对象，具有成为榜样的天然便利，因此，如果统治者要想让人民百姓讲道德，他们自身就应该为社会树立道德榜样，发挥道德榜样的示范作用。如果他们不仅不能恪守道德，反而作奸犯科，那么，就非常容易造成道德的危机，从而使人们对道德失去信心。

12.18　季康子患盗，问于孔子。孔子对曰：“苟子之不欲，虽赏之不窃。”

大概当时盗患比较严重，季康子向孔子询问应对之策。孔子的回答却并不是如何治理盗窃问题，而是要求季康子率先降低自己的私欲，如果季康子不再有贪欲，那么，即使奖励别人去进行盗窃，别人也不会去盗窃，盗患也就自然解除了。这里面有两层意思。第一，《说文解字》中说：“盗自中出曰窃”。孔子的答语实际上是暗讽季氏干国越政，偷窃了鲁国的政权。就像上一章所说的一样，统治者的行为对于人民百姓具有榜样示范作用。如果以季氏为首的三家能够谨严自守，在政治上没有狼子野心，不去僭政，就会为人民百姓树立一个依法守礼的榜样，人民百姓自然也就不会进行盗窃。第二，是说季氏家族贪得无厌，放纵自己的欲望，从而对人民百姓进行大肆掠夺，导致人民百姓难以为生，从而不得不通过盗窃等不法手段来维持生计。因此，孔子说，如果你降低了自己的物质欲望，减轻了人民百姓的负担，百姓生活富裕，衣食充足，就是鼓励他们去偷窃，他们也不会去偷窃。因此，孔子的回答不仅强调了榜样的示范力量，同时也强调了减轻人民负担的重要性，一个好的政策能够把坏人变成好人，一个坏的政策也能把好人逼成坏人，主政者不可不慎。

12.19　季康子问政于孔子曰：“如杀无道，以就有道，何如？”孔子对曰：“子为政，焉用杀？子欲善而民善矣。君子之德风，小人之德草。草上之风，必偃。”

在前面两章中，季康子问政、问盗患，孔子都已经说得非常明白，那就是统治者要端正自己的德行，为人民百姓树立起一个讲道德的榜样，从而发挥示范作用。政治毕竟没有这么简单，如果仅仅靠讲道德就能解决社会问题，那还要法律、还要国家暴力机关干什么？季康子作为一个直接的从政者，他一定知道进行国家治理不是如此简单的，如果以为单凭道德说教就能治理好国家，那一定是“迂远而阔于事情”。别人对你烧杀抢夺了，你还跟他讲道德，那不是与虎谋皮吗？这时的策略一定是要么反抗，要么，“三十六计，走为上策”，后面再报官解决。季康子作为一个务实的统治者，就认为在道德说教失败之后，必须要用刑政法制的手段对于那些作奸犯科者加以整治，从而起到立竿见影的实际效果，所以要“杀无道，以就有道”，也就是通过刑杀那些违法乱纪者来成就国家的秩序。

孔子则认为，政治治理是一个长期而漫长的过程，是百年大计，是千年大计，不能为了急功近利而采取一些暴力的手段，这样做的结果只能是导致民心涣散，人们把自己的无耻之心隐藏得更深，从而引起更大的祸患，甚至是官逼民反，最终走向丧权辱国。对于统治者而言，其首要的任务就是要消除人们的“无耻之心”，从而使得人们的犯上作乱、作奸犯科之心不起，只有这样，才能从根源上解决人们无道的问题。要想人们不“无耻”，那么，就要让人们有耻，也就是要树立人们的荣誉感。荣誉感的树立本身就需要政府的提倡，统治者的示范，因此，孔子说，如果你始终想成为一个道德高尚的人，以道德高尚作为自己追求的目标、心中的理想，以成为一个道德高尚的人为自豪，那么，人民百姓自然也就会想成为道德高尚的人，并能够从成就道德的过程中获得自豪感和荣誉感。而这其中的原因在于，中国古代最初的帝王都是圣王，他们是内圣而外王，像尧舜禹汤这些人都是道德高尚的圣王，他们都是“出乎其类，拔乎其萃”的，他们不仅受到人们的爱戴，也是人们争相仿效的对象。这样一种古代帝王的形象随着时间的流转逐渐在人们的脑海中扎根，逐渐形成了上行下效的思维定式和生活习惯——上有所好，下必甚焉。孔子用了一个形象的比喻来说明这种上行下效，他说统治者的德行就像风，人民百姓就像草，风向哪边吹，草就向哪边倒，这说明人民百姓不遵纪守法——无道，其过错不在人民百姓，而在于统治者没有做好榜样示范，没有起到很好的引领作用。因此，对于国家治理，最重要的问题还是统治者要加强自身的道德修养。

实际上孔子所讲的道德修养与季康子所讲的刑政法制也并不是尖锐对立、完全矛盾的，而是互相补充的：一个是近期的效果，一个是长远的效果；一个是社会的底线，一个是社会的追求，因此，国家治理的理想状态应该是二者有机的结合，发挥各自的特长，不能简单地用一方来否定取代另一方。

12.20　子张问：“士何如斯可谓之达矣？”子曰：“何哉，尔所谓达者？”子张对曰：“在邦必闻，在家必闻。”子曰：“是闻也，非达也。夫达也者，质直而好义，察言而观色，虑以下人。在邦必达，在家必达。夫闻也者，色取仁而行违，居之不疑。在邦必闻，在家必闻。”

子张向孔子询问一个士要怎么样才能称得上是达？孔子就反问子张，你觉得什么样能称得上是达呢？子张说，如果一个士无论是仕诸侯之国，还是仕卿大夫之家，都声名显赫，广为传颂，那么，他就可以称得上达了。子张在这里实际上有一个概念上的混淆，也就是把“达”混淆为“闻”，认为一个声名远播、声誉显赫的人就一定是一个达人。因此，孔子告诉子张，你所讲的“在邦必闻，在家必闻”

的是“闻”,而不是“达”。什么是“达”?“达”有多重含义:达有“显达”之意,也就是有权有势,声名显赫,如“达官贵人”中的“达”;“达”还有“通”的含义,如通达,这不仅是指现实中的,而且也指人的认识理解很通透,知书达理,为人豁达。对于子张而言,他把“达”理解为“显达”,因此将“闻”与“达”混为一谈;而孔子所讲的“达”是在知书达理、乐观豁达意义上的“达”。孔子为什么不像子张那样理解“达”?因为在孔子看来,“显达”不是自身所能决定的,这有偶然性的命运成分在内,这是人类自身所不能控制的,所以没有讨论的价值和必要;而第二种道德品质意义上的“达”则与人的修养有关,这是内在于人,是人所能控制的,我们能否通达完全是取决于自我的。正是因为孔子是在不同于子张的意义上理解“达”,所以,孔子指出子张所理解的“达”是“闻”而非真正意义上的“达”。“达”是一种内在的道德品质,而“闻”则是一种外在声名。当然按照理想的逻辑,内在的道德品质与外在的社会声名之间本来应该是统一的,但是在现实生活中内外不一的情况比比皆是,名实往往并不相符,有些人有其名无其实,有些人有其实无其名。在孔子看来,达者之所以通达,就表现在为人处世上发自内心地正直无私、爱好礼义,与人交往相处始终关注别人言行容色,时时处处都将自己的地位放得很低,谦敬礼让。这种人无论是仕诸侯之国,还是仕卿大夫之家,都一样通达。不过对于那些享有广泛声誉的所谓“闻者”却未必具有如此高尚的德行,他们往往表面假装仁义而行为上却并不遵守仁义,这种人不仅欺骗了别人,而且有时也欺骗了自己,到后来毫不怀疑自己的德行,竟然认为自己就是德行高尚的人。这种人在社会现实中很多,他们虽然道德败坏,但是却凭借着欺上瞒下的手段窃得声誉,无论在哪都声誉显赫,赢得阵阵喝彩叫好。因此,孔子告诉我们,面对那些声名远播者,我们不要被其声名所迷惑,而是要仔细地加以考量甄别,看其是否名实相副,以免被有名无实者所欺骗,放任有名无实者大行其道实际上是对社会道德风气的一种败坏,不利于社会道德水平的提高。

12.21　樊迟从游于舞雩之下,曰:“敢问崇德,修慝,辨惑。”子曰:“善哉问!先事后得,非崇德与?攻其恶,无攻人之恶,非修慝与?一朝之忿,忘其身,以及其亲,非惑与?”

樊迟就是樊须,名须字子迟。舞雩应该是在沂河边上所设的祈雨的祭台,曾点讲其志向是“浴乎沂,风乎舞雩”(《论语·先进》),可见此处离孔子家不远,孔子应该经常到舞雩去游玩。有一次,孔子去舞雩游玩的时候,樊迟陪侍在侧,就向孔子询问崇德、修慝、辨惑三个方面的问题。“崇德”也就是如何做才是崇尚道德;“慝”就是将罪恶藏之于心中,“修慝”则是通过自己的修养最终去除隐藏在心中的罪恶;“辨惑”就是明辨是非,不让自己陷于迷惑、困惑之中。孔子一听到樊迟所提的三个问题,就说他问题问得好,因为这三个问题都与孔子所提倡的道德修养密切相关,像 12.10 中子张也问了有关崇德辨惑的问题,不过那次的回答与这次的回答不一样,这一问题如此频繁地被提出,说明大家都比较关心这个问题,这个问题很重要。孔子说什么是崇德呢?就是“先事后得”。这实际上有两个方面的含义:第一,就是“先劳而后获”,每一个收获都应该是自己辛勤付出的回报,不应是坐享其成甚至是巧取豪夺的结果;第二,就是吃苦在前,享乐在后,这也就是范仲淹所说的“先天下之忧而忧,后天下之乐而乐”。在现实生活中,有些人虽然不愿意付出,但是哪儿有利益总是争先恐后,这都是不道德的表现。什么是修慝呢?就是不断地反省自己,找出自己身上的缺点与不足,然后对症下药,修而去之,而不是专门寻找别人的缺点与不足,也就是我们平常所说的“严于律己,宽以待人”。当然,孔子的意思并不是说要我们闭眼不看别人的缺点与不足,而是指我们不能专以寻找别人缺点不足为务,却从不关注自己的缺点不足,结果看到自己的全是优点,看到别人的全是缺点,从而使自己的缺点不足愈积愈深,以至积重难返的地步。什么是辨惑呢?孔子对子张是就“爱”、“恶”说的,孔子对樊迟则是就“忿”说的。“忿”就是怒、愤怒。就像爱恶一样,愤怒同样具有强烈的感性特征,当人们的愤怒情绪爆发出来的时候,容易失去控制,从而对别人进行攻击,引发争斗,人们此时不会去思考这种争斗是否会伤害自身,是否会累及亲人,结果往往只是为了发泄一时的愤怒情绪,却造成终身之憾,这不就是迷惑吗?这也就是说,孔子强调,在情感中应该渗入必要的理性,从而不至于让情感失控。

12.22 樊迟问仁。子曰:“爱人。”问知。子曰:“知人。”

樊迟未达。子曰:“举直错诸枉,能使枉者直。”

樊迟退,见子夏曰:“乡也吾见于夫子而问知,子曰:‘举直错诸枉,能使枉者直’,何谓也?”

子夏曰:“富哉言乎!舜有天下,选于众,举皋陶,不仁者远矣。汤有天下,选于众,举伊尹,不仁者远矣。”

樊迟向孔子询问为仁之道。孔子就回答说要爱人。问智,孔子就回答说要知人。樊迟对于知人为智这个说法没有搞清楚，没弄明白。孔子只好给他进一步解释说，就是提拔任用那些正直的人，并将他们放置在那些邪曲之人之上，“错”就是“措”，不是废置、放在一边的意思，而是要把某某放置在某某之上的意思。为什么要选拔任用正直的人？“质直而好义”，那些具有正直品质的人一般都是道德高尚之人，他们都会爱好礼义。如果我们能选拔任用正直之人，将他们放置于那些邪曲之人之上，那么，邪曲之人也就认识到，在这个世界上，只有道德高尚才是畅通无阻的通行证，而营私舞弊等各种歪门邪道是没有前途的，所以，他们就会主动弃暗投明，由邪曲走向正直。

樊迟这个人看来悟性不足，孔子对知反复解释说明，结果他还是没明白其中的奥义，结果出来之后遇到子夏，就把自己向孔子问知的事情告诉了子夏，询问孔子所讲的“以直错诸枉，能使枉者直”到底说的是什么意思。子夏就告诉樊迟，这句话是多么深刻，多么含义丰富啊！他举例说，在历史上舜和汤在位的时候，就从普罗大众之中选拔任用了皋陶和伊尹，从而使得那些道德低下之人知道自己已经没有了前途，就自动离开了虞舜和商汤。

这一章的核心则在于“举直错诸枉”，就是后来所说的“亲贤臣，远小人”，实际上，在任何朝代，任何社会，都是如此，如果道德高尚的人被打压，那么道德低下之人就必然会大行其道，整个社会就会形成一股反道德的风气，人们对于道德都会敬而远之；反过来，如果道德高尚之人受到统治者的高度推崇，那些不道德之人受到统治者的排斥，那么，就会在社会中形成一股崇尚道德的风气，从而拉升整个社会的道德水准。因此，作为当政者不仅要亲贤臣、远小人，更要练就一双识别直者与枉者、贤臣与小人的慧眼，不让那些弄虚作假之徒成为漏网之鱼，从而让他们完全无机可乘，只有这样，讲道德才会成为一种时尚，一种潮流，整个社会才会真正有希望，国家才会真正有前途，人民才会真正有盼头。

12.23　子贡问友。子曰：“忠告而善道之，不可则止，毋自辱焉。”

子贡向孔子询问交友之道或与友相处之道。在《论语》中弟子们问这问那的很多，问仁问礼问友问政，问的基本上都不是“是什么”的问题，而是问“如何做”的问题，这也就有点类似于海德格尔所关注的“如何在”的问题，即 How 的问题，而不是“是什么”的问题，即 What 的问题。不像《柏拉图全集》当中，人们经常问的"是什么"问题,也即是什么或存在者的问题。在中国,像这种"是什么"的问题直到经学家的出现,才开始受到关注,但这始终不是中国文化的主流。之所以会如此,是因为中国人比较重视事物的多样性、全面性、丰富性,一旦你对任何一个事物、概念有所界定,都必然会造成对其理解的僵化、肢解和片面性。这既是中国文化、中国哲学的一个优点,即保留了事物的完整性,不过,这也是中国文化的一个缺点,经常概念不清、语意不明,导致理解上的混乱。

儒家认为,"以友辅仁"(《论语·颜渊》),交友的目的是为了提高彼此道德的修养,朋友之间"以义合",也就是朋友相交是建立在道义的基础之上的,朋友之间有着共同的兴趣爱好,有着共同的理想追求;同时,朋友之间又是彼此独立的,平等的,因此,谭嗣同认为,在五伦中,唯有朋友一伦最为契合现代的民主精神。正是因为朋友之间具有共同的道德追求,因此,我们对于朋友的缺点与不足负有责任,我们应该"忠告而善道之"。"忠告"就是倾心相告,为朋友的进德修业、提高自身的道德修养尽心竭力。"善道"理解起来就比较麻烦,有人认为,"道"通"导",就是用善、用仁来诱导他,以使他弃恶从善;当然这个"道"也可以被理解为教导,这样一来,"教导"比诱导的含义就更加明确,具体告诉人们该如何去做;有人认为这里的核心在于"善"而不在于"道",也就是我们应该保持一种心平气和的状态,善其容色和言辞,对朋友和颜悦色地进行劝导。不管"善道"的具体含义是什么,实际上,作为朋友,其能做的事情都是有限的。一方面,道德是建立在自觉自愿的基础上,道德不能成为一种外在的强加,外在的劝告、诱导都只能起到一种辅助的作用;另一方面朋友之间是人格独立的,我们不能侵犯朋友的人格独立,我们不能将自己关于道德的想法和观点强加到别人的头上,强迫他接受我们的思想观点,这不仅是对于他者独立人格的侵犯,同时也是违反道德的。因此,面对他者的坚持,我们只能尽到朋友之间的"忠告而善道之"的责任,适可而止,以免激发他者的不满,从而导致自取其辱。

这一章实际上就是告诉人们,道德是提倡性的,不是强制性的,我们之所以"不可则止",就是避免将我们对于道德的提倡变成道德的强制,要求朋友必须成为一个道德高尚的人。实际上,成不成为一个道德高尚的人是他人自己的抉择,是他人的自由,他既可以选择成为道德高尚的人,也可以选择成为道德平庸的人,虽然道德平庸会降低他对社会的贡献,但他也没有对社会造成危害,我们也没有权利反对他做出这样的选择。当然,他不能选择成为一个道德败坏的人,甚至突破道德的底线,成为违法乱纪之人,这是不能为社会所允许的,这就不是简单地加以劝告的问题，而是必须动用刑政法制加以禁止，迫使他重回正确的轨道上来。

12.24　曾子曰："君子以文会友，以友辅仁。"

人是一个有限的存在，每个人都有自身的缺陷与不足，但是人无法依靠自己来弥补自己的不足，因为我们始终是站在自己的立场上来看待自身，这就容易陷入自我中心主义，就会自以为是，唯我独尊，看到的都是自己的优点，看不见自己的缺点，所以，如果一个人自我封闭，就很难取得进步，人必须打开自身，走向他者，与师友交往，通过外在的力量来提升自己。曾子这里讲的就是与朋友交往的重要性。

虽然在现实生活中，人与人之间的交往也很多，但是这种交往未必能够取得良好的效果，为什么呢？这种交往的方式往往存在问题。譬如，在现实生活中，人们的交往往往是出于利益，这种以利相交的结果往往是友谊并不长久，甚至会反目为仇。因为利益是变化的，当朋友能够给我们带来利益的时候，我们之间可能是你好我好大家好，但是一旦朋友不能给我们带来利益，或者是利益分配不均的时候，朋友之间就会反目成仇，不欢而散。另外，在现实生活中，还有一种比较普遍的朋友就是酒肉朋友。这类朋友多以义气为先，多是以血气、情感相交往的，也就是出于一种本能的冲动，而这种情感冲动的致命缺陷就是缺乏永久性，容易随着时间的推移而逐渐淡化，因此，这类朋友往往开始交往时亲密无间，随着时间的推移，慢慢就会变成陌路。曾子这里所讲的交往方式是"以文会友"，也就是通过学文的方式相交。这个"文"不是古代的典籍文献，而是"文不在兹乎"中的"文"，也就是礼乐制度等古代文明。在这种交往中，既有情感的冲动，就是对于古代文明的一种热爱，又有冷静的理性，因为对古代文明的交流、讨论本身就是高度理性化的，因此，这种朋友交往既有热情，又能持久。

同时，曾子又指出了朋友之间交往所要达到的目标——"以友辅仁"。"辅"就是辅助，也就是通过朋友来辅助自己提高道德水平，让自己成仁成人。而这个目标当然不能通过以利相市的方式来实现，只能通过"以文会友"的方式来实现。在这里面我们要注意这个"辅"字。辅是辅助、辅佐，它始终只是一种外在的帮助，朋友对于我的道德水平的提高只是起到一种助力、推动的作用，他不能成为一种主宰力量，否则就是对于我的人格和权利的一种侵犯。因此，我们在与朋友交往的过程中，要保持一种平等独立，不能将自己变成了朋友的附庸，同时我们也不能强他人以从己，否则我们之间的关系，就不再是一种朋友关系，而是一种主奴关系。这实际上就是提醒我们，朋友之间的相互交往应该有一个适当的限度，哪怕我们是出于一种仁心善性，但是我们的言行举止也一定不能越界。

# 子路篇第十三

13.1　子路问政。子曰："先之劳之。"请益。曰："无倦。"

子路问为政之道。一般人们会认为，统治者是高高在上的，要与人民群众之间保持距离，像后来的"南面之术"就是如此，因此，中国人喜欢把治国理政叫管理，把对人民百姓的统治叫牧民，就是强调统治者与人民百姓之间的差异与距离，所谓"劳心者治人，劳力者治于人"（《孟子・滕文公上》）。孔子则不这么认为，统治者与人民百姓要打成一片，不分彼此，因为统治者不像管理羊群的牧人，从放牧当中获得自己的收益，而是要为所有人谋利益，使整个国家繁荣富强，使人民生活富足安定，"人不独亲其亲，不独子其子，使老有所终，壮有所用，幼有所长，矜寡孤独废疾者皆有所养，男有分，女有归"（《礼记・礼运》）。孔子之所以如此认为，是因为在他的心目中，国家不是一家一姓之私，不是国君的私人财产，而是属于全体人民百姓，是人民百姓的利益之所系，"大道之行也，天下为公"（《礼记・礼运》）。正因如此，在古代，才有推位让国，才有禅让。

既然统治者是在为人民百姓进行统治，在为国家谋利益，在为自己心目中的理想国家、在为内圣外王的事业而奋斗，那么，统治者就不是站在人民百姓的对立面，逼迫他们为自己而奋斗，而是自己主动加入奋斗的队伍当中去，身先士卒——这就是"先之"，吃苦在前，享乐在后，为他们树立榜样，激发人民百姓的奋斗精神，带领人民百姓不断前进。至于这个"劳之"，则有不同的理解：有人认为是指统治者为人民百姓操劳，鞠躬尽瘁，也就是吃苦在前，享乐在后；有人认为是指统治者劳役人民百姓，也就是自己先为人民百姓做表率，然后再来役使人民百姓。子路希望孔子对此加以展开论述，孔子说"无倦"。由于前面的两种不同理解，导致"无倦"也有不同的理解：一种认为是指统治者吃苦在前，为人民百姓操劳而不感到倦怠，就像“诲人不倦”中的“不倦”一样；一种认为是指人民百姓由于受到统治者身先士卒的影响，士气高昂，而不倦怠。实际上，这两种理解都是强调统治者的“先天下之忧而忧”的奉献精神，只有统治者无私奉献，不考虑个人得失，才会赢得人民百姓的支持与拥护，因此，对于统治者而言，要心中装着人民百姓，否则，即使使用再多的强迫手段，也不能赢得人民百姓的真心拥护，这在后来的历史发展中也得到了证明。

这里需要注意的是，孔子所讲的政治或者说治国理政不是现代意义上的政治，而是一种仁政德治，这种政治尚未达到高度程序化、形式化的程度，特别倚重统治者的榜样示范作用，因此，孔子不是强调通过程序的完善来加强国家的治理，而是希望通过统治者的榜样示范来引导人民百姓为国家的存续发展进行奉献。

13.2 仲弓为季氏宰，问政。子曰：“先有司，赦小过，举贤才。”曰：“焉知贤才而举之？”子曰：“举尔所知；尔所不知，人其舍诸？”

对于中国的读书人来说，具有一份救国济民之心，学会文武艺，不是要自我欣赏，最终是要货卖帝王家的，“内圣”最终要开出“外王”。因此，中国读书人的理想是从政，从而实现修身、齐家、治国、平天下的抱负。孔子的弟子大多出仕从政，子路就获得了季氏宰的职位，上任之前，再向孔子询问一些从政需要注意的问题。孔子认为为政首在得人，看来人才难得是个贯穿古今的难题，任何民族国家要想发展，都需要重视人才，一个不重视人才的民族国家注定是没有前途的。怎么样来识别人才、任用人才呢？孔子认为，先任命各个职位的官员让他们各司其职，这也就是“先有司”。有人认为“先有司”就是上一章中的“先之”，也就是做事要先于有关部门的官员而动，这种解释不符合这里的语境，同时也不符合现实，上文所讲的“先之”是指表率，做表率更多的是一种姿态，是一种示范，而不是在具体的事务上事必躬亲，起到带头作用，因为任何人都无法做到事必躬亲。实际上，这里讲的是选拔人才、任用人才的问题，因此，先要让人们去从事具体的实际工作，通过工作成效来考察其才能。如果一个人在工作中犯了一些小的错误、过失，不必太过计较，人非圣贤，孰能无过，不要求全责备，不要因此而废置他，要给他改正错误的机会，允许他逐渐成长；同时要将那些真正优秀的人才选拔推举出来，人才难得，不要让人才被埋没，否则，这既是国家的损失，也不利于在社会中形成重视人才、尊重人才、推崇人才的良好社会风气。

子路当然同意孔子的这样一种想法，不过子路仍然有些担心，因为一个人所接触的人员数量总是有限的，他不可能了解所有的人，如果让自己通过这种办法来推举选拔贤才，就难免会产生遗珠之憾，从而导致有些真正的贤才遗落于草莱之间。因此，他问孔子，我怎么能做到尽知天下的贤才而将他们推举选拔出来呢？孔子说，尽知天下的贤才，任何人都做不到，你要做的就是推举选拔你所知道的贤才，这就足够了；你所不知道的人才你也不必担心，即使你因为不了解而没有推举他，难道别人也不推举他，忍心让他被埋没吗？这里有两个方面的含义：第一，如果你作为"季氏宰"推举选拔了你所知道的贤才，就会起到一个示范效应，别人也会推举他所知道的贤才；第二，即使你不知道，别人也会爱惜人才，不忍心看到人才被埋没、被浪费，他们也会积极主动地将他们推举出来。总而言之，你只需关注你知道的贤才，并将他们推举选拔出来就够了，至于你不知道的贤才就让别人来推举他们。

孔子的想法具有理想化的色彩，因为他的理论是建立在人性本善的基础之上，没有充分地考虑人性之恶的问题。实际上对于很多人来说，自私自利乃是日常生活状态，对于这些人而言，嫉贤妒能是其必然选择，因此，人才的发现不能仅仅依靠举荐这种需要高度道德自觉性的方式，同时更需要一个成熟的选人用人的机制。

13.3　子路曰："卫君待子而为政，子将奚先？"

子曰："必也正名乎！"

子路曰："有是哉，子之迂也！奚其正？"

子曰："野哉，由也！君子于其所不知，盖阙如也。名不正，则言不顺；言不顺，则事不成；事不成，则礼乐不兴；礼乐不兴，则刑罚不中；刑罚不中，则民无所错手足。故君子名之必可言也，言之必可行也。君子于其言，无所苟而已矣。"

实际上，《论语》中每条语录都是有其特定背景的，孔子的议论都是针对具体问题而发的。像这一章人们普遍认为这是针对出公辄拒迎蒯聩人卫一事而言的。蒯聩为卫灵公的太子，但因与卫灵公夫人南子交恶，欲杀南子失败而出逃晋国。卫灵公死前，本来准备将国君之位传给小儿子郢，郢觉得这不符合长子继承制，虽然蒯聩出逃，但是蒯聩的儿子辄还在卫国，应该由他来继位，于是卫国就立辄为国君。晋国赵简子见卫国国君新亡，试图将蒯聩送回卫国重新掌权，但遭到卫国的拒绝，结果两国发动战争，蒯聩没能回到卫国。在孔子看来，出公辄这件事情做得有点名不正，言不顺，所以需要加以正名。孔子的门人后学在编撰《论语》的时候，很少记录谈话的背景，这在让人们产生误解的同时，也带来巨大的诠释空间，从而使孔子的话语超脱了具体的时空和场景限制，获得了普遍性的意义。这种语言就是一种哲学的语言，哲学就是要超越特殊性追求一种普遍性，因此，哲学热衷讨论一般性的问题，而不太去讨论某个特别具体的问题，即使谈论某些具体的问题，也会是想从中得出某种普遍性的启示，也就是由小见大，由特殊性进到普遍性。

子路在卫国出仕，问孔子，如果卫国的国君任用你来治国理政，您将把什么当作首要任务呢？孔子回答，首要任务一定是正名。大概无论在何朝何代都差不多，讲伦理道德都会被看作迂腐之论，孔子因此也经常被人说成迂腐，子路一听孔子讲以正名为先以后，觉得居然还有这种做法，难怪别人说你迂腐，你确实是迂腐啊！怎么正名呢？没法正名啊！孔子听了子路的话有点不太高兴，说你这个人真是野蛮鄙陋。君子对于自己不了解的事情，就存而不论，将其悬置起来、存疑；而你不了解，却还信口雌黄。在中国古代，名就是名位、名分、名义。有了这个“名”，你做的事情才具有了合理性、合法性。譬如古人说“礼乐征伐自天子出”（《论语·季氏》），如果你是“天子”，有了天子之位，那么，你开展“礼乐征伐”就是合理的，就“师出有名”，否则，就是“师出无名”，就是不合理、不合法的。因此，这个“名”不是现在所说的那个没有实际内容的抽象形式，它一定要有实际内容与之相对，一定是“名实相副”，我们可以“循名以责实”（《韩非子·定法》），这就是“正名”。当然，在孔子生活时代，“名实相离”的现象已经比比皆是，像僭礼、僭政等现象就是典型的名实相悖。正是针对这样一种现象，孔子说，如果我们名实相离，那么，我们发号施令也就失去了合法性，就不能被顺利地传达、执行；如果我们的号令不能被顺利地传达、执行，我们就不能做成事情；如果我们做不成事情，那么，我们就不能复兴礼乐，因为“礼乐征伐”不再是“自天子出”，而是“自诸侯出”，这本身就是违反礼乐制度的，所以，我们不能指望通过破坏礼乐制度的方式来复兴礼乐制度；礼乐制度就是古代的行为规范标准，奖励与惩罚都是依此而进行了，现在规范标准被破坏，那么，奖惩就无所依循，因此，刑罚就不会得当；对于人民百姓来说，“兴于《诗》，立于礼，成于乐”（《论语·泰伯》），现在礼乐制度被破坏，刑罚也不得当，那么，人民百姓就无所适从，不知该如何立身行事。因此，君子做任何事情一定是师出有名，一定是名实相副的，才可以光明正大地说出来，公之于天下，因为他所说的是名正言顺的，是合理合法的，所以，它就一定能够在现实中得到落实执行，并取得效果。因此，君子说话一定要做到名正言顺，马虎苟且不得。

这一章对于国人思想观点、为人处世的方式影响非常大，本来孔子所讲的是政治上的“礼乐征伐”的问题，后来这个论述被当作一个普遍性的为人处世的原则，导致人们做任何事情都讲究名实相副、事位相当，从而使得人们做事小心谨慎，不敢越雷池半步，这实在是对孔子思想的一种歪曲、误用。有人将罪责归咎于孔子，即使孔子复生，也只能徒叹奈何。

13.4　樊迟请学稼。子曰：“吾不如老农。”请学为圃。曰：“吾不如老圃。”樊迟出。子曰：“小人哉，樊须也！上好礼，则民莫敢不敬；上好义，则民莫敢不服；上好信，则民莫敢不用情。夫如是，则四方之民襁负其子而至矣，焉用稼？”

在人类社会初期，农业生产主要依靠天时，难免会遭遇水旱虫灾，从而导致人民百姓无以为生，后稷因为怜悯人民的悲惨处境而教民稼穑。樊迟大概出于同样的想法，就希望向孔子学习稼穑之法。樊迟首先向孔子请教种庄稼，孔子推说自己在种庄稼方面比不上老农民。樊迟并未死心，又向孔子请教种菜蔬之法，孔子又推说自己比不上老菜农。

孔子说自己种庄稼、种菜不如老农、不如老圃，这并不仅仅是一个事实的表达，更是一个价值的表达，是因为他认为这些不是樊迟应该去关心、去做的事情。社会是存在分工的，有“大人之事”，有“小人之事”，大人应该做“大人之事”，小人应该做“小人之事”，种庄稼、种菜这些都属于“小人之事”，也就是身份地位比较低的被统治者应该做的事情，而不是作为统治者的“大人”应该做的事情，因此，樊迟出门之后，孔子就说，樊迟是自居于“小人”之列，这个“小人”不是道德低下之人，而是社会地位低下之人，也就是农工者流。孔子之学是“大人之学”，是“内圣外王”之学，是要治国平天下的，如何治国平天下？孔子给出的答案是仁政礼治，是由“内圣”而开出“外王”，这就需要道德榜样的力量，就需要以身作则，正己正身。因此，孔子说，如果在上者爱好礼，则人民百姓自然尊敬爱戴；如果在上者爱好义，举止合宜，那么，人民百姓自然就会信服；如果在上者重视诚信，那么，人民百姓就自然会以实相对。如果做到了这些,那么,四面八方的百姓就会背负孩子,蜂拥而至,国家自然就会兴旺发达,哪还需要什么教民稼穑。后来,孟子说,诸侯有三宝:土地、人民、政事(《孟子·尽心下》),可见在先秦时代,中国作为一个农业国家,农业是劳动密集型产业,需要大量的人民百姓,人民百姓数量的急剧增加,是国家繁荣昌盛的一个重要标志,因此,孔子认为施行仁政,吸引百姓归附,才是最重要的。

从这一章我们可以看出,中国人对于人与事都做了三六九等的区分,将农工居肆都看作小人之事,而将治国理政看作大人之事,反对大人从事小人之事,这既造成了中国人的职业歧视,中国古人不愿意、不屑于从事农工商业活动,也阻碍了社会精英进入农工商业活动,这就在一定程度上阻碍了农工商业的发展,阻碍了中国科学技术的发展步伐。由于缺乏系统知识的支撑,中国古代的科学技术基本停留在一种经验性的层面,无法得到一种理论上的提升,这导致中国的科技没能走上现代科技的发展道路,因而在近现代远远落后于西方。因此,要想发展科学技术,就要改变"学而优则仕"的传统观念,必须要让最优秀的人才大量进入科技领域,而不是让最优秀的人才大量涌入政治领域,这是对人才的一种浪费。当然,这不是说政治不重要,而是说,科学技术同样重要,我们不能将大量精英人才吸引到政治领域,从而造成科技人才的短缺,这就跟我们不能鼓励大家都投身于娱乐业是一个道理。

13.5　子曰:"诵《诗》三百,授之以政,不达;使于四方,不能专对;虽多,亦奚以为?"

孔子曾说"兴于诗,立于礼,成于乐"(《论语·泰伯》),《诗经》不仅本于人情,而且该于物理,诵读《诗经》,对于人情世故、齐家治国平天下都具有重要的帮助,像《周南》、《召南》就包含了闺门之道,《豳风》则包含了农事富民之道,《大雅》、《小雅》则包含了诸侯君臣相交之道。因此,熟读《诗经》,应该能够精通人情物理,长于治国理政。不过,在现实中也有死读书、读死书的人,所学的知识永远都停留在书本上、理论上,不能应用于现实。孔子这里批评的就是这种情况,他说如果一个人熟读《诗经》三百篇,结果交给他一个政事,他却做不了;派他出使他国,他也不能独立自主地应对;像这种人,读的书虽然多,又有什么作用呢?

孔子在这里实际上告诉人们两点。第一,读书不是为了读书而读书,读书应该有它的现实作用,因此,读书要与现实相结合,拒绝死读书,读死书。不过,我们要对这里面的现实作用有一个正确的理解,尤其是在现代社会中,人们的实用主义倾向越来越强,做什么都要首先追问这个东西有什么作用,最好这个东西马上就能带来功名利禄等实际效益,这就导致许多基础学科方面的人才流失严重,因为这些学科不能马上带来效益,但是这些学科虽然没有眼前效益,却有长远效益。另外,这个效益也未必就是经济效益、政治效益这些显见的效益,它也可以是隐性的效益,如精神的效益等。第二,对于人才的判断,不能按照其所掌握的知识的数量,而应该按照其处理实际事务的能力,这也就是后世学者所说的"人才以用而见其能否","安坐而能者,不足恃也"。在现实中,也有很多死读书、读死书,专以背诵转述为能的人,不仅不能将知识应用于现实,也不能进行知识的创造创新,这就对于人类知识的发展没有任何贡献。

13.6　子曰:"其身正,不令而行;其身不正,虽令不从。"

对于政治而言,要有规矩规范,而且这个规矩规范不是树起来装点门面的,而是用来落实执行的,在上者就是落实执行者,因此在上者要端正自身,率先尊重这些规矩规范,身先士卒地遵守执行这些规矩规范,一旦自己及亲人违反了这些规矩规范,就应该受到应受的惩罚,只有这样,人们才会相信在上者是个言而有信的人,赏罚分明的人,只有这样,无须在上者对人民百姓发号施令,人民百姓也会自觉地贯彻执行这些制度规范。如果统治者率先违反这些规矩规范,人民百姓就会认为这些规矩规范不过是一套虚文,摆摆样子而已,那么,就会始终存在侥幸心理,认为自己即使违法违规,也有可能免受刑罚;或者他们认为统治者徇私舞弊,不能做到一视同仁,从而对于这些政策法规产生抵触心理,即使在上者发号施令,强力推行,人民百姓也会依然我行我素,不会贯彻执行。因此,任何一项政策法规的落实,都需要政策法规的发布者带头执行,只有对己对人一视同仁,不允许特权者的存在,才能树立政策法规的权威性,才能推动其落实执行,否则,大家就会质疑自己为什么不是特权者,从而导致人心不稳。

13.7　子曰:"鲁卫之政,兄弟也。"

鲁国与卫国都以周为宗主国,鲁是周公的封地,卫是康叔的封地。周公与康叔是兄弟，周公未就封，他的儿子伯禽代为就封，伯琴之政，讲究亲亲尊尊；康叔之政，讲究明德慎罚，可以说两国之政亦如兄弟，在伯仲之间，两国都涌现了大量的君子。令人遗憾的是，鲁卫两国后来几乎同时走向衰乱，处境极其相似：卫出公辄拒绝其父蒯聩入卫，是子不子，父不父；鲁国三家僭政，是君不君，臣不臣。孔子正是有见于鲁卫盛衰的高度一致性，才发出如斯感叹。

13.8　子谓卫公子荆，“善居室。始有，曰：‘苟合矣。’少有，曰：‘苟完矣。’富有，曰：‘苟美矣。’”

“子谓卫公子荆”，这里的“谓”带有评价的意思。“卫公子荆”就是卫献公之子，字南楚。孔子一般谈及时人的时候，很少会加国别，而这里特意加上“卫”，一方面是因为鲁国也有公子荆，是哀公庶子，加上卫以示区别；另一方面卫国的卿大夫贪污奢侈成风，故以“卫公子荆”来贬抑时风。孔子说卫公子荆善于治家，也就是居家过日子方面做得非常好。像荆这样的公子，出身名门望族，从小生活优渥，一般都会奢靡成风。及至其成年而受封，开始自己居家立业，虽然有了自己的家室，但是家中尚一无所有，而公子荆却不以为意，表示“苟合矣”。有人认为，“苟”是苟且之意，“合”是聚合，“苟合矣”也就是勉强可以居住了，这里面带有稍许无奈之意，如果这是无可奈何的接受，这也不足以显示出公子荆的过人之处，常人也会如此。有人认为，这里的“苟”当为“诚”，像“苟有用我者”、“苟正其身矣”(《论语・子路》)中的“苟”都含有“诚”之意；“合”则是“足”，像《孟子・梁惠王上》中说“是心足以王矣”，而后文中则说“此心之所以合于王者，何也?”可见“合”就是“足”。因此，“苟合矣”是说真的足够了。后来稍微家里的东西添加了一些，他就说真的很完备了。家里的东西比较富足之后，他就说真的太富丽堂皇了。

通过孔子对卫公子荆的赞美，我们可以看出：第一，孔子对于物质利益的态度，孔子对于物质利益没有过多的奢求，他也希望人们不要将过多的精力放在物质利益欲望的满足上，在此方面正确的态度应该是知足常乐；第二，孔子对于物质利益的轻视，是因为他高度重视仁义道德，他借此希望人们将注意力由追求外在的物质利益，转向仁义道德，由私利转向公义。这既是对于当时卫国卿大夫贪污奢侈之风的一个批评，也是对于天下人的一个期望。

13.9 子适卫，冉有仆。子曰："庶矣哉！"
冉有曰："既庶矣，又何加焉？"曰："富之。"
曰："既富矣，又何加焉？"曰："教之。"

孔子到卫国去，冉有为其驾车。孔子说，卫国人口已经很多了。冉有说，既然人口已经众多，那接下来应该怎么做呢？孔子说，让他们富起来。冉有接着问，如果已经富起来了，那么接下来又该怎么做呢？孔子说，教化他们。孟子讲诸侯有三宝：土地、人民、政事，而这其中居于核心地位的就是人民，也就是人口数量。在先秦时代，生产力还非常落后，人口数量是一个国家综合国力的重要表现，有了大量的人口，就具有了丰富的创造财富的生产能力和巨大的抵抗外敌入侵的作战能力，上至国家，下到家庭，人们都将人口增长看作一件大事，即使到了现代社会，家庭中添丁加口仍被看作一件可喜可贺之事。正因如此，孔子对于卫国人口众多这个事感到非常满意。

人口众多只是一个开始，是国家兴旺发达、繁荣富强的一个前提条件，这并不意味着国家一定会因此而强盛起来，因为百姓也有可能会流动到别的国家，也有可能会作奸犯科、犯上作乱，从而成为国家中的不稳定因素，威胁国家安全。孟子说："民之为道也，有恒产者有恒心，无恒产者无恒心。苟无恒心，放辟邪侈，无不为已"（《孟子·滕文公上》）。从孟子的论述中我们可以看出，人民百姓之所以会走向违法犯罪的道路，是因为他们没有"恒产"，也就是缺少财富，缺少养家糊口的财物，所以他们才会铤而走险。因此，要想让人民百姓安分守纪，那么，就必须让他们富裕起来，让他们上足以赡养父母，下足以抚育妻子，只有这样，他们才能心满意足，遵纪守法，这也就是管子所说的"仓廪实而知礼节，衣食足而知荣辱"。

当然，管子的说法有点过了，因为"仓廪实"、"衣食足"是人们"知礼节"、"知荣辱"的一个前提条件，但并不是充要条件，前者并不必然会导致后者，毕竟物质财富并不必然等同于精神修养，财富充足的人也有可能精神贫乏，提高精神修养最终还是要通过教化的方式。这个教化当然是德教，也就是"道之以德，齐之以礼"（《论语·为政》）。德教最大的优点就是培养人们的内在道德之心，从而增强羞耻感与荣誉感，做到"有耻且格"，自觉自愿地对自己的行为加以约束，不逾越雷池半步，甚至会自觉自愿地为他人、为社会、为国家贡献自己的力量。

13.10 子曰:“苟有用我者,期月而已可也,三年有成。”

这是孔子自己的豪言壮语,说如果真的有人用我来治国理政,一年下来我们就可以让这个国家在礼乐刑政等各个方面初具规模,三年就能够大功告成。

孔子说这话的时候,当然是自信满满,但是我们要注意到“仲尼于七十君而无所遇”这一历史事实。虽然孔子将其归于天命,归于某种偶然性,但是如果众多的偶然都高度一致,那么,这其中就可能蕴含着某种必然性,孔子不能干政自然就有其合理性。人们常说“文人误国”,孔子本质上还是个文人。文人的一个重要特点就是高度理想主义,他在大脑中构建一个理想国家的原型,然后用这个原型去要求现实,这就难免与现实之间出现扞格不入之处,从而导致理论与现实之间的背离。理论家往往不考虑具体的历史情境,而是盲目地要求现实迁就理论,从而在现实中造成巨大的矛盾,这也就是人们批评以孔子为代表的儒家学者“不亦迂乎”、“迂远而阔于事情”的原因之所在。当然,我们也不必像世俗所说的那样认为“百无一用是书生”,书生的作用恰恰在于他在大脑中勾画出来的理想蓝图,这个蓝图暴露出了现实的缺陷与不足,从而提醒统治者要去关注改进这些缺陷与不足,从而使社会向着完美的方向进发。因此,对于文人而言,我们不能指望他们去改变这个社会,因为他们手中并无实际的权力,不能够直接地将理论变为现实,他们能够做的,就是表达出自己的思想观点,从而引起统治者对于某个问题的重视,这就足够了,统治者做与不做、改与不改,这不是像孔子这样的文人所能决定的。孔子没有执政,既是其个人的不幸,同时也是其个人之幸,也是民族乃至人类之幸,孔子执政或许只是多了一个平庸的政治家;孔子没有执政,则多了一个杰出的思想家,为人类的思想宝库增添了珍贵的思想财富。

13.11 子曰:“善人为邦百年,亦可以胜残去杀矣。诚哉是言也!”

周自平王东迁以来,诸侯力征,民不聊生,困于伤残杀戮几近二百余年。孔子感于社会现实,既无奈于当时的诸侯征战,又同情于生民之多艰,希望有人者出,能够救民于水火之中,于是引用古语“善人为邦百年,亦可以胜残去杀矣”,以表达心中的期盼。“善人”正如前文所言,“不践迹,亦不入于室”(《论语·先进》),其在内圣外王方面,处于时君与圣王之间,因此,他需要百年之久才能改变当前的这种局面，使残暴之人不复再起，刑罚无所得用，生民才能免于屠戮。这是孔子借助古语表达对于当前现实处境的忧虑之情。

13.12　子曰：“如有王者，必世而后仁。”

“王”是指圣王，圣王在善人之上，德行修养各方面都超过善人，纵然如此，他也不能自即位开始，就能改变当前的危乱局面，他也需要比较长的一个时间阶段，才能彻底改变这个局面。这个时间就是“一世”，也就是三十年时间，这也就是说，要等新的一代人成长起来，才能使时局焕然一新。圣王之即位开始，对人们进行教化，形成新的风俗习惯，从而通过时移世易，具有新的风俗习惯的一代占据了社会中心，才能改变这种社会风气，从而达到人与人相亲相爱的局面。由此可见，社会风气的改变不是一蹴而就的，如果我们缺少对社会风气的引导和教育，一旦形成了不良社会风气，那么就需要通过一代人的兴起才能从根本上改变这种局面，这也就无形当中耽误了一代人的成长，可不慎乎？

13.13　子曰：“苟正其身矣，于从政乎何有？不能正其身，如正人何？”

“政者，正也”，政治就是要正人、正己，也就是要为社会树立一个标准、规范，让人们按照这个标准、规范来立身行事。对于统治者而言，作为标准、规范的树立者，他就必须以身示范，自己首先要严格地按照这个标准、规范来要求自己，使自己立得端，行得正，自己及其亲属一旦违反了这个标准、规范，就必须同样受到应有的惩罚，从而让人们意识到标准、规范是刚性的，不可移易，不可更改，不为人所改变，这样一来，人们就没有了侥幸心理，只能老老实实、规规矩矩地顺从这个标准、规范。因此，孔子说，如果在上者真能正己身，那么，从政正人也就水到渠成，哪有什么难度呢？如果在上者不能正己身，不能率先垂范，不走正道，那么，他也就不能指望让别人端正自身了。可见对于儒家而言，在贤能政治中，必须依赖道德榜样的力量，一旦所遇非人，国家走向混乱也就在所难免了，因而，对于政治而言，制度化的建设才是至关重要的，要让坏人缺乏做坏事的制度环境。这也就是说，政治与伦理道德是两个不同的领域，政治需要进行明确的权利与义务规定，而道德则是强调自觉自愿的道德责任，需要自由发挥的空间，而这在政治上是不能被允许的，在政治中任何一个人的行为都必须具有明确的边界。

13.14 冉子退朝。子曰："何晏也？"对曰："有政。"子曰："其事也。如有政，虽不吾以，吾其与闻之。"

冉有从朝廷回来。孔子问他，为什么回来这么迟？因为按照礼制，朝是早朝，"朝"本身就有早晨的意思，不能太晚。早与晚在名称上是有区别的，"朝见曰朝，夕见曰夕"，因此，按照礼制，早朝晚退是不符合规范的，所以，孔子要询问冉有为什么回来这么迟。冉有既没有弄清"朝"与"夕"的区别，也没有弄清"政"与"事"的区别。随口回答说自己回来晚了是因为"有政"，也就是有政务。孔子当时是国老，按照当时的礼制，国家有政务，国老是要参加的，孔子既然没有被通知参加，显然这就不是政务，而是季氏的家事罢了。"政"与"事"的区别在于：政是公事，事是私事；讨论政务在外朝，讨论家事在内朝。

通过孔子对于"政"与"事"的区别，我们可以看出孔子对于正名的重视，只有名正才能言顺，否则，季氏的家事就成了国家的公事，这既是公私不分，也是一种僭礼，把家之私事变成国之公务，这无形中就将季氏之家变成了诸侯之国，从而肯定了季氏僭政的合法性。因此，在中国，说话要注意言语之间的细微差别，而这种细微差别有时就是一个语言陷阱，而有些人就故意制造这种语言陷阱来请君入瓮，因此，我们在听别人说话的时候，不但要听得清楚明白，而且要能弄懂其中的言外之意，弦外之音，通过这种细微的用词差异来领会其别有用心。

13.15 定公问："一言而可以兴邦，有诸？"

孔子对曰："言不可以若是其几也。人之言曰：'为君难，为臣不易。'如知为君之难也，不几乎一言而兴邦乎？"

曰："一言而丧邦，有诸？"

孔子对曰："言不可以若是其几也。人之言曰：'予无乐乎为君，唯其言而莫予违也。'如其善而莫之违也，不亦善乎？如不善而莫之违也，不几乎一言而丧邦乎？"

定公是鲁国的国君，鲁国一直处于内忧外患之中，定公大概希望能找到治国理政、复兴鲁国的秘笈，因此，他向孔子请教：有没有一句话，可以让国家迅速兴旺发达起来呢？虽然，后世喜欢找这种不传之秘，以为得到这些秘诀以后，所有问题都会迎刃而解，但是孔子却认为这些秘笈、秘诀并不存在，没有哪句话能起到这种立竿见影的效果，不过他又认为，应该也有一句话可以说与之相近了，那就是古人所说的“为君难，为臣不易”。如果国君知道当好一个国君并不是轻而易举的，那么，他就会处处小心谨慎，战战兢兢，如履薄冰，这样一来，他做任何事情就会考虑周全，那么，危险就会离他远去了，这不近于一言可以兴邦了吗？鲁定公在听了有时一句话对于治国理政、对于国家的命运前途会产生如此重要的影响后，便接着问：有没有一句话能够导致丧权辱国呢？孔子同样认为，没有一句话会有这么大的威力，一个国家的覆灭是由诸多因素综合作用的结果，但是有些话也会具有相近的效果。如晋平公曾经说过：自己并不喜欢做国君，并不喜欢治国理政，只是喜欢自己说的话没人敢于违抗。如果自己说的话是好的，是善的，那么，别人不违抗，倒是好事；如果自己说的话是错的，结果又没人敢于违抗，敢于提出不同意见，那么，这个错误就永远得不到改正，并在现实中被照常落实执行，那么，这不是几近于一句话导致丧权辱国吗？

总而言之，孔子并不认为语言具有使国家兴旺发达或导致丧权辱国的魔力，任何一个国家的兴旺发达和没落衰亡都是诸多因素相互作用的结果，因而，我们没有必要将任何人的任何一句话无限拔高，对其大肆加以吹捧或鞭挞，这都不是正确的态度。对于国家民族的前途来说，统治者需要更加清醒地认识自己的重要作用，治国理政要谨慎小心，要倾听人民的呼声，如果像晋平公一样，让臣子们“唯其言而莫予违”，那么，就会导致言路断绝，从而使正确的谏言不能通达圣听，这将会造成国家的危难。因此，对于孔子来说，真正对于国家的命运产生影响的不是语言，而是语言所反映出来的思想观念和道德水平。

13.16　叶公问政。孔子曰：“近者悦，远者来。”

叶公问为政之道，孔子说，治国理政就是要让境内的人民百姓过得舒服，心里高兴，这样别国的人民百姓就会争相前来归附。要如何才能做到这一点呢？当然不能施行暴政虐政，否则人民百姓就会痛苦不堪，国内的人民百姓都会纷纷逃离，就更不用说别国的人民百姓前来归附了。为了让国内的人民百姓生活得幸福愉悦，就必须施行仁政，亲亲而仁民，在富之的同时教之，在提高物质生活的同时，提高他们的精神境界，实现物质与精神的双丰收。

13.17 子夏为莒父宰，问政。子曰："无欲速，无见小利。欲速，则不达；见小利，则大事不成。"

子夏在莒父当县长，莒父这个地方长期政事废弛，因此子夏很着急，急切地向孔子询问应该如何加以治理，从而让莒父迅速摆脱这种混乱的局面。面对子夏这种焦急的心情，孔子告诉他，不要急于求成，因为任何问题的形成都是长期累积的结果，所以，解决问题同样也需要一个渐进的漫长过程，着急不得。同时，在国家治理过程中，也不要只注重眼前的蝇头小利，如果我们眼睛紧盯着眼前的蝇头小利，那么，我们就会容易满足于当下所取得的一点成绩，因而就会不思进取，就会忽视长远的重大利益，从而导致因小失大。如果一味求快，一味急于求成，那么，就会违反事物发展的规律，反而无法达到目标；如果被眼前小利蒙住了双眼，那么，就会失去长远的打算，就做不成具有长远利益的大事。

在现代社会中，急功近利的人很多，都希望抄近道，走捷径，不愿意投入大量的时间与精力去做一件事情，认为这样做投入太多，见效太慢。如此一来，整个社会形成了一种浮躁的风气，人们不能沉下心来去做一件事情，都希望一夜暴富，一夜成名，这既不利于自身的提高，也不利于社会的发展，因为那些能够让人一夜成名、一夜暴富的事情绝不符合国家的长远利益，绝不是国家发展的长久之计，如果一个人将全部的时间与精力都投入这些事上，那么，他必将被历史所抛弃；如果一个国家将全部的时间与精力仅仅放在眼前利益上，希望快速取得成功，这样的国家也不会真正变得强大起来，也不能获得长治久安。

13.18 叶公语孔子曰："吾党有直躬者，其父攘羊，而子证之。"孔子曰："吾党之直者异于是：父为子隐，子为父隐。——直在其中矣。"

叶公对孔子说，我们那个地方有一个名叫弓的人特别正直。"直"是正直、直爽，而"躬"通"弓"，是其人之名。有人认为，直躬是一个词，就是正直的人，如果是这样的话，那么，后文中孔子应该也说"吾党之直躬者"，可见"躬"应该是人名，故不从。这个人正直到什么程度呢？他父亲偷了别人家的羊，结果他直接报告了官府，告发自己的父亲。孔子对于这个人的做法有些不同意见，觉得做得不妥，不过他也没有直接说，而是用自己家乡的例子对此进行了批判。他说我们家乡的正直者这样做：父亲替儿子隐瞒，儿子替父亲隐瞒——正直就在这种亲亲相隐之中。为什么亲亲相隐就是直呢？因为儒家的思想学说是情感性的，父慈子孝就是人类两种自然情感的体现，这些情感就构成了仁之本，因此，对于仁道而言，就是要顺从人的道德情感而立身行事，这就是直道而行。

孔子的这种亲亲相隐的思想在现代社会中受到了强烈的批判，认为它不符合现代的法律精神，对于这个问题，可以有两点说明：第一，孔子不是现代人，他不需要对现代的法律负责，我们对《论语》以及其他古人的书，不是要站在现代的立场上对他们进行批判，如果我们采取这种立场，那么，任何前人的书都可以不读，因为任何人文社会类的著作基本上都是站在特定历史立场上的一偏之见，所以，都不具有普遍的价值，我们读前人的书，要从中寻找对于现代问题具有参考价值的真知灼见；第二，对于现代的法律，我们有必要去思考其抽象性、形式性，现代法律讲法不容情，要避免人情因素对于法律制定和法律执行的干扰，从而导致在现实生活中，许多案件的判决合法而不合情，这影响了人们对于法律的信服程度。因此，对于法律而言，我们不能仅仅讲法律的刚性、法律的抽象性，同时我们也更应该考虑人的情感性。人是情感性的动物，如果父子相互揭发，这不仅是对于人伦的破坏，更是对于人类情感的一次扫荡，那样，社会从此就走向了一个冷冰冰的社会，就缺少了温情，而对于人来说，他不仅需要冰冷的秩序，更需要人与人之间脉脉的温情。因此，孔子的亲亲相隐思想恰恰为我们反思法不容情的思想、解决合法而不合情的法律规定提供了一个契机。

对于这个问题，或许学者黄勇的想法具有重要的启发意义。这个“直”不是通常意义上的正直，而是“正曲为直”之直，也就是说“直”就是“正曲”。如何正曲呢？告到官府当然是一个办法，但不是最好的办法，因为这种办法会导致父子反目，儿子就不能再对父亲进行有效的劝谏，如果“子为父隐”的话，就可以为继续劝谏父亲保留了机会，从而更好地发挥“正曲为直”的效用。

13.19　樊迟问仁。子曰：“居处恭，执事敬，与人忠。虽之夷狄，不可弃也。”

这一章可与《卫灵公》中子张问行章相参看，孔子的回答是“言忠信，行笃敬，虽蛮貊之邦，行矣。言不忠信，行不笃敬，虽州里，行乎哉？”也正是因为二者之间具有相似之处，所以有人在理解“虽之夷狄，不可弃也”的时候，就按照子张问行中的说法来理解它，认为“居处恭，执事敬，与人忠”的人，即使到别的少数民族国家去了，也不会被人们所抛弃。不过，笔者看来，这里是讲“仁”而不是讲“行”，“行”不仅要自己行动，而且还有行得通与行不通的问题，而“仁”主要是自身的问题，主要是一种操守，因此，笔者觉得把它理解为：即使到了别的少数民族国家，也不能放弃这些品德，可能会更加妥当。因为当我们进入一个风俗习惯、品德要求有所不同的地方，这也就意味着我们由熟人社会进入了陌生人社会，就容易放松对自己的要求，从而导致举止失当。像现在很多国人，在日常生活中，也是一个彬彬有礼，遵守规则的人，结果到了国外，或者到了虚拟的网络世界中，就像变了一个人，什么话都说，什么事都做，这也就是没有操守、不能坚守规则的一种表现，这说明他的修养还不够，还没有做到“无终食之间违仁，造次必如是，颠沛比如是”的程度。“居处恭”，就是一个人在家独处的时候也要容貌恭敬严肃，这就是“慎独”；“执事敬”就是做事的时候态度认真；“与人忠”就是与人交往、为人办事要尽心竭力、以诚待人。

13.20　子贡问曰：“何如斯可谓之士矣?”子曰：“行己有耻，使于四方，不辱君命，可谓士矣。”

曰：“敢问其次。”曰：“宗族称孝焉，乡党称弟焉。”

曰：“敢问其次。”曰：“言必信，信必果，硁硁然小人哉！——抑亦可以为次矣。”

曰：“今之从政者何如?”子曰：“噫！斗筲之人，何足算也?”

子贡天资卓绝，志高意广，因此，一般所问都是高远之事，如问仁问政等，这一章中问“士”，而且提问的方式是每况愈下，显然与其平日表现有所不同，显然这不是为他自己所问。从最后一问“今之从政者何如?”可以看出，子贡是想借此问来了解一下孔子对于当时从政者德能的判断评价。当然，子贡在心里对于当时的从政者已经有了一个基本的判断，就是不会高于士，也就是他们在德能方面不会高于对普通知识分子的要求，因此，他首先就问什么样的人可以称作“士”。在中国古代，士不仅要有自己的道德修养，而且承担着重要的社会责任，他应该对治国平天下做出自己的贡献，而在当时，治国平天下最直接的手段就是出使应对，平衡各个国家之间的关系，因此孔子说，如果一个人平时对自己要求严格，有羞耻之心，并且出使别国，能完成国君所交给他的使命，那么，就可以称作士了。

子贡对照当时的从政者，好像达不到这个标准，因此，他就问孔子，如果降低一点标准，那次一等的要求又如何呢？孔子指出，就是宗族内部成员称赞他孝顺父母，乡里乡亲们称赞他尊敬尊长。本来孔子是把孝弟看作为仁之本的，因此把它们放在非常重要的地位的，为什么孔子在这里只是将其放在次一等的位置？这是因为孝弟是出于一种朴素的爱、敬的天然道德情感，具有这种德行，只是说明你的本质不错，如果你没有存养扩充的功夫，你未必能够做到亲亲仁民爱物、齐家治国平天下。子贡一看当时的从政者还是达不到这个标准，故又再问。孔子说，如果一个人说话讲信用，言出必行，做事果决，决不变来变去，就像石头般刚硬，这种人可以说是一个普罗大众了，由于他毕竟还是讲信用的，因此，我们还是可以把他放到士之列。子贡一看当时的从政者仍然无法达到这种最低标准的要求，因此，他就干脆直接问孔子如何评价当时的从政者。孔子一声长叹，说这些人器量狭小，不过是滥竽充数罢了，何足道哉！表现出对当时的统治者的极度失望。

不论是在古代，还是在现代，当个真正的知识分子并不容易，既要有高尚的道德情操，又要有过硬的才能，因此，知识分子需要全面地发展自身。同时，对于言行，“言必信，行必果”虽然是一个美德，但是也要分场合，不能不分场合地“言必行，行必果”，否则就会有过度之嫌，不过，中国人的这样一种做法，使得很多道德规范具有了弹性，这也就为很多不守规则的人创造了机会。当然，这些利用规则漏洞来为自己谋利益的人并不符合孔子制造规则弹性的本来目的，是对其的一种恶意使用。因此，如何在现代社会，既注重规则弹性，从而为某些特殊情况留有余地，又能防止有人恶意使用这个规则漏洞，是需要人们认真思考和解决的一个重要问题。

13.21　子曰：“不得中行而与之，必也狂狷乎！狂者进取，狷者有所不为也。”

关于这一章，在《孟子·尽心下》中的万章问一章中，孟子对此做了展开说明，“孟子曰‘孔子不得中道而与之，必也狂狷乎！狂者进取，狷者有所不为也。孔子岂不欲中道哉？不可必得，故思其次也。’‘敢问何如斯可谓狂矣？’曰：‘如琴张、曾皙、牧皮者，孔子之所谓狂矣。’‘何以谓之狂也？’曰：‘其志嘐嘐然，曰，古之人，古之人。夷考其行，而不掩焉者也。狂者又不可得，欲得不屑不洁之士而与之，是獧也，是又其次也。'”

孟子的解释说明能够帮助我们更好地理解这一章。孔子认为一个人的理想状态是奉行中道，也就是中庸之道，既无过也无不及，然而问题是，在现实生活中的真实情况是，“中庸之为德也，民鲜久矣”（《论语・雍也》），我们很难再找到中庸之人与他进行交往了，因此，孔子退而求其次，希望能够找到狂狷之士，与他们进行交往。狂者是什么样的人呢？狂者志向高远而行为不加掩饰，张口闭口都是高远的志向，喜欢说古人如何如何，看不上社会现实和现实中人。狂者虽然有点太过，但是他们有理想有追求，因而积极进取，所以，孔子觉得他们是可与之交往的。狷者与狂者又有所不同，狷者性格没有那么张狂，而是相对内敛，行为谨厚，但是他们具有自己坚定的操守，不屑于与那些不洁身自好的人交往，违反道德的事情坚决不做。当然，狷者的缺点就是进取不足，知不足而守有余。虽然狂狷之士具有过与不及的毛病，但是在当时的社会中，这两种人都是难得的人才，我们不能求全责备，要对他们加以珍惜。这对于现代社会中“不拘一格降人才”或许会有所启示。

13.22　子曰：“南人有言曰：‘人而无恒，不可以作巫医。’善夫！”“不恒其德，或承之羞。”子曰：“不占而已矣。”

孔子说，南方有句古话，“人而无恒，不可以作巫医”，这句话说得好！“人而无恒”就是讲人没有恒心毅力，不能始终如一。“不可以作巫医”则比较麻烦，有人认为，就是没有恒心、不能守常的人不能从事巫医这个职业；有人则认为，没有恒心、不能守常的人由于其变化无常，祷祀所不加，医药所不及，巫医也不能治无恒之人。虽然这两种说法都是强调人要有恒心，要守常，要始终如一，意思具有相近性，都能说得通，但是从后文的“不占而已矣”来看，第二种解释可能更加合理。孔子为了对恒心的重要性作出进一步地说明，他又引用了《易经・恒卦》的爻辞“不恒其德，或承之羞”。此爻辞的意思是说：如果人没有常德，那么羞辱就会随之而至。《周易》本来是用来占卜吉凶的，结果《周易》应用到这些无常之人的身上，都会失效、失灵，都无法准确地为他们占卜吉凶。因此，孔子说，这些没有恒心的无常之人只能不占卜了，因为占卜也不灵验。

在这个世界上，吸引人的事情很多，而且当人们长期从事一项活动、一个工作的时候，难免会产生倦怠情绪，这时他就容易被其他的事情所吸引。在面对倦怠和诱惑的时候，有人可能会发生动摇，不能坚持自己的初心，甚至会改弦更张，这种人一生当中就可能处于不停的兴趣转换和职业转换之中，从而无法在某个领域深入下去，陷于一种博而不精的状态。有些人可能偶尔也会放眼看看周围世界中的一切，看看其他人在做些什么，但是很快就会回到自己的方向上来，咬定青山不放松，倾注一生的精力于某个领域，从而在此领域中成为专家，取得别人无法企及的成就。因此，对于一个人来说，要有恒心与毅力，一辈子就盯住一件事，就做一件事，把这件事情做好了，就足以名垂后世；不要贪多，贪多勿得。

13.23　子曰："君子和而不同，小人同而不和。"

"和而不同"这个概念是孔子对于古代相关思想的一个总结。根据《国语·郑语》记载，周太史史伯在分析西周历史命运的时候就曾说过："夫和实生物，同则不继。以他平他谓之和，故能丰长而物归之；若以同裨同，尽乃弃矣。"将"和"与"同"对立起来，认为"和"是不同事物之间的结合原则，是世间万物生长发展的法则。后来齐国晏婴又进一步提出了"以否成可"、"以可济否"的命题，反对"以可济可""以否济否"，对"和"作出了进一步的界定。《左传·昭公二十年》记载："公曰：唯据与我和夫？晏子对曰：据亦同也，焉得为和？公曰：和与同异乎？对曰：异。和如羹焉，水火醯醢盐梅以烹鱼肉，燀之以薪。宰夫和之，齐之以味，济其不及，以泄其过。君子食之，以平其心。君臣亦然……今据不然，君所谓可，据亦曰可。君所谓否，据亦曰否。若以水济水，谁能食之？若琴瑟之专一，谁能听之？同之不可也如是。"从这些古代思想当中我们能够看出，"和"强调的是不同事物之间的结合，而且这种结合不是简单的并列或拼凑，而是有机统一，互通有无，相反相成；"同"则是一种绝对的同一化，在这种同一化中是对差异性的绝对排斥，要么对差异性的他者进行征服与改造，从而将他者变成我的营养的来源，通过消化吸收将他者变成我的血、我的肉，变成我的身体的一部分，变成另外一个"我"，如果他者不能接受我的同一化，那么，我就只能消灭他者，从而将自我与他者变成一种你死我活的敌对关系。

为了化解自我与他者之间由于同一化所造成的敌对关系，孔子提出"和而不同"的理念。孔子认为，自我与他者之间本来就存在着差异性，我们没有必要消除这种差异性，正是差异性才让世界变得丰富多彩，才让世界具有生机与活力，推动世界不断运动变化，因此，差异性的自我与他者之间要和谐相处，要相互取长补短，相互协调，相互支撑。孔子在此问题上的重要贡献在于，他不仅将“和而不同”看作世界的统一原理和发展原理，而且进一步将“和而不同”与“同而不和”作为区分君子与小人的标准，从而使“和而不同”具有了道德意味、人生境界的意味，从而使得“和而不同”更容易为人们所接受。

13.24　子贡问曰：“乡人皆好之，何如？”子曰：“未可也。”

“乡人皆恶之，何如？”子曰：“未可也；不如乡人之善者好之，其不善者恶之。”

子贡问知人之方，就是问如何去认识他人。子贡的问法很有意思，他不问如何直接从对象本身出发来认知他，而是要看看乡人对其印象如何、评价如何。这也就是中国人所讲的“口碑”，人们都希望自己有个好名声，好口碑，希望别人讲他好。因此，中国人有时候做事情是做给别人看的，他过的不是自己的生活，而是别人的生活，他为了别人的评价而活着，别人给他说声好，给他一个赞誉，他觉得自己受再多的苦再多的难也值得，别人说了声不好，给了他一个批评，他就会觉得自己所做的一切都没有意义。追求名声当然没有错，人都有荣誉感，不过，追求名声也不能太过极端，也不能为了名声而不择手段。像子贡所问的就过了，就有点极端了。我们要注意这个“皆”字，不仅要别人喜欢他，而且要所有的人都喜欢他，这怎么可能？人的喜好是有差异的，我们无法做到让所有人都喜欢自己。如果有人能让所有的人都喜欢自己，那么，这种人一定就是孔子所说的“乡愿”，这种人是非不分，同乎流俗，合乎污世，讨好所有的人，导致所有人都被他所迷惑，“众皆悦之”，但是这种人实际上是对道德的一种破坏，因为他没有是非对错的标准，不能像一个真正的仁者那样“能好人，能恶人”（《论语·里仁》），因而孔子批评他是“德之贼”。因此，如果我们看到一个人，铺天盖地的都是对他的赞扬之声，那么，我们就要注意，这个人要么是位高权重，别人有求于他，要么就是一个是非不分的好好先生，故意隐藏自己的好恶，从而欺骗他人。基于此，孔子反对子贡所说的“乡人皆好之”的人，认为这种人称不上道德高尚。

既然孔子否定了“乡人皆好之”的人，那么，“乡人皆恶之”的人又如何呢？人的思维有时就是这么简单，喜欢在对立的两极之间摆来摆去，总是抓住两个极端，要么从这个极端出发，要么从那个极端出发，因此，孔子说“中庸之为德也，其至矣乎！民鲜久矣”（《论语·雍也》）。子贡这个就是极端思维，要么“皆好”，要么“皆恶”，这个世界上哪有这样的人呢？即使是那些十恶不赦之人，也会有人喜欢他，与他们臭味相投，结成同党。即使这个世界上有一个人真的做到了“人皆恶之”，我们也不能说他就是道德败坏，因为这个人也有可能是特立独行之人，他的思想远远超越于他周围的人，就像尼采所说的那样，他出生得太早，他的思想在当时的社会中显得不合时宜，所以，别人无法理解他，无法认可他，然而再多的批评声音也无法掩盖他思想的光芒，无法否定其超凡脱俗的神思。因此，我们不能用“乡人皆恶之”来作为对一个人进行评价的依据。孔子认为，我们对他人的认知、对他人的判断，要从这种极端化的思维模式中走出来，不能追求“皆好”、“皆恶”，一个真正道德高尚的人应该是“乡人之善者好之，其不善者恶之”。物以类聚，人以群分，善者好善，恶者恶善。如果一个人的所作所为受到善者的欢迎，受到了不善者的反对，那就说明他的所作所为是善的；如果一个人的所作所为受到善者的反对，受到了不善者的欢迎，那就说明他的所作所为是恶的。因此，如果一个人要想成为真正意义上的道德高尚之人，那么，他的所作所为一定是要符合道德标准的，肯定会受到善者的欢迎，也会受到不善者的反对。

13.25　子曰：“君子易事而难说也。说之不以道，不说也；及其使人也，器之。小人难事而易说也。说之虽不以道，说也；及其使人也，求备焉。”

这一章争论比较多，“事”，有人将其理解为共事，有人将其理解为侍奉，笔者以为共事这个说法不妥，共事是基于一种平等关系，而从后文中“及其使人也”就能看出来，这里讲的不是基于一种平等的同事关系，而是上下级之间的关系。“说”，有人理解为言说、说话，“难说”就是说话少，说话迟钝。如果按照这种理解，“君子易事而难说也”就很难理解，“易事”与“难说”相对而言，“易事”是容易侍奉，侍奉在这里带有被动色彩，也就是君子很容易被别人侍奉，“难说”按照这种相对应的原则就无法理解。有人为了解决这个问题，进一步将“说”引申为佞媚、谄言。这样一来，“君子易事而难说也”这个难题被解决了，而“说之不以其道，不说也；及其使人也，器之”又有问题产生出来了。从“及其”来看，这两句的主语应该是统一的，都是君子，如果把“说之”和“不说”中的“说”都理解为佞媚、谄言，那么，整个句子就没有办法理解，另外佞媚、谄言本身就违反道德，也不存在“以道”、“不以道”的问题。因此，笔者以为，这一章中的“说”应该被理解为悦，就像“学而时习之，不亦说乎”（《论语·学而》）中的“说”一样。

“君子易事而难说也。说之不以其道，不说也；及其使人也，器之”。君子对于生活的要求比较简单，待人宽厚，因此，侍奉起来很容易；由于君子直道而行，所以很难被取悦，如果你通过一些歪门邪道的方法来取悦他，他不但不会高兴，而且会非常生气。“说之不以其道”说的是别人对待君子的方式、对待君子的态度，君子对这些要求得非常严格，他这样做与其说是对别人严格，实际上更是对自己严格，要求自己不沽名钓誉，不爱好虚名。君子在对待别人的态度上相对就要宽松温和得多，这也就是他“易事”的原因之所在，他对别人并不求全责备，而是人尽其能，物尽其材，按照人们的实际才能来任用他人，量能授官。小人则与君子不同，“小人难事而易说也。说之虽不以道，说也；及其使人也，求备焉。”小人性格偏狭，唯我独尊，嫉贤妒能，为人处世经常偏离常轨，对别人要求太高，因此，很难侍奉他，很难与其相处；小人爱慕虚名，抓住他的这一弱点，投其所好，即使不走正道，通过一些歪门邪道的方式来取悦他，他也会很高兴。这种小人偶尔也会得志，但是名不副实，往往都是有名无实，名气很大，修养却跟不上，结果他们也不去改进自身，而是乐得其名，自欺欺人，得过且过；他们在对待他人的时候，却不如此，而是求全责备，要求别人完美俱足，因此，这种小人难于侍奉，却很容易被取悦。

这一章实际上告诉我们两个方面的问题，一个是我们应该如何与人相处，如何待人的问题，那就是严于律己，宽以待人；一个则是如何判断君子与小人，君子是严于律己，宽以待人；小人则是宽于律己，严以待人。

13.26　子曰：“君子泰而不骄，小人骄而不泰。”

“泰”是舒泰、安详从容之貌。君子何以能泰？何以会舒泰、安详从容？因为他“通”，“泰者，通也”。君子的学问知识非常通达、通透，能够从容应世，无所挂碍，能够做到世间得失无累于己。这也就是说，君子是“毋我”的，不以自我为中心，能够看透人世间的所谓功名利禄，能够放得下一切得失，唯道是从，始终是“尊贤而容众”（《论语・子张》），忠恕待人。因此，君子真正实现了“富贵不能淫，贫贱不能移，威武不能屈”（《孟子・滕文公下》）的大丈夫人格，他真正能够做到泰山崩于前而色不变，面对一切风云变幻都能泰然处之。正是因为君子自尊其心，高度独立，所以，容易给人一种高高在上，骄傲自满，盛气凌人之感，但是实际不是这样。君子与人相通，他将自己与他人融为一体，他乐众人之所乐，忧众人之所忧,因此他胸怀坦荡,无所忧戚。小人则不这样,他将自己与世界中的一切他人割裂开来,时时处处以自我为中心,因此,对待他人骄横跋扈,趾高气扬,盛气凌人,以显示自己的特殊性。正是因为他将自己与世界割裂开来,所以,他是闭塞不通的,他不能通人己、通物我,他不能乐别人之所乐,一旦别人有成就,他就觉得这是对自己的威胁,就会产生嫉妒心理,就会产生心理上的压力,就会心情忧郁,愁眉苦脸,无法做到安然舒泰。因此,这一章与上一章一样,最终讲的都是如何看待和处理自我与他者之间的关系问题,都是强调自我对于他者的谦让与宽容。

13.27 子曰:“刚、毅、木、讷近仁。”

何谓刚?后人多根据《论语·公冶长》中孔子评价申枨的“枨也欲,焉得刚”这句话,认为刚与欲相对,认为刚就是无欲,因此说无欲则刚。实际上并非如此,无欲只是刚的一个必要条件,而不是充要条件,有欲必不刚,无欲未必刚,我们能说一个对世界失去信心从而苟且过活的人刚吗?显然不能。刚是刚强,血气方刚说的是人天生的刚强,无欲则刚说的是后天修养后的刚强,二者的共同特点就是坚定自己的信念,不向外部势力屈服,因此,刚也就是坚强不屈之意。何谓毅?后人多以强忍释毅,从而赋予毅以忍耐持久之意。这种解释的根据主要是《国语·楚语》中的“强忍犯义,毅也”。实际上,这里的“强忍”不是勉力忍耐,而是决然狠心的意思,因为在古代,“恻隐怜人谓之慈,反慈为忍”(《新书·道儒篇》),忍不是忍耐,而是狠心,强忍就是狠下心来、横下一条心来,因此按照《国语·楚语》当中的说法,毅就是果敢、果决而不犹豫不定。因此,刚与毅之间存在着细微的差别:刚强调的是坚强而不屈服,强调的是不因外部压力而改变自己;毅强调的是果断而不犹豫不决,强调的是不瞻前顾后,勇敢地做出决断。

何谓木?木的特点是自然生长,未加雕饰,因而代表着朴实无华、质朴,这也就是孔子说强调的“质”,也就是本始材朴。因此,木强调的是一个人质朴的品格,不求虚饰。也就是说,作为一个君子,不应该虚浮,而要率性而行、循道而趋。何谓讷?讷是指人言语迟钝,因为儒家讲言行统一,而大道的落实推行是非常困难的,因此,说话就要谨慎小心,言语不要轻易出口,一旦出口,就驷马难追了。虽然后来木讷成了一个词,主要是指人说话很少,沉默寡言,但实际上包含朴实与言语迟钝两个方面的含义。

孔子认为，一个人如果具备了刚强不屈、果断而不游移、朴实无华、言语不轻易出口这四种品德，就已经与仁的境界比较接近了。为什么孔子会这么说呢？因为孔子曾经说过，“巧言令色，鲜矣仁”（《论语·学而》），也就是说能说会道、伪饰容貌的人离仁遥远，而与之相反的人自然就会与仁比较接近，而木讷者自然不会巧言，刚毅者自然不会令色，所以，说“刚、毅、木、讷近仁”。不过，我们要注意这里的“近”字，这里说的是这四者接近仁，而不是说这四者已经是仁，这说明，拥有“刚、毅、木、讷”四种品德的人还没有达到仁者无不爱、仁者无不通、仁者生生的至高境界。

13.28　子路问曰：“何如斯可谓之士矣？”子曰：“切切偲偲，怡怡如也，可谓士矣。朋友切切偲偲，兄弟怡怡。”

子路向孔子询问，怎么样才可以称作“士”呢？孔子说，“切切偲偲，怡怡如也，可谓士矣”。“切”本来是指对骨头的加工，像“如切如磋，如琢如磨”（《诗经·卫风·淇奥》）中的“切”就是这个意思，后来就变成了切磋、琢磨，就是砥砺、完善之意；偲是相互勉励、相互督促的意思；“怡怡”是和顺、和乐的样子。就是说一个人如果不停地相互切磋、相互劝勉，不断地成人成己，与人相处非常和顺、和乐，那么，这个人就可以称作士了。当然，孔子所讲的“切切偲偲”和“怡怡如也”是分别针对不同的关系而言的，并不是无论跟谁在一起，都要“切切偲偲”，都要“怡怡如也”。“切切偲偲”是相互切磋、相互劝勉，这是针对朋友而言的，交友的一个重要目的和作用就是“以友辅仁”（《论语·颜渊》），通过朋友之间的切磋琢磨来提高自身，因此朋友之间，要真诚交往，要相互责善，在指出对方不足的同时，帮助对方不断地弥补不足，完善自身。对于中国人而言，不同的人之间有不同的处理方式，我们不能简单地将朋友之间的相处之道搬到家庭之中来。孟子说“父子之间不责善，则责善则离”（《孟子·离娄上》），父子之间为什么不能责善？责善的前提就是能够涤除情感因素，客观冷静地看待对方，同时要敢于批评对方的不足，这是基于一种平等关系，在中国古代，父子之间是存在等级之分，要讲伦常辈分的，父子责善一方面破坏了这种上下等级关系，一方面也破坏了父子之间的情感关联，因此，父子之间不能责善，责善的结果就是父子感情疏远，相互疏离，同样道理，即使是兄弟之间也不能责善。兄弟之间如何相处呢？主要是维护兄友弟恭的情感，因为家庭关系讲究的是血缘亲情，因此，要以情感为主，兄弟之间不要去相互批评指责，相互责善，而是要相互敬重，相互和顺，从而家庭关系和谐欢乐。孔子为了防止子路发生混淆，因而马上说明，这二者是适用于不同关系的，不能混为一谈，“朋友切切偲偲，兄弟怡怡”。

从这一章来看，儒家的为人处世、待人接物，不是抽象化的、形式化的，从而将所有的一切都变得高度的同一化，而是强调人与人之间的差异性，不同关系之间的差异，要求人们用不同的方式来对待不同的人，来处理不同的关系。这对于已经适应了高度抽象化、同一化的现代人来说，无疑具有重要的提示意义：世界是丰富多彩、千差万别的，不可以“一言以蔽之”，我们要高度关注其间的差异性。

13.29　子曰：“善人教民七年，亦可以即戎矣。”

“善人”虽然“不入于室”，但是也“不践迹”，因此，“善人”还算得上道德高尚之人。如果让“善人”来教化人民七年时间，那么，如果国家有需要，人民也可以作为士兵参加战斗了。从“即戎”我们可以看出，善人教民的不仅有仁义道德，而且有军事才能，因此，古人的教民是多方面的，既有文事，也有武备。从“可以即戎”我们可以看出，孔子也不反对打仗，他所反对的是无义战，是掠夺财富、抢夺土地、祸害人民百姓的战争，而对于制止侵略、保卫国家和人民百姓的战争，他还是支持的。因此，我们不能好战，不能到处炫耀武力，到处煽风点火，发动战争，但我们也不能害怕战争，不能认为只要是战争就必定是不好的，该打的仗还是必须要打，而且要打之能胜，打之必胜。从“亦可”可以看出，“善人教民七年”是勉强可以参加战斗，那就说明，“七年”只是小成，而非大成。在先秦时代，教民三年一考，九年三考。中国人讲九九归一，九是终极，是完美，就是教民的终究状态；不能讲十，十全十美，十太满盈了，满则溢，盈则亏。七年是刚刚考完两考，还没有达到那种完美状态，不过如果国家有急难，那么，这些人还是能够用来应急。当然，对于儒家来说，这个“教民”虽然也涉及武备方面的具体内容，但是更加强调的还是他们的道德培养，教导他们要仁民爱物，忠君孝亲，因为只有民亲其上，才愿意为之赴死，才愿意在战场上拼尽全力。

13.30　子曰：“以不教民战，是谓弃之。”

这一章的内容与上一章具有连续性，上一章讲善人要教民七年才可以勉强参战，而在现实生活中，有些国君为了自己的野心和需要，既不对人民百姓进行道德教化，也不教导人民百姓有关兵事，反而强迫人民百姓拿起武器走上战场，为其开疆拓土。作战不是简单的两个人之间的搏斗，而是有一套系统的军事理论和技术作为支撑的，如果人民百姓没有经过专业训练，就直接让他们走上战场，那就是让他们去送死，因此，这可以看作是统治者对于人民百姓的抛弃、放弃。这样的统治者，迟早也将遭到人民百姓的抛弃。

从这一章我们可以看出，术业有专攻，每行每业都需要经过专业训练，我们要想从事某个行业，就必须要经过系统的学习，因此，我们不能自以为是，瞧不起这个行业，瞧不起那个行业，三百六十行，行行出状元，我们更不要用自己的业余爱好去挑战别人的专业，否则，既是对别人的不尊重，也是对自己的放纵、放弃。

# 宪问篇第十四

14.1 宪问耻。子曰:“邦有道,谷;邦无道,谷,耻也。”

“克、伐、怨、欲不行焉,可以为仁矣?”子曰:“可以为难矣,仁则吾不知也。”

宪是原宪,字子思。这个人可以说是孔子所说的狂狷之士中的狷者,“狷者有所不为”(《论语·子路》),以道自守。有关这点,我们可以从原宪后来的生活状况中可以看出来,孔子死后,原宪怀君子之德,义不苟合于当世,隐居在草泽之中,空室蓬户,褐衣疏食。孔子大概看出原宪的狷介气质,因此,对他有所劝诫,希望他谨守有度。因此,当原宪询问什么是可耻的时候,孔子说:国家政治清明,统治者的所作所为合乎仁道,就领取俸禄,也就是说要出来为官,发挥自己的才能,这并不可耻;反过来,如果国家政治黑暗,统治者的所作所为违反仁道,这个时候为了功名利禄而出来为官,为虎作伥,那就是可耻的。这一章要和《论语·泰伯》中的“邦有道,贫且贱焉,耻也;邦无道,富且贵也,耻也”结合起来看。

原宪接着又问:如果一个人没有了克、伐、怨、欲这些毛病,那他可以算得上仁人吗?“克”有攻克、战胜之意,在这里是指争强好胜。“伐”就是老子所说“不自伐,故有功”(《老子·二十二章》),也就是不自我夸耀、不居功自傲的意思。“怨”就是怨恨、抱怨,总是觉得社会对不起自己,总是觉得愤愤不平。“欲”就是孔子所说的“公绰之不欲”(《论语·宪问》)那个“欲”,也就是贪欲。能够做到“克、伐、怨、欲不行”的人固然是一个崇高道德的人,说明其自守甚严,但是这都还是自我修养上的事,他还没有做到“己欲立而立人,己欲达而达人”(《论语·雍也》),从而在成己的同时成人成物,因此,孔子不许之以仁,不过也没有直接去否定其为人,而是说能做到这些确实是很难得的,但是我不知道他是否已经达到仁的境界了。

从这一章中我们可以看出,虽然孔子非常重视个人自身的道德修养,但是这不是为了修养而修养，而是最终要服务于社会，服务于他人，是为了齐家治国平天下，因此，孔子非常鼓励人们走出自身，为他人、为社会、为国家承担责任，反对人们去做一个洁身自好的隐士，从而将自己与社会割裂开来，放弃自己对于社会的义务和责任。

14.2　子曰："士而怀居，不足以为士矣。"

"怀"是怀念、留恋之意，"居"是安居。"怀居"有两个方面的含义，一是指希望过一种安逸的生活，不愿意颠沛流离，东奔西走，贪图物质的享受；一方面是怀念自己的家人，不愿离开家人到外面去建功立业。在孔子看来，士是有他的使命、责任的，无论这二者中的哪一种，他都不应该具有，他应该志在四方，不畏艰难，这才是一个士人该有的样子，否则，他就不配当一个士。在孔子那个年代，交通不便，信息闭塞，孔子尚有如此开放的胸襟，对于今人而言，更应该具有闯荡天下的精神，不畏艰难，勇往直前，这诚如一副对联所言，"雄鹰展翅冲霄汉，家雀蜷身恋屋檐"。

14.3　子曰："邦有道，危言危行；邦无道，危行言孙。"

这一章孔子讲一个人在邦国之中如何自处、如何行动的问题。"危"有三种不同的解释：高、厉、正，笔者比较倾向于将"危"解释为正，孔子经常讲"直道而行"，这个"直"就是正的意思。"孙"通"逊"。孔子说当一个国家政治清明、统治者遵守仁道的时候，我们应该端正自己的言行，使自己的言行符合正道。实际上，对于一个儒者来说，任何时候都应该严格要求自己，都要正道而行，因此，即使国家政治黑暗，统治者也不遵守仁道，我们的行为举止仍然要符合正道，不过这时说话就要注意方式方法，言语不能过激，不要直接发生对抗，而是要谦逊地表达自己的思想观念。为什么在"邦无道"的时候要如此谨慎小心，说话不能直抒胸臆，而要表现谦逊呢？这并不是出于怯懦，儒者并不怯懦，像后来孟子引用曾子所说的话，"虽千万人，吾往矣"（《孟子·公孙丑上》），这是何等的英雄气概！孔子强调邦无论是有道还是无道，人们都要谨言慎行，是要告诉人们：就是死，也要死得其所，没有必要做无畏的牺牲，这对于我们承担责任没有任何的帮助，反而可能会对仁道的实现造成伤害。因此，孔子这里所说的，是一种委曲求全的生存策略。

14.4　子曰："有德者必有言，有言者不必有德。仁者必有勇，勇者不必有仁。"

道德高尚的人所言所行是由内而外的，虽然他们的言语不轻易出口，但这并不意味着他们不言不语，他们追求的是言语得当，言语要切中要害，因此，该说的时候还是要说的，而且说出来一定会合于仁道，因而，他们说的很多话都会成为至理名言，对于他人都有指导作用。对于有德者来说，他们是得而后言，先得之于中，而后形之于外，言就是形之于外的一种方式，因此，"有德者必有言"。反过来，有言者未必有德。对于很多人来说，言说是缺乏内在根据的，兴之所至，信口开河，口不择言，他们说出来的话仅仅是空气的振动而已，很快就会趋于平息，自己很快就会遗忘。因此，对于这些人来说，外在的语言与内在的道德之间是脱节的，他们的语言并不能证明其内在的道德。因此，在现实生活中，夸夸其谈的人比比皆是，他们到处标榜自己的道德，实际上，这仅仅是说说而已，不必信以为真——"听其言而信其行"无法判断其真实的道德水平，我们要想知道他是否有道德，要"听其言而观其行"(《论语·公冶长》)，看他是否言行统一、内外一致。

仁者亲亲仁民爱物，他们信奉天下为公，不为一己之私利，为了天下人的利益而愿意勇往直前，像《孟子》中所说的"虽千万人，吾往矣"(《孟子·公孙丑上》)，"富贵不能淫，贫贱不能移，威武不能屈"(《孟子·滕文公下》)，都是一种勇敢无畏的表现，他们愿意为了仁道而舍生忘死，拼尽全力，像中国历史上就涌现了大量这样的仁者勇者。如果一个人贪生怕死，不愿意为了他人、为了国家而抛头颅、洒热血，就不能算得上是一个仁者，因此说，"仁者必有勇"，仁者一定是勇敢的。不过反过来，"勇者不必有仁"，勇者就不一定是仁者。像孔子就说过"勇而无礼则乱"(《论语·泰伯》)，这种勇就是一种血气之勇，往往是不符合仁义的。就像现实生活中，有些歹徒为非作歹，打家劫舍，讲究江湖意气，为朋友两肋插刀，可以说非常勇敢，但是这并不为社会所许可，更不会为人所提倡，因为它是违反法律法规、道德规范的，这种"勇"显然不合乎仁道。

当然，有关这个问题我们也可以换个角度来讨论。实际上对于儒家来说，仁是整体，或者说是全德，而像言、勇之类不过是德性、德行之细目，所以，我们可以说整体之德当中包含着作为部分的德目，但是我们不能说作为部分的德目之中包含了德之整体。

从这一章我们看到，孔子强调的是得之于内而形之于外，而不是强调由外而内，把注意力放在外在的文饰上、外在的形式上，因为有时候文背离了质，形式不符合内容。因此孔子要求人们更加关注内在的仁、德，而不是外在的勇、言。

14.5　南宫适问于孔子曰："羿善射，奡荡舟，俱不得其死然。禹稷躬稼而有天下。"夫子不答。

南宫适出，子曰："君子哉若人！尚德哉若人！"

这一章关于羿和奡到底是谁，在历史上有诸多考证，笔者不在此纠缠，因为这并不影响本章的阅读和理解。南宫适就是孔子弟子南容，他向孔子询问：在古代，羿善于射箭，奡善于划船，也就是善于水战，但这两个人都不得善终。而大禹亲自治水，后稷教民稼穑，两人终有天下。我们应该如何看待这个问题呢？这里面的问题实际上在于，羿、奡都是杀人的，其所作所为都是伤民害民，因此，都得不到人民的拥护，不得善终；而大禹和后稷都是为人民百姓谋福利的，因此，都受到人民百姓的拥戴，最终能够登上王位，号令天下，一呼百应。南宫适实际上通过这样一个对比，强调尚德不尚力。

孔子虽然没有正面回答南宫适的问题，但是对于南宫适的弦外之音了如指掌，因而等到南宫适出去以后，孔子由衷地赞叹：这个人真是君子啊！这个人真是道德高尚啊！孔子之所以赞叹南宫适，说明孔子也是尚德不尚力的，尽管孔子力可以托举城门，但是他从来不以孔武有力而自名，这也是他尚德不尚力的一个重要佐证。此章有关德与力讨论的背后也有后来王霸之争的影子，"以德行仁者王"，"以力假仁者霸"(《孟子・公孙丑上》)，德力之争实际上又是与王霸之争紧密联系在一起的。

14.6　子曰："君子而不仁者有矣夫，未有小人而仁者也。"

在《论语》中，君子、小人有时指身份地位言，有时指道德品行言，根据这一章的整体来判断，这里的君子、小人不应指身份地位，而是指道德品行，因为人民百姓当中未必没有仁者。对于一个仁者而言，言行举止时时处处都要符合仁道，要"无终食之间违仁，造次必如是，颠沛必如是"(《论语・里仁》)，君子虽然德行高尚，但是如果稍有放松，或许就会放纵自己，从而使自己的言行举止偏离仁道，所以说，君子也有偶尔不仁的时候。孔子实际上借此警醒人们，时时刻刻都要严格要求自己，以仁道自守，不能放松自己。

小人之所以成为小人，不是有些人天生就是小人，而是后天发展的结果。实际上，每个人都是“天生德于予”(《论语·述而》)，每个人一生下来都有仁心善性，这也就是孟子所道之“性善”。不过这个“仁心善性”只不过是个胚芽，是个基础，如果我们顺着这个基础出发，对它进行扩充存养，这个胚芽就会茁壮成长为仁义道德的参天大树；如果我们不仅不加以扩充存养，而且还对其肆意进行践踏，那么，这些萌芽就会夭折，我们的仁心善性就会被泯灭，我们最终就会变得禽兽不如。小人之所以成为小人，就是因为他们泯灭了自己的仁心善性，所以在道德上不断地沉沦，因此，对于他们来说，仁义道德在他们的内心当中已经不复存在。当然，这也并不是说，小人就永远是小人，如果他们回心转意，能够重新培育自己的仁心善性，那么，他们也会逐渐地培养自己的德性。但是就目前的小人来说，仁义道德还是与他们彼此悬隔。

由此可见，君子小人之分，不是天生如此，而是后天发展的结果，因此，对于人们来说，我们将会成为什么样的人，完全出自自我的自主选择，出自自我的所作所为，我们不可不小心谨慎，切勿随意放纵。

14.7　子曰：“爱之，能勿劳乎？忠焉，能勿诲乎？”

这一章分歧比较多，而这个分歧主要集中在对“劳”的理解上。第一种，把“劳”理解为劳苦。其主要根据在《国语·鲁语下》中所说，“夫民劳则思，思则善心生；逸则淫，淫则忘善，忘善则恶心生”，认为劳苦能让人民百姓弃恶从善。按照这种理解，这句话就应该译为：爱一个人，能不让他劳苦吗？忠于一个人，能不教诲他吗？显然，这前后句式是不一样的，前面应该是“使之劳”，后面却是“诲之”，显然这种理解存在缺陷。第二种，把“劳”理解为忧、为劳心。其根据是《淮南子·精神训》中的“竭力而劳万民”。按照这种理解，这句话译为：爱一个人，能不为之忧虑、劳心吗？忠于一个人，能不教诲他吗？“忧”是在自我内部完成的，而教诲是连接我与他的，这二者显然不相应。第三种，把“劳”理解为慰劳。按照这种理解，这句话译为：爱一个人，能不慰劳他吗？忠于一个人，能不教诲他吗？虽然这种理解似乎能够前后对应起来，但是这似乎不符合孔子的身份，从“诲”来看，孔子强调的是对他者的教育，他是站在教师的立场上来说话的，那么，让教师去慰劳学生好像教育意义较弱。笔者相对比较倾向于第四种解释，把“劳”理解为劝勉。《吕氏春秋·孟夏纪》中说“为天子劳农劝民”，“劳”与“劝”意义相近，就是勉的意思。如果我们把“能勿劳乎”中的“劳”理解为劝勉，那么，就与后文当中“教诲”完美对应，而且意义也是在不断地推进，教诲的意义是强于劝勉的，这也比较符合教诲的规律和孔子的表达方式。总的来说，爱一个人、忠于一个人，不是溺爱，不是满足其各种各样的物质需求，而是对其进行劝勉、教诲，推动他不断地成长、成熟，这才是真正的爱，否则，我们的爱如果扼杀了他的成长，那么，我们就是在伤害他，这种爱、忠就是有毒的，需要我们加以反思、总结、提升。

显然在现代社会中，教育已经发生了偏向、异化，师生之间的关系已经开始变成了一种对立关系，而不再是一种教学相长的相互成就关系，现在教师已经不敢对学生展开批评，只能一味地迁就学生，这当然是教师的不负责任，但更是教师的一种无奈。中国尊师重教的传统正在逐渐消失，这需要引起整个社会的关注。

14.8　子曰：“为命，裨谌草创之，世叔讨论之，行人子羽修饰之，东里子产润色之。”

这一章可参看《左传·襄公三十一年》：“郑国将有诸侯之事，子产乃问四国之事于子羽，且使多为辞令，与裨谌乘以适野，使谋可否，而告冯简子，使断之。事成，乃授子太叔使行之，以应对宾客，是以鲜有败事。”这段文字与这一章所讲的内容比较相近，从《左传》中的文字来看，这一章“为命”应该是创制外交辞令。因此，这一章的大致意思就是：郑国的外交辞令是由裨谌草拟，世叔参与讨论，外交官子羽做了修改加工，最后由子产再在文辞上润色而成。

从《左传》可以看出，当时是子产在主持郑国国事，子产是有权力自己创制郑国的外交辞令的，但是子产一方面并不独断专行，另一方面也不自贪其功，而是集思广益，让大家共同参与外交辞令的创制，从而取得了外交上的成功。孔子之所以强调子产的这一德行，当然是要警示那些为政者，不要自以为是，唯我独尊，听不进别人的建议，这对于自己执政的成功没有帮助，同时也告诫自己的弟子不要将自己孤立起来，单打独斗，因为这样只会用力多而事功少；要向子产学习，要学会合作，调动大家的积极性，发挥大家的聪明才智，只有这样才能“用力少而事功多”，才能事半功倍，才能德业有成。

14.9 或问子产。子曰:“惠人也。”

问子西。曰:“彼哉!彼哉!”

问管仲。曰:“人也。夺伯氏骈邑三百,饭疏食,没齿无怨言。”

有人向孔子询问子产是个什么样的人,该如何评价子产。子产在位时所做的一件重要的事情就是铸刑书,从而开中国成文法之先河,可见子产治国理政具有严、猛的一面。孔子则独具慧眼,不言其严,而言其“惠”,认为他是“惠人”。所谓“惠”就是爱的意思,也就是爱人,《左传》中记载,子产去世时,孔子就评价子产是“古之遗爱”。孔子为什么这么说呢?这说明孔子评价一个人是抓重点的,也就是说看主要方面。虽然子产主政并不主宽柔,但是他以爱人为主,因此,孔子评价他是“惠人”。问者见孔子如此评价子产,就顺便问问孔子如何评价子西。虽然在先秦时期,叫子西的有四个人,不过这里的子西应该是子产的兄弟,二人不仅是兄弟,而且先后在郑国听政,主持国事,估计问者也想看看孔子是否会对子西也有正面的评价,看看子产与子西孰优孰劣。结果孔子说子西:这个人啊,没什么可说的!或者换句话说,就那么回事吧!

在孔子那个时代,子产和管子应该是两个比较著名的人物,都比较重视法治,因此,问者在问了子产、子西之后,又问孔子对管仲的看法。对于孔子评价中的“人也”,后世学者有不同的理解。有人认为,在先秦时代,人与仁相通,像《论语·雍也》中“井有仁焉”就是如此。笔者不同意这种看法。一方面,虽然在《论语》中有以“仁”代“人”的例子,但那是因为“仁”构成了人的本质规定性,从而以事物的本质特征来代替事物本身,然而在《论语》中并不存在以“人”代“仁”的例子,因为“人”包含的方面太多,有仁有不仁,因此,没有办法用“人”来代“仁”。另一方面,从孔子以往对管仲的评价来看,孔子是不会许管仲以仁的,像《论语·八佾》中孔子就说管仲“器小”,不节俭,不知礼,既然都不知礼,那就不可能是仁人。因此,笔者觉得比较可靠的应该是另外一个说法,那就是“人”前面有缺漏,这从孔子评价子产为“惠人”也可以看出来。从后面的内容来,孔子对于管子的评价是比较正面的。管子在位时剥夺了齐国大夫伯氏在骈邑的三百户采地,导致伯氏生活贫困,只能吃粗茶淡饭,但是这个伯氏终身都不抱怨管子。可见,管子虽然治国理政的手段比较严厉,但是他能够做到公平公正,他所施行的惩罚一皆依据法律,一皆出于公心,因此能够让人心悦诚服。

从这一章中孔子对于子产、管子这两个带有明显法治色彩的人物评价上来看，孔子并不盲目地排斥法治，只是要求人们合理地利用法治，法治运用得当，就能利国利民。因此，后来荀子讲礼治与法治的结合，结果在中国历史上长期被排除在儒家之外，显然比较冤枉，他的思想观念实际上是对孔子思想的发展延伸，是能在孔子思想中找到根据的。就当前社会来说，我们当然不会以德治来排斥法治，但是我们也不能以法治来排斥或取代德治，道德对于社会的和谐具有无可替代的重要地位，值得我们高度重视。

14.10　子曰："贫而无怨难，富而无骄易。"

这一章的字面意思比较容易理解，那就是：贫穷而不抱怨是很难做到的，富贵而不骄奢是相对比较容易做到的。问题的关键则在于为什么会是这样。

虽然我们讲哲学要讲人与世界万物的区别，要把人从世界万物中超拔出来，但是我们在超拔的同时也要承认，人首先是自然存在物，是生物，是动物。既然人是生物，是动物，那么，人就有自然的本能需求，就要利用自然万物，从自然万物中汲取能量，以维持生命的运行，因此，人一生下来，就有欲望，就有需求，无论君子小人，莫不皆然。在现实生活中，每一个人都在现实生活中，尽自己最大的努力，不断地改善自己的生存处境，从而使自己的生存需求得到满足。然而问题在于，财富的取得、处境的改善不完全由个人所决定，这中间有很多的外在因素、偶然因素，虽然有些人已经非常努力，但是由于某些偶然因素，导致他们坠入贫困的深渊而无法自拔。因此，他们在自怨自艾的同时，也会报怨他人、报怨社会、报怨命运。因此，一个人身处贫困之中却不抱怨，这是很难做到的。相反，如果一个人处于富贵状态而不骄奢，相对比较容易做到。为什么"富而无骄"相对容易做到？这是因为，一方面富贵本身不仅能满足人们所需生活的基本条件，而且能够为人们提供一个相对优越的生活，所以，"骄"虽然能够让有些人获得一些心理上的满足，但这并不能在现实中对人们的生活有任何的改变；另一方面，富人成为富人是经过艰苦努力的，因而他们能够理解富贵来之不易，所以，如果他们是经过打拼由贫穷走向富裕，那么，他们就会更加珍惜当前的生活，不会轻易走向骄奢。

虽然从表面上看，孔子更加强调的是"贫而无怨"，但是实际上孔子也非常重视"富而无骄"，认为"富而无骄"也是一种很高的修养，也很难做到，不过与"贫而无怨"相比，它还是相对容易一点。问题在于，我们如何才能做到"贫而无怨"、"富而无骄"呢？人们之所以怨、骄，这与人们将自己的重心放在外面有关，大多数人都处于一种异化的状态，人们对自己的确认，不是以自己内在的德行为根基，而是以物质财富的数量为基准，这也就是马克思所说的，很多人只有在使用财富、享用物品的时候才觉得自己是一个真正意义上的人。要想解决这个问题，人们就更应该将自己的重心往回收，自己能不能成人、能成为一个什么样的人，这不是取决于外部的财富，而是取决于自己的内在德性以及现之于外的德行，因此，人们更应该提升自己的道德修养，坚定自己的德行操守，不为外界所移。

14.11　子曰："孟公绰为赵魏老则优，不可以为滕薛大夫。"

孟公绰是鲁国的大夫，《史记·仲尼弟子列传》中说"孔子之所严事"也就是推崇、师事的人中，就有鲁国的孟公绰。孟公绰的一个重要优点就是"不欲"，也就是清心寡欲。赵、魏都是晋卿之家；"老"是家臣之长，也就是赵、魏这些卿大夫家臣的首领；"优"就是绰绰有余的意思。"孟公绰为赵魏老则优"，就是说，孟公绰做赵、魏这些国家家臣的首领还是绰绰有余的，因为赵、魏这些国家贤人很多，而且也没什么事情需要处理，孟公绰当这个家臣的首领也就没有什么事情可做。滕、薛与赵、魏不同，虽是两个小国，但政务繁琐，而大夫就是处理政务的，所以位高权重，对于国家至关重要。由于孟公绰清心寡欲、清静无为，所以，他无法胜任滕、薛这两个小国的大夫之职。

这一章是讲知人善任的问题，有的人放在这个职位上比较合适，放在别的职位上就不合适，我们不能想当然地认为：他能做好这件事情，就一定能做好那件事情。尤其是在现代社会中，分工日益细致，更加强调术业有专攻，每个人能够发挥特长的岗位非常有限。因此，要想将他们安置在合适的岗位上，就要对他们有深入的理解。如果我们将一个不适合某个岗位的人放在某个岗位上，这既会对其个人造成伤害，也会对事业本身造成伤害。

14.12　子路问成人。子曰："若臧武仲之知，公绰之不欲，卞庄子之勇，冉求之艺，文之以礼乐，亦可以为成人矣。"曰："今之成人者何必然？见利思义，见危授命，久要不忘平生之言，亦可以为成人矣。"

子路询问孔子什么样的人可以称作成人。我们在前面说过，儒家是学以成人，这个"成人"我们可以把它理解为成就一个理想的人格，也可以把它理解为那个成就后的理想人格。对于儒家来说，理想人格当然是一个全面发展的人。像在历史上，臧武仲是一个有智慧的人，孟公绰是一个清心寡欲的人，卞庄子是一个勇敢的人，冉求是一个多才多艺的人，他们都有自己的特长，也都是片面发展的人。在孔子看来，一个全面发展的理想人格不仅要集齐他们各自拥有的智慧、少私寡欲、勇敢、多才多艺这些优点，同时还要用礼乐交错于其中。为什么要用礼乐交错于其中？周公制礼作乐，礼乐是一种制度，是一种规范，是一种文明，具有规范制约的作用。虽然知、不欲、勇、艺都是优点，但是这些优点也容易失度，就像《论语·泰伯》中所说"勇而无礼则乱"，因此，它们需要礼将其限制在合理的范围之内，从而避免走作失度；同时，乐具有一种调和的作用，音乐是和而不同的，通过音乐我们可以将这些不同的优点和谐地统一在一起，使它们相互之间不至于发生冲突。

孔子这样说是对于成人的一种理想化描述，或者说是孔子心目中的理想人格。当然，这或许还不是一种极致的状态，因为孔子在这里只是说"亦可以为成人矣"，也可以算得上成人吧！即使这不是最高的要求，但是在一个礼崩乐坏的时代里，已经人心不古，能够达到这个要求的已经寥若晨星了，因此，孔子也不奢望时人能够达到这个要求。孔子接着说，现在的人不一定要这样才称之为成人，他们只要达到了前面所讲的优点中的一两项，甚至是接近他们当中的一二，也就可以算是成人了。为此，孔子做了一点具体的说明。譬如，公绰之不欲现在很难做到，但是我们可以"见得思义"(《论语·季氏》)、"见利思义"，也就是在看见利益的时候能看看是否符合道义，该得的就得，不该得的就不要；卞庄子之勇也很难做到，但是在危难之际我们至少也应该敢于受命，勇于承担责任，即使长期处于困顿之中，但我们也不能忘记我们平日所说出的誓言，这也是一种勇。有人认为这后一段话是出自子路之口，这显然不太可能，如果子路这样说，就是对孔子的一种直接反驳，这显然不符合子路的弟子身份。

14.13　子问公叔文子于公明贾曰："信乎，夫子不言，不笑，不取乎？"

公明贾对曰："以告者过也。夫子时然后言，人不厌其言；乐然后笑，人不厌其笑；义然后取，人不厌其取。"

子曰："其然？岂其然乎？"

公叔文子是卫国的大夫，名叫公孙拔，文是他的谥号。为什么谥号为文？

《礼记·檀弓》中载有卫君的说明,“昔者卫国凶饥,夫子为粥与国之饿者,是不亦惠乎?昔卫国有难,夫子以死卫寡人,不亦贞乎?夫子听卫国之政,修班制以与四邻交,不亦文乎?故谥夫子贞惠文子”。从这段说明文字中我们就可以看出,公叔文子德行非常高尚,估计在当时声名远播,有关他的各种传闻应该也比较多,大概孔子也听到了有关他的一些传闻。一般人听了传闻以后,就信以为真,就跟着传播,有时言过其实,有时干脆就是谣言,结果在不经意间就成了谣言的传播者。孔子不是这样,他不听信别人的传闻,他要核实这些信息的可靠性、真实性,因此,他就向卫国的公明贾核实相关情况:有人说公叔文子不说话、不笑、一毫不取于人,真有这么回事吗?

面对孔子的询问,公明贾指出,这是告诉你的人说话过头了,不是这样的。那公叔文子是怎么样的呢?公叔文子不是不说话,而是在该说话的时候才说话,所以,人们并不嫌弃他说话;公叔文子并不是不笑,而是只有在高兴的时候才笑,所以,人们并不讨厌他笑;公叔文子不是一毫不取于人,而是只有在符合道义的时候才取于人,所以,人们并不反感他索取。公明贾对于公叔文子的这种评价是一种非常高的评价,这是圣人当中最高级别的“圣之时者”,这不是一般人所能达到的,即使像伯夷、叔齐、柳下惠这些有圣人之名的人也不能达到。因此,孔子听了公明贾对公叔文子的评价后非常吃惊,说:真是这样吗?他难道真的是这样吗?当然,这并不是孔子有意要贬低公叔文子,而是孔子一种实事求是的态度,他不能因为公明贾的一句话,就轻易地将这么高的评价送给公叔文子,他在未得到证实之前,只能存疑。孔子这种存疑的态度,对于现代人来说,值得借鉴,尤其是现代的网络技术高度发达,导致谣言的制造与传播变得越来越容易,对于铺天盖地的信息,我们要注意分辨,对于暂时无法分辨的要存疑,以免成为传播谣言的帮凶。

14.14　子曰:“臧武仲以防求为后于鲁,虽曰不要君,吾不信也。”

臧武仲就是 14.12 中“若臧武仲之知”的臧武仲,这个人很聪明,犯罪以后四处奔逃,后来凭借自己的封邑向鲁侯请求在鲁国给自己的子孙以位置,虽然言辞恳切,时人也没有议论他的不是,但是孔子还是觉得,臧武仲的做法是对国君的一种要挟。

前面强调臧武仲的智慧,这一章中又批评他的不是,可见孔子并不是一个以偏概全的人,而是对功过是非分得清清楚楚,是非功过都要给予恰当的评价,该表扬的表扬,该批评的批评,不以是饰非,不以过掩功。在历史上以及现实生活中,人们对于人物的评价往往都是以偏概全,过于绝对,是则全是,非则全非,这不是一种客观公正的态度。

14.15 子曰:“晋文公谲而不正,齐桓公正而不谲。”

这是孔子对于两位国君的评价。有人认为,此章是孔子评价晋文公行事诡诈,不守正道;齐桓公严守正道,不搞阴谋诡计,这是一种比较常见的理解。有人认为“谲”是权诈,因而把“谲”理解为“权”,认为“正”就是与“权”相对的“经”,认为这句话是说晋文公用权而不守经,齐桓公守经而不知用权,二人各有所长,各有所短。后一种说法似乎更加合理,孔子在肯定他们攘夷狄以尊周室的同时,又批评他们以力假仁者霸。

14.16 子路曰:“桓公杀公子纠,召忽死之,管仲不死。”曰:“未仁乎?”子曰:“桓公九合诸侯,不以兵车,管仲之力也。如其仁,如其仁。”

子路所讲的事情见于《春秋传》:“齐襄公无道,鲍鱼牙奉小白奔莒。及无知杀襄公,管夷吾、召忽奉公子纠奔鲁,鲁人纳之。未克而小白入,是为桓公。使鲁杀子纠而请管召,召忽死之,管仲请囚。鲍叔牙言于桓公,以为相。”在齐桓公(公子小白)与公子纠的兄弟之争中,管仲本来和召忽一样,都是公子纠的老师,是教导、辅佐公子纠的,齐桓公杀了公子纠以后,召忽最后追随公子纠而死,而管仲不但没有追随公子纠而死,反而投奔公子纠的敌人齐桓公。基于此,子路对管仲的人品提出了质疑,所以,他在讲了历史事实之后,马上又说,管仲这个人大概算不上是个仁人吧?尽管孔子对于管仲这个人有很多的批评,认为他不节俭,立身行事不合礼,但是孔子并不因小失大,“大行不顾细谨,大礼不辞小让”(《史记·项羽本纪》),认为对管仲的评价不能抓住这些小节不放,而应该从大处着眼,尤其要从实际的历史效果来看,要从其对人民百姓所作的贡献来看,这也就是孔子所说的“君子不可小知而可大受也”(《论语·卫灵公》)。在春秋战国那样一个诸侯蜂起、群雄争霸、逐鹿中原的时代里,管仲能够凭借自己的力量,不通过战争就能辅佐齐桓公九合诸侯,一匡天下,不仅没有让人民百姓遭受战争之苦,而且能够享受相对安宁的生活，这是多么了不起的事情。因此，孔子说管仲虽然还不是仁人，但与仁人已经很接近了。

从孔子对管仲的评价中我们可以看出，第一，对于一个人物的评价，虽然要从小处入手，但更要从大处着眼，否则就会陷入是非纠缠，无法做出正确判断；第二，对于人物的评价，不能只看动机，不能只看前因，同样要看后果，要看其所作所为是否顺应了历史发展的潮流，是否有功于人民百姓的福祉，符合历史发展潮流、为人民造福的行为就应该得到肯定。

14.17　子贡曰："管仲非仁者与？桓公杀公子纠，不能死，又相之。"子曰："管仲相桓公，霸诸侯，一匡天下，民到于今受其赐。微管仲，吾其被发左衽矣。岂若匹夫匹妇之为谅也，自经于沟渎而莫之知也？"

在古代，做人的名节很重要，强调一臣不事二主，因此，子路看不上管仲的人品，子贡对于管仲的人品也颇有微词。大概因为这二问同属于一类，被编者放在了一起。实际上，对于管仲在公子纠死后侍奉桓公这个事情，不能以一臣不事二主来简单论定，因为管仲和召忽是公子纠的老师，不是他的臣下，臣下有为君主死节的义务，而老师并没有为君主死节的义务。当然，孔子为管仲辩护走的不是这个路子，而是后果论的路子，上一章着重从功业的角度来辩护的，这一章则在讲功业、讲为人民谋幸福的同时，又讲到了他对文明的贡献。

"微"就是无，"被"通披，"衽"是衣襟，左襟就是衣襟向左边开，也就是衣服没有经过缝制，直接拿块布裹在身上，然后拿东西系上。"微管仲，吾其被发左衽矣"意思是说：如果没有管仲协助齐桓公九合诸侯，一匡天下，从而使文明广被，那么，我到现在还是过着披头散发、衣襟向左开的原始落后的野蛮生活，可见管仲对于文明发展所做出的重要贡献。这样的人怎么能不重视自己的生命，轻易死节呢？"谅"是小信义，也就是那种拘泥于小节的诚信道义；"经"就是缢，自经就是自缢。"岂若匹夫匹妇之为谅也，自经于沟渎之中而莫之知也？"意思是说：难道我们要管仲像那些普罗大众一样拘泥于小信小义，在山沟中悄悄上吊自杀，死了都没有人知道吗？在孔子心目中管仲就不应该是这样的人，就不应该做这种事。为什么呢？在孔子看来，召忽之所以自杀，是因为他本身只有为臣之才，如果他不死的话也就是当个俘虏，受尽屈辱，死了反而能够名闻天下；管仲则不然，他是天子之佐、诸侯之相，他活下来就能够建功立业，为社会、为人民做出贡献，所以，他不应该自杀，否则，他的死是社会、人民百姓的重大损失，他自杀是对社会、对人民不负责任。

14.18 公叔文子之臣大夫僎与文子同升诸公。子闻之，曰：“可以为‘文’矣。”

“臣大夫”就是家大夫，也就是公叔文子的家臣，“僎”就是公叔文子的家大夫的名字；“公”就是公朝。先秦时代是一个等级制的时代，人与人之间等级森严，僎作为公叔文子的家大夫，地位上是不能与公叔文子同日而语的。如果僎与公叔文子同升诸公，也就是同朝为官，一起做国家的大臣，那么，僎就实现了身份的跨越，与公叔文子平起平坐了。如果公叔文子是一个比较保守的人，或者是一个重视自己身份地位、自私自利的人，那么，他就一定会阻止僎与自己一起做国家的大臣，而公叔文子不但没有阻止，反而向当时的统治者举荐僎，推荐他与自己一起做国家的大臣。由此可见，公叔文子的道德品行是非常高的，这个人的胸襟气度非一般人所能比。这说明他考虑的不是个人的地位问题，不是个人的利益问题，而是出于一片公心，以国家社稷为重，不嫉贤妒能。孔子听到了公叔文子的光辉事迹之后，赞叹不已，认为就凭这一点，也对得起国君赐给他的“文”这个谥号。

孔子对公叔文子大加赞赏，这说明公叔文子的所作所为符合孔子的所思所想，符合孔子的思想主张，说明孔子也是唯才是举的，孔子也经常跟学生说，治国理政的重要一点就是举贤才，把那些德才兼备的人放在最重要、最合适的岗位上，这是国家之福，这是人民百姓之福。

14.19 子言卫灵公之无道也，康子曰：“夫如是，奚而不丧？”孔子曰：“仲叔圉治宾客，祝鮀治宗庙，王孙贾治军旅。夫如是，奚其丧？”

孔子说卫灵公这个人昏庸无道，怎么昏庸无道？卫灵公被南子的美色所迷，受其操纵，而且他还要废了自己的大太子蒯聩，立与南子所生的小儿子郢为太子，从而导致国家不太平。康子听孔子如此说卫灵公，就问孔子，既然卫灵公如此昏庸无道，那他为什么没有丧权辱国呢？孔子说：虽然卫灵公昏庸无道，但是他有几个能臣辅佐：像仲叔圉也就是孔文子帮助他接待宾客，祝鮀帮他管理祭祀活动，王孙贾帮他治理军队，这些人在各自领域都是才能卓著，有他们辅佐卫灵公，卫灵公又怎么会丧权辱国呢？孔子讲卫灵公无道，主要是讲他的家事，而不是讲他的国事，在国事上，卫灵公至少还是知人善任的。虽然孔子对于仲叔圉、祝鮀、王孙贾也颇有微词，认为他们的境界都不是特别高，但是卫灵公能够发挥他们各自的特长，利用他们来治理国家，才确保国运不坠。

从这件事情上我们也可以看出，作为一个统治者，要有人才意识，人才是国家兴旺发达、长盛不衰的根本，另外，作为统治者对于人才也不能求全责备，而是要知人善任，善于利用人才的优势，从而发挥出他们最大的能量。

14.20　子曰："其言之不怍，则为之也难。"

"怍"就是惭，也就是惭愧之意。"言之不惭"也就是说话不惭愧，说话有什么惭愧的呢？这个说话显然不是一般的说话，有一说一没有什么可惭愧的，既然说出的话让自己都感到惭愧，那么，这个话肯定不是有一说一，而应该是有一说二，有二说三，也就是言过其实，说话说过头了，这也就是人们常说的大言不惭。大言不惭，虽然说起来的时候可能比较痛快，但是落实起来就比较困难，因为本身就名不副实，本身就缺乏这个能力，所以，他没有办法将自己所说的话落实施行。因此，对于人们来说，说话应该持一种比较谨慎的态度，要说些自己能做到的事情，不要轻易说些自己做不到的事情，那些张口云山雾罩的人，迟早会露马脚、现原形，最终会落得个身败名裂的下场。

14.21　陈成子弑简公。孔子沐浴而朝，告于哀公曰："陈恒弑其君，请讨之。"公曰："告夫三子！"

孔子曰："以吾从大夫之后，不敢不告也。君曰'告夫三子'者！"

之三子告，不可。孔子曰："以吾从大夫之后，不敢不告也。"

关于这一章可结合《左传》有关此事的记载："孔子三日斋而请伐齐三，公曰：'鲁为齐弱久矣，子之伐之，将若之何?'对曰：'陈恒弑其君，民之不与者半，以鲁之众，加齐之半，可克也。'"

陈成子就是陈恒，是齐国的大夫，他在鲁哀公十四年把齐简公给杀了，这是典型的臣弑其君，是一种违背人伦的行为，陈成子就是乱臣贼子，按照《春秋》之法，弑君之贼，人人得而诛之。有人因此就说，孔子也可以自己出兵讨伐陈成子，这种说法是有问题的。当时孔子虽然在朝为官，但毕竟有国君在上，他不能擅自做主出兵齐国，如果这样的话，孔子的做法显然也是不符合礼义的，这样一来孔子与陈成子也就没有根本的区别。不过，按照当时的礼制，齐国作为鲁国的邻国，邻国发生这种不义的行为，鲁国是可以也应该出兵加以讨伐的，这种出兵不是侵略，而是为了道义，会受到人民的欢迎。结合《左传》中的记载，我们能够看到，孔子对鲁国出兵齐国讨伐陈成子是进行过仔细考虑、精心谋划的，不仅道义上优势在鲁国这边，而且力量对比上优势也在鲁国这边，鲁国出兵是有必胜的把握的。因此，孔子按照礼制禀告鲁哀公，请他出兵齐国讨伐陈成子。然而问题在于，在当时的鲁国，三家专政，鲁哀公有名无实，不能决定国家大事，也不能调动国家的军队，因此，他就跟孔子说，让他把这个想法去告诉三家。孔子对于鲁哀公这种做法大概有点不满，或者是有点悲凉，一国之君却不能决定一国的政事，反而要让三家来权衡定夺，因此，孔子说，因为我有官守，我有职责，所以我不得不向国君报告，结果国君却让我去向三家报告，这是何等不可思议，何等悲哀！当然，孔子也知道，向三家报告，这事实际上是不会有结果的。因为三家本质上和陈成子是同一类人，都是以下犯上。如果三家出兵讨伐陈成子，实际上也就是对自己所作所为的否定。不过既然鲁哀公说了，孔子也只能知其不可为而为之，就向三家报告，结果不言自明，被三家所拒绝。孔子在出门之后的自言自语，实际上就是告诉人们，有些事情做了是不一定有结果的，但是做是我们的职责，职责是没有讨价还价的余地的，这是一个人必须承担的义务，我们不能以任何理由来逃避自己所必须承担的职责义务。

14.22　子路问事君。子曰："勿欺也，而犯之。"

子路问如何侍奉君主。孔子说，不要欺骗他，但是可以犯颜直谏。在中国古代，谏诤是一个很重要的传统，犯颜直谏因为是出于公心，所以受到一致的推崇。不过，有些时候，有些人当然是出于一片好意，故意夸大采取自己建议的好处以及不采取自己建议的危害，从而迫使君主采纳自己的建议，这实际上就带有欺骗的嫌疑，这是孔子所不提倡的，孔子提倡实事求是的说话。当然，欺骗有很多种，如有些人怀着某种不可告人的目的，对君主进行谏诤；有些人自己平时都不那样为人处世，结果建议君主那样为人处世，这些都是欺骗行为，都是不被许可的。因此，谏诤必须是出于公心，而且是光明正大、正直无私地进行抗争。上一章讲陈成子弑君，这一章讲不欺骗君主，都是对于当时社会的一种讽谏，因为当时社会中君臣之间的关系经常偏离常轨，违反人伦之理，需要加以重视和调整。

14.23　子曰："君子上达，小人下达。"

我们在前面反复说过，在《论语》中，君子与小人有两个方面的含义：地位上的和道德境界上的。按照这两种不同的含义，这一章我们也可以作两种不同的理解。第一种是地位上的理解。中国古人讲上下的时候，喜欢说"形而上者谓之道，形而下者谓之器"(《易经・系辞上》)，就是把道器作上下言。从地位上来看，高高在上的君子已经摆脱了物质生活的束缚，不再追求身体欲望的满足，他们更加关注社会人生之大道，也就是人生的修养、社会的治理，因此，他们更加关注形而上之道的形上层面，所以，他们在形上之道方面很有心得；而普罗大众还没有摆脱物质的束缚，还需要为物质生活打拼，因此他们更加关注治器之术，由于他们眼睛向下看，所以他们在治器之术上很有成就。第二种是道德上的理解。从道德境界上来说，君子更加关注道德境界的提高，他们不断地进行道德修养，他们向上通达仁义之道，成就了自己高尚的道德人格；而小人则坠于物欲之中而不能自拔，所以，他们陷于利欲的胶漆盆中而不能自拔，从而离仁义之道越来越远。在笔者来看，这一章似乎不太有扬此抑彼之意味，更像是对于现实生活中的一种描述，因此，笔者更加倾向于第一种理解。

14.24　子曰："古之学者为己，今之学者为人。"

关于这一章有各种各样的解释，我们大致可以将其分为两种。一种是强调古代人学习的目的是为了提高自己的德行，成就自己的，因此追求的是有得于己；而现代人学习是取悦于他人的，要么是炫耀自己，要么试图通过显扬自己的学问，为自己获得名声或取得爵禄。一种认为，这个"为"是治的意思，古代学者学习是为了治己，也就是提高自己的内在修养，这些注重自我修养的人也就能够治人，这也就是所谓的成己成人成物；而现在的学者学习就是治人，由于他们并不治己，既然大本既失，所以也不能治人。实际上不管是哪一种，最终所强调的还是学习要从变革内心做起。所谓学问千古事，得失寸心知，学问最终要自己受用，所以，我们不能把学习变成一种谋生的手段，变成一场做秀，这就违背学习的最初意义。学习本身就是自我的一种提升与超越，如果学问变成了满足自我现实的需求，那么，学习就失去了它的超越性，从而变成了对于现实的一种维护，如此一来，我们就永远被限制在现实之中，无法获得任何进步。因此，在学习的过程中，我们应该具有一种超越性，应该超越功名利禄，即使学习能够给我们带来功名利禄，那也不过是学习的副产品，它也不应该成为学习的目的本身。然而问题在于，在现实生活中，为己之学越来越少，为人之学越来越多，人们更加关注的是书中的黄金屋，是书中的颜如玉，不再关心书中的知识，从而使得学习的乐趣越来越少。对于现代人来说，学习已经成了一种严重的负担。人们从学习中不但没有获得愉悦，获得精神境界的提升，反而是精神越来越压抑，心情越来越抑郁，不亦悲乎！

当然，在这种"为己"与"为人"的分野当中，也会产生利己主义的质疑，有人就会因此而认为儒家讲仁义、讲道德修养是利己主义的。这里面要注意的问题在于，当儒家讲"利"的时候基本上是等于我们现在所讲的利己，这个"利"主要是一己之私利，而且这种利益主要是一种外在的利益，如物质财富、身份地位等，而不是指一种内在的利益，如精神的修养、道德的提高。儒家讲"为己"并不是为了外在的物质财富、身份地位这些外在的利益，而是一种精神的修养、道德的提高这些内在的利益，而这种内在利益恰恰是与"利人"联系在一起的，也就是说，一个道德的人必然本身就是一个利他的人，我们只有"为己"才能"利他"。反过来，我们"利他"才能更好地"为己"，也就是我们在"利他"的过程中确证了自身的道德修养，提高了自己的精神境界。因而，在儒家这里，"为己"并不会导致利己主义和自我中心论，恰恰是将自我趋向他者，成己的同时成人成物，从而达到自我与他者的高度合一。

14.25　蘧伯玉使人于孔子。孔子与之坐而问焉，曰："夫子何为？"对曰："夫子欲寡其过而未能也。"

使者出。子曰"使乎！使乎！"

前面两章讲了个人修养的问题，这一章就举了一个有关个人修养的例子。蘧伯玉是卫国的大夫，名瑗，在孔子生前就已经名成见敬于当时。孔子居卫，就曾经主事于蘧伯玉之家。后来孔子返回鲁国，蘧伯玉便派遣使者来见孔子。孔子就让使者坐下来并询问蘧伯玉最近主要在做些什么。这个使者很会说话，他说蘧伯玉一直进行道德修养,试图修身寡过,但是他一直对自己修养的结果不满意。这个时候蘧伯玉已经是将近百岁的老人了,还在不断地修身养性,对自己还是高标准严要求,可见其对自己要求的严苛程度。这实际上是蘧伯玉的一贯风格,庄子就讲蘧伯玉年五十而知四十九岁之非,并说伯玉之行年六十而六十化,这就说明他修养从不止歇,始终精进不已。既然孔子曾主事于其家,那么,孔子对于蘧伯玉其人也应该非常了解,但是这个使者对于主人的评价确实是太过高明,他不直接说其修养高深,而是说其苦恼,从其苦恼之事当中显示出其对于自己的要求,并通过这个要求反映其内心对于道德修养的诚恳态度。因此,在这个使者出门之后,孔子由衷地赞叹,多么好的使者啊!多么好的使者啊!

这一章实际上告诉人们两件事情:第一,对于道德的修养是没有止境的,我们要不断地超越自己,要"活到老,学到老",任何时候都不能止步不前;第二,表达是要注重技巧的,有时候换一种表达方式或许能够起到更好的效果。

14.26　子曰:"不在其位,不谋其政。"

曾子曰:"君子思不出其位。"

子曰的内容已经见于《论语·泰伯》第14章,可参看。这主要是讲政治中的秩序问题,要分工明确,各司其职。实际上,在社会分工日益细化的今天,人们都应该在自己的职业范围内精耕细作,不应该随便越出自己的职业范围对别的行业指手画脚,这是一种职业精神,我们不能随便用自己的业余爱好去挑战别人的权威。当然,这并不是说儒家的伦理是角色伦理。伦理道德的问题不是职业的问题,在伦理道德中,我们不但不能画地为牢,反而需要打破自己的封闭圆圈,越出自身而走向他者,即使我们没有义务、没有职责,但我们也可以为他者承担道德责任,因此对于道德来说,并不受位的限制,每个人都可以为他人承担责任,不存在位不位的问题。

在这一章中增加了曾子的话语,曾子之言引用了《易·艮卦》的象辞。曾子引用象辞是对孔子所说的做一个注脚,也就是孔子所讲的内容与《易·艮卦》的象辞是一致的,表达的就是这个意思。《易·艮卦》说:"艮其背不获其身,行其庭不见其人,无咎。"这就是说像人的身体一样,虽然将五脏六腑皆藏之于背,背乃九窍百骸的庇护,但是它并不将五脏六腑、九窍百骸的功能据为己有,从而扰乱身体各个器官的功能秩序,而是发挥自己的庇护功能,让各个器官各司其职,否则就会导致身体功能的紊乱。这也就是说，在政治治理中，每个人都要各司其职，不能有越界行为，对别人的职位、职责、职务行为指手画脚，这是不合适的。

14.27 子曰："君子耻其言而过其行。"

这里的"君子"当然不是身份地位上的，而是德行修养上的道德高尚之人。儒家一贯强调言行一致、知行合一，反对言不顾行、行不顾言之人，这种人好放言高论，言过其实，他们只做言行上的巨人，而无法真正将言论付诸行动，从而导致言论流为空言，孔子认为这种人是"德之贼"，对于自身的道德修养乃至整个社会的道德风气都具有破坏作用，这样的人越多，社会的诚信程度就会越低。因此，孔子认为，一个道德高尚的君子应该为"言过其行"而感到羞耻。反过来说，一个道德高尚的君子不应该在言语上用力，而应该潜心于行动，笃实于行，即使寡言少语也是可以的。这是因为，对于孔子而言，审视一个人最重要的不是听其言，而是观其行。当然，这样说是相对于言过其行而言，也就是不得已要在二者之间进行抉择，我们就毫不犹豫地选择前者，但这不是最理想的状态，最理想的状态还是言行一致，知行统一。要想让言过其行的人越来越少、知行合一的人越来越多，一方面要从个人修养入手，需要个人提高自己的道德修养水平，另一方面则要改善社会氛围，如果在一个社会中，人们不但不能从夸夸其谈、言过其行中得到任何好处，甚至会给其带来伤害，那么，人们就会自觉地改正这种言过其行的毛病。

对于这句话，有人因为"而"字而反对前面这种比较普遍化的理解方式，认为如果按照前面的理解，那么，不应该用"而"而应该用"之"字，既然用"而"那就说明这句话不是寻常所理解的这种含义，而是表示一种转折或递进，"耻其言"与"过其行"分别表示一层意思，"耻其言"就是耻于夸夸其谈，因此不敢尽言；"过其行"就是欲行有余，就是希望有充分的行为。这种说法的最大问题则在于"过"，如果说孔子鼓励过度的言行，这似乎与孔子所提倡的"无过不及"的中庸思想似乎不符。

14.28 子曰："君子道者三，我无能焉：仁者不忧，知者不惑，勇者不惧。"子贡曰："夫子自道也。"

这里面有两个"道"，后面的"道"就是言说的意思；前面的"道"理解就比较麻烦。有人认为，前面的"道"与后面的"道"都是"说"的意思，认为君子所言说的主要有三点，这种理解在意思上有点问题，因为后文孔子说“我无能焉”，难道孔子不能说这三点吗？孔子实际上经常会讲到这三点。有人认为，前面的“道”训由，关键这种理解似乎与后文的“仁者不忧，知者不惑，勇者不惧”似乎有点不协调，不忧、不惑、不惧既是仁者、知者、勇者的一个美德，也是仁、知、勇的一个结果，因此，这三句话是对仁者、知者、勇者美德的一个说明，而不是讲他们经由何种途径变成仁者、知者、勇者的。因此，笔者更加倾向于将前面的“道”理解为人道之道、仁道之道，也就是指美德。因此，这句话的意思是说，孔子讲君子有三种美德，我一个也没有达到。这三种美德就是智、仁、勇三达德。有这三种美德的人无所烦忧、不受迷惑、无所惧怕。当然，这里的问题在于为什么，为什么仁者不忧、知者不惑、勇者不惧？仁者爱人，仁者主于爱，他是兼爱无私的，他没有了私心杂念，一任公心流行，因此他必然是得失无忧，一旦有了私心杂念，就会患得患失，得亦忧，失亦忧。知者也就是智者，智者是掌握了世界统一原理与发展原理的人，对天道与人道都有贯通性的理解，所以，智者无不明，这个世界上没有什么东西能够惑乱他的心智。勇者之勇不是出于血气之勇，而是出自人的仁心善性，是长期扩充存养的结果，因此，这种勇是内不慊于心，外不怍于人，仰不惭于天，俯不愧于地，圆满充盈，从而使其获得坚实的内在支撑，他无所畏惧，“虽千万人，吾往矣”（《孟子·公孙丑上》），因为他知道自己的所作所为是符合道义的，是得到道义支持的。虽然孔子说君子的这三种美德我一个也没达到，这只不过是像前面使者说蘧伯玉一样，是他对自己不断精进的要求，实际上孔子已经达到，但是他始终觉得自己有不足，所以，他要求自己不断进步。因此，子贡告诉其他同门，孔子说君子具有三种美德，实际上也是在说自己。

从这一章我们看到，君子之所以能够不忧、不惑、不惧，是因为他摆脱了自我中心，能够出于公心来看待这个世界、看待他者，因而他心里是无私的，也就没有了私心，没有了遮蔽，没有了挂碍，所以，对于儒家而言，始终是站在他者的角度去看问题，设身处地地为他人着想。

14.29　子贡方人。子曰：“赐也贤乎哉？夫我则不暇。”

“方”有三种含义。一是比义，因此，后来中文中有比方一词，盖其意义相近而结合为一词。比就是比其优劣，像子贡就曾问子张与子夏孰优孰劣。从后文孔子所说的话来看，孔子似乎对于子贡的做法有点不满意，如果比较优劣的话，孔子不应该不满，因为只有在比较优劣中才能汲取别人的优点，克服别人的缺点，况且孔子不也曾经问子贡与颜回孰优孰劣吗？一种观点认为，“方”与“旁”通，因此也就与“谤”相通。在古代“谤”并不是诽谤、诬陷的意思，而是劝谏的意思，如《国语》中说“厉王虐，国人谤王”，“谤”就是劝谏的意思。如果“方”通“谤”，那么，就是指对上劝谏，这也不应该引起孔子的不满。因此，这个“方”应该是第三种含义，也就是批评、讥讽的意思，子贡有些自以为是，常喜欢嘲笑讥讽别人。嘲笑讥讽不是站在一种仁爱的立场上，真心帮助他人改过，而是一种落井下石的行为，这是仁义之人所不为的，因此，子贡的这一缺点引起了孔子的不满。孔子说，子贡嘲笑讥讽别人，难道自己就做得完美无瑕了吗？既然自己都没有做到完美无瑕，我们又有什么资格和理由来嘲笑别人的不足，因此，对于我们来说，最紧要的问题是要提高自身的修养，弥补自己的不足，从而让自己变得完善起来，进而再帮助别人完善起来，真正做到成己成人成物，成己成人成物是一个漫长的过程，需要我们沉下心来，专心致志，我们哪还有时间去嘲笑讥讽别人呢？讥讽嘲笑别人本身就是一种没有仁爱之心的表现，这是仁人所不为的。

14.30　子曰：“不患人之不己知，患其不能也。”

在孔子那里，“能”实际上有两种，一种是不学而能，一种是学而能之。前者实际上也就是后来孟子所说的良知良能，这种是人天生就有的，既然天生就有，这就没有患其能不能的问题。后者是指通过后天的学习所成就的道德修养和知识修为，这种才能不是人人都有的，因此，对于人来说就有患得患失的问题。孔子讲，我们并不用为别人不了解自己有才能而发愁，因为按照孔子的说法，如果你有才能，你一定会被别人举荐，你一定会脱颖而出，如果你真的没有脱颖而出，那也只能是时也，命也，忧愁焦虑也没有用。对于我们来说，最需要焦心忧虑的就是我们没有值得别人了解的才能，没有了这些才能，我们既不能成就自己，也不能为社会承担责任，服务他人。这一章实际上延续了上几章的主题，都是强调对于自己的高标准，严要求，强调要加强自我的修养。

14.31　子曰：“不逆诈，不亿不信，抑亦先觉者，是贤乎！”

“不逆诈，不亿不信”的读法应该是“‘不’‘逆诈’，‘不’‘亿不信’”，“逆”就是迎，也就是逆测之意，也就是事先做出判断，得出结论；“亿”就是臆测、怀疑之意。这一句话的意思是说：不预先设定别人虚伪欺诈，也不怀疑别人诚实守信或不臆测别人不诚实守信。“逆诈，亿不信”的人，也就是一个疑神疑鬼的人，人们之所以疑神疑鬼，皆是因为自己的内心不通透，对于世界了解得不透彻，不能够看穿这个世界；如果一个人一眼千年，他心里哪会怀疑这怀疑那？因为他本身就看得清清楚楚，明明白白，一丝一毫隐瞒他不得，欺骗他不得，所以，他也不用疑神疑鬼，臆测不停。因此，在孔子看来，那些“不逆诈，不亿不信”的人，也勉强可以算得上是先知先觉之人，是贤达之人。

在现代社会中，疑神疑鬼的人很多，有些人有一种受迫害妄想症，总是觉得这个世界上所有人时时刻刻都在敌视自己，试图加害于自己，搞得自己精神紧张，容颜憔悴，这都是一种不通透的表现。这当然一方面是太过在意自己，将自己封闭起来，孤立起来，这不是世界与你为敌，而是自己与世界为敌；另一方面是自己认知不够，也就是我们对世界、对社会、对人生、对人际关系之类的问题缺乏一个深入的认识，不懂如何与世界相处，如何与他人相处，从而导致人际关系高度紧张。因此，对于这些人来说，要学习知识，加深对于这些问题的认识，开拓自己的视野，提高自己的认知水平，认识到自己本身就是社会中人，自我与他者是相互依赖，相互支撑的，只有这样，我们才能从自我封闭的圆圈中摆脱出来，我们才能不再与世界为敌。如果我们不再与世界为敌，那么，世界也就会回报我们以友好。

14.32　微生亩谓孔子曰：“丘何为是栖栖者与？无乃为佞乎？”孔子曰：“非敢为佞也，疾固也。”

微生亩有人说就是微生高，笔者对此说法存疑。“栖栖”在古代主要有两种理解，一种认为“栖栖”是皇皇、遑遑之意，也就是说孔子东奔西走，周游列国，居无定所；一种认为“栖栖”有整饬之意，如《诗经·六月》中说“六月栖栖”，《毛诗传序》就认为这个“栖栖”是简约的样子，这也就是说，孔子盛容修饰。实际上，这二者是可以统一的，孔子确实东奔西走，但是孔子并不因此而蓬头垢面，而是仍然非常注重仪容。这在一般人是很难做到的，因此，当微生亩看到孔子穿戴整齐，行色匆匆的样子，就问孔子，你为什么会这样啊？难道又要去卖弄口舌去游说吗？面对微生亩略带嘲讽的询问，孔子并没有生气，只是平静地说，我不是要卖弄口舌，而是因为担忧社会的固陋，所以不得已而为之。孔子的说法有点像孟子为自己好辩的辩解，是为了拯救社会而不得已做出的无奈之举。这从一个侧面反映出孔子对于社会的责任心，为了承担责任，即使遭受再多的误解也在所不惜。然而，更为关键的问题在于，一个愿意为社会承担责任的人却要遭到别人的嘲讽，这不仅是被嘲讽者的悲哀，更是社会的悲哀，这说明那个社会已经堕落到了无可救药的地步。

14.33　子曰："骥不称其力，称其德也。"

"骥"就是千里马，人们称赞千里马为宝马良驹，但是这说的并不是它的脚力和能力，而是它德性调良，也就是经过调教之后，能够与人友好协作，能够为人提供良好的服务。这一方面告诉人们，千里马虽然天赋异禀，但是它也需要经过后天的调教，另一方面千里马虽然受到人们的赞赏，但这并不仅仅是因为它有善于奔跑的能力，更是因为它能够利用自己的能力服务于人。因此，对于人来说，能力固然重要，但是能力要与道德修养齐头并进，做到才德兼修，德艺双馨，能够运用自己的能力服务于社会，服务于他人。因此，我们在培养自身能力的同时，也要高度重视自己的道德修养，提高服务社会、造福人类的意识，从而将自己的才能应用到为人类造福的事业中去，只有这种人才会被社会所铭记，被历史所铭记，成为人们歌颂铭记的对象。

14.34　或曰："以德报怨，何如？"子曰："何以报德？以直报怨，以德报德。"

"怨"在中国古代，既可以是指一般性的怨恨，也可以是比较严重的仇怨，像《韩非子·难三》中说"桓公能用管仲之仁而忘射钩之怨"，《史记·秦本纪》中说"缪公之怨此三人入于骨髓"，这里的"怨"显然不是轻描淡写的埋怨，而是刻骨铭心的怨仇。一旦"怨"上升到怨仇的层面，那么，它就会由情感而变为一种现实的行动，这也就是诸葛亮所说的"非仇不怨，非敌不战"，我们就会将仇怨的对象当作敌人，与其进行战斗，对其进行伤害甚至消灭，因此，"怨"带有明显的不道德性、反道德性。综合起来，"以德报怨，何如？"就是询问我们是否应该用道德的方式去回应怨恨、仇怨这种不道德的情感和行为，简而言之，就是我们是否要用道德去回应不道德？是否要道德地对待不道德的人和行为？这实际上具有道德泛化的倾向，也就是要无限地运用道德来对待一切人和事，这在当时大概是一个普遍的现象，像老子就说过“报怨以德”（《老子·六十三章》）的话。

按理说，孔子讲道德，讲宽容，我们会认为孔子会认同以德报怨，但是实际上孔子却反对这种做法，孔子说如果我们“以德报怨”，那么，我们“何以报德”？如果我们跟别人之间有怨仇，那么，我们之间的问题可能就已经突破了道德的底线，已经进入了刑政法制所调节的范围。我们当然要重视道德的作用，要将道德的作用最大化，但是这并不意味着道德能够解决一切问题。道德实际上是对于人们的一种高层次的要求，是要求人们本着仁爱之心，突破自我的权利义务阈限，一无所求地为他者承担责任。我们不能将这种高层次要求的道德用来解决底线的法律问题，因为这里面就存在着领域混淆的问题，如果非要用道德来解决法律问题，那么，就必然会出现不相应的情况，从而使违法者无法得到应有的惩罚，这就会给社会造成一个不好的示范效应。同时，这样做也违反了法律公平公正的要求。如果强行将道德问题纳入法律的范围来解决——以德报怨，那么，我们就没有什么可以用来报德。无论是以德报怨，还是以怨报德，我们实际上都承认怨和德、不道德与道德是统一的，这显然是非常荒谬的。为了避免这种混乱，避免不公正现象的出现，我们要注意区分道德与法律的领域，在道德范围之外的怨仇，我们应该遵照法律的公平公正原则，直道而行，对于怨仇进行合理的裁决。同时，对于道德的行为本身就在道德的范围之内，我们当然应当以道德的方式来回报道德的行为。

对于这段话，我们还可以从另一个角度来理解。儒家是强调自我对他者的责任的，这个他者既包括道德的人，也包括不道德的人，我们同样要为不道德者负责任。为不道德负责任包括两个方面：第一，我们要检讨不道德的人何以会成为不道德的人，这是否与我们的不负责任有关？“以德报怨”实际上就是把我变成他人成为不道德者的推手；第二，对于不道德者，我们不能继续放纵，而是要承担起帮助他者迁善改过的责任，也就是要“以直报怨”，对他者的错误进行批评，进行适当的惩罚，使他者认识到自己的错误，并且改正自己的错误。

14.35　子曰：“莫我知也夫！”子贡曰：“何为其莫知子也？”子曰：“不怨天，不尤人，下学而上达。知我者其天乎！”

虽然孔子被时人称为“天纵之圣”，并在身后享有殊荣，但是孔子生前却命运多舛，被迫东奔西走，周游于列国之间，栖栖遑遑，累累若丧家之犬。实际上，孔子也就是一个普通人，面对理想与现实的落差，孔子也不能做到心如死水，难免也会心绪难平，心生哀怨，他也会发发牢骚。“莫我知也夫！”就是一句牢骚，就是报怨自己怀才不遇，报怨世上没有伯乐，没人能够正确地认识自己，没人能够认出自己这匹千里马。因此，孔子的形象不是一副一本正经的假道学模样，而是生动活泼的，喜、怒、哀、乐、爱、恶、欲这些正常的七情六欲孔子也都具有。弟子们作为孔子的积极追随者，对孔子都是仰视的，尤其是子贡，简直就把孔子当作神的化身，觉得孔子德行高尚，声名卓著，在孔子神圣化的过程中，子贡发挥了非常重要的作用。

因此，面对孔子的自艾自怨，子贡就很奇怪，他就问孔子：为什么别人不知道你呢？孔子说自己不怨天尤人，下学上达。从表面上看，孔子的回答似乎与问题之间没有什么关系，孔子是答非所问，其实不然。“怨”就是怨恨、报怨，“尤”就是非难、怪罪，怨天尤人就是报怨天命、怪罪他人，就是把自己的现实处境归结到外部环境身上。在现实生活中，有些人就是不断地报怨这，报怨那，认为社会对自己不公，就是从来不反省自己的所作所为，不深刻检讨自身的不足，但是这些人在社会当中却能够得到人们的广泛同情，引起人们的大力支持，因为人生不如意事十有八九，所以，这种对不如意的报怨反而会容易引起人们的共鸣，从而获得广泛的支持，更容易吸引人们去认识他、了解他。因为孔子不怨天尤人，没有那种博人眼球的言论，所以，孔子就没有那么炙手可热，也就没有那么多人愿意去认识他、去了解他。

当然，别人不了解孔子，也跟孔子的学问有关。孔子学习人道而直通天道，实现天人贯通，但是这种学问就是孔子所说的古人的“为己之学”，而不是时人的“为人之学”，他的学问不是做给别人看的，这种学问既不能引起别人的关注，更谈不上为别人所认识了解，因此孔子说，“知我者其天乎！”大概只有天知道我吧！孔子讲“知我者其天乎”并不意味着孔子相信什么天命、天神之类，这大概就是一种习语，就像我们现在说“天知道”差不多，表达的是一种感慨、无奈的情绪，没有必要对其做过分的解读。虽然孔子把“不怨天，不尤人，下学而上达”当作自己不被人了解的一个重要原因，但是这恰恰是一个读书人应该具备的重要态度，这实际上就是一种坐冷板凳的精神，不管别人的评价如何，要坚定自己的信念，咬定青山不放松，在不被了解甚至在被冷嘲热讽之中，坚持自己的学问修养，只有这样，才能在道德修养、学问水平上取得突飞猛进的发展。

14.36 公伯寮愬子路于季孙。子服景伯以告,曰:“夫子固有惑志于公伯寮,吾力犹能肆诸市朝。”

子曰:“道之将行也与,命也;道之将废也与,命也。公伯寮其如命何!”

要了解这这一章,我们首先要有一个背景知识,鲁国长时间是三家僭政,三家当中是以季氏为首的,当然三家僭政也经历了一个历史发展的过程,这个故事讲的还是早期。孔子当时在鲁国做大司寇,子路在季孙家做家宰,他们面对三家的势力日益庞大,开始逐渐形成尾大不掉之势,孔子、子路就和鲁侯密谋要粉碎三家僭政的图谋,给他们一个警告,就计划隳三都,也就是把他们所建城墙超出礼制所规定的高度的部分给拆除掉。结果这个计划由于公伯寮向季孙告密走向失败,子路被拘,孔子被迫离开鲁国而周游列国。“公伯寮愬子路于季孙”说的就是这件事情,就是公伯寮在季孙面前告密,把子路给出卖了。有人说公伯寮是孔子弟子,这很有可能,否则,他不会知道密谋的内容,他知道密谋内容说明他参与了密谋,至于他为何没有出现在《孔子家语·弟子解》中,估计是因为他的背叛行为被除籍了。

面对孔子和子路的艰难处境,孔子的弟子子服景伯愤懑难平,意欲惩戒公伯寮,为孔子和子路报仇雪恨。子服景伯为什么敢于在这种危难时刻挺身而出呢?因为子服景伯出自孟孙家族,孟孙是三家之一,所以,子服景伯凭借自己家族的势力有机会直接与季孙对话。子服景伯告诉孔子,虽然季孙被公伯寮惑乱心志,导致子路被囚,但是我可以凭借家族的势力与其进行对话,为子路进行辩护,拆穿公伯寮的谗言,让季孙看清公伯寮的真实面目,从而让季孙诛杀公伯寮,让其在街市上陈尸三日。面对子服景伯的好意,孔子并没有领受,反而将其归结为命运。因为子路被拘,孔子也受到了牵连,使得他不能继续在鲁国为官,从而无法继续推行自己的政道与治道,不过孔子并没有把这归结为公伯寮告密,而是将其归结为天命,也就是一种无法预测的偶然性,认为道的存与废都无法摆脱这种偶然性的侵袭,我们无法操纵这个偶然性的命运,难道公伯寮就能够操纵吗?

从孔子的言论中我们可以看出三点:第一,对于这个偶然性的命,我们不要去报怨,也不要盲目地去服从,而是要下学而上达,通过学习而从偶然当中去认识必然,从而使得我们能够顺命、安命;第二,人要有宽容精神,不要对别人的错误睚眦必报,这只会导致冤冤相报何时了;第三,当我们遭遇失败的时候,我们没有必要将其推卸给别人，推卸给外部环境，我们要更多地关注自身，不断地提升自身。

14.37　子曰："贤者辟世，其次辟地，其次辟色，其次辟言。"

子曰："作者七人矣。"

"辟"通"避"。孔子说，在这个世界上，有些贤者不愿同乎流俗，合乎污世，所以，隐居山林，成为避世之士；次一等的则择地而处，从风气不好的地方搬到风清气正的地方居住；再次一等的则要看别人脸色行事，当别人脸色不好的时候，自己的言行举止就格外小心，不该说的话不说，不该做的事情不做，以免别人给自己看脸色；再次一等的则主要观察别人的言语，根据别人的言语决定自己不做什么，不说什么，以免招致别人的言语指责甚至是污言秽语。孔子说，这样做的有七个人，至于这七个人到底是谁，历史上多有争论。总的来说，这是孔子对于社会当中现象的一个描述，借此表达了自己的一种担忧，就是主动为这个社会承担责任的人太少了，大家都只关心自己的身家性命，缺乏一种"知其不可为而为之"的闯劲，缺少一种"仁以为己任"的担当精神。

14.38　子路宿于石门。晨门曰："奚自？"子路曰："自孔氏。"曰："是知其不可而为之者与？"

子路在石门，也就是曲阜的南二门那个地方住宿了一晚，第二天早晨进城门，城门守卫就询问子路是从哪儿来的，子路回答是孔家来的，也没有具体说孔子的名字，守卫马上就说，就是那个知道事情做不成也要做的人吗？连一个城门守卫都知道孔子"知其不可而为之"，这就说明这确实是孔子的一贯风格。在现代社会中，人们会说孔子固执。实际上，固执主要是指对一种落后过时的东西的错误坚持；如果坚持正确的东西，那么，我们就要说他有恒心，有毅力，不忘初心。孔子显然不是老古董，不是坚持一些周代落后的东西，他是要坚守周代的礼乐文明，并且要因时损益，他是在为自己的理想而奋斗，百折不挠，坚韧不屈，这是我们需要加以高度肯定的。况且孔子所坚持的不是个人的理想，而是社会的理想，希望实现礼乐文明、仁政王道、大同社会，并且为此而不懈努力，这说明他拥有高度社会责任感和奉献精神。现代人日益功利浮躁，缺少一种"知其不可而为之"

的精神，这是非常可惜的，我们需要重振这种精神。虽然我们知道自己的努力会失败，但是我们不能因此而退缩，一代人不成，两代人不成，子子孙孙无穷匮也，经过几代人坚持不懈的努力，我们的理想就会有实现的一天；如果我们放弃了坚持，那么，我们就已经失败了，就永远失去了实现理想的希望。

14.39　子击磬于卫，有荷蒉而过孔氏之门者，曰："有心哉，击磬乎！"既而曰："鄙哉，硁硁乎！莫己知也，斯己而已矣。深则厉，浅则揭。"

子曰："果哉！末之难矣。"

孔子曾经三次到卫国，但灵公已老，终不见用，孔子大概在家里演奏磬这种乐器，以表达自己的心志。这时一个挑着担子的人经过孔子的家门口，听到孔子演奏的音乐，说这个磬声，是有心之言啊！这也是个世外高人，能够听懂弦外之音，听到孔子击磬，就能够通过磬声了解孔子的所思所想。过了一会又说：这个磬声很是鄙陋啊！声音坚确，深沉坚定！似乎在说没人知道我，但是仍然坚定地笃信自己，要按照自己的意志向前走，而不肯与世俗同流合污。在荷蒉者看来，这种做法是不合时宜的，正确的做法应该是顺应时势，顺应潮流，不要逆潮流而动。荷蒉者举了一个例子，就像涉水过河一样，过膝深的水，就容易弄湿衣服，过浅于膝盖的水只要提着衣服就过去了。意思是说，能做的事情就做，不能做的事情也不要勉强，我们不能非要坚定自己的想法，一定要按照自己的想法去做某些事情，这样会伤害到自己。荷蒉者实际上是个隐士，向社会妥协，但孔子不是这样的人，他是个"知其不可而为之"的人，他是有自己坚定的理想信念的人，是个不达目的誓不罢休的人，他有原则的坚定性，因此，当孔子听了荷蒉者的话之后就说，这个人太坚决了，无法驳难说服他了。

从上述荷蒉者的话语当中，我们能看出孔子是一个具有坚定信念的人，他能够为了自己的理想信念而坚定不移，这是所有人都需要加以学习的，一方面要树立理想信念，另一方面要坚定自己的理想信念，愿意为自己的理想信念而坚持奋斗：同时我们也能看出，对于不同的人来说，思想的前提之间存在着巨大的差异，因此，我们不是拿着自己的思想就能够轻易地去说服别人改变自己的思想立场的，所以，孔子说"道不同，不相为谋"（《论语·卫灵公》）。当然，对于我们来说，我们也要尽力地去理解别人的所思所想，看看他们的思想到底问题出在哪里，从而避免去犯同样的错误，同时我们也要去看看他们思想当中有什么优点，有哪些东西值得我们去汲取。

14.40 子张曰："《书》云：'高宗谅阴，三年不言。'何谓也？"子曰："何必高宗，古之人皆然。君薨，百官总己以听于冢宰三年。"

《尚书》当中说，殷高宗武丁在国君去世的时候，主要居住在偏庐之中，三年不谈政事，不理朝政。子张对此不太理解，主要不理解的并不是守孝三年的问题，而是三年不谈政事，不理朝政。因为从当时他们所处的时代氛围来看，这是一种非常危险的做法，因为那个时候君臣之间对于权力虎视眈眈，互相猜忌，国君尤其害怕权力旁落，而三年不理政事，这在当时看来是一件非常不可思议的事情，所以，子张问孔子这是什么意思。听了子张的疑问之后，孔子指出，这在现在看来不可思议，但是这在过去并不是殷高宗的特殊事迹，而是一个非常普遍的做法，守孝三年，自天子以至庶人，所有人都是这样。至于大权旁落的担心则更是多余，因为那个时候君孝臣忠，国君死了，三年之中，太子就不用再谈政事，再理朝政，文武百官也就不再向国君咨询，而是总结自己的职事听从冢宰的指挥，没有人会因此而产生僭政夺权的想法。

孔子通过这件事情，讥讽当时的社会中人心叵测，君臣猜忌，君防其臣，臣要其君，结果导致上下不协，社会难安。其中的问题则在于每个人都以自我为中心，只关心自己的一己之私，而忽视了天下之大公。

14.41 子曰："上好礼，则民易使也。"

孔子所生活的时代是一个礼崩乐坏的时代，三家僭政对于当时的社会风俗造成了严重的影响，"八佾舞于庭"、"三家者以《雍》彻"、"季氏旅于泰山"等不合礼仪的现象在当时层出不穷，从而导致人心日偷、风气日下。当然，礼崩乐坏实际上都是针对统治者而言的，孔子所讲的违反礼仪现象的主体主要是统治者而不是平民百姓。这其中的原因则在于"刑不上大夫，礼不下庶人"，对于平民百姓而言，并没有特别的礼的要求。为什么呢？"礼"在当时作为一个治国理政的重要手段，是掌握在统治者手中的，这也就是荀子所说的"治之经，礼与刑，君子以修百姓宁。明德慎罚，国家既治四海平"（《荀子·成相》）。作为一个统治者，不可能每件事情都亲力亲为，必然要劳动在下者，要驱使人民百姓，从而调动自己治下的所有力量来进行社会治理，只有这样，才能实现自己治下的长治久安，才能身逸而天下治。要想做到这一点，就必须使自己对在下者的驱使符合礼仪规范的要求，不仅要做到“君使臣以礼”，对于人民百姓也是如此。其中的原因则在于两个方面。第一，礼本身是建立在人的仁心善性的基础上的，因而比较符合人的本性，按照礼的方式来驱使人民百姓，人民百姓就会觉得自己的所作所为本来就是自我本性的一种实现，不但不会产生任何强迫之感，而且会产生一种愉悦之感、幸福之感，所以愿意受到在上者的驱使。第二，礼作为一个道德的规范，而道德是一种提倡性的、倡导性的，外在的强制往往无法取得令人满意的效果，要想让人民百姓将理性规范内在化，变成自觉自愿的行为，就不能仅仅依靠外在的强制灌输，同时更要通过榜样的感化力量。在先秦时代，统治者就是人们效法的榜样，如果统治者能够“好礼”，能够时时事事都依礼而行，那么，就会对人民百姓产生良好的示范效应，就会按照礼仪来规范自己的视听言动，就会服从礼仪规范接受在上者的驱使。

14.42　子路问君子。子曰：“修己以敬。”

曰：“如斯而已乎？”曰：“修己以安人。”

曰：“如斯而已乎？”曰：“修己以安百姓。修己以安百姓，尧舜其犹病诸？”

子路向孔子询问怎么样才能成为君子，这个君子不仅是道德地位上的，也是社会地位上的，是具有高尚道德的统治者。孔子说：修养自己，要严肃认真地待人接物、为人处世。这实际上不是君子为然，凡是要让自己在道德上有所成就的人都是这样，这是个人修养的头脑，只有严肃认真地对待事事物物的人才能成己成物，对什么都满不在乎的人最终都会一事无成。因此，对于儒家而言，敬事而信是至关重要的，这是我们任何人都不能轻忽的。子路说这样就够了吗？孔子又说：修养自己来安乐社会的上层人物。在《论语》中，“人”有时是和“民”相对的一个概念，“民”是指社会底层的百姓，而“人”则指在社会上层的居于统治地位的那些人，在这里，后文中以“安百姓”与“安人”相对，显然，这个“人”就不是一般意义上的人，而是特指社会的上层统治者。君子作为社会高层的统治者，首先要处理好自己与周边人之间的关系，让大家处于一种比较安乐的状态，只有这样，自己才会获得他们的支持，自己的思想观念才能得到推广落实，自己的统治才会稳固。当然，有人认为这里的“人”指家人，这种解释有些不妥，因为一方面我们既不能找到以“人”指代家人的根据，另一方面这种理解也没有充分考虑到君子的身份地位问题，如果考虑到身份地位，那么，这里所讲的应该是相应于身份地位并与其身份地位相当的统治者。子路又问是否这样就够了，孔子说：要修己以安百姓。在这个社会上，有统治者就有被统治者，统治者与被统治者是相互依赖，相互支撑的，因此，统治者要想保持自己的统治者身份，他就应该要安抚百姓，让百姓生活快乐，甘心接受自己的统治，所以，对于作为统治者的君子来说，推己及人，让百姓生活安乐应该也是其所必须关注的一个重要内容。当然，对于大多数的统治者来说，他们都高高在上，不关心百姓的疾苦，认为百姓受苦受难，为统治者竭力奉献，都是理所当然之事，所以，很少有人将百姓的幸福放在心上，因此，中国的百姓付出很多，收获很少。正是基于这样一种认识，孔子才感叹：对于一个统治者来说，注重自身修养，关心百姓疾苦，让百姓生活安乐，即使是尧舜这样的圣君，恐怕也很难做到。

这一章比较明确地表达了修身治国平天下的治国理政路径，对于治国理政来说，虽然从表面上来看，是一个公共事业，但是这也离不开统治者个人的道德品质，因此，同样要从修身、提高道德修养做起，只有这样，才能推己及人，以不忍人之心来对待人民百姓，从而真正实行仁政德治，实现仁民爱物。当然，站在现代社会的立场上来看待孔子的这一说法，就会觉得这是典型的人治而不是法治，这在现代社会中显然有不够的地方，不过从统治者要注重道德修养的角度来说，这也是对法治的一个重要补充。

14.43　原壤夷俟。子曰：“幼而不孙弟，长而无述焉，老而不死，是为贼。”以杖叩其胫。

原壤与孔子是小时候的伙伴，是故旧之交，据说他习黄老之术，习吐故纳新之术以养生，不为礼俗所居，母死而歌。有一天孔子去见原壤这位老朋友，结果原壤也不遵守礼法出门迎接孔子，而是张开两脚蹲坐在地上等待孔子的到来。这在古代是一种很不礼貌、不守规矩的表现，这是典型的站没站相，坐没坐相。那个时代正确的坐姿应该是以膝跪地，两腿并拢，身体挺直，臀部后坐，但不着脚踝，这就是正襟危坐。结果原壤张开两腿，两脚向前伸开，一屁股坐在地上，非常不礼貌。孔子看到原壤如此不守礼法，自然不能容忍，对原壤进行了严厉的批评：你这个人小的时候就不守逊悌之礼，长大了也没有什么值得称道的优点，你这种人活了这么大的年龄还不死亡，真是一个祸害啊！说完了用手杖敲了敲原壤的小腿，意思要让他注意自己的坐姿。

在这一章中，主要记录了孔子对于原壤不守礼节行为的批评，不过从这里面我们可以看出，一方面，我们不能对别人违反礼仪、违反道德的行为视而不见，任由其自由放纵，这是一种不负责任的做法，我们应该为其指出不足，督促其加以改正；另一方面，我们要想赢得别人的尊重，就必须严格地要求自己，我们要首先尊重自己，尊重别人，只有这样我们才能赢得别人的尊重；如果我们既不自尊，又不尊人，却又要求别人尊重自己，那就是自取其辱，这也就是说，我们时时刻刻都应该严格地要求自己。

14.44　阙党童子将命。或问之曰："益者与？"子曰："吾见其居于位也，见其与先生并行也。非求益者也，欲速成者也。"

阙党就是阙里，也就是孔子的故乡。在孔子的故乡有一个未成年的童子，小小年纪就能够在宾主之间传话。因其年幼，人们觉得这个小孩子很不简单，所以就问孔子：他是个自求进益的人吗？否则，他怎么能够在宾主之间传命呢？孔子对人观察是非常仔细的，他要观察一个人的言行举止，观察他的视听言动，看其是否符合礼仪规范。孔子就观察了这个童子的言行举止。按照古代的礼制，童子与成人在一起，成人有位子而童子是没有位子的，只能坐在屋子的角落里；与成人在一起行走的时候，也要成人在前，童子在后，以示对成人的尊重。孔子观察到这个童子的行为完全不遵守礼制，居然与成人一起坐在位子上，与成人并排行走。根据自己的观察，孔子得出结论，这个童子不是一个自求进益的人，而是一个急于求成的人，希望自己一步登天。

这个事情就告诉我们要时刻注意自己的言行举止，不要以为自己做的事情神不知鬼不觉，尤其是在现代这个社会，你的一言一行都有可能被人看见。关键问题在于，言行虽然是外在的，但是它们反映了你的内在，你的素质、你的思想、你的道德品行都会通过你的言行举止反映出来。所以，我们不仅要注意自己的言行举止，更要注重自己的内在修养，自内而外，无论哪一方面，都要对自己高标准严要求。

# 卫灵公篇第十五

15.1　卫灵公问陈于孔子。孔子对曰："俎豆之事，则尝闻之矣；军旅之事，未之学也。"明日遂行。

《论语·宪问》中曾记录孔子谈论卫灵公的无道，可见卫灵公在孔子心目中的形象不是太好，基本上被看作是昏庸无道的。昏庸无道的卫灵公有意于征伐，遂向孔子询问排兵布阵、行军作战之事。在孔子看来，排兵布阵、行军打仗固然重要，这是保家卫国、安定富民的必要条件，不过这并不是治国理政的根本之所在，治国理政的根本则在于道德修养、礼仪教化，所谓"君子之德风，小人之德草，草上之风，必偃"(《论语·颜渊》)，因此，要"道之以礼，齐之以德"(《论语·为政》)，只有这样，才会"近者悦，远者来"(《论语·子路》)。问题在于，卫灵公不但德之不修、学之不讲，却还有志于战伐，这显然是本末倒置，危害甚大。孔子由此知道自己在卫国很难实现仁政德治的政治抱负，所以，他回复卫灵公：我虽然对于像俎豆之类的礼仪还有所了解，但对于排兵布阵、行军打仗之类的事情因为没有学习过，所以也不了解、不熟悉。当然，孔子说得比较委婉，毕竟卫灵公也是一国之君，孔子也不能说得太过直截了当，否则会招来一些不必要的麻烦。孔子说完之后，第二天就离开了卫国。这说明，一方面孔子的心目中理想的政治不是刑政法治，而是仁政德治，他心目中的文明应该是礼乐文明，另一方面，孔子真正践行了"道不同，不相为谋"(《论语·卫灵公》)。实际上，孔子在卫国的生活过得还是非常好的，虽然卫灵公昏庸无道，但是毕竟卫灵公、南子对孔子还是非常尊重的，所以，孔子的生活并没有什么困难，不过，孔子的理想并不是个人的富足生活，而是仁政德治的推行，既然他在卫国无法实现理想，那就只能另寻他国。

15.2　在陈绝粮，从者病，莫能兴。子路愠见曰："君子亦有穷乎？"子曰："君子固穷，小人穷斯滥矣。"

孔子在陈绝粮在历史上有不同的说法，有人认为当时是因为陈国正在打仗，无人顾及孔子一行；有人认为这是因为孔子没有弟子在陈国出仕，所以无上下之交，陈国没有赠与孔子一行以粮食等生活用品，导致孔子一行粮食补给出了问题，生活难以为继，与同孔子一道出行的人中有些人病得非常严重，以致不能起身行走。子路性格急躁，一方面看到当时艰难困厄的处境心情不好，一方面回想孔子周游列国时处处碰壁的经历也不免心情糟糕，因此脸色非常不好地去面见孔子，对孔子说：难道一个道德高尚的君子也会有困厄的时候？面对困厄，也无计可施？子路的提问反映出子路在内心当中对孔子之道的某种动摇。实际上，子路本来一直都是孔子坚定的追随者，不过在重重困难面前，也对自己的选择产生了怀疑、动摇。正是有见于此，孔子对子路说：一个道德高尚的君子虽然也有遭遇困厄之时，也有束手无策之时，但他并不会因此而改变自己的立场态度，即使处于困厄之中，他也不会放弃自己的理想追求，他反而会将艰苦困厄当作上天对于自己的考验，立场更加坚定，意志更加坚决。与君子不同，那些道德低下的小人在遭遇困厄的时候，就不能坚持自己的理想、坚定自己的意志，开始放纵自己走向胡作非为。

从这一章中我们可以看到，穷或不穷具有一定的偶然性，这不是我们自己所能决定的，因而我们不能用穷与不穷作为判断一个人德行高低、成功与否的标准，我们更加需要关注的是一个人面对穷困时的态度及其所作所为，身处这种极端情况下，人的行为举止更能反映出其内在的道德品质，也更有利于我们看清一个人的真实面目，只有在面对穷困的时候，我们仍能不忘初心，坚持理想，这才是我们道德高尚的最有力证明。

15.3　子曰："赐也，女以予为多学而识之者与？"对曰："然，非与？"曰："非也，予一以贯之。"

在孔子的弟子中，子贡可以说是博学多能的。与子贡相比，孔子自然更是博学多能，以致别人都认为他是生而知之者，是天纵之圣。这种舆论害得孔子赶紧出来说明，自己不是生而知之者，而是学而知之者，自己之所以博学多能，一方面自己勤奋好学，走到哪学到哪，学无常师；另一方面由于小时候家里穷，自己迫不得已而学会了很多能耐。因为孔子老是强调学习，他害怕子贡以及其他弟子误以为学习就是以博学多能为事，所以，他向子贡设问：你以为我仅仅是因为广泛学习才见识广博的吗？子贡回答说：对啊！难道不是这样吗？面对子贡的回答，孔子告诉子贡：不是这样的，我主要是一以贯之。这个“一以贯之”比较麻烦，孔子说得也不明白。曾子曾对孔子所说的“吾道一以贯之”做过一个解释，认为就是“忠恕之道”，就是所谓的“己欲立而立人，己欲达而达人”（《论语·雍也》），“己所不欲，勿施于人”（《论语·颜渊》）。有人把“一以贯之”理解为用一个东西来贯穿、贯通；有人把“一以贯之”理解为彻底地落实执行。在这个地方，“一以贯之”如果被理解为落实执行的话，那么，就不能很好地解决知识的丰富性的问题。无论是博学也好，还是不断地落实执行也好，我们所获得的知识都是有限的，都不能真正地使我们的知识变得无限丰富起来，不能真正地实现从有限到无限的超越。因此，将这里的“一以贯之”理解为用一个东西来贯穿、贯通可能更加合适。儒家无论是讲“推己及人”，还是讲“比类相推”，实际上都是强调事物、人我之间的贯穿、贯通；一旦我们实现了事事物物、人己物我之间的贯通，那么，我们就纲举目张，举一隅而以三隅反，闻一知十，执一知万，能够从夏商周三代之法的损益变革之中做到“虽百世可知也”（《论语·为政》），从而在有限的认识之外获得无限的知识。孔子的“一以贯之”是一个重要的读书学习的方法。当然我们也要博学多识，不过如果仅仅是博学，那么，我们所获得的知识就会像一盘散沙一样，无法形成一个系统，我们在这纷繁复杂的知识面前就会感到自己非常渺小，从而被知识所左右，最终迷失自我；如果我们能够用一条线索将其贯穿起来，那么，知识就显示出其条理性、系统性，我们就从知识的碎片中超脱出来，使得知识成为我们手中的工具，容易被我们所掌握、所使用。因此，对于我们来说，读书学习既要求“多”，更要求“一”，从而做到“摄多归一”。当然，在“多”与“一”的关系中，“多”是前提，没有了“多”，也就没有了“一”，但是如果没有“一”，那么，我们就会陷入“多”的汪洋大海之中，被“多”所吞没。

15.4　子曰：“由！知德者鲜矣。”

孔子对子路说，现在真正了解道德的人很少了啊！什么是德？孔子曾经说过，“中庸之为德也，其至矣乎！民鲜久矣”（《论语·雍也》），那是专门就中庸之德而言的。“德者，得也”，得之于心，见之于行，或者说“化理论为方法，化理论为德性”，因此，这个“德”作为“得”，一定是有所得。当然，对于儒家而言，所得之物就是道，也就是仁义之道，真正的“德”就是要将仁义之道变成自己的内在修养，变成自己立身行事、待人接物的标准，时时处处都要以仁义之道来严格地要求自己，做到生死由之，“无终食之间违仁，造次必于是，颠沛必于是”（《论语·里仁》）。然而，在现实生活中，人们将仁义道德变成了一个口号，实际上很少真正地去落实执行，从而背离了道德的本来面目。孔子此语实际上是对现实社会环境的一种感慨和无奈，同时也提醒自己的弟子们要注重道德的落实执行和内化。

15.5　子曰：“无为而治者其舜也与？夫何为哉？恭己正南面而已矣。”

孔子说在历史上真正能够做到无为而治的大概只有虞舜吧？舜做了什么呢？就是表情严肃恭敬地端坐在王位上而已。在中国古代一般尧舜禹并列，为何这里只讲舜无为而治，而不讲尧与禹呢？这里存在世易时移的问题，尧之所以不能无为，是因为在其之前的君主并非圣人，没有为尧奠立无为而治的基础，所以，尧要努力开创局面；禹虽然承之于舜，舜为圣君，但是接替他的位置的启则非圣人，不能独担重任，所以，禹要终生劳精伤神。舜可谓是得其时者，上承于尧，下授于禹，二者皆为圣人，尧在国家治理上规模已具，而且培养了一批可用之才，舜沿袭了尧所开创的治理模式，任用了这些可用之才；而舜自己又修养高深，深孚众望，能够网罗天下人才，为我所用，所以，他能够身逸而国治。因此，对于舜来说，主要是三点让他做到无为而治，第一，时间上的优势，他处在尧与禹之间；第二，他道德高尚，能够收服人心；第三，他善于任用人才。

15.6　子张问行。子曰：“言忠信，行笃敬，虽蛮貊之邦，行矣。言不忠信，行不笃敬，虽州里，行乎哉？立则见其参于前也，在舆则见其倚于衡也，夫然后行。”子张书诸绅。

子张询问孔子如何才能通行无阻，也就是为人所悦纳接受。孔子认为，如果言语诚实守信，行为忠厚恭敬，即使到了文明未开的野蛮国家，同样也能通行无阻。如果反过来，说话不诚实守信，行为不忠厚恭敬，那么，即使是在自己居住的州里，也就是在自己的家乡，也照样行不通。由此可见，言语诚信、行为忠厚老实的人在哪都受到欢迎。我们牢记前面这些话，站着的时候，好像就看到它们出现在我们的眼前；坐在车子里的时候，就好像看到它们就被写在车子的横轭上，时刻提醒着我们，只有这样才能通行无阻。子张听了孔子的言论以后，就把它书写在衣服的大带上，以便牢记它们，并时刻提醒自己。

现在有些人喜欢说大话，然后坑蒙拐骗，希望通过一些不正当的途径来走捷径，即使这些人的图谋能够一时得逞，但是绝对不能长远，因为大话与欺骗总有一天会被别人识破。因此，对于我们来说，最重要的就是不断地提高自身的修养，而不是通过欺骗手段来赢得别人的信任，如果我们这样做了，即使我们也会遭遇误解和前途遇阻，但那都是暂时的，我们最终会赢得别人的信任、理解与支持。

15.7　子曰："直哉史鱼！邦有道，如矢；邦无道，如矢。君子哉蘧伯玉！邦有道，则仕；邦无道，则可卷而怀之。"

史鱼，名鳍，卫国的大夫，这个人非常正直，无论国家是政治清明，还是政治黑暗，他都像箭矢一样的正直。《孔子家语·困誓》中说他在临死之前，仍然为没能让卫灵公进用蘧伯玉、辞退弥子瑕而感到自责，他就嘱咐自己的儿子用自己的尸体向卫灵公进行尸谏，结果卫灵公深受感动，辞退弥子瑕而起用蘧伯玉。由此可见，史鱼确实是一个非常正直的人。他所举荐的蘧伯玉确实也是一个道德高尚的君子，不过蘧伯玉与史鱼不同，蘧伯玉更加接近儒家所提倡的顺时而为的圣人：国家政治清明的时候，他就出来做官；国家政治黑暗的时候，他就把自己的才能收藏起来，不参与政治，以免忤逆于君。虽然孔子对于二人都给予了高度的赞赏，但是从整体来看，孔子更加倾向于蘧伯玉，而且孔子也确实是对蘧伯玉心生仰慕，不仅曾经主事于其家，而且多次对其赞赏有加。

15.8　子曰："可与言而不与之言，失人；不可与言而与之言，失言。知者不失人，亦不失言。"

这一章可以有两种不同的理解方式。一种是将重心放在"不失言"上，也就是君子贵言。因为贵其言则尊其身，尊其身则重其道，重其道则立其教；轻其言则身贱，身贱则轻其道，轻其道则废其教，所以，君子贵言，不轻易说话，说话一定要注意对象，非其人则弗与之言。一种是将重心放在“不失人”上，也就是君子贵人。因为一方面，人才是国家之宝，只有有了人才国家才能久安，统治者才能身逸而天下治，即使像卫灵公这样的昏庸之君，因为他有“仲叔圉治宾客，祝鮀治宗庙，王孙贾治军旅”，所以，他也能够不丧权辱国；另一方面人才难得，所以，我们应该珍惜人才。不过，这句话从字面上翻译的话，这两种理解并没有根本的区别，实际上两种理解内在本身就是统一的，贵言与贵人都是指对对的人说对的话：如果一个人可以与他交谈，却不与他交谈，那么，我们就错失了人才；如果一个人不可以与他交谈，却偏偏与他交谈，那么，我们就是错用了语言。一个真正的智者，既不错用语言，也不错失人才。这实际上也反映了孔子重时的观点，要在恰当的时间地点，面对恰当的对象，说恰当的话。同时我们也要看到，孔子说什么不说什么不是从自身出发的，而是根据他者来决定的，因此，不是我事先设定要对他者说什么，而是我在面对他者的时候，他者引出了我的语言，实际上我的语言是对他者的一种回应，是他者决定了“可与言”还是“不可与言”，因此，语言不仅是一种表达的工具，更是一种需要正确处理的我与他者之间的关系。

15.9　子曰：“志士仁人，无求生以害仁，有杀身以成仁。”

“志”有人将其理解为“知”，也即“智”，因为在古代经常是仁知并举，所以“志士”就是有智慧的人；有人认为这个“志”就是志向之志，“志士”就是有志之士，这二者均可通，笔者在这里暂从人们比较普遍使用的后一种理解。对于儒家而言，并不将注意力花费在死亡的问题上，而是将注意力放在如何生的问题上，知生也就能知死，这也就是孔子所说的“未知生，焉知死”。“天地之大德曰生”，生生乃是天地之道，人得之于身就是仁，就是性，因此，对于人来说人有仁心善性，也要生生，一方面要让自己生命生生不息，一方面也要让世界上的生命生生不息。因此，每个人都应该好好地活着，不能轻易地伤害自身，更不能自杀以结束生命，否则就是不仁不孝不忠，就是违反天地之道的，不过个体的生命与他人的生命、社会国家的生命、宇宙的生命比较起来，又是微不足道的。因为个体生命是私，社会国家、宇宙的生命是公，所以，当二者之间发生冲突，不能两全的时候，我们要舍私而为公；我们不能为一己的生命而残害他人的生命，这是违背仁道的，这也就是孔子所说的“无求生以害仁，有杀生以成仁”，后来孟子将其说成“杀身成仁，舍生取义”。孔孟的这一思想后来成了许多读书人面对民族危亡时候的一个重要抉择。

15.10 子贡问为仁。子曰:“工欲善其事,必先利其器。居是邦也,事其大夫之贤者,友其士之仁者。”

子贡向孔子询问为仁之道。成仁不能在自身当中完成,必须要在社会之中、他人之中完成,要在事中磨练,成仁本身就是一项工程。因此,孔子以工匠制器来形容为仁之道。工匠制器不仅要有高超的技术,同时也要有合用的工具,因此,工匠要想制造出完美的器物,就必须先要有合用的工具。对于人来说,我们要想成就仁道,成仁成人,那么,我们不仅需要依靠自己的努力,同样也需要依靠外在的帮助,要借助他人的力量来成就自己的仁德。因此孔子说,我们居住在一个国家,要靠近侍奉那些大夫中的贤德之士,与士中的仁人志士交朋友,通过与他们之间的接触交流,来砥砺自己的德行。

在这一章中,孔子实际上告诉我们两点:第一,提高自身的道德修养,成为一个道德高尚的人,仅凭自己的努力是不够的,也要依靠师友的帮助,这是我们提高自身修养的一个便捷途径;第二,人是环境的产物,人的道德品行的形成深受周围环境的影响,因此,我们需要谨慎地选择自己所处的环境,好的周围环境会让我们的道德修养取得事半功倍的效果。

15.11 颜渊问为邦。子曰:“行夏之时,乘殷之辂,服周之冕,乐则韶舞。放郑声,远佞人。郑声淫,佞人殆。”

当时鲁国大乱,整个社会也出于兴替变革之际,因此,颜渊向孔子问询治国之道,当然,由于处于变革之际,所以,“为”也就有了创制之意。孔子觉得应该重民生,兴礼乐,也就是其所说的富之教之,吸收夏商周三代的优点,进行一个综合创新。孔子这里所说的,不过是示例而言,并不是说做到这几项就够了。第一,采用夏代的历法。夏历的优点在于它是顺应自然季节的变化,与农事相宜,而且当时很多活动都是采用夏历,所以采用夏历是顺天因人之举。第二,乘坐商代的车子,因为商代的车子是采用木头制作而成,比较质朴,节俭。第三,戴周代的冠冕。周代冠冕前低后高,这表示一种尊人抑己的态度。第四,采用韶武的音乐。“舞”就是武,因为韶武这种音乐尽善尽美。在做到这四点的同时,还要禁绝郑的音乐，因为郑国的音乐声音华丽过度，这不符合适度的原则，不符合中庸之道；远离谄媚之人，因为谄媚之人无论是对个人还是对国家都有危害。

从这一章我们可以看出孔子对待传统文化的态度，孔子既不一味地站在现实的立场上反对传统，也不是一味地要复兴传统，而是站在现实的立场上，根据自己重民生、兴礼乐的指导思想，对于传统文化进行筛选整理，从而在综合创作的基础上，做到古为今用。这对于身处全球化的当今中国如何处理古今中西之间的关系，是具有重要的借鉴意义的。

15.12　子曰："人无远虑，必有近忧。"

这句话现在已经成了中国人日常生活中的一句习语。它主要有两种解释，而这两种解释主要集中在"远近"上。一种把远近做地理方位上的理解，认为是距离的远近，这大概是中国古人考虑内忧外患的问题，不仅要安抚好身边的人民百姓，也要处理好与别国人民百姓之间的关系，增加对于他们的吸引力，这就是所谓的"近者悦，远者来"；或者说巩固好自己的国防，要提防别国的入侵。否则的话，我们就会政治不善，国防不固，在不久的将来出现国内混乱、外敌入侵的状况。一种把远近理解为时间上的，也是我们现在就必须有长远打算，为未来做周密的筹备，从而做到万无一失，否则我们很快就会遭遇祸患。我们现在一般是在后一种意义上使用这句话的。这句话所反映的是中国人的一种忧患意识，也就是居安思危。这既反映了中国人的辩证思维，他能在安稳当中看见危险的萌芽，从而把事物及其态势置于一种发展变化之中，而不是将其看作僵死不动的，也反映了中国人的一种长远意识，中国人看到的不只是眼前的，而是要考虑到遥远的未来，因此，中国人不仅要对自己负责，要对现在负责，而且要对子孙后代负责，要对未来负责，从而将自己置身于一个不断向前奔涌的历史洪流之中，而不是拘守自我的封闭圆圈。也正是出于这个原因，中国人愿意为了子孙后代、为了自己的理想信念而舍生忘死。

15.13　子曰："已矣乎！吾未见好德如好色者也。"

本章与《论语·子罕》第18章基本相同，就多了"已矣乎！""已矣乎！"就是"完了！"

15.14　子曰："臧文仲其窃位者与！知柳下惠之贤而不与立也。"

孔子多次提到臧文仲，并且多为赞赏，不过这次却是严厉的批评。臧文仲在鲁国主政，他有为朝廷进贤之责，而他却不能履行自己的职责向朝廷举荐柳下惠，因此，孔子说他的官位是偷窃得来而私下据为己有的，也就是说他名不副实，在其位不谋其政。如果臧文仲在其位而不知柳下惠之贤，那就是其才能有限，不能识别贤愚，这是不明；如果臧文仲在其位而又知柳下惠之贤，却故意不推举柳下惠，那么，这就不是才能的问题，而是道德品质的问题，那么，这就更加恶劣。在孔子看来，柳下惠作为名噪一时的贤者，臧文仲肯定是知道、了解柳下惠的。因为臧文仲家族世代都为鲁司寇，臧文仲不仅是鲁司寇，而且有可能还兼为司空，而柳下惠为士师，正是臧文仲的下属，所以，臧文仲不可能不知道柳下惠。孔子认为臧文仲虽然知道柳下惠之贤，但是却嫉妒他的才能而不推举他，从而让他不能与自己并立于朝廷之上。因此，孔子觉得臧文仲偷走了柳下惠的官位，臧文仲与三家在本质上没有什么差别，都是僭政。柳下惠姓展，名获，字子禽，私谥惠；至于"柳下"，有人说是因为他家有柳树，居于柳下，有人认为柳下是其食邑之名，今不可考。根据记载，柳下惠在鲁国，三次被废黜但都没有离开鲁国，始终居于下位。孔子说他"降志辱身，言中伦，行中虑"(《论语・微子》)；孟子说他是"圣之和者"，"不羞污君，不卑小官；进不隐贤，必以其道；遗佚而不怨，阨穷而不悯"(《孟子・公孙丑上》)。

从这一章我们可以看到，在中国，在上者利用手中的权力打压在下者古已有之，不过孔子认为，作为一个统治者，正确的做法应该是选贤任能，俊杰在位，只有这样，社会才能快速发展，国家才能兴旺发达，人民才能过上幸福的生活。不过，从臧文仲不举荐柳下惠来看，人才的选拔任用不能仅仅依靠举荐的方式，而更应该制度化、科学化，只有这样，才能把真正优秀的人才选拔出来，不至于使人才被埋没于草莽之中。

15.15　子曰："躬自厚而薄责于人，则远怨矣。"

在现代社会中，人与人之间的关系无疑是高度紧张的，人与人之间是合作共事的同事、朋友，更是对手，而且这种对手已经不仅仅是竞争的对手，而是战场上你死我活的敌人。这绝不是危言耸听，而是社会现实的真实表述。有关这点，我们只需看看孩子的教育就可以了,“考场如战场”、“多考一分,干掉千人”这些我们耳熟能详的口号真实反映了人与人之间的刺刀见红的肉搏战。为什么会这样?就是因为每个人都是以自我为中心的,都站在自我的立场上考虑和维护自身的利益,都把自我和自我的利益放在首要位置,这样一来,自我与他者之间就必然是一种你死我活的敌对关系。在这样一种敌对关系当中,我们当然都会厚待自己,希望一切美好的东西都为自我所拥有,包括荣誉与赞扬,而将一切不那么美好的东西都归之于他人。因而,在现实生活,人们都会宽以待己、严于律人,对别人要求甚严,自己享受权利,而将一切义务责任都强加到他人头上,而这必然会导致他者的不满与反抗,从而不仅引起埋怨,甚至引起怨仇。孔子认为,我们应该怀着仁爱之心,以忠恕之道待人,“己欲立而立人,己欲达而达人”(《论语·雍也》),“己所不欲,勿施于人”(《论语·卫灵公》),从而严于律己,宽以待人,只有这样,我们才会赢得别人的理解和尊重,自我与他者的敌对状态才会消除,怨恨自然就会得到化解。

15.16　子曰:“不曰‘如之何,如之何’者,吾末如之何也已矣。”

有人认为这一章是针对祸患已成而言:如果一个人面对祸患都不说“怎么办,怎么办”的话,那么,对于这种人,我也不知道该怎么办了。有人认为这一章是强调防患于未然:如果一个人不时时刻刻提醒自己“该怎么办,该怎么办”,那么,对于这种人,我也不知道该怎么办了。笔者以为,孔子居安思危,防微杜渐,一定会防患于将然之前,只有这样才不至于造成损失。虽然说“亡羊补牢,为时未晚”,但那毕竟已经造成了损失,而且有些错误则是无法补救的。因此,孔子作为圣人一定会明白这些道理,我们从15.12中“人无远虑,必有近忧”一语就能看清这一点。因此,这一章所阐发的实际上就是一种居安思危的忧患意识。

15.17　子曰:“群居终日,言不及义,好行小慧,难矣哉!”

“群居”,三人成群,所以是指多人同居共聚,有人据此断定这一章是孔子家塾的戒律,但没有确切的证据予以证明。孔子这里所讲的不仅对于学校的学生有指导意义,实际上对于所有人都有指导意义。大家同居共聚的时候,必然会有交谈交流,如果一天到晚海阔天空的闲谈,始终不涉及仁道正义,或者喜欢耍小聪明，卖弄辩说的技巧，那么，这种人要想成仁成人，就真的是太难了。这种人在日常生活中比比皆是，在一起不是东拉西扯，就是打牌赌博，饱食终日，无所用心，不提高自身的修养，不学一技一能，这种人终将成为废人，必将为社会所淘汰、所抛弃。在现代这样一个讲究实用的时代里，在这样一个知识爆炸的时代里，唯有终身学习才能勉强跟上社会的步伐，停止学习就意味着自我放弃，因此，我们必须树立终身学习的理念，活到老，学到老。

15.18 子曰："君子义以为质，礼以行之，孙以出之，信以成之。君子哉！"

这里的君子主要是指道德高尚的人。对于儒家而言，道德高尚与否主要体现在义利之辨上，"君子喻于义，小人喻于利"（《论语·里仁》）。当然，这不是说儒家不讲利，儒家所讲的利主要是天下之公利，而非一己之私利。在中国人的心目中，唯有私利才是利，如果一个人为了自己的私利而不惜伤害别人的利益，就是自私自利，那么，这就是必须予以反对的；与私利相对的是公利，也就是公共利益或他者的利益，公利就不再是利，而是义，这是值得加以追求的，因为这是为天下人谋利益，为天下人谋幸福。对于儒家而言，君子就应该义以为上、义以为质，也就是把义当作追求的目标，当作行为的标准，这也就是孔子所说的，"君子之于天下也，无适也，无莫也，义之与比"（《论语·里仁》），因此，义构成了君子之为君子的本质规定性，构成了君子之为君子的内在支撑的主干。仁内而义外，义是以仁心善性、爱亲敬长这些内在情感作为支撑的，受到这些内在情感的支配，情感本身容易走向过度和不及，很难做到"义"所要求的合宜合度，因此，我们需要用礼对其加以约束，让其接受礼的规范，在礼的指导下付诸实施。"义"实际上就是一种立身行事的指导原则，原则本身具有坚定性，它是棱角分明的，不容有任何的减损、修改，而这就容易对别人造成伤害，使人产生不容易亲近之感，从而会让人敬而远之，实际上这在伤人的同时也伤害了自己，从而把自己变成了孤家寡人。因此，我们在讲原则的坚定性的同时，也要讲究策略的灵活性，通过一种比较谦逊的方式来讲道义，从而让人没有被强加强迫之感。"义者，宜也"，义作为一种本质，作为一种立身行事的指导原则，是无处不在，无所不用的，大意不得，马虎不得，因此，我们必须真心诚意地去贯彻，去执行，使得我们的一言一行、一举一动皆符合道义之要求，从而使道义真正有所成就、成立。这里有两个"君子”，第一个“君子”是指古代的君子，古代的君子是那样做的，后一个“君子”是指现代的君子，如果现代的君子能够学习古代君子的做法，那么，他们也就能够成为一个名副其实的君子。

15.19　子曰：“君子病无能焉，不病人之不己知也。”

“病”即指：以……为病。一个道德高尚的君子只以自己没有能力为病，而不以别人不了解自己为病，也就是说君子只觉得自己没有才能这件事是需要值得关注的事情，因为这是真正的问题之所在，所以，要为此而劳精伤神，就像有病要治一样，我们要想办法去改变自己没有能力的现状，去提高自己的能力。至于别人了解不了解自己，这个问题则不必太过关注，也没有必要想方设法地去让别人了解自己。如何提高自己呢？首先，努力学习、提高才能，学习本来就是提高自己的内在修养，而不是做给别人看的，别人了解不了解都不影响自我的内在修养；其次，如果我们德才兼备，那么，我们也就没有必要担心别人了解不了解自己的问题，因为是金子总会发光的，即使自己不宣扬自己，你身边的人也会宣扬你的高尚德行，你迟早也会名扬天下；最后，即使我们由于某些偶然的原因，使我们终身默默无闻，这也是我们所无能为力的，我们也无法改变这种偶然性，我们再忧愁烦恼也无法改变这一现实，所以，对于我们来说，我们只能做自己所能做的，那也就是提高自己的内在修养，这不需要任何外部条件。

15.20　子曰：“君子疾没世而名不称焉。”

孔子是强调名实相副、内外统一的，前面从第12章到第19章，实际上都是讲内在的、讲实质的，可见他对于内在、对于实质的重视，而这一章则是讲名的问题。孔子虽然重视内在、重视实质，但是这并不意味着孔子就不重视名的问题，孔子所反对的是有名无实、名实不副之名，但并不反对所有名，最理想的状态应该有实有名，名本身是对实的一种肯定，也是对实的一种规范。因此，孔子说，君子也害怕自己终其一生而名声不显不扬，这实际上不仅是对名声的担忧，更是对德行修养的担忧，因为这在一定程度上也说明自己没有什么东西能够为别人所称道。有人认为，“名”分为没世之名、当世之名，君子所担忧的不是没有今世之名，而是没有没世之名，不从。由这一章可见，一个人追求名声实际上也没有什么问题，它也可以成为人们不断前进、不断完善提高自己的一种动力，但是这种名声必须要通过正当的手段来获得，也就是通过自己的德能来赢取，而不是靠欺骗等不正当的手段获取，名实必须相副，内外必须一致。

15.21　子曰："君子求诸己，小人求诸人。"

这一章可以有两种不同的理解方式。第一种，我们可以承上面几章的意思来理解这一章，虽然德行高尚的君子"义以为质"，但是他也"疾没世而名不称焉"，希望自己能够有实有名，不过作为君子，如果没有得到名声，那么，他就会反求诸己，检讨自己的不足，从而改正自己的不足，不断地提高自己；小人则与君子不同，不是检讨自己，而是怪罪他人，将自己名声不显不扬的原因归之他人。第二种，就是一般性地从孔子思想本身来理解，君子对于自己高标准严要求，严于律己，宽以待人；而小人则相反，对别人要求甚严，而对自己要求甚宽。这两种解释虽然存在着一般与特殊之别，但是结果却殊途同归，都是强调君子与小人在对待自己与对待他人上宽严有别。总而言之，孔子强调我们每个人都应该严于律己，这有利于自己的进步提高，要宽以待人，这有利于社会的和谐。

15.22　子曰："君子矜而不争，群而不党。"

道德高尚的君子虽然庄矜自持，但并不与别人争高低。这是因为君子的庄矜自持不是表面性的，不是做给别人看的，不是故意要表现得高人一等，而是发自内心的，是一种恭敬严肃，害怕自己言过于行，担心自己的言行举止给他人造成不必要的伤害，因此，这种庄矜自持虽然是对于自我内在仁心善性、对于仁义道德的一种坚守，但其最终目的还是要服务于他人，因而君子并不与别人一争高下。

"群而不党"的意思是说：道德高尚的君子虽然也要与他人群居共处，与他人结成群体，但是却并不与他人朋比为党、结党营私。君子之所以要与他人群居共处，是因为君子意识到人并不是孤立的单子，而是一个群体性的生物，"鸟兽不可与同群，吾非斯人之徒与而谁与"（《论语·微子》），所以，人具有与他人群居共处的天然属性；同时，单个人的力量是有限的，而且人类本能的退化，导致人在身体方面具有许多天然的劣势，如"力不若牛，走不若马"（《荀子·王制》），人依靠个体的力量无法在自然生存竞争中取得胜利，很难在自然界当中生存繁衍下去，因此，人需要依靠群体的力量，在人与人相互支撑之中，借助群体的力量在优胜劣汰的自然竞争中取得胜利，保证自身的生存繁衍。君子虽然也要依赖群体来维持自我的生存，但这并不意味着君子就完全站在自我的立场上，完全是为了自身的利益来与他人交往，与他人群居共处。君子虽然也有本能，也有利益需求，但是君子知道人不是一个个体性的存在，而是一个社会性的存在，甚至是一个宇宙性的存在，天地一家，万物一体，因此他在考虑自身需要的同时，也会考虑他人的需要乃至世间万物的需要，他超越了个体的利益和小群体的利益，关心天下之公利，为了人类乃至天下万物的利益，从而将个人消融于整个世界之中，为了他人的利益乃至所有他者的利益而奋斗。正是因为不复坚持小我，而是追求大我，所以，以小我为基础的结党营私也就失去了必要。

15.23　子曰："君子不以言举人，不以人废言。"

虽然中国人对于语言并不像西方那么重视，没有把语言看作存在的家，但是这并不意味着语言在中国人的心目中就不居于重要的地位，实际上，中国人还是非常重视语言的，强调语言的重要性，像古代的"三不朽"中"立言"就居于其中之一，像孔子也说"有德者必有言"(《论语·宪问》)，而且强调教师对于学生要言传身教，可见语言是具有重要的功能作用的，不可被轻视忽略。虽然孔子认识到语言很重要，但是孔子思想的核心在仁义道德，他认为语言与道德之间并不具有必然的联系，或者说联系得并不是那么紧密，二者不是高度统一的，虽然"有德者必有言"，但是"有言者不必有德"(《论语·宪问》)，这也就是说语言与道德之间存在着分离、不一致的地方：一个道德高尚的君子未必所说的每一句话都符合道德；一个道德低下的小人未必所说的每一句话都违背道德。正是基于道德与语言之间的分离、不一致，孔子认为，我们在对待人才和语言问题上应该持一种谨慎的态度，坚持从其自身出发，以道德为标准对其做出判断，而不是通过一种外在的方式来进行人才选拔和决定语言存废：我们不能因为某人说了一句符合道德的话就认为他是个人才，从而对他进行举荐；我们不能因为这个人身份低下，或者曾经违背道德，就否定他所说的每一句话，这种做法是错误的，正确的做法应该是："不以言举人，不以人废言"。这样做的原因在于，如果"以言举人"，那么，上有所好，下必甚焉，如此，那些别有用心的人就会投上之所好，炮制一些好听的言论，实际上他并不去践行自己的言论，从而就会产生出大量说空话的人，并且使那些有才有德而不善言辞者失去了被举荐的机会，这将造成人才的浪费，这是国家的巨大损失；如果“以人废言”，那么，我们不仅会错过一些好的建议，同时也会阻塞言路，从而使得一些曾经出过问题的人或一些身份低微的人不愿为在上者分忧，不愿为在上者出谋划策。

15.24　子贡问曰：“有一言而可以终身行之者乎？”子曰：“其恕乎！己所不欲，勿施于人。”

子贡是一个非常善于学习的人，孔子给子贡讲学不怎么讲那些比较琐碎的问题，而是多讲一些原则的问题。这种讲法最大的优点就在于能够以一统万，听者也能够闻一知十，当然，前提是听者必须是能够“举一隅而以三隅反”的人。因此，孔子曾经就对子贡说，自己不是“博学而多识之者”，而是“一以贯之”，就是告诉子贡学习要善于归纳总结，从中提炼出“一”来，从而使自己所学的东西能够做到纲举而目张，学习不是仅仅获得了一堆杂乱无章的材料，而是掌握了围绕着“一”井然有序地展开的一个理论系统。子贡对于孔子所说的这种学习方法心领神会，认识到抓住“一”、抓住核心、抓住灵魂的重要性，因此，他向孔子请教：有没有一句话自己可以终身躬行？这个问题高明的地方在于，它为行动寻找一个“放之四海而皆准”的指导原则，既不高度抽象，也不过度具体。这是因为它是针对行动而言的，行动具有现实性、具体性，不过它又不是针对某个具体的行动而言的，不是具体行动的方式方法，而是一般行动的指导原则，因而既不过虚，又不过实，既能具体操作，又不至于被限定在一个具体行动之上，从而失去其普遍性的指导意义。子贡的思维是一个学者的思维：既能入乎其中，又能出乎其外。当然，孔子更厉害，他能对子贡所提的问题作出恰如其分的回答。提问题只是有归纳总结的想法，而回答问题更要有总结归纳的能力。很多人讲学问，讲东讲西，这个讲讲，那个说说，结果风马牛不相及，甚至是自相矛盾，这就说明他的学问是无中心的。孔子就不是这样，这个学生问这个问题，他这样回答，学生问那个问题，他又那样回答，甚至是不同的学生问同一个问题，他也回答得不一样，但这都没有关系，他的回答始终有中心，始终是“一以贯之”。现在子贡问用什么来指导行动，也就是用什么能够把行动贯穿起来呢？孔子说：大概就是恕吧！也就是推己及人，如果自己不想别人这样对待我，那么，就不要把它施加到别人身上。“己所不欲，勿施于人”是一个消极的做法，为什么孔子不讲“己欲立而立人，己欲达而达人”（《论语·雍也》）这样一个积极的做法呢？这种积极的做法当然有它的优点，那就是我们主动走出自身，趋向他人，为他人做奉献，为他人做牺牲，不过问题在于，这是一种高标准，严要求，并不是所有人都能做得到，也不是所有人都必须做到，因此，它只对极少数道德高尚的人有效，对于普罗大众就未必有效。不过“己所不欲，勿施于人”则是一种最低标准，或者说是一种底线伦理，是所有人都必须做到的，这样一来，它就具有了普遍的适用性、有效性，无论对于何人，无论何时何地，所有人都必须做到，世界各种宗教中的相似表述确实证明了它的普遍性。

15.25　子曰：“吾之于人也，谁毁谁誉？如有所誉者，其有所试矣。斯民也，三代之所以直道而行也。”

孔子讲过“唯仁者能好人，能恶人”（《论语·里仁》），强调仁者是好恶分明、爱憎分明的。孔子本身就是个仁者，他也是好恶分明、爱憎分明的。不过，孔子在这个地方却说：我对于别人吧，称赞了谁，诋毁了谁呢？实际上就是说自己不赞誉别人、不毁弃别人。为什么会有这样的区别呢？虽然好恶的对象是外在的，但是好恶却是在内部完成的，是一种内在的情感，这也就是说我的好恶有可能永远都不显露出来，这就不会对他人造成任何影响，也不会对社会产生示范效应。毁誉则不是这样，毁誉不仅直接指向对象，而且把对对象的态度直接表达出来。这样一来，我的内在的好恶、我对他人的所有想法都会公之于天下，我对他人的毁誉就会对他人的声誉产生致命性的影响。因此，孔子在此之后对“毁”只字不提，显示了其宽厚仁爱之心，因为毁弃一个人，就有可能将其打入十八层地狱，导致其再无重见天日的机会。与“毁”相对的是“誉”，赞誉对于一个人来说具有激发作用，而且对社会也会具有示范效应，孔子为什么也不轻易赞誉呢？因为在现实生活中，沽名钓誉的人很多，很多人虽然暴得大名，但是往往都是名不副实的，如果对于这种人轻易地给予赞誉，那么，就对社会造成恶劣的示范效应，从而使得弄虚作假、沽名钓誉的人越来越多。

为了防止这种情况出现，就要“如有所誉者，其有所试矣”。这句话有三种不同的解释。第一种认为，孔子说如果要赞誉某个人，那么，他一定要对这个人加以考察试验，看他到底是否名副其实。第二种认为，如果有一个人获得了人们的广泛赞誉，那么，孔子也不会盲目信从，而是要对他进行考察试验，以检验他的成色。前两种都是讲孔子要对赞誉的对象进行考察试验，第三种则直接将其剥离了与孔子之间的关系，将其与后一句关联起来，认为这是三代的通行做法：人们要赞誉一个人，一定要对他有所考察试验，正是因为三代的人们都这样做，所以，三代的人们没有偏私邪曲之心，选贤任能都能直道而行。笔者以为，还是第二种说法比较符合这里的语意，因为孔子在前文中已经说过自己“谁毁谁誉”，否定了自己对别人的赞誉，故第一种说法不从；前文讲我不毁不誉，而这个地方讲“如有所誉者”，实际上带有出现例外情况的意思，是讲如果有所毁誉，那么，我将如何看待的问题，因此，从语意上一气呵成，“吾”一贯到底，因此第三种解释不从。

这一章实际上就是讲我们应该如何对待毁誉别人的问题，孔子强调我们的毁誉必须不是主观臆断，而是建立在事实的基础上，因此要求人们在赞誉别人之前，一定要开展调查研究，从而使得我们的赞誉真正做到实事求是。同时，我们对于“毁”也要持一种高度谨慎的态度，不要轻易去毁弃一个人，而是要试图对他者进行挽救。

15.26　子曰：“吾犹及史之阙文也。有马者借人乘之，今亡矣夫！”

这一章颇多分歧。

第一种用“吾犹及”来统领“史之阙文”和“有马者借人乘之”。“吾犹及”就是我还赶上了、我还看见了的意思。“史之阙文”，“史”在古代有“书”的意思，“阙”是阙疑，就是古人在写书的时候，碰到有可疑的地方，就阙字成疑，以待知者，从而保证书文的正确。“有马者借人乘之”，“借”就是“藉”，也就是假借、凭借之意，“乘”就是习，如果有马的人自己不会训练马匹，就把它交给别人来训练，从而保证马的步伐中规中矩，不至走作失度。孔子借此表示，古代人是讲规矩讲规范的，知之为知之，不知为不知，不至于滥竽充数，强不知以为知；现在的人就与之相反，不愿意让别人知道自己有字不能识，有马不能调，结果只能自己勉强而为之，从而导致规矩渐坏，因而孔子说，现在“史之阙文，有马者借人乘之”这种事情都没有了，“今亡矣夫”与“吾犹及”相对而言。

第二种观点认为，“有马者借人乘之”是“史之阙文”的具体内容。意思是说，我曾经看见书里写道：自己有马不会训练，就把它交给别人来训练，大概觉得书里面就应该写些高大上的东西，这种事情太生活化了，太琐碎了，没有太大的意义，现在书里的这种记载都被删除了，都没有这方面的内容了。

这两种观点强调的重点有所差异：一种主要强调的是规范化的问题，做什么事情都得按照规矩来，我们不能因为顾及自己的颜面而破坏了规矩；第二种强调社会的和谐有序必须从日常生活做起，不能一味地追求所谓的高大上，以致忽略了人们的日常生活，实际上唯有日常生活才是真实的，才是社会的根本之所在，脱离了日常生活，社会就成了虚幻的共同体。

15.27　子曰："巧言乱德。小不忍，则乱大谋。"

儒家本身对于语言就具有高度戒备心理，因为语言与道德之间不具有必然的联系，我们不能从语言当中推出道德，所以，儒家高度警惕人们将语言与道德混而为一，阻止人们通过语言来辨识道德。在儒家看来，一方面道德是出自人的仁心善性，另一方面道德具有实践性，也就是人们必须要将自己的仁心付诸实践活动之中，从而将其由潜能变为现实。因此，人们若是仅仅通过语言来进行道德判断，那么，就必然会造成混乱和误判。当然，这种因为语言造成道德上的误判，有时是无意而为之，不过有些别有用心的人会利用世人的这样一种错觉，故意利用花言巧语扰乱人们的判断，从而引导人们做出错误的判断。如果这样的话，就会加重道德领域中的混乱，使得人们在道德问题上莫衷一是，无所适从。在这里，孔子实际上强调的是言与行二者谁在道德中居于更加重要地位的问题。

儒家讲仁心善性，后来孟子有时也将其称为"不忍之心"。何谓"忍"？有人将其做一种泛化的理解，认为所有对情感欲望的抑制都可以看作"忍"，我们既可以把对于慈爱、喜好的克制看作忍，也可以把愤怒、憎恶的克制看作忍，这样一来，"小不忍，则乱大谋"，就指要忍耐一切细节的、无关紧要的情感欲望，如妇人之仁、匹夫之勇的克制、忍耐，认为不克制这些细枝末节、无关紧要的情感欲望，就会影响大的计划的成功、完成，也就是会影响全局。有人则认为，上面的理解缺乏一种历史的支撑，因为在先秦时代，"忍"并没有忍耐、克制方面的含义，这种含义是后起的，按照贾谊的解释，"反慈为忍"（《新书·道儒篇》），忍仅仅是与慈相对而言的，"不忍"就是慈，就是爱，因此"小不忍"就是指一种妇人之仁，如果我们到处滥用这种慈爱之心，那么，就会对伦理道德的大业产生严重的危害。

总而言之，这一章是把花言巧语和妇人之仁都看作影响道德的重要因素，要求人们对其加以关注、戒绝。

15.28　子曰："众恶之，必察焉；众好之，必察焉。"

这一章与《论语·子路》第24章内容具有相似之处，不过两章强调的重点有所不同，《论语·子路》24章主要强调要以"乡人之善者"和"乡人之不善者"的好恶作为识人的根据，而这一章则讲不以众人的好恶作为判断人之善恶的标准，我们对于人之善恶的判断必须建立在亲自观察的基础上。如果一个人引起了大家的厌恶，那么，这个原因是复杂多样的，譬如有的人是因为志行高洁，特立独行，不与世俗同流合污，这样的人不会为世俗所容，也容易引起普罗大众的排斥；有的人则可能是大奸大恶之人，其所作所为人神共愤，为万夫所指，这样的人也会引起大家的厌恶，这两种人之间的差距巨大，不能以道里计，不能将二者混为一谈。因此，我们不能因为"众恶之"就简单粗暴地认为这个人一定是道德败坏的人，我们必须要加以仔细地审察辨析，否则，这对于前者是不公平的。反过来，如果一个人赢得了众人一致叫好之声，大家都喜欢他，那么，对于这种人我们同样也要加以深入考察。因为大家都喜欢一个人也可以有各种各样的原因，譬如，君子道德高尚，乐于从人，不与人争，他会因此而为大家所喜欢；有的人则会两面三刀，采用表面一套背后一套的欺骗手段赢得人们的普遍好感；有的人则通过结党营私的方式，众人之间互相吹捧，从而形成"众好之"的假象，所以，如果一个人大家都喜欢，那么，我们不能想当然地就认为这个人一定是好人，而是要深入地加以考察甄别，否则，就会导致后两种人蒙混过关。

15.29　子曰："人能弘道，非道弘人。"

在中国古代，"道"分天道与人道，道家着重讲天道，儒家、墨家着重讲人道。人道虽然与人密切相关，人受到道的支配，这一方面意味着人要遵守自然规律，另一方面意味着人遵守社会道德规范。规律与规范都是僵死的，内在于世间万物之中，不具有主观能动性，不主动地显现自身，按照自身的规律运行发展，因此，道是大公无私的，不偏爱任何人，对所有人都一视同仁，它不会主动地关爱任何人，不会专门去廓大弘扬任何人。人与道不同，人具有主观能动性，人能够发现利用自然之道，人能制定、遵守社会规范，因此，道依赖于人而被显现出来，从而为更多的人了解和遵守，所以，道依赖人来廓大弘扬自身。当然，对于孔子来说，他着重强调的是仁道的问题。在当时的社会中，礼崩乐坏，诸侯力征，民不聊生，这是对仁道的践踏和破坏，没有人愿意在现实中践行仁道，从而使得仁道岌岌可危。实际上，孔子讲“人能弘道，非道弘人”带有鼓励弟子的意思，希望他们能够发挥自己的主观能动性，坚持不懈，在社会中积极地践行推行仁道，使得仁道不坠于地，并最终能够发扬光大于天下。

15.30　子曰：“过而不改，是谓过矣。”

中国人常说，“人非圣贤，孰能无过”，这里面实际上带有对圣贤的神化色彩。在中国古代，圣人不过是虚悬一格，没有人会自居于圣人之位。这里面的一个重要原因就在于没人能够做到完美无瑕，不犯错误。既然所有人都会犯错误，那么，我们就不能杜绝犯错误，而是要少犯错误，犯了错误要及时地加以改正，所以，子贡说，“君子之过也，如日月之食也；过也，人皆见之；更也，人皆仰之”（《论语·子张》）。这也就是说，对于道德高尚的君子而言，犯了错误，只要敢于承认错误，勇于纠正错误，那么，这个错误就不再成其为错误，“过而改之，是不过也”（《韩诗外传·卷三》）；相反，如果我们犯了错误，既不承认错误，又不能及时地纠正错误，那么，这个错误就一直存在下去，就会对社会造成严重的后果，那么，它就是一个名副其实的错误。因此，对于人们来说，犯错误并不可怕，更加可怕的是拒绝承认改正错误，从而让自己在错误的道路上越走越远，在错误的泥潭里越陷越深，导致自己无法回头，不能自拔。

15.31　子曰：“吾尝终日不食，终夜不寝，以思，无益，不如学也。”

这一章意思是说：我曾经成天不吃饭，整夜不睡觉，用来思考问题，结果并没有什么作用，还不如学习。

这里讲到“思”与“学”的关系问题，关于这个问题的完整表述就是《论语·为政》当中的“学而不思则罔，思而不学则殆”。这一章主要讲“思”不如“学”，实际上是强调一个人将自己封闭起来冥思苦想，由于个人不能摆脱自身的有限性，所以，其对问题的思考和解决是有局限的。孔子说，与其一个人冥思苦想，不如走向他者，向他者学习，从而打破自己的局限性，让自己拥有更加广阔的视野和空间，从而让自己能够更加全面地看问题、思考问题、解决问题。

15.32　子曰："君子谋道不谋食。耕也，馁在其中矣；学也，禄在其中矣。君子忧道不忧贫。"

君子作为道德高尚之人，其所追求的是仁道的践行与落实，其目标是要弘道，而不是满足衣食这些基本的生活需求。因此，孔子一上来就明确告诉人们君子所应该致力的目标，或者说君子在社会上所应该承担的责任。当然，对于人们来说，这个目标太过高远，毕竟对于人们来说，柴米油盐才与生活密切相关，才是我们每天必须面对的问题，而解决这些问题对于古人来说，最切实有效的途径就是耕种劳作，这些才是身上衣裳口中食最为切实有效的来源，这也是人们能够把握、能够抓得住的来源，而通过学习谋道来解决衣食问题，则显得不那么确实可靠，因此，人们愿意进行更加简单、更加可靠的耕种。然而问题在于，耕种并不意味着我们就一定能够丰衣足食，因为耕种是在自然环境中进行的，它依赖于外部的自然条件，一旦遇到天灾，我们就有可能颗粒无收，所以，勤于耕种并不能保证我们不受冻馁之苦。就像耕种并不意味着丰收一样，学习也不意味着贫穷。如果从眼前来看，学习而不从事物质生产必然会导致经济利益上的损失；如果从长远来看，学习好了，道德修养与才能提高了，那么，我们就会"学而优则仕"，"仕"就会给我们带来俸禄，就有可能让我们过上富裕的生活。在孔子看来，耕种并不必然带来物质的充沛，学习也并不一定就是经济利益的损失，因此，我们不能因为害怕经济利益的损失而拒绝从事学习活动。当然，在孔子看来，作为一个道德高尚的君子，他所应当关注的问题是道，而非贫富，因此贫富、利益之类的问题并没有进入其视野之中，他全神贯注于道的廓大弘扬，而富贵、利益不过是学道的一个意外收获而已。因此，孔子虽然讲"学也，禄在其中矣"，但这并不是讲人们要为求禄而学，否则，人们就会离道越来越远。

15.33　子曰："知及之，仁不能守之；虽得之，必失之。知及之，仁能守之；不庄以涖之，则民不敬。知及之，仁能守之，庄以涖之；动之不以礼，未善也。"

从"不庄以涖之，则民不敬"这一句来看，这一章的主题是治民之道的问题，而不是朱熹所讲的天理的问题。既然讲治民之道，那么，就不是对贫民百姓而言的，而是对统治者而言，或者说是对在位者而言。既然在位者能够在位，能够得位，那么，他们的智识水平都是没有问题的，他们对于治民之道一定都会有深入的了解。虽然孔子一再将仁智并列，希望人们能仁且智，但是问题在于，二者往往是分裂的，否则，孔子也没有必要一再强调二者的统一性。因此，有些在位者虽然了解治民之道，但是却不能以仁守之，这也就是说，他们虽然知道要仁民爱物，对人民施行仁政，但是在现实中却做不到，这样一来，他们虽然得位、得民，但是他们最终会失位、失民，因为一旦他们得不到人民的拥护，人民就会抛弃他们。反过来，如果在位者虽然对治民之道有深入的了解，而且能够仁义地施行治民之道，但是他们在百姓面前不庄敬严肃，那么，人民百姓就不会恭敬严肃，也不会敬重其事。如果在位者对于治民之道进行深入的了解，能够仁义地实行治民之道，而且在百姓面前庄敬严肃，结果自己的行动不合乎礼制，那么，他们也就没有达到尽善尽美的程度。这里讲到了治民之道的四个要点：智、仁、庄、礼，智能通变，仁能安性，庄能止慢，礼能顺情，前三者都具有内在性，是一种自我要求，因此，容易过与不及，从而产生偏斜，最终都要以礼节之、以礼和之，从而使其达到中庸状态。总而言之，治国安民，莫善于礼。

15.34　子曰："君子不可小知而可大受也，小人不可大受而可小知也。"

所谓"小知"就是从鸡毛蒜皮的小事上去了解一个人，"大受"就是把一个重大的任务交给他。这句话是说：我们不能从小节上认知君子，因为君子在小节上未必尽善尽美，不过我们可以将重大的任务交给他，因为他在重大的问题上一定能够把握得住，这就是所谓的成大事者不拘小节；反过来，一个小人就不能接受重大的任务，因为才能所限、德性所拘，不过他们在鸡毛蒜皮的小事上有时也有可观之处，因此，如果我们要想了解小人的才德，就看看他们做的鸡毛蒜皮的小事就可以了。孔子的意思是，天生我才必有用，每个人在这个世界上都有自己的特长之处，因此我们在用人的时候要知人善任，要抓住他们的特点去使用他们，只有这样，才能最大限度地发挥他们的特长，做到人尽其才，物尽其用；不能用同一个标准去要求他们，这无论是对于君子，还是对于小人，都是一件不好的事情，因为这会使他们将精力消耗在自己并不擅长的事情上，这无论是对个人，还是对社会，都是一个巨大的浪费。

15.35　子曰:“民之于仁也,甚于水火。水火,吾见蹈而死者矣,未见蹈仁而死者也。”

在礼崩乐坏的时代里,“天下熙熙,皆为利来;天下攘攘,皆为利往”(《史记·货殖列传》),人们都自私自利,觉得讲仁义道德,就是迂腐之论,“迂远而阔于事情”(《史记·孟子荀卿列传》),因此,大家都对道德避之唯恐不及,不愿意讲道德,不愿意讲仁义,人们就像逃避洪水大火一样逃避仁义。虽然人们害怕水火,但人们也不能离开水火而生活,否则就会退回到茹毛饮血的原始社会中去,因此,人们需要水火,离不开水火。水火是养身的,它们所满足的是人们身体上的需求,而仁义则是心理上的需求。人们践行了仁义就能生活得心安理得,违背了仁义就会良心有愧,寝食难安,因此,仁义对人们来说,具有安身立命的重要作用,它能够让人们觉得自己活得有价值、有意义,从而为人们提供生机与活力。正是因为水火只能满足人们的身体需要,不能像仁义那样满足人们精神上的需要,而人又是一个能思能虑的物种,具有精神上的需求,所以,人们对于仁义的需求要远远高于对水火的需求。况且在孔子看来,水火容易泛滥成灾,会造成人员伤亡,有人会因为过分地亲近水火而死,但是我却从来没看到有人因为亲近仁义而死。这里面就有一个问题,有人就会觉得孔子的最后一句话说得有问题,确实在现实生活中有人被水淹死,有人被火烧死,但是在历史上不是也有杀身成仁、舍生取义的仁人志士吗?怎么就说“水火,吾见蹈而死者,未见蹈仁而死者”呢?在这里,我们要注意这个“死”字?在中国古代,“君子曰终,小人曰死”,这个“死”是指不得正命而死,也就是死于非命,像死于天灾人祸等意外事件,都是不得其命,因此,儒家讲“君子不立于岩墙之下”(《孟子·尽心上》),就是避免死于非命;为仁义而死,那就不是死于非命,这恰恰是生命最好的归宿,是死得其所,因为仁义构成了人的本质规定性,人为仁义而死,就是与生命本质的高度统一,就通过死亡实现了生命自身的本质。因此,对于儒家来说,人们虽然要避免死于非命,但是并不回避为仁义而牺牲生命,这是生得伟大,死得光荣。

15.36　子曰:“当仁,不让于师。”

这一章有两种解释。第一种,如果自己的行为合乎仁义,就是老师也不遑多让。这种解释,强调的是仁义乃是我们立身行事的标准。第二种,孔子说“君子无所争，必也射乎！”（《论语·八佾》）儒家强调人们应该做一个谦谦君子，谦敬礼让，不过在面对仁义、担当仁义、践行仁义的时候，则不谦敬礼让，即使是弟子之于老师也不例外。这实际上不是争的问题，仁本身就出自自己的仁心善性，我们去践仁行仁，本身就是我们仁心善性的体现，就是我们本应承担的责任，这无所谓争的问题，更不存在让的问题。就像我们在日常生活中，我们可以让渡自己的权利，放弃自己本可享受的权利，把它赠与别人，但是我们却不能将我们的义务和责任让渡给别人，自我始终是承担义务和责任的唯一主体。

15.37　子曰：“君子贞而不谅。”

“贞”就是正的意思。“谅”就是信，也就是孔子说的“言必信，行必果，硁硁然小人哉”（《论语·子路》）中的“信”，这种信是一种小信，是对于信的固执而不知变通。与此相对，孟子说过，“大人者，言不必信，行不必果，唯义所在”（《孟子·离娄下》），一个道德高尚的人，不是固执于小信，而是固守仁义，坚持以仁义为正道，坚持以仁义为标准。因此，这里的“贞”也就是正于义、正于道。这一章的意思是说：道德高尚的君子坚守正道，但不固执于言必信。因此，这一章一方面强调对于道的坚守，我们时时刻刻都应该以道来约束自己，另一方面又强调我们不能固执而不知变通，强调我们要执经用权、执一用权，这也就是孔子所讲的“时”，强调人们要因时顺变，唯道是从。

15.38　子曰：“事君，敬其事而后其食。”

侍奉君主，就要敬重其事，尽忠职守，做好自己的本职工作，而后再讲食君之禄。“食”就是禄，也就是领取俸禄。在现实生活中，有些人总是想投机取巧，既不愿意付出，又想有所收获，这是对规则的一种破坏，也是对道德的一种侵蚀，这些人的图谋一旦得逞，那么，试图不劳而获者就会越来越多，真心诚意付出而不求回报的人就会越来越少。在孔子看来，在侍奉君主这个问题上，俸禄当然也很重要，但是我们不能将心事精力全部集中在俸禄上，而是要把心事精力集中在自己的职责上，专心致志地把自己的本职工作做好，只要做到了这一点，我们自然就会获得回报，付出就会有所收获。因此，儒家学者所致力的应该是仁义之道在治国理政中的推广，而俸禄不过是其附带的成果，我们不能以此作为最终目标，否则，我们事君的重心就会有所偏离。

15.39 子曰："有教无类。"

人有富贵贫贱、贤与不肖、上智与下愚之别。在孔子看来，教化就像时雨之化，不应该有所偏爱，而应该甘霖普降，只要人们愿意接受教化，我们都应该为其提供机会，不应该首先将人分成三六九等，从而剥夺一部分人接受教化的机会。因此，孔子说"自行束脩以上，吾未尝无诲焉"(《论语·述而》)，这就是"有教无类"的重要体现。之所以要"有教无类"，因为教化本身就是人类的一种超越性追求，我们之所以要接受教育，因为我们想超越当前的现状，成为一个更加优秀的自己。在理想面前，在超越自我面前，人与人都是平等的，我们不仅不应该忽略人们对超越自我的理想追求，而且应该帮助他们实现这个理想，实现对自我的超越。同时，对于孔子来说，对他者展开教化，本身就是对于仁道的一种承担，一种推扩，从而使得仁道在现实中落地生根，开花结果。

15.40 子曰："道不同，不相为谋。"

如果所行之道不同，那么，就不能在一起共谋。在先秦时代，诸子百家所行之道存在着巨大的差异，道之起点不同，方向不同，路径不同，终点不同，同时，在日常生活中，有人走正道，有人走歪门邪道，那么，这些人怎么能在一起共同谋划？因为他们本身就是分道扬镳的，他们缺乏共同谋划的基础。能够相与谋划的前提和基础则在于他们的基本方向是一致的，只是在具体路径等细节方面存在一些细微的差异，这样他们就能求同存异，达成相对一致的意见；如果在方向上根本反对，那么，这种讨论就没有多大的实际价值，因为他们根本就无法相与谋划。可见，在日常生活中，并不是任何人与人之间都可以交流讨论、共同谋划某项事业。

15.41 子曰："辞达而已矣。"

在现代社会中，"辞"已经被赋予了非常广泛的含义，可以泛指一切言辞，无论是书面语言，还是口头语言、专业言辞抑或日常生活言辞，都被包含在"辞"的范围之中。因此，如果按照我们现在对于“辞”的这样一种宽泛的理解，那么，我们就可以将这句话理解为：言辞，只要能够准确地表达思想就可以了，不需要追求完美的句式、华丽的辞藻等等。实际上，在孔子那个时代，人们比较重视外交，而在外交当中辞令就显得非常重要，外交使节的表达能力往往会影响两个国家之间的关系，因此，孔子这里所讲的“辞”实际上是在狭义上使用的，主要是指外交辞令。对于外交辞令而言，其主要承担着传情达意的功能，也就是让对方明白我方的诉求，因此，在使用外交辞令的时候，不能为了追求华丽工整，从而导致以辞害意，让诉求淹没在华丽的辞藻之中，这就舍本逐末了。孔子的这样一个说法实际上反映了其文质关系思想，语言表达不在于追求外在的形式，而是重视其所表达的内容，这才是问题的要害之所在，言之无物，行之不远。

15.42 师冕见，及阶，子曰：“阶也。”及席，子曰：“席也。”皆坐，子告之曰：“某在斯，某在斯。”

师冕出。子张问曰：“与师言之道与？”子曰：“然；固相师之道也。”

这里记载的是师冕见孔子一事。师冕，有人说他是晋国的大夫，有人说他是乐师，现不可考。师冕见孔子，碰到台阶，孔子就告诉他，“这里有台阶。”到了坐席边上，孔子就告诉他，“这是坐席。”大家都坐下来后，孔子又给他介绍，“这是某人，那是某人。”师冕出门离开后，子张就问孔子，“这就是同瞎子说话的方式吗？”孔子回答说：“是的，这本来就是帮助瞎子的方式。”孔子在这里的所作所为实际上是按照古代的礼制进行的，但是孔子做得非常自然，毫无矫揉造作之嫌，这说明孔子已经真正将礼与自己的日用常行融而为一。

# 季氏篇第十六

16.1　季氏将伐颛臾。冉有、季路见于孔子曰："季氏将有事于颛臾。"

孔子曰："求！无乃尔是过与？夫颛臾，昔者先王以为东蒙主，且在城邦之中矣，是社稷之臣也。何以伐为？"

冉有曰："夫子欲之，吾二臣者皆不欲也。"

孔子曰："求！周任有言曰：'陈力就列，不能者止。'危而不持，颠而不扶，则将焉用彼相矣？且尔言过矣，虎兕出于柙，龟玉毁于椟中，是谁之过与？"

冉有曰："今夫颛臾，固而近于费。今不取，后世必为子孙忧。"

孔子曰："求！君子疾夫舍曰欲之而必为之辞。丘也闻有国有家者，不患寡而患不均，不患贫而患不安。盖均无贫，和无寡，安无倾。夫如是，故远人不服，则修文德以来之。既来之，则安之。今由与求也，相夫子，远人不服，而不能来也；邦分崩离析，而不能守也；而谋动干戈于邦内。吾恐季孙之忧，不在颛臾，而在萧墙之内也。"

季氏准备攻打颛臾。当时冉有、季路正为季氏家臣，两人一起拜见孔子，并告诉孔子"季氏准备攻打颛臾"。当时冉求为季氏宰，权力较大，而且帮助季氏聚敛，所以，孔子首先批评冉有："冉求啊！这难道不是你的过错吗？颛臾，过去先王让他在东蒙山主祭，而且他的疆土本身就在鲁国的封地之内，是鲁国的附庸或藩属。为什么要攻打他呢？"面对孔子的指责，冉有说："这是季氏想攻打颛臾，其实我们两个人都不想这样。"孔子说："冉求啊！古代的史官周任曾经说过：'有能力的就居于官位上，没有能力就该辞职、放弃那个职位。'就像瞎子的助手一样，如果遇到危险也不去守护他，将要摔倒也不伸手去扶，那还要这个助手做什么呢？况且你说的话也错了，老虎和野牛从栏里逃跑了，精美的龟壳和美玉在匣子里被损坏了，那是谁的过错呢？”孔子的意思是说，冉有作为季氏宰，本身就有阻止季氏攻打颛臾的职责，结果没能制止，因此，冉有对季氏攻打颛臾负有不可推卸的责任。面对孔子的驳难，冉有不得不说出季氏准备攻打颛臾的实情，“现在颛臾的城防稳固，而且离季氏的采邑费的距离非常近。如果现在不把它据为己有，将来会给子孙留下无穷后患。”孔子说：“冉求啊！道德高尚的君子最憎恶这样的人：不直接说自己有贪欲而是千方百计为之找借口开脱。我听说有国有家的诸侯和卿大夫并不害怕财富不足而害怕分配不均，不害怕人口数量少而害怕人们不能安居乐业。如果平均分配财富，那么，就没有贫穷之人；如果境内和平，那么，就不会觉得人口稀少；如果人民安居乐业，那么，国家就没有倾覆的危险。如果做到了这些，远方的人民仍然不前来归附，那么，就接着施行仁政德教，吸引他们前来归附。如果他们来了，就要想办法让他们安心，让他们安居乐业。现在仲由与冉求，辅佐季氏，结果远方的人民不前来归附，也没有办法吸引他们前来；国家分崩离析，也不能想办法保全；反而想着在国家内部使用武力，制造矛盾冲突。我想季孙的真正祸患，并不在于颛臾，而在于国家内部。”至于“萧墙之内”，有人认为是指鲁君，也即鲁哀公，因为“萧墙”是国君家里的屏风，按照礼制，“萧墙”只有国君家里才有，意谓鲁哀公迟早会察觉季氏的谋反意图，必将对其进行讨伐；有人认为是指季孙的家臣，因为季氏僭政，所以，他也在家里私设屏风，并隔着屏风接待家臣。

这一章主要表达了两个方面的思想：第一，就是人们应该忠于自己的职责，要在其位能谋其政，否则就名不副实，才不配位；第二，国家的治理应该是德治，统治者应该提高自己的道德修养，做到平均分配财富，国家和平稳定，让人民安居乐业，只有这样，国家才会具有吸引力。

16.2　孔子曰：“天下有道，则礼乐征伐自天子出；天下无道，则礼乐征伐自诸侯出。自诸侯出，盖十世希不失矣；自大夫出，五世希不失矣；陪臣执国命，三世希不失矣。天下有道，则政不在大夫。天下有道，则庶人不议。”

如果统治者治理天下有方，政治清明，四方太平，那么，制礼作乐和出征讨伐的决定都出自国君；如果统治者治理天下无方，政治黑暗，四方作乱，那么，制礼作乐和出征讨伐的大权就会旁落到诸侯之手，也就是说，诸侯僭政，成为国家的实际控制者，这在当时是一个普遍的现象，自齐桓公之后，周天子就大权旁落，不能再向天下发号施令了。如果国家的权柄旁落，制礼作乐和出征讨伐的命令由诸侯做出，那么，政权延传没有能够超过十代的；如果国家的控制权掌握在卿大夫之手，那么，这个国家的政权就很难延传超过五代；如果国家的控制权落入到位高权重的卿大夫的家臣的手里，那么，这个国家的政权就很难延传超过三代了。孔子在这里所作的是一个每况愈下的表述，大权旁落的程度越严重，这说明这个国家的问题越严重，对礼乐制度的破坏就越严重，可以说已经达到积重难返的地步，因此，政权的灭亡也就越快。如果统治者治国理政有方，政治清明，天下太平，那么，治国理政的大政方针就不会由卿大夫掌握，就会由天子自己亲手掌握。如果统治者治国理政有方，政治清明，那么，人民百姓就不会妄议朝政，因为若是那样的话，人民百姓就会安居乐业，享受自己幸福的生活，国家政策的制定就交由那些对此负有责任的贤达之士；反过来，如果国家治国理政无方，政治黑暗，民不聊生，人们就会对现实生活不满，就会对统治者的政策不满，这时人们就会私议统治者之是非，治国理政之得失，从而民怨沸腾，那么，国家的政权就会岌岌可危。因此，孔子此番议论是针对当时普遍存在的僭政现象而警告统治者，要做个贤良之君，勤于政事，不要轻易地将权力交于他人之手，从而使得诸侯、大夫形成尾大不掉之势，这将会造成灾难性的后果。

孔子所讲的是针对当时的社会现实，与现代社会的情况之间有所不同。在现代社会中，一个牢牢地控制着权力的统治者可能并不是一个好的统治者，正确的做法应该是实行分工合作，将权力进行适当分解，从而发挥每个人的才能，只有这样，社会国家才会兴旺发达。当然，这也并不是说孔子所说的对现代人没有一点价值，实际上，无论是在哪个时代，勤政爱民都是任何一个政府官员应该做到的。

16.3　孔子曰："禄之去公室五世矣，政逮于大夫四世矣，故夫三桓之子孙微矣。"

这一章可以说是上一章思想观点的一个具体例证。鲁国政权的旁落已经五代了，政权落到大夫手里已经传了四代，因此，三桓（仲孙，叔孙，季孙）子孙的势力已经衰微了。

16.4　孔子曰："益者三友，损者三友。友直，友谅，友多闻，益矣。友便辟，友善柔，友便佞，损矣。"

儒家说"以友辅仁"，交朋友的一个重要目的就是为了提高自己的道德修养，因此，交友是事关自己人生修养的一件大事，不可不慎。如果交到好的朋友，那么，朋友就可以给自己提供巨大的帮助，能够不断地鞭策自己，提携自己与之一同进步；如果交到一个不好的朋友，那么，就会被朋友拖入罪恶的泥潭，不能自拔，甚至为此断送了自己的一生。因此，我们在交朋友之前，一定要仔细地加以甄别，防止所交非人。当然，这并不是指才能上的，而是指道德上的，从才能上说，每个人都有自己的优点，都有自己的特长，但是道德上就会有高低之等、好坏之别。孔子认为，有益的朋友有三种，有害的朋友也有三种。我们先来看有益的朋友。如果一个朋友正直，那么，他就是有益的，因为他会指出我的过失，从而帮助我们全面地认识了解自己，不断地反省改正自己的不足，从而使得我们能够快速地提高自己；如果一个朋友诚实可信，那么，他就会对我诚信无欺，从而为我们树立一个良好的榜样，使得我能在社会上与他人诚信地交往；如果一个朋友见闻广博，那么，他就借给了我一双看世界的眼睛，使得我对于社会人生的了解更加全面、更加透彻，不至于心智被蒙蔽。反过来，有害的朋友也有三种：如果一个朋友不正直，我不喜欢听的东西不说，也就是他故意回避我的缺点，那么，我就会被蒙在鼓里，有缺点而不自知，更谈不上改正缺点；如果一个人表面上柔顺，但是却背后搞鬼，也就是不讲诚信，表面一套，背后一套，这就使得我们也不敢诚信待人；如果一个人能说会道，夸夸其谈，但是实际上并无闻见作为支撑，那么，这样的人根本就不能增加对我们世界的认识，反而会将我们引向歧途。总而言之，朋友对于我们的道德修养将会产生至关重要的影响，因此我们交友不可不慎，不可不择。

16.5　孔子曰："益者三乐，损者三乐。乐节礼乐，乐道人之善，乐多贤友，益矣。乐骄乐，乐佚游，乐宴乐，损矣。"

梁漱溟曾经说过，儒家哲学与西方哲学的一个重要区别，就在于儒家讲乐，儒家哲学是一种乐的哲学，中国文化是一种乐的文化，短短的一部《论语》，乐无处不在，《论语·学而》第一章一上来就说"学而时习之，不亦说乎？有朋自远方来，不亦乐乎？人不知而不愠，不亦君子乎？”时时处处都洋溢着快乐的气氛，“说”、“乐”、“不愠”都与快乐有关。在《论语》中，孔子与其弟子东奔西走，不仅处于颠沛流离之中，而且经常遭遇各种困顿危险，但是他们却不以为苦，反以为乐，以致“不改其乐”、“乐而忘忧”，不像西方的思想学说中充斥着苦字。这当然不是说，儒家哲学就是以快乐为最高的追求，为了快乐可以不择手段，实际上，儒家的乐应该是一种健康的快乐，是一种有益的快乐，而不是一种对人具有伤害性的快乐。在孔子看来，有益的快乐有三种，有害的快乐也有三种。我们先看有益的快乐。用礼乐加以调节的快乐，礼者，所以制中也，乐具有中和作用，从而使得快乐中和适度；以引导别人向善为乐，这是一种“得天下英才而教育之”的快乐；以广泛结交良师益友为快乐，这是一种“有朋自远方来，不亦乐乎”的快乐，这些都是有益的快乐，利己利人，立己立人。与之相对，有害的快乐也有三种：以骄肆为乐，这是一种失度的快乐；以不守礼节的出游为快乐，这容易导致好逸恶劳、不务正业；以灯红酒绿为快乐，从而容易导致骄奢淫逸，耽于声色犬马，这些都会对人们的德行修养造成损害。因此，对于儒家来说，快乐很重要，但是这种快乐应该是乐道，是在对道的追求与落实中获得一种精神上的满足。

16.6　孔子曰：“侍于君子有三愆：言未及之而言谓之躁，言及之而不言谓之隐，未见颜色而言谓之瞽。”

这里的君子应该是有德有位者，也就是德行高尚的统治者，侍奉他们要谨防三种过失，“愆”就是过失。“言未及之而言谓之躁”，“躁”，有人把它理解为急躁，有人理解为傲，本人觉得可能后面一种理解更加合适，因为后文“未见颜色而言谓之瞽”实际上也带有急躁的意味，如果按照这种理解，这两句话之间就语意重复了，因此这句话的意思是说：在与君子交谈的时候，如果还没有轮到他说话，他就迫不及待地表达自己的观点看法，那么，这是一种倨傲的表现，因此，说话也应该按照一定的礼节、一定的顺序依次发言，不要想方设法地突出自己；如果轮到自己发言，那么，就要知无不言，言无不尽，诚实地表达自己对于某个问题的看法，而不能故意不说话，甚至是隐瞒自己的观点，这不利于君子加深对该问题的认识；如果说话的时候也不注意君子的容色变化，而只顾自说自话，那么，这个人就像一个瞎子一样，不能察颜观色，不能照顾君子的感受。总而言之，孔子强调人们在与有德有位的统治者交往的时候，说话要得体，只有这样才能取得比较好的交流效果，一方面可以提高自己的主张被推扩落实的几率，另一方面也有利于国家的政治治理水平的提高。

16.7　孔子曰："君子有三戒：少之时，血气未定，戒之在色；及其壮也，血气方刚，戒之在斗；及其老也，血气既衰，戒之在得。"

在儒家看来，人与天地万物一样，是由阴阳二气和合而生，人既有精神性的一面，也有肉体性的一面，二者之间是相互影响的，这也就是孟子所说的"志一则动气，气一则动志"，因此两个方面都要予以关注，"持其志，无暴其气"（《孟子·公孙丑上》）。当然，对于儒家而言，在这二者之中，精神的一面更为重要，因此，要通过心来管辖气，对气进行适当地约束。少年时代，血气尚未稳定，身体还在生长发育之中，这时就要适当地约束自己的色欲，避免对于身体造成过多的消耗；人到了壮年，血气充盈，身体处于一个巅峰的状态，这时就容易走向好勇斗狠，以展现自己强悍的一面，因此，这时要控制自己，避免争斗；等到人走向老年，血气亏损，身体消耗比较严重，由于需要保持得失之间的平衡，这时就希望通过获得外部的利益来弥补身体上的损耗，容易走向贪得无厌，因此，这时就要适当地控制对于利益的追求。从表面上看，孔子讲的是血气的问题，是身体的问题，但孔子实际上所讲的是精神的问题，是道德修养的问题，通过道德修养来控制身体，从而用精神上的满足来弥补身体上的缺陷，达到一种内外调和的状态。

16.8　孔子曰："君子有三畏：畏天命，畏大人，畏圣人之言。小人不知天命而不畏也，狎大人，侮圣人之言。"

孔子强调人应有敬畏之心，只有这样，才能谨守其言行，而不使有失，因此，孔子及其后学战战兢兢，如履薄冰，恐怕自己举止失当。不过在现代社会里，功名利禄成了人们追求的最高目标，金钱已经成了这个时代的"上帝"，只要能够带来经济利益，人们已经无所畏惧，无所不用其极，什么坑蒙拐骗，只要能挣钱，无不可用。这给现代社会带来了很大问题，那就是人与人之间的信任丧失殆尽。孔子强调，人应该有敬畏之心，应该有所敬畏，尤其是道德高尚的君子更应该如此。在孔子看来，道德高尚的君子主要敬畏三样东西：敬畏天命，人生天地之间，命运当中既有必然性，也有偶然性，我们既要尊重必然的规律，也要对于偶然性具有通透的认识和领悟，否则，我们就会无所适从，胡作非为；敬畏在位者，在过去，社会是一个整体，而这个整体是围绕着在位者而展开的，在位者决定了治下的大政方针，关系着人民百姓的幸福，因此，我们对于在位者必须保持敬畏，只有这样，才能保证社会的井然有序，才能保证政治的正常运行；大人代表着一种权势、地位，而圣人则代表着道德，孔子强调，我们不仅要对权势保持敬畏之心，同时对于道德高尚圣人的言论保持敬畏之心，"有德者必有言"（《论语·宪问》），圣人谨言慎行，惜字如金，因此，他所说出来的话，都是经过深思熟虑的，是智慧的结晶，对于社会人生具有重要的指导作用，所以，对于圣人之言，我们一定要认真对待，注意在日常生活中贯彻实行。与道德高尚的君子不同，道德低下的小人，就不能正确地认识天命，也不知道畏惧天命，立身行事任性胡来，也不尊重规律规则，轻视在位者，对他们颁布的政策法规也不贯彻执行，把圣人的言论当作耳旁风，甚至认为他们的言论是不切实际的高谈阔论，"迂远而阔于事情"（《史记·孟子荀卿列传》）。当然，站在今天的立场上，看孔子所讲的敬畏，虽然可能有些东西并不能为人们所认同，但是我们可以撇开其具体的内容，看到敬畏本身所具有的超越历史的价值。

16.9　孔子曰："生而知之者上也，学而知之者次也；困而学之，又其次也；困而不学，民斯为下矣。"

在这一章中，孔子按照学习和认知水平将人分成了几类。第一类是"生而知之者"，这种人是最了不起的，大概这也就是孔子弟子经常所说的"天纵之圣"，也就是天赋异禀、不学而知、不学而能的人。这种人在孔子那里实际上只是虚悬一格，在现实生活中并不真正存在，因为孔子并不承认现实生活中有任何人达到了这个水平。像孔子的弟子经常把他捧上天纵之圣的宝座，但孔子从来都不认可这种说法和做法。在孔子看来，自己最多只能属于次一等的第二类人，也就是"学而知之者"。孔子认为自己最大的优点就是"学而不厌，诲人不倦"（《论语·述而》），自己的所有知识都不是天生的，而是后天学来的，当然，这种人的优点就在于学习的自觉性比较高，不需要外在的推动。还有更次一等的人，那就是他缺乏学习的自觉性，他学习完全是出于外在的逼迫，是出于生活工作的需要，正如在现代社会中，对于很多学生而言，学习完全是出于老师和家长的逼迫，心不甘情不愿地学习。当然，孔子讲的是在现实中遇到了困难，然后通过学习来解决这些困难，虽然不是自觉自愿，但毕竟还是学习了，获得了知识，提高了自身。这个世界上最糟糕的人，就是那种遭遇了各种各样的问题，而是假装没有看见这些问题，任由问题不断地累积，继续过着无知无识的生活。在现实生活中，逃避问题的人大有人在，这种人虽然处境艰难，但是也不值得人们过多同情，因为这些人并没有为改变自己的处境而付出任何努力。如果一个人不曾付出过努力，那么，他就不配拥有光明的未来，他就不配拥有幸福的生活，幸福的生活必须依靠自己的双手去创造，而不是等待天上掉馅饼。

16.10　孔子曰："君子有九思：视思明，听思聪，色思温，貌思恭，言思忠，事思敬，疑思问，忿思难，见得思义。"

中国人比较喜欢说三、说九，这些都表示多，不一定是确数，当然，有时既然说了三或者九，那就要举出三个方面、九个方面，实际上不一定就是三个方面、九个方面。像这里讲君子要思考九个方面的问题，这就是要求君子思考问题要全面，实际上君子要思考的可能要远远超过这九个方面，这里只是举出九个主要的方面来，以为例证。"思"就是思考，儒家虽然重视人的感性，尤其是人的情感，但是儒家并不是感性主义的，儒家要实现感性与理性的结合，强调感性要接受理性的规范指导，就像"礼"是以情感为基础的，但是"礼"又是高度理性化的，它要对人的情感进行恰当地约束，使其既能得到合理地表达，又不走作失度。由此可见，儒家特别重视思或理性的作用，因此，孔子强调学思结合，孟子讲"心之官则思，思则得之，不思则不得也"（《孟子·告子上》），都是强调理性的主宰作用，可见儒家哲学是以情感为基础，以理性为指导的。这里孔子是讲人们在日常生活中待人接物所要注意的九个方面的问题，而其序就是按照待人接物而展开的。待人接物首先是目视耳听，要做到耳聪目明，就是要看得清楚，听得明白，耳不聪目不明、杯弓蛇影就会扰乱心神，也会影响我们正常的待人接物。其次就是注意自己的容色面貌，容色要温和，面貌要恭敬，只有这样，才平易近人，别人才愿意与你交往。接着就是言语事为，言语要做到忠实诚信，知无不言，言无不尽，而且要言而有信，不能随便说话，做事严肃认真，要把事情做到最好的状态，不能马马虎虎，只有这样才能树立自己的良好形象。当然，在待人接物的过程中，难免会有疑惑，会有情绪，那么，我们理性地对待这些问题，正确地处理这些问题，有疑惑就要询问，从而排除这些疑惑，不能以己昏昏，使人昭昭，当自己情绪激动得要发怒的时候，我们要考虑这样做的后果，从而把自己的怒气平息下来，把自己变得平和中正。最后，我们待人接物最终都会涉及收获的问题、利益的问题，面对利益，我们要进行适当的分配，考虑自己该得不该得的问题，要做到该得的得，不该得的不得。这实际上是比较难做到的，面对利益的时候，人们很难考虑该得不该得的问题，不过，作为德行高尚的君子就必须做到，否则他与道德低下的小人就没有什么差别。

16.11　孔子曰："见善如不及，见不善如探汤。吾见其人矣，吾闻其语矣。隐居以求其志，行义以达其道。吾闻其语矣，未见其人也。"

这一章主要讲了两种人。第一种人，看见了善言善行就努力去追求，害怕自己赶不上，看到不道德的言行就赶紧躲避，就像用手去探沸水一般，避之唯恐不及，害怕自己受到影响。这种人注重自身的道德修养，是独善其身之人，在孔子弟子中就有这样的人。因此，孔子说，这种人我看见过，这种话我也听过。第二种人与第一种人有所不同，他们不仅独善其身，而且能够兼善天下，他们在道不能通行于天下的时候，就从官场上退隐，独善其身，独守其道；一旦时机成熟，可以行道之时，他们就会出山，推行道义，把自己的理想化为现实。孔子说，这种话我听过，可惜这样的人我没有见过。因为孔子强调个体对社会的责任，认为每个人都应该"仁以为己任"，不仅要自己修身养性，践行仁义，而且要推扩仁义，使仁义之道流行于社会之中，所以，孔子此语是感叹时人大多明哲保身，缺少对社会、对道义的担当精神。

16.12　齐景公有马千驷，死之日，民无德而称焉。伯夷叔齐饿于首阳之下，民到于今称之。其斯之谓与？

齐景公好马，养了四千匹马，在古代，马匹就是财富的象征、地位的象征。按照周朝的礼制，天子可以养马三千四百五十六匹，诸侯可以养马二千九百一十六匹，结果齐景公养了四千匹马，显然不符合礼制的要求，这是一种奢侈而又违反礼制的行为，是一种失德的行为，因此，孔子说齐景公尽管有马四千匹，但是到死的时候，人民百姓都觉得他没有什么道德行为值得传颂称述。由此可见，人有财富而没有道德，他死了以后很快就从人们的记忆中消失，他的名字比身体消失得更快。伯夷与叔齐是孤竹君的两个太子，两个人为了推位让国，而逃到首阳山上隐居，后遇武王伐纣，觉得武王的做法有违君臣之礼，就拦道直谏武王，意见没有被周武王采纳。建议失败后，二人又回到首阳山上，觉得食周粟是件可耻的事情，遂饿死于首阳山。伯夷、叔齐推位让国和拦道直谏，都不是为了个人利益，而是为了社稷民生，都是为人民百姓谋利益，其行为是非常高尚的。因此，他们虽然生活悲惨，冻饿而死，但是他们却永垂不朽，他们的高尚德行永远为人民所铭记、所传颂。正是通过对齐景公和伯夷叔齐身前身后的对比，孔子指出，地位财富都不过是过眼云烟，唯有道德才会永远被人们传颂，因此，人们应该重视道德的修养，而不是专心致志于谋取利益。

16.13　陈亢问于伯鱼曰："子亦有异闻乎？"

对曰："未也。尝独立，鲤趋而过庭。曰：'学诗乎？'对曰：'未也。''不学诗，无以言。'鲤退而学诗。他日，又独立，鲤趋而过庭。曰：'学礼乎？'对曰：'未也。''不学礼，无以立。'鲤退而学礼。闻斯二者。"

陈亢退而喜曰："问一得三，闻诗，闻礼，又闻君子之远其子也。"

陈亢，字子禽，孔子弟子。孔鲤，字伯鱼，孔子的儿子。偏爱自己的孩子这是人之常情，陈亢从人之常情出发推测孔子也会偏爱孔鲤，会将一些不传之秘传给自己的儿子，或者将一些不能为外人道的话说给自己的儿子听，因此他向孔鲤询问，是否听到了一些与弟子们所听到的不一样的内容。孔子作为一个道德高尚的圣人，是要"天下为公"的，其传道授业皆出于公心，"不独亲其亲，不独子其子"(《礼记·礼运》)，因此，无论是对待自己的儿子，还是对待自己的学生，他都是尽忠职守，诲人不倦，并不存在内外有别的情况，其所传授的内容也是高度相同的，因此，孔鲤说自己并没有听到过什么跟你们听到的不一样的内容。

为了说明孔子教育自己与教育弟子没有什么不同，孔鲤举了两个例子。有一次，孔子一个人站在厅堂之中，孔鲤经过厅堂。孔子就问孔鲤，"学诗了吗？"孔鲤回答说"没有"，孔子就说"一个人不学诗，就不懂得如何说话。"孔鲤听了孔子的教诲以后就退了出来，开始认真学诗。过了几天，孔子还是一个人站在厅堂之中，孔鲤经过厅堂。孔子问孔鲤，"学礼了吗？"孔鲤回答说"没有"。孔子说："一个人不学礼，就不懂得如何立身于社会。"孔鲤出来后，就开始认真学礼。孔鲤说，自己受到的特别教诲就是这两点。实际上，无论是学习诗，还是学习礼，都是孔子对于弟子们的普遍要求，可见他对儿子并没有教授什么特别内容，更没有什么传内不传外的不传之秘。陈亢回去后非常高兴地说，“我问了一个问题却了解了三个方面的内容。听到了学诗的重要性，听到了学礼的重要性，又听到了道德高尚的君子对于自己儿子也没有特别的私厚。”实际上，不仅孔子如此，所有的老师都是如此，知识乃天下之公器，知识的学习与传授不应该内外有别，作为教师应该竭尽自己所能，知无不言，言无不尽。

16.14　邦君之妻，君称之曰夫人，夫人自称曰小童；邦人称之曰君夫人，称诸异邦曰寡小君；异邦人称之亦曰君夫人。

这一章讲的是国君之妻的称呼问题，这实际上也是一种礼制，也就是所谓的正名。国君的妻子，国君称呼她为夫人，她自己应该称自己是小童；国人在国人面前应该称她为君夫人，如果面对外国人就应该称她为寡小君；外国人应该称她为君夫人。在这种称呼的变化当中，我们可以看出一个规律，那就是始终是卑己而尊人。称呼别人的时候一般都是有意提高别人的地位，从而表达对别人的崇敬之情，无论是国君，还是国内国外的人民百姓，在称呼国君之妻的时候，都是充满敬意的；而在称呼自己的时候，就应该有意将自己的地位放低，有一种谦虚之情，像国君妻子对自己的称呼、国内人民百姓在外国人面前称呼自己国君之妻的时候，都是用了谦称。从这种称呼的变化我们也可以看出，在儒家那里，在自我与他者之间，自我始终把他者放在至高无上的地位，强调他者的重要性，自我始终以他者为中心而不是以自我为中心来展开自我与他者之间的关系，这与现代社会的自我中心、唯我独尊截然不同。

# 阳货篇第十七

17.1　阳货欲见孔子，孔子不见，归孔子豚。

孔子时其亡也，而往拜之。

遇诸途。

谓孔子曰："来！予与尔言。"曰："怀其宝而迷其邦，可谓仁乎？"曰："不可。好从事而亟失时，可谓知乎？"曰："不可。日月逝矣，岁不我与。"

孔子曰："诺；吾将仕矣。"

阳货就是阳虎，是季氏的家臣，曾经拘囚季桓子，控制鲁国的国政。阳货仰慕孔子的才德，希望孔子能够出仕，为自己所用。因此，阳货想见孔子，劝说孔子出仕，但是孔子觉得他道德败坏，不愿与之同流合污，所以，故意躲避不见。为了逼迫孔子与自己见面，阳货故意趁孔子不在家的时候派人给孔子送了一头蒸熟的小猪。按照当时的礼制，大夫给士送礼，如果士没有在家接受礼品，那么，士就要给大夫登门拜谢。孔子为了避免与阳货见面，故意等到阳货出门的时候到他家进行拜谢。拜谢回来的途中，孔子遇见了阳货。阳货就劝说孔子出仕，说你才德兼备，却洁身自好，不为国用，任由国家失道迷途，你这样能称得上仁义吗？你这样是配不上仁义这个称号的。你心里爱好做官，想干一番事业，结果又屡次错失良机，你这样算得上一个智者吗？显然，你这样算不上一个智者。阳货还是有水平的，当时人们都把孔子看作圣人，称赞孔子仁且智，结果阳货利用这样一个时论，对孔子的所作所为进行了批评，指出孔子如果不出仕的话是配不上这个称号的，因此，他说日消月逝，时不我待，敦促孔子尽快出仕。面对阳货的劝说，孔子自然也不能申辩，因此含糊其词地说自己准备出仕了。这一章实际上说明了孔子在那样一个复杂的社会历史环境中，如何机智地与那些乱臣贼子交往，坚持原则的坚定性和保持策略的灵活性，从而在得以保全自身的同时，又不失道。

17.2　子曰："性相近也，习相远也。"

这一章的字面意思比较简单，而且也为大家耳熟能详，就是说：人类天生的本性是相近似的，后天的习染却造成了现实中人们之间存在着贤与不肖的巨大差别。不过，这句话的理解却并不简单，历来争议不断。有人觉得，按照孔子所讲的"天生德于予"(《论语·述而》)以及"孟子道性善"(《孟子·滕文公上》)，这里的"性相近"应该是说人性都是善的，后天的不善是由习染造成的。正是基于孔孟讲性善，宋明理学家特别强调复性说，认为人性就像宝珠一样，本来光明，后来受到物质欲望的影响，掉到了污泥浊水之中，因此，我们只需存天理，灭人欲，就能恢复人性的本来光辉。这种观点应该说在中国历史上占有非常重要的地位，不过也有学者反对这种先天性善论，认为所谓人性善那不过是后天培养的结果，实际上在开始的时候，人性并非纯然至善，但是已经具有善的萌芽，如儿童都有爱亲敬长之心，都有不忍人之心，这些东西都不过是萌芽、发端而已，并不是成熟的人性。这就像禾苗与稻米的关系，虽然禾苗能够生长出大米，但是我们并不能因此而将禾苗等同于大米，虽然人的善端能够形成善性，但是我们并不能因此就说人性本善。因此，这里的"性相近"是指人类天生都有善的胚芽，由于胚芽比较细微，所以，还看不出巨大的差别，这就是"性相近"，但是由于后天培养上的不同，从而产生了巨大的差异，这就是"习相远"。笔者比较倾向于后一种观点，认为人类的善性都是后天培养的结果。

17.3　子曰："唯上知与下愚不移。"

人们经常根据这一章将人分为三等，认为大多数人都是中人，圣人和愚人都是极少数。圣人天赋异禀，不受习染的影响，可与为善，不可与为恶，因此，人们没有办法移易他的纯然至善之性；而愚人则天赋较劣，可与为恶，不可为善。这实际上就是一种命定论的观点，显然与孔子的思想本身不符，与上一章的"性相近，习相远"也明显不符。笔者以为，"上知"之为"上知"就在于他习与性成，通过不断地努力学习，最终化理论为方法，化理论为德性，从而使得自己不受外界影响，坚定自己的信念；而下愚之人则"困而不学"，从而让自己被本能支配，始终无法认识自己的不足，不能对自己做出改变。因此，“唯上知与下愚不移”不是就起点言，而是就终点而言、就结果言。

17.4　子之武城，闻弦歌之声。夫子莞尔而笑，曰：“割鸡焉用牛刀？”

子游对曰：“昔者偃也闻诸夫子曰：‘君子学道则爱人，小人学道则易使也。’”

子曰：“二三子，偃之言是也。前言戏之耳。”

孔子到武城去，当时孔子的弟子子游正担任武城宰。因为子游注重礼乐教化，在自己管辖的范围内这方面做得非常好，所以，孔子所到之处，弦歌之声不绝于耳。这说明子游对于武城的教化效果显著，武城一片祥和。面对此情此景，孔子不由感叹道，“杀鸡焉用宰牛刀”？孔子说这句话的真实用意到底如何，在历史上有两种不同的解释：一种认为，治理武城这个小地方，实际上用不着礼乐教化这种大道；一种认为，孔子为子游感到可惜，以子游的才能，不应该屈居于这么一个小的地方。在笔者看来，这个地方是两种意思兼而有之，孔子一方面是为子游所取得的成绩感到高兴，另一方面又有点为子游感到可惜，但主要还是以高兴为主，高兴的是他能够推行礼乐教化，并取得了良好的效果，因此，他认为子游治理这种小地方不过是小菜一碟而已。子游听了孔子的话，当然带有自谦的意思，跟孔子说自己这么做完全都是受您的影响，过去您曾经告诉过我，“君子学习了礼乐大道就会爱人，小人学习了礼乐大道就容易被驱使”，因此，自己并没有什么特殊的贡献。孔子听了子游的回答，也恐怕弟子们产生误会，以为自己单纯地为子游鸣不平，所以，他就告诉弟子们，自己刚才说的话，只是开玩笑而已，不可当真。从这个地方，我们也能看出孔子的性格，率真随性，不板起面孔做人，既可以与弟子开开玩笑，也能知错就改，不居高临下，而是俯仰随人。

17.5　公山弗扰以费畔，召，子欲往。

子路不说，曰：“末之也已，何必公山氏之之也？”

子曰：“夫召我者，而岂徒哉？如有用我者，吾其为东周乎？”

关于这个故事，在历史上颇多疑议，在这里，关于历史事实的问题存而不论，笔者只据文本内容加以解读。公山弗扰以费城为据点反叛季氏，召见孔子，孔子准备应召而去。孔子之所以准备去，是因为按照当时的说法，大夫僭政，家臣打着复兴公室的名义背叛，这是得到认可的，而季氏本身就是僭政，因此，公山弗扰背叛他也是符合道义的。当然，孔子最后并没有前去，因为他也知道，公山弗扰并不是真正为了复兴公室。孔子准备应召而去，子路知道了就很不高兴，对孔子说，“没有地方可去也就算了！何必非要到公山弗扰那里去呢？”意思是说，公山弗扰是背叛者，这是不符合仁义道德的，道不同不相为谋，为虎作伥本身就是不道德的，而且这也有损自己的名声。面对子路的指责，孔子说，“既然公山弗扰召见我，那也不会是白白地召见我吧？”言外之意就是说，公山弗扰召见我，一定是要对我有所任用，这说明他这个人也不是无可救药的，我们可以对他进行改造，引导其弃恶从善；同时，如果他真的能够任用我，我也可以借此机会推行自己的政治理想，在费城推行仁政，施行礼乐教化，复兴周道于东方，把它变成东方的周朝。由此可见，在四处碰壁之后，孔子也非常渴望能够获得一个出仕的机会以推行自己的仁政理想，可惜这样的机会少之又少，最终只能将理想化为文字，通过思想以影响后人。

17.6　子张问仁于孔子。孔子曰：“能行五者于天下为仁矣。”

“请问之。”曰：“恭，宽，信，敏，惠。恭则不侮，宽则得众，信则人任焉，敏则有功，惠则足以使人。”

子张向孔子询问到底怎么做才可以算得上是仁人。孔子回答说，如果一个人能将五种美德推行于天下，那么，他就可以称得上仁人了。哪五种美德呢？恭、宽、信、敏、惠。恭就是恭敬，也就是庄敬严肃，这样一个严于律己的人，别人也不会对他轻侮慢待，也就是自重者人恒敬之。宽就是待人宽厚，也就是待人具有宽容精神。前面讲严于律己，这地方讲宽以待人，一个对别人宽厚的人必然会赢得人们的爱戴拥护，能够赢得民心。信不是信任，而是信实可靠，信实可靠的人容易赢得人们的信任，人们就会倚仗他、投靠他。敏就是黾勉的意思，就是努力从事，善谋而审当，这样做事就比较容易取得成功。惠就是慈惠、恩惠，如果一个人对别人慈惠，对别人有恩，那么，就容易调遣驱使别人，让别人为自己所用。这里孔子讲的是为仁的五种美德，这五种美德都不是以自我为中心的，而是以他者为中心，强调的是自我如何约束自己以与他者相处的问题。因此，儒家的道德不是以自我为中心的，而是以他者为中心的，强调的是自我对他者的责任，而不是什么自我的权利。在现代社会中则不然，人们更加关注的是自我的权利，我们之所以关注他者，是因为我们需要他者来为我们承担义务，从而最终使我们的权利得到落实，因而，在这样一种关系当中，人们不再关心伦理道德问题，而是法律的权利义务关系问题，人们都是从自我出发来处理自我与他者的关系。

17.7　佛肸召，子欲往。

子路曰："昔者由也闻诸夫子曰：'亲于其身为不善者，君子不入也。'佛肸以中牟畔，子之往也，如之何？"

子曰："然，有是言也。不曰坚乎，磨而不磷；不曰白乎，涅而不缁。吾岂匏瓜也哉？焉能系而不食？"

晋国是春秋时期的中原霸主，后来逐渐没落，权力由韩、赵、魏、智、范、中行六大家族所把持。当然，这六家之间也不和睦，冲突不断，各家都想挟天子以令诸侯，都有吞并对方之心。赵简子就假借晋侯之命，攻打范、中行，当时，佛肸正好是范氏家族的家臣，为中牟宰，因而以中牟为据地，反抗赵简子。由于赵简子是假借鲁侯之命以讨伐范、中行，所以，虽然从表面上看，佛肸的抵抗带有反叛性质，是不义的，但是从挟天子以令诸侯和从范、中行的角度，以及春秋无义战的角度来看，佛肸的行为反而是符合道义的。正是基于此，佛肸召见孔子，孔子准备前往。子路是一个性格比较直爽的人，眼里糅不得沙子，因此对孔子的做法提出异议：以前你教育我们，如果一个人亲身做了不道德的事情，那么，道德高尚的君子是不到他那里去的。现在佛肸以中牟为据地进行反叛，这是亲身做了不道德的事情啊！你还要去他那儿，这怎么说得通呢？面对子路的质疑，孔子说，不错，我是说过这样的话，不过，我不是也说过，最坚硬的东西，怎么磨也磨不薄；最白的东西，怎么染也染不黑。孔子的意思是说，虽然佛肸的道德品行不够高尚，但是我德行高尚，出淤泥而不染，他也不能对我的德行造成任何伤害，何必在意他的德行呢？关键的问题是，春秋末年，礼崩乐坏，哪个国家、哪个统治者不是道德败坏呢？如果不能坚守自己的操行，在任何地方都会被污染；况且孔子要想实现自己的政治抱负、仁政理想、在东方复兴周道，那么，就要相机而动，抓住一切机会。为此，孔子打了一个比方，"吾岂匏瓜也哉，焉能系而不食？"这句话有两种解释。第一种认为匏瓜就是瓠瓜，意思是说，孔子讲我又不能像瓠瓜那样，挂在某个地方，不吃不喝，依靠从自然当中吸收的养分就能成活，因此，我要养活自己，我要去做官，去求取俸禄啊！笔者不取这种说法，因为从公山弗扰的召见中我们就可以看出，孔子是为了实现自己的理想，也就是为了谋道而不是为了谋食而应召。笔者比较赞同第二种说法，匏瓜是古代的星宿，它虽然有匏瓜之名，但是悬于天空之上，却不能为人所食用，也就是徒有虚名，而无实用价值。孔子本身是有用世之志的，虽然他声名远播，但是却不能为人所用，因此，孔子迫切地希望自己能够发挥作用，为治国安民、复兴周道做出贡献，而不是徒有虚名。

17.8　子曰："由也！女闻六言六蔽矣乎?"对曰："未也。"

"居！吾语女。好仁不好学，其蔽也愚；好知不好学，其蔽也荡；好信不好学，其蔽也贼；好直不好学，其蔽也绞；好勇不好学，其蔽也乱；好刚不好学，其蔽也狂。"

孔子问子路：你知道六种美德以及与之相伴而生的六种弊病吗？古代的学生是非常遵守礼节的，子路听到孔子询问自己，就站起来回答说：没听说过啊！孔子让子路坐下，然后给子路一一道来。好仁是一种美德，仁者爱人，仁爱建基在情感的基础上，因此具有一定的盲目性，既容易走作失度，也容易被蒙蔽，所以，孔子说，一个人爱好仁德，但是又不去学习，那么，就会闻风而动，而不知深察本原，就可陷可罔，容易被人欺骗。好知也是一种美德，仁与知构成孔子美德的两个重要内容，人们都希望自己有知识，有智慧，对宇宙人生都有透彻的了解。好知求知当然是好的，但是我们不能以求知为乐，一心求知而不知返，那么，我们就会因为求知而放失了自己的内心，从而不能迷途知返，因此，我们需要通过学习以了解知识、智慧是立足服务于仁心善性的，从而将求知与自身的道德修养结合起来。这里的"荡"有"放其心而不知求"的意思，也就是无所持守。好信当然是一种美德，讲诚信，做事信实可靠当然是好的，但是我们要牢记孔子所说的"言必信，行必果，硁硁然小人哉"(《论语・子路》)，以及孟子所说的"大人者，言不必信，行不必果，惟义所在"(《孟子・离娄下》)。这也就是说，信实是以道义为标准的，该讲诚信的时候讲诚信，不该讲诚信的时候就不讲诚信，否则，就会对道义造成伤害。因此讲诚信也需要学习，从而了解诚信的标准在那里，知道如何顺时而为。虽然好直也是一种美德，但是如果没有学习的支撑，那么这种直爽、正直就会让人变得过于急切而不通情理，就会发生"其父攘羊，而子证之"(《论语・子路》）这样伤害父子感情的事情，就不知道适可而止。好勇也是一种美德，孔子经常讲智仁勇三达德，只有勇，才会让人义无反顾，勇往直前，愿意为道义而奋斗牺牲，不过勇也要配合学习，只有这样，勇者才能了解为何而勇、如何为勇的问题，否则就容易走向犯上作乱的道路。刚就是刚强，就是刚正不阿、坚强不屈。虽然好刚也是一种美德，但是这种品德也必须以学习为支撑，知道君子有所为有所不为，而不是一味地刚强，如果一味地刚强，就会走向狂妄自大，胆大妄为。由此可见，任何美德都是有其自身的限度的，如果超过了合理的限度，那么，就会造成问题，就由道德变成了不道德。因此，道德也需要通过学习礼，用礼来对道德进行约束，从而使其符合中庸之道，不至于走作失度。

17.9　子曰："小子何莫学夫诗？诗，可以兴，可以观，可以群，可以怨。迩之事父，远之事君，多识于鸟兽草木之名。"

孔子说，你们这些后生小子，也就是弟子，怎么就不学学诗呢？学诗有什么好处呢？诗尚赋、比、兴，赋就是直接铺陈，比就是比类相推，兴就是感发志趣。在古代诗歌当中，实际上赋与比最终还是被包含于兴之中，因此，孔子在这里只讲兴，而不及赋与比。古代的诗中，既讲人情物理，也讲政教风俗，因此，人们通过学诗，可以观天地万物之兴替，政教风俗之递嬗，政权家族之兴衰，了解社会人事之得失。在古代，诗与歌与舞是统一的，诗既可以用来吟唱，也可以用来舞蹈，因此诗强调和谐，要温柔敦厚，乐而不淫，哀而不伤，最终达到和而不流。通过学诗，人们可以了解如何与人相处、结成群体，同时也可以表达对于在上者的哀怨之情，也就是刺上之政，不过，这种哀怨之情的表达又是合情合理，和谐有度的，做到了怨而不怒。从这些我们可以看出，在诗中，人伦之道莫不全备，对近可以用来侍奉父母，对远可以侍奉君主。同时由于诗采取了赋比兴的做法，谈人事必谈物理，对于身边花草树木、鸟兽虫鱼多有涉及，因此，读诗可以让我们了解更多鸟兽草木的名称，并进而帮助我们达到天地万物一体，做到亲亲而仁民，仁民而爱物。因此，在中国古代，诗之所以受到人们的青睐，这不仅是因为它以精炼的语句表达了高深的道理，更是因为它寓理于情，通过抒情来达意，注重情感的感化，意志的激发，从而获得情感上的认同，让人们感受不到任何外在的强迫，真正起到了一种润物无声的效果，而不是僵硬地向人们推广伦理。

17.10　子谓伯鱼曰:“女为《周南》、《召南》矣乎?人而不为《周南》、《召南》,其犹正墙面而立也与?”

人们普遍认为,这一章就是《论语·季氏》中伯鱼在回答陈亢之问的时候孔子说“不学诗,无以言”之后说的话,不过这也没有确切的根据,从二者所谈论的问题来看,好像没有直接的联系。在历史上,有伯鱼出妻之说,大概伯鱼和妻子之间的关系不太好,孔子讲这段话可能是要提醒伯鱼要处理好夫妻之间的关系。因为在儒家看来,夫妇之道,人伦之始,“君子之道,造端乎夫妇”(《中庸·十二章》),因此,夫妻相处之道,乃是一切人伦之大本大原,不可不慎。《周南》与《召南》都是讲夫妇相处之道的,涉及人伦之大本大原。因此,孔子对伯鱼说,如果不读《周南》、《召南》,就像人面墙而立,寸步难行,这也就是说,如果一个人违背了夫妻之道,那么,这个人就大行有亏,在这个社会上就会寸步难行。因此,一个人的道德修养,应当从夫妇之道做起,首先处理好夫妻关系,处理好家庭关系,然后才能治国平天下。

17.11　子曰:“礼云礼云,玉帛云乎哉?乐云乐云,钟鼓云乎哉?”

这一章是讲礼乐之用与礼乐之本的问题,在当时社会中礼崩乐坏,其中的一个重要表现大概就是人们崇末忘本,孔子则要求人们崇本逐末。礼主于敬,乐主于和,这是礼乐之本,但是敬与和不能自我表现,必须要借助一定的形式才能表现出来。我们对于某人某物的畏敬之情,就会通过贡献财物的方式来表达,音乐的和乐通过钟鼓管弦丝竹来表现。然而,问题在于,由于形式显而易见,因此也更容易被人们所关注所记住,而礼乐的本质内容却由于隐而不显,从而容易被人们所轻忽,所遗忘,因此,人们慢慢地只注重礼乐的形式,而不关注礼乐的内容,从而导致礼乐有名无实。孔子通过“礼啊礼啊,难道讲的就是玉帛这些财物吗?乐啊乐啊,难道讲的就是钟鼓这些乐器吗”的质问告诉人们,这些都不过是表达敬与和的外在形式而已,我们要将目光聚焦在礼乐的实质内容上,不要过分地关注形式。

17.12　子曰:“色厉而内荏,譬诸小人,其犹穿窬之盗也与?”

“色厉”是讲外表矜厉、威严,“内荏”是指内心柔弱,“色厉而内荏”就是外表端庄威严,而内心柔佞怯懦,也就是表里不一。孔子说这种人,如果以道德败坏的小人作比喻,这种人大概可以比作穿墙打洞、入室行窃的小偷。为什么这样比喻呢?解者以为,小偷穿墙打洞,入室行窃,其行为表现得十分大胆狂妄,但是内心却十分害怕,怕被人看到、被人抓住,因此,时时都有逃走之心,这与“色厉而内荏”的人是一样的。不过笔者以为,关键的问题在于:“色厉而内荏”的人为什么会表里不一?这实际上是出于对于功名利禄的向往,所以,要蒙骗欺世,通过欺世来盗名;而“穿窬之盗”同样是为了利益,通过一种非常隐秘的、不为人知的不法方式获取财富,他们不同于强盗,强盗是公然抢劫,而他们的偷窃行为是秘密进行的,他们在外表上可能与常人无异。因此,笔者以为,孔子是借助“穿窬之盗”而批评“色厉而内荏”的人是欺世盗名之徒。实际上,在现实生活中,这种表面一套、背后一套的人很多,虽然他们可能会由于两面派的手段而暂时混得风生水起,但是他们最终会有漏出马脚的一天,注定会被人们所唾弃。

17.13　子曰:“乡愿,德之贼也。”

“乡愿”在《孟子》中写作“乡原”。有人认为,“乡原”中的“原”指原壤,原壤跟孔子同乡,孔子批评同乡原壤游方之外,行为不合规矩,说他破坏道德。从孟子对乡原的解释来看,显然不是指原壤,而是指一类人。《孟子·尽心下》对于“乡愿”有一个详细地解释说明,“‘何以是嘐嘐也?言不顾行,行不顾言,则曰,古之人,古之人。行何为踽踽凉凉?生斯世也,为斯世也,善斯可矣。’阉然媚于世也者,是乡原也”,“非之无举也,刺之无刺也,同乎流俗,合乎污世,居之似忠信,行之似廉洁,众皆悦之,自以为是,而不可入于尧舜之道,故曰‘德之贼’也。孔子曰:恶似而非者:恶莠,恐其乱苗也;恶佞,恐其乱义也;恶利口,恐其乱信也;恶郑声,恐其乱乐也;恶紫,恐其乱朱也;恶乡原,恐其乱德也。君子反经而已矣。”从孟子所作的解释说明当中我们可以看出,乡愿的一个重要特征就是“阉然媚于世”,也就是讨好所有人。关键问题在于,在这个世界上,既有道德高尚的君子,也有道德低下的小人,我们不可能得到所有人的认可,所以,《论语·子路》中孔子就说过,一个人只要做到“乡人之善者好之”就不错了,如果“乡人之不善者恶之”,那么,这是属于正常现象,不必太过关注。如果一乡人皆好之,那么,他一定是推原乡人之所好,然后投其所好来立身行事,他必然是放弃了原则,讨好那些道德败坏之人,这也就意味着他放弃了对于原则的坚守,从而没有了是非对错的标准。因此，乡愿从表面上看好像很忠厚信实，是谨愿之人，实际上是两面派，说一套，做一套，见人说人话，见鬼说鬼话，从而模糊了是非对错的标准，败坏了社会的道德风气。

在孔子看来，要想改变这种状况，不想做乡愿必须“反经”，也就是要坚守原则，保持原则的坚定性，策略的灵活性必须建立在原则的坚定性基础上，不能无原则地讨好他人。虽然我们讲“执经用权”、“执一用权”，但都用权动摇了“经”或“一”的基础地位、主导地位，我们必须保持“经”与“一”的绝对权威地位，基本原则不容突破。孔子的这一思想在现代社会中具有非常重要的现实意义，现实生活中当人们面对一个破坏规则的行为的时候，人们总是喜欢强调情有可原，以此来为罪责开脱，从而动摇了规则的基础地位，虽然我们需要承认某些行为事出有因，但是我们并不能因此而放弃对于原则的坚守，否则的话，就是对于违法乱纪行为的纵容，这个社会就会因此而丧失是非对错的区分，从而人们变得无是无非、肆意妄为。

17.14　子曰：“道听而途说，德之弃也。”

“道”、“途”都是道路。意思是说，如果一个人在道路上听到了某个传言，然后马上就在道路上把它传给其他人，那么，这就有可能是以讹传讹，因为这个传言本身就是未经证实的，这个传言的可信度是值得存疑的，我们因此就有可能成为谣言的传播者，所以，孔子说，这种做法为道德高尚的人所唾弃，如果有人这样做，那么，这就是对自我道德的一种破坏。因此，有道君子不论读书还是教学，一定不能讲之以口耳，在著书立说、讲学授徒之前，一定要在行动中验证自己所写所说的内容，只有信实可靠的内容才能传之于他人，布之于天下；否则，就是对他人、对社会不负责任，也是对自己声名的一种破坏。在当今时代，有些学者专门以介绍他人思想学说为能事，而并不对其进行深入研究和反思，不关心其得失，这何尝又不是一种“道听而途说”呢？

17.15　子曰：“鄙夫可与事君也与哉？其未得之也，患得之。既得之，患失之。苟患失之，无所不至矣。”

“鄙夫”是指那些以富贵为志向、追求富贵的人。那些以富贵作为追求的鄙夫可以与他一起侍奉君主，或者说可以与他同朝为官吗？孔子在这里是以反问的方式表明自己的态度，在他看来是不能与其共事，不能与其同朝为官的。为什么呢？这种人以富贵为目标，在自己没有得到富贵的时候，唯恐自己不能得到富贵，因此，就想法设法地谋求富贵。一旦获得了富贵，他就担心自己会失去富贵。一旦害怕失去富贵，那么，他就会不择手段，无所不用其极，就会偏离正道。当然，追求富贵本是无可厚非之事，任何人都希望自己能够大富大贵，君子也不例外。不过对于君子而言，富贵是可为则为，不可为则止，对于富贵保持一颗平常心，得之不喜，失之不惊，将自己的注意力集中在道德修养上，不因求富而害道。因此，人们对富贵要保持一颗平常心，富贵利禄的获得并不完全取决于个人的努力，其间存在一定的偶然性，我们所能做的就是保持自己的专注，做自己该做的事情，做好自己该做的事情，只有这些事情才是我们能够控制的，是我们想做就能做到的。

17.16　子曰："古者民有三疾，今也或是之亡也。古之狂也肆，今之狂也荡；古之矜也廉，今之矜也忿戾；古之愚也直，今之愚也诈而已矣。"

这一章是孔子对于世道日衰的一种慨叹。就像龚自珍慨叹中国近代不但没有"才相"、"才史"、"才将"、"才士"，而且没有"才盗"、"才偷"一样，孔子感叹在自己所处的时代里，不仅道德不如古代，就连缺点也不如古代。他说古代人有三种缺点，而现代人就在这些缺点上都达不到古人的水平。古代的狂者至少还能肆意自恣，不拘小节，但是"大德不踰闲"(《论语·子张》)，而现在所谓的狂者却无所忌惮，荡无所据；古代的矜者至少持守甚严，棱角分明，而现在所谓的矜者则是多怒好争，无所持守；古代的愚者虽然暗昧不明，但至少还能径行自遂，无所防戒，而现在的愚者则无是无非，挟私妄作，为了一己私利投奸要滑。

孔子这种崇古抑今的做法是中国古代的一个重要特点，中国人习惯性地以为美好的时代是在过去，伦理道德则是处于不断衰退之中。实际上情况并非如此，诚如章太炎所言，善亦进化，恶亦进化，善与恶都会随着时代的发展而不断发展变化，每个时代有每个时代之道德，我们没有办法简单地比较两个不同时代的道德状况，因为伦理道德所包含的方面太多，而且表现形态也多种多样，所以，我们不能说一个时代的道德优于另一个时代的道德。

17.17　子曰："巧言令色，鲜矣仁。"

见《论语·学而》第3章。

17.18　子曰："恶紫之夺朱也，恶郑声之乱雅乐也，恶利口之覆邦家者。"

古代君主着装的正色应该为朱红色，但是自从鲁桓公开始，开始喜欢玄冠紫衣，后来齐桓公也喜欢穿紫衣，穿紫衣慢慢地就成为一时风尚。孔子说厌恶紫色夺去了朱红色的正统地位，就是对此而言的。郑国的音乐是"其声之哀者"，不合于雅乐的要求，也就是不合于正统音乐的要求，郑国音乐的兴起和广泛传播是对正统音乐的一种破坏，因此，孔子反对郑国音乐。

在春秋末年，时代更迭，社会混乱，政权易手频繁，因此，有些人为了图生存，谋富贵，开始丧失立场，无是无非，在国君面前搬弄是非，从而导致一些国家走向衰亡。孔子在此只是以此三者为例，说明当时礼崩乐坏的情况，从而表达自己对于维护礼乐制度的一种态度，认为我们必须维护社会的制度规范，否则人们就会无所适从，从而引起社会的混乱乃至国家的覆亡。从这一章中我们可以看出制度规范的重要性，一个社会中对于制度规范必须坚定地予以执行，否则就会引发严重的后果。

17.19　子曰："予欲无言。"子贡曰："子如不言，则小子何述焉?"子曰："天何言哉? 四时行焉，百物生焉，天何言哉?"

孔子有一天对子贡说，"我想不再有所言说了。"这一句话是对子贡说的，而子贡在孔门四科当中，居于言语一科，足见其长于言说，也重视言说，孔子说这句话估计有告诫诱导子贡的意味。上两章孔子说"巧言令色，鲜矣仁"，"恶利口之覆邦家者"，可见孔子对于言说多采取否定的态度。孔子的否定一方面是因为道本身就不能通过言说来获致，仁道需要人们用身心去体会，我们唯有在身体力行、感同身受当中，才能真切地领会天道与人道，因此，孔子告诫弟子不要满足于道听途说，而要默识心通，对于道有深刻的理解和把握；另一方面是因为道本身不是口耳之学，最终要落实到行动中，所以，孔子借此告诉弟子，不要仅仅满足于道的口耳相传，而是要带头去践行落实道，只有这样，道才能有体有用，才能发用流行。

子贡一时可能没有领会孔子言语中的深层含义，因此，他就追问孔子，“如果您不再有所言说，那么，我们以后传述什么呢？”因为孔子的弟子中很多人都是兼老师与弟子的身份于一身的，他们将从孔子这儿学来的东西再传授给自己的学生，如果孔子不言，那么，他们就没有东西可以传授给自己的学生，故子贡有此一问。对此，孔子以天为喻。天在中国古代本身就有道的意味，天本身就是至高无上的道，天人合一，人道就被看作是对天道的模仿。“天何言哉？”天道本身就是无所言说的，那么，人又何必喋喋不休呢？因此，领会道不是在言语处，而是在无言处，要“于无声处听惊雷”。天只是按照正常的规律进行了四时交替，自然万物就得以繁荣滋长，可见上天并不是通过言说来促进万物生长发育的，因此孔子说“天何言哉”。孔子的意思是说，子贡的担心是多余的，虽然自己不再有所传述，只要学生认真体道行道，那么，学生自然会受到教化，自然就会对道有所领悟，又何必一定要言说呢？

这一章孔子主要强调要体道行道，而不是满足于道听途说，强调学道要默识心通，在一定程度上否定了言说道的可能性，这大概也就是弟子们说“夫子之言性与天道，不可得而闻也”（《论语·公冶长》）的一个重要原因，也是孔子要求弟子“讷”、“言讱”的重要原因。

17.20　孺悲欲见孔子，孔子辞以疾。将命者出户，取瑟而歌，使之闻之。

这一章是说孺悲想要拜见孔子，孔子以有病为借口推辞不见。传命的人出门后，孔子故意拿出瑟来边弹边唱，有意让他知道自己并无疾病，只是不愿见他而已。至于孔子为何不见孺悲，在历史上多有争论。有人认为这是孺悲在从孔子学礼之前，初见孔子，由于没有中间人介绍，这不符合古代礼制，故孔子不见；有人认为孺悲不是真心崇道归圣，所以，孔子不屑教之；有人认为估计是孺悲有什么行为得罪了孔子，故孔子不愿与之相见。在笔者看来，第一种说法相对可信，后面两种做法不太符合孔子的思想主张与惯常行动。这实际上是孔子对于礼的一种维护。虽然在现代社会中，中国古代的礼已经为人们所废弃，但是这并不意味着人们就可以为所欲为，人们之间、师生之间应该还是要遵守基本的礼仪规范，这既是对教师本身的一种尊重，也是对知识的一种尊重，更是对教师传道授业解惑行为的一种尊重，一个不尊重教师的民族是没有未来的。

17.21　宰我问："三年之丧，期已久矣。君子三年不为礼，礼必坏；三年不为乐，乐必崩。旧谷既没，新谷既升，钻燧改火，期可已矣。"

子曰："食夫稻，衣夫锦，于女安乎？"

曰："安。"

"女安，则为之！夫君子之居丧，食旨不甘，闻乐不乐，居处不安，故不为也。今女安，则为之！"

宰我出。子曰："予之不仁也！子生三年，然后免于父母之怀。夫三年之丧，天下之通丧也，予也有三年之爱于其父母乎！"

宰我就是宰予。宰我估计是受到了墨家非葬思想的影响，对于儒家所推崇的三年之丧提出了反对意见，觉得守丧三年，时间太长，改为一年就可以了。宰我的理由有两个方面。一方面，儒家强调礼乐文明，如果守丧三年，孝子贤孙在这三年之中就不能参加礼乐活动，那么，就会导致礼崩乐坏；另一方面，守丧三年这个时间不符合自然发展的规律，因为儒家是讲天人合一的，人道是以天道作为根据的，在自然世界当中，如旧谷耗尽，新谷成熟，运用不同的木头钻燧取火，其周期都是一年时间，因此，与自然运行以一年为一个周期相比，三年的时间不是太长了吗？孔子并没有直接回答宰我这样的一种辩难，而是询问如果你守丧一年，另外两年你锦衣玉食，你会感到心安理得吗？宰我说，我心安理得。孔子说，既然你心安理得，那你就守丧一年吧。君子为什么要守丧三年呢？是因为在这三年之中，他吃肉也不觉味美，听音乐也不觉得快乐，在家里坐卧不安，所以，他不愿缩短守丧的时间，一定要守丧三年。现在既然你觉得心安理得，那就守丧一年吧！从孔子的这一论述当中我们可以看出，三年之丧是古代的礼仪制度，虽然礼仪制度作为规范系统具有外在的强制性，但是这种强制必须建立在内在情感的基础上，如果失去了内在的情感基础，那么，这种纯粹外在的规范就会失去实际效用，如果我们强制别人照此贯彻执行，别人也会做得心不甘情不愿，那么，这种守丧也就是徒具形式而已。因此，礼仪制度的制定和执行要以情感为依据。宰我退出之后，孔子对于宰我表达了自己的不满，认为宰我没有仁心善性，也就是缺乏内在的道德情感。人生下来的时候，在父母的怀抱里生活了三年，现在为父母守丧三年也是天下的通例，实际上就是要回报父母三年的怀抱之恩，你不是也享受了父母的恩情吗，现在为什么就不能回报父母呢？

可见对于儒家而言，如果一个人不讲道德，不愿意为别人过多付出，那么他也必须尊重对等原则，要做到知恩图报，回馈别人对自己的曾经付出。这就像在现代社会中，我们当然希望所有人都对自己高标准、严要求，都讲道德责任，都讲奉献，都讲献身精神，如果有人不愿讲道德，那么，就必须讲法律，讲义务，必须承担自己必须承担的义务，否则，这就不符合公正原则，这对别人就是不公平的。

17.22　子曰："饱食终日，无所用心，难矣哉！不有博弈者乎？为之，犹贤乎已。"

成天吃饱了饭，没有追求目标，什么事情也不做，这种人真的难办啊！为什么难办呢？没有目标，没有追求，就会胡思乱想，容易产生邪念，容易走上邪路。孔子虽然觉得下棋是小道，属于不务正业，容易让人滋生争强好胜之心，不过这总还是让人有事可做，让人无暇胡作非为，因此，孔子说，下棋总比什么都不做还要好一点。

17.23　子路曰："君子尚勇乎？"子曰："君子义以为上，君子有勇而无义为乱，小人有勇而无义为盗。"

子路好勇，虽然勇是"三达德"之一，但是毕竟孔子也经常因此而批评警醒他，像孔子就曾经说过"由也好勇过我，无所取材"（《论语·公冶长》）之类的话，所以，子路对于自己好勇也不太有把握，想让孔子给自己一个指导意见。不过子路也不好直接向孔子问这个问题，于是他采取了一个迂回战术，向孔子询问君子是否也好勇，间接地看看好勇是否符合君子之道。孔子回答说，君子最为崇尚的是礼义而非勇敢，只有在礼义的指导之下，勇敢才不至于过或者不及，如果处于社会高层的君子好勇而没有礼义加以制约，那么，他们就会犯上作乱；如果处于社会底层的小人好勇而又没有礼义加以制约，那么，他们就会成为土匪强盗。由此可见，勇敢更多的是一种血气之勇，因此，它必须受到礼义的制约，从而使之服务于仁义，只有这样才会真正成为"三达德"之一，而不至于走向鲁莽。从孔子的回答我们可以看出，任何一种道德情感、道德行为都必须有一个度，都必须符合社会规范，如果没有社会规范的约束，哪怕是一个出自道德之心的行为也有可能会适得其反，从而造成一个人们所不愿意看到的结果。

17.24　子贡曰："君子亦有恶乎？"子曰："有恶：恶称人之恶者，恶居下流而讪上者，恶勇而无礼者，恶果敢而窒者。"

曰："赐也亦有恶乎？""恶徼以为知者，恶不孙以为勇者，恶讦以为直者。"

子贡问孔子："君子也会有所憎恶吗？"子贡此问大概是为了印证吾心之同然，因为从后文来看，他心里有所憎恶，又不知道有所憎恶对不对，心里狐疑，故有是问。这在孔子看来是不成问题，"唯仁者能好人，能恶人"（《论语·里仁》），一个道德高尚的人本来就应该有所好恶，否则，他就是无是无非的乡愿，就是"德之贼"。因此，孔子说，君子不但有所憎恶，而且所憎恶的人多达四种：憎恶那些喜欢讲别人缺点和不足的人，这种人缺乏仁厚之心，不符合儒家的恕道——"己所不欲，勿施于人"（《论语·颜渊》）；憎恶那些居于下位而毁谤处于上位之人的人，这种人缺乏尊卑意识，缺乏敬畏之心；憎恶那些勇猛无畏而不能以礼加以节制的人，因为这种人容易犯上作乱，这也就是上一章所说的"勇而无义则为乱"；憎恶那些行事果敢而不通事理的人，这种人容易走向胡作非为，因为别人很难对他们进行说服教育，所以，他们就会一意孤行。

"赐也亦有恶乎"这句话，有人认为是子贡自道，有人认为是孔子向子贡的提问。笔者认为是孔子向子贡的提问。因为这个句式与子贡提问的句式是一致的，显然这里也是一个问句，子贡不可能向自己提问，显然是孔子在讲完君子所憎恶的四种人之后，对子贡的反问；如果这句话是子贡自道，那么，"乎"字就是多余的。孔子可能知道子贡提问的真实用意，因此，通过反问给子贡提供一个质证自身疑惑的机会。子贡讲自己憎恶三种人。第一种人是"徼以为知者"。"徼"通钞，就是抄袭别人。知识、智慧都必须经过自己的体会而来，只有自己真正有所体会、有所得，知才是真知，如果抄袭别人冒充有知识，那么，这种人不仅缺乏真知，而且也缺乏道德，所以令人憎恶。第二种人是"不孙以为勇者"，"孙"通逊，儒家强调谦逊，不逊本身就是违反道德的，而将不逊当作勇敢本身就是错上加错。第三种人是"讦以为直者"，"讦"就是攻击别人，揭人隐私，这同样是一种不道德的行为，结果他们却把这种道德的行为当作正直、直爽，实际上是相差千里，故为子贡所憎恶。实际上君子之恶我们可以将其看作是夫子自道，如果将其与子贡的三种憎恶加以比较，那么，我们就可以看出二者之间存在差异，前者从表面上看具有迷惑性，具有似是而非的特性，需要较高的辨识能力才能将其与道德品质区分开来，而子贡所恶则具有明显的不道德性，说明子贡还没有达到那种体察入微的地步，学识修养还需要进一步提升。

17.25　子曰："唯女子与小人为难养也，近之则不孙，远之则怨。"

这一章的字面意思并不难，而且也为人们所耳熟能详：女子和小人比较难以相处，亲近了，他们就容易不谦逊；疏远了，他们就会抱怨。这一章的内容自近代以来受到了人们的强烈批判，认为这是男尊女卑的封建思想，是对女性的不尊重，违背了现代社会的男女平等。为了应对这种批评，有人又想方设法地对这一章做出各种别出心裁的理解，如把"女子"改成"竖子"，把"女子"变成"女、子"，试图让其与现代的男女平等思想相契合。实际上不必如此，我们没有必要为孔子粉饰。孔子作为先秦时代的人物，他不可能站在现代的男女平等的立场上看问题，他一定会站在他那个时代的立场来看问题。女人之为女人，也就是作为一个社会化的女人，并非天生就是如此的，而是后天形成的，社会所灌输给女人的条条框框，把她变成了一个名副其实的女人。女人"近之则不孙，远之则怨"的这一特点，并不是出自其天性，而是后天养成的，孔子做出这样的表述，实际上不过是对当时社会现象的一种概括。实际上，这种根深蒂固的文化影响，即使在当今时代也并没有完全从人们的思想观念中消失，尤其是在一些相对闭塞的区域，女性的独立意识仍然没有完全建立起来，对男性仍然高度依附，只要女性依附男性，那么，就一定会产生"近之则不孙，远之则怨"的问题。因此，在当今时代，女性解放、女性独立仍然是一个任重而道远的现实问题，实际上，男尊女卑的思想观念在人们的思想中已经根深蒂固，很难彻底根除，不是通过一次思想革命就能彻底解决的。

17.26　子曰："年四十而见恶焉，其终也已。"

此章有两种解释。一种认为这是孔子自叹之言，是说孔子在四十岁的时候，由于受馋人所阻，不能见用，因此顾影自怜，其证据一个是孔子当时的现实境遇，一个是此章居于《论语·阳货》的结尾，而《阳货》则主要是讲群小专恣，圣道不行。不过，在笔者看来，从"其"字来看，这一章实是泛说，就像《论语·子罕》中孔子说“四十、五十而无闻焉，斯亦不足畏也已”一样。孔子说：一个人到了四十岁还被人厌恶，他这一生也就完了，就这样了，也没有什么指望了。一个人之所以被人厌恶，那一定是可恨之人必有可恨之处，也就是说，他必定是德行有亏，因此“年四十而见恶焉”，我们也可以理解为：到了四十岁还表现出恶德。按照孔子的“三十而立，四十而不惑”（《论语·为政》）的说法，人们在三十岁的时候就应该在德行上有所建树，对于礼仪制度、礼乐文明的学习都应该已经小有所成，这时候就应该能够做到“己欲立而立人，己欲达而达人”（《论语·雍也》），到了四十岁的时候就应该立场坚定，不被外界所迁了，这也就是说，人们到四十岁的时候在道德修养上应该已经达到了比较高的层次，如果这个时候还德行有亏，还被人厌恶，那么，说明这个人虚掷了光阴，没有认真学习。关键的是在那个年代，五十已经步入老年，开始养尊处优，不再学习了，因此，他已经错过了最佳学习成长的机会。当然，现代社会是一个学习型社会，活到老，学到老，什么时候都需要学习，不过，孔子在这里是要告诉人们，在人生的每个阶段，我们都应该做好自己该做的事情，只有这样，我们才能保持一种先进的状态，不至于落后，否则，我们就会处于落后的境地，就一直处于拼命追赶的状态，即使劳精伤神，也不一定能够后发先至。因此，对于人们来说，即使不能做到笨鸟先飞，至少也要做到按部就班。

# 微子篇第十八

18.1　微子去之，箕子为之奴，比干谏而死。孔子曰："殷有三仁焉。"

微子就是微子启，是商纣王的兄长，本来其父帝乙准备立微子为太子，但由于微子出生时，其母尚为妾，这不符合古代的礼制，故受到阻止，不得不立纣为太子。商纣王在历史上荒淫暴虐，残害百姓，而且不能虚心纳谏。估计微子因与商纣王有兄弟之谊，也会向其谏议，当然不会被采纳，微子预计商纣王终将难逃国破家亡的命运，为了保存家族子嗣，以图长远，所以，提前离开，去商投周。箕子和比干与商纣王是同姓的大臣，他们之间有亲属之恩，因此不忍离去，都想对于宗庙社稷有所作为，以救民于水火，不过他们的做法有所不同：箕子见谏诤不成，就佯装疯癫而为奴仆；比干则忠心直谏，结果被剖心而死。孔子说：殷商有三个仁德之人。孔子这里并不是说他们的做法，而是说他们的做法虽不同，但是他们都有一个仁爱百姓之心，他们的所作所为都是出于对人民百姓的仁爱，都是出于仁心善性；而至于做法，并无一定要求，只要是采取合宜的方式都是可以的，他们的所作所为都是与他们的身份相宜的。这也就是孔子所说的中庸之德，道德仁义并无某一特定的形式，关键是要看具体情况而定，只要是出于仁心善性，那么，就可以根据特定的时间、特定的地点、特定的人物，做出符合当时特定情况的行为。

18.2　柳下惠为士师，三黜。人曰："子未可以去乎？"曰："直道而事人，焉往而不三黜？枉道而事人，何必去父母之邦？"

柳下惠是古代公认的圣人之一，孟子说他是"圣之和者"(《孟子·万章下》)，这与他的人生经历有关。柳下惠是鲁国人，在鲁国做典狱长期间，三次因为仗义执言而被废黜。有人因此而为柳下惠鸣不平，就劝他离开鲁国另谋出路，结果被柳下惠断然拒绝。柳下惠说："如果直道而行，与人相处，到哪个地方不会被废黜呢？如果枉道而行，与人相处，那又何必要离开自己的祖国呢？"从柳下惠的话语当中，一方面我们能够看到他对直道的坚守和对祖国的深厚感情，另一方面我们也能看到，他对社会的失望，他认为无论是鲁国，还是其他国家，都不能容纳直道而行之人。柳下惠的这种想法就与孔子不同，孔子对于世界始终是充满希望的，有一种乐观主义的精神，他周游列国，实际上就是因为他相信一定会找到适合自己的地方，一定会找到心目当中的那块乐土，可以让自己的理想在那里落地生根，开花结果，所以，孔子虽然处境艰难，但是他仍然"乐在其中"。

18.3　齐景公待孔子曰："若季氏，则吾不能；以季、孟之间待之。"曰："吾老矣，不能用也。"孔子行。

孔子到齐国只去过一次。当时是因为鲁国发生了内乱，所以，孔子遂离开鲁国到了齐国，受到了齐景公的热情接待，不仅向孔子问政，而且准备给他优厚的封赏，后来受到晏婴的反对，齐景公对孔子的态度有所改变。当然，齐景公还是想挽留孔子，希望孔子能为自己所用。他说如果按照鲁侯对待季氏的标准来对待孔子，这个标准就太高了，自己做不到。因为三家在鲁国所享受的礼遇是与他们的势力强弱相对应的，在三家当中，季氏的势力最强，享受的待遇最高，孟氏最弱，在三家中享受的待遇最低，所以，齐景公说，我们就按照低于季氏高于孟氏的标准来礼遇孔子。实际上，齐景公对孔子还是非常不错的，待遇也不错，孔子不会因为待遇问题与齐景公过分计较，更不会因此而与其分道扬镳。不过过了一段时间，齐景公对手下说，觉得孔子之道太高，难以成就，因此就推脱自己年龄大了，不能任用孔子，不能用孔子之道。孔子听到这个言论，觉得无法在齐国实现自己的理想，因此就毅然决然地离开了齐国，又重新回到鲁国。由此可见，孔子所重视的并不是待遇问题，而是能否发挥自己才能、实现自己理想的问题。因此，对于那些有理想有追求的学者、知识分子，需要为他们提供一个追求理想、实现理想的平台、空间、良好的氛围，让他们能够大有可为可能比单纯的物质利益更加重要，更加具有吸引力。

18.4　齐人归女乐，季桓子受之，三日不朝，孔子行。

在鲁国三桓僭政，季氏的势力最为庞大，实际上孔子在鲁国由中都宰升为司寇，主要是由于季氏的赏识，像当时孔子的弟子子路就委身在季氏家中做家宰。由于三桓僭政，导致鲁国礼崩乐坏，不合礼制，再加上鲁国不断没落，后来，孔子就建议鲁侯通过堕三都等一系列手段来削弱三家的势力，以便重振鲁国昔日雄风。虽然堕三都的计划失败，但是，鲁国希望寻求变革的做法也引起了周边国家的关注，像齐国就与鲁国接壤，而且也经常会在边境上发生摩擦，齐国害怕鲁国由此而变得强大起来，从而对自己构成威胁，因此主动给鲁国馈赠美女和乐师，让他们沉迷于声色犬马，从而借此消磨统治者的意志，企图以此延缓乃至阻止鲁国变革复兴的步伐。季桓子为了掩人耳目，让鲁侯对自己放松戒心，接受了齐国馈赠的女子和乐师，成天在家吃喝玩乐，三天不理朝政，孔子见此情景，就离开了鲁国。实际上孔子离开鲁国，当然有看不惯季桓子沉迷于声色犬马，从而对其失望的成分在内，不过更为重要的是，孔子自己堕三都的计划引起了三家对自己的嫉恨，知道自己在鲁国的政治生涯已经结束，在此逗留也不会受到重用。

18.5　楚狂接舆歌而过孔子曰："凤兮凤兮！何德之衰？往者不可谏，来者犹可追。已而，已而！今之从政者殆而！"

孔子下，欲与之言。趋而辟之，不得与之言。

接舆是楚国人，见楚昭王时政令无常，遂断发漆身，佯狂不仕，所以，号称楚狂人，后来李白写诗"我本楚狂人，凤歌笑孔丘"，典故就出自此章。不过接舆并不是嘲笑孔子，而是有尊敬孔子之意，出于关心孔子，当孔子到了楚国以后，他故意唱着歌而过孔子，意图用自己的歌声来感动孔子，使孔子迷途知返。接舆把孔子比作"凤"，可见他对孔子的推崇。在过去，有才德之人是统治者争相追逐的对象，邀请他们为自己所用；现在孔子自己周游列国，以求见用于诸侯，可见当时社会的道德衰败到了什么程度，才德之士不再受到统治者的器重。因此，接舆奉劝孔子，过去的事情说得再多也无法挽回，还未到来的未来还是可以把握的，没有必要再像这样营营于见用，汲汲于救世，不如像自己一样不仕，过得逍遥自在。他说，现在这个社会已经完了，现在的从政者都已经岌岌可危了，又岂是你能拯救得了的呢？孔子听到接舆的歌声，就下了车，想和他谈一谈，结果接舆却躲开了，孔子没能和他进行交谈。接舆是避世之士,孔子是用世之士,其心里一直所惦记的是“仁以为己任”,想要拯救天下国家,因此,他当然不会接受接舆的建议,不过在他听到接舆的歌声之后,估计心里也会有所感动,因此,想和他进行一番交流,阐述一下自己的看法,可惜未能如愿。由此可见,有所坚持,有所担当,需要巨大的恒心与毅力,要忍受常人之所不能承受的煎熬,否则不能成功,这种煎熬不仅有生活的压力,也有社会的误解。

18.6　长沮、桀溺耦而耕,孔子过之,使子路问津焉。

长沮曰:“夫执舆者为谁?”

子路曰:“为孔丘。”

曰:“是鲁孔丘与?”

曰:“是也。”

曰:“是知津矣。”

问于桀溺。

桀溺曰:“子为谁?”

曰:“为仲由。”

曰:“是鲁孔丘之徒与?”

对曰:“然。”

曰:“滔滔者天下皆是也,而谁以易之?且而与其从辟人之士也,岂若从辟世之士哉?”耰而不辍。

子路行以告。

夫子怃然曰:“鸟兽不可与同群,吾非斯人之徒与而谁与?天下有道,丘不与易也。”

长沮、桀溺都是隐者,二人相伴而耕,孔子从他们旁边经过,有意想了解他们的所思所想,就派子路向他们询问渡口在哪里。长沮就询问子路,那个驾车的人是谁啊?子路回答是孔丘。长沮又问,就是鲁国的那个孔丘吗?子路回答说是,长沮就说,他知道渡口在哪里。实际上孔子让子路问津,不仅是要问现实的渡口,实际上也是要问询个人、社会、国家的出路在哪里,长沮的意思是说,孔子实际上对这些早就知道了解了,何必要来问我呢?子路见长沮不回答自己,就转而询问桀溺。桀溺问,你叫什么啊?子路回答说自己叫仲由。桀溺说,你是孔丘的门徒吗？子路回答说是。桀溺就说，天下到处都是一样，洪水滔滔，混乱不堪，你能够和谁一道来改变这个状况呢？意思谁都改变不了，谁都靠不住。既然这样，你与其跟在孔丘这个逃避无道之君的人后面，还不如跟在我们这些逃避世界的人后面。说完这些以后，仍旧不停地做着农活。

子路回来后把自己所经历的一切都告诉了孔子。孔子怅然若失地说，我也不能像他们一样做个隐士啊？因为我作为人，不能像他们一样和鸟兽生活在一起，我对他人、对社会还要承担责任，我们不和他人生活在一起，又能和谁生活在一起呢？对于儒家来说，虽然同样强调人是世界中人，人是自然中人，但是更加强调人是社会中人，更加重视人与人之间的关系，强调人的群体性特征，强调要“与人为徒”。同时，孔子强调自己之所以要东奔西走，试图要改变这个社会、这个世界，是因为这个世界处于一种无道的状态，因而自己要救民于水火，如果这个世界处于一种有道的状态，人民生活幸福，那么，我也就没有必要东奔西走，去想和谁一道来改变世界的问题了。孔子的意思是说，我要主动地承担起对于社会的责任，力图去改变现实社会，从而把世界由无道变成有道。

18.7　子路从而后，遇丈人，以杖荷蓧。

子路问曰：“子见夫子乎？”

丈人曰：“四体不勤，五谷不分，孰为夫子？”植其杖而芸。

子路拱而立。

止子路宿，杀鸡为黍而食之，见其二子焉。

明日，子路行以告。

子曰：“隐者也。”使子路反见之。至，则行矣。

子路曰：“不仕无义。长幼之节，不可废也；君臣之义，如之何其废之？欲洁其身，而乱大伦。君子之仕也，行其义也。道之不行，已知之矣。”

子路跟随孔子周游列国。有一次，孔子先出发，子路后出发，子路在追赶孔子的途中，看见一位老人家，用扁担挑着箩筐，就问老人家有没有看见老师孔子。老人应该是一个有文化的人，就引用古语说“四体不勤，五谷不分”，意思是说，手脚不勤快，五谷就不能分季节(也就是按照季节)及时地播种，我哪有功夫去关注你的老师，说着话，就把担子放下，开始耕种。有人说，荷蓧丈人这是批评子路或孔子的话，这是没有道理的，两个陌生人一见面就批评人家懒惰，分不清五谷，这不合乎人之常情，应该是老人家说自己要抓紧农时，赶快耕作。子路听到老人如此说话，知其不凡，毕恭毕敬地站立在旁边。干完农活以后，老人就留子路在他家住下，并杀鸡煮黍招待子路，子路还见到了老人家的两个孩子。

第二天，子路告别人老人家后追上孔子，并把自己偶遇荷蓧丈人一事告诉了孔子。孔子说这是个隐士，就派子路回去见他，与他讲讲自己的想法做法，估计也想鼓动他为国家、社会、人民出谋划策。结果子路到了老人家里后，老人家出门了。子路就跟老人的儿子说，让他们转告老人家：人都是社会中人，人对于社会、对他人都负有一定的义务和责任，出仕就是承担义务和责任的一种方式，不出仕就是对义务和责任的一种抛弃，这是不符合道义的。就像在家庭当中，我们都知道父子之间要长幼有序、父慈子孝、兄友弟恭，人们之间都要互相担负义务和责任，就像荷蓧丈人也和儿子们在一起，勤劳耕作，承担起养家糊口的义务和责任。既然家庭的道义不能废除，那么，同样的道理，君臣之间的道义也不能废除啊！我们也应该为国家、为社会、为人民承担义务和责任，作为臣民，我们同样也应该为国君分忧啊？如果我们只顾自己志行高洁，不愿与世俗同流合污，从而抛弃了自己的义务和责任，那么，这实际上就是对人伦道德的一种破坏，不是我们所应该做的。

道德高尚的君子出来做官，这是对于义务和责任的一种主动承担，这是符合道义的。可惜现在这个社会中，像荷蓧丈人这样的人都独善其身，不愿为社会承担义务和责任，我们由此可以想见，王道仁政在这个社会是没法行得通了。子路所说的这段话，应该就是孔子让他回来告诉荷蓧丈人的。从这段话中，我们可以看出孔子为何要周游列国，为什么要汲汲于求官为政，实际上是出自他对社会强烈的责任感，是出于他对道义的责任心，他要自觉自愿地承担这一份沉甸甸的责任，真正做到了后人所说的“苟利国家生死以，岂因祸福避趋之”，已经完全将自身的功名利禄置之度外，从而完全超越了自我，将自身奉献给了社会，奉献给了道义。

18.8　逸民：伯夷、叔齐、虞仲、夷逸、朱张、柳下惠、少连。子曰：“不降其志，不辱其身，伯夷、叔齐与！”谓“柳下惠、少连，降志辱身矣，言中伦，行中虑，其斯而已矣。”谓“虞仲、夷逸，隐居放言，身中清，废中权。我则异于是，无可无不可。”

“逸民”是指那些德性高尚，行为超逸，不与世俗同流合污的无位之人。至于这个地方到底是几个人，历来有所争论，伯夷、叔齐、柳下惠、少连都见之于古书，这四个人没有争议；然而虞仲、夷逸、朱张是一个人，还是两个人，或者是三个人，这个没有定论。有人认为，虞仲是人名，而夷逸、朱张是形容虞仲的行为特点的；有人认为，朱张是另外一个人，夷逸是说虞仲是像夷齐一样隐居独善；有人认为，虞仲、夷逸、朱张都是人名，因而是三个人。这个问题存而不论。我们来看看孔子对这几个人的认识和评价。

孔子说伯夷、叔齐坚守自己的志向，不愿向现实低头，不愿意出仕，也不愿意接受周粟，不愿意因此而辱没了自己身心。孔子说柳下惠、少连，他们委屈自己的志向，表面上与世俗同流合污，与众人过着同样的生活，但是他们的行为却符合伦理道德，行动都是经过深思熟虑的，他们大概就是这样吧。孔子说虞仲、夷逸，退隐江湖，搁置言论，但是他们身心高洁，不受污染，他们在乱世退隐，也符合权变之道。孔子在分别评价了这些逸民之后，将自己与他们做了一个比较，说我跟他们不一样：这些人的一个重要特点，实际上都是以自我为中心的，他们在心里始终坚持着一个自己独特的标准，他们始终都是按照自己的标准在这个世界上来立身行事、待人接物；我在心里并没有预先设立这样一个标准，正是因为没有预先设立标准，所以，没有什么对于我来说是可以的或不可以的。

当然，这并不是说孔子是一个无是无非的人，孔子的意思是说，我决定可以不可以不是从我自身出发，而是从他者本身出发，我的选择是被他者本身所决定的，他者决定了我应当做出什么选择，我应当做出什么行动，因此，对孔子来说，伦理道德不是以自我为中心，而是以他者为中心的，不是我事先决定我要对他者承担什么责任，而是他者需要我承担什么责任就承担什么责任。这在现代社会中，是尤为需要关注的事情，我们经常会将自以为道德的行为强加到他者身上，而不关心他者是否需要的问题，结果适得其反，好心办了坏事。

18.9　大师挚适齐，亚饭干适楚，三饭缭适蔡，四饭缺适秦，鼓方叔入于河，播鼗武入于汉，少师阳、击磬襄入于海。

大师、亚饭、三饭、四饭、鼓、播鼗、少师、击磬都是乐师，挚、干、缭、缺、方叔、武、阳、襄则是乐师的名字。这些人不知是何时的乐师，整体来说，大概是由于那个时候礼崩乐坏，所以他们要么无事可做，要么看不惯社会现实，各自东奔西走，作鸟兽散，过上了隐居的生活。这也从侧面证明时代已经不断地在败坏。从这里我们可以看出，判断社会好坏的一个重要标准，就是看这个社会对人才是否重视和使用是否得当。

18.10　周公谓鲁公曰："君子不施其亲，不使大臣怨乎不以。故旧无大故，则不弃也。无求备于一人。"

这一章中的"鲁公"是周公子伯禽，伯禽受封于鲁，临行前周公向其叮咛嘱咐。估计孔子经常给弟子们复述其中的内容，因此门徒们记录于此。周公嘱咐的内容主要有四个方面。第一，道德高尚的君子不慢待自己的亲人，也就是要亲亲，这既符合人的自然本性，也是齐家治国平天下的基础，因为治国理政要亲亲仁民爱物，一个人如果连自己的亲人都不仁爱，那他又怎么可能施行仁政、勤政爱民呢？第二，要知人善任，用人不疑，疑人不用，不要将其放到某个职位上，结果又不让其发挥作用，这样就会招致抱怨。作为一个国君，不可能事必躬亲，因而一定要充分发挥大臣们的力量，让所有人都充分发挥自己的力量，各尽所能，各施其用，只有这样才能身逸而国治。第三，对于过去的那些老臣只要没犯特别严重的错误，也就不要废弃他们。对待老臣的态度具有重要的榜样示范作用，因为现在的大臣们总有一天也会成为老臣，如果国君对待老臣的态度不好，他们就会由此而想到自己的未来，那么，就会导致人心不稳，无人愿意真心诚意地为国君尽忠。第四，对于别人不要求全责备。任何一个人都有自身的片面性，都有自身的特长与不足，国君用人，应该使用的是他的特长，而不是他的不足，只要使用得当，将其特长充分发挥出来，那么，他就能为社会国家做出巨大的贡献，如果求全责备，那么，就会出现无人可用的情况。"无求备于一人"这一点在现代社会中非常重要，因为人们都喜欢从自己心目中的理想人格出发，制定一个完美形象的标准，然后来要求世间之人，这都是从自我出发的，"无求备于一人"实际上就是要求人们放弃自己所制定的关于完美形象的标准，从他者本身出发，看看他有什么优点，进而充分地将其优点发挥出来，而不是用其缺点来否定其优点，从而导致错失优秀的人才。

18.11　周有八士：伯达、伯适、仲突、仲忽、叔夜、叔夏、季随、季騧。

这一章讲周有八士，这八个人到底是干什么的，是在位者，还是隐者，现在均已不可考，故不为臆说。

# 子张篇第十九

19.1　子张曰："士见危致命，见得思义，祭思敬，丧思哀，其可已矣。"

此篇之前，主要记录孔子言行，而这一章则主要记录孔子弟子言行，大概是《论语》编者借助弟子们的阐述以发明孔子思想学说的深意。子张说，一个士要做到这几点：国家有危难的时候要能够临危授命，愿意为国家的生死存亡而牺牲自我，后面三者都讲"思"，而此处独不讲"思"，可见作为一个士，在国家有危难的时刻要能够义无反顾地挺身而出；在面对荣誉利益的时候，要思考这是否自己该得，该得的就得，不该得的坚决不要，不能为了功名利禄，抛弃道义；在祭祀的时候要保持恭敬；在居丧的时候要悲痛哀伤，如果做到这几点，也就差不多了。后二者实际上强调的是一种仁心善性，也就是人的一种天生的道德情感，没有了这种天生的道德情感，人就很难在道德上有所建树，就很难为他人谋福利，为国家危亡奉献生命，前二者实际上建立在对后二者日常陶养的基础之上。

19.2　子张曰："执德不弘，信道不笃，焉能为有？焉能为亡？"

"弘"就是"人能弘道，非道弘人"(《论语·卫灵公》)的"弘"，就是宏阔之意，也就是孟子所说的扩而充之，"执德不弘"就是拘守于道德而不能将其弘扬扩充，信奉仁道而不能笃定，这种人在世界上可有可无，有他无他都无足轻重。这实际上说的是要有信念要有信仰，并且信仰坚定，有了信念信仰就要坚决地落实执行，而不能犹豫不决、踟蹰不前。

19.3　子夏之门人问交于子张。子张曰："子夏云何?"

对曰："子夏曰：'可者与之，其不可者拒之。'"

子张曰："异乎吾所闻：君子尊贤而容众，嘉善而矜不能，我之大贤与，于人何所不容？我之不贤与，人将拒我，如之何其拒人也?"

子夏的弟子向子张询问交友之道。看来子张与子夏虽然在学术思想上有差异，但是他们的门户之见并不强，不仅能够在学术思想上互通有无，而且就是对方的学生也同样愿意进行指导。子张就问子夏是怎么讲这个问题的。弟子回答说：子夏讲交友要分对象，那些我们觉得可以与他交友的人就和他交友，我们觉得不可以和他交友的人就拒绝与其交友。子夏实际上是站在自我的立场上，自己预先设立了一个标准，然后按照这个标准去选择是否与他人交友。子张认为这种做法是不对的，不符合孔子所传授的交友之道，因此，子张说这和我从老师孔子那个地方听到的有所不同。孔子说：一个道德高尚的君子既能够尊重贤德之人，也能够容纳普罗大众，既要鼓励那些道德高尚的人，也要同情那些没有什么德能的人。如果我是一个大贤，也就是一个道德非常高尚的人，那么，什么人是我不能容纳的呢？如果我是一个道德低下的人，别人都会拒绝我，那么，我又如何去拒绝别人呢?

从子张所转述的孔子的话语中我们可以看出，孔子与子夏的自我中心论不同，他没有为自己预先设定一个与他人交朋友的标准，而是从他人自身出发，按照他人自身的特点决定自我如何对待他们，是"尊"是"容"、是"嘉"是"矜"都是由他者所决定，我则是一个执行者，我都没有选择的权利，我只是坚定地承担为他者的责任。因此，儒家的伦理是以他者为中心的，自我的所作所为是要受到他者决定的，因此，从这个意义上说，儒家的伦理是他律的，而非自律的，不是内心当中有一个标准、原则，标准、原则是存在于他者自身之中，自我是被他者所指引的，忧他者之所忧，乐他者之所乐，谋他者之所需，摒他者之所弃。

19.4　子夏曰："虽小道，必有可观者焉；致远恐泥，是以君子不为也。"

所谓"小道"也就是一些小技艺，如博弈之类。孔子就说过，"饱食终日，无所用心，难矣哉！不有博弈者乎？为之，犹贤乎已"(《论语·阳货》)。子夏说，这些东西虽然不入于大道，但是也一定有其引人注意的地方，君子之所以不愿在这些方面下功夫，是因为害怕自己身陷其中，不能自拔，从而偏离大道越来越远。就像现在很多人玩游戏，沉迷其中，玩物丧志，浪费了大量的时间和精力，没有用自己的聪明才智为社会国家做贡献，这是尤为可惜的事情。当然，这些东西也不能说绝对的不为，作为生活的调节也是可以的，但是要把握好度，用它来怡情悦性，不可玩物丧志，然而在现代社会里，小道变成了大道，娱乐胜过了正业，这是需要全社会加以关注和警惕的一个社会现象。

19.5　子夏曰："日知其所亡，月无忘其所能，可谓好学也已矣。"

子夏关于学习的论述是与孔子一脉相承的。孔子教人"学如不及，犹恐失之"（《论语·泰伯》）、"学而时习之"（《论语·学而》）、"温故而知新"（《论语·为政》），都是教人强学不已，通过日积月累之功，提高自己的德行修养。子夏在这里继承发扬了孔子的这一思想，劝人向学。如果一个人每天反省自己的不足，知道自己有哪些还不曾学过的东西，然后每天都能学习一些新的东西，学了新的东西又能不断地践履练习，即使过了一个月，对于自己所学过的东西也念念不忘，这样的人可以说是好学之人了。笔者以为这里的"好学"一方面是指态度言，是指学习态度端正、积极，一方面是指学习方法言，学习方法得当，做到了"学而时习之"和"温故而知新"。实际上，对于人们来说，要想学有所成，不仅要勤学，而且要善学，缺少了任何一个方面，都很难取得成功。

19.6　子夏曰："博学而笃志，切问而近思，仁在其中矣。"

这一章仍然是讲学习的，子夏讲了学习的四个重要环节：博学、笃志、切问、近思。博学就是学习的范围要广泛，孔门四科都在学习范围之内。"笃志"的"志"为识记的意思，学的东西要牢牢地记住。"切问"之"切"有多种解释，有人认为是切近的意思，也就是能近取譬的意思，这与后面的"近思"是一样的，似不妥；有人认为是恳到的意思，也就是"切切偲偲"的那个"切"，也就是审问详细，反复就正；有人认为是"急"的意思，就是有疑惑马上就问。笔者以为，可能第二种解释更加合理。"近思"就是能近取譬，也就是我们将自己学到的东西与我们的人生实际结合起来，加以思考印证。子夏认为，学习做到了这四点，仁就被包含在其中了。这是为什么呢？儒家的学问不是学知识，而是进行道德修养的，是为了修身齐家治国平天下，是要为他人服务的。人们之所以学习得如此专注认真，就是因为他为社会承担责任之心诚笃。因此，这里面本身就包含了一种仁爱精神，若他学习精熟，则又使他的仁爱之心得到了存养，时时刻刻都欲发用流行，因此说“仁在其中”。

19.7　子夏曰：“百工居肆以成其事，君子学以致其道。”

“百工居肆以成其事”有两种不同的解释，而这种不同与对“肆”的理解有关。一种把“肆”理解为工匠制造器物的场所，这也就是说，工匠们要在作坊里不断地练习，才会手艺精熟，才会熟能生巧，从而才能制造出巧夺天工的产品。一种把“肆”理解为市场，也就是买卖产品的地方，意思是说，只有根据人们对产品的评价，才能生产出符合人们需要的产品，这种理解与后文不类，因此，笔者取第一种理解。学习就像做工匠一样，也需要经过千锤百炼，日积月累，只有付出巨大的努力，才能通达大道，道才能不召而自来，因此“君子学以致其道”，这个“致”就告诉人们，“学”就能顺理成章地获致大道。对于儒家而言，学是成己成人的不二法门，这个世界上没有什么不学而知的“天纵之圣”，所有人都是学而知之的，因此，所有人都应该立志于学，都应该勤奋好学，只有这样，才能学以致道、学以成人。

19.8　子夏曰：“小人之过也必文。”

人非圣贤，孰能无过？关键是对待过错的态度和方式。作为一个道德高尚的君子，敢于承认自己，勇于面对自己的错误，认真地寻找犯错的根源，并加以改正，从而做到知错能改，进而让自己逐渐变得完善起来。而一个道德低下的小人则不敢面对错误，知道自己犯了错误也会千方百计地加以掩饰，从而使得错误不能得到及时的纠正，进而在错误的道路上越走越远，在错误的泥潭里越陷越深。而产生如此差别的一个重要原因则在于，君子的过失是无意而为之，而小人的错误有时则是故意为之，所以不欲被人发现。因此，对于人们来说，要勇于承认错误，这不仅是道德高尚之人的一个基本要求，同时也是成为一个道德高尚之人的必经途径。

19.9　子夏曰：“君子有三变：望之俨然，即之也温，听其言也厉。”

从三个不同的角度观察一个道德高尚的君子，你会发现他是变化的、不一样的：你远远地仰望他，你感觉他庄严可畏；当你接近他的时候，他会发现他温和可亲；听他说话，他会发现他义正辞严。当然，这不是君子本身有什么变化，而是君子立身处世的方式就是这样，实际上都是高度统一的，都是严于律己，宽以待人，这是君子由内而外所散发出来的一种高贵气质，而不是伪装出来的，当然由于观察角度的差异，我们所感受到的也会有所差异。

19.10 子夏曰："君子信而后劳其民；未信，则以为厉己也。信而后谏；未信，则以为谤己也。"

地位在上的君子只有自己砥砺道德，言行信实，获得了人民百姓的信任，才能劳动人民百姓；如果没有获得人民百姓的信任，就役使百姓，那么，人民百姓就会觉得这是对他们的折磨残害。对下如此，对上亦然。只有获得了君主的信任，才能向君主进谏，这样君主才会言听计从；如果没有获得君主的信任，就向君主进谏，君主就会觉得是在毁谤自己。由此，可见，信德的重要性，一个人只有信实可靠，才能赢得别人的信任，然后才能通行于天下，否则，就会寸步难行。

19.11 子夏曰："大德不踰闲，小德出入可也。"

这一章虽然很简短，而且为人们所耳熟能详，但是这一章理解起来却并不简单。"闲"，阑也，也就是出入的分限，因此，闲被理解为法、法则、规范。关键的问题在于"大德"与"小德"的理解，有的人根据《孟子・离娄上》中的"天下有道，小德役大德"，将"大德"理解为道德高尚的圣人，而将"小德"理解为道德一般的普通人，意思是说：道德高尚的圣人言行举止不逾越道德规范，道德一般的普通人言行稍微有些出入也是可以的。这种理解最大的问题在于，前面一句是一个事实描述，后面一句又成了价值导向，因而存在不一致之处。实际上，这里的"大德"和"小德"应该理解为大节与小节，也就是说，对于人们来说，不能在大节上逾越界限，有所亏损，在小节上稍微有所出入也是可以的。这种理解前后句式一致，而且意义上也比较贯通，也符合孔子的教诲，就像孔子所说的"君子不可小知而可以大受也"(《论语・卫灵公》)，"无求备于一人"(《论语・微子》)。实际上，在现实生活中，每个人都会犯一些错误，只要这些错误不是根本性的，不是无可救药的，我们就不能将其打翻在地，让其永世不得翻身，而是要对这些小的错误采取一种宽容的态度，帮助他指出这些错误，改正这些错误；只要他在根本问题上立场坚定，态度坚决，我们就应该对其予以充分肯定，而不因为其犯了一点小的错误就彻底否定，总而言之，要抓大放小，抓主要方向，抓主要方面。

19.12 子游曰："子夏之门人小子，当洒扫应对进退，则可矣，抑末也。本之则无，如之何？"

子夏闻之，曰："噫！言游过矣！君子之道，孰先传焉？孰后倦焉？譬诸草木，区以别矣。君子之道，焉可诬也？有始有卒者，其惟圣人乎！"

子游点评子夏的门生弟子，说子夏主要教他们洒扫庭除、应人接物、俯仰进退这些日常生活中的礼节，所以他们在待人接物的礼节方面做得很好，但是问题在于，这些都是学问的细枝末节，不是学问的根本，学问的根本应该是先王之道，也就是孔子所提倡的仁义之道，也就是正心诚意之道，如果学习不触及根本，那学习就不能达到至高的境界。从子游对子夏教学的批评中我们可以看出，后来《中庸》中所说的"尊德性而道问学"在此时就已经发生了某种分野，后来在宋明理学中彻底断为两截。

听到子游的批评之后，子夏指出，子游的批评是有问题的，儒家的圣人之道，没有先后本末之别，不存在哪个先教，哪个后教的问题。圣人之道不像草木那样能够简单地加以分门别类，而是浑融为一的。子夏认为，在洒扫应对进退之中，本身就包含着圣人之道，学生只有通过这些日常生活的礼仪活动，才能够体会领悟圣人之道，而不是搞些高头讲章、空洞的道理，从而让学生云里雾里，不知所云；如果不能够应用于日常生活，不能应付社会现实，那么，这种学问也就不是儒家的学问。因此，在子夏看来，儒家的学问就要从日常生活中的洒扫应对进退学起，这是不可以诬枉的。如果非要严格按照一定的次序，自始至终进行学术传授，并且能够做到有始有终，那估计只有圣人才能够做到了。当然，这后面几句话也可以按照惯常的理解，认为人就像草木一样，是存在着区别的，我们不能按照同一个模式——从本到末——进行传授，如果这样有始有终的传授、学习，恐怕只有圣人能够做到，我的那些学生恐怕接受不了。

从教学来说，子夏的做法是符合教学的一般规律的，也就是教学要区分对象，对于儿童要按照他们的心智特点，帮助他们从日常生活中体会领悟一般道理，不过，我们也不能止步于此，学问最终要超越日常生活的细节，把握抽象之道，否则，就会陷入日常琐事的汪洋大海之中，就不能做到摄多归一，乃至无法做到纲举而目张，以一来应付于多。当然，这是一个循环往复的过程，一与多不能固执于一端，如果像子游那样崇本抑末，忽视多，那么，就容易走向同一哲学，从而导致对多样性的压抑。

19.13　子夏曰："仕而优则学，学而优则仕。"

按照正常的想法，应该是"学"在前，"仕"在后，子夏却在这里先讲"仕"后讲"学"，这里面可能有几个方面的原因。第一，在那个时代还是分封制，很多人并不是因为学习优秀而做官的，而是因为祖上的福荫，对于这些人来说，知识还很贫乏，对于很多问题的认识理解都还不够透彻，学习显得尤为紧迫；第二，对于做官的人来说，事务繁杂，位高权重，不学习就不易了解自己的不足，就不容易改变自己；第三，对于普通人来说，存在不足只会影响自己，而做官的人的不足，会影响其抉择，一个错误的抉择就会对人民的命运、社稷的安危造成灾难性的影响，因此更应该受到重视。正是基于此，子夏说，做官的人处理好自己的政务之后，如果还有余暇，就要努力学习，不断地丰富和提高自己，开拓自己的眼界，提高自己的修养和才能。对于那些没有入仕、没有做官的人来说，学习好了就要入朝为官，步入仕途。这一方面是因为，学习的目的，不仅是为了修养，更是为了齐家治国平天下，因此，只有入朝为官，才能更好地实现学习的目的，实现一个读书人的理想抱负，这也就是前面所讲的，在中国文化的早期，中国的思想家与政治家的身份是统一的；另一方面是因为，儒家主要学习的是仁义之道，学是知的问题，仕是行的问题，知行本身是统一的，二者相互依赖，相互推动，不能截然分开：知而不行，知非真知；行而不知，行是妄行，要克服这两个毛病，要求做官有余暇就要抓紧时间学习，为行动提供理论指导；学习好就要做官入仕，在行动中验证理论、完善理论、丰富理论。

19.14　子游曰："丧致乎哀而止。"

孔子曾经说过，"丧，与其易也，宁戚"，又说"临丧不哀，吾何以观之哉？"（《论语·八佾》）这就说明，丧礼本身就是以人们的情感为基础的，丧礼是人们内在情感的外在表达形式，如宰予向孔子询问为什么君子非要守三年之丧，孔子就说不如此，君子“食旨不甘，闻乐不乐，居处不安”(《论语·阳货》)，可见，丧礼是中国人面对亲人离世其哀伤情感的一种表达方式，因此，中国人会在丧礼上充分地表达自己的哀伤之情。不过，哀伤作为一种情感，容易走向过度，从而导致伤身害性，这是亲人们所不愿看到的，这也会妨碍人们去承担对家庭和社会的责任，因此，悲哀的表达也要适可而止，譬如孔子喜欢《关雎》，其给出的理由就是其对情感的表达恰如其分，“乐而不淫，哀而不伤”(《论语·八佾》)。可以说，子游在这一章中表达了儒家对于丧礼的一种正确态度，丧礼只要充分表达了悲哀之情就足够了，没有必要过度悲伤，更没有必要过分地繁文缛节。

19.15　子游曰：“吾友张也为难能也，然而未仁。”

对于这一章，歧义较多。一种观点认为，这一章全是子游对子张的评价，在这里又有两种观点：一种观点将这一章与下一章联系起来，认为“难能”是指子张的“堂堂”，也就是“堂堂”指容貌堂伟，意思是说，我的朋友子张容貌堂伟，非一般人所能及，可惜他并没有通达于仁；一种观点则认为，“难能”不是指容貌言，而是指他的思想主张而言，孔子曾经评价“师也过”(《论语·先进》)，也就是说子张陈义太高，其所为非一般人所能为，意思是说，我朋友子张的行为不是一般人所能做到的，可惜未臻仁境。不管是按照这两种的哪一种来理解，子游都包含有对子张批评的意味，这似乎不太符合仁人之所为，对于孔子的门徒而言，背后议论同门之非总是一件不太好的事情。因此，另外一种观点认为，这一章的两句话不是说子张的，而是说子游自己的，这里的“友”不再作名词用，而是作动词用，是“交友”的意思，意思是说：我之所以愿意与子张相互为友，是因为子张之才难能可贵，我虽然有其才，但达不到他的仁义之境。如果结合下一章来看，这种解释很有道理。在这么多解释中，笔者倾向于认为，这一章是说，子游觉得子张其行难为，但是未至仁境，至于批评的问题，相互批评也是正常的，只要属于学术探讨的范围，不是人身攻击，在儒家那里也是被允许的。

19.16　曾子曰：“堂堂乎张也，难与并为仁矣。”

这一章也有两种解释。一种解释认为，这是对子张的高度肯定，子张容貌堂伟，器宇轩昂，一般人很难与他一道共进于仁，说明其德行之高。一种解释截然相反，根据《荀子·非十二子》中所作的批评："弟佗（作）其冠，神禫其辞，禹行而舜趋，是子张氏之贱儒也"，认为子张修容饰貌，务外自高，而不注重内在修养，不能和他一起共进仁道。对于这种以荀子所说作为根据来判断曾子对子张的评价，笔者不取，子张虽然存在不足，但作为孔门得意弟子之一，也不至于到此不堪地步。

19.17　曾子曰："吾闻诸夫子：人未有自致者也，必也亲丧乎！"

这一章是曾子转述孔子的话，孔子说，人没有情不自禁的情况，如果有的话，那一定亲人去世的时候，由此可见丧亲对人的情感影响之大，而丧礼之所以要仪式完整，也就是为了充分地表达人的哀痛之情。

19.18　曾子曰："吾闻诸夫子：孟庄子之孝也，其他可能也；其不改父之臣与父之政，是难能也。"

这一章也是曾子转述孔子的话。孔子说，孟庄子是鲁国的大夫，其位袭自其父孟献子。孟庄子是个孝子。孔子曾经说过，"父没，观其行；三年无改于父之道，可谓孝矣"（《论语·学而》），认为孝的一个重要标准就是看这个人继位之后，会不会继承父亲所行之道。孟庄子的孝行很多，这里面的很多东西都是别人能够做到的，但是比较难以做到的一点，就是在孟献子去世以后，孟庄子没有替换父亲所使用的大臣，也没有改变父亲的治国理政的制度措施，这是很难做到的。这里面的一个问题在于，如果这些大臣很好，如果这些政策措施对于国家人民乃至对孟庄子都很有利，那么，沿用这些有什么困难的呢？这就说明，孟献子所使用的那些大臣和过去的政策措施对于孟庄子可能不太有利，具有一定的抑制作用，但是孟庄子出于对父亲的爱敬之心，不愿为了自己而改"父之道"，因此，孔子说他这是非常难以做到的，非常难能可贵的。

19.19　孟氏使阳肤为士师，问于曾子。曾子曰："上失其道，民散久矣。如得其情，则哀矜而勿喜！"

孟氏是鲁国卿大夫，阳肤是曾子的弟子，孟氏任命阳肤做自己家的典狱官，也就是相当于现在的法官，主要负责断案听讼。阳肤接到任命以后，就来拜见曾子，一方面是向老师汇报一下，另一方面也是向老师咨询自己接下来该怎么做。曾子就嘱咐阳肤，现在这个社会居于上位的统治者大多不守规矩，离经叛道，从而导致人民百姓离心离德，流离失所，这种状况已经延续很久了。言下之意，老百姓走上违法犯罪的道路，与在上位的统治者也不无关系，是在上者的胡作非为把百姓逼上了违法犯罪的道路。因此，如果抓住了罪犯，获得了他们犯罪的证据，那么，也要对他们抱有同情之心，不要自鸣得意。这也就是说作为刑政法治是刚性的，是冷酷无情的，但是作为法官，则不能是无情的，要做到法律无情人有情，在法律允许的范围内给予其温情与关爱。当然，在那个强调人治的年代里，也不妨人情大于法理，来个法外开恩，从而开展情感感化。不过在现代社会里，法律是个底线，这是任何人都不能突破的，一旦突破，就必须接受法律的制裁。

19.20　子贡曰："纣之不善，不如是之甚也。是以君子恶居下流，天下之恶皆归焉。"

商纣王是古代历史上有名的昏君，国灭身亡。这一章是子贡对商纣王的一个评价，并以此警诫弟子。这一章有两种不同的解释。一种解释是，商纣王在历史上作恶多端，但是这个恶也不是他一个人作的，而是他手下的那些大臣们与他一起作的，如果没有他们的帮助，他也不会作恶到那样的程度。言下之意，他手下的大臣们也都是恶人、不道德的人，他们之所以聚集到商纣王的周围，是因为商纣王本身道德败坏，结果物以类聚，人以群分，商纣王形成了一个道德洼地之后，那些不道德的人纷纷汇聚于此，因此，君子不愿意居于道德下流也就是不道德的地位，不然那些坏人就会聚集在自己的周围。一种解释是，商纣王虽然臭名昭著，在人们心目中是一个十恶不赦的形象，实际上，他并没有道德败坏到那样的程度。这是因为他具有道德上的污点，干过一些不道德的事情，所以，人们就把所有不道德的事情都强加到他的头上。因此，君子憎恶居于不道德的地位，否则就像在水的下游一样，所有不道德的名声都汇集到他的头上。笔者同意第二种解释。实际上，在人类历史上，没有一个人是十全十美的，也没有一个人是十恶不赦的。虽然中国人讲中庸之道，但是我们很多时候都没有遵守这个中庸之道，喜欢在极端之间游走，总是喜欢制造对立的两极，要么是好人，要么是坏人，从而否定了人的复杂性，因此，在现实生活中，我们如果赞美一个人，就会无限地夸大其优点，刻意地隐瞒其缺点，从而保持其光辉形象；如果否定一个人，就会无限地夸大其缺点，把他说得一无是处，从而达到彻底否定他的目的。譬如，在历史上有些人在书法绘画等专业领域具有自己的特长，但是一旦他在"不事二主"这个古代比较重视的效忠问题上出现了问题，那么，他的艺术特长也会被彻底地否定，认为他的字画也有媚骨。这种人的眼界还没有达到子贡当年的水平，实际上我们对于一个人的评价要保持一个客观的态度，不能因为一点而否定其余。

19.21　子贡曰："君子之过也，如日月之食焉：过也，人皆见之；更也，人皆仰之。"

"君子坦荡荡"(《论语·述而》)，君子心胸宽广，不刻意夸耀自己，也不刻意贬损自己，以平和的态度来面对成就与过失。人非圣贤，孰能无过，君子犯错也很正常。君子有过失，那也是无心之失，并不是刻意为之，因此，也没有必要遮遮掩掩。正是因为没有遮掩，再加上君子所犯过错又少，所以，君子的过失，就会像天上的日蚀月蚀一样明显，所有人都能看得见；君子改正了自己的错误，仍然能够赢得人们的仰望、爱戴。由此可见，对于人们来说，犯错误并不可怕，可怕的是没有承认错误和改正错误的勇气，只要知错能改，则善莫大焉。

19.22　卫公孙朝问于子贡曰："仲尼焉学？"子贡曰："文武之道，未坠于地，在人。贤者识其大者，不贤者识其小者。莫不有文武之道焉。夫子焉不学？而亦何常师之有？"

卫国的公孙朝询问子贡：孔子的学问是从哪里学来的呢？其意是说，孔子作为一个学识渊博，德行高尚的圣人，其雄冠一世，也没人能够教得了他啊？他还用学习吗？也就是认为孔子不是"学而知之"的，而是"生而知之"的。在子贡看来，这种观点是不对的，孔子同样也需要学习。孔子自己都说自己是"好学不厌"，认为自己的学问是通过学习得来的。孔子学习的是什么呢？是古代的圣王之道，"祖述尧舜，宪章文武"(《中庸·三十章》)。古代的圣王之道，由尧之舜，由舜而之禹，由禹而之周，周公制礼作乐，于是化成天下。现在虽然礼崩乐坏，但是文武之道并未完全消灭，孔子也说"文王既没，文不在兹乎"(《论语·子罕》)？子贡说文武之道在当今时代仍然被人们所继承，散落在人间，那些才情卓绝的贤者识取道的主要方面，那些器量狭小的人则识取了道的次要方面，因此，圣王之道无处不在。孔子问礼于老聃，访乐于苌弘，问官于郯子，学琴于师襄，而且“子入太庙，每事问”（《论语·八佾》），只要别人有值得自己学习的地方，孔子都会不耻下问，因此，我们不能说孔子不学习，孔子时时处处都在学习，而且他也没有固定的老师。子贡虽然往往将孔子神圣化，但是在这一章中，子贡对孔子学习状况的描述还是比较客观的，由此可见，孔子也是学以成圣的。因此，对于每个人来说，如果我们能像孔子一样勤学不倦，那么，我们也能取得令人瞩目的成就。

19.23　叔孙武叔语大夫于朝曰：“子贡贤于仲尼。”

子服景伯以告子贡。

子贡曰：“譬之宫墙，赐之墙也及肩，窥见室家之好。夫子之墙数仞，不得其门而入，不见宗庙之美，百官之富。得其门者或寡矣。夫子之云，不亦宜乎！”

叔孙武叔是鲁国的大夫叔孙州仇，武是其谥号。叔孙武叔在朝堂上跟其他的大夫说，子贡的学问道德高过孔子。估计子服景伯当时也在现场，就把这个话告诉了子贡。子贡不愧在孔门四科中居于言语一科。一般人听到这个话就不知道怎么来评说这个事情，就会处于一个两难的状态：承认吧，又会得个欺师灭祖的名声；不承认吧，直接反驳他，又会让人感觉对叔孙武叔不礼貌。子贡这个人很厉害，回答得非常精彩，他以古代的宫墙为喻：我的城墙只有肩膀这么高，一眼就能看到家里面陈设的美好，这就是说，大家觉得我好是因为我比较肤浅，有点优点大家马上就能看得出来；孔子的城墙有几丈高，里面能够包容宗庙朝堂、文武百官，如果没有机会进入城门，就不能一睹里面装饰华美的宗庙，以及文武百官的宏富，不过就像国君的宫墙一样，如果不是富贵人家，一般人是很难有机会进入的，就更不用说一睹宫室内的真容，这也就是说孔子的学问道德非常高深，一般人连门都摸不着，更不用说对其有详细地了解了。如果按照这个比喻来说，叔孙武叔说我在学问道德上高过孔子不也是很正常的吗？子贡的回答既没有直接反驳叔孙武叔的说法，又含蓄地表达了对孔子的敬仰之情。后来，曲阜孔庙外面的城墙上题额为“万仞宫墙”，就源自子贡的这一说法。

19.24　叔孙武叔毁仲尼。子贡曰："无以为也！仲尼不可毁也。他人之贤者，丘陵也，犹可踰也；仲尼，日月也，无得而踰焉。人虽欲自绝，其何伤于日月乎？多见其不知量也。"

叔孙武叔在上一章中说子贡贤于孔子，这一章中更加过分，直接毁谤孔子，这次子贡说话就没有上一章那么客气了，而是直接予以否定批评。子贡一上来就表明了自己的态度，不要毁谤孔子了，孔子是毁谤不了的。为什么呢？别的贤者，不过是丘陵而已，虽然高出一般人很多，但是我们也能达到甚至超越他，但是孔子就像日月一样，高高在上，日月丽天，我们不但没有办法超越他，而且还要享受日月所带来的光明，既然我们要享受日月的光明，我们为什么还要毁谤日月呢？如果一个人想自绝于日月之光，这对于日月有何伤害呢？因此，毁谤孔子就像自绝于日月一样，足以看得出他是多么不自量力。从这里我们可以看出，子贡对于孔子的推崇，决不允许别人对于孔子进行诋毁污蔑，表现出了一种卫道精神。

19.25　陈子禽谓子贡曰："子为恭也，仲尼岂贤于子乎？"

子贡曰："君子一言以为知，一言以为不知，言不可不慎也。夫子之不可及也，犹天之不可阶而升也。夫子之得邦家者，所谓立之斯立，道之斯行，绥之斯来，动之斯和。其生也荣，其死也哀，如之何其可及也？"

子贡晚年在鲁国做官做得非常好，而从孔子一生来看，孔子是不得志的，没有机会实现自己的理想抱负，因此，人们将子贡与孔子相比，觉得子贡超过了孔子，叔孙武叔如此，陈子禽也是如此。陈子禽对子贡说，你对孔子那么恭敬，孔子真的比你贤德吗？面对陈子禽的疑问，子贡回答说：君子说出来的话，一句话就可以表现他是有知还是无知，因此，说话一定要十分谨慎。子贡的意思是告诉人们，不要随便说自己比孔子贤德，否则，就表现了自己的无知。为什么这么说呢？孔子是我们所无法企及的，是高不可攀的，就像我们不能借助阶梯爬到天上去一样。孔子没能展现自己的政治才华，这不是他的问题，是时也，命也，如果他得到了治理国家的机会的话，他立政教教民立，那么，人民百姓就一定能够立得起来——立于礼；如果他导民以德，那么，人民百姓就一定会顺道而行；如果远民不服，那么，孔子则修文德以来之，别国的人民百姓就会举家归附；如果他要役使人民百姓，那么，人民百姓一定会高兴地接受任务，和睦相处。因此，他活着，时间万物恃之以发荣滋长，他死了，万物就会同悲。像我这样的人怎么能比得上孔子呢？子贡对孔子的崇敬之情是可以理解的，正是出于对孔子的极度崇敬，子贡在孔子去世之后，突破三年之丧的惯例，为孔子守丧六年，可见其心之诚，其意之真，由此也可见其从孔子处受益良多。

# 尧曰篇第二十

20.1 尧曰："咨！尔舜！天之历数在尔躬，允执其中。四海困穷，天禄永终。"

舜亦以命禹。

曰："予小子履敢用玄牡，敢昭告于皇皇后帝：有罪不敢赦。帝臣不蔽，简在帝心。朕躬有罪，无以万方；万方有罪，罪在朕躬。"

周有大赉，善人是富。"虽有周亲，不如仁人。百姓有过，在予一人。"

谨权量，审法度，修废官，四方之政行焉。兴灭国，继绝世，举逸民，天下之民归心焉。

所重：民、食、丧、祭。

宽则得众，信则民任焉，敏则有功，公则说。

这一章估计有阙文，意思无法一以贯之，因此，只能逐段来分别理解。

尧在让位于舜的时候，对舜说：舜啊！天的运行就像四季的运转一样，是有章可循的，你要仔细加以体察，也有人说，天命就像四季一样是有次序的，现在落到了你的身上。你要信实地执中用中，这样一来，你就能穷极四海，天命爵禄永长。对于"四海困穷，天禄永终"，有不同的说法。有人认为，其意是说，当四海困穷的时候，你要俯身体恤人民的疾苦；当天禄永长的时候，你要仰而承天之福。有人认为是说，如果四海之人困穷，则天命之爵禄也就是君禄就要永绝了。

后来舜让位于禹的时候，也是对禹这样说的。

第三段中的"履"是商汤的名字。关于这一段，有人认为是汤伐桀的誓词，有人认为这是汤祈雨时所说的话。笔者赞同后一种说法，如果伐桀的话，应该说桀有罪，而不应说“朕躬有罪”。据《墨子》和《吕氏春秋》所载，商汤战胜夏桀后，连续五年大旱，颗粒无收，人民生活困难，因此在桑林祈雨：我汤履谨用黑色的公牛作为牺牲祭告于您，我敢于明明白白地告诉皇皇天帝：有人犯了罪，我也不敢轻易地加以赦免。我作为您的臣仆，也不向您隐瞒遮掩，都交由您来简别决定。如果我有罪，那么，您就惩罚我，就不要牵连天下人了；如果天下人有罪，罪责主要在我，也由我一个人来承担这些罪责。

武王克殷之后，开始大封天下，那些道德高尚的人都得到了封赐，开始富贵起来。武王说：我是根据人的德行来封赏的，虽然我也有至亲之人，但是他们得到的赏赐还比不上仁德之人。如果他们在位不能治理好国家，导致百姓犯罪，那也是我察人不深所造成的。从“百姓有过，在予一人”和上文的“万方有罪，罪在朕躬”可以看出，那些有德的国君不是推卸自己的过失，而是勇于承担过失，甚至要把不是自己的罪责也要承担起来，因此，对于他们来说，他们承担的不是有限的责任，而是无限的责任：既承担属于自己的责任，也承担不属于自己的责任；不仅愿意承担责任，甚至愿意为承担责任而献出自身，把自身当作牺牲来为人民百姓承担罪责。

周衰失政，孔子为之指点迷津：要谨慎地确定度量衡，审定典章制度，对于那些已经被废弃的官职，要重新将其确立起来，这样一来，政令就会获得人民的支持与拥护，在全国上下四方就能通行无阻了。如果让那些被灭亡的诸侯国的子孙重新兴起，让那些世绝不祀的贤者能够享受祭祀，将那些隐逸的才智之士推举出来，那么，天下民心就会归服。这实际上就是强调统治者要怀有慈柔之心，即使有些人曾经不合作，甚至是与我为敌，我都以仁待之，更何况是那些与我没有恩怨之人呢？君主如果这样做了，这就会树立自己勤政爱民、胸怀博大的形象，就会赢得人民的爱戴和拥护。

作为统治者，要重视四件事情：首先要重民，因为民为邦本，人民的多少、人民的幸福程度直接关系着国家的兴衰成败，所以，后来孟子说“诸侯之宝三：土地、人民、政事”（《孟子·尽心下》）；既然重视人民，那么，民以食为天，人民只有过上了丰衣足食的生活，才会安居乐业，才不会东奔西走，才不会犯上作乱，孔子就说人口众多后要做的一件事情就是“富之”，就是要让人民衣食足；孔子的弟子曾子讲“慎终追远，民德归厚”（《论语·学而》），“终”就是亲人的死亡，也就是丧事，“追远”也就是知所从来，也就是祭奠祖先的意思，因此，要想培养起人民的道德，让百姓知荣知耻，那么，就要重视丧事和祭祀。虽然这里面讲了四件事情，实际上后三件事情都是围绕着民而展开的，因此最核心的问题还是重视人民百姓。

统治者待人宽厚，就能得到众人的拥护，为人信实就会赢得人民的信任，做事勤勉就会取得成绩，处事公平就会让人民高兴。

20.2　子张问于孔子曰："何如斯可以从政矣？"

子曰："尊五美，屏四恶，斯可以从政矣。"

子张曰："何谓五美？"

子曰："君子惠而不费，劳而不怨，欲而不贪，泰而不骄，威而不猛。"

子张曰："何谓惠而不费？"

子曰："因民之所利而利之，斯不亦惠而不费乎？择可劳而劳之，又谁怨？欲仁而得仁，又焉贪？君子无众寡，无小大，无敢慢，斯不亦泰而不骄乎？君子正其衣冠，尊其瞻视，俨然人望而畏之，斯不亦威而不猛乎？"

子张曰："何谓四恶？"

子曰："不教而杀谓之虐；不戒视成谓之暴；慢令致期谓之贼；犹之与人也，出纳之吝谓之有司。"

子张向孔子询问一个人怎么样才能从事政治，也就是一个政治人物需要什么样的道德品质。孔子认为，从政者应该崇尚五种美德，摒弃四种恶行。

有哪五种美德呢？第一，惠而不费，就是施予百姓以恩惠，但是自己却无所费损。这是因为，如果在上者根据人民的利益之所在而为人民谋利益，或者说人民能够从其得到利益之处为其生利，那么，自然不用在上者耗费什么。第二，劳而不怨，就是役使人民百姓，而人民百姓也不会因此而产生怨恨情绪。因为在上者役使人民百姓，不是随意的差遣，而是根据人民百姓的实际情况来役使他们，如不违农时，在农闲时节，在人民百姓的闲暇时间役使人民百姓，这样自然就不会招致人民百姓的怨恨。第三，欲而不贪，在上者有欲望，但是并不贪婪。这个欲望包含了物质的欲望与对仁义的欲望，对于在上者而言，自然也有物质的欲望，这是人之常情，不过他更加关注的是对仁义的欲望，也就是"仁欲"，而"我欲仁，斯仁至矣"(《论语·述而》)，这样一来，他自然就会走向仁义之路，就会按照仁义之道来立身行事，他就不再对物质利益有贪婪的欲望，更不会为了贪得无厌的物质欲望去伤害人民百姓。第四，泰而不骄，就是在上者的举止容貌安泰矜持，但是并不傲慢骄横。这是说在上者待人接物，无论是人数多少，地位高低，从来都不敢有任何怠慢，都会严肃认真地对待他们，不会因为地位悬殊而在态度上有所差别。第五，威而不猛，就是外表威严，却不猛厉。在上者穿戴严整，正目而视，举止庄严，人们看见他就有一种敬畏之心，因此，他也用不着对人猛厉。

有哪四种恶行呢？第一种，“不教而杀谓之虐”。对于儒家而言，理想的政治应该是教化为先，“道之以德，齐之以礼”，然后才是“道之以政，齐之以刑”（《论语·为政》），如果不对人民百姓教化，结果人民百姓懵懂无知，犯了错误，就直接进行杀戮，这是暴虐，这是虐政。第二种，“不戒视成谓之暴”。人非圣贤，孰能无过，如果下属犯了过错，在上者应该对其进行告诫，然后再责其成功，如果在上者也不先行告诫，直接就责其成功，那就是暴卒之人。第三种，“慢令致期谓之贼”。在颁布政令的时候拖沓，然后规定落实完成的期限又特别短，如果在短期内不能完成将会受到严厉的惩罚，这实际上就是对于人民百姓的一种贼害，因为任何任务的完成都需要时间，需要过程，不可能马上完成。第四，“犹之于人也，出纳之吝谓之有司。”意思是说，一个东西同样都要给别人，那就痛痛快快、大大方方地给别人，没有必要吝啬不舍，斤斤计较。本来仓库管理员、出纳们在给别人财物的时候会比较谨慎小心，以免出错，结果一个统治者把自己搞得就像一个出纳一样，就显得非常吝啬小气。这里讲四恶，其实就是要求统治者注重礼治教化，宽厚待人，对于人民百姓要慷慨大方，实际上也就是行仁政，而不能行虐政、暴政，行王道，而不能行霸道。

20.3　孔子曰：“不知命，无以为君子也；不知礼，无以立也；不知言，无以知人也。”

孔子说，对天命没有深入的了解、深刻的认识，就不能成为一个真正的君子。对于这个命，古人多作命定论来理解，认为人的穷富寿夭，都是命中注定的，也就是说人如果不顺应自己的命运，强行要追求富贵长寿，都是对天命的一种违抗，这就不能成为一个真正的君子。虽然这种说法一直非常有市场，但笔者不取这种说法。按照孟子的说法，“口之于味也，目之于色也，耳之于声也，鼻之于臭也，四体之于安佚也，性也。有命焉，君子不谓性也。仁之于父子也，义之于君臣也，礼之于宾主也，知之于贤者也，圣人之于天道也，命也。有性也，君子不谓命也”（《孟子·尽心下》）。从孟子的这一论述当中我们可以看出，命与性都带有天生性，都具有天性的基础，但二者的差别在于，性是人力所能把控的，而命非人力所能把控。命非人力所能把控，这既可以是出自一般人们所理解的命定论，也可以是出自一种偶然性，不在必然性的范围之内。在笔者看来，孔子讲的恰恰就是这种人不能掌握的偶然性。正是因为贫富寿夭这种所谓的天命带有偶然性，所以，我们不要将精力花费在这些我们无法进行精准把握的偶然性上，而是要将有限的精力花费在我们所能掌控的道德修养上。至于道德修养是“我欲仁，斯仁至矣”(《论语·述而》)，这个是我们想做就能做到的，因此，如果我们不在充满偶然性的贫富寿夭上浪费时间，而将精力花费在我们所能掌控的道德修养上，那么，我们就能成为一个真正道德高尚的君子。知命实际上就是知道内外有别，知道外在的偶然性，从而放弃掌握偶然性的图谋。

“不知礼，无以立也。”礼是仁心善性外化后的一种规范形式，用以调节人与人、人与世间万物之间的关系。人是一种关系性的存在，人的生存发展都不能脱离他人而存在，人只有依赖于群体才能在弱肉强食的自然竞争中存续繁衍；同时对于人的教化也是在社会中进行的，这些都决定了人必然要与“斯人为徒”。既然人要与斯人为徒，那么，人如何处理自我与他者之间的关系，就离不开社会规范的问题。对于儒家来说，无非是礼法两手，因此，后来荀子说“治之经，礼与刑，君子以修百姓宁”(《荀子·成相》)。不过在孔子看来，刑政法制不过是不得已而为之，因为“道之以政，齐之以刑，民免而无耻”(《论语·为政》)，并不能从根本上解决人与人之间的敌对问题，所以，也就不能构建起和谐的人际关系。对于儒家来说，最有效的手段还是礼，因为礼是植根在人的天然道德情感的基础之上，它让人感觉一切都是自然而然的，没有任何的外在强迫。正是在礼的规范作用之下，我们道德地对待他人，我与他人相互支撑，相互依赖，相互成就，从而共同立足于世界之上。

“不知言，无以知人也”。意思是说，不能分辨别人所说的话，就不能分辨他是一个什么样的人。现代西方哲学也非常重视语言问题，把语言提高到了非常高的高度，把语言看作是存在的家，从而将哲学研究变成语言分析。不过，在孔子那里，语言并没有这么高的地位，语言仍然是表达思想的工具，语言仍然是思想的外化形式。既然思想要通过语言来表达，那么，我们就能通过语言来了解他人的所思所想；了解他人的思想世界、精神世界，最终也就认识了这个人本身，认识了他到底是一个什么样的人。因此，儒家非常重视对语言的分辨，不仅孔子讲“不知言，无以知人也”，后来孟子也说自己知言，“诐辞知其所蔽，淫辞知其所陷，邪辞知其所离，遁辞知其所穷”（《孟子·公孙丑上》）。虽然语言没有成为万众瞩目的焦点，但是它毕竟是别人认识了解自我的一个重要途径，因此，我们使用语言不可不慎，语言不可轻易出口，要做到“其言也讱”（《论语·颜渊》），一旦语言出口，我们就要对自己所说出的话负责任。

**图书在版编目(CIP)数据**

《论语》读讲/吴先伍著. —上海:上海三联书店,2022.7
ISBN 978-7-5426-7711-2

Ⅰ.①论… Ⅱ.①吴… Ⅲ.①儒家②《论语》—研究
Ⅳ.①B222.25

中国版本图书馆 CIP 数据核字(2022)第 050809 号

《论语》读讲

著　　者 / 吴先伍

责任编辑 / 张大伟
装帧设计 / 徐　徐
监　　制 / 姚　军
责任校对 / 朱　强

出版发行 / 上海三联书店
(200030)中国上海市漕溪北路 331 号 A 座 6 楼
邮　　箱 / sdxsanlian@sina.com
邮购电话 / 021-22895540
印　　刷 / 上海惠敦印务科技有限公司

版　　次 / 2022 年 7 月第 1 版
印　　次 / 2022 年 7 月第 1 次印刷
开　　本 / 710 mm × 1000 mm　1/16
字　　数 / 500 千字
印　　张 / 28.25
书　　号 / ISBN 978-7-5426-7711-2/B・775
定　　价 / 98.00 元